清城年鉴
QINGCHENG NIANJIAN
2022

中共清远市清城区委员会
清远市清城区人民政府　主办
清城年鉴编纂委员会　编

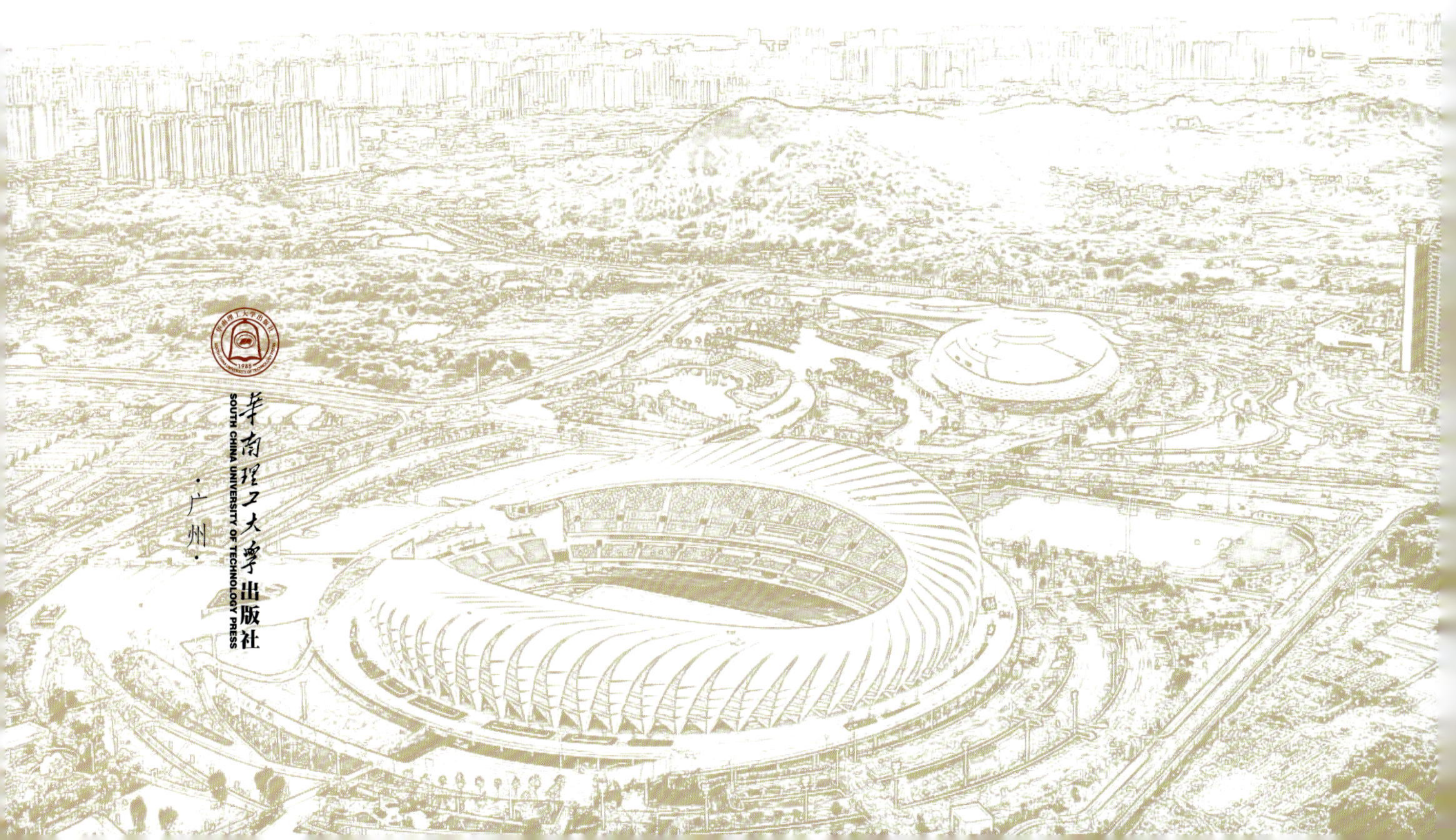

华南理工大学出版社
·广州·

图书在版编目(CIP)数据

清城年鉴.2022/清城年鉴编纂委员会编.—广州:华南理工大学出版社,2022.12
ISBN 978-7-5623-7234-9

Ⅰ.①清… Ⅱ.①清… Ⅲ.①区(城市)–清远–2022–年鉴 Ⅳ.①Z526.54

中国版本图书馆CIP数据核字(2022)第196732号

清城年鉴·2022
清城年鉴编纂委员会 编

出 版 人:柯 宁
出版发行:华南理工大学出版社
(广州五山华南理工大学17号楼,邮编510640)
http://hg.cb.scut.edu.cn E-mail:scutc13@scut.edu.cn
营销部电话:020-87113487 87111048(传真)
策划编辑:王魁葵
责任编辑:邱 燕 雷 楞 黄丽谊
责任校对:詹伟文 张晓婷 袁 若
印 刷 者:广州市新怡印务股份有限公司
开 本:889mm×1194mm 1/16 印张:26 插页:2 字数:789千
版 次:2022年12月第1版 2022年12月第1次印刷
印 数:1~500册
定 价:220.00元

版权所有 盗版必究 印装差错 负责调换

编辑说明

一、《清城年鉴·2022》是由中共清远市清城区委员会、清远市清城区人民政府主办，清城年鉴编纂委员会组织编纂的地方综合年鉴，属资料性工具书。2012年创刊，每年出版一卷，公开出版发行。《清城年鉴·2022》坚持以马克思列宁主义、毛泽东思想、邓小平理论、"三个代表"重要思想、科学发展观、习近平新时代中国特色社会主义思想为指导，旨在全面、系统、翔实地记载清城区经济社会各项事业的发展情况，为各级党政领导、社会各界人士了解和研究清城提供基本资料，并为编修地方志书奠定基础。

二、《清城年鉴·2022》以出版年号为卷次名称。《清城年鉴·2022》主要载录2021年清城区经济社会发展的基本资料，采用分类编辑法，全书设年度关注、特辑、大事记、清城概貌、中共清远市清城区委员会、清远市清城区人民代表大会、清远市清城区人民政府、中国人民政治协商会议清远市清城区委员会、纪委·监委、民主党派·工商联、群众团体、法治、军事、经济监督管理、财政·税务、农业农村、水利、工业、交通·邮电·通信、城建·生态环境、经贸·信息化·科技、商贸流通、卫生、教育、文化·传媒、体育·旅游、社会生活、街道（镇）、人物、名录、专载、统计资料、附录、索引34个类目。同时，还组编部分彩色图片，设大事要闻、建党百年、乡村振兴、疫情防控等图片专题，进行突出、形象、直观的宣传记载。

三、《清城年鉴·2022》类目、分目、条目的标题分别以不同字号和版式编排。其中，条目标题用黑体加【】表示；个别包含多方面资料的条目，则用楷体标题标明各段资料的主题，内容交叉的条目采用"参见"方式处理。

四、《清城年鉴·2022》部分资料由编辑部选编，其余均由年鉴撰稿单位审定提供。《清城年鉴·2022》统计数据采用法定计量单位，但个别情况例外，如计量单位"亩"继续沿用，其他面积单位一律采用法定计量单位平方米、平方千米或公顷；由于统计口径不一，个别数据可能不一致，使用时应以区统计局提供的数据为准。

五、《清城年鉴·2022》配套双重检索系统，前有目录，后有索引，方便读者检索。

六、《清城年鉴·2022》采用二维码链接至广东省情数据库，方便读者查阅利用。网址：http://dfz.gd.gov.cn/dfz/html/gdsqsj/sxnj/pc/page1.shtml

清城名片

中国优秀旅游城市

中国卫生城市

中国宜居城市

中国温泉之乡

中国漂流之乡

中国龙舟之乡

中国再生铜都

中国绿色陶都

全国绿色发展百强区

广东省文明城市

广东省双拥模范区

广东省全域旅游示范区

广东省推进教育现代化先进区

广东省法治政府建设示范地区

大事要闻

2021年1月8日,清城区凤城街道政务服务中心举行启动仪式 　　　　　　(区新闻信息中心　供图)

2021年2月8日,清远市清城区人民政府与中国移动广东清远分公司举行智慧清城战略合作签约仪式

(区新闻信息中心　供图)

2021年3月24日,清城区法治文化主题公园开园仪式在飞来湖举行　　　　　　　　　　　　（区新闻信息中心　供图）

2021年4月8日,清远市清城区与国家能源集团广东电力有限公司举行清远石角天然气分布式能源站项目签约仪式
（区新闻信息中心　供图）

2021年5月24日，清远市清城区人民政府与浙江大华技术股份有限公司举行加快推进清城区数字赋能社会治理战略合作签约仪式 （区新闻信息中心 供图）

2021年6月4日，清远市清城区乡村振兴局挂牌成立 （区农业农村局 供图）

2021年6月28日，南岸公园开园，音乐喷泉对市民开放 （李文勇 摄）

2021年6月29日，清远市清城区举行"两优一先"表彰大会
（区新闻信息中心 供图）

2021年7月15日，清远市清城区人民政府与广州大学附属中学举行美林湖学校合作办学签约仪式
（区新闻信息中心 供图）

2021年10月14日,广东省清远市清城区国家现代农业产业园数字种业项目推进会召开
(区新闻信息中心 供图)

2021年10月27日,中国共产党清远市清城区第八届委员会第一次全体会议召开,全会选举产生新一届领导班子成员,邱泽军当选清城区委书记
(区新闻信息中心 供图)

2021年10月27日,中国共产党清远市清城区第八届委员会领导班子合照
(区新闻信息中心 供图)

2021年11月5日,广东省第十六届运动会暨第九届残疾人运动会倒计时1周年启动仪式在清远市体育中心举行

(清远日报记者邱炜民 2021年摄)

2021年11月22—25日,政协第六届清远市清城区委员会第一次会议召开

(区政协办 供图)

2021年11月23—26日,清远市清城区第九届人民代表大会第一次会议召开

(区人大办 供图)

建党百年

2021年3月5日,举行2021年清远市清城区学雷锋全民志愿服务行动月暨新时代文明实践服务计划启动仪式

(区新闻信息中心 供图)

2021年4月24日,街角小讲堂——"奋进百年路 领航新征程"清城区委党史学习教育活动之一在凤城街道南门口举行

(区新闻信息中心 供图)

2021年4月25日,开展"红色基因薪火传,青春向党迎百年"五四青年节活动　　　　　　　　　　（清城区邮政　供图）

2021年5月15日,街角小讲堂——"奋斗百年路　启航新征程"清城区委党史学习教育主题活动之二在清城举行

（区新闻信息中心　供图）

2021年6月22日，永远跟党走·传承红色精神——道德模范（身边好人）党史巡回宣讲进社区活动在金湖社区举行

（区新闻信息中心　供图）

2021年6月25日，区委理论学习中心组到凤城街中山公园开展"重温革命历史，赓续革命精神"专题学习活动

（区新闻信息中心　供图）

2021年6月29日,"学史增信担使命 百年华诞立新功"庆祝中国共产党成立100周年朗诵比赛在源潭镇举行

(区新闻信息中心 供图)

2021年6月29日,清城区举办直属机关新党员入党宣誓仪式

(区新闻信息中心 供图)

2021年6月29日,中共清远市清城区委"光荣在党50年"纪念章颁发暨新党员入党宣誓仪式在清城举行,清城区授予2184名老党员"光荣在党50年"纪念章

(区新闻信息中心 供图)

2021年6月30日,横荷街举行2021年"百位书记讲,齐心悟党史"专题党课结课仪式

（横荷街办　供图）

2021年7月1日,区委办公室党支部、区政府办公室党支部、洲心街党政综合办党支部在清远市博物馆、清远市档案馆联合开展"感悟百年党史　重温峥嵘岁月"主题党日活动

（区委办　供图）

2021年7月1日,区文体旅游局组织收看庆祝中国共产党成立100周年大会直播

（区文化广电旅游体育局供图）

2021年7月27日,清远市清城区人民政府与中国农业银行股份有限公司清远分公司举行金融服务乡村振兴战略合作协议签约仪式

(区新闻信息中心 供图)

2021年8月17日,清远国际酒店与清远乡农乡村民宿合作社举行2021年首届合作交流会

(区新闻信息中心 供图)

乡村振兴

2021年10月8日，广东广播电视台音乐之声"大爱有声　走进山其洞——暨首届高田冬瓜美食音乐节"在飞来峡镇高田社区举行　　（区新闻信息中心　供图）

2021年11月10—11日，举办清城区乡村振兴新媒体助农培训

（区农业农村局　供图）

2021年12月27日，石角镇代表清城区以第一名的好成绩荣获第二届乡村振兴清远大擂台金奖

（区农业农村局　供图）

2021年，东城街道美丽乡村大水坑村
（李文勇 摄）

2021年，源潭镇迎咀村赤狮坑村新居
（区新闻信息中心 供图）

2021年，飞来峡镇文洞村委会大围村美丽乡村"特色村"建设验收通过
（飞来峡镇党政办 供图）

2021年,"党建引领科技创新 全力服务乡村振兴"粤北首个"花稻花"无人农场项目 (区新闻信息中心 供图)

2021年,"稻虾共生 智慧农业"源潭镇新马乡村振兴样板区 (区新闻信息中心 供图)

2021年，飞来峡镇龙埗"花稻花"项目中的"夏有荷花"
（飞来峡镇党政办　供图）

2021年，源潭镇连塘村郭为周乌鬃鹅养殖场
（源潭镇党政办　供图）

2021年，东城街大水坑乡村山外水乡旅游度假区
（区新闻信息中心　供图）

2021年，源潭镇新马村乡村振兴样板区　　　　　　　　　　　　　　　　（区新闻信息中心　供图）

2021年，源潭镇新马村乡村振兴样板区温室大棚　　　　　　　　　　　　（源潭镇党政办　供图）

疫情防控

2021年1月15日，清城区开展新冠肺炎本地疫情应急处置综合演练

（区新闻信息中心　供图）

2021年2月9日，清城区区长廖家杰（前左三）检查督导凤城街沙田社区、东城街长埔村疫情防控有关工作

（区疫情防控办　供图）

2021年"五一"假期，市直、区直单位党员干部下沉，与基层、街道、社区党员干部共同开展疫情防控、疫苗接种登记工作

（区疫情防控办　供图）

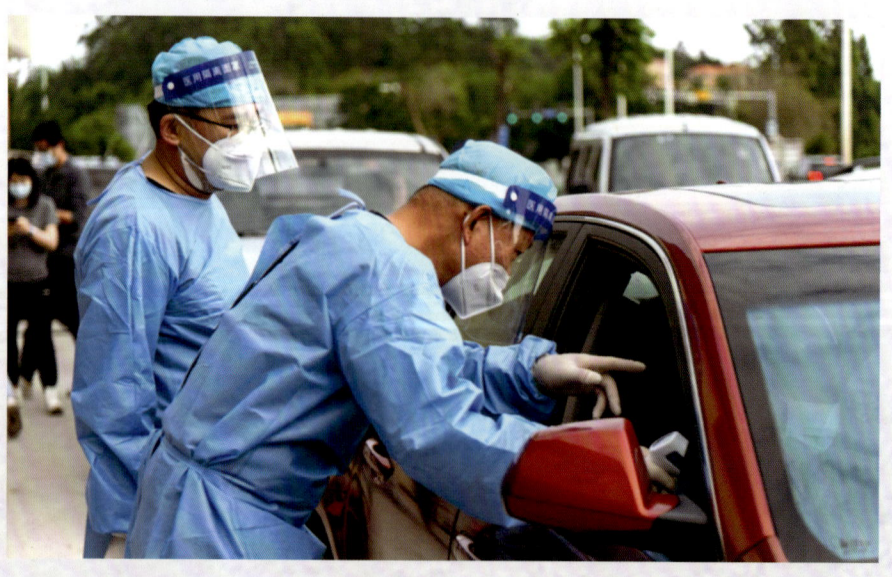

2021年6月7—9日,为配合做好全区大规模核酸检测工作,东城街出动街道办干部职工530多人,共设置25个固定采样点,27个学校采样点,20个流动采样点 (东城街办 供图)

2021年6月7日,清城区开展全民核酸检测工作
(凤城街办 供图)

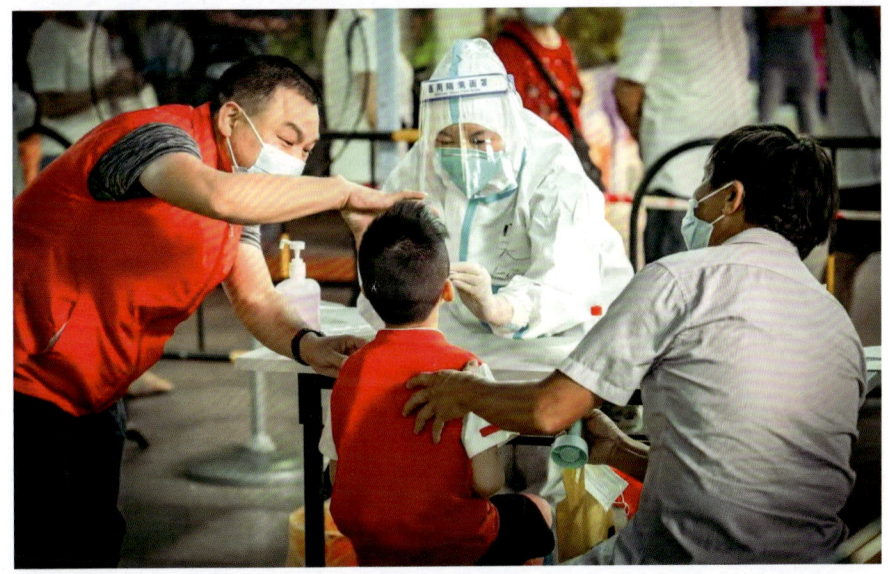

2021年6月7日,清城区开展全民核酸检测工作
(区新闻信息中心 供图)

2021年6月8日,连州市派出医护队支援清城区核酸采样工作 （区新闻信息中心 供图）

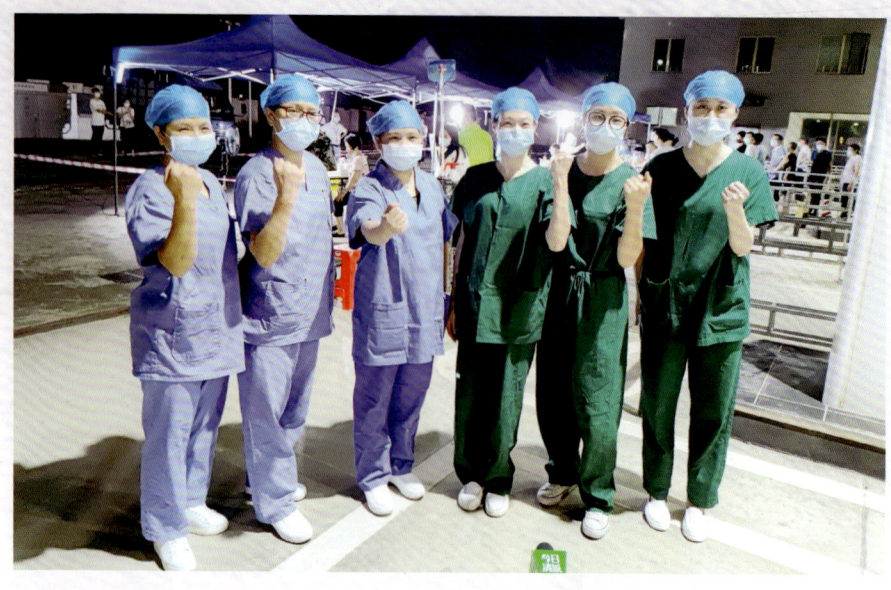

2021年6月10日,清城区广大医务人员刚从大规模人群核酸检测战线退下,转身又投入到大规模人群新冠疫苗接种等各项工作中,为清城人民织牢一张坚不可摧的"防疫网" （区疫情防控办 供图）

2021年6月24日,清城区委书记邱泽军（中）率队前往洲心街、横荷街、龙塘镇调研集中隔离场所疫情防控常态化工作 （区新闻信息中心 供图）

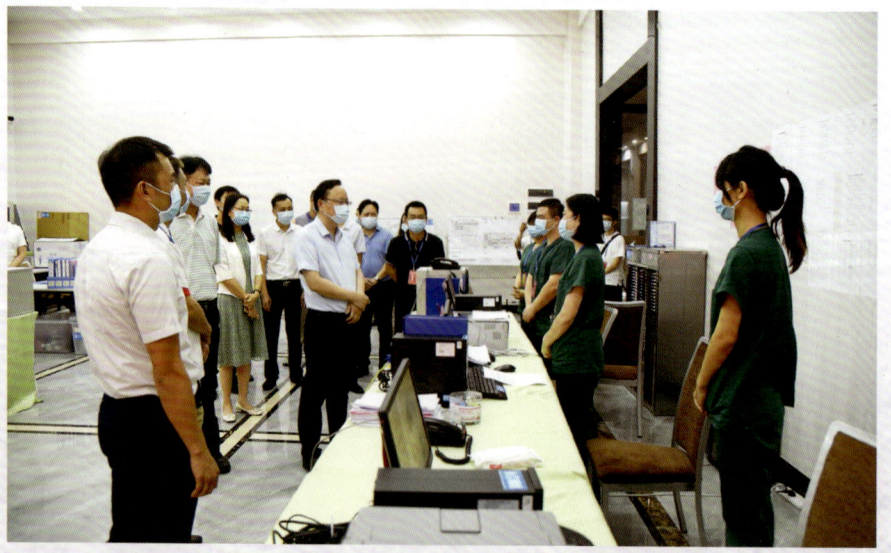

年度关注

- 清城区现代农业产业园入选国家现代农业产业园创建名单 ... 1
- 清城区入选全国科普示范县（市、区）创建单位 ... 1
- 清城区新桥村被认定为第二批全国乡村治理示范村 ... 1
- 清城区司法局凤城司法所获"全国模范司法所"称号 ... 2
- 清城区举办首届云花市 ... 2
- 清远南部首座500千伏变电站清城站动工 ... 2
- 清远首张自助打印营业执照在清城区出炉 ... 3
- 中国南部物流枢纽项目二期动工 ... 3
- 广清中大时尚科技城"云尚数智中心"运营 ... 3
- 清城区与中山大学孙逸仙纪念医院深化合作共建 ... 3
- 清城区迎来清远第一所本科院校首批新生 ... 4

特辑

- ◆ 党史学习教育 ... 5
  - ※ 概况 ... 5
  - ※ 组织保障 ... 5
  - ※ 理论武装 ... 5
  - ※ 传承红色基因 ... 5
  - ※ 宣传宣讲 ... 6
  - ※ 抓实重点 ... 6
  - ※ 为民办事 ... 6
- ◆ 广清一体化建设 ... 7
  - ※ 基础设施建设 ... 7
  - ※ 产业平台建设 ... 7
  - ※ 文旅产业融合发展 ... 7
  - ※ 营商环境改善 ... 8
  - ※ 政务服务一体化 ... 8
  - ※ 公共服务能力水平提升 ... 8
- ◆ 巩固拓展脱贫攻坚成果 ... 9
  - ※ 概况 ... 9
  - ※ 政策落实 ... 9
  - ※ 规范管理扶贫资产 ... 9
  - ※ "6·30"广东扶贫济困日 ... 9
  - ※ 老区建设 ... 10
  - ※ 驻镇帮镇扶村 ... 10
  - ※ 项目扶持 ... 10
- ◆ 新冠肺炎疫情防控 ... 10
  - ※ 概况 ... 10
  - ※ 确诊病例及治疗 ... 10
  - ※ 密切接触者管理 ... 10
  - ※ 集中隔离医学管理 ... 10
  - ※ 健全专业应急队伍 ... 11
  - ※ 加强组织建设 ... 11

※ 把牢交通领域疫情防控 …… 11
※ 推进疫苗接种 …… 11
※ 合力推动社会管控 …… 12
※ 核酸大筛查有序推进 …… 12
※ 统筹调配财政物资 …… 12
※ 严控外防输入 …… 12
※ 党团志愿助力疫情防控 …… 13
※ 建设工地加强应急处置 …… 13
※ 加强台港澳侨疫情防控 …… 13
※ 加强督导检查 …… 13
※ 严厉查处违法违规行为 …… 14
※ 开展疫情流调溯源和隔离管理 …… 14
※ 加强疫情宣传引导 …… 14
※ 加强重点场所疫情防控 …… 14
※ 校园及职业培训机构疫情防控 …… 15
※ 全力推进复工复产 …… 15

大事记

◆ 2021年清城大事记 …… 16
1月 …… 16
2月 …… 17
3月 …… 18
4月 …… 20
5月 …… 21
6月 …… 22
7月 …… 22
8月 …… 24
9月 …… 24
10月 …… 25
11月 …… 26
12月 …… 27

清城概貌

◆ 建置沿革 …… 28
※ 沿革 …… 28
◆ 自然地理 …… 28
※ 位置、范围、面积 …… 28

※ 地质、地貌 …… 28
※ 河流 …… 29
※ 气候·水文 …… 30
◆ 资源物产
※ 水资源 …… 30
※ 矿产资源 …… 30
※ 生物资源 …… 30
※ 旅游资源 …… 30
◆ 环境质量 …… 31
※ 空气环境质量 …… 31
※ 水环境质量 …… 31
◆ 人口·民族·语言 …… 31
※ 人口 …… 31
※ 民族 …… 31
※ 语言 …… 31
◆ 行政区划 …… 31
※ 概况 …… 31
※ 行政区域界线勘定和地名普查 …… 32
◆ 经济社会发展 …… 33
※ 经济发展 …… 33
※ 社会事业发展 …… 35
※ 生态文明建设 …… 36
※ 精神文明建设 …… 37
◆ 区四套班子、区直以上单位及各镇（街）领导人名单（2021年）…… 38

中共清远市清城区委员会

◆ 综　述 …… 49
※ 概况 …… 49
※ 区委重要会议 …… 49
※ 区委重大活动 …… 49
◆ 组　织 …… 50
※ 概况 …… 50
※ 党员学习教育 …… 50
※ 干部队伍建设 …… 50
※ 基层组织建设 …… 51
※ 人才与培训工作 …… 52
※ 干部监督工作 …… 52

- ※ 公务员工作 ……………………… 53
- ※ 老干部工作 ……………………… 53
- ※ 区直工委工作 …………………… 54
- ◆ 宣　传 ……………………………… 54
  - ※ 概况 ……………………………… 54
  - ※ 理论武装 ………………………… 54
  - ※ 新闻宣传和舆论引导 …………… 55
  - ※ 推进"扫黄打非"工作 ………… 55
  - ※ 推进全国文明城市创建 ………… 55
- ◆ 机构编制 …………………………… 56
  - ※ 概况 ……………………………… 56
  - ※ 重点领域改革 …………………… 56
  - ※ 职责任务调整 …………………… 57
  - ※ 领导职数核定 …………………… 57
  - ※ 事业单位改革 …………………… 57
  - ※ 体制机制创新 …………………… 58
  - ※ 机构编制监督检查 ……………… 58
  - ※ 事业单位登记管理 ……………… 58
  - ※ 机构编制信息 …………………… 58
- ◆ 党校教育 …………………………… 58
  - ※ 概况 ……………………………… 58
  - ※ 干部教育培训 …………………… 59
  - ※ 送教上门 ………………………… 59
  - ※ 干部培训模式创新 ……………… 59
  - ※ 领导讲坛建设推进 ……………… 59
  - ※ 指导联系镇（街）党校 ………… 59
- ◆ 党史编研 …………………………… 60
  - ※ 《中共清远市清城区历史》（1988—2012年）出版 ……………………… 60
  - ※ 党史资料审核和党史宣讲 ……… 60
  - ※ 开展党史学习教育 ……………… 60
- ◆ 统一战线 …………………………… 60
  - ※ 概况 ……………………………… 60
  - ※ 多党合作、政治协商 …………… 60
  - ※ 台港澳事务 ……………………… 60
  - ※ 侨务 ……………………………… 61
- ◆ 督　查 ……………………………… 61
  - ※ 概况 ……………………………… 61
  - ※ 疫情防控督导 …………………… 61
- ※ 落实整改审计反馈意见 ………… 61
- ※ 区委常委会工作要点分解落实 … 61
- ※ 重点抓好交办工作的跟踪落实 … 62
- ※ 区委中心和重点工作督查督办 … 62
- ※ 统筹规范督查检查考核 ………… 62
- ◆ 保　密 ……………………………… 62
  - ※ 概况 ……………………………… 62
  - ※ 加强保密领导 …………………… 62
  - ※ 加强保密关键重点 ……………… 62
  - ※ 保密检查监督指导 ……………… 62
  - ※ 保密宣传教育培训 ……………… 62

清远市清城区人民代表大会

- ◆ 综　述 ……………………………… 63
  - ※ 概况 ……………………………… 63
  - ※ 区八届人大六次会议 …………… 63
  - ※ 区九届人大一次会议 …………… 63
  - ※ 区八届人大常委会会议 ………… 63
- ◆ 人大主要工作 ……………………… 67
  - ※ 决议、决定 ……………………… 67
  - ※ 人大监督 ………………………… 67
  - ※ 代表工作 ………………………… 68
  - ※ 人事任免 ………………………… 68

清远市清城区人民政府

- ◆ 综　述 ……………………………… 69
  - ※ 概况 ……………………………… 69
  - ※ 政府常务会议 …………………… 69
  - ※ 重要政事和决策 ………………… 70
  - ※ 重大活动 ………………………… 70
  - ※ 依法行政 ………………………… 71
  - ※ 调查研究 ………………………… 71
- ◆ 信　访 ……………………………… 72
  - ※ 概况 ……………………………… 72
  - ※ "信访超市"建成运行 ………… 72
  - ※ 信访矛盾排查化解 ……………… 72
  - ※ 初次信访事项调处化解 ………… 72

- ※ 群众信访事项办理 ……………… 72
- ※ 重复信访治理 …………………… 72
- ◆ 电子政务
  - ※ 政务公开 ………………………… 72
  - ※ 信息工作 ………………………… 73
  - ※ 政务信箱 ………………………… 73
  - ※ 网站监督 ………………………… 73
- ◆ 外　事
  - ※ 因公出访 ………………………… 73
  - ※ 学习培训 ………………………… 73
  - ※ 完善体制机制 …………………… 74
  - ※ 涉外疫情防控 …………………… 74
- ◆ 综合政务服务管理 ………………… 74
  - ※ 概况 ……………………………… 74
  - ※ 12345热线办 …………………… 74
  - ※ 政务服务体系建设创新 ………… 74
  - ※ 政务服务效能优化提升 ………… 75
  - ※ 营商环境持续优化 ……………… 75
  - ※ 行政审批制度改革 ……………… 76
- ◆ 机关事务管理 ……………………… 76
  - ※ 概况 ……………………………… 76
  - ※ 财务核算 ………………………… 76
  - ※ 公车管理 ………………………… 76
  - ※ 基建维修 ………………………… 76
  - ※ 安全保卫 ………………………… 76
  - ※ 后勤服务 ………………………… 77
  - ※ 机关饭堂管理 …………………… 77

中国人民政治协商会议清远市清城区委员会

- ◆ 综　述 ……………………………… 78
  - ※ 概况 ……………………………… 78
  - ※ 常务委员会重要会议 …………… 78
  - ※ 区政协五届六次会议 …………… 78
  - ※ 区政协六届一次会议 …………… 78
- ◆ 政协主要工作和重要活动 ………… 78
  - ※ 政协提案 ………………………… 78
  - ※ 调研视察 ………………………… 79

- ※ 委员济困 ………………………… 79
- ※ 政协联谊 ………………………… 79
- ※ 政协文史 ………………………… 79

纪委·监委

- ◆ 综　述 ……………………………… 80
  - ※ 概况 ……………………………… 80
  - ※ 七届区纪委六次全会召开 ……… 80
- ◆ 纪委监委主要工作 ………………… 80
  - ※ 监督检查 ………………………… 80
  - ※ 惩治腐败 ………………………… 81
  - ※ 纠风治乱 ………………………… 81
  - ※ 政治巡察 ………………………… 81

民主党派·工商联

- ◆ 中国民主同盟清远市清城区基层委员会 ……………………………………… 82
  - ※ 概况 ……………………………… 82
  - ※ 组织建设 ………………………… 82
  - ※ 参政议政 ………………………… 82
  - ※ 专题调研 ………………………… 82
  - ※ 社会服务 ………………………… 82
- ◆ 中国农工民主党清远市委会清城区支部委员会 ………………………………… 83
  - ※ 概况 ……………………………… 83
  - ※ 参政议政 ………………………… 83
  - ※ 专题调研 ………………………… 83
  - ※ 社会服务 ………………………… 83
  - ※ 助力打赢疫情防控 ……………… 84
- ◆ 清远市清城区工商业联合会 ……… 84
  - ※ 概况 ……………………………… 84
  - ※ 工商联组织 ……………………… 84
  - ※ 企业服务 ………………………… 84
  - ※ 培训教育 ………………………… 85
  - ※ 慈善公益 ………………………… 85
  - ※ 参政议政 ………………………… 85
  - ※ 非公党建 ………………………… 85

群众团体

◆ 清远市清城区总工会 86
- ※ 概况 86
- ※ 基层组织建设 86
- ※ 工会业务培训 86
- ※ 先进模范选树 86
- ※ 职工合法权益 86
- ※ 困难职工帮扶 86
- ※ 特色活动 86
- ※ 宣传活动 87

◆ 共青团清远市清城区委员会 88
- ※ 概况 88
- ※ 青年思想引领 88
- ※ 团的组织建设 88
- ※ 服务青年发展 89

◆ 清远市清城区妇女联合会 89
- ※ 概况 89
- ※ 妇联建设 89
- ※ 创业就业 90
- ※ 扶贫慰问 90
- ※ 维权普法 90
- ※ 家庭儿童 90
- ※ 宣传发展 91
- ※ 妇儿工委 91

◆ 清远市清城区科协技术学会 91
- ※ 概况 91
- ※ 科普讲师团 91
- ※ 科普巡展活动 92
- ※ 科普特色主题活动 92
- ※ 校园科技节 92
- ※ 精彩"三赛" 92
- ※ 奖项荣誉 92
- ※ 科普教育基地建设 93
- ※ 高效利用社会资源 93
- ※ 企业科协工作 93
- ※ 学协会工作 93
- ※ 疫情科普信息战 93
- ※ 应急科普防疫线 93
- ※ 助力复工复产 93

◆ 清远市清城区文学艺术界联合会 93
- ※ 概况 93
- ※ 文艺精品创作 93
- ※ 清城区文艺家创作中心成立 94
- ※ 举办美术书法摄影作品展览 94
- ※ 举办送春联活动 94

◆ 清远市清城区残疾人联合会 94
- ※ 概况 94
- ※ 落实保障制度 95
- ※ 疫情防控 95
- ※ 维权 95
- ※ 康复救助 95
- ※ 就业服务 95
- ※ 文体宣教 96
- ※ 志愿助残 96

◆ 清远市清城区归国华侨联合会 96
- ※ 概况 96
- ※ 为侨服务 96
- ※ 联络联谊 97
- ※ 党建带侨建 97
- ※ "侨胞之家"揭牌 97
- ※ 开展侨界政治引领活动 97

法 治

◆ 政法综治 98
- ※ 概况 98
- ※ 意识形态工作责任制 98
- ※ 平安清城建设 98
- ※ 市域社会治理现代化试点 99
- ※ 疫情防控 99
- ※ 综治工作 99
- ※ 严重精神障碍救治救助 100
- ※ 扫黑除恶常态化 100
- ※ 维稳信访 100
- ※ 执法监督 100
- ※ 反邪教宣传 100

- ※ 政法队伍教育整顿 ············· 101
- ◆ 公 安 ······················· 101
  - ※ 概况 ······················· 101
  - ※ 政法队伍教育整顿 ············· 101
  - ※ 打击整治 ····················· 102
  - ※ 治安防控 ····················· 102
  - ※ 疫情防控 ····················· 103
  - ※ 行政服务 ····················· 103
- ◆ 检 察 ······················· 104
  - ※ 概况 ························· 104
  - ※ 刑事检察 ····················· 104
  - ※ 扫黑除恶斗争 ················· 104
  - ※ 职务犯罪检察 ················· 104
  - ※ 司法文明 ····················· 105
  - ※ 社会综合治理 ················· 105
  - ※ 优化法治营商环境 ············· 105
  - ※ 知识产权检察 ················· 105
  - ※ 民事检察 ····················· 105
  - ※ 行政检察 ····················· 105
  - ※ 公益诉讼检察 ················· 106
  - ※ 未成年人检察 ················· 106
  - ※ 控告申诉检察 ················· 106
  - ※ 政法队伍教育整顿 ············· 106
- ◆ 法 院 ······················· 107
  - ※ 概况 ························· 107
  - ※ 刑事审判 ····················· 107
  - ※ 民商事审判 ··················· 107
  - ※ 执行工作 ····················· 107
  - ※ 扫黑除恶 ····················· 107
  - ※ 社会治理 ····················· 107
  - ※ 营商环境 ····················· 108
  - ※ 司法为民 ····················· 108
  - ※ 普法宣传 ····················· 108
  - ※ 司法信息公开 ················· 108
  - ※ 司法改革 ····················· 109
- ◆ 司法行政 ····················· 109
  - ※ 概况 ························· 109
  - ※ 法治宣传教育 ················· 109
  - ※ 一村（社区）一法律顾问 ······· 109
  - ※ 公证律师工作 ················· 110
  - ※ 基层司法行政 ················· 110

军 事

- ◆ 人民武装 ····················· 111
  - ※ 概况 ························· 111
  - ※ 党管武装 ····················· 111
  - ※ 双拥共建 ····················· 111
  - ※ 国防后备力量建设 ············· 112
  - ※ 兵役征集 ····················· 112
  - ※ 安全稳定 ····················· 113
- ◆ 人民防空 ····················· 113
  - ※ 概况 ························· 113
  - ※ 民兵队伍建设 ················· 113
  - ※ 人防宣传 ····················· 113

经济监督管理

- ◆ 发展与改革 ··················· 114
  - ※ 概况 ························· 114
  - ※ 科技创新 ····················· 114
  - ※ 城乡融合发展 ················· 115
  - ※ 促改革扩开放 ················· 116
- ◆ 物价管理 ····················· 116
  - ※ 规范价格收费管理 ············· 116
  - ※ 开展价格认定 ················· 117
- ◆ 审 计 ······················· 117
  - ※ 概况 ························· 117
  - ※ 预算执行审计 ················· 117
  - ※ 公共投资审计 ················· 117
  - ※ 经济责任审计 ················· 117
  - ※ 国家和省重大政策措施落实情况跟踪审计
    ································· 117
  - ※ 农业农村审计 ················· 117
  - ※ 抽（借）调人员参与上级审计 ··· 118
- ◆ 统 计 ······················· 118
  - ※ 概况 ························· 118
  - ※ 经济调查 ····················· 118

※ 民生调查 …………………………… 118
　※ 统计服务 …………………………… 118
　※ 法治建设 …………………………… 119
　※ 人口普查 …………………………… 119
◆ **市场监督管理** …………………………… 120
　※ 概况 ………………………………… 120
　※ 市场主体登记注册管理 …………… 120
　※ 企业监督管理 ……………………… 120
　※ 执法检查 …………………………… 121
　※ 市场管理 …………………………… 121
　※ 网络管理 …………………………… 121
　※ 合同管理 …………………………… 121
　※ 知识产权保护 ……………………… 122
　※ 广告监管 …………………………… 122
　※ 消费者权益保护 …………………… 122
　※ 食品市场监管 ……………………… 122
　※ 食品餐饮监管 ……………………… 122
　※ 药品医疗器械化妆品监管 ………… 123
　※ 特种设备安全监管 ………………… 123
　※ 工业产品质量监管 ………………… 124
　※ 政策法规 …………………………… 124
　※ 打击侵权假冒 ……………………… 124
　※ 食品安全管理 ……………………… 124
　※ 区农贸市场和进口冷链工作专班 … 124
　※ 城乡市场 …………………………… 125
◆ **自然资源管理** …………………………… 125
　※ 概况 ………………………………… 125
　※ 行政审批 …………………………… 125
　※ 用地报批 …………………………… 125
　※ 土地供应 …………………………… 125
　※ 土地变更调查 ……………………… 125
　※ "房地一体"农村不动产登记发证 … 125
　※ 节约集约用地 ……………………… 126
　※ 垦造水田 …………………………… 126
　※ 矿山治理 …………………………… 126
　※ 整治主要交通沿线裸露被破坏山体 … 126
　※ 优化营商环境 ……………………… 126

　※ 地灾防治 …………………………… 126
　※ 信访工作 …………………………… 126
　※ 执法监察 …………………………… 126
　※ 矿产管理 …………………………… 127

财政·税务

◆ **财　政** …………………………………… 128
　※ 概况 ………………………………… 128
　※ 民生投入 …………………………… 128
　※ 重点支出 …………………………… 128
　※ 财政改革 …………………………… 129
　※ 财政监督 …………………………… 129
　※ 财政管理 …………………………… 129
　※ 财政服务 …………………………… 130
　※ 财政创新 …………………………… 130
◆ **清城税务** ………………………………… 130
　※ 概况 ………………………………… 130
　※ 党建引领 …………………………… 130
　※ 税费征管 …………………………… 131
　※ 纳税服务 …………………………… 131
　※ 服务大局 …………………………… 132
◆ **高新区税务** ……………………………… 132
　※ 概况 ………………………………… 132
　※ 减税降费 …………………………… 132
　※ 税收营商环境优化 ………………… 133
　※ 依法治税 …………………………… 133

农业农村

◆ **综　述** …………………………………… 134
　※ 概况 ………………………………… 134
　※ 推进农业产业发展 ………………… 134
　※ 农村综合改革 ……………………… 134
　※ 美丽乡村建设 ……………………… 135
　※ 高标准农田建设 …………………… 135
　※ 基层农技推广培训 ………………… 135

※ 农产品质量安全检测 ………………… 136
　　※ 食用农产品合格证推广 ………………… 136
◆ 种植业 ……………………………………… 136
　　※ 概况 …………………………………… 136
　　※ 种植业农产品质量安全检测 …………… 136
◆ 畜牧业 ……………………………………… 136
　　※ 概况 …………………………………… 136
　　※ 重大动物疫病防控 …………………… 136
　　※ 畜禽养殖废弃物资源化利用工作 ……… 136
　　※ 畜禽养殖业水污染防治 ………………… 137
　　※ 屠宰管理 ……………………………… 137
　　※ 畜牧业安全生产工作 …………………… 137
　　※ "瘦肉精"专项整治行动 ……………… 137
　　※ 动物和动物产品检疫 …………………… 137
　　※ 主要动物疫病监测 …………………… 138
　　※ 从化无疫区维护工作 …………………… 138
◆ 渔　业 ……………………………………… 138
　　※ 渔业生产 ……………………………… 138
　　※ 乐排河流域水产治理 …………………… 138
　　※ 增殖放流 ……………………………… 138
　　※ "稻渔"养殖模式推广 ………………… 139
　　※ 渔业水上执法 ………………………… 139
◆ 农机管理 …………………………………… 139
　　※ 农业机械化 …………………………… 139
　　※ 农机安全检查 ………………………… 139
　　※ 农机补贴 ……………………………… 140
　　※ 农机知识宣传 ………………………… 140
◆ 林　业 ……………………………………… 140
　　※ 概况 …………………………………… 140
　　※ 全面推行林长制 ……………………… 140
　　※ 营造林建设 …………………………… 140
　　※ 生态公益林管护 ……………………… 140
　　※ 森林采伐限额管理 …………………… 140
　　※ 征占用林地审批 ……………………… 140
　　※ 林业有害生物防治 …………………… 140
　　※ 野生动物监管 ………………………… 141
　　※ 林业行政执法 ………………………… 141
　　※ 森林防火 ……………………………… 141
　　※ 林业产业发展 ………………………… 141

水　利

◆ 综　述 ……………………………………… 142
　　※ 概况 …………………………………… 142
　　※ 县域节水型社会达标建设 ……………… 142
　　※ 水土保持监管 ………………………… 142
　　※ 防汛备汛 ……………………………… 143
　　※ 监督与安全工作 ……………………… 143
　　※ 水旱灾害防御 ………………………… 143
　　※ 碧道建设 ……………………………… 143
　　※ 全域自然村集中供水 …………………… 143
　　※ 乡村振兴样板区防洪排涝治理 ………… 143
　　※ 新马电排站扩容改造工程 ……………… 144
　　※ 清城区小型水库安全运行管理标准化 … 144
　　※ 水库除险加固工程 …………………… 144
　　※ 银盏水库输水涵管重建 ………………… 144
　　※ 小水电清理整改 ……………………… 144
　　※ 清城区水利工程管理与保护范围划界 … 145
　　※ 污水管网建设 ………………………… 145
　　※ 水库移民 ……………………………… 145
　　※ 水政执法 ……………………………… 145

工　业

◆ 综　述 ……………………………………… 146
　　※ 概况 …………………………………… 146
　　※ 清洁生产和绿色发展 …………………… 146
　　※ 工业投资及工业技改投资 ……………… 146
　　※ 促进企业通过技术改造进行转型升级 … 146
◆ 招商引资 …………………………………… 146
　　※ 概况 …………………………………… 146
　　※ 广清空港现代物流产业新城 …………… 146
　　※ 清远互联网+创新产业园（华南声谷） … 147
◆ 中小企业和民营经济发展 ………………… 147
　　※ 概况 …………………………………… 147
　　※ 中小微企业帮扶工作 …………………… 147
◆ 产业转移园管理 …………………………… 147

- ※ 概况 ··· 147
- ※ 开发建设 ··· 148
- ※ 广清两市产业共建工作机制 ··· 148
- ※ 园区营商环境改进 ··· 148
- ※ 重点产业导入 ··· 149
- ※ 土地收储用地报批 ··· 149
- ◆ 供电事业 ··· 149
  - ※ 概况 ··· 149
  - ※ 电力设备 ··· 149
  - ※ 电力供应 ··· 150
  - ※ 安全监督 ··· 150
  - ※ 电网建设 ··· 150
  - ※ 经营管理 ··· 150
  - ※ 社会用电 ··· 151
- ◆ 工业企业选介 ··· 151
  - ※ 清远市简一陶瓷有限公司 ··· 151
  - ※ 广东卡诺亚家居有限公司 ··· 151

交通·邮电·通信

- ◆ 交通·运输 ··· 152
  - ※ 概况 ··· 152
  - ※ 公路建设 ··· 152
  - ※ 客运站场 ··· 153
  - ※ 道路运输 ··· 153
  - ※ 水路运输 ··· 153
- ◆ 公路建设与管理 ··· 153
  - ※ 概况 ··· 153
  - ※ 公路建设 ··· 153
  - ※ 公路养护 ··· 153
  - ※ 路产管理 ··· 154
- ◆ 海事管理 ··· 154
  - ※ 概况 ··· 154
  - ※ 专项整治行动 ··· 154
  - ※ 安全监管 ··· 155
  - ※ 防污染监管 ··· 156
- ◆ 邮政通信 ··· 156
  - ※ 概况 ··· 156
- ※ 报刊业务 ··· 157
- ※ 农村电商 ··· 157
- ※ 集邮业务 ··· 157
- ※ 新媒体业务 ··· 157
- ※ 金融业务 ··· 157
- ※ 寄递业务 ··· 157
- ◆ 中国电信 ··· 158
  - ※ 概况 ··· 158
  - ※ 我为群众办实事 ··· 158
  - ※ 新基建 ··· 158
  - ※ 助力疫情防控 ··· 158
  - ※ 乡村振兴 ··· 159
  - ※ 安全保障 ··· 159
- ◆ 移动通信 ··· 159
  - ※ 概况 ··· 159
  - ※ 市场经营 ··· 159
  - ※ 集客运营 ··· 160
  - ※ 网络建维 ··· 160
  - ※ 基础管理 ··· 160

城建·生态环境

- ◆ 重点建设项目 ··· 161
  - ※ 概况 ··· 161
  - ※ 区重点建设项目投资 ··· 161
- ◆ 住房和城乡建设 ··· 162
  - ※ 概况 ··· 162
  - ※ 工程建设审批制度改革 ··· 162
  - ※ 建筑市场监督管理 ··· 162
  - ※ 建筑施工安全监管 ··· 162
  - ※ 城镇老旧小区改造 ··· 162
  - ※ 农村房屋安全隐患排查 ··· 162
  - ※ 农村削坡建房风险点整治 ··· 163
  - ※ 住房保障 ··· 163
  - ※ 物业管理 ··· 163
  - ※ 物业信访事项 ··· 163
  - ※ 智慧小区建设 ··· 164
- ◆ 政府投资项目建设 ··· 164

※ 教育建设项目……164
※ 医疗卫生建设项目……164
※ 交通道路设施建设项目……164
※ 其他公共建筑项目……165

◆ 燕湖新城建设……165
※ 概况……165
※ 燕湖新城建设……165
※ 燕湖新城建设征收……165
※ 国有土地收回……166
※ 燕湖新城安置房办证……166
※ 协调解决安置区存在问题……166
※ "三旧"改造示范项目……166
※ 审核"三旧"改造和成本核算方案……166
※ 开展"三旧"改造计划项目申报……166
※ 协助"三旧"改造项目调整范围线……167
※ 核查"三旧"改造项目……167

◆ 城市综合管理……167
※ 概况……167
※ 落实"十大行动方案"……167
※ 垃圾减量分类……167
※ 城管综合执法……168
※ 环卫事业发展……169
※ 园林绿化管理……169
※ 路灯设施维护……169
※ 市政设施维护……169
※ 公益广告维护……169
※ 燃气安全保障……170
※ 数字化城市管理……170
※ 综合执法培训……170
※ 新冠肺炎疫情防控……170

◆ 生态环境……170
※ 概况……170
※ 大气污染防治管理……171
※ 水污染防治管理……171
※ 土壤污染防治管理……172
※ 环境监察执法……172
※ 排污许可核发……172
※ 环境监测站建设……172
※ 生态环保宣教……172

经贸·信息化·科技

◆ 经济贸易……173
※ 外经贸指标……173
※ 对外经济合作……173
※ 外资管理……173
※ 对外贸易……173

◆ 信息化建设……174
※ 概况……174
※ 实施乡村信息基础设施振兴工程……174
※ 加快5G网络等新型基础设施建设……174
※ 疫情防控……174

◆ 科学技术……175
※ 科技计划管理……175
※ 研发机构建设……175
※ 省、市科技项目……176
※ 科技统计报送……176
※ 科技培训……176
※ 科技奖励……176
※ 产学研合作与人才工作……176

商贸流通

◆ 综　述……177
※ 概况……177
※ 文明创建活动……177
※ 促消费工作……177
※ 内贸流通监管……177

◆ 供销合作……178
※ 概况……178
※ 农资网络体系建设……178
※ 农产品流通体系建设……179
※ 助农服务体系建设……179
※ 农化服务体系建设……179
※ 粤北地区首个"花稻花"无人农场示范基地……180

◆ 粮食储备……180
※ 概况……180

※ 粮食储备管理⋯⋯⋯⋯⋯⋯⋯⋯180

卫　生

- ◆ 综　述⋯⋯⋯⋯⋯⋯⋯⋯⋯⋯181
  - ※ 概况⋯⋯⋯⋯⋯⋯⋯⋯⋯⋯181
  - ※ 信访维稳⋯⋯⋯⋯⋯⋯⋯⋯181
  - ※ 依法行政⋯⋯⋯⋯⋯⋯⋯⋯181
  - ※ 医疗卫生综合改革⋯⋯⋯⋯182
  - ※ 医院管理⋯⋯⋯⋯⋯⋯⋯⋯182
  - ※ 护理和院感管理⋯⋯⋯⋯⋯182
  - ※ 卫生统计⋯⋯⋯⋯⋯⋯⋯⋯182
  - ※ 广清对口帮扶⋯⋯⋯⋯⋯⋯182
- ◆ 爱国卫生⋯⋯⋯⋯⋯⋯⋯⋯⋯182
  - ※ 爱卫宣传⋯⋯⋯⋯⋯⋯⋯⋯182
  - ※ 病媒生物防控⋯⋯⋯⋯⋯⋯182
  - ※ 健康教育活动⋯⋯⋯⋯⋯⋯183
  - ※ 省市卫生村创建⋯⋯⋯⋯⋯183
- ◆ 疾病预防控制⋯⋯⋯⋯⋯⋯⋯183
  - ※ 传染病防治⋯⋯⋯⋯⋯⋯⋯183
  - ※ 公共卫生服务⋯⋯⋯⋯⋯⋯183
  - ※ 免疫规划⋯⋯⋯⋯⋯⋯⋯⋯183
  - ※ 卫生应急⋯⋯⋯⋯⋯⋯⋯⋯184
- ◆ 卫生监督管理⋯⋯⋯⋯⋯⋯⋯184
  - ※ 疫情卫生监督⋯⋯⋯⋯⋯⋯184
  - ※ "双随机一公开"工作⋯⋯⋯184
  - ※ 重点专项监督⋯⋯⋯⋯⋯⋯184
  - ※ 职业卫生监督⋯⋯⋯⋯⋯⋯184
- ◆ "巩卫""创文"⋯⋯⋯⋯⋯⋯185
  - ※ 巩固国家卫生城市⋯⋯⋯⋯185
  - ※ 创建文明城市工作⋯⋯⋯⋯185
- ◆ 区重点医院简介⋯⋯⋯⋯⋯⋯185
  - ※ 清城区人民医院⋯⋯⋯⋯⋯185
  - ※ 清城区中医院⋯⋯⋯⋯⋯⋯186

教　育

- ◆ 综　述⋯⋯⋯⋯⋯⋯⋯⋯⋯⋯187
  - ※ 概况⋯⋯⋯⋯⋯⋯⋯⋯⋯⋯187
  - ※ 教育系统党建⋯⋯⋯⋯⋯⋯187
  - ※ 校园疫情防控常态化⋯⋯⋯188
  - ※ 教育建设项目⋯⋯⋯⋯⋯⋯188
  - ※ 广清教育结对帮扶⋯⋯⋯⋯188
  - ※ 教育系统文明创建⋯⋯⋯⋯189
  - ※ 义务教育"双减"⋯⋯⋯⋯⋯189
  - ※ 学前教育⋯⋯⋯⋯⋯⋯⋯⋯189
  - ※ 义务教育⋯⋯⋯⋯⋯⋯⋯⋯189
  - ※ 民办教育⋯⋯⋯⋯⋯⋯⋯⋯189
  - ※ 特殊教育⋯⋯⋯⋯⋯⋯⋯⋯189
  - ※ 未成年人思想道德建设⋯⋯189
  - ※ 课题研究和课改实验⋯⋯⋯190
  - ※ 学生素质全面发展⋯⋯⋯⋯190
  - ※ 教育装备建设⋯⋯⋯⋯⋯⋯190
  - ※ 教师队伍建设⋯⋯⋯⋯⋯⋯190
  - ※ 校园安全⋯⋯⋯⋯⋯⋯⋯⋯191
- ◆ 学校简介⋯⋯⋯⋯⋯⋯⋯⋯⋯191
  - ※ 清远市清城区新城小学⋯⋯191
  - ※ 清远市清城区清飞小学⋯⋯191
  - ※ 清远市清城区第四幼儿园⋯192
  - ※ 清远市清城区凤翔幼儿园⋯192
  - ※ 清远市清城区清飞幼儿园⋯193

文化·传媒

- ◆ 综　述⋯⋯⋯⋯⋯⋯⋯⋯⋯⋯194
  - ※ 概况⋯⋯⋯⋯⋯⋯⋯⋯⋯⋯194
  - ※ 群众文化⋯⋯⋯⋯⋯⋯⋯⋯194
  - ※ 非物质文化遗产保护⋯⋯⋯195
  - ※ 文艺创作⋯⋯⋯⋯⋯⋯⋯⋯196
  - ※ 公共图书馆⋯⋯⋯⋯⋯⋯⋯196
  - ※ 周末电影⋯⋯⋯⋯⋯⋯⋯⋯197
  - ※ 读书活动⋯⋯⋯⋯⋯⋯⋯⋯197
  - ※ 送书下乡活动⋯⋯⋯⋯⋯⋯197
  - ※ 图书馆总分馆制建设⋯⋯⋯197
  - ※ 图书采购⋯⋯⋯⋯⋯⋯⋯⋯197
  - ※ 文化信息资源共享工程⋯⋯198
  - ※ 古墓保护和搬迁⋯⋯⋯⋯⋯198
  - ※ 送展下乡活动⋯⋯⋯⋯⋯⋯198

- ◆ 新闻信息 ………………………………… 198
  - ※ 概况 ………………………………… 198
  - ※ 系统升级改造 ……………………… 198
  - ※ 成果展示 …………………………… 198
- ◆ 出版版权 ………………………………… 198
  - ※ 概况 ………………………………… 198
  - ※ 新闻出版版权管理 ………………… 198
  - ※ 版权宣传周活动 …………………… 198
- ◆ 档案工作 ………………………………… 198
  - ※ 档案监督指导 ……………………… 198
  - ※ 国际档案日宣传 …………………… 199
  - ※ 档案工作服务农村基层试点 ……… 199
- ◆ 档案馆藏·地方志 ……………………… 199
  - ※ 概况 ………………………………… 199
  - ※ 档案利用服务 ……………………… 199
  - ※ 档案数字化建设 …………………… 199
  - ※ 库房管理 …………………………… 199
  - ※ 微视频等获奖 ……………………… 199
  - ※ 镇（街）志、行业志编纂 ………… 200
  - ※《全粤村情》（清城区卷一）出版 … 200
  - ※《清城年鉴·2021》出版 …………… 200

体育·旅游

- ◆ 体　育 …………………………………… 201
  - ※ 群众体育 …………………………… 201
  - ※ 竞技体育 …………………………… 201
- ◆ 旅　游 …………………………………… 202
  - ※ 概况 ………………………………… 202
  - ※ 创新区域合作机制 ………………… 202
  - ※ 旅游市场监管 ……………………… 202
  - ※ 旅游投诉处理 ……………………… 202
  - ※ 推动田园综合体建设 ……………… 202
  - ※ 乡村旅游发展 ……………………… 202
  - ※ 推进民宿品牌品质提升 …………… 202
  - ※ 旅游形象品牌宣传 ………………… 203
  - ※ 旅游厕所革命 ……………………… 203

社会生活

- ◆ 人力资源和社会保障 …………………… 204
  - ※ 概况 ………………………………… 204
  - ※ 劳动就业 …………………………… 204
  - ※ 岗位培训 …………………………… 204
  - ※ 劳务招聘 …………………………… 204
  - ※ 社会保险 …………………………… 204
  - ※ 人事管理及公开招聘 ……………… 205
  - ※ 人才工作 …………………………… 205
  - ※ 劳动监察 …………………………… 205
  - ※ 劳动仲裁 …………………………… 205
- ◆ 社会保险基金管理 ……………………… 205
  - ※ 概况 ………………………………… 205
  - ※ 社会保险征缴 ……………………… 206
  - ※ 社会保险待遇发放 ………………… 206
  - ※ 养老保险待遇调整 ………………… 206
  - ※ 城乡居民基本养老保险 …………… 206
  - ※ 被征地农民养老金分配 …………… 206
  - ※ 精准扶贫 …………………………… 206
  - ※ 企业职工待遇保障 ………………… 206
  - ※ 职业年金 …………………………… 206
  - ※ 养老保险改革工作实现"四个100%" … 206
  - ※ 内控和稽核 ………………………… 206
  - ※ 深化"一窗通办"经办服务改革 …… 206
  - ※ "放管服"改革成果巩固 …………… 207
- ◆ 医疗保障管理 …………………………… 207
  - ※ 概况 ………………………………… 207
  - ※ 学党史 办实事 …………………… 207
  - ※ 医疗保障制度改革 ………………… 207
  - ※ 乡村振兴 …………………………… 208
  - ※ 基金监管 …………………………… 208
  - ※ "互联网+医疗保障" ……………… 208
- ◆ 民　政 …………………………………… 209
  - ※ 概况 ………………………………… 209
  - ※ 城乡居民最低生活保障 …………… 209
  - ※ 特困供养 …………………………… 209
  - ※ 孤儿及事实无人抚养儿童 ………… 210

※ 残疾人两项补贴 210
※ 临时救助 210
※ 居家养老服务 210
※ 殡葬管理 210
※ 基层政权建设 210
※ 社区建设 211
※ 社区综合服务中心 211
※ 社区调整 211
※ 道路命名更名 212
※ 社会慈善捐赠 212
※ 婚姻登记和收养登记 212
※ 福利彩票 212

◆ 社会组织管理 212
※ 概况 212
※ 社会组织年度工作报告实施 212
※ 培育发展社会组织 213
※ 清理规范行政审批中介服务事项 213
※ 加强社会组织管理 213
※ 社会组织选介 213

◆ 退役军人事务 214
※ 概况 214
※ 思想政治和权益维护 214
※ 移交安置 214
※ 就业创业 214
※ 优待抚恤 214
※ 随军家属就业 214
※ 双拥工作 214
※ 烈士褒扬 215
※ 星级示范创建 215
※ 社保接续 215

◆ 老区建设 215
※ 概况 215
※ 调查研究，建言献策 215
※ 老区建设专项资金 216
※ 烈士后裔困难学生助学金 216
※ 老区宣传工作 216

◆ 干部保健 217
※ 干部体检 217

※ 开展健康教育 217
※ 开辟就诊"绿色通道" 217
※ 组织巡诊服务 217
※ 开展中医"治未病" 217

◆ 关心下一代 217
※ 概况 217
※ 青少年思想政治引领 217
※ 青少年法制教育活动 218
※ 青少年禁毒、安全教育 218
※ 留守、困境儿童关爱服务 218
※ 丰富中小学生假期活动 218
※ 培蕾助学项目 219
※ 青少年科技创新活动 219
※ 向学校赠送红色读本 219
※ 组织开展"十个一"活动 220
※ 助力就业创业创新 220

◆ 应急管理 221
※ 概况 221
※ 夯实安全生产基础 221
※ 危险化学品专项整治 221
※ 烟花爆竹监管 222
※ 检查非煤矿山 222
※ 防灾减灾和应急救援 222
※ 森林防灭火 223

◆ 居民生活 224
※ 居民收入 224
※ 居民消费价格指数 224

◆ 人口计生 224
※ 概况 224
※ 实施三孩生育政策 224
※ 落实计划生育利益导向机制 224
※ 计生困难群众服务管理 224
※ 免费孕前优生健康检查 224
※ 老龄工作 224

◆ 民族宗教 225
※ 民族事务 225
※ 宗教场所 225
※ 宗教事务 225

街道（镇）

- **凤城街道** ·············· 226
  - ※ 概况 ·············· 226
  - ※ 经济发展 ·············· 226
  - ※ 社会事业发展 ·············· 227
  - ※ 疫情防控 ·············· 228
  - ※ 党廉建设 ·············· 229
  - ※ 城市管理 ·············· 229
  - ※ 乡村建设 ·············· 229
  - ※ 安全生产 ·············· 229
  - ※ 社会治理 ·············· 229
- **东城街道** ·············· 230
  - ※ 概况 ·············· 230
  - ※ 经济发展 ·············· 230
  - ※ 疫情防控 ·············· 231
  - ※ 乡村振兴 ·············· 231
  - ※ 城市治理 ·············· 232
  - ※ 民生事业 ·············· 232
  - ※ 党建工作 ·············· 232
- **洲心街道** ·············· 233
  - ※ 概况 ·············· 233
  - ※ 经济发展 ·············· 233
  - ※ 社会发展 ·············· 234
  - ※ 城市建设 ·············· 236
  - ※ 城市管理 ·············· 236
  - ※ 新农村建设 ·············· 237
  - ※ 巩固脱贫攻坚成果 ·············· 238
  - ※ 学党史 办实事 ·············· 239
- **横荷街道** ·············· 239
  - ※ 概况 ·············· 239
  - ※ 经济发展 ·············· 239
  - ※ 项目建设 ·············· 240
  - ※ 基础设施建设 ·············· 240
  - ※ 城乡建设管理 ·············· 240
  - ※ 社会事业发展 ·············· 240
  - ※ 疫情防控 ·············· 241
  - ※ 乡村振兴 ·············· 242
  - ※ 人大换届选举 ·············· 242
  - ※ 党建工作 ·············· 243
  - ※ 社会维稳 ·············· 243
- **源潭镇** ·············· 244
  - ※ 概况 ·············· 244
  - ※ 经济发展 ·············· 245
  - ※ 疫情防控 ·············· 245
  - ※ 民生发展 ·············· 245
  - ※ 城乡建设 ·············· 246
  - ※ 社会治理 ·············· 246
  - ※ 乡村振兴 ·············· 247
  - ※ 党建党廉 ·············· 247
- **龙塘镇** ·············· 248
  - ※ 概况 ·············· 248
  - ※ 经济发展 ·············· 248
  - ※ 重点项目 ·············· 249
  - ※ 环境整治 ·············· 249
  - ※ 城乡建设 ·············· 249
  - ※ 乡村振兴 ·············· 249
  - ※ 社会事业发展 ·············· 249
  - ※ 疫情防控 ·············· 250
  - ※ 社会维稳 ·············· 250
  - ※ 安全监管 ·············· 251
- **石角镇** ·············· 251
  - ※ 概况 ·············· 251
  - ※ 经济发展 ·············· 252
  - ※ 农业产业 ·············· 252
  - ※ 乡村振兴 ·············· 252
  - ※ 民生事业 ·············· 253
  - ※ 生态环境保护 ·············· 253
  - ※ 社会治理 ·············· 254
- **飞来峡镇** ·············· 254
  - ※ 概况 ·············· 254
  - ※ 经济发展 ·············· 255
  - ※ 乡村振兴 ·············· 256
  - ※ 深化改革 ·············· 256
  - ※ 生态环境保护 ·············· 256

※ 社会综合治理 ……………………… 257
※ 社会民生事业 ……………………… 257
※ 疫情防控 …………………………… 258
※ 基层党建 …………………………… 258

人 物

◆ 2021年新任职区领导 ………………… 259
◆ 2021年获"广东省五一劳动奖章"
  称号人物 …………………………… 265
◆ 2021年获"广东省优秀党务工作者"
  称号人物 …………………………… 265
◆ 2021年获"清远好人"称号人物 …… 266
◆ 2021年获"清远市劳动模范"称号
  人物 ………………………………… 267

名 录

◆ 先进单位 …………………………… 269
◆ 先进个人 …………………………… 277

专 载

◆ 在中国共产党清远市清城区第八次代表
  大会上的报告（2021年10月26日）…… 298
◆ 政府工作报告（2021年11月24日）… 311
◆ 政府工作报告（2022年6月17日）… 321

统计资料

◆ 2021年清城区国民经济和社会发展统计
  公报 ………………………………… 329
◆ 清城区国民经济和社会发展主要指标 … 333
◆ 清城区分街（镇）国民经济和社会发展
  主要指标 …………………………… 335

附 录

◆ 清城区重点农业龙头企业 ………… 336
◆ 2021年清城区守合同重信用企业公示
  名单 ………………………………… 337
◆ 旅游景点选介 ……………………… 352
  ※ 黄腾峡生态旅游区 ……………… 352
  ※ 碧桂园故乡里民俗文化主题公园 … 352
  ※ 新银盏温泉度假村 ……………… 352
  ※ 狮子湖国际休闲度假区 ………… 352
  ※ 牛鱼嘴原始生态风景区 ………… 352
  ※ 美林湖景区 ……………………… 352
  ※ 飞霞山风景名胜区 ……………… 352
  ※ 金鸡岩名胜古迹风景区 ………… 353
  ※ 天子山生态旅游区 ……………… 353
◆ 酒店选介 …………………………… 353
  ※ 碧桂园假日半岛酒店 …………… 353
  ※ 湖滨步步高酒店 ………………… 353
  ※ 环城步步高酒店 ………………… 353
  ※ 清远国际酒店 …………………… 353
  ※ 清远建滔裕花园酒店 …………… 353
  ※ 丁香花园酒店 …………………… 354
◆ 旅行社选介 ………………………… 354
  ※ 清远市国旅国际旅行社有限责任公司 … 354
  ※ 缤纷旅行社 ……………………… 354
  ※ 星辉旅行社 ……………………… 354

索 引

◆ 主题索引 …………………………… 355

年度关注

清城区现代农业产业园入选国家现代农业产业园创建名单

2021年，清城区现代农业产业园入选国家现代农业产业园创建名单。推进国家现代农业产业园（畜禽种业）建设，是清城区壮大主导产业、培育增长动能的重要支撑，也是实施乡村振兴战略的重要抓手。清城区现代农业产业园是在清城区清远鸡产业园的基础上开展建设，以清远麻鸡种业为主导产业，建设内容包括七大工程18个建设项目，共投资243600万元，建设范围涵盖飞来峡、源潭、龙塘、横荷、石角5个镇（街）共91个村（社区）。2018年，清城区立足生态区域优势和清远麻鸡特色产业基础，全面铺开清远鸡现代农业产业园建设，科学合理地对清远麻鸡品种资源开展有效利用，实施标准化、特色化、生态化、产业化和品牌化发展。2019年推进清远鸡产品精深加工，培育发展与现代畜牧业有关的衍生配套服务，完善清远鸡屠宰、加工、冷链配送等一条龙服务体系，2021年初步形成集良种繁育、标准化养殖、屠宰加工、品牌营销于一体的清远麻鸡全产业链发展格局。清城区现代农业产业园有清远麻鸡产业相关的国家级农业龙头企业1家，省级农业龙头企业2家，规模养殖场202家。"清远麻鸡"养殖规模占清远市活禽饲养总量的60%以上，良种率达92%，标准化、规模化养殖出栏量占总出栏量的85%。

清城区入选全国科普示范县（市、区）创建单位

2021年，清城区入选2021—2025年度第二批全国科普示范县（市、区）创建单位名单，是清远市唯一入选的县（市、区）。清城区入选"全国科普示范县（市、区）"标志着区域内科学普及发展水平达到先进水平。自中国科学技术协会启动新一轮全国科普示范县（市、区）申报认定工作以来，清城区委、区政府高度重视，认真部署相关工作。清城区科学技术协会作为牵头单位，广泛开展文化科技卫生"三下乡"、全国科普日、科技活动周等重大科普活动，铺开清城区流动科技馆建设和巡展、"清城区科普讲师团""科普百课进基层""爱科计划之科普志愿队伍建设服务"等创新性活动，全面推动基层科普公共服务能力和水平的提升。清城区对照《2021—2025年度全国科普示范县（市、区）标准》，补短板、强弱项、固优势、树典型，推进科普基础设施建设，加大科普资源的共建共享，加强科学精神、科学方法和科学家精神在全区的宣传，为进一步提升全民科学素质，全面建设社会主义现代化国家提供基础支撑，为清城区全方位推动高质量发展作出贡献。

清城区新桥村被认定为第二批全国乡村治理示范村

2021年10月，经中央农村工作领导小组办公室、农业农村

部、中央宣传部、民政部、司法部、国家乡村振兴局6部门共同审核，清城区东城街道新桥村被认定为第二批全国乡村治理示范村。新桥村总面积约10平方千米，户籍人口4584人，下辖21个村小组，整村年产值19172万元，人均年收入4万元，美丽乡村覆盖率90.5%，建成美丽乡村19个，其中特色村2个，示范村3个，整洁村14个。每个自然村全部完成污水处理设施建设，实现雨污分流，全村共建有垃圾收集点33个，通过签订"门前三包"责任书，实行常态化保洁制度，改善村民居住环境，提高村民生活质量。新桥村实施"头雁领富"工程，以"党建+旅游+乡村振兴"的模式，带领群众脱贫致富奔小康，开发引进大雾山生态农业公园、阳光玫瑰葡萄产业园、清远市乡下美食村、岭南农业观光采摘园、清逸园乡村生态苑南区、知农坊青少年科普基地等乡村产业项目50个。新桥村2021年1月获第二批"广东省文化和旅游特色村"称号，6月获"清远市先进基层党组织"称号。

清城区司法局凤城司法所获"全国模范司法所"称号

2021年，清城区司法局凤城司法所获"全国模范司法所"称号。凤城司法所以服务大局为中心任务，以担当尽责为根本要求，通过强化组织领导，强化基础设施建设，强化司法行政职能，各项业务在全区树立标杆，实现"三下降"（民转刑案件、民事诉讼案件、群众性信访事件）"三提高"（人民调解率、人民调解达成率、信访案件调解率）"二不出"[一般纠纷不出村（社区）、疑难复杂纠纷不出区]，有效维护辖区和谐稳定发展。2018—2021年共组织法治教育课60场，听众85000余人次，解答法律咨询500余人次；驻所调解室自2018年9月运行至2021年10月，共受理案件1846件，调解率100%；严控"重点人员"，拧紧管控"安全阀"，加强衔接"帮教"，开展社区矫正工作，做到不脱管、不漏管，2018—2021年，辖区内没有发生安置帮教对象再犯罪案件。

清城区举办首届云花市

2021年2月1日，清城区首届云花市启动。清城首届云花市的主题为"牛年花开好景来"，由清城区委宣传部主办，清远广播电视台一众主播及清城区"乡村新闻官""社区服务官"进行直播带货，展示商品。云花市上线7天，直播平台累计关注量逾200万人次，日均在线人数达28万人。为方便市民提取在"云花市"平台购买的年花，主办方在市区范围内设置麻寺田社区"旧厂老记忆"主题公园、高基里社区法院花坛广场、古城社区体育公园、石狮社区"人大"主题公园、澜水社区体育公园、荷兴社区街角公园项目、维港社区洲心丝绸文化公园、七色城邦、凤城郦都、胜利雅苑、金海湾豪庭、碧桂园山湖城、恒丰华庭、御金街、时代倾城15个线下提花点。受新冠肺炎疫情影响，清城区取消举办2021年统一线下集中花市，云花市解决市民对年花的购买需求和本地花农年花销售的难题。

清远南部首座500千伏变电站清城站动工

2021年4月7日，清远500千伏清城输变电工程及粤港澳大湾区500千伏外环中段工程（清远段）在清城区石角镇罗屋村举行开工仪式，工程用地面积约149亩，新建2组1000兆伏安主变和500千伏清城至花都双回线路。其中，清城至花都双回线路长度34千米，总投资6.65亿元。500千伏清城输变电工程是连接粤港澳大湾区500千伏外环中段（清城—珠东北）与西段（清城—卧龙）的枢纽，也是新外环与珠三角负荷中心联系的关键站点。该项目建成后，将作为清远南部电网枢纽，提高电网的运行可靠性，满足清城区未来15年用电需求。两项工程是贯彻落实国家粤港澳大湾区发展规划以及广东省委、省政府构建"一核一带一区"区域发展新格局等重大战略的重要抓手和具体实践，也是广东电网公司近年来完善电网结构，化解大电网风险，提升电网安全稳定水平的重大战略部署。

清远首张自助打印营业执照在清城区出炉

2021年6月17日，佛山市结合点汽车租赁服务有限公司清远分公司通过清城区政务服务中心的"市民之窗"，打印了辖区首张由终端自助打印的营业执照，这也是清远首张自助打印的营业执照。2021年，清城区新增商事登记事项"营业执照自助打印""企业机读档案登记资料自助打印"2项功能，清城区政务服务中心、凤城街道、石角镇、源潭镇、飞来峡镇政务服务大厅和24小时自助政务服务办事大厅的自助终端机上均可使用，预计每年将打出60000余份相关资料，大大缩减企业开办时间，持续优化地区营商环境。"商事登记自助打印服务终端"依托"互联网+商事登记+政务服务"模式，开办企业（设立登记）无需提交纸质材料，通过"一网通办"网上服务平台即可自主申报，符合规范的申请，经后台即时审核通过，不超过1个工作日申请人就可以在自助打印终端机打印营业执照正副本、核准登记通知书和机读信息资料等文书，现场立等可取，真正实现"网上办""零见面""便捷化"的市场主体开办服务新模式，实现互联网自主申报与自助打印营业执照无缝对接，极大提升市场主体商事登记便利化程度。

中国南部物流枢纽项目二期动工

2021年7月，中国南部物流枢纽项目二期工程动工，项目二期占地面积228亩，总投资12亿元，规划功能为粤港澳大湾区生产生活商品物流中心。中国南部物流枢纽项目总体规划用地1500亩，建设面积超120万平方米，总投资超73亿元，由广州商控集团打造，计划"十四五"期间内建成国际化、智能化、枢纽型的综合现代物流园区。中国南部物流枢纽项目是广清两地产业共建的重点项目之一，京广铁路、武广高铁、乐广高速、汕湛高速等多条交通轨道交汇其中。该项目一期于2019年12月26日开业，占地面积204亩，总投资5亿元，拥有8.58万平方米现代化国际标准的高净空立体仓库及配套综合楼，园区应用AI智能设备、全自动分拣流水线、搬运机器人等现代物流科技，建设有高品质自动化云仓，物流效率和每平方米仓储坪效都优于传统仓库。阿里巴巴心怡物流、菜鸟网络、中国邮政等龙头企业进驻园区，每天进出车辆100车次，单日发货量约10万单，重点保障供应华南地区市场。中国南部物流枢纽项目全部建成后，预计入驻物流企业、电子商务企业、生产制造企业及商贸企业超800家，带动产业链上下游企业创造的综合税利预计超过20亿元，带动就业人口约3万人。

广清中大时尚科技城"云尚数智中心"运营

2021年7月28日，位于清城区石角工业园的广清中大时尚科技城"云尚数智中心"投入运营，成为对标国际奢侈品的时尚潮流制作中心，吸引不少全国各地网红的关注，成为网红直播打卡点。云尚数智中心由忠华集团、云尚智城集团斥资8000万元打造，面积4000平方米，配备户外裸眼3D曲面大屏、多功能宴会厅、政务服务厅、时尚会客厅、时尚双T台专业秀场和智能化、场景化、数字化展示品牌馆。广清中大时尚科技城项目总投资50亿元，总规模约200万平方米，重点打造智能制造、时尚鞋服、美妆、箱包皮具、珠宝饰品、新材料等六大产业链集群，建成后将聚合1000家全球时尚产业链上下游和配套企业，预计综合年产值达200亿元，年综合贡献税收超2亿元，创造就业岗位2万个。项目将搭建三大平台、三大基地、六大中心、八大服务，强化园区企业产业链协调发展与资源共享，融合跨界合作的公共服务体系建设，提升企业产品的价值与效率。

清城区与中山大学孙逸仙纪念医院深化合作共建

2021年8月26日，清城区人民政府与中山大学孙逸仙纪念医院举行共建清远市清城区人民医院合作签约仪式。根据协议，双方合作共建，将清城区人民医院打造成为"粤北地区精准肿瘤医学中心"和集医、教、科为一体的达到三甲水平的综合医院，让群众不出区便可享受到省级三甲医院水平的优质服务。中山大学

2021年8月26日，清城区人民政府与中山大学孙逸仙纪念医院共同签订《共建清远市清城区人民医院合作意向书》，在多个医疗领域达成合作共建关系

（区卫健局　供图）

孙逸仙纪念医院将通过选派学科带头人驻点帮扶、接受清城区人民医院骨干力量来院进修、以"先输血后造血"的帮扶模式，为清城区提供优质医疗资源、人才和技术支持，全面提升清城区人民医院整体综合医疗服务能力，打造当地一流的医疗人才队伍，满足区域医疗卫生发展需求，为清城区居民提供高水平的诊疗服务，帮助清城区实现常见病、多发病不出区的目标；并依托清城区人民医院500张床位的独立区域，建立"大专科，小综合"的紧密型医联体，适应粤北地区的医疗发展需求，提供"同质差异化"医疗服务，与清城区人民医院共建"精准肿瘤医学特色大专科"，致力打造粤北精准肿瘤中心，形成覆盖清远市，辐射粤北地区，具备医疗科研、教学和防治综合能力的区域肿瘤医学中心。

清城区迎来清远第一所本科院校首批新生

2021年9月23—24日，清城区迎来清远第一所本科院校广东金融学院清远校区首批约6000名新生。广东金融学院清远校区位于清远市清城区广东省职教城内，占地面积1385亩，规划总建筑面积约45万平方米，办学规划为13000—15000名学生，以本科生为主，2021年计划招生5950人。清远校区采用"2+2"办学模式，即大一、大二学生在清远校区学习，大三、大四在广州校区学习。广东金融学院清远校区由广东金融学院与清远市人民政府共建，于2018年2月签约，分2期建设。2021年第一批28万平方米校舍建成交接，包括南北区19栋学生公寓、4栋实验楼、2栋教学楼、2个食堂以及办公楼、体育馆、图书馆等。

广东金融学院清远校区

（黎泽坚　2021年摄）

党史学习教育

【概况】 党史学习教育开展以来，清城区深入学习贯彻习近平总书记关于党史学习教育的重要论述和重要指示批示精神，认真贯彻落实党中央决策部署和省委、市委工作要求，按照"学史明理、学史增信、学史崇德、学史力行"的要求，整合各类资源、用好各类平台、创新活动方式，精心组织实施、有力有序推进，确保学习教育组织到位、措施到位、落实到位，全区党员干部受到一次全面深刻的政治教育、思想淬炼、精神洗礼，达到"学党史、悟思想、办实事、开新局"的目的。

【组织保障】 2021年，清城区第一时间成立由区委书记担任组长的区委党史学习教育领导小组，构建起责任清晰、架构完善、分工合理、人员齐整的工作机制，全面统筹全区党史学习教育工作。市委常委、区委书记邱泽军认真履行第一责任人职责，组织召开区委常委会会议专题研究4次、区委党史学习教育领导小组会议5次。2021年，共组织召开区委党史学习教育领导小组办公室会议7次，印发党史学习教育工作文件40余份，建立工作制度6项，编发工作指引5份，为全区党史学习教育工作的开展打下坚实的组织基础。

【理论武装】 清城区把学习习近平总书记"七一"重要讲话精神、党的十九届六中全会精神、习近平总书记关于党史学习教育的指示批示精神等作为各类各级会议的"第一议题"，推动党史学习教育常态化、制度化。2021年，区委常委会会议专题学习37次，区委理论学习中心组（扩大）会议专题学习29次。邀请省委、市委党校专家教授进行现场专题授课、辅导教学4次；开展党史学习教育专题宣讲1098场，听众20.5万余人次。举办全区科级以上干部专题研讨班3期；组织理论研讨会733场，参会人员1.3万余人次。除各系统各领域的专题培训外，清城区还将党史学习教育贯穿于新提拔科级干部培训、初任公务员培训、公务员全员培训等各类学习培训中，累计组织党员干部培训2481人次。要求全区党员干部围绕《习近平新时代中国特色社会主义思想学习问答》《论中国共产党历史》等指定学习教材自觉开展学习，确保学深悟透、融会贯通。全区1169个基层党组织累计发放指定教材3.5万册，参加学习的县处级以上领导干部45人，党员2.3万人。

【传承红色基因】 2021年，清城区强化红色地标建设，通过全区红色资源大调查，普查到红色资源点15处，并建立健全清城区红色文化旅游资源数据库，通过大数据管理，将红色资源数据存起来、用起来、活起来，赋能清远县革命烈士纪念碑、思源园、向秀丽公园等红色地标，使其成为广大党员群众的"教科书""营养剂""信仰标",夯实全社会精神根基。2021年,全区组织参观革命遗址遗迹、纪念场馆、党建文化主题公园等1013场次,参加活动的党员干部3.5万余人次。巧用多种形式传承红色记忆,制播红色影视片《党的好儿女——向秀丽》,为50年及以上党龄的优秀老党员拍摄专题纪录片,在"清城发布"微信公众号影视专栏广泛宣传。制播讲述清城8个镇(街)红色历史的"党史·清城"系列小视频16期,与《南方日报》清远新闻部联合制作"党史学习教育:清城云讲堂"栏目40期,拍摄"光荣在党50年"专题纪录片5期,制播"党史音乐课"——《百年风华茂·党史音乐颂》栏目6期,展映红色电影133场。编纂出版《中共清远市清城区历史(1988—2012年)》等党史书籍。

【宣传宣讲】 清城区成立由市委宣传部、市委党校、区委党校及部分高校理论功底扎实、政治素质良好的讲师、教授组成的区委党史学习教育宣讲团,分赴机关、镇街、村居、学校、企业等基层一线开展宣讲,累计开展宣讲420场次,听众2万余人次。带头到基层和所在支部讲专题党课的全区县处级领导干部52人次,基层党支部书记累计开展讲专题党课4530次。充分利用"清城发布"微信公众号"e起学"等线上平台开展党史学习教育宣讲活动。组织摄制《峥嵘岁月 红色清城》红色教育宣传片,精选区委党校骨干教师参与录制《党史云学习 清城大讲坛》栏目云课堂20集,推送到多媒体平台供党员干部及群众学习。深入挖掘各单位各部门开展党史学习教育的好思路、好做法,撰写专题简报146期,其中被市简报组全文采用3期,综合采用60期,形成一批可复制、可借鉴的优秀工作经验。2021年,全区报道党史学习教育相关新闻1346篇,其中,在中央媒体平台报道39篇,在省级媒体平台报道75篇(《南方日报》主报专版1篇),在市级媒体平台报道336篇,被学习强国广东平台采用108条,收到良好宣传效果。组织有关协会开展庆祝建党100周年诗歌、美术、书法、摄影作品征集等活动,评选出优秀诗歌作品24首(以诗歌朗诵的形式入选学习强国平台"听文化"栏目)、美术作品30幅、书法作品35幅、摄影作品20幅,创作粤曲《峥嵘岁月——庆祝建党100周年》,发表关于优秀党员脱贫攻坚的报告文学《这是个让人感动的地方》。举办"百年百花放·文艺歌颂党"清城区庆祝建党100周年美术书法摄影作品展览。

【抓实重点】 清城区制定印发《关于认真学习习近平总书记在庆祝中国共产党成立100周年大会上的重要讲话精神的通知》等文件,指导全区迅速掀起学习、宣传、贯彻总书记重要讲话精神热潮。2021年,全区开展领导干部落实"1+2+X"(带学+研讨+体会)制度宣讲约8700场次,参加党员人数约11.3万人次;开展总书记"七一"重要讲话精神宣讲80场次,听众3600人次。授予2184名老党员"光荣在党50年"纪念章,表彰"两优一先"代表116个。第一时间召开清城区传达学习贯彻党的十九届六中全会精神干部大会,抓好全区党员干部培训和宣传宣讲工作,做到全覆盖抓好学习培训、全方位做好宣传阐释、全领域开展集中宣讲,推动全区广大干部群众学懂弄通做实全会精神,进一步统一思想、统一意志、统一行动,推动党的十九届六中全会精神在清城落地落实。全区各级党组织共召开专题组织生活会2085场次,谈心谈话约4.24万人次,开展批评与自我批评,收集批评意见分别为9500条、1.21万条,真正做到有辣味、补短板、抓整改。2021年,全区组织思政课教师开展专题培训86场次,党史精品课程授课93场次,参与活动的师生近12.8万人次。开展"童心向党 经典诵读"135场次,参与师生23万人次;开展"童心向党 红色赞歌"118场次,参与师生50万人次,创作东城一中《少年中国说》、凤鸣小学《百年风华茂 礼赞新中国》、新北江小学《百年风华茂 全城献礼赞》等9个短视频,让师生在参与和体验中学党史、知党恩、跟党走。

【为民办事】 2021年,清远市"我为群众办实事"的1781项重点民生项目中,涉及清城区的重点民生项目123项(含区级重点民生项目10项,区直各部门、镇街重点民生项目113项)全部完成。通过各镇(街)各单位收集上报的清城区民生微实事项目1685项全部完成。其中，通过社区服务官收集的"民生微实事"项目42个（其中"微改造类"23个、"微服务类"19个），投入600万元重点支持项目建设，真正实现"小切口大变化"。充分利用"逢四说事"机制，区四套班子成员带头到所联系镇（街）开展"逢四说事"活动，收集民生微实事399项全部完成。清城区按照省的征集范围及标准面向全区征集创新案例35个，从中提炼上报2个，其中社区微改造案例被清远市作为创新案例上报至省。收集上报党史学习教育实践活动典型案例20篇，其中《"逢四说事"工作机制》《凤翔社区"党建+志愿"打造服务型社区》2篇入选全省实践活动典型案例汇编。

（区委宣传部）

广清一体化建设

【基础设施建设】 交通基础设施互联互通 2021年，清城区完成《清远市清城区综合交通运输体系发展"十四五"规划》报批稿，完成《清城区县道网规划方案》《2020—2035年清城区公路基础设施（国、省、县、乡道）国土空间控制规划研究报告》规划编制工作，配合市交通运输局完善清城区高速公路网建设工作，并推进内河航运业发展。全区通车高速公路4条，在建高速公路3条，正全力配合开展清远新港公共物流码头前期工作。广清永高铁项目列入《粤港澳大湾区发展规划纲要》《粤港澳大湾区铁路（城际）建设规划》，其相关工作正在稳步推进中。

乐排河入河排污整治 清城区乐排河入河排污口整治工程，项目总投资8526万元，分2期实施，有效地改善乐排河水质。2021年6月清城区河长办公室开展广清跨界河流乐排河整治行动，强力推进水环境综合整治工作。

【产业平台建设】 广清空港新城建设 2021年，广清空港现代物流产业新城总体规划编制汇报文本初稿编制完成，经清远市城市规划委员会审议，相关部门及时跟进调整后再次提交，于2022年1月通过清远市规委会审议，下一步将提交广清两地相关部门审核。《产业新城征拆方案》经多轮的研究讨论，相关部门召开座谈会对其进行完善修改。新城规划范围引进物流项目，其中广百物流项目作为广清产业共建重点项目，参与粤港澳大湾区分工，为湾区提供方便快捷的物流服务。截至2021年12月，新城园区实现营业收入1.6亿元，同比增长201.89%；全社会固定资产投资6.43亿元，同比负增长25.49%，全口径税收577万元，同比增长271.33%。园区签定投资合同项目1个，计划总投资约9.6亿元；累计投（试）产项目2个，在（筹）建项目7个。

广清产业园 2021年，广清产业园实现工业总产值132亿元，同比增长25.71%；工业增加值34.5亿元，同比增长26%；固定资产投资54.48亿元，同比增长50.91%，其中工业固定资产投资46.91亿元，同比增长90.94%。同时实现全口径税收收入3.88亿元，同比增长133.73%；一般公共预算收入1.68亿元，同比增长95.35%。

【文旅产业融合发展】 文化产业创新发展 2021年，清城区1988文创产业园引进12家文创企业进驻，组织开展相关活动6场。"数字文创研发中心""电商直播应用研究院"双双挂牌1988文创直播基地，加快形成清城区"数字+文创""电商+直播"的产业发展新格局，结合省职教城人才资源、清远星谷平台优势及1988文创直播基地多方行业资源优势，为大学生创业提供平台，培育更多文创、电商、直播、新媒体人才，努力提升自主创新能力，助力清远市数字经济高质量发展。

旅游合作互动 清城区推进粤港澳大湾区北部生态文化旅游合作区合作，与广州花都区签订合作框架协议，探索"旅游+"产业生态圈，创新乡村振兴发展模式，生产供给更多特色生态旅游、生态文化、健康养生等旅游文旅产品。2021年5月14日和19日，清城区与广州市花都区联合举办"花清联游"旅游大惠民活动现场推介会等系列活动，共同推出"花清联游"旅游惠民政策，共有27家旅游景区、乡村旅游点参与旅游惠民活动。坚决落实清远市委"十大行动方案"，配合完成广清惠民旅游年卡有关工作，携手打造区域旅游共同体，逐步形成区域协同、优势互补、产业联动的整体发展格局。

【营商环境改善】 商事制度改革 清城区推动企业开办全程"零见面"改革，在实现全流程电子化登记基础上，企业开办审批程序线上线下结合，实现企业设立登记、刻制印章、申领发票及税务Ukey等事项"一窗通办"。

企业开办全流程"零成本" 2021年，清城区划拨90万元专项资金做好新开办企业免费刻制2枚印章的服务，全年共为新办企业免费刻制印章5299枚。

工程建设项目审批改革 清城区试行建筑工程施工许可告知承诺制审批，全区审批事项清单由原来的135项优化为74项。社会投资一般工程项目审批控制在54个工作日内。截至2021年12月，通过区政务服务中心"工建改"专窗受理的工程项目5948个（件），其中第一阶段498个（件），第二阶段3560个（件），第三阶段1441个（件），第四阶段449个（件）。

【政务服务一体化】 推行"广清通办"政务服务 为加快推行"广清通办"业务，实现更多政务服务事项异地办理，清城区主动与广州市越秀区相关部门联系，于2021年5月10日签订有关两地政务服务"跨城通办"合作协议等事宜，梳理出"跨城通办"事项清单，通过跨城通办专窗、线下代办、线上流转一体化联动，实现"收受分离、异地可办"的"跨城代收通办、辅导全程网办"政务服务新模式，无论在清城区，还是在越秀区，均可办理涉及卫生健康、市场监管、公安、人社、社保等公共服务类和行政审批类事项。

推动广清经济特别合作区简政放权 为深化"放管服"改革，优化营商环境，清城区推进广清经济特别合作区的简政放权，于2021年11月18日印发《清城区市场监督管理局委托广清经济特别合作区广清（清城）产业园依申请权力事项及公共服务事项清单》的通知，涉及"企业登记注册""个体工商户登记注册""对股权出质设立、变更、注销、撤销登记""企业备案登记""增、减、补、换发证照"共5个主项，子项事项清单41项。

【公共服务能力水平提升】 为广清两地人才提供便捷服务 2021年，清城区对进入清城区企业和乡镇事业单位工作的广清两地高层次人才需求情况进行摸底，主动联系市人社局、市民卡制作中心，研商制作推行"清远人才服务卡"。2021年发放"清远人才卡"60张，帮助22名高层次人才解决子女入学问题，为清城区60名高级人才建立健康档案，人才凭卡到市内三甲医院享受免费体检和绿色医疗服务。让各类来清城创新创业人才有幸福感、归属感和自豪感。在金创电商产业园一楼大厅配置政务服务终端一体机1台，园区党员、人才、顺盈商圈周边商户及居民群众在此查询、打印、缴费、党建、发布或咨询用工需求等达322人次。率先推出"智达百里"预约用车服务项目，针对来清高层次人才的用车需求，提供微信下单式的租车服务，满足高层次人才在清城办事创业出行需求。

教育帮扶不断加强 两区教师发展中心结对。2021年3月，广州市越秀区教育发展中心与清城区教师发展中心签约，越秀区教育发展中心将围绕清城区教师发展中心教科研工作、专业指导工作和教师教育培训等工作开展帮扶。特色学校、"校镇结对"、跟岗学习等双向多样交流密切开展，建立多层次的交流与合作关系，通过两区教师双向交流、辐射带动，助推清城教育等民生事业的发展。

医疗合作持续深化 加强清城区基层医疗卫生机构服务能力建设，提升清城区医疗机构整体水平。全面梳理清城区的医疗机构发展需求及当地医疗资源发展方向，制定针对性的帮扶措施，与省及广州市充分交流对接，主动争取与省属和广州市属三甲医院开展联盟、托管、帮扶等多种形式的合作，提升医疗机构发展水平。

（区发改局）

巩固拓展脱贫攻坚成果

【概况】 2021年,清城区深入学习贯彻习近平总书记在中央经济工作会议、中央农村工作会议和全国脱贫攻坚总结表彰大会上的重要指示精神,按照中央、省、市决策部署,统筹做好巩固拓展脱贫攻坚成果和全面推进乡村振兴,确保工作机制和政策体系平稳过渡、有序衔接,坚决守住清城区脱贫攻坚胜利果实。截至2021年底,清城区建档立卡脱贫人口3216户5365人,全部按照"八有指标"落实政策,实现"两不愁、三保障"。通过开展防返贫监测,2021年,清城区无劳动力、有劳动力贫困人口年人均收入达到10093.66元、10632.67元,达到稳定脱贫标准,没有返贫现象。全年度对其他农户开展返贫监测,截至2021年底,监测困难群众5365人,纳入帮扶边缘人口12人。没有发现有易致贫人口和突发性严重困难人口,确保守住脱贫攻坚成果。

【政策落实】 清城区始终将"十四五"时期作为清城区巩固拓展脱贫攻坚成果同乡村振兴有效衔接的过渡期,落实"四个不摘"要求,保持现行帮扶政策、资金支持、帮扶力量总体稳定。制定出台《关于建立清城区防止返贫监测和帮扶机制的实施方案》,继续加大资金扶持、技能培训等扶持力度,激发脱贫户发展产业的内生动力,示范引导脱贫户调整优化产业结构,实现产业致富。对2020年12月31日清城区建档立卡脱贫人口的有劳动能力家庭和有弱劳动能力人员家庭每半年发放一次产业扶持资金,按照劳动力人口每人660元标准划拨,剩余部分平均分配给半劳力或弱劳力人口。2021年度对全区建档立卡脱贫户共发放扶持资金174.25万元;对2021年稳定就业务工7个月以上有劳动力脱贫户每人发放一次性奖补2000元,2021年度符合条件人员238人,共发放47.60万元。预算10万元委托清城区产业扶贫技能培训中心对全区有意愿发展产业的脱贫户开展产业扶贫技能培训,参与培训240人次。继续对全区建档立卡脱贫户学生1029人购买贫困学生教育综合保险,继续对全区建档立卡"五保户"1403人购买住院津贴保险,对全区建档立卡脱贫户("五保户"除外)4632人购买脱贫户自费医疗保险。对全区建档立卡脱贫户每户发放500元生活补助资金,持续发放生活补助,提升脱贫户生活质量。在村、镇、区三级搭建群众申报贫困户的平台,设置群众电话报贫或网络报贫,畅通群众报贫渠道,实现困难群众报贫一键通。利用防返贫监测系统,动态监测边缘易致贫人口。

【规范管理扶贫资产】 2021年,清城区按照明确所有权、放活经营权、保障收益权、落实监督权"四权分置"要求,做好扶贫资产确权登记工作,健全扶贫资产管理台账和制度体系,巩固村级公益事业发展,健全到村、到户的收益分配机制,强化镇村和行业部门监督责任,依法维护农户对到户类扶贫资产的财产权利。清城区登记扶贫资产项目23个,其中22个为经营性资产,1个为公益性资产,涉及扶贫专项资金共4774.7万元。经营性资产中有8个属于资产收益分红项目,投入资金2590.7万元,有14个属于固定资产收益项目,投入资金2158万元,公益性资产属于公益性扶贫资产项目,投入资金26万元。

【"6·30"广东扶贫济困日】 清城区通过开展专题报道、举办现场募捐活动、召开行业座谈会等形式,深度开展舆论宣传,讲好扶贫济困、乡村振兴新故事,扩大"6·30"活动社会影响,提高大众参与的积极性和主动性,凝聚正能量,营造浓厚氛围,激发社会各界捐赠热情。2021年度"广东扶贫济困日"活动共组织爱心企业开展募捐座谈会5场,发动超过10000名干部职工和200家企业热心捐款。全年,清城区共募捐慈善资金927.98万元。

【老区建设】 2021年市财政划拨30万元助力清城区建设完善革命老区基础设施，清城区对全区16个革命老区村在食用水安全、村道硬底化和农田基本建设等方面进行全面深入调研，按照经济基础厚薄、工程先急后援的原则，着眼民生，重点解决群众热切期盼的问题。与区老区促进会共同开展调研，利用市老区扶持资金30万元对文洞大坪村至西坑下赤泥村段乡村道路硬底化工程进行扶持。利用区100万元革命老区建设扶持资金对6个革命老区村小组农田水利建设、安全食水工程、道路建设、排灌站建设等进行扶持，村庄基础设施得到新提高。

【驻镇帮镇扶村】 2021年，清城区选派41名优秀、年轻干部派驻7个镇（街）参与驻镇帮镇扶村工作（飞来峡镇由市纪监委牵头派驻干部帮扶），向18个创建乡村振兴示范村、集体经济薄弱村等重点帮扶村派驻驻村第一书记。将全区8个镇（街）分为三类进行帮扶：第一类重点帮扶镇，有飞来峡镇；第二类巩固提升镇，分别有源潭镇、石角镇、龙塘镇；第三类先行示范镇（街），分别有凤城街道、东城街道、横荷街道、洲心街道。除飞来峡镇由市安排帮扶单位组团帮扶外，其他镇（街）由区直单位组团结对帮扶。重点帮扶镇、巩固提升镇要在创建乡村振兴示范村、红色村、集体经济薄弱村、软弱涣散村、脱贫不稳定村等范围内确定3—5个行政村（社区）作为重点帮扶村（社区），先行示范镇（街）要在创建乡村振兴示范村、红色村、集体经济薄弱村、软弱涣散村、脱贫不稳定村等范围内确定不少于1个行政村（社区）作为重点帮扶村（社区），在帮扶资金和帮扶政策上给予大力支持。2021年，8个驻镇工作队完成第一批驻镇帮镇扶村67个项目入库，有45个完成并通过验收，12月底完成省级帮扶资金每镇500万元的资金拨付工作。

【项目扶持】 清城区在2021年年底出台《清城区乡村振兴驻镇帮镇扶村工作实施方案》，在落实省市驻镇帮镇扶村基础上，勇于担当，对自行帮扶的4个先行示范镇（街）由区财政向每个街道每年安排200万元作为乡村振兴驻镇帮镇扶村工作专项资金，区慈善会从"6·30"资金中安排每年每个镇（街）不少于50万元，先行先试对各镇街的驻镇帮镇扶村项目开展扶持。项目扶持主抓产业振兴，争取造血为主。出台《清城区乡村振兴驻镇帮镇扶村资金筹集使用监管办法》（修订版），进一步规范资金使用。

（区农业农村局）

新冠肺炎疫情防控

【概况】 2021年，进入新冠肺炎疫情防控常态化阶段，清城区始终把疫情防控作为最重要工作来抓，累计建成区中医院等3个核酸检测实验室，高效快速处置疫情应急事件，对密接、次密接、重点人员做到提级管理、精准流调。专门成立清城区疫情防控数据核查专班，创新开通疫情防控电话专线，通过落实分片包干，抓好中高风险地区来（返）清城重点人员核查和"四个一"健康管理，累计接收专项核查任务共27.19万人，落实"四个一"管理17.5万人，抓实9098名集中隔离人员服务保障。累计完成全程疫苗接种104.4万人，高效完成7次千人以上规模人群核酸检测，稳妥处置疫情应急事件20余宗，筑牢清远"南大门"疫情防控屏障。

【确诊病例及治疗】 2021年1月1日至12月31日，清城区累计报告本地或国内关联新冠肺炎确诊病例0例，无症状感染者1例。累计报告境外输入新冠肺炎确诊病例9例，无症状感染者11例。

【密切接触者管理】 2021年1月1日至12月31日，清城区新增本地或国内关联新冠肺炎病例密切接触者46人，境外输入新冠肺炎病例密切接触者470例。

【集中隔离医学管理】 根据省、市防输入专班的最新要求，2021

年1月1日至12月31日，清城区集中隔离管理场所共接收入境旅客3230名，密切接触者55人、次密切接触者600人、重点人群484人。

【健全专业应急队伍】 组建1002个由一名村（社区）干部负责，一名镇（街）卫健（计生）系统人员、一名民警、一名专（兼）职网格员组成的"三人小组"，共1667人，全年累计排查279656人、核查率100%，落地182201人，全部落实"四个一"管理，搭建"161个村级党组织+389个村（居）民小组党支部+1617个党员中心户"防疫网格，成立334支"社工+党员"志愿服务队和"在职+农村"党员突击队，组织实施严格的公众聚集活动管制措施，全面筑牢疫情防控严密防线。

【加强组织建设】 区主要领导和分管领导坚持靠前指挥，深入一线，全面统筹协调全区常态化疫情防控工作，不断压紧压实压细防控责任。2021年8月，清城区开始推行疫情防控工作每日研判会，会商调度疫苗接种、工单核查、公共场所防疫等情况，并听取各镇（街）存在问题及困难等，有效制定相关应对措施，实现疫情防控工作的及时有效推进。健全完善工作架构，12月31日印发《清远市清城区新型冠状病毒肺炎疫情防控指挥部及其办公室工作方案（第五版）》，工作组增加至11个，工作专班增加至11个，进一步完善防控应急预案、医疗救治等系列工作方案，值班值守、应急处置、信息共享等机制更加成熟。

【把牢交通领域疫情防控】 2021年1月，成立清城区站场港口疫情防控工作专班，建立"两站一场一港口"联防联控工作机制。按照区疫情防控指挥部的统一部署，2021年春运期间共完成5轮核酸检测，累计完成春运一线服务保障人员核酸检测5445人次，累计发送旅客（道路、铁路、城轨运输总数）13690班次，发送旅客302511人次。2021年，公安机关联合有关部门对乐广高速等11个交通站场、入清道路关口设置联合检疫点，全面加强人车的排查，累计排查78852人次，按照上级的要求部署开展"打击运输涉疫垃圾""打击走私冻肉"等专项行动。6月4日，清城公安机关对"4·12"走私国家禁止进出口货物案集中收网，共出动警力50余名，分13个行动组，在清远清城、清新，广州花都等地对该案开展统一收网行动，抓获犯罪嫌疑人9名，依法扣押涉嫌参与走私的车辆4辆（装有冻肉高栏式货车2辆、协助作案小车2辆），查获冷冻牛肉约15吨，涉案冻品价值100余万元，全年累计查获涉走私冻品约270吨。

【推进疫苗接种】 2021年4月2日，印发《清城区新冠病毒疫苗大规模人群接种工作实施方案》，成立新冠病毒疫苗接种工作领导小组（以下简称领导小组），领导小组下设疫苗接种综合协调组、疫苗接种和医疗救治组等9个专责工作组，严格按照区委、区政府的部署落实60岁以上人群接种疫苗工作。7月15日印发《清城区60岁及以上人群新冠病毒疫苗接种工作实施方案》。8月3日印发《清城区12—17岁人群新冠病毒疫苗接种工作方案》。10月17日，制定《关于对全区各级各部门干部职工60岁以上家属疫苗接

2021年4月8日，清城区在市体育馆设立新冠病毒疫苗大型临时接种点

（区新闻信息中心 供图）

种情况等工作开展督导的工作方案》，督导干部职工亲属接种疫苗，由区纪委、区委组织部牵头，对全区各级各部门干部职工60岁以上家属疫苗接种进度缓慢的单位开展督导，共走访区直部门26个，约谈提醒部门"一把手"及分管领导52人。截至12月31日，清城区累计接种224.06万剂次，累计完成全程接种102.8万人，累计完成加强免疫20.29万人，全人群第一针接种率为92.78%，全人群全程接种率为91.79%。

【合力推动社会管控】 2021年，清城区全面开展维护政治安全八个专项行动、社会矛盾问题八个专项治理和基层矛盾纠纷排查化解专项行动，建立日常联络协调机制、每日情况报送机制、专题会商研判机制、应急值守备勤机制等4个有效工作机制，持续维护清城区政治和社会大局稳定。投入警力3600人次对酒店、宾馆、酒吧、棋牌室、大型商场等人员密集场所和重要点位开展巡逻防控，严格控制大型群众性活动举办规模及场数。成立清城区疫情防控数据核查专班，全年累计接收专项核查任务共27.19万人，加强车站安保工作，共派出警力2685人次，累计协助站场盘查15.5万人次。全年受理涉疫情防控刑事犯罪案件17件25人，已结案11件13人。全区各村（社区）法律顾问通过"线上+线下"结合、"微视频"讲座服务、升级"微信群普法"等新工作模式，为疫情防控遇到的法律问题提供优质高效的法律服务。累计排查基层矛盾纠纷84宗，排查各类涉稳重点人员129人，全年全区没有发生涉疫情矛盾纠纷。

【核酸大筛查有序推进】 2021年，制定《清城区大规模人群核酸筛查工作指引（试行）》及相关应急预案，要求各镇街反复组织实地演练，提前谋划核酸检测相关物资准备工作。6月7日，根据省、市统一部署，清城区结合工作实际开展分级分层核酸筛查工作，8个镇（街）共设置114个采样点，2057名医务工作者参与核酸采样，576名区直机关党员干部下沉一线，1520名志愿者到各采样点开展志愿服务，公安民警现场维护秩序，区政务服务数据管理局专门成立网络信息保障工作小组，协同区大数据中心及网络运营商为8个镇（街）提供网络支持和通讯保障，按时完成大规模人群核酸检测工作网络支撑任务。该次检测累计完成采样131万人次，结果全部为阴性。先后开展市人医确诊病例有关核酸筛查、大连确诊病例的密接者有关核酸筛查等7次1000人以上规模的核酸筛查工作，共筛查11万人次，为全市最多，每起应急事件均得到快速有效处置，实现社区疫情零扩散。

【统筹调配财政物资】 2021年，清城区在结转上年防控资金461万元的基础上，另筹集各级防控资金13447.01万元，其中：中央资金454.77万元、省级资金1255.4万元、市级资金2895.4万元、区级资金6775.83万元和街镇自筹资金2065.61万元。制定《清远市清城区新型冠状病毒肺炎疫情防控物资保障组关于明确防控物资保障组部门职责分工的通知》《清远市清城区新型冠状病毒肺炎疫情防控物资保障组本地疫情应急预案》，有力有序做好防控物资精准投放，及时补充防控物资储备。为全力解决"最后100米"配送问题，7月5日，组织东城街道金碧湾小区，以及大润发超市、华润万家超市等单位（企业）开展疫情封闭封控区域生活物资供应应急演练。9月5—7日，协调大润发超市、钱大妈生鲜超市等保障对阳光100阿尔勒小区封闭封控区生活物资的供应。11月26日组织区委宣传部、区发展和改革局等部门举行生活物资保供应急处置桌面应急演练活动。

【严控外防输入】 2021年9月10日，专门成立由区工业和信息化局牵头负责的陆路与航空口岸疫情防控工作专班（简称"陆空口岸专班"），负责入境人员集中隔离后闭环接转、粤港跨境货物运输疫情防控以及"快捷通道"来清外籍人士邀请函申报审核工作，专班下设办公室和转运组，转运组工作人员实施14天为一个工作周期的集中居住、闭环管理，严格按照规定落实核酸检测、全程接种疫苗。2021年全年共完成入境人员集中隔离后闭环接转任务221批次409人，参与龙塘镇阳光100小区和先导公司密接人员大型流调接转工作，共接转密接人员194人，全程实施闭环接转，无一人感染。截至2021年年底，清城区共有粤港跨境运输作业点8个，直接服务于跨境货车的风险岗位工作人员，均100%按规定完成疫苗接种和核酸检测。全年完成作业离开清城境内的跨境车辆总数为3438辆次；完成"快捷通道"来清外籍人士邀请函申报审核2人次。

【党团志愿助力疫情防控】 在2021年6月8—10日开展区域大规模核酸筛查过程中，区委组织部第一时间发出《致全区各级党组织和广大党员的防疫倡议书》，全区各机关党组织和广大党员干部积极响应，市级党员干部、护理院校学生纷纷请战，共3000余名志愿者奔赴一线开展志愿服务。8月，为进一步增强全区综合应急处置工作能力，强化镇（街）一线工作力量，建立区直（属）单位党团志愿突击队，完善区直（属）单位分片包镇（街）工作机制。9月4日凌晨4时接区疫情防控办通知，志愿突击队第一时间进入战疫状态，根据分片包镇（街）工作机制，下沉龙塘镇开展核酸检测工作。志愿突击队队员投身志愿服务工作，充分发挥先锋模范作用，截至9月7日晚，累计下沉6批次共1200余人次，完成相关防疫任务。

【建设工地加强应急处置】 2021年2月8日，区建设工地专班编制《清远市清城区建设工地新冠肺炎疫情应急处置方案》，指导区属工程施工企业开展建筑工地新冠肺炎疫情应急处置工作，确保建设工地如出现确诊病例、无症状感染者时能第一时间响应。组织部分施工企业开展防疫应急演练，9月7日、11月17日分别在东城污水处理厂二期项目部、清远佳亿创鑫科技产业园组织开展应急处置演练活动。演练采取模拟实战的方法，对进入工地的人员进行测温登记，发现有体温异常的，各专项应急工作小组迅速按照应急处置方案，落实隔离、送医、轨迹追踪、消毒等工作，取得较好的演练效果。

【加强台港澳侨疫情防控】 2021年，清城区通过微信、公众号等网络渠道及时向港澳社团会员微信群、清城港人联谊会会员群、各镇（街）港人联谊群等10余个微信群，转发清远发布、清城发布等权威微信公众号疫情防控最新资讯，尤其是港澳通关最新消息，进一步提高港澳乡亲疫情防控意识及参与度，宣传覆盖人数超5000人。做好台港澳人士疫苗接种服务工作，对在清台港澳同胞开通接种疫苗专窗，自10月9日起，台港澳人士疫苗接种点由每周开放一次改为每天开放，并开放3岁以上台港澳人群新冠疫苗接种，在辖区内就读中小学的台港澳学生就地参加由学校统一组织的免费接种，截至12月31日，协助420名台港澳同胞完成新冠疫苗接种。

【加强督导检查】 截至2021年12月底，累计开展13次专项督查，采取"四不两直"方式，共对8个镇（街、场）74个村居（社区）、51个区直部门和168个车站、集贸市场、高速公路服务区等重点场所开展疫情防控督查，共发现问题212个，发出疫情防控专项提醒函14份，收到涉及群众互联网反映疫情防控工作问题线索2条，均已办结；印发疫情相关督查通报3期，督查专报4期。7月23日以来，清城区建立"室组地"联动监督机制，成立2个疫情防控专项监督检查组，对车站码头口岸、隔离酒店、商场等重点场所、重点区域开展监督检查，发现并督促落实整改问题63个，督促提醒镇（街）、职能部门负责人12人。聚焦"广交会"疫情防控工作提档升级，深入贯彻落实《关于进一步加强第130届广交会期间清城区新冠肺炎防控工作的通知》，成立3个明察暗访组，共检查19个点位，对发现的问题进行拍摄制成暗访片，对存在问题的行业主管部门7名主要负责人员进行督促提醒。8月10—11日，清城区纪委会同区委督查室、区政府督查室组成4个联合督导组，对各镇（街）、各级各部门和相关重点行业落实重点人员排查、重点场所疫情防控和疫苗接种有关工作落实情况开展监督检查，重点检查各镇（街）"三人小组"是否对中高风险地区来（返）清城有关重点人员加强排查管控工作力度，共检查点位44个，发现并督促立行立改问题20个。

2021年6月7日，中国电信清远城区分公司党员突击志愿队支援核酸检测工作
（中国电信清城区分公司　供图）

【严厉查处违法违规行为】 清城区按照新冠肺炎疫情防控常态化工作要求，执法人员对辖区内的医疗机构、大型公共场所、企业等各类重点防控单位进行认真细致的监督检查，2021年检查医疗机构1614间次，公共场所3408间次，工矿企业196间次，学校49间次，餐具、饮具集中消毒24间次，生活饮用水10间次，处理群众投诉283宗，查处违法违规案件180宗，罚没金额106.54万元，对疫情防控风险隐患较大的27间医疗机构给予停业整顿处理。

【开展疫情流调溯源和隔离管理】 清城区疾控中心流调队员24小时随时待命，日以继夜，做好每一例确诊病例、无症状感染者的流调工作。2021年1月1日至12月31日，清城区处置密接、次密接和重点人群协查事件295起，追踪管理国内本地疫情密切接触者46人、次密接599人。高质量的流行病学调查迅速查明感染来源，做到病例的所有密切接触者无一遗漏，主动配合上级高效完成密切接触者集中隔离观察场所设置工作。根据统一决策部署，先后将昊廷哥酒店、海源酒店、希尔顿欢朋酒店、上承正德酒店、维也纳酒店（清远长隆店）、富璟酒店、潮漫酒店、壹号公馆酒店、好来登酒店、市委党校确定为清城区密切接触者、次密切接触者集中隔离医学观察场所，所有密切接触者、次密切接触者均按规范落实隔离医学观察，有效阻断疫情在本土扩散。在中国国家男篮和女篮3次参加境外比赛入境在清城隔离训练期间，清城区勇于担当、靠前指挥、精心部署，分别成立清城区中国男篮、女篮出访入境在清城隔离训练专班，协助多个相关部门为篮球国家队入境隔离期间提供测温、消杀、核酸检测、隔离场所、训练期间后勤保障等一系列疫情防控服务。中国篮球协会随后发来感谢信，充分肯定清城区在此期间的疫情防控成果。

【加强疫情宣传引导】 2021年，清城区通过"清城发布"微信公众号、微博、《今日清城》电视新闻、《清远日报》《南方日报·清远观察》等平台发布疫情防控相关宣传报道，其中在"清城发布"双微平台共报道相关新闻890篇。在《今日清城》电视栏目共刊播相关新闻110条；在《清远日报》清城新闻和《南方日报·清远观察》清城新闻共刊发相关新闻48篇。组织业务骨干创作"清城老人喊你一起打疫苗"等一批原创小视频，与区内新媒体大咖合作，进一步深化精准宣传，为清城区打赢疫情防控阻击战营造良好的舆论氛围。制定疫情防控精准发布应急处置工作方案，设有工作领导、新闻发布、信息发布、网络监控4个小组，各个小组分工合理、责任到人，能够迅速配合召开新闻发布会，持续、权威、清晰发布区涉疫信息，有效回应公众关切，凝聚社会共识。

【加强重点场所疫情防控】 2021年，清城从严、从细、从实抓好农贸市场、药店及进口冷链食品监管，建设农贸市场4G智能云广播系统，在全区41个农贸市场安装56套广播系统，分批派发28.41万个口罩给农贸市场从业人员，派发4批次共220箱消毒粉给各农贸市场，敦促市场方严格落实疫情防控措施，并做好农贸市场每日清洁通风消毒和环境卫生整治工作。强化进口食品冷链冷库人员健康管理，严格落实人员登记、体温测量、口罩佩戴等措施，确保全区进口食品冷链冷库从业人员疫苗两针接种率100%，上述场所及从业人员的扫码率常态化保持100%。全年检测进口冷链食品冷库从业人员10992人次，检测进口冷链食品7608份，检测环境14379份。强化冷库产品溯源管理，对进口冷链食品冷库进行日常监督检查，督促企业落实主体责任，按要求完善"冷库通"系统，录入产品的出入库信息。坚持"全区域、全方位、多渠道"压实压牢零售药店"哨点"监测责任，采取"暗访+突击检查"的方式，重点检查药店测温、戴口罩等防疫要求的执行情况，严格落实销售《疫情期间需实名登记药品目录》内的药品购买登记制度，全区零售药店累计录入购买退热类药品人员信息超过38.3万条，报告涉嫌黄码或红码购药人员21人，对疫情防控措施落实不到位的26家药店责令停业整顿。

【校园及职业培训机构疫情防控】 2021年，清城区教育系统通过集中划拨、社会捐助、自筹自购等方式，投入资金约230万元用于新冠肺炎防疫物资购置、室场消毒、核酸检测等，储备口罩约228万个、各类消毒药品15000升、测温枪5479把等。聘请专业卫生消毒公司对全区291所学校、幼儿园进行全面消毒，累计消毒消杀面积200多万平方米，坚持每天对课室、饭堂、宿舍等重点区域消毒2—3次。卫健部门抽调选派专家及业务骨干到全区115所中小学校担任卫生健康副校长和卫生健康联络指导员，驻点指导学校落实各项防控措施，开展应急演练600多次，配合辖区中小学开展返校师生核酸检测28000人次。完成中小学、幼儿园复学、高考、中考的疫情防控及医疗保障，全区约20万返校师生均无新冠肺炎确诊病例、疑似病例和无症状感染者。成立清城区职业培训机构新冠肺炎疫情防控工作领导小组，制定《清城区职业培训机构新冠肺炎疫情防控应急预案》《清城区民办职业培训机构日常巡查监督管理制度（试行）》，2021年对清城区春晓职业培训学校等职业学校出动检查35次，出动检查工作人员76人次，建立民办职业培训机构工作人员疫苗接种情况和核酸检测台账，并根据《关于进一步落实清城区重点人群核酸检测工作的通知》文件的精神，引导各民办职业培训机构的教职工每月进行一次核酸检测。

【全力推进复工复产】 2021年，清城区加强政策宣传督导，深入企业一线实地调研和督导，宣传疫情防控文件要求，督促企业做好跨境货物和国际快件防疫工作。建立"清城区规模以上工业企业工作群"，及时协调解决企业复工复产及疫情防控中存在的问题和困难，帮助企业尽早恢复正常生产。清城区企业服务中心充分发挥CSO首席服务官作用，协调增设临时核酸采样点，为"愿检尽检"返清（来清）人群进行自费核酸检测采样服务。为人数超100人的企业团体协调提供预约上门采样服务。全面了解企业生产经营和防护物资配备情况及存在的困难，向企业派送防疫物资，提醒企业严格落实疫情防控主体责任。为进一步缓解企业复工复产防疫压力，支援17家企业共46000个口罩，全力保障企业员工安全和健康。加大重点企业项目投产保障力度，推动金发科技年产400亿只高性能医用及健康防护手套生产建设项目等重点项目投产。

（叶卫文）

2021年6月8日，清城区医护人员在市田家炳实验学校进行核酸检测

（区新闻信息中心　供图）

大事记

2021年清城大事记

1月

2日 清城区疾控中心方舱核酸实验室启用。

4日 市委常委、副市长吕成蹊率队前往龙塘镇利维石场、益丰石场检查废弃矿山治理情况。

5日 清远市公安局森林分局银盏派出所、天堂山派出所、清城派出所划归清远市公安局清城分局管理。

□ 清远市公安局清城分局召集500多名警力，对涉嫌黑恶势力犯罪的"犁庭10号"专案主要犯罪嫌疑人进行集中收网。收网行动抓获犯罪嫌疑人22名，目标人物全部到案，扣押涉案车辆11台，紧急冻结银行账号150余个，冻结涉案资金300多万元。

8日 凤城街道"一门式、一网式"政务服务中心启用。

9日 香港清远清城石角塘头乡亲会在香港成立，成为清远市首个村级港澳乡亲社团。

11日 广清产业园产业综合服务中心大楼封顶。服务中心主要功能包括企业服务、政务服务和公共配套等。

12日 清城区统战工作实践创新中心落成仪式暨清城区工商业联合会（商会）综合活动中心、清城区新的社会阶层人士联合会揭幕仪式在清远星谷举行。

□ 由1988文创直播基地与广东南华工商职业学院牵头共建的"数字文创研发中心"，以及1988文创直播基地与清远职业技术学院牵头共建的"电商直播应用研究院"在清远星谷挂牌。

□ 清城区委书记邱泽军率队到源潭镇调研乡村振兴工作实

2021年1月12日，区委统战部创新实践中心在清远星谷揭牌

（区新闻信息中心　供图）

施推进情况，到迎咀赤狮坑村、新马乡村振兴样板区实地考察，要求源潭镇加快乡村振兴步伐，着力破解城乡二元结构。

13日 清城区委副书记、代区长廖家杰率队前往洲心街道，就老旧小区改造、伦洲岛污水管网建设、龙沥大排坑海龙涌黑臭水体治理等情况进行调研，并详细了解洲心街一批重点项目进度、项目用地情况。

□ 广东省侨联向巴拿马华商总会赠送文化用品仪式在清城举行。

15日 清城区2021年新冠肺炎本地疫情应急处置演练在静福广场举行。

21日 清城区委编委印发《清远市清城区深化镇街事业单位改革实施方案》。

22日 清城区新媒体行业服务中心成立。

25日 广东省中小学教师培训专家熊焰工作室挂牌暨广东第二师范学院实践教学基地授牌仪式在清城区凤翔小学举行。

□ 清城公安分局破获"惊雷3"假冒注册商品案，抓获涉案犯罪嫌疑人18人，捣毁窝点4个、涉案金额达1500万元。

28日 市委书记殷昭举，市委常委、副市长吕成蹊等一行到横荷街道调研，先后走访广东天农公司生鲜鸡屠宰厂和先导集团。

30日 清城区完成村（居）委会换届工作。

31日 2021年广东（清远）省市县三级农村地区新冠肺炎本地疫情应急处置演练活动在石角镇黄布红星村开展。省、市、区相关单位领导出席演练活动。

2月

1日 清远市工会"情暖农民工，留粤过大年"新春慰问行动启动仪式在清城区石角镇工业园区工会联合会举行。

□ 源潭镇迎咀赤狮坑新村举行启用入住仪式，市委书记殷昭举、省应急管理厅救灾和物资保障处处长罗峥、区委书记邱泽军等出席仪式。

□ 清城区首届"云花市"启动。受新冠肺炎疫情影响，清城区取消举办2021年统一线下集中花市，"云花市"解决市民年花的购买需求和本地花农年花销售的难题。

4日 中央政治局委员、省委书记李希等一行到清城区东城街道的澜水综合市场检查常态化疫情防控工作，到源潭镇迎咀赤

2021年1月13日，广东省侨联向巴拿马华商总会赠送文化用品仪式在清城举行

（区新闻信息中心　供图）

2021年2月1日，源潭镇迎咀赤狮坑新村举行启用入住仪式，市委书记殷昭举、区委书记邱泽军等领导出席

（区新闻信息中心　供图）

2021年2月19日，市人大常委会党组书记、常务副主任曾贤林（前右三）带队到源潭镇迎咀赤狮坑新村调研　（区新闻信息中心　供图）

狮坑村调研新村建设，前往惠清高速清远服务区调研春运工作。

□ 中国科学院院士、中山大学孙逸仙纪念医院院长宋尔卫率队到清城区人民医院新院指导、调研。

5日 清城区印发《清远市清城区2020年度镇村推进乡村振兴战略实绩考核工作细则（试行)》及《清远市清城区2020年度区直单位、市驻区单位绩效考核方案》。

8日 清远市清城区人民政府与中国移动清远分公司签订《智慧清城战略合作协议》。

19日 市人大常委会党组书记、常务副主任曾贤林带队前往清远市清城区源潭镇迎咀赤狮坑村、新马村调研乡村振兴建设和工作情况。

22日 广清产业园举行2021年首批重点产业项目集中动工投产活动。此次活动集中动工、投产项目共15个，计划总投资近30亿元，预计产值达96亿元。

23日 清远市清城区人民政府与广东远光电缆实业有限公司签订《远光电缆产业基地转型升级搬迁项目投资协议》。

24日 清城区召开全区党史学习教育动员大会，传达学习省、市党史学习教育动员大会主要精神，研究部署清城区党史学习教育有关工作。

25日 清城区委书记邱泽军率队到洲心、东城街道，实地调研城市主干道沿线环境综合整治提升、城市绿化美化亮化和道路交通安全整治等工作，提出具体指导意见和工作要求。

□ 区农业农村局所属各镇（街）动物卫生防疫站调整为各镇（街）所属公益一类事业单位，实行属地管理，其业务接受区农业农村局指导。

26日 在清远高新区、清城区政务服务中心"工建改"综合窗口，发出"一期地下室项目"的建筑工程施工许可证的电子证照，这是清城区实施"告知承诺制"审批模式后，发出的首张电子施工许可证。

3月

3日 清城区流浪乞讨人员救助管理站挂牌成立。

5日 清城区在行政文化中心召开2021年精神文明建设委员会成员单位第一次会议,总结上两轮清城区创建全国文明城市工作,研究部署新一轮全国文明城市创建任务。

□ 2021年清远市清城区学雷锋全民志愿服务行动暨新时代文明实践服务计划启动仪式在清城举行。

6日 创建广东省重点实验室的清城区丽珠集团新北江制药有限公司,成为粤北地区唯一一家通过2021年度省重点实验室公示的企业。

□ 省委常委、组织部部长张义珍率队到东城街新桥大水坑村调研乡村振兴工作。

10日 清城区召开政法队伍教育整顿动员部署会。

11日 清城区委办、区府办印发《清城区关于落实市委"十大行动方案"的实施方案》,推动清城区高质量发展。

12日 广州市越秀区教育发展中心——清远市清城区教师发展中心教学教研对口帮扶签约仪式在广州市越秀区举行。

16日 清城区在飞来峡镇湛江口村开展义务植树节暨创建国家森林城市宣传活动。活动当天参加人数500余人,共栽植红花风铃木、黄花风铃木、小叶榄仁、宫粉紫荆、盆架木、秋枫等乡土阔叶花色树种、苗木1600多株,面积共56亩。

16日至17日 清城区首批校园"流动科技馆"先后在美林湖学校、源潭一中举行揭牌仪式。

16日至18日 政协第五届清远市清城区委员会第六次会议在清城召开。

18日 清城区上线国家医保信息平台,实现与全国医保信息的互联互通、医保数据有序共享。

18日至19日 清城区第八届人民代表大会第六次会议在清城召开,会议听取和审议清远市清城区人民政府工作报告;审查和批准清远市清城区国民经济和社会发展第十四个五年规划和二〇三五年远景目标纲要;审查和批准清远市清城区2020年国民经济和社会发展计划执行情况与2021年计划草案的报告,批准清远市清城区2021年国民经济和社会发展计划;审查和批准清远市清城区2020年预算执行情况和2021年预算草案的报告,批准清远市清城区2021年预算;听取和审议清远市清城区人民代表大会常务委员会工作报告;听取和审议清远市清城区人民法院工作报告;听取和审议清远市清城区人

2021年3月5日,2021年清远市清城区学雷锋全民志愿服务行动月暨新时代文明实践服务计划启动仪式在清城举行
(区新闻信息中心　供图)

民检察院工作报告；票决清远市清城区2021年民生实事项目。廖家杰当选清城区人民政府区长。

20日 区委书记邱泽军率队到东城、横荷街道督导检查辖区主次干道沿线绿化美化、环境整治提升、安全生产专项巡察问题整改、"两违"专项整治等工作落实情况。

22日 清远市清城区人民政府与华润电力新能源投资有限公司签订《华润清远清城区新能源项目开发协议书》。

□ 河南省滑县领导班子到清城区考察学习"构建基层社会治理新格局"和"加快推进市域社会治理现代化"工作。

23日 清远市政协副主席唐远强率队到清城区石角镇实地调研黑臭水体治理工作。

24日 中共清远市清城区个体私营企业委员会在清城区市场监督管理局揭牌成立。

□ 清城区法治文化主题公园开园仪式在飞来湖举行，主题公园设置"法治起源""与法同行""明德崇法"三大主题区域，共19个法治景观点。

□ 市委常委、宣传部部长黄晨光到洲心辖区开展创文实地调研工作。

26日至28日 清城区代表队在第36届广东省青少年科技创新大赛中获二等奖4项、三等奖3项，清城区科协获"十佳优秀组织单位"称号。

4月

1日 清城区如期上线运行全省"数字财政"系统（执行域），实现国库支付电子化。

2日 清城区人民政府与清远电信签订《共建"数字清城"战略合作框架协议》，双方将逐步推进"5G+"在各行各业的运用，打造城市智能体系，建设"数字清城"，推进清城区全域高质量发展。

3日 市委书记殷昭举带队到清城区源潭镇进行森林防灭火、"两违"整治、乡村振兴、道路交通安全及系统防范化解道路交通安全风险等工作调研。

6日 江西省鹰潭市代表团到清城新马乡村振兴样板区调研城乡产业协调发展平台建设、土地改革工作情况。

7日 清远500千伏清城输变电工程及粤港澳大湾区500千伏外环中段工程（清远段）在清城区石角镇罗屋村举行开工仪式，工程用地面积约149亩，新建2组1000兆伏安主变和500千伏清城至广州花都双回线路。

8日 清城区首个大型新冠疫苗临时接种点启用。该接种点设在清远市体育馆，由清远市人民医院、清远市妇幼保健院和清城区基层医疗单位负责接种，单日最大接种量可达6000人。

□ 清城区产业转移园管理

2021年4月2日，清远市清城区人民政府与中国电信股份有限公司清远分公司共建"数字清远"战略合作签约仪式在清城举行　　　　　　　　　　　　　　　　　　　　　　（区新闻信息中心　供图）

大事记

办公室承担的职能划入清城区工业和信息化局所属区企业服务中心，撤销清远市清城区产业转移园管理办公室，区企业服务中心升格为正科级建制。

11日 清城区成立清远市清城区系统防范化解道路交通安全风险工作领导小组，区委书记邱泽军任组长，区委副书记、区长廖家杰任常务副组长。

13日 清城区中小学名校长工作室授牌仪式在清城区教师发展中心举行。

14日 清城区飞来峡高田学校举行"广东·清远2021年度禁种铲毒踏查行动"启动仪式。

15日 人民日报社《民生周刊》杂志社民生文化发展中心主任孙美琴、副主任刘缮珲一行到清城区凤城街道、源潭镇调研基层人大工作和乡村振兴情况。

21日 清城区人工智能与机器人学会成立。

27日 清城区召开全区换届工作会议，贯彻落实省委、市委、区委有关工作要求，对2021年全区换届筹备工作进行全面安排部署。

28日 清城区成功申报国家现代农业产业园，产业园名称为广东省清远市清城区现代农业产业园。

□ 清城区在石角镇政府召开"网格化+信息化"工作座谈会，市委书记、市人大常委会主任殷昭举出席。

是月 清远市齐力合成革有限公司工程部获"全国工人先锋号"称号，广东豪美新材股份有限公司等3个集体获"广东省五一劳动奖状"称号。

5月

6日 清城区首个"办不成事"反映窗口在清城区政务服务大厅成立，切实解决群众在办事过程中遇到的痛点、难点。

8日 清城区人民政府印发《清远市清城区国民经济和社会发展第十四个五年规划和二〇三五年远景目标纲要》。

□ 清城区委书记邱泽军率队到洲心街道调研禁毒、反诈骗工作落实情况，围绕"治乱补短、全民反诈"工作的开展，全力抓好禁毒、反诈骗工作的落实。

10日 清远市清城区与广州市越秀区共同签订《广州市越秀区·清远市清城区政务服务"跨城通办"合作协议》，进一步深化"广清一体化"政务服务普惠共享。

□ 2021年广东省首站"美丽乡村行"交通安全巡回宣讲活动在石角镇黄布岗仔村举行。

□ 清城区首个延时服务窗口在石角镇政务服务中心成立，切实帮助企业群众解决办事"时间差"难题。

11日 中央财政部办公厅副主任王庆阁携《人民日报》、新华社、中央电视台新闻频道等央媒到源潭镇新马乡村振兴样板区进行采访调研。

12日 九融汇（广州）产业园投资有限公司与清城区人民政府签订落地协议，"九融汇金融产业集群创新服务基地"项目落户清远互联网+创新产业园（华南声谷）。

14日 中央督导组一行3人到清城区凤城街道松岗派出所开展督导工作，实地检查政法队伍教育整顿工作开展情况。

□ 市政协主席、市省运会筹委会指挥部总指挥梁志强率队到东城开展省运会市容市貌整治提升工作专题调研。

18日 市委常委、统战部部长刘汉球率队到洲心街凤翔社区调研基层统一战线工作，听取基层统一战线工作情况汇报。

19日 清城区委书记邱泽军、区长廖家杰一行到乐排河开展巡查工作并调研乐排河水质、支流治理和截污等情况。

22日 受省内新冠肺炎疫情影响，清城区重启集中隔离酒店。

24日 清城区人民政府与浙江大华技术股份有限公司签署《"加快推进数字赋能社会治理"战略合作协议》。

25日 清城区清远鸡省级现代农业产业园项目通过验收。

是月 区人大常委会主任李灿坚率队深入到各镇（街）调研全省县、乡人大"巩固基础、强化履职"两年行动计划部署会精神贯彻落实情况。

□ 清城区政务服务大厅设立"跨省通办、省内通办"综合窗口。

6月

1日 清城区民政局在"我为群众办实事"实践活动方面推出新举措,实行工作日中午"不打烊",午间为群众提供婚姻登记办理服务。

4日 清远市清城区乡村振兴局挂牌成立,在区农业农村局加挂牌子。

□ 清城区召开2020年度禁毒工作总结暨"扫毒净土2021"行动动员部署会。

5日至6日 清城区派出50名医务人员支援广州花都区核酸采样工作。

7日至9日 清城区开展为期3天的大规模免费核酸检测工作,累计采样131万人,检测结果全部为阴性。此次大规模核酸检测,共设置114个采样点,出动2000多名医护人员、5300多名公安、社区工作者及志愿者。

12日 区委书记邱泽军率队到龙塘镇督导检查防疫、反诈工作,要求把疫情防控作为当前头等大事来抓,筑牢群防群控严密防线,确保人民群众安全过端午节。

17日 佛山市结合点汽车租赁服务有限公司清远分公司利用清城区政务服务中心的"市民之窗",打印辖区首张终端自助打印营业执照,这也是清远首张自助打印营业执照。

18日 清远市委书记、市人大常委会主任殷昭举等一行到源潭镇新马村调研农村"三块地"改革和乡村振兴样板区建设情况。

19日 清远市委书记、市人大常委会主任殷昭举到东城街新桥大水坑村、广东科贸职业学院调研乡村振兴、旅游产业发展等工作。

20日 清远市生态环境局清城分局驻龙塘镇毅力工业园、雄兴工业园工作点挂牌。

21日至23日 清城区派出100名医务人员支援东莞、深圳核酸采样工作。

24日 澳门清远同乡会、澳门清远商会、澳门清远市青年委员会来清城访问交流,清城区委书记邱泽军、区长廖家杰会见拜访团一行。

25日 区委理论学习中心组开展"重温革命历史,赓续革命精神"专题学习活动。

27日 清城区区长廖家杰率队到横荷街青山垃圾应急填埋场督导检查市区生活垃圾转运及填埋有关工作情况,实地查看周边流域水体质量,检查环保督察反馈问题的整改落实情况。

28日 北江南岸公园开园。北江南岸公园属清远市碧道建设重点工程,西起丁香花园酒店,东至五一码头,开园后开放范围为丁香花园酒店以东约2.5千米园段。至9月30日,剩下的约5.2千米的郊野游乐之路也建成开园。

□ 清城区、高新区政务服务中心启用"政银通"企业开办全流程智能服务一体机,只需刷脸、验证身份证即可申请办理商事主体登记。

□ 清城区召开网络信息安全工作会议。

29日 清城区召开全区"两优一先"表彰大会,对全区38名优秀共产党员、38名优秀党务工作者和40个先进基层党组织进行表彰。

□ 清城区举行2021年"广东扶贫济困日"现场募捐活动,共募集1015.27万元。

是月 中共清城区委党史研究室编纂的《中国共产党清远市清城区历史》(1988—2012年)由中山大学出版社公开发行。

7月

2日 清远市飞霞风景区经营管理有限公司被评为国家AAA级旅游景区。

□ 区科协主导建设的清远市清城区科普教育基地"清远鸡印象馆科普教育基地"及"广东天农生态食品有限公司科学技术协会"举行揭牌仪式。

6日 华南农业大学团队到东城街江埗村就"无人农场"建设开展相关调研。

□ 省委副秘书长、宣传部副部长王桂科一行深入清城区凤城街道大观社区和东门社区开展实地调研,了解新时代文明实践站标准化建设情况、管理工作制度的运行情况以及志愿者服务项目设立和开展情况。

□ 清城区税务局联合市税务、住建、自然资源、政数等部门在清城区时代花城举行"交房即发证"现场发证暨服务推广仪式。

15日 省人大常委会主任李玉妹一行到清城区凤城街调研

人大工作。

□ 清城区人民政府与广州大学附属中学合作办学签约仪式在美林湖学校举行。

□ 清城区印发《清城区60岁及以上人群新冠病毒疫苗接种工作实施方案》。

17日 市委书记殷昭举到东城街道澜水村调研社区"网格化"治理情况,为基层党员干部上党课,宣讲习近平总书记在庆祝中国共产党成立100周年大会上的重要讲话精神。

18日 清城区禁毒宣传大使黎伊扬(飞来峡镇昇平生鱼坑人)入选CBA联赛,成为CBA清远籍第一人。

19日 清城区未成年人保护工作领导小组成立。

□ 清城区在对闭环管理的隔离工作人员例行监测中,发现一名新冠病毒无症状感染者。

23日 清城区河长办联合区人民检察院共同印发《关于建立"河长湖长+检察长"公益诉讼工作公益协助配合机制的意见》。

25日 清远市首个"花稻花"无人农场水稻直播演示现场会在东城街道江埗村举行。该无人农场试点项目由华南农业大学提供技术支持,是广清(环霞·龙江源)乡村振兴综合示范区项目之一。清远市副市长雷玉春、中国工程院院士、华南农业大学教授罗锡文等农业专家教授出席,清远市农业农村局、市科技局、市供销社及清城区等有关负责人员参加现场会。

□ 清城区全面实现省内异地就医普通门诊、特定病种医疗门诊费用联网直接结算,较好地解决参保群众患大病、急病、慢性病的门诊医疗费用负担。

26日 位于清城区东城街道环城东路的清远市公安局省职教城派出所揭牌成立,将服务辖区内近12万人口,为省职教城安定发展保驾护航。

28日 位于清城区石角工业园的广清中大时尚科技城"云尚数智中心"投入运营,成为对标国际奢侈品的时尚潮流制作中心。

是月 中国南部物流枢纽项目二期工程动工,项目二期占地面积228亩,总投资12亿元,规划功能为粤港澳大湾区生产生活商品物流中心。

7月至8月 开展清城区第一次全国自然灾害综合风险普查清查工作。

2021年7月25日,清远市政府携手华南农业大学建立的"花稻花"无人农场试点项目水稻直播演示现场会在清城区东城街道江埗村举行,试点项目土地全托管工作由清城区供销合作社社属企业负责　　(区供销社　供图)

8月

13日 中共清远市清城区非公有制经济组织委员会成立,办公场所设在区工商联办公室。

19日 清城区委书记邱泽军率队到新城小学实地调研。

□ 完成清城区18个乡村振兴重点村选派驻村书记的全覆盖,其中飞来峡镇的4个乡村振兴重点村由市选派4名驻村第一书记,另外7个镇14个乡村振兴重点村由区选派14名驻村第一书记。

23日 清远市清城区企业服务中心挂牌成立。

26日 清城区人民政府与中山大学孙逸仙纪念医院共同签订《共建清远市清城区人民医院合作意向书》。根据协议,双方合作共建,将清城区人民医院打造成为"粤北地区精准肿瘤医学中心"和集医、教、科为一体的达到三甲水平的综合医院,让群众不出区便可享受到省级三甲医院水平的优质服务。

28日 中央第四生态环境保护督察组到清城区开展暗访督察。

是月 清远市清城区、广州市黄埔区两区市场监督管理局签订商事登记"湾区通"(广清)合作协议,依托一网通办平台,实现"广清注册一体化",为广清产业园企业提供商事登记便利化服务。

9月

1日 清城区首家重点市场知识产权保护工作站和人民调解委员会联络点在博皇家居城挂牌成立。

□ 清城区清飞小学、新城小学、凤翔幼儿园开学(园)。

2日 省水利厅厅长王立新一行到清城区飞来峡镇湖洞独树村查看全域集中供水建设工作。

3日 召开清远市清城区妇女第七次代表大会,选举产生区妇联第七届执行委员会和区妇联新一届领导班子。

□ 市委书记殷昭举到横荷街青山垃圾填埋场调研,现场检查垃圾填埋场的日常工作并提出相关要求。

6日 中央第四生态环境保护督察组副组长、生态环境部副部长翟青一行到清城区石角镇灵洲村委会九腌村展开督导检查。

□ 清城区委书记邱泽军率队到东城街中央第四生态环境保护督察组交办案件中的涉事地块

2021年9月1日,清城区举行重点市场知识产权保护工作站揭牌仪式　　　　　　　　(区新闻信息中心　供图)

进行调研督导。

10日 清城区召开城乡融合工作专题会议暨农村"三块地"改革宣传培训会议。

14日 国家地理空间信息中心到清城区开展国家城乡融合发展试验区阶段性评估工作，评估组前往新马乡村振兴样板区进行现场调研。

16日 清远市涉税房地产价格认定数字化转型工作会议在清城区税务局召开，会议要求以精诚共治和数据赋能为抓手加快推进涉税房地产价格认定数字化转型。

17日 市委常委、常务副市长双德会带队到飞来峡镇调研重大水利工程项目以及开展巡河工作。

□ 清远市清城区工商业联合会（总商会）第六次会员代表大会在清城区召开。

23日至24日 清城区迎来清远第一所本科院校广东金融学院清远校区的首批约6000名新生入学。广东金融学院清远校区位于清城区省职教城内，由广东金融学院与清远市人民政府共建。

24日 副市长林科聪带队到飞来峡镇研究潖江蓄滞洪区建设与管理、工程土料厂临时用地报批问题。

28日 市委副书记翟雪梅率队赴东城街新桥大水坑调研。

29日 市委常委、市纪委书记、市监委主任聂公佐到清城区调研乡村振兴工作。

□ 2021年清远消费券暨"食在清远"美食节启动。

30日 清城区第一宗万里碧道工程——全长8.9千米的飞来湖碧道工程建设完工并向市民开放。

□ 清城区人民政府印发《国家城乡融合试验区广清接合片区清远市清城区实施方案》。

□ 清远市清城区人民医院加挂"清远市清城区医疗卫生共同体总医院"牌子，清远市清城区中医院加挂"清远市清城区医疗卫生共同体总医院中医分院"牌子。

10月

3日 清城区委书记邱泽军率队到横荷社区卫生服务中心看望慰问一线值守的新冠疫苗接种医务人员，并实地查看疫苗接种区域，听取疫苗接种工作进展情况汇报。

8日 市委常委、副市长严志明到清城区横荷街道青山生活垃圾填埋场调研，深入了解青山生活垃圾填埋场基本情况、存在问题，并提出整改要求。

□ 清城区第四幼儿园、清飞幼儿园开园。

13日 中共中央组织部到清城区开展农村党建工作调研。随后召开调研座谈会，清城区委书记邱泽军参加座谈会。

14日 国家城乡融合发展试验区评估工作组到新马乡村振兴样板区调研。

15日 清城区组织83名采购商，赴广州参加"第130届中国进出口商品交易会"。

19日 清远市委常委、常务副市长双德会率队到清城区广东锦邦冷链仓储物流园、东鹏陶瓷、宏威陶瓷调研。

20日 清远市"广东兜底民生服务社会工作双百工程"乡镇（街道）社会工作服务站（点）挂牌仪式在清城区源潭镇举行。

21日 清城区公安机关破获首宗利用虚拟货币进行非法交易案件。

22日 广东省退役军人事务厅党组书记、副厅长危伟汉带领调研组一行到清城区调研指导退役军人工作。

23日 清城区委书记邱泽军率队前往东城调研全国文明城市创建工作。

25日至27日 清城区召开中国共产党清远市清城区第八次代表大会。大会全面总结中共清远市清城区第七次代表大会以来的工作，讨论确定清远市清城区今后五年经济社会发展的奋斗目标，选举产生中共清远市清城区第八届委员会和纪律检查委员会以及出席中共清远市第八次代表大会代表。

26日 区教育局联合9个部门印发《清远市清城区校外培训机构专项治理行动方案》。

27日 中国共产党清远市清城区第八届委员会第一次全体会议举行，区委书记邱泽军主持会议并讲话。全会选举产生中国共产党清远市清城区第八届委员会常务委员会委员和书记、副书记。

□ 中国共产党清远市清城区第八届纪律检查委员会第一次

全体会议召开，会议选举产生清城区纪委书记。

29日 清城区"侨胞之家"揭牌仪式在金碧路新时代嘉园26座一楼举行；随后，清远华侨农场"侨胞之家"揭牌仪式在飞来峡镇创新村举行。

是月 经中央农办、农业农村部、中央宣传部、民政部、司法部、国家乡村振兴局6部门共同审核，清城区新桥村被认定为第二批全国乡村治理示范村。

□ 清城区司法局凤城司法所被司法部授予"全国模范司法所"称号。

□ 清远市首笔跨省异地电子缴税业务在清城区税务局办理。省外纳税人在电子税务局进行网签并验证三方协议书，通过财税库银横向联网系统将税款从经营地以外的银行结算账户跨省缴入经营地国库，全程电子化办理。

11月

1日 清远市税务局"数字税收智控中心"启用仪式在试点单位清城区税务局举行，标志着集"纳税服务智能化、税收业务集约化、税源管理精细化"于一体的"智税"征管服务体系落地启用。

3日 市委常委、政法委书记张军到清城区调研社会稳定维护和社会治理综合网格工作。

9日 省生态环境厅厅长鲁修禄、省生态环境厅二级巡视员刘其汉等10人组成的调研组，到横荷街青山垃圾填埋场进行现场调研。

□ 贵州省民政厅慈善社工处长陈洪刚率队到清城区洲心街社会工作服务站，就清远市"双百工程"工作推动发展情况进行深入调研。

11日 省住房和城乡建设厅党组书记赵坤在副市长林科聪陪同下对源潭镇新马乡村振兴样板区展开调研。

12日 清城区医疗卫生共同体总医院在各分院举行联合门诊和联合病房启动揭牌仪式。

□ 市委副书记翟雪梅，市委常委、政法委记张军率队到凤城街东门社区调研基层社会治理网格化工作。

15日 清城区举行2021年"百道党史题，千人大擂台"党史知识暨"学习强国"知识竞赛，共16支代表队参赛，龙塘镇代表队获得第一名。

16日 市委副书记、代市长温文星率队对广清空港物流产业新城和中国南部物流枢纽项目展开调研。

18日 清远市1031个行政村"粤智助"政府服务自助机全覆盖启用仪式在源潭镇新马村举行，市委副书记、代市长温文星出席。

22日 清城区入选2021—2025年度第二批全国科普示范县（市、区）创建单位名单，是清远市唯一入选的县（市、区）。

□ "政务晓屋"进驻清城区政务服务大厅，通过建设云政务服务大厅，搭建全国一体化"政务晓屋"共享平台，打造"一屋通晓、一屋通办"的政务服务新模式。清远"政务晓屋"可提供市级7个部门26项政务服务事项办理及其他业务办理咨询指引服务。

22日至25日 政协第六届清远市清城区委员会第一次会议在清城召开。

23日至26日 清远市清城区第九届人民代表大会第一次会议在清城召开。

25日 清城区河长办联合团区委、区水利局、区教育局举办美丽清城·青春行动——2021年清城区"河小青"护河志愿行动月活动启动仪式。

26日 清城区委副书记、区长廖家杰带队到东城督导检查垃圾分类示范片区创建工作。

30日 广东省全省乡村民宿发展现场推进会在清远召开，东城街新桥大水坑村作为清远市清城区点位之一，迎接与会人员的实地考察，东城街被广东省农业农村厅、广东省乡村振兴局、广东省文化和旅游厅联合授予"广东省乡村民宿示范镇"称号。

□ 省委常委叶贞琴、省政府副秘书长郑伟仪携同参加全省乡村民宿发展现场推进会的领导、企业代表到源潭镇新马乡村振兴样板区开展现场考察。

□ 省委常委、政法委书记张虎，省委政法委副书记张庆宏等一行5人到清城区调研，实地考察省职教城派出所、省职教城及清城区社会综合治理云平台的建设情况，并在清城区社会综合治理云平台指挥中心召开座谈会。

是月 根据国家发改委价格认证中心《关于开展涉税房地产价格认定数字化转型试点工作的通知》，清远市被列为全国8个首批涉税房地产价格认定数字化转型试点基地之一，清城区税务局作为清远市试点县区单位，推动涉税房地产价格认定数字化转型全国试点工作顺利落地。

□ 清城区体育代表队以64块金牌、团体总分2959分的成绩获得清远市第七届运动会12个大项团体总分第一名，并获得体育道德风尚奖。

12月

1日 清城区集中隔离酒店管理工作专班承接中国男篮在清城隔离训练工作任务。

□ 湛江市人大常委会考察组到源潭镇新马村考察乡村振兴工作。

□ 清城区智慧初级中学（暂名）第一期工程建设项目动工。

6日 清城区人民医院与清远市职业技术学院签订产学研全面合作协议。

□ 市委副书记翟雪梅组织召开清城区"网格化＋信息化""网格员＋信息员"社会综合治理工作调研座谈会。

9日 省妇联党组书记、主席，省人大常委、社会委委员许红率队对源潭镇新马乡村振兴样板区展开调研。

□ 清城区委副书记、区长廖家杰率队前往龙塘镇、洲心街道督导检查文明城市创建工作开展情况，实地察看疫情防控、交通整治、"四个七点半"工作机制及"八个三百米"综合整治等工作情况。

10日 清城区委、区人民政府对清城区医疗卫生机构先进集体、优秀医务管理者、优秀医务工作者进行表彰。

11日 清城区委书记邱泽军到横荷街督导检查文明城市创建工作，深入百加市场实地察看周边300米区域范围内创文宣传、卫生环境、车辆管理、基础设施等情况。

13日 清城区完成江南水厂饮用水源在线监控预警能力建设并验收。

22日 清城区石角镇政务服务中心24小时自助服务区（美林湖分区）在清城区美林湖商业街揭牌，标志着清远市首个社区24小时自助服务区投入使用。

27日 石角镇代表清城区参加第二届乡村振兴清远大擂台，以总积分第一夺得冠军。

□ 在清远国际会展中心举行的"清远市与中央、省属国有企业合作发展座谈会暨战略合作协议签约仪式"上，清城区人民政府分别与广东省建筑工程集团、中国再生资源开发有限公司签订合作协议。

28日 甘肃省考察组考察清城区源潭镇新马乡村振兴样板区建设情况。

30日 清城区文艺家创作中心挂牌成立，该创作中心位于清城区南门街43号。

□ 位于源潭镇的林布桥主体工程完工，标志着清城区2021年"四好农村路"建设项目全部完成。

31日 清远市清城区农村集中供水攻坚行动任务完成，标志着清城区全域自然村集中供水覆盖率达到100%。

清城概貌

建置沿革

【沿革】 清城区所辖行政区划为原清远县境域一部分。汉元鼎六年（前111年）置县，因境内有中宿峡，故取名为中宿县，属南海郡。

三国时期，吴甘露元年（265年），以桂阳郡南部，立始兴郡，中宿县改属始兴郡。

南北朝，宋泰豫元年（472年），始兴郡改称广兴郡。齐建元元年（479年），复为始兴郡，中宿县属之。梁武帝期间（502—549年），置清远郡，辖中宿、威正、廉平、恩洽、浮护等5县，隶于衡州。陈朝，清远郡属西衡州。

隋开皇十年（590年）平陈，废清远郡及其所属的中宿、威正等5县，置清远县、政宾县，同属南海郡。

唐武德六年（623年），废政宾县并入清远县，属广州都督府辖。

五代南汉以及宋、元、明、清等朝，清远县均属广州府（路）。

1914年，清远县属粤海道尹（原名广肇罗道）；1928年，属西区善后委员公署；1932年，属中区绥靖委员公署；1936年，属第二行政督察区。

中华人民共和国成立后，清远县属韶关地区。1983年7月，改隶广州市。

1988年1月7日，国务院批准撤销清远县，设立清远市，原清远县分置清城、清郊（今清新区）两个县级市辖区；同年1月28日，省政府划定清城区管辖原清远县的清城、附城、洲心3个镇。此后，区内外行政区划先后进行过十多次较大调整。2020年1月1日，银盏林场的社会事务移交龙塘镇接管。截至2021年年底，清城区下辖凤城、东城、洲心、横荷4个街道和源潭、龙塘、石角、飞来峡4个镇。

（清城年鉴编辑部）

自然地理

【位置、范围、面积】 清城区位于广东省中部、北江中下游、清远市最南端，毗邻广州市花都区、广州市从化区、佛山市三水区、佛冈县、清新区。地处珠三角核心区域边缘，属于"广州半小时经济圈"和"珠三角一小时经济圈"范围，是清远市委、市政府所在地，下辖凤城、东城、洲心、横荷4个街道和龙塘、石角、源潭、飞来峡4个镇。根据第三次全国国土调查数据显示，清城区总面积129612.47公顷，其中有湿地676.06公顷，耕地15678.84公顷，种植园用地4152.96公顷，林地64850.64公顷，草地2837.38公顷，建设用地24739.35公顷，水域14298.38公顷，其他土地2378.86公顷。

【地质、地貌】 清城区地质地貌受两组华厦系构造相挟，即西侧吴川至四会（韶关）断裂、东侧广州至从化断裂，相距清城区最近位置均约20余千米。岩性主要有花岗岩、红色砂岩、砂质页岩和变质岩。清城区的整个地势是东南部多丘陵，地势较高，西部较低平，北江在区内北部由东向西，到区内西部又由北向南流过，北江河两岸有宽窄不一的滨河平原，形成西部以平原、低丘为主的地形。境内有山地、丘陵、台地、平原、河流、滩地，全区山地丘陵与台地平原的面积基本上各占一半。

(市自然资源局清城分局)

【河流】 清城区河流主要有北江(清城段)、大燕河、潖江、高田河、高桥水、文洞河、迎咀河、笔架河、银盏河、乐排河、黄坑河、澜水排坑、龙沥大排坑、海仔大排坑14条河流。

北江是珠江流域第二大水系，发源于江西省信丰县，自南流经南雄县、始兴县后称浈水，至曲江与武水汇合后称北江，南流至三水思贤滘与西江汇合并流入珠江。北江干流全长468千米，流域集水面积46710平方千米。

北江(清城段)起点为飞来峡镇横石居委上坑村，终点位于石角镇界牌村委西沙洲，流经飞来峡镇、东城街、洲心街、凤城街、横荷街、石角镇，河长66.5千米，流域集水面积1428.9平方千米；大燕河属北江的一级支流，又是北江重要的分洪道，进口位于潖江口上游约2.8千米的飞来峡镇银地村委清远水利枢纽副坝，自东北往西南流经清城区源潭镇、洲心街、龙塘镇、横荷街、石角镇，于石角镇烂柴洲汇入北江，河长44.16千米，流域集水面积580平方千米，大燕河全河段位于清城区境内；潖江属北江一级支流，潖江(清城段)位于清城区飞来峡镇境内，起点位于飞来峡镇螺塘村委林塘村，终点位于飞来峡镇潖江口村委元岗村，总长15.5千米，流域集水面积139.5平方千米；高田河属北江一级支流，高田河(清城段)位于清城区飞来峡镇，起点位于高田金骨村，终点位于黄洞带禄塘村，长18.1千米，流域集水面积107平方千米；文洞河属北江一级支流，发源于清城区飞来峡镇的大罗山顶，由南流经文洞村、新桥村、荔枝村之东、黎塘，迂回曲折地至平塘村入北江，全河长25.2千米，流域集水面积46.8平方千米；笔架河属北江一级支流，笔架河(清城段)为笔架河干流，流经凤城街和东城街，起点位于凤城街沙田村和清新区太和镇交界处，终点位于清城区平安桥入北江处，长9.3千米，流域集水面积27.1平方千米；乐排河属北江一级支流，乐排河(清城段)位于乐排河上游，流经石角镇，起点位于石角镇扶基头交咀，终点位于石角镇兴仁国泰桥，河长16.59千米，流域集水面积104平方千米；高桥水属潖江一级支流，发源于源潭镇的高桥寨顶，流至飞来峡镇黄口村注入潖江，高桥水全河段位于清城区境内，河长16.62千米，流域集水面积54.67平方千米；迎咀河属大燕河一级支流，迎咀河(清城段)是迎咀河上游，起点是迎咀水库，流经源潭镇，最终汇入大燕河，长7.82千米，流域集水面积132平方千米；银盏河属大燕河一级支流，发源于银盏林场尖锋岭，银盏河全河段位于清城区境内，主干流河长为12.30千米，流域集水面积133平方千米，自发源地起向西北方向流出，经银盏河水库、银盏林场蕉坑村、龙塘镇，最后流入大燕河；黄坑河是清远市清城联围和黄坑电排站的主排涝渠，发源于清新区城区二渡河边的八片新村，蜿蜒向南流至桥北路后，流经飞来湖，直线向西南流至黄坑电排站，由黄坑电排站抽排或由黄坑水闸自排出北江，河长4.47千米，流域集水面积11.07平方千米，黄坑河(清城段)位于清城区凤城街，起点为飞来湖进水口，终点为黄坑电排站，河长2.20千米；澜水排坑是清城区清北围内的主要排涝渠之一，澜水排坑全河段位于清城区境内，发源于笔架山的黄藤峡顶，流经石板、莲塘等村后，经清北电排站汇入北江，河长10.92千米，流域集水面积36.3平方千米；龙沥大排坑是清城区清东围内的主要排涝渠之一，龙沥大排坑全河段位于清城区境内，发源于洲心街沙湖三丫海，由北向南流，流经三丫海水闸后折向西北，流经市区后再折向西南最终到龙沥电排站，经龙沥电排站汇入大燕河，河长17.05千米，流域集水面积62.46平方千米；海仔大排坑是清城区清东围内的主要排涝渠之一，海仔大排坑全河段位于清城区境内，发源于洲心街道南埗村委沙基村，由东北向西南流经洲心街、横荷街，经鸡乸岗电排站、圆罗岭电排站和沙塘电排站，经沙塘电排站汇入大燕河，河长18.47千米，流域集水面积52.66平方千米。

(区水利局)

【气候·水文】 2021年，清城区总体天气气候特征是气温偏高，高温天气突出，全年平均气温23℃，最高气温38.4℃，最低气温3℃。年总降雨量偏少，开汛偏晚，但局部强降水明显，强对流天气频发。4月15日开汛，较常年偏晚15天，属于一般气候偏干旱年景。西北太平洋和南海海域共有22个台风生成，生成个数较常年同期（22.2个）偏少，共有3个台风登陆广东，其中0个影响清城区。根据统计，清城区（清远三站）总降雨量1449毫米，较常年2201毫米偏少34.2%。降雨时段分布不均匀，其中6月降雨量为437.5毫米，占全年总降雨量的30.19%，8月降雨量306毫米，占全年总降雨量的21.11%。2021年，北江干流清远站、石角站及区域内其他中小河流站未出现超警戒水位情况。

（区水利局）

资源物产

【水资源】 浅层地下水丰富，北江河、大燕河、笔架河环绕城区而过。

2021年，清城区地表水资源量为20.3亿立方米，地下水资源量为5亿立方米。清城区供水量地表水源约为32105万立方米，地下水源约为2000万立方米。

（区水利局）

【矿产资源】 清城区位于清远市的最南端，矿产资源丰富，已探明的矿产有8种，核定矿区开采总面积为2.96平方千米，开采方式均为露天开采作业。其中储量大、品位高的有钠长石、钾长石、高岭土、瓷沙、铕矿、稀土、建筑用花岗岩、河沙，还有低品位铁矿、偏硅酸矿泉水等，可广泛应用于日用、建筑、陶瓷、公路建设和水泥生产等行业，为当地及周边地区提供充足原料，极具开发利用潜力。矿产资源主要分布在源潭、飞来峡、石角等地，其中：源潭镇主要矿种有钠长石、钾长石、瓷沙、高岭土、建筑用花岗岩、低品位铁矿等；飞来峡镇主要矿种有瓷泥、瓷沙、铕矿、稀土、铁矿等；石角镇主要矿种有高岭土、粘土、河沙等；此外，洲心、横荷、东城街道办事处有大量粘土、河沙，源潭镇有偏硅酸矿泉水等资源。矿产资源较大量的是陶瓷行业原料，其中储量大、质量好、品位高的有钠长石、瓷沙、高岭土和建筑用花岗岩等，仅源潭镇内的瓷沙、高岭土蕴藏量达3500万吨，可供开采50年以上（1970年中央一机部工程组勘探数据），钠长石储量有500吨（1975年武汉地质勘探局资料）。

（市自然资源局清城分局）

【生物资源】 2021年，清城区自然资源比较丰富，地带性植被为南亚热带季风气候常绿阔叶林，据广东省林业科学研究院有关资料记载，清城区植物种类多达1500种，共有维管植物179科491属831种，属国家保护的植物有楠木、香樟、杪椤以及药用植物银杏等，主要乡土树种有316种，壳斗科、樟科、茶科、金缕梅科等是当地的主要建群树种。但由于长期受人为活动的持续干预干扰，原生地带性南亚热带常绿阔叶林日渐减少，取而代之的是松、桉等人工林群落，为数不多的天然次生阔叶林、天然针阔混交林。主要常见乔木有马尾松、速生桉等树种。次生天然阔叶林有壳斗科、桑科、大戟科、杜鹃科、芸香科、冬青科等50余科。灌木有野牡丹、桃金娘、岗松、岗桧、梅叶冬青、九节木、盐芙木、山苍子等；草本有芒萁、鸭嘴草、白芒、芒、百花草和多种蕨类等。在清城区的森林和绿地生态系统中，栖息着鸟、兽、两栖、爬行、昆虫类动物。属国家一、二级保护的陆生野生动物，主要有蟒蛇、穿山甲、白鹇、猫头鹰、啄木鸟等。

（市林业局清城分局）

【旅游资源】 清城区旅游资源丰富。清城区位于清远市中心区域，毗邻珠三角，面积1296.31平方千米。作为清远市政治、经济、文化中心，清城区依托山清水秀的优美自然条件，充分发挥作为"中国优秀旅游城市""中国宜居城市""国际美食名城"的名牌效应，高位推进清城区全域旅游发展模式，推动"旅游+"产业融合发展，逐步形成"漂流刺激之旅、山水风情之旅、温泉舒适之旅、商务休闲之旅、美食开心之旅、乡村体验之旅、户外活力之旅"七大旅游特色品牌。清城境内旅游胜地众多，清城区拥有国家AAAA级景区4个、国家AAA级景区3个、五星级酒店1家、国家五钻级酒家2家。

（区文广旅体局）

环境质量

【空气环境质量】 2021年，清远市清城区聚焦颗粒物和臭氧协同治理，扎实推进蓝天保卫战。全年空气质量优的天数为171天，良的天数为169天，轻度污染25天，无中度以上污染天数，优良率93.2%。完成上级下达的考核目标，六项因子均达到国家二级标准。

【水环境质量】 2021年，清城区国考断面北江七星岗、北江石角界牌水质均达到Ⅱ类标准，"十四五"新增国考断面潖江口水质达到Ⅲ类标准，省考断面大燕河水车头水质达到Ⅳ类标准，四个断面均满足考核目标要求。

（市生态环境局清城分局）

人口·民族·语言

【人口】 2021年末，清城区户籍人口80.04万人，比上年末增长1.9%，其中男性40.05万人，占50.03%；女性39.99万人，占49.97%；乡村人口14.40万人，约占18.0%。年末总户数为22.79万户。

人口分布 户籍人口中，凤城街道9.67万人；东城街道8.90万人；洲心街道18.32万人；横荷街道7.50万人；源潭镇9.82万人；龙塘镇7.72万人；石角镇9.52万人；飞来峡镇8.60万人。

人口自然变动 2021年，全区人口自然增长率为5.03‰，比上年降低1.7个千分点；人口出生率为10.44‰，比上年降低1.56个千分点；人口死亡率为5.41‰，比上年提高0.15个千分点。

年龄结构 2021年末，全区户籍人口中，0—17岁人口19.45万人，占24.30%；18—34岁人口17.70万人，占22.11%；35—59岁人口30.03万人，占37.51%；60岁年龄以上人口12.87万人，占16.08%。

人口城镇化 2021年末，清城区常住总人口112.83万人。

人口密度 2021年末，全区人口密度为870人/平方千米。

（区统计局）

【民族】 2021年，清城区有少数民族34个，少数民族户籍人口有9400多人，有壮族、瑶族、土家族、朝鲜族、苗族、满族、侗族、回族、蒙古族、布依族、维吾尔族等。

（区委统战部）

【语言】 清城区有粤语方言清远白话、普通话、客家话和鹤话4种语言。清远白话是清城区的通用语言，其次是普通话、客家话以及属闽南潮州话的鹤话。客家话人口分布在源潭镇、东城街道、飞来峡镇、银盏林场、石角镇的少数自然村。鹤话人口零星分布在洲心街道、源潭镇和石角镇的部分自然村。

（清城年鉴编辑部）

行政区划

【概况】 2021年，清城区下辖4个街道4个镇，共有村（居）委会164个（含39个"村改居"），其中凤城街道下辖28个社区居委会（含4个"村改居"）、东城街道下辖9个社区居委会和10个村民委员会、洲心街道下辖22个社区居委会（含11个"村改居"）、横荷街道下辖5个社区居委会（含4个"村改居"）和6个村委会、源潭镇下辖5个社区居委会（含3个"村改居"）和16个村委会、龙塘镇下辖10个社区居委会（含8个"村改居"）和6个村委会、石角镇下辖7个社区居委会（含3个"村改居"）和15个村委会、飞来峡镇下辖7个社区居委会（含6个"村改居"）和18个村委会。其中，东城街道于2021年12月设立清飞社区，石角镇于2021年12月设立万悦社区、碧湖社区。2021年全区户籍人口80.04万人。

2021年清城区各街(镇)所辖村(居)委会情况表

街、镇	村民委员会	社区居委会	(村改居)的社区居委会
凤城街		凤宇、城西、麻寺田、凤桂园、朝阳、花厅、竹仔园、高基里、鹤堂、沿江、龙船塘、西门塘、东门、武安、麦围、石狮、后街、西湖、向群、大观、西门、天湖、翠湖、飞来湖(24个)	沙田、田龙、古城、清郊(4个)
东城街	石板、大塱、黄金坜、江埗、新桥、新星、平塘、莲塘、长埔、澜水(10个)	青云、平安、白庙、莲发、金湖、基龙、时代、敏捷、清飞(9个)	
洲心街		启明、光明、凤鸣、洲心、连江、振南、永安、维港、学联、江南、凤翔(11个)	南埗、三角、连石、凤凰、塘坦、伦洲、沥头、洲沙、联岗、青联、沙湖(11个)
横荷街	大有、玉塘、岗头、青山、车头、赤岗(6个)	荷兴(1个)	百加、佛祖、横荷、打古(4个)
源潭镇	踵头、大垯、青龙、松塘、金星、新马、大连、迎咀、连安、连塘、东坑、黄溪、积余、黄茅、大龙、洞尾(16个)	源潭、高桥(2个)	秀溪、台前、新田(3个)
龙塘镇	安丰、泗合、民平、澁冲、定安、长冲(6个)	龙塘、银龙(2个)	井岭、石岭、银盏、陂坑、新庄、云路、金沙、沙溪(8个)
石角镇	黄布、七星、沙步、舟山、南村、灵洲、新基、塘基、民安、马头、石岐、田心、沙坑、界牌、回岐(15个)	石角、美林湖、万悦、碧湖(4个)	城中、塘头、兴仁(3个)
飞来峡镇	黄洞、社岗、竹园、升平、旧岭、坳头、石颈、高塱、西坑、文洞、禾仓、螺塘、黄口、湖洞、独树、银地、石梨、浈江口(18个)	江口(1个)	横石、北潦、升平、高田、清华、龙埗(6个)
合计	71个	54个	39个

备注:清城区现有村民委员会71个,社区居委会93个(其中村改居39个),全区村民委员会、社区居委会合计164个。

【行政区域界线勘定和地名普查】 **行政区域界线勘定** 2021年,清城区地处广东省中北部,清远市最南端,面积1296.31平方千米,东南边与广州市、佛山市相连,市级界线112.45千米,界桩11个;西北边与本市清新区、英德市、佛冈县连接,县(市、区)级的界线135.18千米,界桩22个。乡(镇)级界线13条,总长253.22千米。根据上级民政部门的统一部署,2021年完成清城区与佛冈县行政区域界线联合检查工作,加强边界管理,维护边界地区的社会稳定。全区未发生因界线不清引发的较大争议纠纷事件。清城区将界线界桩维护经费纳入财政预算,2021年下拨专项行政区划界线界桩管理经费6.8万元。为避免因界线管理导致的各种经济资源纠纷,按照《行政区域界线管理条例》以及《关于做好第四轮行政区域界线及行政管辖范围分界线联合检查工作的通知》的有关要求,实行严慎管理维护,做到机构、人员、经费三落实。

地名普查 2021年,出版清城区行政区划图;

"录典志"正在编撰中，配合市民政局开展不规范地名整治工作。

(区民政局)

经济社会发展

【经济发展】 2021年，清城区生产总值712.4亿元（含高新区），比上年增长5.4%。其中：第一产业增加值28.0亿元（含高新区），增长3.1%；第二产业增加值312.7亿元（含高新区），增长9.6%；第三产业增加值371.7亿元（含高新区），增长2.4%。人均地区生产总值6.32万元，增长4%。固定资产投资增长1.0%（不含高新区，高新区增长11.8%）。社会消费品零售总额280.16亿元（不含高新区），增长10.3%。外贸出口额35.85亿元（不含高新区），同比增长1.0%；实际利用外商直接投资3.13亿元（不含高新区），同比下降4.84%。地方一般公共预算收入17.1亿元，增长2.0%。全体居民人均可支配收入3.71万元，增长6.0%（含高新区）。

工业和招商引资 2021年，清城区137家规模以上工业企业共实现产值817.61亿元，同比增长22.8%；实现工业增加值182.25亿元，同比增长10.8%。全区（区辖部分）纳入统计的工业投资项目93个（含技改项目60个，非技改项目33个），累计完成投资52.06亿元，同比增长185.2%，完成年度19亿元目标任务的274.0%；60个纳入统计的技改投资项目累计完成投资8.21亿元，占工业投资的15.77%，同比下降16.5%，完成年度10亿元目标任务的82.1%。2021年，清城区进出口总额为185.57亿元，同比增长36.4%，完成市目标比例133.7%，占全市比重34.6%。其中：出口额为35.85亿元，同比增长1%，占全市比重15%；进口额为149.72亿元，同比增长48.9%，占全市比重50.2%。清城区实际使用外资3.13亿元，完成市目标比例125.1%。

2021年，清城区引进项目14个，完成市下达任务的150%；新引进项目投资金额135.5亿元，完成市下达任务的135.5%；新动工项目14个，动工项目投资金额105.97亿元；招商项目实际完成投资金额55.9亿元，完成市下达任务的186%。互联网+创新产业园（华南声谷）2021年引进投资2.5亿元的九融汇金融产业集群创新服务基地建设项目。清城区在广清空港现代物流产业新城范围内引进中国南部物流枢纽项目、城际清远源潭综合物流产业园项目、广东锦邦冷链仓储物流园项目、粤港澳大湾区"菜篮子"产品清远配送中心项目。广东锦邦冷链仓储物流园项目竣工；中国南部物流枢纽项目三期三个批次用地已供地，二期正在建设；城际清远源潭综合物流产业园项目正在建设钢结构仓库；粤港澳大湾区"菜篮子"产品清远配送中心项目150亩用地已供地。广东盈链金服科技有限公司综合楼建设项目等14个招商项目动工建设。

农业 2021年，清城区完成高标准农田建设项目工程1.5万亩，粮食播种面积23.65万亩，全年粮食产量6.91万吨。完成复耕面积1.90万亩，耕地安全利用率90.55%以上，耕地安全利用项目通过验收。强化珠江流域禁渔期执法工作，人工增殖放流鱼苗206万尾。落实各项强农惠农政策。购买各项政策性农业保险2137万元，发放各项补贴2831.64万元。新增省级示范家庭农场1家，农民专业合作社23家，家庭农场41家，1家农业公园通过验收。申报创建广东省清远市清城区现代农业产业园（国家级），主要建设目标是围绕清远麻鸡保种、育种、繁种3个领域的建设，着力打造清远麻鸡全产业链。

旅游业 2021年，清城区接待游客人数478.88万人次，同比增长37.27%，旅游收入40.53亿元，同比增长5.35%。清城区沙塘月景湾民宿入选广东省乡村民宿示范点名单；清城区东城街道入选广东省乡村民宿示范镇名单；2021年1月清城区新桥村被评为广东省文化和旅游特色村；6月，飞霞风景区被评为国家AAA级旅游景区。采取"旅游+文物"模式，将清远糖厂旧址开发为清远知名集餐饮、观光、怀旧、阅读于一身的"糖果时光"文创园。

城乡建设 2021年，清城区城镇老旧小区改造有7个项目，涉及2街4镇，改造小区837个（包括续建小区326个），其中511个新建项目全面开工，续建326个项目完成，改造项目投资46300万元。2021年，清城区通过区级验收美丽乡村418个、农村人居环境整治村37个，美丽乡村兑现奖补资金

17288万元、人居兑现奖补资金885万元；建成农村公厕523座，完成2053户农村无害化户厕改造任务，全区农村无害化卫生户厕普及率100%，厕所粪污基本得到无害化处理或资源化利用，农村改厕基本实现全覆盖；完成70个行政村村庄规划的编制工作；集中供水至行政村覆盖率100%，至自然村覆盖率100%，入户覆盖率100%，实现农村集中供水全覆盖，农村生活饮用水水质合格率100%；全区新建农村生活垃圾收集点90个，其中洲心街、横荷街、龙塘镇、石角镇、飞来峡镇5个镇（街）实现农村生活垃圾收运市场化运作，东城街、凤城街和源潭镇农村生活垃圾由镇（街）自行收运，配备农村生活垃圾运输车辆62辆，农村生活垃圾清运覆盖率100%；1377个自然村完成农村生活污水治理，建成污水处理设施1298座，农村生活污水治理率83.15%。2021年，清城区累计发放城镇住房保障家庭租赁补贴523户，发放金额共150.22万元，超额完成清远市下达给清城区2021年城镇住房保障家庭租赁补贴发放的目标任务。全区有政府投资建设的公租房1020套，实物配租入住的有1014套，分配入住率99%。

乡村振兴 巩固拓展脱贫攻坚成果，稳定现行帮扶政策体系。清城区建档立卡脱贫人口3216户5365人，全部按照"八有指标"落实政策，实现"两不愁、三保障"。组建驻镇帮扶工作队，选派41名优秀年轻干部派驻7个镇（街）参与驻镇帮镇扶村。推动样板区建设，助推乡村振兴取得新实效，全力打造源潭新马乡村振兴样板区，完成17个村庄（含散村）的"三清三拆"工作。引入的"飞霞龙田文化乡"项目，带动社会资本投资6.2亿元。截至2021年年底，投资2.3亿元的"飞霞龙田文化乡"项目建设初见成效，建成365亩虾稻共生养殖场、203亩智慧农业区域、260亩水产基地、12栋民宿和5栋明清非遗展示古建筑；推动东城"三村一居"乡村振兴样板区项目建设，完成前期建设14个自然村的村庄环境整治提升工程建设。白庙社区（一居）完成供水迁改工程，弱电基本完成迁改，自来水及弱电恢复砼路面，党群服务中心总进度完成40%。投入3671万元实施农村公路建设，完成乡村公路安全提升工程26.62千米、农村公路单改双30.92千米、危桥改造7座、路面改造10.97千米，县乡道路面维修及隐患整治5.9千米。

基础设施建设 2021年，清城区新增完成建设开通5G基站208个，累计完成5G基站建设807个，启动农村家宽建设站点209个。总投资2551万元完成清城区43个港湾式停靠站改造。完成省职教基地生活垃圾转运站选址和可行性研究报告项目和风险评估报告初稿，初步确定选址在孖龙山陵园旁，占地24.7亩（约1.6万平方米），项目设计生活垃圾日压缩转运处理能力为140吨，总投资2800万元。投入1350万元完成对清城区主要公园广场、人民东路、北江一路至站前路广清大道与连江路导流岛等重要交通节点的绿化景观提升改造工程。完成笔架河木栈道、飞来湖鸡文化馆木护栏、飞来湖公园南广场码头周边木地板等1830个项目的维修工作。共维修沥青路面42550.59平方米（含翻新铣刨沥青路面40994.19平方米），混凝土路面修复2549.81平方米，修复人行道30166.07平方米。完成莲塘路市政道路工程，K0+000-K0+235段主车道完成并通车使用，完成笔架河畔公园高压线迁改工程。完成省道252线清城区榨油岭至金三角段、省道S354线清城

源潭新马乡村振兴样板区飞霞龙田文化乡的稻虾共生养殖场

（曹宪年　2021年摄）

区黄洞口至新桥段路面改造工程，完成国道G240线民安桥、广清大道大燕河桥和省道S354线秀田桥、新农桥、旧岭桥危桥改造工程。

环境保护 2021年，清城区空气质量优良率为93.2%，6项指标均达到国家Ⅱ级标准。完成省级涉VOCs重点企业评级工作25家、VOCs深度治理4家、VOCs"一企一策"9家，推动工业炉窑达B级以上30家。开展餐饮油烟、露天烧烤和汽修行业专项整治工作。常态化开展机动车上路抽检。开展打击成品油非法经营活动133次，取缔非法加油站128个，暂扣油品39.29万升，查处涉成品油行政案件7宗，查扣涉案油品约1.1万升。持续强化环境监察执法，全年检查企业1122家次，针对企业环境问题发出责令整改通知书288份，针对企业的环境违法行为立案处罚88宗。排查整治"散乱污"场所605家。双随机检查155家。迎接第二轮中央生态环境保护督察，共收到中央督察组交办案件66宗、协办案件4宗，其中重点关注案件10宗。办结案件44宗，阶段性办结22宗，交办案件办结率100%。

【社会事业发展】 **文化体育** 2021年，清城区有各类公共文化场馆251个，其中包括：区级图书馆、文化馆、博物馆各1个，文化馆、图书馆分馆各8个，图书馆服务点和文化服务点各32个，街镇文化站8个。清城区158个综合文化服务中心均实行免费开放，指导街镇开展村（居）基层综合性文化服务中心提质增效，达标率40%以上。建成清城区龙塘镇安丰村集美文旅服务中心，新增飞来峡西坑等2个省级"两中心融合示范点"。开设牛鱼嘴、金鸡岩、天子山3家旅游景点"粤书吧"。清城区举办特色品牌活动第七届"舞动凤城"乡村广场舞大赛，比赛采取线下录制、线上展播的形式进行，惠及清城区8个街镇约500余人次的业余舞蹈爱好者，观看人数达2000余人次；举办特色品牌活动"文艺百村行"大型晚会3场，并在线上展播，受惠人次（含线上）达5000余人次；举办特色品牌活动第三届"狮舞凤城"狮王争霸赛，惠及清城区8个镇（街）约300余人次的专业狮队人员，观看人数达3000余人次；举办区文化馆联动培训54期；区文化馆联动展览54期、区文化馆联动讲座、展览共54期；区文化馆联动下基层志愿演出20场；区文化馆志愿服务30场。举办"全民健身与奥运同行"全民健身日系列活动，参加人数约500人；举办2021年清城区象棋公开赛和2021年网球公开赛，近500人参赛；举办大水坑村体育技能培训班；开展2021年清城区国民体质监测工作，完成3—79岁的监测对象样本量约1200个；组建清远市跆拳道代表队，备战广东省第十六届运动会；组队参加2021年广东省中学生跆拳道锦标赛，并获得8枚金牌、6枚银牌、6枚铜牌及初中组团体第一名；承办2021年清远市第七届运动会跆拳道比赛；组队参加2021年清远市第七届运动会田径、网球、篮球、足球、跆拳道、柔道等12个大项比赛，以64块金牌、团体总分2959分的成绩，获得清远市第七届运动会12个大项团体总分第一名，并获得体育道德风尚奖。

医疗卫生 2021年，清城区公立医疗机构总诊疗人次256.95万人次（不含民营医院、个体诊所），其中区人民医院、8家基层医疗机构总诊疗人次208.9万人次（不计村卫生室）。家庭医生服务签约数为50.22万人，常住人口签约服务覆盖率为58.85%；家庭医生服务重点人群为23.29万人，签约17.58万人，重点人群签约服务覆盖率为75.46%。推动医疗重点项目建设，清城区人民医院新院发热门诊移交使用，通风和中央空调系统、智能化系统及信息化、专业装修、医疗及办公设备等项目有序进行，相关医疗设备、办公设备完成采购；区疾病预防控制中心（慢性病防治站、精神卫生中心）建设完成项目立项、初步设计、工程概算；龙塘镇卫生院新院建设完成立项和初步设计招标工作；石角镇卫生院扩建工程（广清楼）完成桩基础建设，基坑开挖完成；东城社区卫生服务中心建设完成可研、勘察、初步设计、概算编制及规划总平面图报批工作。强化应急人才队伍建设和物资保障体系，开展各类应急演练21次，成立区传染病应急处置、流行病学调查以及核酸采样等队伍。截至12月31日，清城区累计接种新冠疫苗224.06万剂次，累计接种103.90万人，累计完成全程接种102.80万人，全人群全程接种完成率91.79%。

教育 2021年，清城区投入资金约3.6亿元，新建新城小学、清飞小学，于9月1日开学；异地迁建新百加小学；改（扩）建新北江小学、松岗中学。共新增公办中小学学位7670个。清城区在引进华师大、广铁一中等名校合作办学的基础上，继续引进一些优质的教育资源进驻，不断增加全区优质学位供给。重点推进占地250亩、办学规模为小学96个班、初中48个班的清远市海德外国语学校建设，该校于9月如期建成开学，增加优质民办学校学位约6480个。越秀、清城两区启动第四轮教师双向交流，深化对口帮扶关系，全区与省内名校（园）签订深度结对帮扶协议学校达到46所。全年派出教师到广州跟岗学习或培训达753人次，两地通过听课研讨开展交流共1367人次；越秀区教育专家、领导到清城区指导达129人次；组织区教师通过越秀区优质资源公共平台在线观摩优质智慧课堂共19期，内容涵盖小学至初中多个学科；组织51位乡村中小学（幼儿园）教导主任到越秀区中小学（幼儿园）进行2周的跟岗学习，促进城乡义务教育一体化发展。投入年度资金136万元，完成省教育厅教学改革项目"爱种子"实验第一阶段任务，形成以教育改革实验项目破解城乡教育二元结构难题的优秀经验，获省教育厅高度肯定并向全省各地推广。清城区继续对农村义务教育寄宿制学校进行建设，共投入资金1869万元，累计达标改造寄宿学位12580个，改造和扩建寄宿制学校11所，实际新增寄宿制学位1901个，有效满足偏远地区学生、留守儿童的寄宿需求。投入专项资金229万元，支持城乡学校少年宫等项目的建设及运转，提升办学品位。

社会保障 2021年，清城区民生支出34.80亿元，占一般公共预算支出的75.67%。城乡居民养老保险27.85万人参保，11.56万人续保，城乡居民医疗保险48.54万人参保，城乡居民养老和医疗保险覆盖率100%。落实稳岗补贴发放工作，向5829家企业发放444.82万元稳岗补贴。深化"一窗通办"经办服务改革，养老类、待遇类业务实现一站式办理，设置对公及特殊群体绿色快办通道，综合柜员制经办服务窗口成为全市唯一一个全国人力资源社会保障系统优质服务窗口的表彰对象。

劳动就业 2021年，清城区城镇新增就业13358人，失业率控制在2.49%以内。实施"粤菜师傅""广东技工""南粤家政"3项工程，开展粤菜师傅培训3620人、广东技工培训11212人、南粤家政培训2305人。推进职业技能鉴定工作，组织开展218场技能鉴定，考核7841人，核发专项职业能力证书8764本、初级职业资格证书414本。发放就业创业类补贴841.159万元，惠及3201名劳动者，发放职业技能提升补贴1046.55万元，惠及10422名劳动者。审批并发放创业担保贷款50笔合计925万元。组织线上线下招聘会23场，发布招聘岗位14186个。对登记求职人员开展"一对一"职业指导服务，转变求职观念，提高岗位适配度。城镇失业人员实现再就业5010人，就业困难人员实现再就业231人，新增吸纳本省劳动力4865人，转移输出农村劳动力3016人，促进成功创业402人并带动就业767人。

【**生态文明建设**】 **大气污染防治** 2021年，清远市生态环境局清城分局印发包干责任分工方案、专项行动措施清单、不良天气应急工作指引、生态环境保护责任清单和环委会工作规则等，紧跟市建立"一个领域、一位分管领导、一个牵头部门"的"三个一"工作机制，严格落实大气国控站点"站长制"，逐步完善大气污染防治"大环保"格局，压实各部门工作责任，确保大气污染防治各项任务落地落实。持续开展3个国检站点周边环境整治，开展涉气工业企业VOCs专项整治、餐饮油烟专项整治、重点区域环境大清洁、露天堆场沙场整治、露天停车场整治、散煤清理整治、汽修企业专项整治、加油站污染防控和洒水保湿能力提升"9大专项行动"。处置清远历史遗留固废约2.92万吨，一般固废、危废申报率均为100%。城市绿化覆盖率39.02%，高质量完成省下达的1.44万亩造林与生态修复任务。

2021年，清城区5个站点空气质量优良率为93.2%，PM2.5平均浓度为23微克/立方米，PM10平均浓度为41微克/立方米，连续两年达到考核要求。获得全市环境保护暨污染防治攻坚考核第一名，助力清远市2021年空气质量在全省突破性排名第17位，同比提升3位；综合指数改善率为8.0%，全省排名第1位。

水环境综合治理 2021年，持续加强对乐排河流域环境整治,清城区人民政府审定并印发《清城区石角镇乐排河水质巩固达标方案》,清城区生态环境保护委员会办公室印发《关于乐排河流域"散乱污"场所专项清理整治工作行动方案》,组织相关部门对乐排河沿线工业企业(场所)开展拉网式排查整治。国考断面北江七星岗、北江石角界牌水质均达到Ⅱ类标准,"十四五"新增国考断面潖江口水质达到Ⅲ类标准,省考断面大燕河水车头水质达到Ⅳ类标准,均达考核目标要求。完成江南水厂、迎咀水库、飞来峡横石3个饮用水水源地保护区划定及规范化建设工作。认定上报5条农村黑臭水体。完成2021年农村生活污水治理民生实事办理工作,8个自然村的生活污水处理设施均完成建设并通过验收。

(市生态环境局清城分局)

【精神文明建设】 不断深化文明创建工作,2021年,清城区创建国家级文明单位3个、省级文明单位4个,有2户家庭被评为2021年清远市"最美家庭",1户家庭被评选为第七届清远市"优秀书香之家",3户家庭被评选为清远市"阅读领航之家"。区级及以上文明镇2个,区级及以上文明村70个,文明村镇覆盖率为96%。全区有102所中小学校被评为市、区级"文明校园",实现清城区中小学校100%全覆盖。不断深化志愿服务工作,2021年,全区建立1支新时代文明实践志愿服务总队、5支文明实践服务平台志愿队、13支区级专业化文明实践志愿服务队和140支直机关文明实践志愿服务队,在i志愿平台注册志愿服务队伍655支,实名注册志愿者136327人,网上发起、开展志愿服务活动26161项。坚持"1234"志愿服务工作法,实施"全民志愿""志愿学院""红星领袖"计划,全力打造"红动清城""成长驿站"公益创投项目品牌,继续深化开展"逢8出发"志愿服务系列活动,让志愿服务精神深入人心。不断深化新时代文明实践工作,全区实现"1+8+161"区、乡镇(街道)、村(社区)三级服务阵地矩阵构建,建有新时代文明实践中心1个、新时代文明实践所8个、新时代文明实践站161个,实现全区新时代文明实践中心(所、站)建设全覆盖。2021年,全区开展学习实践科学理论、政策宣传宣讲、培育践行主流价值、丰富活跃文化升华、移风易俗等实践活动10896场,服务人次57.92万。

2021年11月9日,清城区举行2021年"成长驿站"公益创投签约仪式

(区新闻信息中心 供图)

2021年7月20日,清城区举行2021年"红动清城"第四届志愿服务项目公益创投签约仪式

(区新闻信息中心 供图)

区四套班子、区直以上单位及各镇（街）领导人名单（2021年）

中共清远市清城区委员会
书记：邱泽军
副书记：廖家杰
副书记：廖剑锋（2021年10月任）
挂任副书记：谢先清（2021年7月任）
区委常委：周冬梅（2021年4月任）
区委常委：刘浩文（2021年10月任）
区委常委：王宝琪
区委常委：何瑞能（2021年1月任）
区委常委：耿彦召（2021年7月任）
区委常委：黄翠珊（2021年5月任）
区委常委：杨国辉（2021年1月任）
区委常委：钟伟权（2021年10月任）
区委常委：李根生（任至2021年7月）
区委常委：刘达维（任至2021年1月）
区委常委：罗泽光（任至2021年4月）
区委常委：潘艳嫦（任至2021年5月）
区委常委：廖剑锋（任至2021年10月）
区委常委：陈少聪（任至2021年10月）
挂任区委常委：骆正强

清远市清城区人大常委会
主任：虞卫旗（2021年11月任）
主任：李灿坚（任至2021年11月）
副主任：沈学贤
副主任：李根生（2021年11月任）
副主任：李汉森
副主任：潘艳嫦（2021年11月任）
副主任：袁志武（2021年11月任）
副主任：罗婉玲
副主任：姚碧连（任至2021年11月）
副主任：钟锡洪（任至2021年3月）

清远市清城区人民政府
区长：廖家杰（2021年3月任，代区长任至3月）
副区长：廖剑锋（任至2021年10月）

副区长：刘浩文（2021年10月任）
副区长：黄桂棠（2021年9月任）
副区长：蓝建飞（2021年2月任）
副区长：邱伟博（2021年4月任）
副区长：宗卫平（2021年6月任）
副区长：雷焕坤（2021年9月任）
副区长：袁志武（任至2021年2月）
副区长：何瑞能（任至2021年2月）
副区长：欧建文（任至2021年9月）
副区长：潘献文（任至2021年9月）
副区长：黄翠珊（任至2021年6月）
挂任副区长：骆正强

政协清远市清城区委员会
主席：陈少聪（2021年11月任）
主席：刘秀添（任至2021年11月）
副主席：梁艳红
副主席：姚碧连（2021年11月任）
副主席：郭志毅
副主席：谢宇辉（2021年11月任）
副主席：古汉雄（2021年11月任）
副主席：张锦辉（2021年11月任）
副主席：王宗龙（任至2021年9月）
副主席：刘达维（任至2021年9月）
副主席：郭焕兴（任至2021年3月）
副主席：黄艳华（任至2021年3月）
副主席：袁志武（从2021年3月任至2021年11月）
副主席：蓝建飞（任至2021年3月）

中共清远市清城区纪委、清远市清城区监委
区委常委、区纪委书记、区监委主任：
　耿彦召（2021年7月任，区监委主任11月任）
区委常委、区纪委书记、区监委主任：
　李根生（任至2021年7月）
区纪委副书记、区监委副主任：
　温新权（2021年11月任）

区纪委副书记、区监委副主任：
　　郭桂星（任至2021年10月）
区纪委副书记、区监委副主任、区委巡察办主任：
　　　李卓新（区纪委副书记2021年10月任，区监委副主任11月任）
区纪委常委、监委委员：李天平
区纪委常委：吴海勋（任至2021年1月）
区纪委常委：曾炳坤（2021年3月任）
区纪委常委、区监委委员：伍尚钜（2021年4月任）
区纪委常委：陈建华（任至2021年7月）
区纪委常委：唐婕怡（2021年10月任）
区监委委员：张志明（任至2021年2月）
区监委委员：黄张继（2021年4月任）

中共清远市清城区委办公室

区委常委、区委办主任：
　　钟伟权（2021年10月任，区委办主任11月任）
区委常委、区委办主任：陈少聪（任至2021年10月，区委办主任任至11月）
常务副主任：许洁涛（2021年6月任）
常务副主任：张振华（任至2021年5月）
副主任：蒋耀庆
副主任：曾裕仙（2021年5月任，试用期1年）
区档案局局长：许洁涛（任至2021年6月）
区委保密委员会专职副主任：徐镜洪
区委机要局（区密码管理局）局长、区国家保密局
　　局长：徐镜洪

清远市清城区人大常委会机关

办公室主任：何树新
办公室副主任：刘映玲（任至2021年9月）
办公室副主任：李　颖（2021年9月任，试用期1年）
监察和司法工作委员会主任：赖声贤
选举联络人事任免工作委员会主任：
　　麦少芬（任至2021年7月）
选举联络人事任免工作委员会主任：
　　程　健（2021年7月任）
选举联络人事任免工作委员会副主任：陈　婧
教育科学文化卫生工作委员会主任：黄智君
财政经济农村农业工作委员会主任：
　　黎　力（任至2021年11月）
财政经济农村农业工作委员会主任：
　　成世亮（2021年11月任）
财政经济农村农业工作委员会副主任：何金洪
环境和资源工作委员会主任：沈伟文

清远市清城区人民政府办公室

党组书记、主任：钟伟权
党组成员、副主任：李海容
党组成员、副主任：林国辉（任至2021年6月）
党组成员：周　悦（任至2021年6月）
党组成员、副主任：张　帆
党组成员、副主任：贾　辉（任至2021年6月）
党组成员、副主任：吕渭星（2021年2月至10月挂职）
党组成员、副主任：林佰聪（2021年6月任）
党组成员、副主任：
　　沈大器（2021年11月任，任期1年）

政协清远市清城区委员会机关

党组成员、秘书长、办公室主任：
　　张振华（2021年9月任）
秘书长、办公室主任：吴汉清（任至2021年9月）
办公室副主任：梁贵娜
提案与文史工作委员会主任：罗伟珍（2021年9月任）
提案与文史工作委员会主任：
　　黄海生（任至2021年9月）
提案与文史工作委员会副主任：
　　罗伟珍（任至2021年9月）
组织联络工作委员会主任：郭桂荣（任至2021年3月）
组织联络工作委员会主任：黄海生（2021年9月任）
组织联络工作委员会副主任：罗婉芳

中共清远市清城区委组织部

区委常委、组织部部长：杨国辉（2021年1月任）
区委常委、组织部部长：刘达维（任至2021年1月）
常务副部长、区"两新"组织党工委书记：李艺凌
副部长：贾　辉（2021年6月任）
副部长：唐剑华
副部长：张昌林（任至2021年6月）
部务委员：刘志斌（2021年1月任，试用期1年）

部务委员：唐婕怡（任至2021年10月）
副部长、区公务员局局长：汤洁莹（2021年8月任）

中共清远市清城区委宣传部
部长：黄翠珊（2021年5月任）
部长：潘艳嫦（任至2021年5月）
常务副部长：钟振良
副部长、区新闻办主任：汤洁莹（任至2021年8月）
副部长：黄卫标

中共清远市清城区委统一战线工作部
区委常委、统战部部长：周冬梅（2021年4月任）
区委常委、统战部部长：罗泽光（任至2021年4月）
常务副部长：覃伟冰
副部长：邱鸿文
副部长：李方晓
副部长：周雯君

中共清远市清城区委政法委
区委常委、政法委书记：何瑞能（2021年1月任）
区委常委、政法委书记：李汉森（任至2021年1月）
常务副书记：何　强（2021年6月任）
常务副书记：罗泽坚（任至2021年4月）
副书记：李智勇（2021年2月任）
副书记：林国辉（2021年5月任）
副书记：卢雪梅（任至2021年2月）
副书记：谢伟煊（任至2021年5月）
副书记：朱智标（任至2021年5月）
专职委员：张志勇

中共清远市清城区委机构编制委员会办公室
主任：林建锋
副主任：罗春梅
副主任：徐思立

中共清远市清城区委巡察办
区纪委常委、区监委委员，区委巡察办主任：李卓新
区委巡察办副主任：刘　丽（任至2021年7月）
区委第一巡察组组长：罗志强
区委第二巡察组组长：胡科华
区委第三巡察组组长：张昌林（2021年7月任）
区委第三巡察组组长：何卓珍（任至2021年7月）
区委第一巡察组副组长：陈亚文
区委第二巡察组副组长：巫燕玲
区委第三巡察组副组长：陈健敏

清远市清城区发展和改革局
党组书记、局长：谢丽娟
党组成员、副局长：欧阳斌
党组成员、副局长：刘钊海
党组成员、副局长：
　　刘小莹（2021年2月任，试用期1年）
党组成员、副局长：黎卫强（任至2021年1月）
党组成员、副局长：黄　昊（挂任）
总经济师：谢康棣（2021年6月任，试用期1年）

清远市清城区统计局
局长：张燕芬
副局长：刘庆文
副局长：郭惠娟

清远市清城区教育局
党组书记、局长：刘艺东
副局长：潘玉玲（任至2021年6月）
党组成员、副局长：莫世文
党组成员、副局长：邹燕清
副局长：邓　慧（2021年8月任）
党组成员、教师发展中心主任：
　　李阳新（任至2021年6月）
党组成员、主任督学：朱　颖
党组成员、教师发展中心主任：
　　郑列国（2021年7月任）
党组成员：易沛清（任至2021年1月）
党组成员、办公室负责人：钟翠霞
党组成员、人事股负责人：邓永鸿

清远市清城区工业和信息化局
党组书记、局长：蔡伟新
　　（2021年5月任，10月任局长）

党组书记、局长:刘卫民(任至2021年5月)
党组副书记、区企业服务中心主任:邱劲刚
党组成员、副局长:陈卫东
党组成员、副局长:朱小明(任至2021年1月)
党组成员、副局长:胡浩明
党组成员、副局长:
　　何思敏(2021年1月任,试用期1年)
党组成员、副局长:钟　晋(挂任)
党组成员、副局长:康　妮(2021年10月挂任)

南方电网广东清远市清城供电局
党委书记、副总经理:吴智成
总经理、党委副书记:罗　佳
党委委员、纪委书记:谢桂通
党委委员、副总经理:张海兴
党委委员、副总经理:袁贵中(2021年1月任)
党委委员、副总经理、工会主席:邹祁武
党委委员、副总经理:李开红(任至2021年1月)

清远市清城区民政局
党组书记、局长:莫永红(2021年6月任)
党组书记、局长:林　君(任至2021年5月)
党组成员、副局长:钟凤洁
党组成员、副局长:杨伟光
党组成员、副局长:吴清坚(任至2021年5月)
党组成员、区社会组织党委专职副书记:
　　梁绍洪(2021年7月任)

清远市清城区司法局
党组书记、局长:龚　明
党组成员、副局长:刘国飞
党组成员、副局长:张华田
党组成员、副局长:何伟健(2021年7月任)
党组成员、副局长:吴少海(任至2021年7月)

清远市清城区财政局
党组书记、局长:谢宇辉
党组成员、副局长:林志伟
党组成员、副局长:邓志辉
党组成员、副局长:陈泳茹

党组成员、总会计师:吴德红

清远市清城区审计局
党组书记、局长:练安东(2021年6月任)
党组书记、局长:黄翠珊(任至2021年6月)
党组成员、副局长:郑劲峰
党组成员、副局长:陈兆柏(任至2021年1月)
党组成员、区经责办主任:谭灿泉
党组成员、总审计师:
　　杨　光(2021年1月任,试用期1年)
副局长:何燕秋(2021年12月任,试用期1年)

国家税务总局清远市清城区税务局
党委书记、局长:李维国(2021年8月任)
党委副书记、副局长:陈嘉强
党委委员、副局长:陈建文(任至2021年5月)
党委委员、纪检组组长:周志恒
党委委员、副局长:梁启文(任至2021年12月)
党委委员、副局长:温健永
党委委员、副局长:罗宇刚
党委委员、副局长:蔡映涛
党委委员、副局长:林玉海

国家税务总局广东清远高新技术产业开发区税务局
副局长:谢晓东
副局长:张建锋(任至2021年8月)
副局长:毛朝雄(2021年1月任)
副局长:张绍钧(任至2021年8月)
纪检组组长:陈慧丽

清远市清城区人力资源和社会保障局
党组书记、局长:刘卫民(2021年6月任)
党组书记、局长:欧阳倩茹(任至2021年6月)
党组成员、副局长:林清华
党组成员、副局长:潘雯捷
党组成员、副局长:叶思聪

清远市社会保险基金管理局清城直属分局
局长:张　成

副局长：邓镜开
副局长：邓容森
副局长：罗晓滨

清远市自然资源局清城分局
局长：蔡桂强
副局长：林碧芳（任至2021年2月）
副局长：周　翰
副局长：黄健聪

清远市清城区住房和城乡建设局
党组书记、局长：文建雄（任至2021年7月）
党组成员、副局长：黄志强
党组成员、副局长：戴雪雯
党组成员、副局长：郑惠权
党组成员、总工程师：袁伟凡

清远市清城区交通运输局
党组书记、局长：刘志军
党组成员、副局长：林庆源
党组成员、副局长：林卫洲
党组成员、副局长：梁信荫
党组成员、总工程师：侯伟健

清远市清城区公路事务中心
副主任：欧镜华
副书记：李得机
副主任：梁永谦
副主任：陈茂丹

清城海事处
处长：罗　烨
副处长：张汝星
副处长：覃　锋

清远市生态环境局清城分局
党组书记、局长：朱志航
党组成员、副局长：钟淑芬（任至2021年6月）
副局长：吴光磊

副局长：潘振华
党组成员、副局长：
　　赖芳芳（2021年11月任，试用期1年）
副局长（挂职）：李元媛（2021年11月挂任，时间1年）
党组成员：杨妙岚
党组成员：陈志岗（2021年8月任）
党组成员：邓长泉（2021年8月任）

清远市清城区水利局
局长：许葵杰
党组书记、副局长：林　伟
党组成员、副局长：邓　雷
副局长：曾永祥（任至2021年2月）
挂职副局长：寇　磊（2021年8月任，挂任期1年）
党组成员、总工程师：江爱宁

清远市清城区农业农村局
党组书记、局长、兼任区委农办主任、区乡村
　　振兴局局长：林泽兴（2021年9月兼任）
党组副书记、区委农办常务副主任、兼任区乡村
　　振兴局常务副局长：何绍光（2021年9月兼任）
党组成员、副局长：黄荫才
党组成员、副局长：胡焕明（2021年1月任）
党组成员、副局长：王文华（2021年7月任）
党组成员、副局长：胡锦洪（任至2021年1月）
党组成员、副局长：曾宏连（任至2021年7月）
党组成员、区委农办专职副主任：朱永宜
党组成员：郭君萍（2021年5月任）

清远市林业局清城分局
局长：文均海
副局长：朱灿欢
副局长：冼俊涛

清远市清城区文化广电旅游体育局
局长：郭桂星（2021年11月任）
局长：成世亮（任至2021年11月）
副局长：何卓珍（2021年7月任）
副局长：杨伟坚

副局长：陈倩华（2021年6月任，试用期1年）
副局长：潘志坚（任至2021年6月）
副局长：李朝阳（任至2021年1月）

清远市清城区卫生健康局
局长：吴庆锋
副局长：李伟强
副局长：陈云瑚
副局长：梁雪莹（2021年1月任，试用期1年）
副局长：林建鹰（2021年6月任，试用期1年）

清远市医疗保障局清城分局
局长：吴国泛
副局长：姚海龙（2021年4月任）

清远市清城区退役军人事务局
局长：宋志成
副局长：巫永凯
党组成员：林海云

清远市清城区应急管理局
党委书记、局长：钟敏杰（2021年7月任）
党委书记、局长：黎敏生（任至2021年7月）
党组成员、副局长：黄润泉
党组成员、副局长：潘锦钊
党组成员、副局长：谢盛军
党组成员、总工程师：欧梦璇

清远市清城区市场监督管理局
党组书记、局长：黄劲锋
党组成员、副局长：谢建洪（任至2021年6月）
党组成员、副局长：杨　毅
党组成员、副局长：刘伟青
党组成员、副局长：周锦洲
党组成员、副局长：黄小明
党组成员、副局长：潘秀佳
党组成员：林子飞
总工程师：曹志波
党组成员、区个体私营企业委员会专职副书记：
　　徐国奇（2021年1月任）

清远市清城区城市管理和综合执法局
党组书记、局长：张忠华
党组成员、副局长：欧炳华
党组成员、副局长：黄恩楚
党组成员、副局长：温丽芳
党组成员：林红光
党组成员：罗志军

清远市清城区政务服务数据管理局（区行政审批局）
局长：朱智标（2021年1月任）
副局长：骆柱明（任至2021年7月）
副局长：梁洁云
党组成员：朱伟锋（任至2021年2月）
副局长：欧阳美莲（区行政审批局）

清远市清城区总工会
主席：潘艳嫦（2021年11月任）
常务副主席：李向阳（任至2021年6月）
常务副主席：林建文（2021年6月任）
副主席：陈　静（任至2021年7月）
副主席：向海瑛（2021年7月任）
挂职副主席：胡华芸
兼职副主席：邓伟文
兼职副主席：张凤阳

共青团清远市清城区委员会
书记：陈秀芬（2021年7月任）
书记：李　乐（任至2021年7月）
副书记：何菲菲

清远市清城区妇女联合会
党组书记、主席：刘圣英
党组成员、专职副主席：朱小丽
党组成员、挂职副主席：
　　韦　妍（2021年4月任，挂任期2年）
挂职副主席：谢丽君（任至2021年3月）
挂职副主席：徐青仪（任至2021年3月）
挂职副主席：邵　丹（2021年4月任，挂任期2年）
兼职副主席：王　清

兼职副主席：刘莉敏
兼职副主席：赖文静

清远市清城区工商业联合会
主席：蒙　立
党组书记：邱鸿文
第一副主席：邱鸿文（任至2021年7月；更名为常务副主席任至2021年12月）
区非公党委书记：邱鸿文（2021年8月任）
党组成员、专职副主席、秘书长：陈志勇
区非公党委专职副书记：
　　谢京勇（2021年6月任，试用期1年）
党组成员：林志军

清远市清城区归国华侨联合会
主席：黄小红

清远市清城区科学技术协会
主席：谢华亮
副主席：谢东山（2021年8月任，试用期1年）
副主席：蓝健强（任至2021年1月）
兼任副主席：谢锡彬（2021年5月任）
兼任副主席：汤锦洪（2021年5月任）
挂任副主席：林珊珊（2021年5月任，挂任期1年）

清远市清城区文学艺术界联合会
主席：曾纪勇

清远市清城区残疾人联合会
理事长：朱子宜（任至2021年7月）
理事长：蔡文奇（2021年7月任）
副理事长：冼映宇（任至2021年7月）
副理事长：潘　捷（2021年9月任）

中国民主同盟清远市清城区基层委员会
主委：蓝建飞（2021年5月任）
主委：袁志武（任至2021年5月）
专职副主委：何冬妍
兼职副主委：廖　薇（任至2021年5月）
兼职副主委：张伟忠（2021年5月任）

兼职副主委：吴嘉旻（2021年5月任）
兼职副主委：钟燕文（2021年5月任）

中国农工民主党清远市清城区支部委员会
主委：何金洪（2021年5月任）
主委：许葵杰（任至2021年5月）
副主委：黄彩霞
副主委：詹　敏（2021年5月任）

清远市清城区关心下一代工作委员会
主任：张西荣
常务副主任：黄金德
常务副主任：高治强
常务副主任：何伟洪

清远市清城区老区建设促进会
会长：叶锦添
常务副会长、秘书长：钟清祥
副会长：麦家祥

中共清远市清城区委党校
校长：杨国辉（2021年1月任）
校长：刘达维（任至2021年1月）
常务副校长：欧志雄
副校长：冼　勇
副校长：刘玉燕

清远市清城区代建项目管理中心
党组书记、主任：陈志星
副主任：杨　军
副主任：朱燮钲
副主任：石劲松

清远市清城区机关事务局
党组书记、局长：陈汉光
党组成员、副局长：徐国庆
党组成员、副局长：黄秀荣（任至2021年7月）
党组成员、副局长：江　敏（任至2021年7月）
党组成员、副局长：刘　劲（2021年7月任）
党组成员、副局长：曾宏连（2021年7月任）

清远市清城区档案馆（区委党史研究室、区地方志办公室）
馆长（主任）：黎志洪
副馆长（副主任）：王镜清
副馆长（副主任）：赖少琼

清远市清城区供销合作社
主任：黄洪伟
副主任：林伟文
副主任：邓列锋（任至2021年3月）

清远市清城区燕湖新城建设指挥中心
党组书记、主任：唐　林
副主任：郭韶安
副主任：凌记标（任至2021年3月）
副主任：黄卓华

清远市清城区人民法院
党组书记、院长：房志伟（2021年10月任）
党组书记、院长：黄富强（任至2021年10月）
党组副书记、副院长：赖声亮
党组成员、副院长：侯建忠
党组成员、副院长：刘　德
挂任副院长：禹　莉（2021年12月任，挂任期1年）
党组成员、政治部主任：翁照红
党组成员、审判管理办公室主任：林永强
党组成员、执行局局长：潘文飞

清远市清城区人民检察院
党组书记、检察长：何富添（任至2021年10月）
党组书记、检察长：曾德波（2021年10月任）
党组成员、副检察长：刘永坚
党组成员、副检察长：蔡伟光
党组成员、副检察长：黄星任（2021年12月任）
党组成员、副检察长：彭昀峰（任至2021年12月）
党组成员、政治部主任：温颖杰
挂任副检察长：周艳云（2021年2月任，挂任期1年）

清远市公安局清城分局
党委书记、局长、督察长：黄桂棠（2021年9月任）
党委书记、局长、督察长：欧建文（任至2021年9月）
党委副书记、政委：黄志彬
党委成员、政工室主任：刘润彩
党委成员、纪委书记、副局长：
　　邓恒欢（2021年4月任）
党组成员、副局长：潘伟军
党组成员、副局长：邱　跃（2021年4月任）
党委成员、挂任副局长：帅　涛（2021年1月任）

清远市清城区人民武装部
党委副书记、部长：颜　峰（2021年9月任）
党委副书记、部长：蔡金平（任至2021年8月）
党委书记、政治委员：王宝琪
党委委员、副部长：周　伟
党委委员、军事科长：徐　敏

清远市清城区新闻信息中心
主任：李丽珍
副主任：钟志军
副主任：杨　峥

清远市清城区企业服务中心
党组副书记、主任：邱劲刚
副主任：向小罡（2021年8月任）
副主任：郑润星（2021年8月任）

清远市清城区大数据中心
副主任：曹芳芳
副主任：陈俊健

清远市清城区凤城街道
党工委书记：陈　技（2021年4月任）
党工委书记：林伟新（任至2021年4月）
党工委副书记、办事处主任：欧阳倩茹（2021年5月任）
党工委副书记、办事处主任：陈　技（任至2021年4月）
人大工委主任：程　健（任至2021年4月）
人大工委主任：李伟杰（2021年7月任）
党工委副书记：陶　丹（任至2021年6月）
党工委副书记：蔡文奇（任至2021年7月）
党工委副书记：梁幼学（2021年6月任）

党工委副书记：李　乐（2021年7月任）
党工委副书记：张　帆（2021年8月任）
党工委委员、纪工委书记：谭晓文
党工委委员：李伟强（任至2021年1月）
党工委委员：莫振龙（任至2021年6月）
党工委委员：阮伟良（任至2021年1月）
党工委委员：梁幼学（任至2021年6月）
党工委委员：刘伟锋
党工委委员：刘杰洪（2021年7月任）
党工委委员：黄卫峰（2021年1月任）
党工委委员：廖新东（任至2021年1月）
党工委委员：郑宇灵
党工委委员：王福妹
党工委委员：郭德才（任至2021年6月）
党工委委员：方志华（任期2021年7至8月）
党工委委员：吴小明（2021年1月任，试用期1年）
党工委委员：陈冬明（2021年8月任）
党工委委员：温信洪（2021年8月任）
办事处副主任：郭秋荣（任至2021年6月）
办事处副主任：刘勇强（任至2021年7月）
办事处副主任：黄　蕾
办事处副主任：方志华（2021年8月任）
办事处副主任：何　毅（2021年9月任，试用期1年）

清远市清城区东城街道

党工委书记：黄向军（2021年6月任）
党工委书记：蔡伟新（任至2021年7月）
党工委副书记、办事处主任：文建雄（2021年7月任）
党工委副书记、办事处主任：
　　黄向军（任至2021年6月）
人大工委主任：阮丽英（2021年8月任）
人大工委主任：李伟杰（任至2021年8月）
党工委副书记：谭泽标（任至2021年6月）
党工委副书记：潘建业
党工委副书记：刘晓锋（2021年6月任）
党工委委员、纪工委书记：陈建宇（任至2021年8月）
党工委委员、纪工委书记：梁伟恒（2021年8月任）
党工委委员：梁志强（任至2021年1月）
党工委委员：丘祥六（任至2021年1月）
党工委委员：钟焕芳

党工委委员：王凤平
党工委委员：罗钊恒
党工委委员：郑永健（2021年8月任）
党工委委员：朱焰文
党工委委员：黄少华
党工委委员：张静斯
党工委委员：龚俊任（2021年6月任）
办事处副主任：陈荣添（任至2021年6月）
办事处副主任：孔祥波（2021年8月任）
办事处副主任：何城钟
办事处副主任：陈应颂

清远市清城区洲心街道

党工委书记：张锦辉
党工委副书记、办事处主任：朱振飞
人大工委主任：徐杰洪（2021年12月任）
人大工委主任：蓝力争（任至2021年6月）
党工委副书记：郭建忠
党工委副书记：徐杰洪（任至2021年6月）
党工委副书记：郭文劲（2021年6月任）
党工委副书记：汤洁莹（2021年8月挂任）
党工委委员：龙玉荣
党工委委员：向志权
党工委委员、办事处副主任：谢万里
党工委委员：孙永文
党工委委员：陆跃忠
党工委委员：丘创新（2021年8月任）
党工委委员、纪工委书记：刘　丽（2021年7月任）
党工委委员、纪工委书记：潘　捷（任至2021年8月）
党工委委员、组织委员：李广智
党工委委员：罗粤婷（2021年1月任，试用期1年）
办事处副主任：朱志强
办事处副主任：莫瑞英
办事处副主任：王伟强

清远市清城区横荷街道

党工委书记：林启文（任至2021年5月）
党工委书记：吴永杰（2021年6月任）
党工委副书记、办事处主任：
　　黄丽莉（任至2021年7月）

党工委副书记、办事处主任：
　　陈建华（2021年7月任）
人大工委主任：阮丽英（任至2021年6月）
人大工委主任：唐孝帆（2021年12月任）
人大工委主任人选：唐孝帆（2021年6月至12月）
党工委副书记：唐孝帆（任至2021年6月）
党工委副书记：温卓坚（任至2021年5月）
党工委副书记：周　悦（2021年6月任）
党工委副书记：王永英（2021年7月任）
党工委副书记：欧镜华（2021年8月挂任）
党工委委员、纪工委书记：李　恒（任至2021年7月）
党工委委员：潘焯贤
党工委委员：梁建芳
党工委委员：梁伟宁
党工委委员、组织委员：黄庆葵
党工委委员：张春明
党工委委员：廖桂华
党工委委员：刘卫明（任至2021年8月）
党工委委员、武装部部长：李俊杰（任至2021年7月）
党工委委员、武装部部长：
　　冯立道（2021年7月任，12月任政法委员）
党工委委员：张柏飞（2021年8月任）
办事处副主任：徐国庆（任至2021年1月）
办事处副主任：王镜清（任至2021年1月）
办事处副主任：陈汝良（2021年1月至7月任）
办事处副主任：张灵飞
办事处副主任：严经河（2021年1月任）
办事处副主任：刘卫明（2021年9月任）

清远市清城区源潭镇

党委书记：雷焕坤
党委副书记、镇长：
　　陶　丹（2021年6月任党委副书记，9月任镇长）
党委副书记、镇长：刘伟承（任至2021年6月）
人大主席：张建奇
人大专职副主席：罗锦祥（2021年9月任）
党委副书记：吴崇彬
党委副书记：董志坚（2021年6月任）
党委副书记：唐剑华（2021年8月挂任）

党委副书记：何　强（任至2021年6月）
党委委员、副镇长：梁瑞康（任至2021年1月）
党委委员、武装部部长：朱桂强
党委委员、组织委员：邝孔林（2021年1月任）
党委委员、纪委书记：吴宇峰（2021年5月任）
党委委员、纪委书记：黄张继（任至2021年3月）
党委委员：曾利娟
党委委员：潘嘉颖（2021年8月任）
党委委员：黄华明（任至2021年7月）
党委委员：罗锦祥（任至2021年8月）
党委委员：董志坚（任至2021年6月）
党委委员：陈洁莉（2021年7月至8月）
党委委员：廖新东（2021年1月至8月）
党委委员：朱伟锋（2021年1月至8月）
副镇长：廖新东（2021年9月任）
副镇长：朱伟锋（2021年9月任）
副镇长：陈洁莉（2021年9月任）
副镇长：罗汉锋
副镇长：潘嘉颖（2021年3月至8月）
副镇长：李韫哲（2021年9月任）
副镇长：罗俊明（2021年9月任）
副镇长：邓东海（任至2021年6月）

清远市清城区龙塘镇

党委书记：邓军红（任至2021年7月）
党委书记：黄丽莉（2021年7月任）
党委副书记、镇长：林建文（任至2021年6月）
党委副书记、镇长：黎敏生（2021年9月任）
人大主席：邓伟文
人大副主席：叶小敏（2021年9月任）
党委副书记：刘俊健（任至2021年4月）
党委副书记：邓子玲
党委副书记：黄　毅（2021年6月任）
党委副书记：曾炳坤（2021年8月挂任）
党委委员、纪委书记：梁伟恒（任至2021年7月）
党委委员、纪委书记：黄颖贤（2021年7月任）
党委委员、副镇长：孟家垣（任至2021年7月）
党委委员：冯立道（任至2021年7月）
党委委员：梁绍洪（任至2021年6月）

党委委员：叶小敏（任至2021年9月）

党委委员：黄　毅（任至2021年6月）

党委委员：卢继泉

党委委员：虞　诣

党委委员：汤　哲

党委委员：刘志龙（2021年6月任）

副镇长：王永英（任至2021年7月）

副镇长：何伟健（任至2021年7月）

副镇长：吴少海（2021年9月任）

副镇长：张廷伟（2021年9月任）

副镇长：陈宇潇（2021年9月任）

副镇长：邓绍振（2021年9月任）

副镇长：黄　达（2021年9月任）

副镇长：王坤金（2021年9月任）

清远市清城区石角镇

党委书记：陈伟荣

党委副书记、镇长：吴永杰（任至2021年6月）

党委副书记、镇长：钟文思（2021年9月任镇长）

人大主席：莫永红（任至2021年5月）

人大主席：谢盛科（2021年9月任）

人大副主席：李文杰（2021年9月任）

党委副书记：谢盛科（任至2021年6月）

党委副书记：丁志坚（2021年7月任）

党委副书记：陈建宇（2021年7月任）

党委副书记、党委委员：胡浩明（2021年8月挂任）

党委委员、纪委书记：盘俊强

党委委员：黄沛锋

党委委员：潘　炜（2021年6月任）

党委委员：欧文君（2021年7月任）

党委委员：何国玲（2021年7月任）

党委委员：黄瑞基（任至2021年9月）

党委委员：丁志坚（任至2021年7月）

党委委员：李文杰（任至2021年9月）

党委委员：朱艳伦（任至2021年5月）

党委委员：黄浩锋（任至2021年7月）

党委委员：陈秀芬（任至2021年7月）

党委委员：林佰聪（任至2021年6月）

副镇长：黄瑞基（2021年9月任）

副镇长：吴嘉辉（2021年5月任）

副镇长：叶佰杰

副镇长：伍远波

副镇长：曾　铖（2021年7月任）

副镇长：林雪霞（2021年9月任）

副镇长：叶世忠（任至2021年6月）

清远市清城区飞来峡镇

党委书记：宗卫平（任至2021年6月）

党委书记：刘伟承（2021年6月任）

人大主席：周建明

党委副书记、镇长：
　　刘俊健（2021年4月任，9月任镇长）

党委副书记：蔡　毅（2021年8月挂任）

党委副书记：刘　劲（任至2021年7月）

党委副书记：钟敏杰（任至2021年6月）

党委副书记：陈　静（2021年7月任）

党委副书记：麦信邦（2021年7月任）

党委委员、纪委书记：刘国祥

党委委员：王明强

党委委员：向海瑛（任至2021年7月）

党委委员：梁瑞康（任至2021年8月）

党委委员：吴嘉辉（任至2021年5月）

党委委员：方志华（任至2021年7月）

党委委员：张碧霞（2021年7月任）

党委委员、组织委员：黄镇锋

党委委员：黎郁辉（任至2021年8月）

武装部部长：黎郁辉（任至2021年7月）

党委委员、武装部部长：许建辉（2021年7月任）

党委委员、宣传委员：刘杰洪（任至2021年7月）

人大副主席：黎郁辉（2021年9月任）

副镇长：麦信邦（任至2021年7月）

副镇长：王文华（任至2021年7月）

副镇长：梁瑞康（2021年9月任）

副镇长：温代欢（2021年9月任）

副镇长：吴嘉旻（2021年9月任）

副镇长：梁建辉（2021年9月任）

副镇长：梅嘉熙（2021年9月任）

副镇长：吴灿开（2021年9月任）

中共清远市清城区委员会

综 述

【概况】 区委机构概况：2021年，清城区有县（市、区）委员会1个，乡镇委员会4个（不含4个街道），区委工作部门8个。

【区委重要会议】 区委七届十三次全会 中国共产党清远市清城区第七届委员会第十三次全体会议于2021年2月2日在清城区召开。全会由区委常委会主持。全会以习近平新时代中国特色社会主义思想为指导，深入贯彻落实党的十九大和十九届二中、三中、四中、五中全会，中央经济工作会议，中央农村工作会议精神及省委十二届十一次、十二次、十三次全会和市委七届十一次、十二次全会精神，总结2020年工作，部署2021年工作。

区委七届十五次全会 中国共产党清远市清城区第七届委员会第十五次全体会议于2021年8月24日在清城区召开。全会由区委常委会主持。全会以习近平新时代中国特色社会主义思想为指导，认真学习贯彻习近平总书记"七一"重要讲话精神，深入贯彻落实省委十二届十四次全会和市委七届十三次全会精神，总结上半年工作，围绕对接、融入、支持和服务横琴粤澳深度合作区和前海深港现代服务业合作区建设、做好当前和今后一个时期工作部署，动员全区上下牢记嘱托、继续奋斗，以新担当新作为奋力开启高质量发展新征程。

中共清城区第八次代表大会 中国共产党清远市清城区第八次代表大会于2021年10月25—27日在清城区召开。会议深入学习贯彻习近平新时代中国特色社会主义思想，认真学习贯彻习近平总书记"七一"重要讲话精神，全面贯彻落实党中央和省委、市委决策部署，回顾总结中共清城区第七次代表大会以来的工作，明确今后五年奋斗目标和主要任务，选举产生中共清远市清城区第八届委员会和纪律检查委员会、出席中共清远市第八次代表大会的代表。

【区委重大活动】 2021年3月5日，清城区四套班子领导成员在清城区政府机关大楼参加"传承

2021年2月2日，中国共产党清远市清城区第七届委员会第十三次全体会议在清城召开
（区新闻信息中心 供图）

2021年8月24日，中国共产党清远市清城区第七届委员会第十五次全体会议在清城召开
（区新闻信息中心 供图）

雷锋精神·献礼建党百年"2021年清远市清城区学雷锋全民志愿服务行动月暨新时代文明实践服务计划启动仪式。7月1日，清城区四套班子领导成员在清城区政府机关大楼集中观看庆祝中国共产党成立100周年大会直播。7月26日，清城区召开区委七届第十四次全体会议，区四套班子领导成员中的区委委员出席会议。10月21日，清城区召开中国共产党清远市清城区第七届委员会第十七次全体会议，区四套班子领导成员中的区委委员出席会议。

（杨苒）

组　织

【概况】 组织机构概况：截至2021年12月，清远市清城区中国共产党基层党组织有1182个，街道党工委4个，镇党委4个，其中，村（社区）党组织162个，村级党组织71个，社区党组织91个，村（居）民小组党支部389个。"两新"组织党组织有154个。区直及市驻区单位53个，成立机关党组织351个，其中，党委（含党组性质党委）9个、党总支部26个，党支部316个，设立党组32个。全区有党员23458名。

【党员学习教育】 2021年，区委组织部持续巩固"不忘初心、牢记使命"主题教育成果，扎实推进党史学习教育，全面深入宣传贯彻党的十九届五中全会和六中全会的学习宣传教育培训工作，推动思想政治教育贯彻落实。

抓好头雁领学　依托"十学讲话"及"三法十条"为抓手，落实"1+2+X"制度，用活每月学习清单，持续巩固"不忘初心、牢记使命"主题教育成果，推进党史学习教育，全面深入宣传贯彻党的十九届五中全会和六中全会的学习宣传教育培训工作，推动思想政治教育贯彻落实。组织理论研讨会550场次，落实会前学习制度、"三会一课"等8700余场次、11.7万余人次，推动学习教育入脑入心。

"三类课堂"促学　"实体课堂"集中学，创新开展"百位书记讲、齐心悟党史"等专题党课活动。"红色课堂"体验学，打造以"清城区红色地图"为主线，东城街道、龙塘镇等革命教育路线为辅线的"1+N"条红色打卡路线，开展革命传统教育1013场次，受教育党员干部3.5万余人次。"指尖课堂"随时学，利用"学习强国""红船e线""腾讯为村"等微平台，打破时空限制随时随地学，推动党员学习全覆盖。

检查指导督学　由区委党建研究测评中心、区直工委等组成的区委党建工作落实情况专项指导检查组以"看现场、问情况、听汇报"的方式对区各街镇党（工）委，区直局以上单位党委（党组），市驻区单位党委（党组）开展现场检查，并对100余名党员进行面对面访谈，准确掌握基层党员领导干部学习成效，压实学习教育责任，确保以问题整改为导向，高标准推进全区党史学习教育及党建工作高质量开展。

【干部队伍建设】 2021年，区委组织部认真贯彻落实新时代党的建设总要求，坚持围绕中心、服务大局，紧抓换届契机，锻造具备推进现代化建设能力的干部队伍，为全区推动"十四五"规划部署落实、深入实施省委"1+1+9"工作部署和市委"十大行动方案"提供坚强的组织保障。

配强领导班子　聚焦领导干部队伍的配备要求，坚持好中选优、优中选强、梯次配备、优势互补，对标对表上级换届文件要求，将2名具有丰富乡镇工作经验的35岁以下年轻干部提拔为镇长，提拔重用2名女干部任镇党政正职，将21名35岁以下年轻干部和4名高素质"五方面人员"提拔重用进镇领导班子，新一届镇级领导班子成员平均年龄从43.9岁下降到38.9岁，本科及以上学历干部人数占比从64%提升至87%，配备女干部11人、少数民族干部1人。

培养年轻干部　树立战略眼光，加强系统谋划布局，注重培养有专业背景的复合型后备干部，2021年形成221人的动态后备干部管理库。完善培养年轻干部的常态化、长效化工作机制，努力建设一支忠实践行习近平新时代中国特色社会主义思想、数量充足、素质优良、充满活力的优秀年轻干部队伍。2021年，全区提拔重用40岁及以下年轻干部71人，占提拔重用干部总数的67.6%，其中35岁以下39人（正职4名）。

树立基层导向　落实区委创建全省农村基层党建示范先行区要求，牢固树立重基层重实绩重实干导向，在疫情防控等大战大考中考察识别干部。2021年，在镇（街）一线提拔重用干部46人，其中从疫情防控、乡村振兴、重点项目建设等方面考察识别的干部25名，晋升职级干部43人次。

激励干部担当作为　推动激励干部担当作为的"十条措施"落地落实，科学运用职级晋升制度，注重晋升政策向基层倾斜，制定区管干部换届前后职级晋升规定，2021年共对47名正科级领导干部进行晋升职级。有效发挥职务与职级的功能作用，实现干部队伍管理水平、建设能力双双迈上"新台阶"。

化解干部档案历史遗留问题　推进档案数字化建设，做好档案数字化维护升级，动态完善数据资料，充分发挥干部人事档案在选人用人中的基础作用，审核完成事业单位、国企干部档案6795份；研究解决区管干部档案认定历史遗留问题，审核认定9名区管干部人事档案信息；细化对任职年限、事业编制中的工人身份等问题认定规则，初步探索建立统一领导、分级管理的档案管理新模式。

充实防疫支援力量　进一步压紧压实人员抽调工作，梳理抽调规则，统筹做好人员台账，明确相关工作要求，完善区直（属）单位分片包镇（街）工作机制，建立区直（属）单位党团志愿突击队，充实防疫支援力量；坚持将疫情防控、乡村振兴、征地拆迁等重点工作作为深入考察识别干部的主抓手，采取"入群"观察、"下沉"参与等方法，力求为每位干部精准画像，让有为者有位、实干者当先。

【基层组织建设】2021年，区委组织部认真贯彻落实《中国共产党组织工作条例》和省委、市委新一轮基层党建三年行动计划、创建全省农村基层党建示范先行区工作、抓党建促乡村振兴等部署要求，坚持巩固基础、全面提质的工作思路，紧紧围绕"完善组织体系开启新征程"主题，着力推动基层党建工作与中心工作深度融合。

农村党建　深化"以城带乡、城乡共创"总体理念，布局示范带动辐射体系、村级队伍培优体系、城乡联建共创体系"三大体系"，高标准创建农村基层党建示范先行区，推动"区域化"资源共享、互助提升，形成的头雁领富"新桥经验"、抗洪救灾"迎咀奇迹"、网格治理"石角经验"等党建品牌40例，受到省委组织部肯定。健全161个"实用型"村（社区）党群服务中心、297个"特色型"村民小组党群活动中心、8+N个"区域型"党群服务（活动）中心，连片打造11条"初心·振兴"城乡党建文化体验路线，以点带面辐射带动整区提升。

完成村级换届　全面实现书记、主任、集体经济组织负责人"三个一肩挑"和"两委"班子成员100%交叉任职，大专及以上学历人数占比提高至86.92%，平均年龄从42.2岁下降到39.1岁。制定印发《关于做好清城区新一届村（社区）"两委"干部教育培训的指导意见》，通过"七个一"举措和"村官论坛""课后小结""集中研讨"等三人学习机制，对新一届"两委"干部实施分类轮训。全覆盖选派161名"1+1第一书记"，32名区四套班子领导、135名镇级领导、18名乡村振兴重点村驻村第一书记参与结对指导帮扶村（社区）"两委"干部。

城市党建　4个街道全面推

行街道"大工委"、67个社区探索实施社区"大党委"工作机制，构建以街道全域工委为核心，社区、机关、"两新"组织互联共建的"一核三联"领导格局。市区街三级联合打造清远城市社区党群活动孵化中心，探索形成一套包含苗圃期、孵化期、加速期、毕业期等4个阶段的孵化机制，进一步提升党建引领城市基层治理效能。深化推行"红色管家""红色物业""枢纽型"社会组织等城市基层党建品牌，为全市城市基层党建工作提供"清城经验"。充实和扩大党员突击队、党员志愿服务队两支队伍，加强党建引领网格管理，制定印发《关于在防疫防汛反诈禁毒等工作中充分发挥党的组织体系优势的通知》，为中心工作提供有力的组织体系保障。在全员核酸检测期间，组建1520名党员突击队下沉核酸检测点，推动133万人全员核酸检测圆满完成。

"两新"党建 建立起"两新"党工委、行业党委与属地党委齐抓共管的长效机制，全面成立区非公有制经济组织党委、区社会组织党委和区私企党委，成立全市首个流动党员服务站，打造顺盈时代广场商圈党建示范点，创新"党建商学院""党史教育基地"等主题党建模式，组建54支共548名队员的"两新"组织党群志愿服务队、志愿突击队，为基层治理贡献"两新"力量。

党员队伍建设 及时吸纳、培养和推荐产业工人、青年农民、高知群体等优秀人才向党组织靠拢，超额完成全年发展党员指标。按时按质完成全国、全省、全市"两优一先"推荐工作，举办全区"两优一先"表彰大会，为2187名老党员颁发"光荣在党50年"纪念章，对全区38名优秀共产党员、38名优秀党务工作者和40个先进基层党组织进行表彰，激励各级党组织和广大共产党员更好地发挥战斗堡垒和先锋模范作用。

【人才与培训工作】 2021年，区委组织部认真贯彻落实"人才强区"战略，深入贯彻落实干部教育培训工作，努力为区委实现"一地两区三城"的发展目标提供有力的人才保障和智力支撑。

人才工作 完善领导干部直接联系人才机制，春节、中秋节期间20名区领导走访慰问高层次人才83人次。制定印发《关于用好人才专项编制资源建立储备人才队伍的实施方案》，重点推出11项培养激励措施优化人才环境，预计5年内平均每年为实施激励措施支出约100万元。推动人才"编制周转池"扩容，追加39个事业编公开招聘紧缺高层次人才，吸引包括世界排名前200名高校毕业的525人报考，招考比例达13∶1。配套180万元，搭建省职教城人才服务基地，收录省职教城专家150人，与5所高校签订产教融合基地协议，对产教融合发展新路径进行积极的探索。动员10名优秀企业家参加市"扬帆计划"领军人才培训，引进3名留学归国博士，协助1名生物制药类博士申报国家级人才项目，全年累计入选市六类高层次人才9人。

干部培训工作 2021年，坚持科学规划、分级分类开展干部培训，推动各级领导干部学理论、懂要求、通业务，全年举办主体班10场26期，培训党员干部4198人次。举办区管干部学习贯彻习近平总书记出席深圳经济特区建立40周年庆祝大会和视察广东重要讲话重要指示精神暨学习贯彻党的十九届五中全会精神专题研讨班，约650名区管干部参加，到课率和全勤率分别达98.8%、89%。举办区委理论学习中心组暨副科级及以上领导干部党史学习教育专题研讨班，推动各镇（街）参照区的做法自行开展，共546名区管干部参加，实现区管干部培训全覆盖。

【干部监督工作】 干部监督日常工作 2021年，区委组织部会同区纪委监委等职能部门组成督导组，对单位干部职工60岁以上家属疫苗接种率排名靠后单位开展实地督导，推动全区接种人数增加近4000人，接种率增加8.39%。抓实领导干部个人有关事项报告工作，按时按质完成全区有关领导干部个人有关事项集中填报和补充填报工作，确保"两项法规"落实到位。组织各街镇、区直单位开展2020年度选人用人"一报告两评议"工作，参评人员1519人，被评议干部146人。"选人用人工作的总体评价""从严管理监督干部情况的评价"满意度，"对提拔该干部的看法"认同度三项指标均有所提升。结合近五轮巡察工作反馈共性问题整改清单，组建专项检查督导组对8个镇（街）和部分区直单位进行检查督导，对存在问题进行现场反馈并提出整改意见。加强对领导班子特别是"一把手"监督，协同市、区审计局做好年度领导干部经济责任审计工作，促进树立正确的权力观和政绩观。严格执行请示报告制度，在区委主要领导被列为清远市领导班子换届新提拔人选考察对象期间，严格按照任前事项报告的有关要求报请市委组织部，切实维护选人用人制度的权威性严肃性。

换届风气监督工作　清城区委多次召开常委会传达学习关于加强换届风气监督工作的有关文件精神，作为全市唯一召开严肃换届纪律警示教育专题会议的地区，得到省委换届风气巡回督导组的充分肯定。严格落实"四必谈"，由区委书记带头与处级领导干部谈心谈话，带动区镇两级共开展谈心谈话4471人次，组织签订承诺书2699份，确保区域全覆盖、人员零遗漏。组织集中观看换届纪律教育警示片《警钟长鸣》3899人次，开展思想纪律学习教育7362人次，确保领导干部和相关人员在换届纪律面前知敬畏、存戒惧、守底线。组建巡回督查组在换届期间下沉镇（街）一线开展3轮换届风气巡回督查，始终保持严肃换届纪律高压态势。区级换届期间，组织明察暗访组到代表驻地周边餐饮、娱乐休闲场所等区域开展明察暗访，形成震慑作用。会议期间对各参会人员遵守会风会纪情况开展监督检查，进一步端正会风会纪。

【公务员工作】　从严抓好公务员考试录用、遴选和转任等工作。拓宽选人用人视野，加强岗位匹配分析，注重选拔优秀适岗公务员，不断优化公务员队伍结构。2021年招录71名新公务员（其中60%为应届大学毕业生），累计完成转任交流122人次。开展公务员职务与职级晋升工作。贯彻职级并行的"择优"理念，把公务员的德才表现、职责轻重、工作实绩和资历等作为晋升的重要依据，分梯度、分批次逐步推进公务员职级晋升工作。该年度完成职级晋升143人次。推动公务员分类改革，以科学化精细化管理为目标，基本完成行政执法类公务员分类入轨，在区市场监管局等16个执法单位或机构设置行政执法类公务员职位631个，妥善完成职级设置和职级套转，确定纳入行政执法类公务员序列管理人员488人，其中职级套转431人。

【老干部工作】　2021年，区委组织部坚持把学习贯彻习近平新时代中国特色社会主义思想作为首要政治任务。组织引导全区离退休干部和老干部工作者结合线上、线下2种模式，迅速掀起党的十九届五中、六中全会精神、《习近平谈治国理政》第三卷、习近平总书记"七一"重要讲话精神学习热潮。发动全区各单位积极开展"我看建党百年新成就"专题调研，完成老干部谈话稿54篇，调研报告25篇；邀请特级教师开设紧扣党史学习教育主题公益课堂，开设社区党史学习教育主题公益课5堂，惠及居民近700人次。组织红色智汇论坛以"小论坛"汇集"大智慧"开展老党员议事会2次，收取有效意见建议共10条。组织夕阳红志愿先锋队先后开展党史学习教育宣传、防诈宣传、防溺水宣传、禁毒宣传等活动，参与人数达1000人次。

2021年10月18日，中国共产党清远市清城区直属机关第八次代表会议在清城召开

（区新闻信息中心　供图）

【区直工委工作】 2021年，区委组织部督促指导50个基层党组织按规定程序完成撤销、换届、补选等工作。组织136名入党积极分子参加培训班并结业。按照党章规定认真做好区直机关114名党员的发展工作，组织举办入党发展对象入围考试。抓好机关党建工作促业务发展，开展好模范机关创建、"先锋杯"工作创新大赛等活动，持续推动机关党的建设走在前、作表率。配合开展好清城区委"光荣在党50年"纪念章颁发暨新党员入党宣誓仪式，做好元旦、春节和"七一"前夕等重要节点慰问活动，充分体现党组织的关怀。动员号召全区党员干部职工带头接种新冠疫苗，发出《关于党员带头接种新冠病毒疫苗的倡议书》《开展新冠疫苗接种的通知》《关于进一步动员全体干部职工接种新冠疫苗的通知》等通知，共同构筑疫情防控屏障。从区管党费中配套68万元支持疫情防控工作，充分体现党组织的关怀和温暖。在组织全区核酸大筛查中，动员区直机关组织成立党团志愿突击队共1520人及护理学院567人分3批次奔赴8个镇（街）114个采样点，切实为群众办实事。6月7日至9日以来配合完成全区133万人的核酸检测工作，夯实疫情防控基础。顺利召开中国共产党清远市清城区直属机关第八次代表会议，平稳顺利地选举产生出席清城区第八次党员代表大会的代表。

（杨志恒）

宣 传

【概况】 2021年，中共清远市清城区委宣传部（以下简称"区委宣传部"）坚持以习近平新时代中国特色社会主义思想为指导，深入贯彻落实党的十九大十九届历次全会精神以及习近平总书记视察广东重要指示批示精神，紧扣主线推进理论武装，围绕重点推进党史学习教育，突出主题营造浓厚宣传氛围，打造阵地推进"扫黄打非"工作，齐抓共管推进全国文明城市创建，多措并举推进精神文明建设，为清城区加快建设"一地、两区、三城"、奋力谱写新时代清城高质量发展新篇章提供坚强思想保证和强大精神力量。

【理论武装】 2021年，区委宣传部紧紧围绕庆祝中国共产党成立100周年主线，突出党史学习教育，制定印发《清城区2021年党委（党组）理论学习中心组专题学习重点内容安排》《清城区委理论学习中心组2021年度学习计划安排》，组织区委理论学习中心组通过专题研讨、专题辅导报告、个人自学等形式，深入学习习近平新时代中国特色社会主义思想及习近平总书记关于党史学习教育的重要论述。全年共开展学习29次。统筹指导全区各级党委（党组）和学习小组牢牢抓住思想理论武装这个根本，按照《清城区党委（党组）理论学习中心组学习的具体办法》认真组织开展学习，引导党员干部自觉做习近平新时代中国特色社会主义思想的坚定信仰者、忠诚践行者。在全市率先开展党委（党组）理论学习中心组列席旁听（试行）工作，全年组织开展列席旁听13场次，引导党委（党组）理论学习中心组发挥"头雁效应"，全区广大领导干部政治理论学习做到学习跟进、认识跟进、行动跟进，力争实现常态学、学常态，提升领导干部理论学习质量和学习效果。创新载体，全面铺开宣传宣讲。成立区委党史学习教育宣讲团、习近平总书记"七一"重要讲话精神宣讲团及党的十九届六中全会精神宣讲团，组织宣讲员分赴各镇（街）、各部门基层一线开展宣讲。充分利用"乡村微播站""社区微播站""渡轮小讲堂""街坊小讲堂"等宣讲导学载体，开展系列宣传习近平新时代中国特色社会主义思想基层理论宣讲活动，推动习近平新时代中国特色社会主义思想及习近平总书记系列重要讲话精神进企业、进农村、进机关、进校园、进社区、进网站，让党的创新理论"飞入寻常百姓家"。2021年，全区开展基层理论宣讲会约850场次。创新开设"街角小讲堂"，2021年开展4场次宣讲，采取讲理论、讲政策、讲故事相结合的形式，讲好清城故事，弘扬党和人民在各个历史时期奋斗中形成的伟大精神，展现建党百年风华，振奋全区人民奋进新征程的精气神。制作"党史学习教育：清城云讲堂"栏目40期和《党史·清城》系列小视频16期，通过新时代文明实践理论宣讲平台发布线上课程，由各镇（街）、村（社区）组织群众开展党史学习教育线上宣讲，以融合网络新媒体的宣讲形式，让宣讲春风化雨润心田，不断扩大宣讲覆盖面和影响力。

【新闻宣传和舆论引导】 2021年，为落实习近平总书记在党的新闻舆论工作座谈会上的重要讲话精神，进一步规范全区新闻发布工作，提升全媒体时代新闻发言人队伍新闻发布和媒体应对能力，区委宣传部举办清城区新闻发言人培训班和乡村新闻官培训班。积极发挥宣传矩阵优势，围绕落实市委"十大行动方案"、党史学习教育、疫情防控、安全生产、交通整治、防诈反诈、乡村振兴等各项重点工作，牢牢把握好各个新闻发布渠道，全面深入地开展宣传报道。2021年，制播《今日清城》电视新闻275期；在中央、省、市级报刊上共刊登稿件713篇；"清城发布"微信公众号推文约2100篇、微博发布约1800条新闻，制作和推发"疫情防控""担当争先清城先锋""清城经济发展系列""维权315"等原创视频50个；主动对标"学习强国"平台栏目要求，通过文字、图片、音频、视频等形式每天向"学习强国"平台供稿，供稿1135篇，被采用326篇。

【推进"扫黄打非"工作】 2021年，区委宣传部严厉打击各类涉"黄"涉"非"出版传播活动，全面推进"扫黄打非"工作，牢牢守好意识形态安全"南大门"。2021年，清城区"扫黄打非"办公室联络员廖红顺被清远市"扫黄打非"工作领导小组评为"2021年清远市'扫黄打非'成绩突出个人"。开展"达标"攻坚行动，全区累计建成各类"扫黄打非"规范化标准化基层站点331个，其中2021年新建"扫黄打非"进基层示范点3个、基层站点23个。查处涉"扫黄打非"案件26宗，收缴涉"黄"卡片等非法印刷品11万多份；处置4家存在涉"黄"信息的网站，责令2家自媒体整改，删除网络有害信息316条。

【推进全国文明城市创建】 全面强化文明创建指挥协调能力，保障文明创建出成效。2021年，组织召开区文明委会议、文明创建工作调度会4次，在区委常委会、区政府常务会议专题研究部署全区文明创建工作，不断加强创建工作力度。梳理创建项目清单85项，项目投入总额预算1.2亿元，确保文明创建资金保障到位。不断强化文明创建督导工作，确保工作落到实处。根据第三方综合实地测评问题反馈和区文明办日常督查发现的问题，梳理问题清单并以限期整改任务书的形式印发到各责任单位，督促各责任单位迅速全面排查对标整改。2021年，累计印发各种整改任务书115份，发现并整改问题超2万例。着力为民办实事，开展改造整治工作，提升群众满意度。将"社区服务官""逢四说事"和党史学习教育"我为群众办实事"实践活动相结合，积极开展民生服务。2021年，组织开展"逢四说事"活动5期共24场次，收集解决民生微实事375项。"社区服务官"收集项目42个，其中"微改造"类23个、"微服务"类19个。统筹协调交通秩序提升、农贸市场提升、环境保洁提升、管线整治提升、硬件提升等提升整治项目，聚焦社区治理、实践活动、窗口服务、公益广告、未成

2021年10月25日，清远市清城区创建全国文明城市工作调度会在清城召开
（区委宣传部 供图）

年人思想道德建设等工作，深化城市管理、提升整治工作，不断提升市民群众对文明创建工作的满意度。全面完成2021年度文明城市创建工作，助力清远市在年度测评中获得全国第九名、全省第一名的好成绩。

（罗　武）

机构编制

【概况】 2021年，中共清远市清城区委机构编制委员会办公室（以下简称"区委编办"）坚持以习近平新时代中国特色社会主义思想为指导，深入学习贯彻习近平总书记关于机构编制工作的重要论述，全面贯彻落实总书记、党中央决策部署和上级要求部署，始终坚持党管机构编制，始终坚持优化协同高效，始终坚持机构编制刚性约束，始终坚持机构编制瘦身与健身相结合，持续深化重点领域和关键环节体制机制改革，统筹优化机构编制资源配置，创新机构编制使用管理模式，为清城区加快建设"一地、两区、三城"和推动经济社会高质量发展提供坚强有力的机构编制保障。

【重点领域改革】 群团机关改革　2021年，区委编办组织印发区总工会、团区委、区妇联、区侨联、区科协、区文联6个群团组织的机关"三定"规定，重新优化区红十字会机关内设机构设置和编制配备，进一步强化群团组织群众属性和服务基层能力。

森林公安机关管理体制调整　组织印发《清城区承接清远市公安局森林分局机构职能工作实施方案》，在"清远市公安局清城分局治安管理大队"加挂"清远市公安局清城分局森林警察大队"牌子，增设"六中队（森林警察中队）"。根据属地管理原则，接收管理市公安局森林分局清城、银盏、天堂山3个派出所，同步完成市级划转的26名政法专项编制和24名民警的接收工作，核定3个派出所6名科级领导职数和9名股级职数。

扶贫工作机构职能调整　明确不再保留区扶贫开发工作领导小组，将其职能并入区委农村工作领导小组（区委实施乡村振兴战略领导小组）；将区扶贫开发办公室更名为区乡村振兴局，在区农业农村局加挂牌子。组织印发《中共清远市清城区委机构编制委员会办公室关于明确区乡村振兴局领导职数的通知》，同步完成区乡村振兴局领导职数的设置工作。

治安管理机构设置　新设立清远市公安局省职教城派出所，明确省职教城派出所的主要职责。该派出所实行副科级建制，设所长1名（副科级）、教导员1名（副科级）、副所长3名（正股级），设下属机构3个，设中队长、指导员和副中队长共8名，编制由市公安局清城分局按实际配备。在市公安局清城分局禁毒大队增设"综合中队"和"侦查中队"2个下属机构，相应核定中队长、指导员和副中队长职数，进一步加强清城区禁毒工作力量。

完善扫黑除恶斗争常态化工作机制　在区委政法委增设内设机构"扫黑除恶斗争工作室"，专门负责承担区扫黑除恶斗争领导小组办公室日常工作；增加区委政法委行政编制2名，增设正股级职数1名，用于常态化开展扫黑除恶斗争工作；增加区委政法委下属事业单位区综治事务中心事业编制2名，用于协助常态化开展扫黑除恶斗争工作。

行政复议体制改革　明确区司法局以"区人民政府行政复议办公室"的名义依法办理区人民

2021年4月15日，清城区委书记、区委编委主任邱泽军主持召开清城区委机构编制委员会2021年第一次会议　　　（区委编办　供图）

政府行政复议事项的职责；明确区司法局机关内设机构行政执法监督和复议应诉股不再加挂"区人民政府行政复议办公室"牌子，并参照市级相关职能科室相应调整具体职责。增加区司法局机关行政编制2名，专门用于加强行政复议工作力量。

镇（街）体制改革 稳步推进扩权强镇，推动263项行政执法职权事项下放至镇（街），同时撤销区城市管理综合执法局16个派出中队，切实减少多层执法。健全协同高效运行机制，统筹协调区司法局（区依法治区办）等相关部门，对接指导各镇（街）建立健全综合行政执法委员会、综合治理委员会、公共服务委员会等统一指挥协调的工作平台。提请区委编办研究，同意各镇（街）使用编制用于公开招录或区外引进公务员，加快配齐配强各镇（街）人员力量。

【职责任务调整】 明确有关单位安全生产工作职责 2021年，区委编办对照《清远市安全生产委员会成员单位安全生产工作职责》，结合清城区实际，组织印发《清远市清城区安全生产委员会成员单位安全生产工作职责》，明确各有关单位安全生产工作职责。完善区安委会、区环委会等运作机制，推动应急管理、生态环保等领域健全完善部门协调配合机制。

明确、细化相关部门及机构职责配置 为强化发展改革、城市管理、企业服务、交通执法、档案管理、疾病预防控制、动物防疫等职能履行，按照机构编制管理有关规定，重新修订印发区发展改革局、区城市管理综合执法局、区企业服务中心等单位"三定"规定，新印发区交通运输局、区档案馆、区疾病预防控制中心、区动物卫生防疫中心等单位的内设机构职责调整文件。

【领导职数核定】 2021年，区委编办严格按照机构编制管理有关规定，统筹增加核定区委组织部、区委宣传部、区发展改革局、区市场监管局等单位科级领导职数13名，统筹增加核定区委办公室、区委政法委、区民政局、区司法局、区水利局、区农业农村局、区卫生健康局、区市场监管局、区城市管理综合执法局、区委党校、区机关事务局、市公安局清城分局等单位相关内设机构或者下属单位股级干部职数38名。

【事业单位改革】 镇街事业单位改革 2021年，区委编办组织印发《清远市清城区深化镇街事业单位改革实施方案》，将区农业农村局派驻各镇（街）的8个动物卫生防疫站调整为各镇（街）所属事业单位，强化镇（街）动物卫生管理职能。将区城市管理指挥中心的20名事业编制及区农业农村局派驻各镇（街）8个动物卫生防疫站的22名事业编制调整至各镇（街），不断增强镇（街）城市管理和动物卫生管理专业技术工作力量。组织涉改部门和各镇（街）稳妥推进改革，妥善完成涉改人员转隶和安置。

事业单位机构设置 整合区产业转移园管理办公室、原区工信局下属副科级建制区企业服务中心等企业服务机构编制资源，重新组建成立正科级建制的清城区企业服务中心，核定事业编制21名，设主任1名、副主任3名，内设机构5个，专门负责全区企业服务的统筹协调和组织落实，有效解决企业服务"一条龙"问题。专门在区委办新设立区委、区政府值班事务中心，核定事业编制4名，设主任1名、副主任1名，切实解决区委、区政府日常值班值守和指挥调度等问题。新设立清城区凤翔幼儿园、清飞幼儿园2所公办幼儿园，分别增加其所在区域360个、270个公办幼儿园学位。

中小学教职工编制配置 重新调整全区公办中小学（幼儿园）教职工编制配置，分别明确现有教职工列编单位。先后使用445名事业编制用于公开招聘中小学校（幼儿园）教职工，加快补充中小学校（幼儿园）教职工工作人员。

医疗卫生机构设置和力量配置 整合全区公立医疗卫生机构，组建清城区紧密型医疗卫生共同体，其中牵头医院区人民医院加挂"清城区医疗卫生共同体总医院"牌子，8个镇（街）基层医疗卫生机构加挂"总医院××分院"牌子，实行"六个统一"。专门增加区疾病预防控制中心事业编制12名，增设区疾病预防控制中心副主任1名，内设机构2个、内设机构职数2名。

重新调整优化全区公立医疗卫生机构编制配备，先后使用100名事业编制用于公开招聘（选调）医疗卫生专业技术人员。

争取上级增加教职工编制 2021年8月，区委书记邱泽军带领区委常委、组织部部长杨国辉及区委编办有关领导到市委编办反映清城区公办中小学教职工编制严重缺编的问题，申请从全市教职工编制周转专户中调剂增加清城区公办中小学教职工编制。2021年11—12月，区委编办有关领导带领专项调研组，深入调研清城区公办中小学教职工编制使用管理和教师队伍建设存在的困难问题，专门形成调研报告报送至市委编办，为向市委编办申请调剂增加清城区教职工编制提供充分依据。

【体制机制创新】 创新机构编制使用管理模式 2021年，针对清城区部分党政群机关、事业单位无编制可用、人员年龄老化、专业人才紧缺等问题，区委编办积极探索创新机构编制使用管理模式，在设立区人才储备中心、建立人才编制周转池的基础上，专门出台《清远市清城区编制周转池专项编制使用管理办法（试行）》，创新建立清城区公务员和事业编制周转池，统筹调配机动编制给确有需要的单位，专门用于引进优秀年轻干部和急需紧缺专业人才等。该改革创新经验获得市充分肯定，被市在清远机构编制微信公众号宣传推介。2021年，通过区公务员和事业编制周转池，统筹增加或下达区人大机关、区政协机关等单位行政编制22名、行政执法专项编制3名、事业编制27名。

【机构编制监督检查】 持续推进机构编制法定化 推动区委常委会、区委编委会、区委编办主任会议等，深入学习贯彻习近平总书记关于机构编制工作的重要论述，专门学习贯彻《中国共产党机构编制工作条例》《机构编制监督检查工作办法》《机构编制报告制度实施办法（试行）》等机构编制法规制度，强化对机构编制法规制度执行情况的监督检查，强化机构编制工作法治思维和法治方式。

全面完成全区第二次机构编制核查 专门印发《清远市清城区第二次机构编制核查工作实施方案》《关于开展第二次机构编制核查实地核实工作的通知》《关于开展第二次机构编制核查数据比对工作的通知》《关于开展第二次机构编制核查数据更新工作的通知》等系列文件，加强组织领导，周密部署，严肃工作纪律，完成全区各类机关和事业单位自查、内部公示、数据比对、实地核实和数据更新等第二次机构编制核查工作，切实做到底数清、情况明。

【事业单位登记管理】 改革创新事业单位登记管理服务模式 2021年，推行"一站式"审批服务，做到登记咨询服务一口清、告知补全一次清、登记受理审查一日清。专门开通疫情防控应急登记"绿色通道"，由工作人员实时"在线"提供"一对一""线上"指导，推进"少见面办理""不见面办理"服务；严格实行"双随机、一公开"事业单位法人公示信息抽查制度，强化实效监管，着力提升服务水平，形成可推广可复制的推动事业单位登记管理提质提效、便民利民的清城经验。该改革创新经验获得省、市充分肯定，被广东事业单位登记管理网站、清远机构编制微信公众号宣传推介。

做好政务公益域名注册管理 2021年，清城区政务中文域名注册覆盖率达100%，排名全市第一，获得市委编办通报表扬。

【机构编制信息】 及时、高质量向市委编办等报送机构编制工作信息，2021年，区委编办向市委编办报送信息37篇，被采用24篇，被广东事业单位登记管理网站等其他平台采用12篇，清城区机构编制工作信息报送及采用排名全市第二，获得市委编办通报表彰。

(谭焯贤)

党校教育

【概况】 中共清远市清城区委党校（以下简称"区委党校"）充分发挥党校党员干部教育培训主阵地、主渠道作用，彰显党校姓党的鲜明旗帜。2021年，区委党校培训党员干部7206人次。高质量举办主体班及专题培训班27期，培训党员干部4357人次。打造精品党课，开展送教上门54次，培训党员干部2849人次。

【干部教育培训】 2021年，区委党校将习近平新时代中国特色社会主义思想，党的十九届五中、六中全会精神，中共党史等专题课程作为理论教育中心内容，把深入学习习近平新时代中国特色社会主义思想、习近平总书记系列重要讲话精神作为重中之重，做好讲话精神进课堂、进学员头脑工作，坚定中国特色社会主义道路自信、理论自信、制度自信、文化自信，更好地用科学理论武装头脑、指导实践、推动工作。2021年，举办主体班和专题培训班27期，合计培训党员干部4357人次，主要班次：清城区直属机关第三十一期入党积极分子（发展对象）培训班、区委理论学习中心组暨全区科级主要领导干部党史学习教育专题研讨班、清城区副科级及以上区管干部党史学习教育专题研讨班、2021年清城区街镇党校师资管理培训班、清城区委理论学习中心组（扩大）会议暨乡村振兴城乡融合专题培训班、2021年清城区公务员初任培训班、2021年清城区新提拔科级领导干部任职培训班、2021年清城区公务员全员培训班、清城区科级及以上主要领导干部学习贯彻党的十九届六中全会精神专题研讨班、清城区副科级及以上区管干部学习贯彻党的十九届六中全会精神专题研讨班。

【送教上门】 2021年，区委党校主动到基层宣讲，通过试讲、听课评课等方式，重点打造"党的十九届五中全会精神""中国共产党百年光辉历程和经验启示""学习贯彻党的十九届六中全会精神——打造清远城市新形象，提升城市核心竞争力"等4门精品课程，深入基层、机关、农村、学校和企事业单位，开展送教上门活动54场次，受众达2849人次。

【干部培训模式创新】 2021年，区委党校创新探索干部培训模式，开展互动式教学、沙盘实战推演、现场体验式教学等，使培训模式由单一的"课堂讲授式"向"课堂+基地"的实践式拓展，由传统的"理论灌输式"向"讲授+研讨"的互动式拓展，由枯燥的"听讲式"向"听讲+活动"的体验式拓展，切实提高培训效果。2021年在新提拔科级领导干部培训班上，创新开设"党建实战沙盘课：烽火"课程，通过生动的实操模拟课程，有效提升学员的领导力和执行力，这些课程深受学员欢迎。

【领导讲坛建设推进】 2021年，区委党校科学制定区党政领导干部到党校讲课计划，区委、区政府主要领导带头，党政领导班子成员16人次到党校讲课、作报告、与学员座谈交流，他们紧密结合实际，讲形势、讲政策、讲发展、讲民生，使党校的三尺讲台形成统一思想、理清思路、探讨交流、提振信心的有效平台，增强培训的实效性和针对性。其中区委书记邱泽军在公务员全员培训班上讲授主题为"担当争先、勠力同心，为加快建设'一地、两区、三城'奋斗目标而努力奋斗"的专题党课，拓展学员视野，学员反响强烈，获益良多，其提出的"清城九问"更是引人深思，促人奋进，这次讲座在全区范围内掀起"解放思想、开放发展"大讨论活动。

【指导联系镇（街）党校】 2021年，区委党校建立区镇两级党校业务工作联动机制，印发《关于区委党校派出教师驻点联系镇（街）党校的通知》，采取区党校班子成员分工联系、教师驻点联

2021年9月28日，清城区举办2021年公务员初任培训班（区委党校 供图）

系镇（街）党校的方式，加强对镇（街）党校的业务指导。采取外出培训的方式，在韶关南岭干部培训学院组织举办1期镇（街）党校师资培训班，组织镇（街）党校管理人员和教师参加中央党校组织的"全国党校系统学习贯彻党的十九届六中全会精神网络师资培训班"。指导完善镇（街）党校分教点建设，如在横荷大有村挂牌成立清城区委党校分教点，切实提升基层党校师资水平和办学能力。2021年，镇（街）党校举办各类培训班次136期，培训学员16008人次。

（陈建彬）

党史编研

【《中共清远市清城区历史》（1988—2012年）出版】 2021年6月，中共清远市清城区委党史研究室（以下简称"区委党史研究室"）编纂的《中共清远市清城区历史》（1988—2012年）由中山大学出版社公开发行。该书的编写从启动到出版，历时4年多，数易其稿，约30万字，图片75幅。该书以改革开放、发展经济为主题，反映1988—2012年清城区政治、经济、文化、军事、社会生活等各个方面的概况，记录清城人民在中国共产党的领导下进行改革开放的历程，体现时代特征和地域特色。

【党史资料审核和党史宣讲】 2021年，区委党史研究室协助审核飞来峡镇西坑村文化馆革命历史文献资料和文洞革命根据地碑记。协助清远市档案馆、清城区档案局、龙塘镇、凤城街提供和审核红色文化资料。协助清城区委宣传部审核区革命历史展览陈列内容。6月到飞来峡镇开展"学党史、强信念、跟党走"主题党史宣讲。

【开展党史学习教育】 2021年，区委党史研究室配合清城区委党史办开展党史学习教育工作，抽调1名工作人员到区委党史办开展相关工作，认真履行工作职责。为庆祝中国共产党成立100周年，与清城区档案馆联合在"清城发布"微信公众号推出"百年党史红色档案"栏目，共推出24期，通过历史文献回顾中国共产党在清城大地上的故事以及党的指导思想在清城的生动实践，内容有红色故事、人物、革命遗址等。

（区委党史研究室）

统一战线

【概况】 2021年，民盟清远市清城区基层委员会、农工党清远市清城区支部、九三学社清城区支社完成换届，其中，民盟清城区基层委员会有盟员52人、农工党清城区支部有党员26名、九三学社清城区支社有社员29名。

【多党合作、政治协商】 2021年，区各民主党派、工商联围绕区委、区政府的工作重点和要点深入开展调查研究，形成4篇2020年参政议政专题调研报告，区委统战部组织各民主党派、工商联和相关政府工作部门，召开"专题调研报告研讨会""2020年度清城区各民主党派和工商联参政议政专题调研成果汇报会"，推动党外代表人士建言献策。区纪委、区法院、区检察院、区教育局、区审计局、区自然资源局聘请党外代表人士担任特约人员，支持各民主党派发挥民主监督职能。2021年，政协第六届清远市清城区委员会换届工作完成，本届政协委员282名，其中党外人士174名；政协常委42名，其中党外人士28名。党外人士中，担任区人大常委会副主任的有1人，担任政协专委会主任的有3人、副主任的有1人，担任政府部门、事业单位、群众团体、镇（街）副科以上职务有13人。

【台港澳事务】 2021年，推动清城区旅港社团层级架构建设不断完善，先后推动成立香港清远清城石角塘头乡亲会、香港清远清城石角界牌乡亲会、清远清城港人联谊会3个社团，发展新会员583名，为清港交流合作提供更多更广平台，进一步壮大爱国港澳阵营。组织开展5场近200名在清港人北江游船、观看红色电影、知史爱国、座谈会等联谊活动，支持、协助旅港社团购买660份家乡特产用来在香港举行家乡市集活动，充分团结和凝聚清远爱国爱港力量。

联络联谊 组织澳门清远同乡会、澳门清远市商会、澳门清远市青年委员会代表到清远星谷交流学习。区委领导带队赴港会见社团骨干、政协委员、代表人士等，进一步夯实清港联络联谊基础。印发《清城区建立清港澳青少年交流基地行动方案》，挂牌成立清港澳青少年交流基地、清城区港澳青年实习就业基地，搭建港澳青年在内地培训、就业的"一站式"服务平台。

台商权益保障　协调多家台企解决企业土地、安全用电等问题；做好海峡两岸乡村融合工作，强化与农业农村部门联动，进一步摸清清城区适合开展海峡两岸乡村融合工作的农业资源，为助力全市海峡两岸乡村融合做好准备工作，做好台商、台企服务交流工作。为2名台胞申请困难慰问，协调解决台籍人员子女在清就读困难问题。

【侨务】　2021年，区委统战部坚持"以侨为本，为侨服务"宗旨，切实做好为侨服务工作，深入推动华侨农场改革发展，推动侨文化展馆和侨胞之家建设，组织开展归侨侨眷义诊活动，发放宣传资料200多份，咨询涉侨业务60多人次，接受眼耳鼻喉公益义诊50多人。开展"冬日暖侨心""金秋惠侨献爱心"系列暖侨惠侨活动，全年慰问困难归侨侨眷68户。充分利用区海联会优势，强化与海外友好社团、华侨华人交流，鼓励、引导海内外侨胞深度参与清城区经济社会建设，鼓励辖区华侨华人对外交流，推荐1名归侨参加第二届华侨华人粤港澳大湾区大会。

（刘剑威）

督　查

【概况】　2021年，中共清远市清城区委督查室（以下简称"区委督查室"）围绕区委中心和重点工作抓好督查督办，突出疫情防控、重点建设项目、脱贫攻坚、防汛备汛工作、人居环境整治、互联网+监管、十件民生实事等专项工作的督查，通过加大督查力度，推动有关工作落实到位。

【疫情防控督导】　2021年，区委督查室会同区纪委监委、区政府督查室及有关职能部门组成疫情防控督查督办组，围绕贯彻落实各级疫情防控工作决策部署、国务院"互联网+督查"疫情防控问题线索、防控工作领导小组交办的督查任务以及市委督查反映的问题等重点工作内容，累计开展13次专项督查，采取"四不两直"方式，共对8个镇（街、场）74个村（社区）、51个部门和168个车站、集贸市场、旅游景区、养老机构、酒店、商超、网吧、隔离点及高速公路服务区等重点场所开展疫情防控督查，发现问题212个，发出疫情防控专项提醒函14份，并印发问题整改清单督促属地镇（街）和有关部门全部完成整改，有力促进疫情防控工作的落实。收到涉及清城区群众互联网反映疫情防控工作问题线索2条，均完结，印发疫情相关督查通报3期，督查专报4期。

【落实整改审计反馈意见】　2021年，区委督查室督促有关部门做好省委第十巡视组反馈意见整改工作，每半年收集整理各部门整改进展情况。抓好省委巡视线索转办件办理，及时向上级报送后续办理情况，累计报送10条线索后续办理情况。做好自然资源资产任中审计反馈意见涉及清城区4项事项整改落实情况，完成全部事项整改并及时将整改落实情况上报市委办公室。

【区委常委会工作要点分解落实】　根据区委七届十四次全会和《中共清远市清城区委常委会2021年工作要点》精神，牵头对区委常委会2021年工作要点进行任务分

2021年1月12日，清城区举行统战工作实践创新中心落成暨清城区工商业联合会（商会）综合活动中心、清城区新的社会阶层人士联合会揭幕仪式

（区新闻信息中心　供图）

解，督促各有关责任单位进行落实。督促各部门抓好区委常委会四个季度会议议定事项落实，印发《2021年各级各部门落实区委重点工作要点进展情况通报》和区委常委会一至四季度会议议定事项督查通报。

【重点抓好交办工作的跟踪落实】 始终把上级交办件工作摆在重要位置，通过逐件登记、迅速转办、限期办理、定期催办等程序，采取现场督查、书面督查、电话督查等方式，及时将实际情况进行反馈，努力做到件件有着落，事事有结果。2021年，办理上级交办件28件。抓好区主要领导交办事项办理，密切跟进每件交办事项的落实情况，及时向区主要领导汇报落实情况，办理交办事项38件，印发《区委主要领导批（交）办事项办理通知书》38份。

【区委中心和重点工作督查督办】 2021年，紧紧围绕区委重点工作，突出重点抓好疫情防控、市委十大行动方案、市委十三项重点工作任务、十件民生实事、省市区重点建设项目、地质灾害点整治、防汛备汛工作、城镇老旧小区改造、新改扩建学校项目等市、区重点中心工作的督查。2021年，区委督查室印发督查通报23份，督查专报85份，有力推动各项重点工作落实。

【统筹规范督查检查考核】 牵头比照市级清单，结合清城区实际情况，以及部门、镇（街）工作职责等因素，对清城区督查检查考核计划进一步调整优化。经优化，清城区2021年督查检查考核年度计划事项共25项，较2019年压减1项。牵头按照总量减少的要求，比照市级清单及其他县市清单，结合清城区实际情况，形成新增、保留类区级"一票否决"和签订责任状事项14项，取消事项11项。

保　密

【概况】 2021年，清城区保密工作坚持以习近平新时代中国特色社会主义思想为指导，全面贯彻落实习近平总书记关于保密工作的重要指示批示精神，坚持总体国家安全观，统筹发展和安全，坚持完善党管保密体制机制，认真落实领导干部保密工作责任制，不折不扣完成各项保密工作任务，有力确保全区保密工作安全发展稳定，全年未发生失泄密事件。

【加强保密领导】 2021年，清城区及时召开区委保密委全体会议暨全区保密工作会议，传达学习习近平总书记关于保密工作的重要指示批示精神以及上级保密工作会议精神，及时研究部署贯彻落实工作。结合清城区实际，制定《中共清远市清城区委保密委员会2021年工作要点》，明确全年保密工作的目标和任务，为全区各镇（街）各单位开展全年保密工作提供指导和方向。

【加强保密关键重点】 2021年，区保密局组织全区各镇（街）、各单位对已确定的国家秘密事项进行全面的密级变更、解密清理、统计分析。对全区涉密人员开展资格审查，对不符合条件的涉密人员进行及时调整。区保密局与区教育局和市公安局清城分局通力合作，联合对清城区18个中考保密室进行检查。

【保密检查监督指导】 2021年，对8个镇（街）和区纪委监委、区委办、区府办、区委统战部、区委政法委等重点机关、单位进行保密日常检查。区保密局专门成立督导检查组，对卫生健康系统、宣传系统、网信系统等单位开展保密专项检查。继续在全区范围内开展机关、单位保密自查自评工作，通过自查自评，促进全区各镇（街）、各单位及时完善修订保密工作制度、加强涉密人员管理，进一步加强全区保密工作。

【保密宣传教育培训】 区保密局组织召开清城区保密员培训班，专门邀请上级有关业务骨干前来授课，提升全区保密干部思想意识和工作技能。在全区公务员全员培训中安排保密教育内容，在新公务员初任培训中设置保密教育课程，切实抓好公务员保密法纪教育。参加中央保密办、国家保密局在保密系统开展的庆祝建党100周年保密宣传教育作品征集评选活动，区保密局协助市保密局制作《共筑保密长城》保密宣传教育作品，该作品取得三等奖的优异成绩。

（区委办）

清远市清城区人民代表大会

综 述

【概况】 截至2021年12月31日，清城区有市级人大代表59人，区级人大代表295人。清城区九届人大常委会组成人员29人，其中主任1人，副主任6人，委员22人。区人大常委会办公室下设区人大代表信息服务中心（公益一类事业单位）。

2021年，召集区人民代表大会会议2次，召开常委会党组会议18次，常委会会议14次，主任会议21次，听取和审议专项工作报告15项，开展部门工作评议2项，开展专题询问1次，组织执法检查2次，开展人大工作视察和调研12次，形成审议意见12件，作出决议、决定6项，为推动清城区经济社会发展和民主法治建设作出贡献。

【区八届人大六次会议】 2021年3月18—19日，区第八届人民代表大会第六次会议在清城召开。会议听取和审议清远市清城区人民政府工作报告，审查和批准清远市清城区国民经济和社会发展第十四个五年规划和二〇三五年远景目标纲要，审查和批准清远市清城区2020年国民经济和社会发展计划执行情况与2021年计划草案的报告，批准清远市清城区2021年国民经济和社会发展计划，审查和批准清远市清城区2020年预算执行情况和2021年预算草案的报告，批准清远市清城区2021年预算，听取和审议清远市清城区人民代表大会常务委员会工作报告，听取和审议清远市清城区人民法院工作报告，听取和审议清远市清城区人民检察院工作报告，票决清远市清城区2021年民生实事项目，选举清远市清城区人民政府区长和清远市清城区第八届人民代表大会常务委员会个别委员，依法通过清远市清城区第八届人民代表大会财政经济委员会主任委员人选。

【区九届人大一次会议】 2021年11月23—26日，区第九届人民代表大会第一次会议在清城召开。会议听取和审议清远市清城区人民政府工作报告，听取和审议清远市清城区人民代表大会常务委员会工作报告；听取和审议清远市清城区人民法院工作报告；听取和审议清远市清城区人民检察院工作报告；选举清城区第九届人大常委会主任、副主任、委员，清城区人民政府区长、副区长，清城区监察委员会主任，清城区人民法院院长，清城区人民检察院检察长，清城区出席清远市第八届人民代表大会代表；通过清远市清城区第九届人民代表大会财政经济委员会、教育科学文化卫生委员会和社会建设委员会主任委员、副主任委员、委员的人选。

【区八届人大常委会会议】 2021年，召开区人大常委会会议14次。

区八届人大常委会第四十二次会议 2021年2月4日，区八届人大常委会举行第四十二次会议。会议传达学习广东省第十三届人民代表大会第四次会议和清远市第七届人民代表大会第七次会议精神；决定免去袁志武、何

2021年3月18—19日，清远市清城区第八届人民代表大会第六次会议在清城召开，廖家杰当选清城区人民政府区长　　　　　　（区新闻信息中心　供图）

2021年11月24日，清远市清城区第九届人民代表大会第一次会议在清城区召开　　　　　　　　　　　　　　（区人大　供图）

瑞能清城区人民政府副区长职务，决定任命蓝建飞为清城区人民政府副区长，决定任命朱智标为清城区政务数据管理局局长，免去张志明清城区监察委员会委员职务，审议通过关于接受黄文力辞去市人大代表、区人大代表职务请求的决议、决定。

区八届人大常委会第四十三次会议　2021年3月4日，区八届人大常委会举行第四十三次会议。会议学习《习近平谈治国理政第三卷》有关章节，审议通过关于接受刘秀添、刘达维、练桂华3位同志辞去区人大代表职务请求的决定，审议通过清城区2021年民生实事项目（审议稿），审议通过《关于召开清远市清城区第八届人民代表大会第六次会议的决定》，审议通过《清远市清城区第八届人民代表大会第六次会议前会议安排》，审议通过《关于列席和邀请列席清远市清城区第八届人民代表大会第六次会议人员的决定》，讨论区八届人大六次会议有关文件。

区八届人大常委会第四十四次会议　2021年3月12日，区八届人大常委会举行第四十四次会议。会议学习《习近平谈治国理政第三卷》有关章节，任命周艳云为清城区人民检察院副检察长、检察委员会委员、检察员，审议通过关于接受钟锡洪辞去区第八届人大常委会副主任、区人大代表职务请求的决定，审议通过区八届人大常委会代表资格审查委员会关于增补选区八届人大代表资格审查暨代表变动情况的报告，讨论决定区八届人大六次会议代表团组成人员名单，讨论区八届人大六次会议有关文件。

区八届人大常委会第四十五次会议　2021年4月1日，区八届人大常委会举行第四十五次会议。会议学习党史有关内容，决定任命邱伟博为清城区人民政府副区长，任命黄张继、伍尚钜为清城区监察委员会委员。

区八届人大常委会第四十六次会议　2021年6月2日，区八届人大常委会举行第四十六次会议。会议学习《中国共产党简史》有关章节，听取和审议区人民政府关于清城区环境质量状况和环境保护目标完成情况的报告，听取和审议区人民政府关于清城区非物质文化遗产保护与传承工作情况的报告，听取区人民政府关于2020年民生实事项目实施情况的报告，听取区人民政府关于区八届人大五次会议代表建议办理情况报告，听取区人民政府关于2018—2020年区八届人大会议重点督办建议办理情况的报告。决定任命：宗卫平为清城区人民政府副区长、蔡伟新为清城区工业和信息化局局长、莫永红为清城区民政局局长、刘卫民为清城区人力资源和社会保障局局长、练安东为清城区审计局局长。决定免去：黄翠珊清城区人民政府副区长、清城区审计局局长职务，刘卫民清城区工业和信息化局局长职务，林君清城区民政局局长职务，欧阳倩茹清城区人力资源和社会保障局局长职务。

区八届人大常委会第四十七次会议 2021年6月18日，区八届人大常委会举行第四十七次会议。会议学习《中国共产党简史》有关章节，审议通过《清远市清城区人大常委会关于确定各镇新一届镇人大代表名额的决定》。

区八届人大常委会第四十八次会议 2021年7月23日，区八届人大常委会举行第四十八次会议。会议传达学习省人大常委会主任李玉妹来清远调研讲话精神，审议通过《清远市清城区人大常委会关于清城区区镇两级人民代表大会换届选举时间的决定（草案）》，审议通过《清远市清城区人大常委会关于设立清远市清城区选举委员会的决定（草案）》，讨论区选举委员会关于清城区区镇两级人民代表大会换届选举工作实施方案（草案），讨论清城区区镇两级人民代表大会换届选举日程安排（草案），讨论清城区第九届人民代表大会代表名额分配方案（草案），审议通过《清远市清城区人大常委会关于镇选举委员会组成人员的决定（草案）》，听取和审议区人民政府关于国有资产管理情况的报告，听取和审议区人民法院关于一站式多元解纷和诉讼服务体系建设情况报告，听取和审议区农业农村局工作情况报告。任命：程健为清城区人大常委会选联工委主任、李伟杰为清城区凤城街道人大工委主任、阮丽英为清城区东城街道人大工委主任。免去：麦少芬清城区人大常委会选联工委主任职务、程健清城区凤城街道人大工委主任职务、李伟杰清城区东城街道人大工委主任职务、蓝力争清城区洲心街道人大工委主任职务、阮丽英清城区横荷街道人大工委主任职务。决定任命：钟敏杰为清城区应急管理局局长。决定免去：黎敏生清城区应急管理局局长职务。任命：罗文勇为清城区人民法院综合审判庭副庭长、刘鑫为清城区人民法院横荷人民法庭副庭长。免去：罗文勇清城区法院民事审判第四庭副庭长职务、钟展强清城区法院横荷人民法庭副庭长职务。

区八届人大常委会第四十九次会议 2021年9月9日，区八届人大常委会举行第四十九次会议。会议学习《中国共产党简史》有关章节，审议通过《关于许可对清远市清城区第八届人大代表梁锦坚采取行政拘留的决定（草案）》，审议通过《关于许可对清远市清城区第八届人大代表梁俊健、梁锦坚采取刑事拘留强制措施的决定（草案）》，任命：李颖为清远市清城区人大常委会办公室副主任。免去：刘映玲清城区人大常委会办公室副主任职务。决定任命：黄桂棠、雷焕坤为清城区人民政府副区长。决定免去：文建雄清城区住房和城乡建设局局长职务，欧建文、潘献文清城区人民政府副区长职务，任命：耿彦召为清城区监察委员会副主任，钟展强为清城区人民法院审判委员会委员。免去：翁照红清城区人民法院审判委员会委员职务，罗日红清城区人民法院审判委员会委员职务。任命：杜思为清城区人民检察院检察员。表决通过：清远市清城区人大常委会关于接受李根生辞去区监察委员会主任职务请求的决定，清远市清城区人大常委会关于接受黎海平辞去龙塘镇选举委员会委员职务请求的决定，清远市清城区人大常委会关于耿彦召代理清远市清城区监察委员会主任职务的决定。

区八届人大常委会第五十次会议 2021年9月27日，区八届人大常委会举行第五十次会议。会议学习《中国共产党简史》有关章节，听取和审议区人民政府关于贯彻实施《广东省养老服务条例》情况的报告，听取和审议区人民政府关于区八届人大六次会议代表建议办理情况报告，听取和审议清城区2021年上半年预算的执行情况报告,听取和审议区审计局关于清城区2020年区级财政预算执行情况和其他财政收支的审计工作报告,审查和批准清城区2020年本级决算草案,听取和审议清城区2021年上半年国民经济和社会发展计划执行情况报告,听取和审议区人民检察院关于未成年人检察工作情况报告,听取和审议区城市管理综合执法局工作情况报告,听取区人民政府关于清城区公共卫生应急管理体系建设情况"回头看"工作报告(书面),听取区人民政府关于清城区健康医疗领域的工作情况报告,听取区人民政府关于清城区革命老区建设工作和革命遗址修复保护情况的报告(书面)。

区八届人大常委会第五十一次会议 2021年10月18日,区八届人大常委会举行第五十一次会议。会议学习习近平总书记在中央人大工作会议上的重要讲话,决定免去廖剑锋的清城区人民政府副区长职务,决定免去蔡伟新的清城区工业和信息化局局长职务,决定任命刘浩文为清城区人民政府副区长,任命房志伟为清城区人民法院副院长、审判委员会委员、审判员,任命曾德波为清城区人民检察院副检察长、检察委员会委员、检察员,表决通过关于接受黄富强辞去区人民法院院长职务请求的决定,表决通过关于接受何富添辞去区人民检察院检察长职务请求的决定,表决通过关于房志伟代理清远市清城区人民法院院长职务的决定,表决通过关于曾德波代理清远市清城区人民检察院检察长职务的决定,免去何富添清城区人民检察院检察委员会委员、检察员职务。

区八届人大常委会第五十二次会议 2021年11月2日,区八届人大常委会举行第五十二次会议。会议学习《中国共产党简史》有关章节,听取和审议清远市清城区第八届人大常委会代表资格审查委员会关于清远市清城区第九届人民代表大会代表资格的审查报告,表决通过关于接受姚碧连辞去区第九届人民代表大会代表职务请求的决定,表决通过关于接受黄富强辞去区第九届人民代表大会代表职务请求的决定,表决通过《关于召开清远市清城区第九届人民代表大会第一次会议的决定》。

区八届人大常委会第五十三次会议 2021年11月17日,区八届人大常委会举行第五十三次会议。会议学习党的十九届六中全会精神,听取和审议清远市清城区第八届人民代表大会常务委员会代表资格审查委员会关于延迟选举和补选区九届人大代表资格审查暨代表变动情况的报告,审议通过《清远市清城区第九届人民代表大会第一次会议前会议安排》,审议通过《关于列席和邀请列席清远市清城区第九届人民代表大会第一次会议人员的决定》,讨论决定区九届人大一次会议代表团组成人员名单,讨论区九届人大一次会议有关文件,补选温文星、王报山、陈越远3名同志为清远市第七届人民代表大会代表。免去郭桂星清城区监察委员会副主任职务,任命李卓新为清城区监察委员会副主任。决定免去成世亮清城区文化广电旅游体育局局长职务,决定任命郭桂星为清城区文化广电旅游体育局局长。免去黎力清城区人大常委会财政经济农业农村工作委员会主任职务,免去黄富强清城区人民法院审判委员会委员、审判员职务,任命成世亮为清城区人大常委会财政经济农业农村工作委员会主任。

区九届人大常委会第一次会议 2021年11月30日,区九届人大常委会举行第一次会议。会议传达学习省委人大工作会议精神,听取和审议清城区监察委员会关于反腐败国际追逃追赃工作情况报告,审议通过关于设立清远市清城区第九届人大常委会代表资格审查委员会的决定,任命徐杰洪为清城区洲心街道人大工作委员会主任,任命唐孝帆为清城区横荷街道人大工作委员会主任。

区九届人大常委会第二次会议 2021年12月31日,区九届人大常委会举行第二次会议。会议传达学习清远市第八次党代会精神和学习贯彻提升人大代表网格化联系服务群众工作的有关批示精神,听取和审议区人民政府关于清城区2021年十件民生实事项目实施情况的报告,听取和审议区人民政府关于清城区2021年区本级预算调整方案(草案)的报告,决定任命骆正强为清城区人民政府副区长,任命禹莉为清城区人民法院副院长,任命张蕾为清城区人民法院审判员,听取区审计局2020年度审计查出突出问题整改情况报告(书面),听取区人民政府2021年清城区禁毒工作情况报告(书面),听取区财政局关于2021年度清城区地方政府债务管理情况的报告(书面),听取区人大常委会监察和司法工委关于2021年度规范性文件备案审查工作情况报告(书面);审阅区人民政府《关于清城区贯彻实施〈广东省养老服务条例〉情况检查报告的审议意见》的处理情况报告(书面)。

人大主要工作

【决议、决定】 **依法行使重大事项决定权** 2021年,区人大常委会围绕全区中心工作,就2020年区级决算、区2020年预算执行情况和2021年预算、批准区2021年第二次本级预算调整方案、接受代表辞去职务请求等事项作出决议、决定共6项,有力地推动经济社会的科学发展。

【人大监督】 **经济健康发展** 2021年,区人大常委会加强计划、财政预决算和审计审查监督,开展专题调研,依法审查和批准2020年区本级决算草案,听取和审议国民经济和社会发展计划、预算执行情况报告,2020年区级财政预算执行情况和其他财政收支的审计工作报告、区级财政预算调整方案报告,听取审计审出问题整改情况的报告。听取和审议区国有资产管理情况报告,落实国有资产保值增值的监督责任。听取区政府地方政府性债务管理情况报告,有效防范地方债务风险。开展清远市国家城乡融合发展实验区广清接合片区土地类改革试验工作情况调研,促进清城区充分利用政策红利,加快改革步伐。

促进城市品质提升 围绕园林绿化、市政设施管养、综合执法、数字化城市管理等方面对区城市管理和综合执法局开展工作评议,督促区城综局完善城市管理机制、加强设施设备配套和执法队伍建设、提高公众参与水平,构建城市共建、共治、共享新局面。开展生活垃圾分类配套设施建设情况调研,促进绿色城市建设。组织开展创文巩卫活动,引导市民做创文巩卫的实践者、宣传者和监督者,提升城市品质。

推动环境质量改善 围绕大气、水、土壤、固体废物等方面开展清城区环境质量状况和环境保护目标完成情况的专题调研,听取和审议环境质量状况和环境保护目标完成情况的汇报,配合上级人大常委会开展《中华人民共和国固体废物污染环境防治法》《广东省固体废物污染环境防治条例》执法检查,督促政府加强生态环境保护工作,改善环境质量,打好污染防治攻坚战。紧盯中央环保督察反馈问题整改落实情况不放松,满足人民日益增长的美丽生态环境需要。以代表建议督办为突破口,善于运用刚性监督手段,持续有力推动破解"垃圾围村"难题,该工作经验入选全省十大环保监督优秀案例。

法治建设不断深化 组织开展《广东省养老服务条例》执法检查,推动法律责任落到实处。首次听取和审议区监察委员会专项工作报告,用好《中华人民共和国宪法》赋予人大的监督权。听取和审议区人民法院关于一站式多元解纷和诉讼服务体系建设情况报告,在法治轨道上助推国家治理体系和治理能力现代化,更加及时有效保障人民权益、维护正义。听取和审议区人民检察院关于未成年人检察工作情况,维护未成年人利益,保障未成年人健康成长,促进社会和谐稳定。举行"全面贯彻实施宪法"宣讲会等法治宣传活动,全面弘扬宪法精神,推进法治宣传教育。

文教卫生加速发展 听取和审议非物质文化遗产保护与传承工作情况报告,守护清城特色历史文化。开展革命老区建设工作和革命遗址修复保护情况调研,促进清城区进一步擦亮红色名片、赓续红色血脉、传承红色基因。推动市人大重点督办建议《关于加快在清城区辖区内新建一所公办普通高中的建议》办理工作,助力解决清城区初中毕业生入读公办普通高中难问题。参与全区疫情防控督导工作,督促加快区人民医院、区疾病预防控制中心、东城社区卫生服务中心新院等建设项目进程。围绕全面推进建设健康广东开展"更好发挥人大代表作用"主题活动,组织市、区、镇三级人大代表开展健康医疗领域调研视察，组织开展公共卫生应急管理体系建设专题询问问题整改"回头看"，督促补齐医疗领域工作短板漏洞，进一步夯实清城高质量发展的健康基础。

民生事业持续进步 听取和审议安全生产工作情况报告并开展专题询问，督促政府及有关职能部门牢固树立安全发展理念，强化安全主体责任，确保一方平安。开展区农业农村局工作评议，全面掌握区农业农村局工作情况，推动乡村振兴落地生根。持续推进2019年区人大代表提出的《关于将清城区飞来峡镇饮用水纳入江南水厂供给以及加快完善镇域供水管网的议案》办理工作落实落地，飞来峡镇河西片区群众安全饮用水问题于2021年底得到彻底解决。

【代表工作】**精心组织换届选举** 2021年是换届选举之年，区人大常委会把党的全面领导贯穿于区镇两级人大换届选举的全过程，依法加强对换届选举工作的指导和协调，严肃换届选举纪律，从严抓好换届风气监督，高质量完成区镇两级人大代表换届选举工作，选举产生新一届区人大代表296名、镇人大代表405名，代表素质进一步提高、结构进一步优化。

全力保障代表依法履职 深化阵地建设，设立全市首个人大代表联络总站，以"总站（区级）+中心站（街、镇级）+分站（村、居级）"管理模式，有效发挥"宣传站、民意窗、连心桥"作用。全力推动全区已建成的33个人大代表联络站提档升级，其中凤城街道人大代表中心联络站、大观片区人大代表联络站、石角镇人大代表中心联络站和黄布片区人大代表联络站获评市"最美人大代表联络站"，成为全市获评数量最多的县区。充分发挥阵地功能作用，依托人大代表联络站开展接待选民等活动，倾听群众呼声，解决群众难题。优化代表履职服务，健全代表约见国家机关负责人、代表向原选区述职等机制，代表依法履职的责任意识逐步增强。加强代表建议督办，采取"分责+督办+测评+回头看"工作模式，提高建议办理实效，区八届人大六次会议收到37件建议全部按期办复，代表满意及基本满意率达100%。及时组织新一届人大代表集中学习法律法规和业务知识，提升代表业务水平和履职能力。

着力打造代表履职品牌 推进市人大常委会"十大行动，'清'你同行"活动，激励代表主动作为，突出开展好"六项活动"，助力市委"十大行动"目标任务落实。开展"三进两问一拍"代表活动，推动全区各级人大代表尤其是担任各级主要领导职务的人大代表走进代表联络站，推动解决群众关心关切问题，其中，2021年7月，省人大常委会主任李玉妹以人大代表身份到清城区凤城街道人大代表中心联络站开展接待活动，助推落实区人民医院与中山大学孙逸仙纪念医院共建合作等民生实事。推动全区各级人大代表开展"随手拍"活动，促进群众"急难愁盼"得到有效解决，群众的幸福感和满意度得到明显提升。探索建立企业行业人大代表联络站，倾听反映企业诉求，助力企业解决实际困难。

【人事任免】2021年，区人大常委会坚持党管干部和人大依法任免干部有机统一，加强与区委、"一府一委两院"的沟通联系，认真行使人事任免权，严格落实任前法律考试、任职承诺、颁发任命书、宪法宣誓等制度，及时表决通过"一府一委两院"有关负责人的任免事项，全年任免地方国家机关工作人员71人次。

（梁健强）

清远市清城区人民政府

综 述

【概况】 区政府机构概况：2021年，清城区有乡级以上人民政府9个。其中，清城区人民政府1个，乡镇（街道）人民政府8个、村（社区）161个，其中区政府工作部门21个、事业单位253个。

【政府常务会议】 2021年1月14日，八届第59次区政府常务会议召开：听取区卫生健康局关于清城区新冠肺炎疫情防控工作情况汇报。经研究，会议要求：各街镇、各部门要严格按照省、市、区指挥部的各项具体要求，落实好责任，不断强化对隔离点的管控力度，选派精兵强将充实人手力量，抓好当前清城区的新冠肺炎疫情防控工作。1月25日，八届第60次区政府常务会议召开：审议《清远市清城区2020年预算执行情况和2021年预算草案的报告》（稿），听取区财政局谢宇辉关于《清远市清城区2020年预算执行情况和2021年预算草案的报告》（稿）的起草情况汇报。经研究，会议原则通过区财政局提交的《清远市清城区2020年预算执行情况和2021年预算草案的报告》（稿），由区财政局牵头按会议精神修订完善并按程序报区委审定。会议指出，受疫情肆虐和反弹的影响，全球经济持续衰退，当前整个经济大环境不明朗，在收入有限、支出快速增长的情况下，2021年清城区的财政收支形势非常严峻。会议要求：各级各部门要想方设法开源节流，全区上下要充分做好"过紧日子、过苦日子"的思想准备；着力优化支出结构，从当前实际出发，原则上非必要的民生项目和非上级硬性考核的项目，能压减的先压减，能延期的先延期；财政、土储等有关部门要及时掌握土地市场动向，抓好土地出让工作；当前清城区的政府负债率较低，财政部门可以在政府举债的红线范围内，适当加大举债力度，充分利用好政策和债券资金助推城区发展；各级各部门要拓宽思路，加大社会资本参与政府承担项目的力度，有效减轻财政支出压力。

3月29日，八届第63次区政府常务会议召开：会议听取区卫生健康局吴庆锋关于解决清城区大规模人群新冠疫苗接种经费问题的情况汇报。经研究，会议决定：由区财政统筹解决清城区大规模人群新冠疫苗接种经费933万元，包括设施设备购置、场地租用及设置、临时接种点及流动接种队日常物资耗材购置、宣传发动组织、后勤保障、购买相关服务等费用，用于增设大型临时接种点和流动接种队伍，对现有接种门诊扩容，提升清城区接种服务能力。由清城区新冠病毒疫苗接种工作领导小组牵头，统筹推进清城区大规模人群新冠疫苗接种工作。会议要求：区卫生健康局要按照安全、方便、高效的原则，统筹做好有关资金的使用工作，全力推进做好清城区大规模人群新冠疫苗接种工作。4月21日，八届第64次区政府常务会议召开：听取东城街黄向军关于明确清城区东城社区服务中心建设项目相关事项问题的情况汇报。经研究，会议决定：原则同意东城社区服务中心建设项目立项，可先行规划，由东城街抓紧时间开展项目前期工作，前期工作所需资金由东城街财政资金和东城社区卫生服务中心资金构成；项目建设分两步走，第一阶段为开展前期建设工作，进行到项目可研和初步设计、编制项目概算阶段，经区投资审核中心审核后，再报区政府常务会议审议，审议通过后再开展第二阶段建设工作，项目资金承担比例由区财政局核定方案后再议。9月15日，八届第73次区政府常务会议召开：传达学习《广东省安全生产委员会办公室 广东省应急管理厅关于深入学习宣传贯彻〈中华人民共和国安全生产法〉的通知》精神并讲解新修改的《中华人民共和国安全生产法》(以下简称《安全生产法》)主要内容，研究清城区贯彻落实意见。听取区应急管理局钟敏杰传达《广东省安全生产委员会办公室 广东省应急管理厅关于深入学习宣传贯彻〈中华人民共和国安全生产法〉的通知》有关精神，并由温福荣律师讲解新修改的《安全生产法》主要内容，原则同意区应急管理局提出的贯彻落实意见。会议要求：新修改的《安全生产法》为相关职能部门在安全生产监管工作方面提供依据和抓手，各镇街、各部门要深入学习研究新修改的《安全生产法》，依法依规监管好各行业安全生产工作。

【重要政事和决策】 2021年1月14日，八届第59次区政府常务会议召开：研究12项黑臭水体综合整治工程绿化景观项目管养工作相关事宜的问题。1月25日，八届第60次区政府常务会议召开：审议《2021年清城区十件民生实事》(稿)。3月10日，八届第62次区政府常务会议召开：审议《清城区落实市委"十大行动方案"的实施方案及任务清单》(稿)。5月13日，八届第65次区政府常务会议召开：审议《清远市清城区未成年人心理健康服务体系建设三年计划方案（2021—2023年）》(稿)。6月11日，八届第67次区政府常务会议召开：审议《清城区2021年度推进美丽乡村建设实施方案》(稿)。9月3日，八届第72次区政府常务会议召开：审议《清远市清城区畜禽养殖禁养区划定调整方案》(稿)及政策解读。

【重大活动】 2021年3月2日，区政府在区机关办公楼西101会议室召开全区经济工作会议。3月3日，在区机关办公楼西102会议室，召开2021年清城区重点企业、重点推进项目第一次联席会议。4月2日，在区机关办公楼西102会议室，举行清远市清城区人民政府与中国电信股份有限公司清远分公司共建"数字清城"战略合作框架协议签约仪式。6月4日，在区机关办公楼西101会议室，召开清城区2020年度禁毒工作总结暨"扫毒净土2021"行动动员部署会。6月29日，在区机关办公楼西102会议室，举行清城区2021年"广东扶贫济困日"现场募捐活动。同日，区政府主要负责同志开展"七一"走访慰问党员暨专题讲党课活动。8月26日，在区机关办公楼西102会议室，举行清远市清城区人民政府与中山大学孙逸仙纪念医院共建清远市清城区人民医院合作签约仪式。9月9日，区政府主要领导进行教师节慰问活动。9月

2021年4月23日，清城区召开2021年清城区禁毒委员会工作会议

（区新闻信息中心　供图）

30日，在清城区中山公园烈士纪念碑前，举行烈士纪念日公祭烈士活动。

【依法行政】 2021年，清城区人民政府办公室坚持以习近平新时代中国特色社会主义思想为指导，深入贯彻党的十九大和十九届二中、三中、四中、五中、六中全会精神，全面贯彻习近平法治思想和中央、省、市、区法治建设工作部署，紧扣区委、区政府中心工作，把办公室工作全面纳入到法治轨道之中。

强化理论学习 全面学习贯彻落实习近平总书记全面依法治国新理念新思想新战略，认真落实学法用法制度，通过专题讲座、视频学习、座谈会等多种形式开展学习活动，全面加强领导干部政治理论学习，全面提升领导干部法治思维和依法行政能力。

推进法治政府建设工作 坚持抓好区政府常务会议决策机制，严格落实合法性审查机制，规范决策程序，不断推进行政决策科学化、民主化、法制化，不断提高决策水平。严格按照政府工作规则办事，进一步规范工作流程，确保各项工作依法依规进行。加强行政规范性文件管理。制定下发《清城区人民政府办公室关于印发〈清城区人民政府2021年度规范性文件制定计划〉的通知》，精心有序地按照计划做好行政规范性文件呈办、印发等工作。

提升政务服务水平 2021年，坚持政务公开常态化，依法

2021年5月19日，清城区政府办党支部到市会展中心参观"清远市革命斗争历史"主题展
（区新闻信息中心　供图）

公开政府信息情况。发挥政府网站的窗口作用，按照"应公开尽公开"的原则，主动公开各类信息7761条。规范依申请公开工作流程，收到依申请公开件7件，全部依法依规按时办结。严格落实政策解读工作，确保政策解读的及时、准确、权威，发布政策解读文件11份。通过与第三方公司签订政务新媒体内容的监测协议，对政务新媒体的内容进行实时监测，进一步加强对政务新媒体的监督管理。

【调查研究】 2021年，区府办坚持以文立室，不断提升文稿服务决策水平。牢固树立精品意识，努力出思想、出建议，高质量、高效率完成各类综合性文稿起草、核对、修改和重点课题调研工作，切实发挥参谋助手、以文辅政的作用。

高质量完成重大文稿起草 深入研究、精耕细作，坚决打好重大文稿攻坚战，圆满完成区委七届十三次全会上关于经济工作的讲话、区委七届十五次全会上关于经济工作的讲话、2020年和"十三五"时期区政府工作报告、近五年区政府工作报告等全区性重大会议上文稿起草工作。

高标准抓好各类综合文稿 紧紧围绕区委、区政府重大决策部署和中心工作任务，做好区政府有关领导发言、致辞、讲话稿以及区政府、区府办的工作计划、总结、方案等各类综合文稿起草工作。全年累计起草、审核、修改把关各类综合文字材料300余份。

高要求开展调查研究 深化"大学习、深调研、真落实"工作成效，着眼当前清城区发展中的短板弱项以及重点工作推进存在的难点、痛点、堵点问题，常态化跟随区领导深入一线、深入基层，推进对全区发展具有前瞻性、战略性、对策性的调查研

究。2021年以来，协调配合省、市、区领导调研共284次，跟随区领导外出学习调研2次，开展医院合作共建、赏花经济、闲置用地盘活等课题研究12项，形成调研参考信息12期、专题调研报告2篇，获区委、区政府主要领导批示5次，为区委、区政府把握经济发展全局、制定决策提供科学有效的对策建议。

信 访

【概况】 2021年，清城区区、镇（街）两级信访部门受理上级转交办及本级群众来信、网信、来访信访事项4270件，其中来信354件，网信3594件，群众来访322批1149人次。在群众反映的主要问题中，生态环境类占比31.6%，城乡建设类占比31.1%，教育类占比9.4%，政法类占比5.9%，自然资源类占比5.8%，农业农村类占比4.8%，劳动和社会保障类占比2.7%，纪检监察类占比1.4%，其他占比7.3%。

【"信访超市"建成运行】 县级群众信访诉求综合服务中心（信访超市）是2021年省、市推进的一项重点信访机制改革工作。区信访局历经选点、制定方案、落实建设进度、加大资金投入等措施，在2021年9月底前完成硬件设施建设，并投入实体运行。区信访局创新工作方式，引入专业的心理辅导人员和专业社工机构等第三方力量，结合驻中心的律师，共同做好信访事项的化解和信访人的疏导工作，打造一支专业高效的信访矛盾调处化解工作队伍。通过完善"信访超市"的功能，建立信访事项一体化调处化解模式，构建社会矛盾多元化解机制，逐步落实信访群众"最多跑一地"的目标。

【信访矛盾排查化解】 2021年，清城区定期开展信访矛盾排查工作，保障重要敏感时期社会和谐稳定，特别在全国"两会"、建党100周年等重要节点，对排查出的信访事项严格落实领导包案，明确工作责任，做到早发现、早介入、早处理、早解决，将矛盾纠纷化解在基层、化解在萌芽状态，为社会和谐稳定提供有力保障。

【初次信访事项调处化解】 2021年，全力开展初次信访事项办理效能提升和信访系统包案督办信访事项工作。通过缩短初次信访事项转交办时限、在全区信访系统开展初次信访事项全员包案、督促责任单位建立初次信访事项办理进度台账，全面提升清城区初次信访事项办理工作质效，使群众信访诉求得到及时回应和解决，降低重复信访率。

【群众信访事项办理】 区信访局以群众满意为工作目标，结合党史学习教育，通过提高初次信访事项办理质效、压实责任单位信访事项调处化解责任、引入社工组织开展入户走访或电话回访，全面推进满意度评价工作。2021年，清城区信访部门的国家件办理的满意率为82.3%，责任单位的为73.2%。

【重复信访治理】 清城区贯彻上级工作要求，深入推进集中治理重复信访、化解信访积案专项行动，通过落实领导包案、压实工作责任，因案施策、分类推进，办理上级交办清城区的重复信访事项180宗，其中第一批108宗在2021年6月底前全部上报化解，第二批75宗要求在2022年6月底前上报化解。

电子政务

【政务公开】 2021年，清城区认真贯彻落实中央、省、市有关政务公开工作精神和要求，紧紧围绕服务区委、区政府各项中心工作和保障群众对社会事务的知情权、参与权、表达权和监督权，扎实推进全区政务公开工作不断走向深入。2021年8月，广东省人民政府办公厅印发《广东省人民政府办公厅关于进一步推进省市县三级主动公开基本目录编制发布工作的通知》。9月，清远市人民政府办公室印发《清远市人民政府办公室关于编制发布市县两级主动公开基本目录工作的通知》。清城区主动作为，采取有力措施高标准提前完成任务要求。全区全面完成各镇（街）和区直各单位主动公开基本目录的制定工作，在清城区门户网站通过专题页面的方式公布目录制定成果。2021年，清城区人民政府网站公开发布各类信息7331条。

【信息工作】 2021年，清城区上报各类政务信息共223条，其中有13条信息被市府办采用，2条被省级采用。政务信息围绕党委、政府的中心工作和重大决策部署，及时报告重要会议精神的贯彻情况、重大决策的执行情况、重点工作的进展情况、督办事项的落实情况。围绕工作中的重点难点问题，发掘各镇（街）、部门有创造性、探索性的成功做法和经验。围绕社会反映的热点问题，有针对性地提出解决问题的思路、对策和建议，政务信息参谋辅政作用得到充分发挥。

【政务信箱】 2021年，清城区处理省级网站网民留言转办553件，处理区政府网站群众来信和市政府网站群众来信转办共285件，答复率100%，进一步提高政府服务能力，畅通群众诉求表达渠道，确保政务信箱的运转协调和监管有力。

【网站监督】 2021年，清城区做好政府网站的集约化工作。按照"全省统一平台、地市分级部署"的要求，将区政府网站部署到省级平台上，实现统一标准规范、统一技术平台、统一安全防护、统一运维监管。集约化平台正常平稳运行。根据省、市网站检测报告，清城区全年向区直各单位下发网站整改通知7份，新媒体整改通知2份，整改各类问题410多项，做好区人民政府网站的整改和更新工作。做好对各单位法治政府网站考核的监督指导工作。

2021年6月28日，区政府办公室、区委网信办在区机关办公楼西101会议室召开清城区网络信息安全工作会议
（区府办　供图）

2021年10月12日，以"网络安全为人民 网络安全靠人民"为主题的2021年清城区网络安全宣传周启动仪式在凤城街万达广场举行
（区新闻信息中心　供图）

外　事

【因公出访】 2021年，受新冠肺炎疫情影响，清城区领导干部因公出国为0批次（比2020年减少0批次，下降0%）0人次（比2020年减少0人次，下降0%）。

【学习培训】 清城区外事工作坚持以习近平外交思想为指导，严格落实"第一议题"学习制度，持续深化对外领域"大学习、深调研、真落实"工作。订购100本《习近平外交思想学习纲要》，派发给区四套班子领导成员、区委外事委成员单位及各镇（街）学习，努力推动习近平外交思想在清城区对外工作领域落地生根。推动习近平外交思想进党校，在2021年清城区公务员全员培训班第11期班次中开讲，参训人员达189人次。

【完善体制机制】 2021年7月23日，召开区委外事工作委员会第一次会议，印发《清远市清城区2021年对外工作要点》，谋划部署2021年全区对外工作，细化责任分工、抓好任务落实。健全完善区委外事工作委员会及办公室工作机制，印发《中共清远市清城区委外事工作委员会工作规则》和《中共清远市清城区委外事工作委员会办公室工作细则》，推动外事工作规范开展。向区委编办提交配备专职外事人员编制申请，进一步配强外事干部，提升外事队伍工作能力水平。建立全区外事联络员机制，明确各镇（街）和区直有关单位分管领导和联络员。组建外事政务微信群，加强工作沟通联动，进一步提高工作效率。

【涉外疫情防控】 做好疫情防控常态化下在清外籍人士的管理、服务和疫苗接种工作。截至2021年12月，清城区外籍人士新冠病毒疫苗全程接种完成率达91%。做好入境外籍人士集中隔离和服务保障工作，全年清城区接转集中隔离外籍人士160人。抓好"广州白云国际机场入境分流"工作，全年派出7批6人次参与广州—清远点对点分流接转工作，从白云机场口岸接收入境外籍人员3158人。主动作为切实解决基层工作难题，帮助解决基层疫情防控缺乏外语翻译人员、一线人员与外籍人士沟通交流困难等实际问题，购买12台翻译机赠送给各镇（街），较大提升了对外籍人士的管理服务效率。

（陈 茵）

综合政务服务管理

【概况】 清远市清城区政务服务数据管理局（以下简称"区政务服务数据管理局"）于2019年3月21日成立。2021年，区政务服务数据管理局受理各项行政审批业务154477件，办结率99%，收到群众即时评议数据149916次，满意度97.8%。区政务服务数据管理局获得"全民反诈 清远在行动"——2021年清远市反诈主题征集活动视频作品优秀奖。

【12345热线办】 2021年，清城区12345政府服务热线受理工单92669件。加强12345热线的协调管理工作，制定12345政府服务热线协调会议机制，明确疑难工单的处理机制，提高热线工单处理效率，组织成员单位协召开调会21场次，集中协调298件涉及多个职能部门或职责不清的工单。加强对成员单位的业务培训，清城区热线办组织培训256人次，有效提高成员单位处理工单的水平，提高工单满意率，并大幅减少被发放红黄牌的情况。

【政务服务体系建设创新】 2021年，区政务服务数据管理局以打造人民满意的政务服务为目标，创新推进政务服务体系建设。升级窗口设置，优化服务体验。全面优化区政务服务中心窗口设置，大力推进"一窗通办"，设立"企业开办""水电气""跨省通办、跨域通办""工建改""政策兑现"等专窗，创新开设"办不成事"反映窗口，开设以来共处理协调29宗企业和群众反映办不成的事，针对群众办理较多的税务和市场监管业务开设午间延时服务，全年延时服务窗口办理665宗业务，提升办事群众的满意度和获得感。推动政务服务向基层延伸，打造全时政务服务体系。就近办公，石角镇、飞来峡镇、源潭镇、凤城街"一门式、一网式"政务服务中心投入使用，东城街、龙塘镇政务服务中心正加紧建设，横荷街政务服务中心正在开展前期工作。随时办公，区24小时自助大厅和全市首个社区24小时自助服务区（石角镇美林湖社区）均投入使用。设置31台"市民之窗"政务服务一体机，上线24小时商事主体自助登记服务，在全区6个镇（街）政务服务中心及71个行政村投放77台"粤智助"政府服务自助机，全时政务服务体系逐步成型。以评促建，全面提升一体化政务服务能力。全力做好一体化政务服务能力第三方迎评工作，充分发挥牵头抓总作用，协调有关部门落实迎评工作，全力优化区级行政许可事项的减时间、减跑动和即办程度。推进政务服务数据共享交换应用，实现464项审批事项共811项办理材料免证办，提升群众办事便利程度。主动联系对接，提高跨域通办能力。先后与湖南省怀化市靖州县、肇庆市广宁县、广州市越秀区签订相关合作协议，加快推进政务服务"跨省通办""跨城通办"，梳理通办事项269项，基本实现线下代办、线上流转一体化联动、全流程网办等方式，实现"收受分离、异地可办"的"跨城代收通办、辅导全程网办"政务服务模式。完成工程建设项目审批事项集成覆盖和应用覆盖。全年工程建设项目审批系统梳理出来的50个审批事项完成系统配置。

【政务服务效能优化提升】 2021年，区政务服务数据管理局以优化提升政务服务效能为导向，夯实"数字政府"改革发展基础。完善工作架构和机制，夯实工作基础。6月，成立区"数字政府"改革建设工作领导小组，由区政府主要领导担任组长，完善推动"数字政府"建设，改革建设组织架构，制定《清远市清城区"数字政府"改革建设"十四五"规划》，两次面向全区征求意见，为下一步的工作打下扎实基础。拓展清城区社会综合治理云平台应用。印发《清城区基层治理"网格化"机制的实施方案（试行）》

《清城区网格员排查事项清单》《清城区基层治理"网格化+信息化"系统平台管理办法（试行）》和《清城区基层治理"网格化+信息化"系统平台效能监察实施细则（试行）》等方案和指导性文件，推出"清城网治"微信小程序，网格员、信息员、综合执法人员均可以对社会治安、矛盾纠纷、安全生产、公共安全、城市管理、环境污染、自然灾害等问题进行处置，完善网格化治理体系，提高网格化治理的效果与水平，形成共建共治共享的社会治理格局，助力实现城市运行"一网统管"。擦亮"粤系列"品牌，提高"一网通办"水平。结合"数字政府"集约化建设的规模效应，发动"粤省事""粤商通""粤政易""广东政务服务网"等移动办公平台在全区的应用。2021年，清城区"粤政易"注册用户1.4万余人，平台每日活跃人数约1.2万余人，活跃度为85%左右，清城区"粤省事"平台注册人数达到472609人，"粤商通"平台注册人数达68323人。推动数据汇聚共享和系统迁移上云。推动数据治理普查工作，上线自建系统11个，梳理可共享数据资源目录17条。推进清城区政务信息系统迁移部署上政务云清远节点工作。清城区3个拟迁移上云系统均完成云资源配置。以信息化技术支撑疫情快速响应体系。全力配合全区大规模核酸检测，在一天时间内搭建起114个检测点视频监控，推动核酸检测各环节精准对接、高效运转。大力支持疫苗接

种工作，将11个疫苗接种点监控接入云平台，建设"清城区核酸检测签到系统"，与清城防疫工单系统的数据对接，进入试运行阶段。与三大运营商建立联动机制，对核酸检测点和疫苗接种点提供有力的网络支持保障。

【营商环境持续优化】 2021年，区政务服务数据管理局以规范权责清单管理为抓手，持续深化"放管服"改革工作。持续做好相关机构改革调整和职能划转工作后权责清单编制和调整工作，在政府门户网站及广东政务服务网向社会公布。做好省级权责清单取消、重心下移、委托、下放等调整工作，全年调整3批次，涉及调整单位27个、事项795项。做好市级事项清单承接工作，承接市级行政许可和公共服务事项4批次61项。协调推进区市场监管局委托广清经济特别合作区广清（清城）产业园管理委员会5项主项，41项子项事项清单。开展清城区行政审批中介服务事项清单的调整工作，涉及14个单位86项行政审批中介服务事项。对清城区"双公示"目录清单进行调整，形成31个单位的3406项行政许可和行政处罚"双公示"目录清单，建立"双公示"事项目录动态管理机制。推进"互联网+监管"。全年清城区部门执法账户开通总数1577个，梳理编制监管事项目录清单754项，实施清单总数909条，检查实施清单完成率100%，监管行为覆盖率达92.05%。

【行政审批制度改革】 区政务服务数据管理局以优化审批流程为牵引,全力推进行政审批制度改革。优化办理流程,落实"容缺受理""告知承诺制"、与多部门联动提前介入等举措,进一步压缩审批时限,32项依申请类审批事项的审批时间压减至1个工作日。2021年,区行政审批局办结1131宗业务。优化市政公用设施报装审批。将供水、供电、供气等市政公用设施报装等服务事项纳入工程建设项目审批管理系统。实现工程建设项目审批制度改革覆盖清城区的房屋建筑和城市基础设施等工程建设项目(不包括特殊工程、交通、水利、能源等领域的重大工程)。审批流程100%覆盖包括从项目立项到竣工验收以及公共设施接入服务全过程。推进工程建设项目审批制度改革。工程建设项目审批系统梳理出来的74个审批事项完成系统配置,其中有实际业务发生的、实现覆盖的审批事项数为50个。试行建筑工程施工许可证告知承诺制。先行先试,对标广州工程建设项目审批制度改革做法,率先试行建筑工程施工许可告知承诺制。2月,发出保利"一期地下室项目"的建筑工程施工许可证的电子证照,也是全市首张实行告知承诺制的施工许可证。

(李小环)

机关事务管理

【概况】 2021年,清城区机关事务管理局紧紧围绕区委、区政府工作大局,抓住管理、保障、服务的工作主线,坚持管理科学化、保障制度化、服务优质化,按照办事高效、运转协调、保障有力的要求,全面落实财务核算、公车管理、基建维修、安全保卫、后勤服务、机关饭堂等方面工作,为区行政文化中心大楼正常有序运转提供良好的后勤保障服务。

【财务核算】 2021年,区机关事务局完成22个行政事业单位会计集中核算,实际核算包括各单位辅助核算子部门、局工会、组织部党费专账、直工委专账、禁毒办在内共32套账。完成2020年度部门决算、行政事业单位资产年报、政府财务报告、年度预(决)算公开以及2022年预算编制等工作。3月组织各报账单位迅速开立各自的基本户,变更所有单位第三方委托银行代扣费用的账户信息,确保"数字财政"系统建设顺利上线。严格遵守《行政事业单位会计制度》,坚持以执行预算为中心,以节约费用为重点,较好地完成日常财务工作,各项收支做到账账相符、账实相符。

【公车管理】 认真贯彻执行《党政机关公务用车管理办法》规定,健全完善公务用车管理制度,认真做好公务用车日常管理工作。2021年,区机关事务局全面建成清城区公务用车平台,加强对公务用车运行监督,从严杜绝公车私用等"四风"问题的发生。做好全区车辆定编工作,核定党政机关及事业单位公务用车编制510个,配备公务用车472辆。加强与各公车管理单位的沟通交流,加强业务指导。宣传新能源汽车政策法规,稳步推进新能源汽车推广应用相关工作及汽车充电桩建设。严格按照《党政机关公务用车管理办法》进行车辆更新,报废处置公务用车5辆,补充更新5辆,进一步完善应急、通讯保障用车。

【基建维修】 2021年,区机关事务局完成5项大型的基建项目,分别是区行政文化中心大楼四楼加建1个电视电话会议室,升级改造1个视频会议室与1个视频监控室,建成1个电单车停车棚,投入160万元升级改造清远市国际会展中心新清城厅会议室。加强基建维修、日常巡检及各种设备设施管理,确保水、电、空调、消防及电梯等各类设施设备正常运行。7月,实施停车场管理改革,可用停车位从261个增加到615个,有效解决干部职工与办事群众"停车难"问题。10月,安装16套集识别人面、身份证、粤康码及测温等功能的人面识别系统,助力大楼一线防疫工作。

【安全保卫】 采取物防、技防和人防相结合的办法,全面加强区行政文化中心大楼安全防控工作。2021年,区机关事务局升级完善大楼监控系统,加装直连公安数据平台的人脸识别反恐监控系统,补充购置执法记录仪、金属探测器,不断巩固和完善物防技防措施。调整充实安保人员,

2021年9月9日,区机关事务局邀请东城派出所干警对区政府大楼保安开展安保知识培训　　（区机关事务局　供图）

加强对重点部位、薄弱环节安全管理,加大监督检查力度,确保人员到岗、责任到人、管理到位。配合信访部门做好上访人员登记、劝解疏导等工作,维护大楼良好的信访秩序和工作秩序。对消防设施进行全面检查和更新,定期开展消防演练,确保全年无消防安全事故发生。

【后勤服务】 2021年,区机关事务局共服务区委、区政府及区直部门各类会议逾1500场。完成区委全会、区党代会和区人大、政协"两会"等大中型会议的会议服务保障工作,为近1000名与会代表提供优质的会务、餐饮、停车、住宿等服务。投入30多万元完善区行政文化中心大楼东101大会堂主席台台阶、手机屏蔽柜、翻新投票箱等会议设施设备,不断优化会场硬件条件。全面落实日常卫生保洁工作,投入近15万元对会议室及大楼进行消杀,确保办公环境卫生整洁安全有序。定期聘请"除四害"专业消杀公司,对大楼及机关饭堂进行集中四害灭杀及白蚁防治,确保把"四害"密度控制在国家规定的标准范围内,全面加强病媒生物防治。

【机关饭堂管理】 不断优化机关饭堂管理机制,不断加强内部管理,做到工作职责逐层明确、逐一细化、责任到人。2021年,区机关事务局实施机关饭堂财务管理定期内审的制度,进一步规范财务收支管理风险防控。持续在创新菜品开发、菜肴品种提升、营养均衡搭配上下功夫,定期组织厨师进行厨艺交流和培训,提高厨师专业素质和烹饪技能。打破原有固定供应商采购模式,推行食材采购竞价优选,通过公开招投标方式选定4家食材配送公司进行轮流配送。严格落实疫情防控就餐要求,全流程把好食品安全关,全区域把好环境卫生关。牢固树立"过紧日子"思想,深入践行文明节俭用餐理念,坚决反对食品浪费。

（袁美华）

中国人民政治协商会议清远市清城区委员会

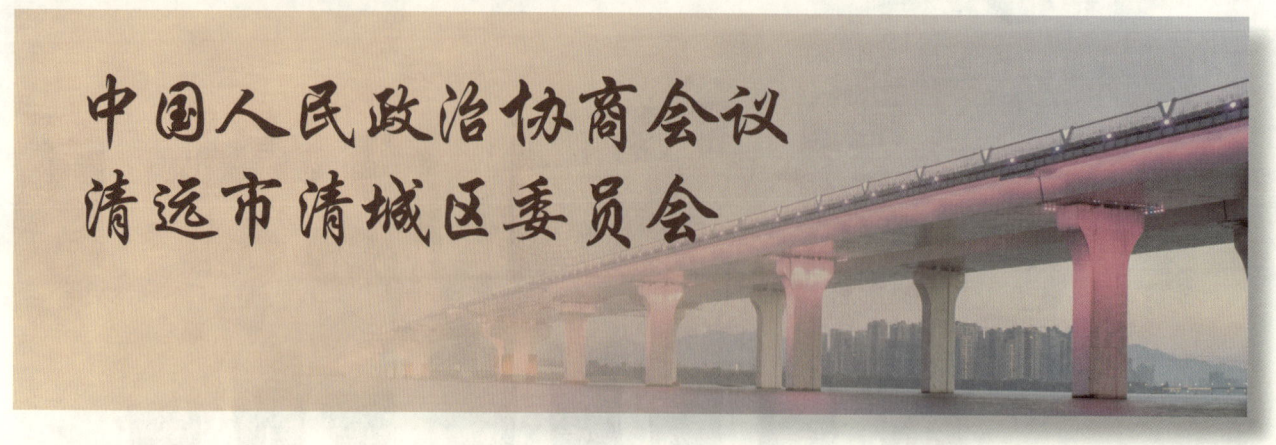

综述

【概况】 2021年,政协清远市清城区委员会(以下简称"区政协")以聚焦党政要事、民生实事为履职重点,倾力服务中心、坚守为民初心、广泛凝聚人心,充分发挥专门协商机构作用,不断提高建言资政和凝聚共识水平,以政协的新担当助推清城高质量发展。全年组织开展重点协商议政活动10次、视察监督活动8次,开展专题调研4个,提交提案125件、议政发言报告23篇,举办重点提案办理会7次,督办重点提案3件。

【常务委员会重要会议】 2021年3月12日,清城区召开区政协五届常委会第十三次会议。会议听取区政府2020年工作情况通报和清城区2020年禁毒工作情况报告,审议通过区政协五届六次会议有关事项和有关人事事项。

9月17日,召开区政协五届常委会第十四次会议。会议传达学习贯彻习近平总书记在庆祝中国共产党成立100周年大会上的重要讲话精神、中共广东省委十二届十四次全会、市委七届十三次全会和区委七届十五次全会精神,听取区政府2021年上半年工作情况通报,审议通过《清城区政协提案工作条例》,审议通过有关人事事项。

11月15日,召开区政协五届常委会第十五次会议。会议传达学习习近平总书记关于"以史为镜、以史明志,知史爱党、知史爱国"的重要论述,审议通过有关人事事项,审议通过区政协六届一次会议有关事项。

【区政协五届六次会议】 2021年3月16—18日,政协第五届清远市清城区委员会第六次会议在清城举行。会议审议通过政协清远市清城区委员会常务委员会工作报告、政协第五届清远市清城区委员会常务委员会关于提案工作情况的报告,表扬政协第五届清远市清城区委员会第五次会议以来的优秀提案和承办提案先进单位、先进个人,会议选举产生五届区清远市清城区委员会主席、副主席。

【区政协六届一次会议】 2021年11月22—25日,政协第六届清远市清城区委员会第一次会议在清城举行。会议审议通过政协清远市清城区委员会常务委员会的工作报告,审议通过提案工作情况报告(书面)。会议选举产生政协第六届清远市清城区委员会主席、副主席、秘书长和常务委员。

政协主要工作和重要活动

【政协提案】 2021年,区政协五届六次会议以来,收到政协提案69件。经提案委员会审查,立案56件,立案率81.2%,其中农业农村类7件、工业交通类6件,资源环境城建类7件、科技教育类13件、文化卫生类4件、社会法制类2件、财贸金融类1件、民生保障类4件、综合类12件。不予立案13件,其中超出清城区职权范围,转市政府有关职能部门处理的10件（已以市政协清城工作组名义向市政协提出提案），作委员来信由区政府转有关职能部门处理的3件。区政协六届一次会议以来，收到政协提案56件。经提案委员会审查，立案35件，立案率62.5%，其中农业农村类3件、工业交通类4件、资源环境城建类7件、科技教育类6件、文化卫生类6件、社会法制类1件、民生保障类2件、综合类6件。不予立案21件，其中超出清城区职权范围，转市政府有关职能部门处理的5件（已以市政协清城工作组名义向市政协提出提案），作委员来信由区政府转有关职能部门处理的16件。

【调研视察】 2021年，区政协围绕推进城乡融合发展、促进乡村振兴、优化营商环境、加快新马乡村振兴样板区建设、服务民营经济发展、加强黑臭水体治理等开展专题调研。举办以"为民办实事，请您来商议"为主题的政协委员约见区长活动，面对面商议民之所忧，协商解决民之所盼。组织广大委员和界别代表围绕创文巩卫、十件民生实事开展重点协商监督，围绕义务教育学位供给、城市内街背巷整治、农村环境综合整治等开展协商议政。以加强"网格化+信息化"社会治理、黑臭水体治理、食品安全管理、公共卫生应急体系建设等为切入点和着力点，深入组织调研视察、专题协商、对口协商和提案督办，形成有建设性的意见建议，为清城区办好发展和安全两件大事建言资政。

【委员济困】 2021年，在疫情防控特殊时期，广大政协委员展现责任担当，响应号召，全身投身疫情防控、后勤保障、物资捐赠、志愿服务等工作中，以不同形式奉献爱心、助力抗疫。组织广大政协委员探访困难群众，听取群众的意见建议，筹集帮扶资金45万元，解决群众"急难愁盼"的问题，践行委员的为民情怀。

【政协联谊】 2021年，区政协建立《区政协领导联系常委，专委会、工作组联系委员，委员联系群众工作制度》，坚持每月开展走访委员和联系群众活动，为政协委员和社会各界人士搭建联谊交流的良好平台。加强与兄弟政协的协商协作，协调配合市政协、珠海斗门区政协等兄弟政协单位，进行调研考察、协商讨论16次。

【政协文史】 2021年5月，区政协成立文史专员团队，编辑出版《政协人战"疫"之歌》（清城文史第十八辑），发挥文史资料存史、资政、团结、育人的作用，为促进清城区的经济和社会发展发挥积极作用。配合市政协文史资料征集工作，为《记忆·清远民营企业家》等文集提供和征集有关资料。

（江艳玲）

2021年3月16—18日，中国人民政治协商会议第五届清远市清城区委员会第六次会议在清城召开

（区新闻中心 供图）

纪委·监委

综 述

【概况】 2021年，清城区纪检监察机关共立案审查调查114件，给予党纪政务处分80人，移送检察机关审查起诉9人。常态化推进扫黑除恶打伞，立案涉黑涉恶腐败和充当"保护伞"案件6件，采取留置措施3人，处分3人，移送司法机关3人，坚决查处"害群之马"，形成强大震慑。坚持受贿行贿一起查，立案查处行贿问题11件。坚持刀刃向内，对违纪违法纪检监察干部绝不姑息，坚决防止"灯下黑"。以"破人情、敢斗争、不徇私、守底线"的实际行动为清城高质量发展提供坚强纪律保障。

【七届区纪委六次全会召开】 2021年3月29日，中国共产党清远市清城区第七届纪律检查委员会第六次全体会议在区政府东101大会堂召开。区委书记邱泽军出席全会并作讲话，区委副书记、区长廖家杰传达习近平总书记在十九届中央纪委五次全会上的重要讲话和中央纪委全会、十二届省纪委六次全会、七届市纪委六次全会精神，区委常委、区纪委书记、区监委主任李根生代表区纪委常委会做工作报告。区四套领导班子成员，区法院、区检察院主要负责同志，区七届纪委委员，区监委委员，区特邀监察员，各镇（街）党政主要负责同志和纪委书记，区直副科以上单位（含部分市驻区单位）主要负责同志，区委巡察办副主任，区委巡察组组长、副组长，区纪检监察机关及派驻机构负责人等参加会议。

纪委监委主要工作

【监督检查】 2021年，区纪委监委始终心怀"国之大者"，围绕贯彻落实习近平总书记重要指示精神，推动政治监督落实落细落具体。下沉一线常态化开展疫情防控监督，发现并督促整改问题63个，约谈提醒相关部门负责人12人；强化生态环保领域监督执纪，制定《清城区生态环保领域监督

2021年3月29日，中国共产党清远市清城区第七届纪律检查委员会第六次全体会议在清城召开

（区新闻信息中心 供图）

执纪三年行动方案》，督促职能部门整改问题118个；坚决推动发展和安全两项工作，督促职能部门、镇（街）认真整改市纪委安全生产领域专项巡察反馈问题，开展明察暗访、现场督导、约谈提醒，推动整改问题44个；全力做好换届纪律监督，完成党风廉政审核4091人次，提出暂缓或否定意见30人次，坚决防止"带病提拔"。

【惩治腐败】2021年，清城区纪检监察机关共立案审查调查114件，给予党纪政务处分80人，移送检察机关审查起诉9人。常态化推进惩治涉黑涉恶腐败，深挖彻查"犁庭"系列案背后"保护伞"，立案涉黑涉恶腐败和充当"保护伞"案件6件，采取留置措施3人，处分3人，移送司法机关3人，查处清远市公安局清城分局原政委江某某、原副局长陈某某等"害群之马"，形成强大震慑。坚持受贿行贿一起查，立案查处行贿问题11件。

【纠风治乱】2021年，区纪委监委深挖彻查党员干部违纪违法案件中的"四风"问题，查处违反中央八项规定精神问题3个，通报曝光1人。深入开展违规吃喝专项整治，开展明察暗访12次，处置问题线索1个。查处违反"四风"和涉及"慵懒散奢"问题43个，给予提醒谈话、通报批评等处理23人次，坚决遏制由风及腐、风腐一体问题滋长蔓延。

【政治巡察】2021年，坚守政治巡察定位，巡察党组织11个，发现问题407个，移交问题线索4件，实现七届区委任期内巡察全覆盖。对1374个反馈问题整改情况进行跟踪督办，整改问题1299个，完成率94.5%。针对发现的干部职工违规挂靠职业职称、资格、资质问题开展专项治理，推动解决问题。开展专项巡察，发现弱势群体保障政策落地、专项资金使用、职能部门监管落实等方面问题28个，督促整改消防隐患问题1个，切实维护弱势群体利益。

（刘嘉玮）

2021年9月30日，清城区举办第二十期领导干部党章党规党纪教育培训班　　　　　　　　　（区纪委　供图）

民主党派·工商联

中国民主同盟清远市清城区基层委员会

【概况】 2021年,中国民主同盟清远市清城区基层委员会(以下简称"清城区民盟")围绕重大问题积极参与政治协商,聚焦经济社会发展建言谋策,推进组织发展。2021年全区盟员有52人(其中女盟员27人),平均年龄50.6岁,大专以上学历占92.31%,具有中级职称盟员占43.10%、高级职称盟员占19.23%,有市人大代表1人、市政协委员1人、区人大代表4人、区政协委员10人。清城区民盟获民盟广东省委员会"民盟广东省优秀基层组织"称号,获民盟清远委员会"2021年度社会服务工作先进集体""2021年度组织建设工作先进集体"称号,盟员刘宇凌获民盟清远市委员会"2021年度民盟清远市参政议政工作先进个人"称号。

【组织建设】 2021年,清城区民盟发展盟员8人,文化、教育、科技界占100%,平均年龄37岁。5月14日,中国民主同盟清远市清城区第七次盟员大会召开,大会产生新一届领导班子且完成换届工作。清城区民盟以这次换届为契机,加强后备干部队伍建设,注重人才梯队化,不断提高自身建设科学化水平,量质并重且稳步推进组织发展。

【参政议政】 2021年两会期间,清城区民盟紧紧围绕区委、区政府的中心工作,发动各级人大代表和政协委员履行参政议政和民主监督职责。清城区政协五届六次会议、六届一次会议中,提交集体和盟员个人提案和意见建议12篇,其中4篇为议政发言。推动反映社情民意信息上报工作,全年向民盟清远市委员会和中共清城区委统战部报送社情民意信息15篇、调研课题2篇、提交论文1篇。组织召开2021年民盟清远市清城区基层委员会参政议政、社情民意撰写培训班,并选派盟员7人次分别参加市委统战部及民盟清远市委员会组织召开的各类培训班,进一步提高盟员撰写提案的质量,充分发挥提案在民盟履职中的重要作用。

【专题调研】 2021年,清城区民盟分别承接民盟清远市委会"盟市委出题、基层接题"参政议政课题"基层社会治理网格化"和中共清城区委"党委出题、党派调研"参政议政课题"文化事业发展",通过邀请专家评审、实地调研等方式,分别到珠海市、潮州市开展调研,撰写的《关于加快清远市基层社会治理网格化的建议》入选市政协八届一次会议提案和《关于促进清城区文化产业事业发展的相关建议》入选区政协六届二次会议议政发言材料。

【社会服务】 2021年,清城区民盟在社会各界的支持下,充分发挥自身能量,特别是发挥盟员的专业特长,开展社会服务活动。如为全面贯彻国家的教育方针,加强和发展艺术教育,清城区民盟开展"美术课程进校园"和"儿童礼仪课程进校园"项目,分别在锦兴小学开设硬笔书法班、黏土班、绘画班、拉丁舞、中国舞、吉他班、作文班以及礼仪课程共353节课，在飞来峡一中和松岗中学开设素描班等9个课程共32节课。在清远市田家炳实验学校开设中华优秀传统文化教育专题课程62场。开展"中华优秀传统文化师资班"开班仪式活动，丰富学生的课余生活和促进多方合作发展。为培养学生的创新精神和提高学生的科技素养，清城区民盟在锦兴小学开展无人机科普活动。为普及推广应急救护技能教育、提升民众素质，分别在社区、学校、工厂开展"应急救护技能"培训10场。 （叶霏燕）

中国农工民主党清远市委会清城区支部委员会

【概况】 2021年，中国农工民主党清远市委会清城区支部委员会（以下简称"区农工党"）有党员26人，主要分布在医疗卫生战线、政府机关、水利、企业及教育部门，其中从事医疗卫生工作16人、政府机关工作6人、水利工作2人、教育工作1人、建筑勘察设计1人；区人大常委2人，市政协委员2人，区政协副主席1人、常委1人、委员3人。

【参政议政】 2021年，各级人大代表和政协委员履行参政议政和民主监督职责。两会期间，区农工党紧紧围绕区委、区政府的中心工作，提交提案3篇，《关于破解城乡供水二元结构，加快推进全域自然村集中供水建设的建议》获得区政协的优秀提案。《关于推进健康环境建设，加快构建健康清城的建议》获重点督办，同时以《关于进一步加强清城区公共卫生应急管理体系建设的建议》作为大会议政发言，为清城区的公共卫生建设、社会发展建言献策，受到市、区党政部门的好评与重视。8月，以《补齐医疗民生短板，增强城市吸引力》作为区长约见会议发言，真正协商解决医疗民生热点、难点问题。

【专题调研】 2021年3月，区农工党联合区卫健局（含区人医、区疾控中心）、区财政局、区人社局、区委编办、市医疗保障局清城分局、市自然资源局清城分局、区住建局、区代建中心、东城街、横荷街、龙塘镇召开2020年度公共卫生应急体系建设调研成果转化会。6月以来，根据中共清远市清城区委办公室《关于推送开展"党委出题、党派调研、政府采纳、部门落实"参政议政专题调研参考题目的函的通知》，区农工党围绕全区经济社会发展中的重大问题，深入开展《清城区养老体系建设的基本情况、存在问题及对策建议》的调研，通过广泛深入调研，形成高质量调研成果，锻炼和提高党员的参政议政能力。同时与农工党清远市委会组成联合调研组先后前往清城区田龙卫生室、清新区西沙卫生室调研考察乡村医生队伍建设情况和村卫生室运行现状。

【社会服务】 2021年，区农工党深入落实农工党广东省委会及中共清城区委、区政府的部署要求，结合"三大攻坚战"目标和"抗疫保卫战"凝聚力量，发挥界别优势，不断总结经验、聚焦民生、服务主线，社会服务工作的内容和形式都有突破。全年举办送医送药义诊活动2场，派出专家20多人，派发知识宣传单80多份，切实把优质医疗资源送到群众家门口。深入学校开展"人人学急

2021年9月3日，区农工党到清城区社会服务中心开展送医下乡义诊活动

（区农工党 供图）

救，急救为人人"心肺复苏急救技能培训活动，增强急救的现场判断和处置能力，有效提高心肺复苏和急救技能。在着力保障和改善民生、提高人民群众获得感幸福感中贡献党派力量。

【助力打赢疫情防控】 2021年新冠肺炎疫情期间，区农工党组织党员投身抗击疫情防控第一线。支部大部分党员为医务工作者，他们充分发挥农工党界别的优势资源，全力以赴做好疫情防控工作，参加一线核酸大排查及疫苗接种工作，为人民的生命安全和身体健康保驾护航。6月，区农工党联合农工党市直二支部到清城区飞来湖广场慰问参与核酸检测工作的农工党员代表，给他们送上温暖的问候，并为他们提供防疫物资和消暑解暑用品。

（黄彩霞）

清远市清城区工商业联合会

【概况】 2021年，清城区工商业联合会（总商会）（以下简称"区工商联"）有镇（街）商会8家，行业商会1家。全区会员约1400人，区级执委88人，常委33人，正副主席15人，正副会长11人。

【工商联组织】 **完成换届** 2021年9月17日，区工商联召开第六次会员代表大会，蒙立当选为第六届执行委员会主席（会长）。

商会党组织建设 推动党组织向基层商会有效覆盖，12月龙塘镇商会党支部成立，至2021年年底，所属8家镇（街）商会共有6家成立党支部，覆盖率达到75%。

开展达标创优活动 4月15日，召开区工商联五届七次执委会，对8个优秀基层商会、38个履职先进个人进行表彰。洲心街商会、石角镇商会获得2021年省"四好"商会荣誉，龙塘镇商会获得2021年市"四好"商会荣誉。至2021年年底，所属8家镇（街）商会有5家被确定为省"四好"商会，1家被确定为市"四好"商会。

2021年9月17日，清城区工商联（总商会）第六次会员代表大会在清城召开
（区工商联 供图）

【企业服务】 **以调研促改革助发展** 2021年10月11—12日，区工商联到石角镇商会、洲心街商会、龙塘镇商会调研指导"四好"商会创建工作。10月29日，区工商联联合广东财贸专家组、一默智库对区发改局、区人社局、区农业农村局、区工信局（科技局）、区教育局就"产教融合"专题调研开展部门访谈，并于12月底形成调研报告提交区委。

法治宣传进企业 2021年，区工商联联合相关职能部门、各镇（街）商会开展企业普法宣传活动11次，覆盖300多人次。自7月9日开始，区工商联联合区司法局、8个镇（街）商会开展"千所联千会"系列普法活动。12月30日，区工商联被省工商联评为广东省工商联法律服务示范点。

提升服务企业水平 持续坚持民营企业座谈会制度，完善民营企业诉求反映机制。1月7日，清城区召开民营企业座谈会，区委书记邱泽军出席会议并讲话，区委副书记、代区长廖家杰等领导出席会议。会后，区工商联跟踪协调处理涉企问题22个，基本解决。协调落实解决市交办的《清远市2020年非公有制重点企业反映问题和建议》（清城区部分）的29项内容，问题基本办结。制定《清城区民营企业与党政部门沟通见面会》制度，成立专责小组。2021年，联合区人社局、区司法局、区市场监管局、区税务局、市自然资源局清城分局、市生态环境局清城分局等部门，共开展11场"政企沟通见面会"活动,覆盖清城区129家民营企业,畅通政企沟通渠道,协调解决94个民营企业反映的问题。

建立交流合作机制 3月19日,长沙远大住宅工业集团股份有限公司赴清城区回访,加强与清城区工程建筑行业、房地产行业等相关领域企业的联系合作。3月21日,区工商联与洲心街商会邀请广州现代安华集团在金碧湾足球场举办足球友谊赛。11月5日,在区委常委、统战部部长周冬梅,区委常委、副区长骆正强等领导的带领下,区工商联副主席以上领导班子和执委代表赴广州市越秀区考察交流。

【培训教育】 加强思想政治引领,深化理想信念教育,依托区工商联(总商会)综合活动中心,制定清城区工商联(总商会)兼职副主席(副会长)轮值制度。2021年,通过召开党史学习教育动员会、宣讲会、党组织书记讲党课、进行实地参观等方式,开展面向民营经济人士的党史学习教育专题活动18场,覆盖300多人次。为庆祝中国共产党成立100周年,组织100家民营企业开展"永远跟党走·百年百企欢党庆"短视频拍摄活动。4月15日,举办党史学习教育宣讲报告会。5月28日、31日,举办党史学习教育第一期研讨读书班。7月14日,举办学习贯彻习近平总书记"七一"重要讲话精神研讨会。10月28日,在广东财贸职业学院举办第五期创新型企业家研修班,培训人数80人。

【慈善公益】 2021年6月15日,召开清城区2021年"广东扶贫济困日"活动座谈会暨"万企兴万村"工作推进会。9月8日,在横荷街道赤岗村举办"万企兴万村"现场推进会。2021年,广东省"千企帮千镇 万企兴万村"系统录入对接45个项目,帮助清城区乡村引进社会资本超2亿元,其中执委企业、会员企业在广东扶贫济困日活动中共捐赠135万元。

【参政议政】 2021年,区工商联到基层走访调研近30次,形成调研报告1份、议政发言5份、政协提案3份。严把综合评价关,推荐优秀非公经济人士进入"两代表一委员"行列,执委企业家中,担任区及以上人大代表的有14人,担任区及以上政协委员的有39人。

【非公党建】 **区非公党委挂牌运作** 2021年8月,中共清远市清城区非公有制经济组织委员会挂牌运作,在区工商联办公,设委员7名,其中设书记1名(由区工商联党组书记兼任)、专职副书记1名、兼职委员5名。10月20日,举办清城区第一期非公党组织书记培训班,培训人数34人。

推进非公党建"双同步"和"两个覆盖" 截至2021年年底,清城区非公企业数量713家,党员总数1464名,单建党组织的企业总数80家,联建党支部的企业总数28家。2021年新增非公企业党支部9个,非公企业符合条件的党的工作覆盖率100%。组建非公企业党组织志愿服务队伍39支,涉及人数316人。

指导开展非公党建示范点创建 围绕"六有""六好""标杆"评分标准指导非公企业党组织开展非公党建示范点创建工作,中共清城区凤城街道朱围批发市场支部委员会等10个党支部分别被确定为2021年度清远市非公有制经济领域"标杆""六好""六有"党支部,中共清远市三人行广告有限公司支部委员会、中共广东微碳检测科技有限公司支部委员会分别被确定为2021年度清城区非公有制经济领域"六好""六有"党支部。

(胡 垚)

2021年10月28日,清城区在广东财贸职业学院举办第五期创新型企业家研修班
(区工商联 供图)

群众团体

清远市清城区总工会

【概况】 2021年,清远市清城区总工会(以下简称"区总工会")坚持面向基层,服务职工的主线,为党政分忧、为职工解难,充分发挥职工服务职能,持续深化维权职工服务作用,弘扬劳模精神工匠精神,开展多样式宣传活动。2021年,清城区新组建基层工会19家,吸纳会员2000多人。

【基层组织建设】 2021年,清城区总工会逐步推进新兴行业群体入会工作,聚焦快递员、货车司机、网约送餐员、网约车司机等群体入会工作,扩大工会组织覆盖面。做好"粤工惠"平台的基层工会组织登记和工会会员实名制信息录入工作,畅通网上入会渠道,走好网上群众路线,构建网上网下协同联动机制。

【工会业务培训】 2021年10月,区总工会举办清城区社会化工会工作者业务培训班,各镇(街)工会干部及社会化工会工作者共34人参加培训;12月,区总工会举办2021年清城区工会干部业务培训班,全区基层工会有100多名工会干部参加培训。

【先进模范选树】 2021年4月,清远市总工会举行表彰大会,清城区温志光等7人获"清远市劳动模范"称号,周文俊获"清远市先进工作者"称号,清城区东城街道办事处等4个集体获"清远市先进集体"称号。11月,邓惠华获"广东省优秀工会工作者"称号。12月,在广东省城市困难职工解困脱困工作总结表彰会上,杨小姻获"广东省五一劳动奖章"称号。先进典型的选树,进一步激励广大职工争做新时代奋斗者,激发投身建设高质量清城的工作热情。

【职工合法权益】 2021年,区总工会通过省总工会劳资纠纷事件登记系统及热线综合管理平台,协助处理劳资纠纷、工人维权投诉案42宗;收到企业职工来电、来访10宗,帮助和指导职工解决在劳动争议中遇到的问题。结合落实市委"十大行动方案"和区委"维护政治安全专项行动方案",区总工会多次进企业、进厂区指导企业规范用工行为,提高职工群众风险防范能力。2021年,各基层工会没有发生对辖区稳定构成重大影响的劳资纠纷案件。

【困难职工帮扶】 2021年春节前夕,区总工会开展送温暖慰问161人次,慰问金共28.3万元,全年常态化送温暖29人,慰问金共8.7万元。慰问困难劳模9人,慰问金共1.8万元;慰问困难职工8人,慰问金共2.4万元;慰问困难企业5家,慰问金共1.5万元,推广职工医疗互助保障计划,2021年购买331份保保,共16568人,赠送职工二次医疗5788人,金额55万元;累计理赔537人次,赔付金额104万元。

【特色活动】 情暖农民工·留粤过大年 2021年1月,区总工会前往辖区各镇(街)企业,为1979名留粤农民工送出39.6万元慰问品。

2021年2月1日，广东工会在广东清远华清循环经济园举办"情暖农民工·留粤过大年"新春行动
（区总工会 供图）

2021年6月11日，清城区总工会志愿者慰问飞来湖小学防疫人员
（区总工会 供图）

战疫有你·关爱有我 2021年，区总工会慰问辖区6间防疫隔离酒店共30场次，金额共16.9万元。6月，慰问辖区12个新冠疫苗接种点的3000多名一线工作人员，金额共5.98万元。8月，慰问一线医务人员560人，金额共2.45万元。

学党史办实事·夏日送清凉 2021年7月，区总工会开展"夏日送清凉"慰问活动，惠及职工约1.5万名，金额共45万元。

工会进万家·新就业形态劳动者温暖行动 2021年12月，区总工会联合市总工会在中国邮政（清远分公司）大楼开展"工会进万家·新就业形态劳动者温暖行动"慰问活动，为2000名快递小哥送上慰问品约20万元。

【宣传活动】 为丰富职工的业余文化生活，2021年区总工会在全区组织开展各类文体宣传活动6场。春节前后，区总工会举办广受职工好评的"送万福·进企业"现场写春联活动；投入9万元开展线上的"粤工惠"福利活动，送出春节零食礼包700份和电影券1000张。5月，区总工会举办"清城迎党百年庆·职工同心谱新章"职工趣味运动会，营造团结和谐、拼搏进取的精神氛围。6月，区总工会开展"百年风华·清城正茂"清城区第七届手机摄影大赛及短视频征集活动，投稿人数近500人，在广大职工中引起良好的反响。7月，开展"观红色电影·忆峥嵘岁月"集中观影活动，以"粤工惠"App抢票的形式，组织约200名辖区内工会会员现场观看红色电影《1921》，进一步学党史、颂党恩、跟党走。8月，结合"我们的节日·七夕"，在区总工会微信公众号开展"重温红色情书，有奖征集爱情故事"活动。通过深入厂区、车间，区总工会开展全民反诈、禁毒、安全生产、"扫黄打非"、垃圾分类等宣传工作，共35场次。通过与群众近距离、面对面的宪法宣传教育，弘扬社会主义法治精神，进一步提高人民群众的法治观念和法律意识。

（罗咏熹）

共青团清远市清城区委员会

【概况】 共青团清远市清城区委员会（以下简称"团区委"）深入贯彻习近平总书记关于青年工作的重要思想，围绕中心大局，聚焦主责主业，扎实做好共青团引领青年、凝聚青年、服务青年工作，为推动清城高质量发展贡献青春力量。2021年，清城区有团委委员9名，共青团员13795人，团组织537个，其中区直单位团支部29个、团工委5个、团委11个。

【青年思想引领】 深化"青年大学习"行动 2021年，团区委广泛发动各级团组织团干部、广大青年团员参与"青年大学习"网上主题团课考学，引导清城区青年从党史学习中激发信仰、获得启发、汲取力量，全年479424人次参与。

开展主题系列活动 动员组织清城区区直中小学、区青少年宫参加广东省少先队献礼建党100周年"灯塔工程"——"百剧庆百年"红色儿童剧目展演活动，大观小学作品《月儿圆》被评为广东省级、清远市级优秀作品。举办"五四，以青春的名义"第五届"清城青年说"活动，邀请青年党员代表通过分享的形式，发挥青年党员的榜样力量。开展"请党放心 强国有我"2021年清城区纪念少先队建队72周年主题日系列活动，有27所学校共840名师生主动报名参与，以歌舞形式充分展现清城区大队辅导员和少先队员朝气蓬勃的精神风貌。发动"清明祭英烈"线上活动，总参与人数达15万人次。

加强网络文明建设 依托微博、微信公众号等网络宣传阵地发布宣传推文400余篇，帮助青年团员全面准确和系统深入地理解把握习近平总书记重要讲话和重要指示精神、疫情防控等相关最新资讯，引领正确价值取向，传递正向信息。

推动党史学习教育走深走实 动员组织全区各级团、队组织455个支部、近10万青年团员，通过线上、线下等方式开展学党史学习教育实践活动。组织青年党员代表录制4期微党课讲述百年党史，组织党员干部到东城街党建文化主题公园、向秀丽纪念馆等红色基地开展实践教育活动，集中观看红色电影、微党课等，与包联社区支部共建、党史齐学、交流提升，用好用活红色资源，让学习教育往深里走、往实里走。

【团的组织建设】 做好镇村两级团组织换届 2021年，团区委全面完成清城区辖区8个镇（街）、161个村（社区）团组织换届选举工作。共产生新一届镇（街）团（工）委班子94人，其中大专及以上学历93人，占比98.94%，村级团组织班子534人，大专及以上学历480人，占比89.89%。团组织班子政治素质过硬，结构更加合理、思想更加解放、开拓能力更强。

做好团务基础管理 2021年，清城区有团员13795人，490个支部，1—12月团费平均缴纳85.61%，团员年度注册率92.87%，团员年度评议率96.54%。做好失联团员核查与认定工作，按规定处理失联团员累计543人，认真完善"智慧团建"系统管理，发展团员1347人，推优入党10人，

2021年4月30日，团区委在区政府办公大楼东101会议室开展第五届"五四·清城青年说"活动
（团区委 供图）

全面提高共青团工作管理规范化、信息化水平。

推进"两新"组织团建"三个百分百" 与各镇（街）团（工）委沟通联系，对照团市委下发集市、志愿服务技能大赛、"五个一批"先进典型表彰活动等，全力推动清城区新时代文明实践中心建设工作，引入专业社工力量，持续深化"新菁年"志愿服务品牌，累计带动青少年矫正对象开展志愿服务1331场次，服务79989人次。

推动志愿服务工作规范化 建立疫情防控应急志愿服务工作方案，组建应急志愿服务队伍近2000人，开展岗前培训8场次，确保应急队伍拉得出、顶得上、做得好；联合区志愿服务促进中心共开展志愿服务宣传技巧和志愿服务通识技能培训37场，参训人员1137人，切实提升清城区志愿服务队伍能力。截至2021年年底，清城区共有136327名志愿者通过"i志愿"平台注册，705个志愿服务组织网上发起、开展志愿服务活动26075项，人均服务时长达23小时。

【服务青年发展】 **保障青少年健康成长** 2021年，团区委深入实施"希望工程""红领巾爱心基金"等工作，资助2批建档立卡家庭学生23人，落实助学金总计2.3万元。面向105所学校开展"红领巾爱心基金"捐款活动，累计筹集爱心基金4.5万元；注重将预防工作与困境青少年帮扶、教育相结合，提高"12355"热线服务水平，为4名困境青少年提供法律援助和心理咨询等服务。

深化"我为青年做件事" 以实施小额贷款贴息项目为载体，帮助农村创业青年申请小额贷款11笔总计430万元，超额完成23%，着力解决农村创业青年资金缺、融资难的问题。发动社会资源和力量，争取爱心资金支持，在龙塘镇第二小学新建"希望家园"，为留守儿童提供心理疏导、情感交流、学习帮助、文体活动等服务20场次。

提升青农会行业优势 清城区全年全面完成区级"青农会"和8个镇（街）级"青农会"的组建，区级青农会会员达61人，清城区青农会以围绕"服务乡村振兴，促进城乡融合"为重点，进一步争取社会各界的支持，调动一切积极因素参与乡村振兴。

做好青年人才联系招引 组织4组产业振兴服务团近40名大学生走进清远，通过人才政策介绍、参观企业、座谈交流等形式，让大学生了解清城区城市发展和产业情况等，吸引大学生到清远就业创业。实施广东省"志愿服务乡村振兴"行动，主动响应、精心组织，引导大学生返清返乡就业，从高校毕业生中招募选派8名青年志愿者到乡村基层一线参与乡村振兴志愿服务；大力加强乡村教师队伍建设，招募乡村教师11人，提供保障服务，促进教育均衡发展。

服务青年人才成长发展 开展"展翅计划"，动员各镇（街）、区直机关事业单位、企业等面向大学生提供实习、就业机会，团区委充分挖掘省职教城地利优势、技能人才培育优势，进一步扩大宣传覆盖面，共发布优质岗位308个；深入推进"领头雁"农村致富带头人培养工程，组织农村创业青年参加各级"领头雁"青年农村人才培训3场次；深入开展"圆梦计划"，组织发动新生代产业工人参加继续教育，充分发动各级团组织深入厂区开展"圆梦计划"宣传活动，2021年度报考350人，录取117人。

（凌雪莹）

清远市清城区妇女联合会

【概况】 2021年，清远市清城区妇女联合会（以下简称"区妇联"）围绕区委、区政府中心工作，围绕妇女组织建设、妇女创业就业、扶贫助困、维权与普法、宣传发展、妇儿工委办公室方面开展工作，取得成效。

【妇联建设】 2021年，区妇联设立镇（街）妇联8个、直属妇委会39个。贯彻落实《清城区妇联改革方案》《发挥清城区妇联执行委员会委员作用的意见》《清城区妇联干部直接联系妇女群众制度》《清城区妇联下基层联系"妇女之家"制度》等，全面指导各级妇联推进改革工作，切实加强区妇联机关作风与效能建设，更好地联系服务基层妇女群众。2021年9月3日召开清城区第七次妇女代表大会,全面总结区妇联过去5年的发展成就,科学提出今后5年的奋斗目标和主要任务,选举产生区妇联第七届执行委员会委员35人、常务委员会委员11人和区妇联新一届领导班子7人。全区71个村妇联、90个社区妇联完成换届选举工作,选举产生新一届村(社区)妇联执行委员会委员2471人、主席161人、副主席192人。建立妇联干部兼挂职制度,通过区委组织部选派2名挂职副主席、3名兼职副主席到区妇联兼挂职。推进建立镇(街)、村(社区)妇联议事工作制度、妇联副主席轮值制度、执委联系妇女群众制度、妇联组织工作公开制度。将妇联干部培训纳入党校主体培训计划,举办妇联执委培训班,全方位提升妇联干部能力水平。争取区财政落实基层妇联工作经费共96.5万元,其中,8个镇(街)妇联每个下拨经费2万元,161个村(社区)妇联每个下拨经费5000元。打造基层阵地,创建清城区第五期"妇女儿童之家"示范点1个,创建清远市"儿童之家"(儿童友好示范社区)2个。

2021年9月3日,清远市清城区妇女第七次代表大会在清城召开

(区妇联 供图)

【创业就业】 2021年,区妇联开展巾帼家政培训班21场,培训700多名妇女。深化"创业创新巾帼行动",创建清远市巾帼创业创新基地1个。清远农村商业银行股份有限公司东城支行营业部获"广东省巾帼文明岗"荣誉称号,推荐广东林中宝生物科技股份有限公司入选清远市"乡村振兴她力量"十大优秀案例名单。

【扶贫慰问】 2021年,区妇联持续发挥向日葵儿童成长之家作用,深化困境儿童、留守儿童帮扶项目。留守儿童项目新建留守儿童档案604份,开展家访320次、电访378次,开展个案48个,进行个案辅导节数102节,开展活动26场,培育专项志愿队伍1支,发展志愿者50人,开展志愿者培训1场,链接资源42个,资源链接折合价值50570.79元,完成清城区留守儿童服务报告1份,制作一批平面宣传海报、关爱儿童宣传视频2个。困境儿童项目新建困境儿童档案247份,开展家访306次、电访317次,跟进个案216节,个案服务72例,培育志愿者156人,发展志愿者队伍5支,开展志愿者培训8场,开展活动36场,链接资源144个,链接资源折合价值100113元,为儿童搭建起"个人—家庭—社区—社会"层面的支持网络,为清城区儿童成长、儿童保护、儿童发展构建关爱平台。走访慰问困难妇女儿童家庭710户,送出慰问金35.9万元。开展消费扶贫活动,线下助力消费6694元,帮助农村贫困户实现增收。

【维权普法】 2021年,区妇联强化维权职能,深化维权联动机制,做好维护妇女儿童权益工作。"清城妇联"微信公众号平台共发布普法推文50余篇,阅读量1000余次,开展各类法治宣传活动226场次,咨询人数约2.5万人次,派发各种宣传资料2.8万份,在清城区2021年度国家机关"谁执法谁普法"履职评议中获得"优秀"等次。接待来电来访43宗,发现报告疑似性侵女童案件1宗,收到12345平台工单9宗,调处率100%。

【家庭儿童】 2021年,区妇联深化"家家幸福安康工程",发挥家庭独特作用。建设家风家教实践基地和家庭文明建设示范点,建设清远市家风家教实践基地1

2021年6月26日,清城区妇联联合龙塘镇人民政府在井岭小学开展"童心向党"红色印记百年党史时光长廊学习之旅活动
（区妇联　供图）

个、清城区家风家教实践基地8个、清城区家庭文明建设示范点8个,清城区有2户家庭被评为2021年清远市"最美家庭",1户家庭被评选为第七届清远市"优秀书香之家",开展家风家教主题宣传活动46场,宣传普及家庭教育和家庭文明正确理念。坚持立德树人,强化家庭教育。区妇联联合区文明办、区教育局组建158名讲师成立讲师团,开展268场进社区活动,参加人数8040人次。全区社区家长学校开展家庭教育活动299场,参加活动群众6366人次。开展亲子活动198场,参加活动群众4614人次。继续实施"关爱女童 护苗行动"保护女童人身权益三年行动。开展"关爱女童 护苗成长"主题宣传教育活动28场,开展预防儿童性侵知识宣传活动47场次。开展"少年儿童心向党"系列活动241场,参加人数5114人;开展"少年儿童心向党"百年党史知识巡展31场,观展人数达到2335人。

【宣传发展】 2021年,区妇联以党建带妇建,开展巾帼大宣讲活动共开展88场,培训2534人。开展"两癌"健康讲座119场,为6934名妇女提供免费的检查服务,为查出符合救助条件的3名妇女申报救助款3万元。开展"她健康 粤幸福"关爱女性公益保险赠险活动,共赠险4518份。做实"巾帼志愿服务关爱行动",开展志愿服务活动591场,惠及群众67247人次。

【妇儿工委】 2021年,妇儿工委办公室组织、协调妇儿工委各成员单位及相关部门充分发挥作用,强化主体责任,齐抓共管,完成"两个规划"终期评估任务,2011—2020年区妇女儿童发展规划达标率达94.35%,主要目标基本实现。认真做好新一轮"两个规划"编制工作,切实推动"两个规划"的全面实施,成立编制领导小组及编制小组,广泛开展书面、实地等调研为编制工作谋篇布局。奋力推动"十四五"规划开好局,推动妇女儿童发展和家庭建设的重要目标任务纳入区"十四五"发展规划。开展性别平等宣传教育,推动男女平等基本国策宣传进党校、进校园,贯彻落实男女平等基本国策。

（吴景辉）

清远市清城区科协技术学会

【概况】 2021年,清远市清城区科协技术学会（以下简称"区科协"）对照《全民科学素质行动规划纲要》（2021—2035年）要求,根据区委全会工作报告确立的各项目标任务和有关重点工作安排,结合防疫背景,开展各项科普活动,为提高全民科学素质作出积极贡献。清城区入选中国科协2021—2025年度第二批全国科普示范县（市、区）创建单位。

【科普讲师团】 全省首创"清城

区科普讲师团",2021年区科协讲师团成员增至104名,全年深入社区、学校、农村、企业开展科普活动71场,服务群众、学生9937人次。"科普百课进社区"品牌被《南方日报》等媒体多次宣传报道。

【科普巡展活动】"爱科计划"之"流动科技馆"活动自2020年启动,2021年建成源潭一中、横荷社区卫生服务中心等4个流动科技馆分馆。依托这些资源开展流动科技馆科普展品巡展等活动共42场,覆盖19个社区、6个乡镇、17所学校,惠及服务群众超过5万人次,志愿者参与411人次。

【科普特色主题活动】2021年,在"全国科技活动周""全国科普日"期间,区科协通过召开清城区科技工作者座谈会,开展"百年再出发·迈向高水平科技自立自强""科技进校园——激发校园力量,弘扬科学家精神""回望历史 弘扬科学精神"等科普主题宣传活动,承办清远市文化科技卫生"三下乡"主场活动,宣传科学防疫、健康生活等科普知识。启动基于STEM理念的"家校企"合作科普研学活动,组织中小学师生到科普教育基地、企业开展活动10多场、参与450多人次。区科协与清远广播电台合作推出"科普有约"专栏节目,开展科普知识讲座30场。

【校园科技节】 2021年5月13日,举行2021年清城区校园科技节启动仪式,清城区科协全年支持36所中小学校开展校园科技节活动,活动项目类型达170多种,参与人数突破10万人次。

【精彩"三赛"】 2021年5月,清城区科协主办第四届中小学机器人大赛,共58支队伍、100多名学生参加。9月主办的第六届青少年科技创新实践能力挑战赛共有70多支队伍参加。12月底主办第十届青少年科技创新大赛。

【奖项荣誉】 2021年,清城区科普工作获上级高度认可,捷报频传。清城区中小学师生全年获市级以上科技类奖励270项,其中国家级13项、省级69项。清城区中小学师生研发科技创新作品,硕果累累。11月再获12项国家

2021年12月31日,清远市清城区第十届青少年科技创新大赛在清城举行
(区科协 供图)

2021年5月21日,清城区科协主办第四届清城区中小学机器人大赛
(区科协 供图)

实用新型专利，至此，清城区累计有29件师生作品获得国家专利授权。清城区科协被广东省青少年科技教育协会评为"2020年全省优秀组织单位"，获评第36届广东省青少年科技创新大赛"十佳优秀组织单位""广东省无烟单位"等称号。

【科普教育基地建设】 2021年科普基地建设成效显著，新增区级科普教育基地7间，清城区科普教育基地增至19间。其中清农清远鸡养殖科普教育基地揭牌，营造良好的科普氛围，有助于乡村振兴发展战略实施。飞来峡高田学校、锦兴小学等3间青少年科技创客室揭牌，全区创客室新增到20间。岛上自然学堂建成科普实践园地并投入使用。重新认定清城区青少年科学教育特色学校26所。

【高效利用社会资源】 2021年11月起，区科协在金碧湾等10个楼盘111条电梯制作、张贴"科普中国"电梯公益宣传画。与万方·云创智慧园共同建设"清城区科技工作者之家"。年末开始实施"科普进万家"项目，在翠湖社区建设科普小游园，打造片区式科普服务示范点。通过公交车科普流动宣传站，在320多台公交车上播放66条科普视频共11.5万小时，受益群众超过8万人。科普志愿队伍不断壮大，在"i志愿"App注册的清城区科技志愿服务者共112人，清城区"科普中国"App注册人数2476人。与清远市农商银行公益基金会联合开展"圆梦·智慧启航"之2021年青少年科技创新能力提升工程项目，获得支持清城区青少年科技创新能力提升工程资金20万元。

【企业科协工作】 2021年5月21日，广东省天农食品有限公司成立科学技术协会，清城区企业科协增加到6家，全年培训科技人员38场1423人次，12人获得技术职称晋升。申报国家专利21项，获得授权发明专利4件。其中蒙牛乳业（清远）有限公司获广东省重点农业龙头企业称号。

【学协会工作】 2021年，区科协下属学协会充分发挥各自优势，助力创文工作，承接科普服务进社区、进乡村、进企业等工作，全年开展科普服务活动70余场，服务群众1.2万余人次。

【疫情科普信息战】 2021年，区科协通过"清城科普"微信公众号推送防疫相关文章，向全区科协系统发出防疫倡议书，发送防疫推文280多条。在全区5个科普E站和320多台公交车每日循环播放疫情防控科普小视频，共播放3万多次。在春节、"七一"期间，举办防疫卫生等科普知识有奖问答2期，参与1.5万人次，答题总次数近20万。

【应急科普防疫线】 2021年，区科协多次在社区举办"实践防疫·科普同行"系列新时代文明实践活动，宣传防疫知识，派发口罩、酒精及一次性手套等防护物资包。派出科协党团员干部职工参与一线疫情防控工作10人次，扶贫2人次。及时在科普一条街增加防疫科普内容，加大防疫宣传力度。

【助力复工复产】 2021年，区科协向各镇（街）科技办、下属学协会、各学校提供疫情防控科普宣传挂图、海报等资料，向企业科协组织转发中国科协制作的"助力企业（园区）复工疫情防控平台"，为企业提供复工复产的疫情防控信息等服务。

（赖家华）

清远市清城区文学艺术界联合会

【概况】 2021年，清远市清城区文学艺术界联合会（以下简称"区文联"）下设有10个协会，分别是作家协会、美术家协会、书法家协会、摄影家协会、音乐家协会、舞蹈家协会、戏剧曲艺家协会、民间文艺家协会、吉他协会、硬笔书法协会。区文联主办的《峡江文艺》杂志，至2021年编辑出版23期。

【文艺精品创作】 做好"市委十大行动方案"有关文艺精品创作工作。2021年，根据区委《关于落实市委〈关于加强新时代精神文明建设推动两个文明协调发展的行动方案〉的实施方案》，区文联积极抓好文艺精品创作工作，制定文艺精品创作工作方案，组织采风创作活动，动员组织文艺骨干进行精品创作。完成文艺精品创作共计180件，涵盖诗歌、美术、书法、摄影等九大类。清城区庆祝建党100周年"百年百花放·文艺歌颂党"征集到22位作者的共24首诗歌，全部入选学习强国。

【清城区文艺家创作中心成立】清城区文艺家创作中心位于清城区南门街43号，于2021年12月30日举行挂牌仪式，设有创作培训和交流展示两大功能室，旨在更好地开展创作、交流、展示、收藏、培训、宣传等文艺事业。

【举办美术书法摄影作品展览】清城区庆祝建党100周年美术书法摄影作品展览在清城区文化艺术中心展厅举办，展览时间是5月19—25日共7天，共展出85幅优秀作品，集中反映建党100周年以来清城区在经济建设、社会发展、生活环境以及日常生活等方面巨大的成就。

【举办送春联活动】2021年2月1—4日，区文联会同区文明办、区书法家协会在清城区凤城街道、东城街道、洲心街道和横荷街道共61个社区举办送春联活动，16位清城区书法家共送出春联约3000幅。

（江嘉韫）

2021年12月30日，清城区文艺家创作中心举行挂牌仪式（区文联 供图）

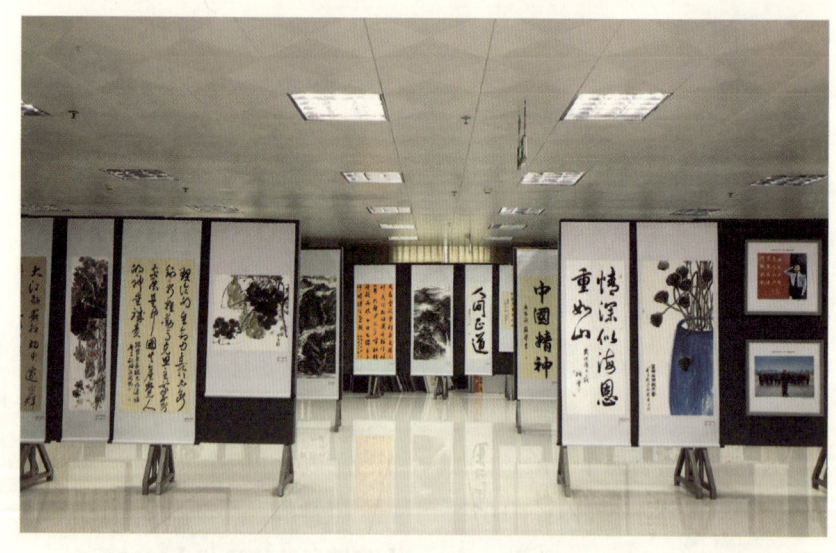

2021年5月19日至25日，由清城区文联、区美术家协会、区书法家协会、区摄影家协会主办，区文化馆协办的庆祝建党100周年美术书法摄影作品展览在清城区文化艺术中心展厅举办　　　　　　　　　　（区文联 供图）

清远市清城区残疾人联合会

【概况】2021年，清远市清城区残疾人联合会（以下简称"区残联"）下设正股级公益一类事业单位2个：清城区残疾人康复服务指导站、清城区残疾人就业服务所。全区有残疾人专职委员165名，镇（街、社区）康园中心8个，全民助残健身工程示范点4个，区级残疾人康复中心1个，主管民办残疾人康复服务机构5个。2021年度残疾人基本服务状况和需求信息数据动态更新工作共核查残疾人13520人。2021年启动第三代残疾人证换发工作，为残疾人提供新办、变更、迁入等残疾人管理服务2234人次。

【落实保障制度】 2021年，区残联为18名残疾人审核申报残疾人机动轮椅车燃油补贴，发放燃油补贴4680元。完成残疾人居家无障碍改造88户。开展2021年度重度残疾人护理补贴和残疾人生活津贴核查工作，享受重度残疾人护理补贴约10.78万人次，享受残疾人生活津贴约2.65万人次。结合党史学习教育，深化"我为群众办实事"实践活动主题，为90名行动不便且有办证意愿的疑似残疾人进行上门入户评残。

【疫情防控】 2021年，区残联做好疫情防控等有关工作，开辟"绿色通道"，帮助辖区内119名盲人按摩机构从业人员接种新冠疫苗，为215名盲人按摩机构从业人员和社区康园中心工作人员、会员开展核酸检测工作，深入全区39间盲人按摩机构、8所社区康园中心及5所残疾人服务中心开展疫情防控和安全检查。

【维权】 加强残疾人法律援助建设，抓好普法教育工作，加大信访处理工作力度，认真处理好上级残联、区信访局、其他部门转办或交办的信件及网上信访信息的回复、"12345"问题转办的回复和来信来访。2021年，区残联收到涉及残疾人权益信访、12345热线转办问题案件65件，均结案回复。

【康复救助】 2021年，清城区康复机构为75名0—6岁残疾儿童提供康复训练，为21名听力残疾儿童、21名脑瘫儿童和48名自闭症儿童完成转介服务，提供异地康复救助9名。发挥精神病防治网络作用，全年支付109.2万元送院住院治疗精神病患者109人次、服药治疗7681人次，支付2.4万元为8名残疾人提供强制送院住院治疗。加强残疾人辅助器具供应服务工作，为334名残疾人提供辅助器具405件，转介到市辅具中心安装假肢和矫形器共21例，支付11名残疾人助听器及矫形手术补助共36000元。

【就业服务】 清远市、清城区参加按比例安排残疾人就业年审单位507个，安置残疾人就业1254人。联合多个单位举办招聘会，为36名残疾人进行求职登

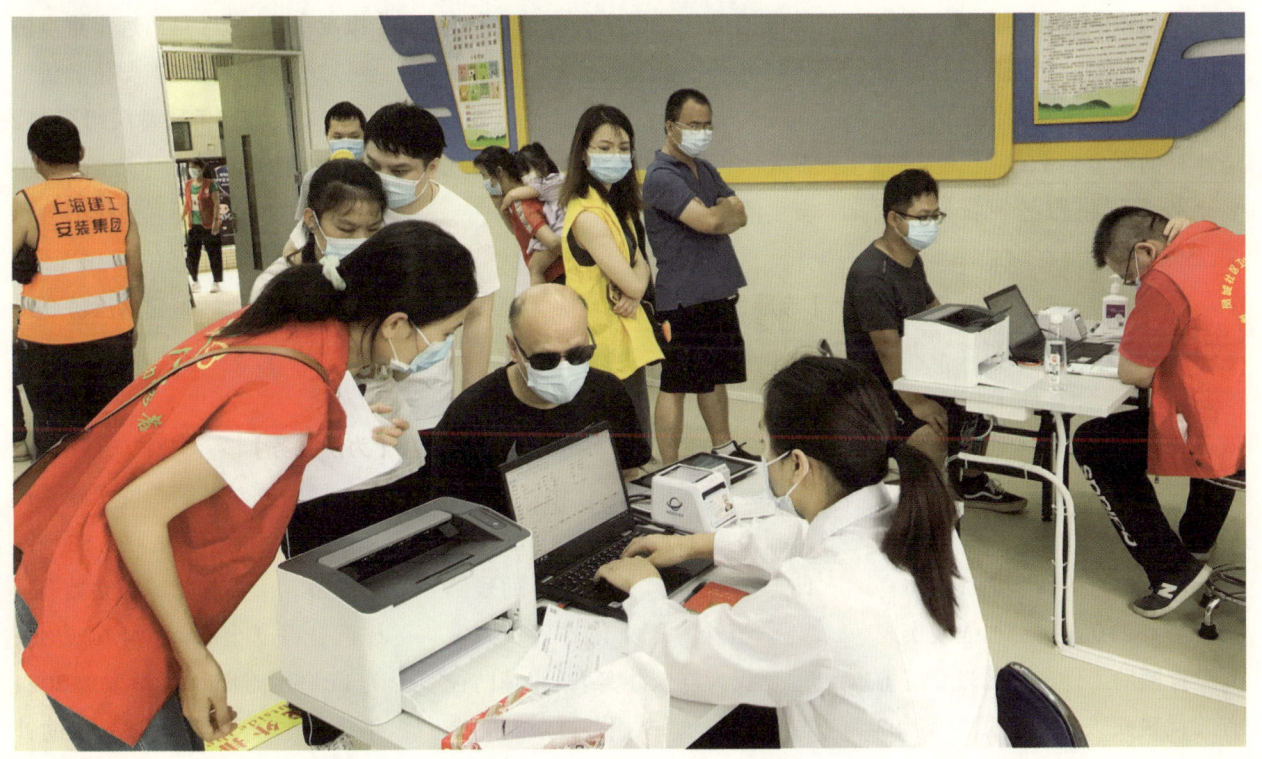

2021年6月2日，清城区残联开展"我为群众办实事"防疫志愿服务活动，助力残疾人接种疫苗，共筑疫情防控屏障
（区残联 供图）

2021年12月3日，清城区开展第三十个国际残疾人活动日暨趣味运动会　　　　　　　　　　（区残联　供图）

记，帮助残疾人实现个体就业和自主创业3人，为残疾人提供广府菜、广府点心、网商运营、插花技术和中式面点制作等技能培训共148人次。加强开展社区康园中心工作，落实各级康园中心运作补助资金116.8万元，为102名残疾人提供服务，服务率达63.75%。

【文体宣教】做好广东省第九届残疾人运动会备战工作，对清城区45名残疾人运动员苗子开展选拔工作，签订承诺书27人。持续做好全民助残健身工程示范点管理工作，为残疾人提供体育健身服务210人次。加强残疾人的教育援助工作，为区教育局持有二代残疾人证的儿童少年602人提供教育援助，扶助残疾学生94人、贫困残疾人子女19人，合计发放助学金21.99万元。开展丰富多彩的残疾人文化周活动，以残疾人运动员为主角组织队伍拍摄公益微电影《不惧平生爱与光芒》和纪录片《一位残疾人的纪录片》，服务残疾人800多人次，引导广大残疾人参与社会生活。

【志愿助残】2021年，聚焦办理残疾人证工作、体育、助残志愿等方面，开展"党建引领、残健融合、备战残奥"残疾人运动员选拔、"关爱助残·优化办证"便民服务、第三十一次全国助残日志愿活动、"蓝丝带·助残圆梦""五个一"文化进残疾人家庭、"我为群众办实事"疫情防控志愿等活动，共服务群众2400余人次，服务残疾人家庭200余户。

（杨婉君）

清远市清城区归国华侨联合会

【概况】清城区是清远市重点侨乡。2021年，全区有归侨、侨眷5000多人，有侨联基层组织152个，其中，侨联工作站8个、侨联工作组70个、侨联工作小组73个、清远华侨农场侨联1个。全区实现涉侨地区组建基层侨联组织全覆盖。

【为侨服务】**实施帮扶安排**　2021年，区侨联对贫困归侨实施帮扶和送温暖，全年区侨联对83户困难归侨、侨眷及归侨老党员进行慰问，并送上慰问金4.67万元；为11户困难归侨侨眷发放2021年广东省贫困归侨扶贫救助补助资金3.8万元。开展节日慰问，结合"我们的节日"主题活动，在华侨农场开展"粽情话端午 慰问暖侨心"联谊活动。开展侨法宣传暨义诊活动,促进广大归侨侨眷知法守法,更好地维护自身的合法权益。做好侨务信访工作,2021年接待归侨侨眷来信、来电、来访2批4人次。搭建参政议政平台,推进新时代人才工作,2021年,区侨联抓住换届契机,积极物色推荐符合条件的侨界优秀人才进入人大、政协,其中,进入各级人大、政协的侨界人才有市人大代表1名,市政协委员1名;区人大代表4名,区政协委员5名。

【联络联谊】 2021年7月6日,清城区侨联与海归高层次人才座谈。2021年7月8日,与市越柬老联谊会会长沈英海座谈,共同商讨对困难归侨帮扶事宜。11月18日,陪同珠海市侨联党组成员、副主席林浩生一行45人到清远华侨农场进行参观学习。

【党建带侨建】 2021年,区侨联创建"侨文化宣传阵地"——清远华侨农场侨文化展馆。展馆保存华人华侨归侨侨眷对"旅居遭难,祖国迎归"侨场开发建设奋斗史、改革史的鲜活记忆,展现华人华侨和归侨侨眷的爱国情结,得到侨界群众的一致好评。

【"侨胞之家"揭牌】 2021年10月29日,清城区级、镇级"侨胞之家"揭牌仪式在金碧路新时代嘉园26座一楼举行。清远市侨联党组书记范桂石、市侨联副主席黄志雄,市侨商会会长黄荣孟、副会长黄源,清城区委常委、统战部部长周冬梅、区侨联主席黄小红等领导及归侨侨眷代表出席揭牌仪式。

【开展侨界政治引领活动】 2021年,区侨联以党史学习教育为契机,创新工作模式,制定《2021年清城区侨联"创新侨界政治引领新模式"工作方案》,开展一系列的侨界群众政治引领活动,引导广大侨界群众不断增强"四个自信",提升文化认同和民族认同,画好侨界最大同心圆,区侨联活动受到市侨联通报表扬。

(王雪梅)

2021年12月3日,区侨联在迎咀村委会赤狮坑村举行走好新时期"长征"路体验活动　　(区侨联 供图)

法　　治

政法综治

【概况】 2021年，中共清城区委政法委员会（以下简称"区委政法委"）坚持以党的政治建设为统领，以防范和化解各类风险为牵引，以维护国家政治安全、推进扫黑除恶常态化、深化市域社会治理现代化试点、政法领域全面深化改革、政法队伍教育整顿为着力点，奋力推动清城政法工作高质量发展。2021年，清城区政法工作满意度及政法队伍教育整顿效果满意度均排全市第2名。

【意识形态工作责任制】 清城区及时调整区委政法委意识形态工作责任制领导小组，印发《2021年清城区委政法委意识形态工作责任制实施方案》，定期在班子会议研究和部署意识形态工作，把握舆论导向。2021年通过清城政法微信、微博、南方号等新媒体平台推送稿件共425篇。结合政法队伍教育整顿、"我为群众办实事"、党史学习教育、治乱反诈等专项工作，在清城政法微信、微博、南方号分别设置宣传专栏，自2021年3月政法队伍教育整顿活动开展以来，共发布相关宣传信息97条。以参观党史教育基地、举行知识竞赛、举办读书研讨班等多种形式开展党史学习教育，开展"我为群众办实事"主题实践活动。

【平安清城建设】 2021年，区委政法委作为平安清城建设牵头部门，充分发挥统筹作用，组织各成员单位认真贯彻落实中央和省委、市委关于平安建设的决策部署，研究解决平安清城建设的重大问题，部署实施平安清城建设工作重大事项，督促检查平安清城建设重大政策措施的落实情况，组织指导各镇（街）、各成员单位全面落实平安建设各项工作措施。自"平安+满意"创建行动2.0工作开展以来，区政法委坚持"以人民为中心"的发展思想，围绕"一个目标、两个抓手"，建立和巩固"民有所呼、警有所应"的工作格局，遵循"巩固、提升、强化"这根主线，以"八大专项行动"为抓手，全面回应

2021年3月10日，清远市清城区召开政法系统队伍教育整顿动员部署会

（区新闻信息中心　供图）

2021年7月21日，省指导组下沉清城区督导检查政法队伍教育整顿"回头看"工作座谈会在清城召开　　　　　（区新闻信息中心　供图）

广大群众的所思所盼，努力解决广大群众的所忧所虑，进一步提升群众安全感和对政法工作满意度，为清城区高质量发展提供更好的社会治安环境，最大限度将工作成效转化为群众获得感、幸福感。2021年清城区群众安全感为94.13分，在全市排名第3，在全省138个县（市、区）中排名第62；政法工作满意度94.08分，全市排名第2，在全省138个县（市、区）中排名第33；其中公安工作满意度得分为94.07分，在全市排名第1，在全省138个县（市、区）中排第28位；政法队伍教育整顿效果满意度得分为94.21分，在全市排第2名，在全省138个县（市、区）中排第23名。全民反诈专项行动满意度得分为95.91分，在全市排名第1，在全省138个县（市、区）中排名第17。扫黑除恶工作满意度得分为95.27分，全市排名第2，在全省138个县（市、区）中排名第22。

【市域社会治理现代化试点】 2021年，清城区作为试点区域，将市域社会治理现代化建设工作纳入全区年度工作重点来抓，作为重要内容纳入平安建设考核。以解决群众实际问题为出发点，坚持和发展新时代"枫桥经验"，探索化解矛盾纠纷的新思路、新办法，完善矛盾纠纷多元化解体系，健全各类矛盾纠纷化解机制，推行重大问题社会稳定风险评估制度，引入社会力量建立健全社会心理服务体系，使社会不稳定风险得到有效预防、大量矛盾纠纷在源头得到化解。坚持以基层力量为基础，以解决群众急难愁盼问题和预防化解基层矛盾纠纷为目标，不断创新工作模式：如建设"一门式、一网式"政务服务中心，让群众在"家门口"办事；如实行"逢四说事"工作机制，有效解决群众身边的"操心事、烦心事"；如建成核心、内圈、外圈"三重封闭"的城乡防控圈，有效保障广大人民群众的生命财产安全等。

【疫情防控】 2021年，区委政法委作为"三人小组"牵头统筹部门，按照疫情防控要求，指导协调公安、卫健、各镇（街）开展疫情防控工作，清城区组建1002个"三人小组"，共1667人，负责涉重点群体排查，追踪到人，登记造册。清城区成立疫情防控三人小组信息数据推送工作专班，主要针对清城区工单的收、发、转相关数据进行整理，确保全省每日推送的重点地区来清人员数据及时排查，及时清零，不漏管一人，做好人员追踪及管控。加快各镇（街）落地排查速度，落实做好"四个一"防控工作。加强信息化管理，落实健康检测，落实信息化管控。清城区按照疫情相关工作要求加强对境外来清人员管控，充分运用"健康码""一码通"等信息化手段，严格落实"四个一"工作。"三人小组"疫情排查防控在全区一盘棋响应，"三人小组"全力做好重点地区疫情输入排查防控和重点人群管控等各项工作，充分发挥"网格员+信息员"队伍作用，把握当前国内外疫情防控形势，有效提高风险意识，抓好外防输入、内防反弹工作。2021年度，全区排查人数31015人，核查人数31015人，核查率100%，落地人数16978人，均落实"四个一"管理。

【综治工作】 2021年7月，清城区成立"网格化+信息化""网格员+信息员"基层社会治理工作领导小组，由区委书记担任组长，办公室设在区大数据中心。累计投入1.6亿元在全市首创打造社会综合治理"云平台",建成粤东西北地区首张多图层电子地图、"网格化+信息化"一体化综合治理执法平台。"清城网治"微信小程序基本建成,正在8个镇(街)试运行中。开展多层级常态化网格员综合业务培训,全年开展13场次网格员业务培训。实行基层社会治理"网格化"管理,全区划分1228个综合网格。建立区、镇二级指挥中心,统筹推进基层社会治理"网格化"管理的各项工作。自主开发微信"随手拍"功能模块,"网格员"及广大群众均可快速上报、反映、处理网格内的事件,真正实现"人人都是信息员"的目标。

【严重精神障碍救治救助】 加强严重精神障碍患者救治救助工作。2021年,区政法委落实资金310多万元用于解决全年精神障碍患者监护、协助监护费用的问题,全年累计发放8895人次,为4472名患者购买落实2022年精神障碍患者保险,投保覆盖率100%,保险费合计47万元。

【扫黑除恶常态化】 2021年8月17日,"清城区扫黑除恶专项斗争领导小组"更名为"清城区扫黑除恶斗争领导小组",由区委书记兼任组长。区委政法委增加内设机构"扫黑除恶斗争工作室",承担区扫黑除恶斗争领导小组办公室日常工作,常态化推进扫黑除恶工作。充分发挥"三书一函"作用,督促各职能部门履职尽责,依法依规开展行业监管治理。

【维稳信访】 维护政治安全和社会稳定,稳步推进维护政治安全和社会矛盾问题八个专项治理。化解省、市交办重点个案。2021年,区委政法委继续把"做实做强维稳(信访)专班,筑牢社会长治久安防线"作为特色创建品牌来推行,进一步完善值班备勤和情况报送等工作机制,实行"5+2""白+黑"24小时运作和维稳情报信息每日研判。2021年度,区专班累计核处"227"平台(公安信息平台)下发的情报线索6395条,自主排查录入线索51条;编印《维稳(信访)情报研判专刊》71期、《清城区维稳(信访)每日动态》365期,区专班编印的情报研判专刊信息、每日动态获得区委、区政府领导班子批示198次。

【执法监督】 2021年,加强执法监督,弘扬法治精神,维护合法权益,全力化解涉法涉诉信访积案。认真做好涉法涉诉工作,处理信访件13件,均息访息诉。

法学会改革 全力推进清城区法学会改革,根据清远市法学会《关于进一步做好中国法学会会员队伍核查工作的通知》要求,核查清城区法学会个人会员及团体会员,整理2015年以来所有会员名单,更新会员资料,规范个人与团体会员系统资料等。整理违反政治纪律、政治规矩、受到党纪政纪处分人员和因工作原因调离清城区等人员情况,做好相关清理工作,补录团体会员系统资料等。

基层普法 稳步推进清城区青年普法志愿者基层普法工作,5月20日,区法学会联合市法学会、市司法局、团市委在洲心街举办清远市2021年青年普法志愿者法治文化基层行启动仪式暨"民法典宣讲百村行"首场活动。9月26日,区法学会举办2021年清远市"民法典宣讲乡村行"宣传活动。9月29日,举办2021年"百名法学家百场报告会"清城区委理论学习中心组专场暨南粤法治报告会。11月19日,清城区举办"以法兴企"文化沙龙活动。

【反邪教宣传】 做好清城区反邪教宣传工作,提高人民群众识邪、反邪的意识和能力,营造全民响应、广泛参与的反邪教舆论氛围。2021年11月8—24日,区政法委与区反邪教协会联合开展"2021年清城区反邪教宣传周"活动。面向基层镇政府、街道、社区和大型企业等,共举办活动10场。通过宣讲反邪教知识、发放反邪教宣传资料、轮播反邪教教育视频、参观反邪教系列图文展、分析邪教案例、宣读抵制邪教承诺书、现场有奖问答等形式,向群众详细讲解邪教的种类、本质和危害,邪教与宗教的区别等反邪教知识,倡导群众要树立正确的世界观、人生观、价值观,要崇尚科学、反对邪教、破除迷信、传播文明,共同营造文明和谐的社会环境。

2021年3月28日，清远市清城区政法队伍教育整顿工作新闻发布会在区政府办公大楼举行

（区新闻信息中心　供图）

【政法队伍教育整顿】　筑牢政治忠诚，开展政法队伍教育整顿工作。2021年，区政法委全面完成"一把手"包案任务，注重整治成果转化。在教育整顿期间，各政法单位共制定规章制度83项，巩固教育整顿工作成果。开展"我为群众办实事"实践活动，全年推出办实事项目43个、措施87条，开展办实事实践活动206场、为群众办实事1303件次，收到群众感谢信6封、锦旗30面。

（刘丽嘉）

"飓风2021"专项行动在全市考核排名第一。2021年清城公安分局被全国妇联评为"全国维护妇女儿童权益先进集体"。

【政法队伍教育整顿】　2021年，以政法队伍教育整顿和党史学习教育活动为抓手，加强队伍的思想政治教育，开展典型选树活动，推进实战练兵，激励引导全警在履职尽责中践行初心使命。严格落实"一岗双责"、强化反腐倡廉，政治建警、从严治警，以铁的纪律锻造铁的队伍。依托"清城公安忠诚卫士群英谱""局长嘉许状"等平台，及时选树、宣传在工作中涌现出的先进集体和个人，使全体民辅警学有标杆、做有示范。全年通过"群英谱"专栏表扬先进150人，9个集体和172名民辅警获得市局颁发的局长嘉许状，52个集体和437名民辅警获得分局颁发的局长嘉许状。全面总结清城公安分局辅警队伍管理改革推行3年以来的工

超前防范，2021年清城公安分局维护政治安全专项行动在全市考核排名第一。在全市上半年群众安全感和政法工作满意度第三方测评中排名第一。强化扫黑除恶常态化，持续推进"破小案"行动，做到打出安全感，赢得满意度。全年破刑事案件1219起，刑拘1224人，逮捕680人，行政拘留2489人。打掉涉黑组织2个、恶势力犯罪集团2个，查封、冻结、扣押涉案资产2300余万元。

公　安

【概况】　2021年，清远市公安局清城分局（以下简称"清城公安分局"）紧紧围绕"平安+满意"创建行动2.0版本总目标，以"十大行动方案""八大专项行动"为抓手，狠抓队伍建设、严密维稳措施、强化打防职能、改进行政管理、落实疫情防控，有效促进各项公安工作的发展，实现全区社会大局和谐稳定。精准稳控、

2021年7月26日，清远市公安局省职教城派出所举行揭牌仪式

（区新闻信息中心　供图）

作经验，对相关规定进行完善，建立辅警层级积分晋升机制，形成"可升可降"用人机制。开展"四个一批"辅警队伍教育整顿活动，严格辅警队伍管理。对435名辅警给予记分处罚并扣发绩效奖金，违规违纪辅警人数同比下降14.87%。在组织全警实战训练暨手枪应用轮训、"日常训练"的同时，创新练兵模式，依托广东公安云学院平台，以"线上＋线下"组合拳开展专项练兵业务，擦亮"公安夜校"品牌，利用晚上开展民警辅警业务培训。全年组织线上培训37次、夜校培训22场，培训2800余人次。结合工作实际制定《警员职级晋升实施方案》以及配套的《职级晋升积分制考核办法》等细则，建立平时考核负面记分制度，对一定期限内达到一定分值的实行一票否决，不纳入晋升考察对象。对纳入晋升考察对象的，以积分高低进行排序确定晋升对象。为有效维护全区政治稳定、治安平稳，分局因地制宜，按照统一指挥、机动灵活、服务实战的原则，经层层选拔，组建一支由100名民警辅警组成的"战龙突击队"，持续开展封闭式训练，使其成为清城区公安机关的尖刀和拳头力量，不断提升处理突发紧急事件的能力。

【打击整治】 2021年，清城公安分局牢固树立主业意识，重拳出击、多措并举，严打各类违法犯罪的行为。在强化严打整治的同时，认真总结经验，全面开展反诈宣传，全力动员广大市民安装反诈App，多方式多手段增强群众抗诈免疫力，全力营造全民反诈新格局。2021年，发起"飓风14号"，并参与"飓风177号"集群战役，完成全链条打击电诈团伙专案2个，打掉涉电信网络诈骗团伙7个，共破电信网络诈骗案件320宗，刑拘224人，劝阻87145名市民免遭诈骗。"全民反诈"行动在全市考核排名第一。结合国家进行打击治理跨境赌博、"断链"行动、打击治理跨境卖淫问题等专项工作部署，坚持"主动进攻、露头就打，综合施策、多措并举"，将打击涉黄赌毒各项工作落实落细落到位，有效净化社会环境。全年破涉黄案件8宗，刑拘44人，逮捕37人；破涉赌案件27宗，刑拘83人，逮捕91人；破涉毒案件35宗，刑拘91人，逮捕132人（其中省目标毒品案件2宗，另侦破"3·08"特大介绍卖淫案、"3·15"跨境赌博案）。

【治安防控】 2021年，立足防控，夯实基础，着力构建立体化社会治安防控体系，营造安定和谐的社会治安环境。全方位打造智慧新防控格局，推行社区"智感安防＋综合治理"先行示范点。借鉴广州市白云区推广电子门禁的经验做法，在社区（村居）建成26个建设点。以光明派出所维港警务室为中心，建成"智感安防示范区"，依托高科技力量，实现精准管理服务，推动从社区向社会延伸、治安向治理拓展。针对寻衅滋事、打架斗殴、生活噪音扰民等群众反映强烈的突出治安问题，分局以"三个＋"工作法为牵引，开展综合专项整治。经整治，全区打架斗殴、生活噪音扰民、涉赌3类突出警情大量减少。分局持续推进第三方测评，由区委政法委牵头，聘请有资质的第三方测评机构，每月在全区范围内开展群众安全感和对公安工作满意度调查，并将调查结果纳入平安建设考评体系，对区相关职能部门和各街镇一并考核。以问题为导向，齐抓共管、精准发力，不断提升群众安全感、满意度。在学校、医院、商场等

2021年2月7日，清远市公安局清城分局召开2020年总结表彰暨2021年"平安＋满意"创建行动部署会　　　　（市公安局清城分局　供图）

组建最小作战单元879个共3533人，建立统一的指挥调度体系，强化群防群治力量和街面警力内外联动、快速处置，有效防范处置个人极端等突发事件，确保风险隐患防范在前、化解在小、处置在早。国庆前后，按照"1分钟自救、3分钟互救、5分钟增援到位"原则，分五大片区采取分组训练、实战模拟和巡警+派出所+保安员联动处置等模式进行训练演练。共组织培训82场次，参训人员2873人次。常态化开展出租屋排查、"三非"外国人排查、反诈宣传和防诈App安装"三合一"专项行动，确保社会治安防控"底数清、情况明、管得住"。全年出动警力13655人次，排查出租屋12536间（其中，新增1227间，注销16间），流动人口19373人（其中，新采集3758人，注销34人，新发现重点人员1人），查处违法案件14起，抓获违法犯罪嫌疑人30人，有效提升社会面治安管控能力和群众安全感。深入开展防范化解道路交通安全风险行动。通过着力治理交通安全隐患、开展重点车辆驾驶人隐患清零、强化运输企业安全联合监管等工作，全力防范化解道路交通安全风险。2021年，清城公安分局完成龙塘广清大道大沙塘村口、107狮子湖路口隐患治理，推进完成107国道20个平安村口以及11个"一灯一带"建设，排查整改道路交通安全隐患13处。清理隐患重点车辆4514辆，其中逾期未检验3905辆、多次违法未处理33辆、未报废清理576辆。全面开展"企业画像"信息采集，并根据"企业画像"应用中的重点风险企业，全面开展检查，督促隐患清理。2021年，完成推送"企业画像"2607家，检查企业405次，发放整改通知书278份。结合"百日攻坚""减量控大"、涉摩电专项治理、货车超限超载治理等行动，以及周末夜查、"逢十"行动等要求，全面开展最严交通安全整治，严查各类重点交通违法行为，形成严查严管高压态势。全年查处各类交通违法行为315784起，其中酒醉驾1843起、涉摩涉电交通违法53949起、涉货交通违法34794起，暂扣车辆19686辆。

2021年12月12日，由清远市公安局主办，清城公安分局、清城区反诈办承办的"全民反诈 清远在行动"暨"星火闪耀·全城反诈"主题活动晚会在清城区演艺广场举行 　　　　　　　　　　（市公安局　供图）

【疫情防控】 2021年，面对新冠肺炎疫情防控的严峻形势，清城公安分局强化"内防输入、外防扩散"工作，实现疫情防控"规范化、全流程、闭环式"开展，保障人民群众生命安全和社会秩序持续稳定。2021年，接收省推送核查任务116307人，完成核查116307人，核查率100%；实际落地64060人，落实核酸检测64060人，核酸检测率100%。

【行政服务】 2021年，坚持改革强警、科技兴警，开展警务机制改革，优化警力资源配置，加强公安机关基层社会治理，深化公安"放管服"改革，提升治理和服务能力水平。以凤城街办为试点，推行上、下廓派出所警务合并改革工作，推行"一室两队"（综合指挥室、社区警务队、案件办理队）工作模式，提升公安机关基层治安治理和服务能力水平。分局还开展"交所合一""交巡合一"改革。以升平、江口、高田派出所为试点，推行实施交警大队升平中队与升平、江口、高田派出所合并运行工作机制。通过交所合一，彻底打破警种壁垒，推动两警整合、业务融合，实现一警多用、一警多能，统一执法、联合执勤，促进基层公安工作提档升级。2021年成立旧城片区交巡警铁骑队，承担维护社会面稳定、打击违法犯罪、维护交通秩序、服务人民群众等职能。在深化"放管服"改革方面，推广自助服务、即办即取、送证上门、错峰办理，拓展非接触式业务办理渠道。全区有身份证自助办证机和领证机36台、"三合一"7台、自助体检机2台、互联网自助学习机2台、好易自助终端服务机4台、自助签证机7台、16个派出所配备临时身份证等可取制证机。分局持续推进"一门式、一网式"政务服务。协助在市区镇三级建设政务服务中心，并同步建设公安业务窗口，实现可集中办理公安业务。依托"互联网＋行政服务"，利用"粤省事""交管12123"、省政务服务网等平台，推行"一网式"服务。"一网式"服务可为群众提供包括交警、治安、出入境等204项公安业务服务。分局为全面加强和改进老年人服务工作，在全区各派出所户籍窗口、政务服务中心建立老年人优先办理"绿色通道"，实施老年人"优先办"等服务。设置老年人优先办理专窗16个，为老年人提供免预约免排队服务185人次、上门服务14人次、委托办理服务42人次、代缴户政工本费168人次。

（黄晓梅）

检 察

【概况】 2021年，清远市清城区人民检察院（以下简称"区检察院"）坚持以习近平新时代中国特色社会主义思想为指导，深入贯彻习近平法治思想，在党史学习教育和政法队伍教育整顿中经受革命性锻造，依法能动履职，在各项检察工作中取得新进展。全年办理各类案件4545件，被广东省人民检察院授予集体二等功，相继获省巾帼文明岗、全省检察机关信息直报点先进单位、全省新时代"五好"基层检察院先进单位、清远市文明单位、清远市扫黄打非成绩突出集体、清远市优秀基层党组织等称号。

【刑事检察】 2021年，区检察院批准逮捕735人，提起公诉1232人。其中对杀人、抢劫等严重暴力犯罪提起公诉134人，对抢夺诈骗盗窃等多发性侵财犯罪提起公诉328人，对黄赌毒等群众反映强烈的犯罪提起公诉214人。办理"7·10"非法捕捞水产品专案、"9·15"系列跨境赌博专案、滴滴司机团伙诈骗专案和"1·11"侵犯公民个人信息案等一批大要案，取得良好政治效果、社会效果和法律效果。借助"派驻＋巡回"检察监督模式，对派出所开展巡回检察41次，监督公安机关立案24件、撤案26件，纠正漏捕10人，追诉漏罪26人、漏犯8人，量刑建议采纳率为95%。区检察院针对各类刑事执行违法违规情形共发出检察建议、纠正违法通知书及检察意见书353份。

【扫黑除恶斗争】 常态化开展扫黑除恶斗争，2021年，区检察院起诉涉黑涉恶案件7件52人。办理"犁庭6号""犁庭10号"等涉黑专案，依法严惩以唐某某为首，长期盘踞在阳山县城充当"地下执法队"的涉黑恶犯罪团伙；依法严惩以何某某为首，长期盘踞在清城区洲心一带的涉黑恶犯罪团伙。监督公安机关立案2件，依法追诉遗漏罪行11人，摸排相关线索19条。

【职务犯罪检察】 2021年，区检察院完善监察执法与刑事司法工作衔接、提前介入、线索移送等机制，受理监察委移送审查起诉职务犯罪10人，提起公诉7人。

2021年10月15日，清城公安分局在飞来湖广场举办2021年清城公安工作汇报展活动 （市公安局清城分局 供图）

办理清城区东城街道原信访办副主任麦某某利用职务便利非法收受他人贿赂案、清远市中医院原稽核审核科科长郭某某利用职务便利非法收受他人贿赂案等。

【司法文明】 2021年，区检察院落实少捕慎诉慎押刑事司法政策，对不构成犯罪或证据不足的，不批准逮捕232人、不起诉27人。对情节轻微、没有社会危险性的，不批准逮捕307人，不起诉66人，捕后变更强制措施137人，全年审前羁押率降至62.09%，同比下降10.26%，有效减少社会对立面，促进社会内生稳定。

【社会综合治理】 2021年，区检察院针对办案中发现的倾向性、趋势性问题，向有关单位发出检察建议272份。发挥认罪认罚从宽制度化解矛盾、促进治理的效能，坚持依法可用尽用，办理案件1129件1314人，适用率达85.92%，同比上升1.4%，被告人认罪服判率达95.34%，最大限度修复社会关系。参与窨井盖问题综合治理，与市公安局清城分局、区城市管理和综合执法局联签《关于加强协作配合共同推进窨井盖问题综合治理的意见》，守护百姓"脚底下"的安全。

【优化法治营商环境】 2021年，有力惩治侵害民营企业权益犯罪，区检察院起诉68人。对民营企业和企业家涉嫌犯罪案件，依法少捕慎诉慎押，采取非羁押措施8人，不诉1人。监督公安机关对9件涉民营企业案件撤案，坚决防止将经济纠纷当作犯罪处理，切实保护民企合法权益。其中"熊某、陈某某等4人侵犯著作权案""华某民事诉讼监督案"2宗案件被评为"清远市检察机关2021年度服务保障民营经济发展十大典型案例"。

【知识产权检察】 2021年，区检察院建成知识产权综合办案机构，以专业化办案团队强化综合司法保护。出台并实施清远知识产权司法保护方案，制定知识产权刑事案件操作指引，开发的知识产权相关课程获评广东检察教育培训精品课程。在3家企业建立"清远知识产权检察企业联系点"。起诉侵犯知识产权犯罪106人，促成侵权人向权利人进行赔偿2000余万元，保护企业知识产权价值7.4亿元，其中吉列、戴森、马爹利等著名涉外商标被侵权案，引发社会广泛关注。

【民事检察】 2021年，区检察院办理民事检察监督案件125件，发出检察建议87份，采纳率100%，其中对认为确有错误的民事裁判发出再审检察建议21份，对民事执行案件违法终结本次执行程序发出纠违检察建议66件。在刑事案件中深挖民事虚假诉讼线索103条，办理虚假诉讼案件47件。办理的广州某公司物权保护纠纷执行监督案，促使建筑面积6435.74平方米的商铺和6500万元涉案款项被依法执行。对清远市某电器公司拖欠工人薪资执行案被违法终结本次执行程序进行监督，帮助59名被欠薪的工人在农历新年前拿到薪酬。

【行政检察】 2021年，区检察院办理行政检察监督案件97件，发出检察建议97份，采纳率100%。其中办理自然资源领域行政非诉执行监督案件93件，督促相关行政机关依法履职，拆除违法建筑约10万平方米，涉案土地总面积161293平方米。与清城区司法局联合制定《加强行政检察与行

2021年2月5日，清远知识产权检察办公室在清城区人民检察院揭牌成立
（区检察院　供图）

政执法监督衔接工作的规定（试行）》，提升对行政执法行为的协同监督力度。开展行政争议实质性化解工作，办理的2宗行政机关怠于履行法定职责检察监督案被评为"清远市检察机关行政检察典型案例"。

【公益诉讼检察】 2021年，区检察院办理公益诉讼案件132件，发出诉前检察建议84份，采纳率100%。与区河长办构建"河长湖长+检察长"公益诉讼协作配合机制，督促清理固体废物和危险废物近300吨、增殖放流鱼苗近73.8万尾、追偿修复治理费用3322万元。其中"7·10"北江水域非法捕捞水产品专案，在追究20多名犯罪分子刑事责任的同时，依法提起刑事附带民事公益诉讼追偿生态损害赔偿，取得良好的法律效果。针对媒体曝光的清城区石角镇灵洲村委会非法填埋固体废物事件，督促整治非法处置的固体废物和危险废物达150多吨。针对中山公园孙中山像、李文楷烈士亭等文物年久失修的情况，向相关行政机关发出诉前检察建议50份，督促行政机关依法履行文物保护管理职责。

【未成年人检察】 2021年，区检察院依法惩治侵害未成人犯罪，提前介入案件13件，起诉36人。为涉罪未成年人提供法律援助62人次，开展社会调查114次，重点帮教15人，附条件不起诉16人。针对培训机构老师猥亵儿童案发出的首份"从业禁止"建议被法院采纳，针对1起案件中的未成年人监护缺失问题发出全市首份督促监护令。帮助1名黑户15年的少女办理入户手续以及重返校园，拍摄的专题片《黑户少女落户记》入选广东省未成年人保护百集普法短剧。推出"亲子学法"普法新模式，以《未成年人保护法》为主要内容开展第四届"清城检察杯"中学生亲子学法知识竞赛，全区近2万个学生家庭参赛，达到良好的普法效果。推出全市首个"强制报告"制度线上落实落地的"智慧未检"微信小程序，为群众带来更便捷、更高效的"一站式"检察云服务。

【控告申诉检察】 2021年，区检察院受理群众来信来访228件，检察长接访68批次、阅批来信21件，办理刑事申诉案6件，所有案件7日内程序性答复率、3个月内实体结果答复率均达到100%，实现信访积案"清零"。在处理群众诉求强烈、矛盾突出、疑难复杂的案件时引入检察听证，举行听证会74场，其中公开听证27场，邀请人大代表、政协委员、人民监督员、律师、专业人员等参与听证148人次。

【政法队伍教育整顿】 2021年，区检察院融合推进党史学习教育和政法队伍教育整顿，把学习教育贯穿队伍教育整顿始终。结合庆祝中国共产党成立100周年、人民检察制度创立90周年等节点，编撰出版《城检党建》《清城检察》等内刊，开展"我读党史你来听"读书分享会，党史、检史知识竞赛，"永远跟党走"庆祝建党100周年系列活动。围绕"顽瘴痼疾"深入自查自纠，谈心谈话117人次，覆盖率100%，干警主动报告事项41项，提醒谈话5人。开展"6+2"菜单式整治，评查出瑕疵案件11件，均整改完毕。该院政法队伍教育整顿3个环节评分均为全区第一，相继获评"优秀"等次。2021年，有16个集体和41人次受市以上记功、表彰奖励。

（刘影丽）

2021年7月9日，清城区人民检察院举行特约检察员聘任仪式暨清远知识产权检察企业联系点授牌活动 （区检察院 供图）

法 院

【概况】 2021年,清城区人民法院(以下简称"清城区法院")紧紧围绕"努力让人民群众在每一个司法案件中感受到公平正义"目标,坚持服务大局、司法为民、公正司法,为清城高质量发展提供有力的司法服务和保障。全年受理各类案件36049件,同比增加10890件,上升43.3%。结案29924件,同比增加8304件,上升38.4%。法官人均结案534件,同比增加120件,上升29%。

【刑事审判】 2021年,清城区法院以维护稳定为首责,坚决维护国家政治安全,受理刑事案件1023件,审结954件,同比分别上升12.4%和10.9%。判处罪犯1206人,98名严重刑事罪犯被依法判处5年以上有期徒刑。保障人民群众安居乐业,严厉打击被告人方某某等14人虚假申报住院人次和医疗费用骗取社会医疗保险统筹基金诈骗案。严惩危害人民群众生命财产安全和公共安全犯罪,依法审结故意杀人、故意伤害、强奸、抢劫、绑架等严重暴力犯罪案件90件,盗窃、诈骗等侵财类犯罪案件272件,涉枪涉爆、危险驾驶等危害公共安全犯罪案件212件。盯紧网络安全、金融安全、公共安全,严厉打击以投资理财、网络借贷等名义实施的涉众型金融犯罪,审结"套路贷"案件4件,涉网络犯罪79件,依法对黄某某等17人利用网约车平台漏洞发送虚假拼车单骗取平台车费诈骗案进行审理,决不让网络空间成为法外之地。

【民商事审判】 2021年,清城区法院充分发挥民商事审判化解社会矛盾的功能,受理民商事案件22408件,审结18566件,同比分别上升42.9%、34%,解决争议标的58.65亿元。审结房屋买卖、租赁、物业服务合同纠纷等房地产案件3837件,维护房地产行业健康发展。审结建设工程合同纠纷293件、承揽合同纠纷275件,维护社会公共利益和建筑市场经济秩序;审结金融纠纷案件4686件、民间借贷纠纷案件1847件,防范地方性金融风险,规范引导民间资本健康运行。

【执行工作】 2021年,清城区法院健全完善执行长效机制,推动社会诚信建设,受理执行案件12618件,结案10404件,执行到位5.73亿元。常态化开展涉民生案件执行、攻坚执行、规范执行、南粤执行风暴2021等专项执行攻坚行动,完成"港田百货""华府花园""刘某某、黄某某侵占案"等复杂案件的场地清退及交付工作。加快推进执行难综合治理,健全网络执行查控系统,联合教育局、旅游局等多部门建立联合惩戒机制,发布失信被执行人3672人,发布限制高消费令6894人,采取拘留措施4人次。全面推行司法网络拍卖工作,推送拍品459件,成交185件,成交额1.05亿元,溢价率17.38%,努力提升财产变现效率。

【扫黑除恶】 推进扫黑除恶常态化,持续聚焦"案件清结""黑财清底",区法院加大"打伞破网""打财断血"力度,建立打击、整治、管理、建设于一体的长效机制,不断巩固和拓展专项斗争成果。2021年受理涉黑恶案件7件42人,审结5件22人,审慎审理被告人唐某某组织、利用被告人黎某某、邓某某、黄某某、黄某某为首的4个违法犯罪团伙共17人涉黑恶组织犯罪案件,依法严惩被告人吴某某等3人涉黑案、被告人刘某某等6人涉恶案,取得良好的打击震慑效果。深入开展涉黑恶案件财产刑执行"雷霆行动",探索建立涉黑恶案件财产实物入库长效机制,判决生效的财产刑达770万元,执行到位391万元,执行到位率50.8%。

【社会治理】 推进全民禁毒工程 始终保持对毒品犯罪严打高压态势,2021年,清城区法院审结毒品犯罪案件63件,重刑率18.68%。认真履行扫黄打非工作职责,审结涉黄涉非案件68件。以保稳定、促发展为重点,服务统筹疫情防控和经济社会发展,妥善处理涉疫情案件108件,严厉打击阻挠和违反疫情防控措施以及疫情防控期间哄抬物价、不正当竞争等行为,从严从快审结吴某某涉口罩等防疫物资诈骗一案,维护正常的市场秩序和社会秩序。

融入社会治理格局 坚持阵地前移,以多元化解纠纷为抓手融入社会治理大格局,建设分层递进、繁简结合、衔接配套的一站式多元解纷机制。进一步发挥社区法官工作室诉前矛盾化解功能，石角、东城社区法官工作室及罗家平调解工作室共提供法律咨询服务690余次，调解达成案件141件，司法确认28件。罗家平调解工作室调解1起因学生在学校发生人身事故而引发的纠纷，获赠广东岭南职业技术学院锦旗点赞。完善道路交通事故一体化处理中心运行机制，将交通事故纠纷化解在第一线，受理申请调解案件740件，调解达成431件，调解达成案件涉及纠纷赔偿款5109万元。2021年，清城区法院新收机动车道路交通事故责任纠纷案件340件，同比下降44.4%，极大减少群众诉累，助力群众真正走上化解交通事故纠纷"快车道"。

【营商环境】 2021年，清城区法院依法保障民营企业的市场主体活力和创造力，保护企业家的合法财产和权益，为企业健康发展营造法治化营商环境，妥善审结涉民营企业犯罪案件2件，涉企合同案件8164件，执结涉民营企业案件6960件，执行到位标的金额1.97亿元，其中仅耗时4天高效审结省重点督办案件何某某收受货款后逃匿，骗取财物数额巨大的合同诈骗案。全面加大知识产权保护力度，审结商标、著作权等案件456件，严厉惩处周某某和王某某刻录音乐光盘进行销售，侵犯著作权的行为，并作为典型案例发布，提高产权保护意识。全面保障市场主体救治与退出，引导通过庭外和解、重组、重整等方式化解债务危机，妥善处理、审结破产案件2件，助力濒临破产的清远市兴合力房地产开发有限公司盘活楼盘项目，护航企业健康运行。注重构筑"亲清"政商关系，深入民营企业开展走访调研、普法宣讲9场次，帮助企业完善管理制度、防范法律风险。

【司法为民】 维护民生权益 2021年，清城区法院以保障民生为根本，认真贯彻实施《民法典》，将社会主义核心价值观融入案件审理，回应"衣食住行"民生诉求，妥善处理婚姻家庭、继承、赡养、抚养费等家事纠纷案件620件，抚养权、探望权纠纷案件77件，审结劳资纠纷、养老、环境资源、食品安全、医疗卫生等涉民生案件5222件。从快从优兑现老百姓合法权益，11月18日，开展执行案款集中发放日活动，向173件案件的当事人发放执行案款2199.21万元。开展根治欠薪专项行动，执行到位金额919.63万元，解决群众最急最忧最盼的现实问题。

便民诉讼服务 以便民服务为宗旨，通过电子诉讼、12368热线等信息化手段提供智能化服务，全面打造"大厅服务、网络服务、移动服务、热线服务"四位一体的一站式诉讼服务体系。常态化开展网上立案、开庭等在线诉讼活动，网上立案7906件，采用远程庭审模式开庭791件，推进电子卷宗随案生成，提供电子卷宗网上调阅服务，努力实现"让数据多跑路、让群众少跑腿"。开展巡回审判送到家活动，深入农村及交通不便的地方，实现现场庭审和普法宣讲有机结合。因地制宜制定《清远市清城区人民法院关于执行款项管理规定》，开设执行款专户，使用"一案一号"，简化当事人执行标的款退费手续。

【普法宣传】 2021年，清城区法院落实"谁执法谁普法"责任制，结合"我为群众办实事"实践活动，开展"法律八进"普法宣传，为辖区群众提供"订单式"司法服务，围绕基层实际情况，以法律讲座、普法课堂、接受咨询等形式开展进社区、进企业、进学校、进乡村等各类普法活动53场，普法7225人次，发放普法宣传小册子及普法书籍12000册。

【司法信息公开】 2021年，清城区法院推进审判流程、庭审活动、裁判文书、执行信息四大公开平台建设，打造"阳光法院"。直播庭审11701次，观看量达到656.16万人次，在中国裁判文书网公开裁判文书7201份。加强网站、微博、微信、客户端等新媒体建设，及时通报法院重大案件审理情况，定期发布典型案例，撰写新闻稿件161篇，被市级以上媒体采用84篇，其中9篇被《人民法院报》《法治日报》等中央级媒体采用，有效提升司法公信力。

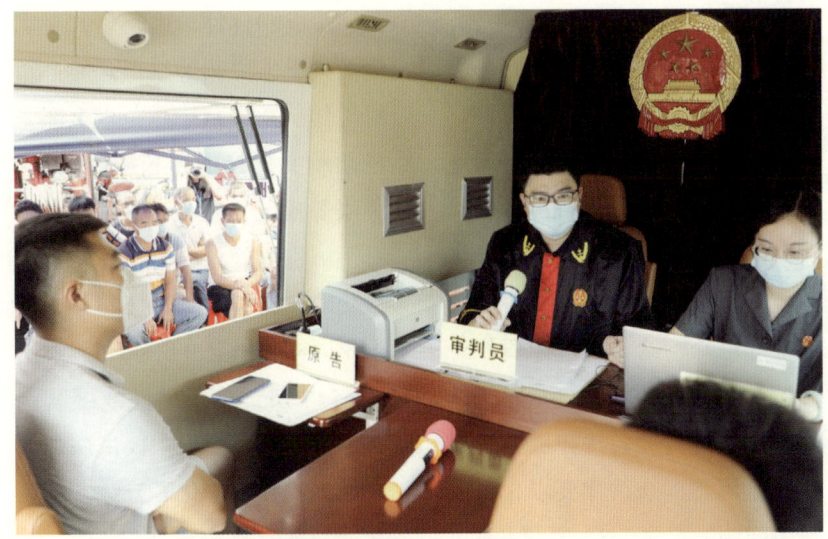

2021年9月14日，清城区法院巡回审判车开进飞来峡镇龙埗村，就地对一起买卖合同纠纷进行庭审，附近的村小组干部、村民纷纷前来旁听

(清城区法院 供图)

【司法改革】 **司法责任制改革** 2021年，清城区法院继续推进以司法责任制为核心的司法体制改革，在深化、细化、实化上下功夫，不断优化员额法官队伍，加强司法职业保障，依照干部任用程序，推荐1名初任法官经过遴选入额，8名法官等级按期晋升。全面落实院、庭长办案常态化和考核机制，全年院、庭长办结案件10855件，占全院总结案的30.1%。

司法监督制约 规范权力行使，健全审判权力责任清单，细化"四类案件"监管范围，完善院庭长、审判长等9类人员110项权责。强化监督制约，健全审判委员会和专业法官会议运行机制，突出其对审判工作的宏观指导职能。统一裁判标准，加强类案裁判文书说理标准化建设，评查案件1004件，对审判质效数据进行分析监测，促进法律适用分歧问题的解决，进一步完善"类案同判"机制。

诉讼制度改革 推进以审判为中心的刑事诉讼制度改革，开展刑事案件认罪认罚从宽改革试点，2021年审结相关案件732件。努力构建繁简分流、快慢分道的"分调裁审"配套体系，组建速裁团队，建立繁简分流、团队办案、事务集约的"三项机制"，推行"令状式、表格式、要素式"裁判文书，做到"简案速办，繁案精办"。全年适用简易程序（速裁）审结民商事案件8888件，占民商事案件的47.9%，司法效能明显提升。

(陈智敏)

司法行政

【概况】 2021年，清远市城中公证处办理各类公证案件1792件，法律援助处办结各类法律援助案件1882宗，人民调解委员会调解案件总数1952宗，接收安置帮教对象653人，安置帮教人员653人，帮教安置率100%。社区矫正处接收社区矫正罪犯354人，解除矫正措施314人。政府法律顾问出具79份法律意见，村（社区）法律顾问开展法治宣传513场次，出具法律意见书23份。

【法治宣传教育】 **制订普法工作要点，布署全年工作安排** 2021年，清城区司法局（以下简称"区司法局"）印发《清城区2021年普法依法治理工作要点》，以"八五"规划实施为主线，加大全民普法工作力度。

开展普法宣传 以"八五"规划实施为主线，加大全民普法工作力度。区司法局通过组织开展学法用法活动、培训活动、普法活动、法治系列主题宣传活动、讲座宣传，使法治精神深入人心。依托公园和广场电子宣传屏、中心窗口等阵地，利用清城政法、清城发布等微信公众号平台进行普法宣传，并尝试联合宣传部门与清远本地网红合作进行反诈宣传，效果明显。建成清城区法治文化主题公园（飞来湖湿地公园）。洲心一中青少年法治教育实践基地被省教育厅、省司法厅、省普法办确定为第三批全省青少年法治教育实践基地。

【一村（社区）一法律顾问】 律师严格按照合同约定的义务，开展一村（社区）一法律顾问的工作，效果良好。2021年，清城区有18个律师事务所，共47名法律顾问为群众、村（社区）提供法律服务2021次，其中法律咨询1652件，人民调解13件。开展法治宣传活动513场次，出具法律意见书23份，有力推进法治清城、平安清城建设。

【公证律师工作】 **公证处立足基层，服务群众** 2021年，清远市城中公证处办理各类公证案件1792件，其中国内公证1586件，涉外公证206件。根据政法队伍教育整顿及公证专项整治相关要求，认真开展公证行业突出问题专项治理工作，取得一定成效。制定"我为群众办实事"工作制度，为群众办实事54件，其中为确有需要的人群启动"快速通道"28次。

引导律师更好地服务经济社会发展 指导、监督律师按照《律师法》的要求做好律师工作，发挥律师在调解工作中的专业优势，采取诉前调解、庭内调解、庭外和解等手段，引导当事人更多地通过调解的方式解决矛盾纠纷。参与处理信访问题，引导当事人依法合理表达诉求，协助政府疏导群众情绪，促进矛盾纠纷妥善解决。推动律师自觉履行社会责任，参与公益法律服务，努力满足困难群众法律要求，促进民生问题的解决。

【基层司法行政】 **开展人民调解工作** 各级、各行业调解组织开展矛盾纠纷研判活动，预防和调处矛盾纠纷，减少不安定因素。2021年，清城区有180个调解委员会，调解员1034人。全区各级人民调解组织调处各类案件1952件，达成1911件，达成率97.9%。全面推进人民调解组织延伸自然村工作，全年14个示范点全部完成调解文化氛围和悬挂制度牌、牌匾等规范化建设。全区8个驻所调解室调处派出所出警处置后移交的各类矛盾纠纷1606宗，同上年同期相比上升5.4%，调解达成1547宗，其余案件或继续调解，或由当事人向人民法院提起诉讼，均没有恶化、升级。道路交通调解室收集案件724件，其中调解达成421件，移送起诉221件，将大量道路交通事故化解在诉讼前，减轻审判机关的压力。

安置帮教 2021年，全区接收安置帮教对象653人，帮教安置人员653人，帮教安置率100%。刑释人员暂无发现重新犯罪。

社区矫正 依法对社区矫正对象进行监管、教育、帮扶，促进社区矫正对象回归社会，全区接收社区矫正对象354人，解除矫正措施314人。全年在册在矫社区矫正对象457人，接收率100%。组织监狱延伸管教警察对354名新入矫的社区矫正对象进行入矫宣告并开展告诫谈话，开展集中点名活动23场次692人次。对社区矫正对象开展线上线下教育学习活动50场次1486人次、社会公益活动47场次459人次。

（李淑仪）

2021年8月11日下午，2020年度"广东省民主法治示范村（社区）""广东省法治文化建设示范企业""广东省青少年法治教育实践基地"授牌仪式在区司法局会议室举行　　　　　　　　　　（区司法局　供图）

军事

人民武装

【概况】 2021年,清城区人民武装部(以下简称"人武部")主动适应新形势、新使命,把握工作重点,勇于开拓创新,增强工作质效,不断提高履行使命任务能力。清城区人民政府征兵办公室被清远市人民政府征兵办公室评为全市征兵先进单位,清城区人武部被清远军分区评为新闻宣传先进单位,清城区洲心街道武装部、飞来峡镇武装部被清远军分区评为民兵工作先进单位。全区武装部被清远军分区评为全市先进个人有3人、评为练兵备战先进个人有1人、评为民兵工作先进个人有2人、评为优秀职工有1人,清城区人武部全面建设稳步提升。

【党管武装】 2021年,区人武部协调召开区委议军会议,军地共同研究部署清城区党管武装、国防动员和后备力量建设。利用公务员培训时机,在市委党校、区委党校等地进行党管武装专题授课,提高全员党管武装意识。组织召开党管武装暨国防动员工作会议,会上对党管武装先进单位和个人进行了表彰。以村居换届为契机,开展村居民兵连连长、政治指导员的研究任命工作,提高村居一级对党管武装工作的认识。

【双拥共建】 2021年,区人武部充分发挥"桥梁"和"纽带"作用,主动协调地方党委、政府和驻地部队,开展拥军优属和拥政爱民活动,"六一"儿童节和教师节期间分别对辖区小学、幼儿园进行慰问,"七一"建党节慰问困难老党员,"八一"建军节、春节联合区有关单位到驻地部队慰问官兵。协调解决54名军人子女就学入托问题,满意率达到100%。联合区退役军人事务局,就清城区双拥办军地合署办公、立功授奖喜报接收、登记、送达、氛围营造、奖金标准等事宜进行沟通和对接,由区退役军人事务局牵头,拟制清城区送喜报工作办法,

2021年2月8日,清城区委书记邱泽军(右四)率团到清远军分区进行春节拥军慰问活动
(区新闻信息中心 供图)

把送喜报工作纳入全民国防教育和征兵宣传的重要范畴来规范推进,全年联合区退役军人事务局为现役军人家庭报送三等功喜讯15次。

【国防后备力量建设】 2021年,区人武部牢固树立"精准建设、精细管理、精准动员"理念,全面推动清城区国防后备力量建设创新发展。

国防动员建设 结合清城区实际,及时调整国防动员委员会成员单位,严密组织召开动员部署会议、联络员会议及季度会议,重点部署数据采集、整理、核对等国防潜力调查任务。完成基干民兵组织整顿任务,落实潜力数据调查、基干民兵选拔、体检、政治考核、民兵干部任免和党组织建设的要求。为创新做好民兵整组工作,与区委组织部相关人员采取集体研讨、集中办公等方式对基干民兵预建党组织、民兵干部编配、民兵档案管理进行研究和规范。通过多种形式先后到区发改局、区工信局、区公安分局、市律师协会、港华燃气、市供水公司、辖区各高职院校等单位进行调研,为民兵编组布局提供数据支撑。

战备训练 始终按照"能打仗、打胜仗"的标准搞建设抓战备,有针对性抓好作战准备、战备工作。全面学习贯彻新一代军事训练《条例》和《大纲》,突出军事体育、基本技能和业务基础课目,依托全市民兵基地化轮训完成民兵集训,结合清城区实际,组织应急连防汛抗洪专业训练,落实节假日战备防护要求,常态开展人武部营院处突训和演练,有效提升民兵队伍保障打赢、应急救援等能力。

【兵役征集】 从严落实征兵工作疫情防控要求,落细落实各项防疫措施,完成征集任务。2021年,清城区征集新兵大学生和大学毕业生的征集比例均分别达到清远市72%和15%的指导比例,全区全年无廉洁征兵问题。

兵役登记 由区征兵办公室会同公安、教育、人社等部门核查辖区全部适龄青年人数、家庭住址、联系电话等信息,建立适龄青年总台账,发放到各镇(街)、村(社区),要求对应台账逐人组织兵役登记。确保兵役登记不错登、不漏登、不少登,保证兵役登记的数量和质量,3月全区18周岁男性青年兵役登记工作100%完成,为完成年度兵役征集任务打下坚实基础。

征兵宣传 多措并举做好征兵宣传工作,先后在市区10个交通热点投放征兵宣传画,在有关单位门楣电子显示屏24小时滚动播放征兵宣传标语,在商业广场滚动播放国家和清远征兵宣传片,指导村委会(含村小组)、居委会建立征兵政策推送和咨询群共300余个,每天由区人武部逐级推送征兵政策。抓好兵役登记工作,分级负责,层层推进。各村(社区)对梳理出来的适龄男青年逐村逐户不漏一人地敲门宣传、精准宣传、跟踪宣传。借鉴疫情期间防控宣传的模式,确保横向到边、纵向到底,通过行之有效的征兵宣传扩大清城区兵员征集储备力量。

征兵考核 针对疫情防控实际,做好征兵体检站设置工作。抽调区、镇两级精锐骨干,配强体检工作力量,把好征兵体检关口。组织体检医生进行业务培训,根据最新版《应征公民体格检查标准条文释义》,明确部分

2021年3月16日,清城区人武部参加植树活动　　（区武装部　供图）

释义，统一标准。总结以往体检工作中的经验和教训，结合培训时机对过往出现的重难点问题组织研究，提前制定对策措施。邀请市人民医院皮肤科主任对部分人员进行会诊。抽调公安局（派出所）、专业人员组成政治考核组，加紧开展政治考核工作。抢先组织开展初检工作，与征兵体检同步开展政治考核初检工作，对应征青年情况进行初步核查。组织区教育局、区人社局等相关单位进行联考，核查学历、技能认证等情况；对条件兵或者有外出就学、务工等经历，存在违法犯罪等疑难问题的应征对象，核查本人及家庭人员主要社会关系，全方位开展联合考核。及时召开征兵工作阶段性推进会暨走访调查工作部署会，对走访调查工作提出具体要求，提供专业指导。

役前训练 组织预定新兵进行为期10天役前教育训练，通过训练，帮助预定新兵提前适应军营环境，缩短从社会到军营的距离，让他们在模拟军营环境中接受锻炼和考验，迈好军旅生涯第一步，确保为部队挑选"政治素质过硬、思想意志坚定、身体素质优良"的高质量兵员。开展组织签一份拒服兵役法律责任书、照一张入伍新兵全家福、发一张参军入伍光荣证、挂一个服役光荣军属牌、开设红色文化讲座、主题沙龙等活动，坚定新兵参军报国、建功军营的决心信心。

廉洁征兵 推动区、镇（街）两级廉洁征兵监督员工作制度落实，邀请区纪委监委工作人员为区、镇、村三级征兵工作人员作《严肃征兵纪律 确保廉洁征兵》专题授课。及时做好廉洁征兵监督员调整工作，及时在微信公众号、政府综合信息平台和公布栏进行公示区、镇（街）两级廉洁征兵监督员，召开廉洁征兵监督员会议，对清城区、镇（街）两级32名廉洁征兵监督员宣读聘用文件并颁发聘用证书，明确监督内容、监督方式，组织廉洁征兵监督员参与到各项征兵工作中。在征兵体检、走访调查等环节都要求廉洁征兵监督员充分发挥监督职能作用。召开阳光征兵定兵大会，公开透明确定应征青年的入伍去向。召开派号定兵未入围青年座谈会，及时解答未入围青年及家长的疑问。让征兵全流程在阳光下进行，清朗征兵工作风气。2021年全区没有发现不廉洁征兵问题。

【**安全稳定**】 2021年，区人武部坚持把安全稳定工作纳入年度工作内容、阶段工作部署，常抓常议。严格落实疫情常态化防控各项措施，全方位展开疫情防控和应对工作，打好疫情防控阻击战。充分发挥民兵预备役队伍组织严密、分布面广、突击力强的优势，根据形势任务，认真修订完善各类方案预案，实现方案与任务对接、与力量对接、与军地对接。周密细致落实战备规定要求，确保做到有需要时能够立即出动执行应急维稳任务。

（谭雪怀）

人民防空

【**概况**】 2021年，清城区人民防空办公室根据清城区人民防空发展规划和工作计划，配合清城区国防动员委员会做好民兵队伍建设，做好清城区人民防空工程建设监管工作，推进清城区人民防空（以下简称"人防"）知识宣传工作。7月，清城区国防动员委员会授予清城区住建局（清城区人民防空办公室）"国防动员先进单位"称号。

【**民兵队伍建设**】 根据清城区国防动员委员会的会议精神和民兵整组工作要求，完成清城区住建局基干民兵筛选、基干民兵编队、基干民兵人员资料收集等一系列工作。清城区住建局（清城区人民防空办公室）牵头，联合城综局、代建中心、燕湖办、城区一建、城区二建、城区建筑公司等各单位，按照高要求高标准完成民兵整顿任务，在2021年5月进行民兵队伍点验。清城区人民防空办公室认真做好对国防动员潜力调查工作，统筹完成军分区下达的每年两次的民兵集中训练任务。

【**人防宣传**】 2021年11月21日，清城区人民防空办公室在飞来湖公园举行2021年清城区人民防空知识宣传进社区大型活动，此次活动内容丰富，形式活泼，寓教于乐，让群众快速学会防空防灾知识和技能，提升人民群众的国防观念和人防意识。

（区住建局）

经济监督管理

发展与改革

【概况】 2021年,清城区完成地区生产总值712.39亿元、同比增长5.4%,规模以上工业增加值298.32亿元、同比增长15.6%,固定资产投资451.9亿元、同比增长3.5%,社会消费品零售总额280.16亿元、同比增长10.3%。全年新登记市场主体2.21万家、同比增长7.88%。新增"四上"企业231家,其中新增规模以上工业企业53家、同比增长23.3%;新增规模以上服务业企业62家、同比增加11.4倍;新增规模以上商业企业75家、同比增长167.9%。居民人均可支配收入增长6.0%。全年城镇新增就业人数超1.3万人,完成全年目标127%,城镇登记失业率控制在2.49%以内。发挥"粤菜师傅""广东技工""南粤家政""双百工程"促就业功能,全年培训1.1万人次。

【科技创新】 科技创新 2021年,清城区发展和改革局(以下简称"区发改局")争取上级专项资金450万元,安排区级专项资金220万元支持企业创新,全社会研发投入占GDP比重达0.98%,全年新增高新技术企业13家,高新技术制造业和先进制造业增加值占规模以上工业比重分别为11.9%、32.0%。全区获专利授权1619件,每万人发明专利拥有量达3.46件。

产业发展 工业投资同比增长86.7%。广清(清城)产业园获省"年度经济功能区优秀奖",北部片区加快拓展。广清空港现代物流产业新城启动区运营,配合清远市申报国家跨境电商综合试验区。清远互联网+创新产业园(华南声谷)引进项目6个,合同投资总额51.04亿元,首个产业帮扶项目九融汇金融产业集群创新服务基地签约落户。粤港澳大湾区"菜篮子"产品清远配送中心、广清中大时尚科技城等项目有序推进。聚石化学成为清远首家科创板上市企业,新北江制药成为2021年度粤北地区唯一一家通过认定的省重点实验

广清中大时尚科技城　　　　　　　(李文勇　2021年摄)

广州（清远）产业园　　　　　　　　　　（李文勇　2021年摄）

2021年12月31日，广连高速清远段建成通车　　　　（李文勇　摄）

室。创建市级以上工程技术研究中心6家。引进各类高层次人才136人。

项目建设　千方百计抓项目投资，新引进项目14个，完成投资金额135.5亿元。全区47项重点项目完成投资额58.53亿元，完成率121.37%。省市重点项目完成投资额45.97亿元，完成率146.48%。项目资金争取再创新高，全年争取地方政府专项债券额度16亿元，同比增长46.79%。中央预算内投资0.22亿元，为企业发展和项目建设提供大力支持，充分发挥中央预算内投资激励、带动作用，推动清城区民营经济高质量发展。

【城乡融合发展】　**广清一体化**　2021年，区发改局配合参与广清产业一体化平台建设，广清（清城）产业园累计签约项目246个、投（试）产项目79个，金发科技高分子新材料产业基地建设进展迅速，蓝宝制药、赛美（广东）科技创新产业园等重点项目稳步推进；中国南部物流枢纽二期完成供地228亩，广东锦邦冷链仓储物流园部分投入运营。全力支持广清交通一体化基础设施建设，广清城轨北延线加快推进，广连高速清远段建成通车，广清大道南延线、东环快速沿线接乐广高速王子山出入口等干线公路加快推进，广州东至花都天贵城际延伸至清远项目抓紧规划。促进广清营商环境一体化，与广州市越秀区签订政务服务"跨城通办"合作协议，梳理第一批越秀、清城可"跨城通办"事项。实现与湖南靖州、广州越秀、肇庆广宁政务服务"跨省通办、省内通办"。在全省率先完成"互联网+监管"平台转接任务。广清对口帮扶成效显著，在越秀区大力支持下，争取帮扶项目资金1084万元。

试验区建设　国家城乡融合试验区广清接合片区清城区7项改革试验任务扎实推进，43项重点项目完成投资额47.67亿元。探索出台《清城区农村"三块地"改革试点工作实施方案》，"三块地"改革长期走在全市前列，继源潭镇新马凤尾一组成为全市第一批股份制改革成功的村小组后，石角镇黄布村的18个村小组也成立农村股份集体经济合作社，成为全市首例实现整村推进股份制改革案例。推动城乡产业协同发展，"飞霞龙田"文化乡项目稳步推进，项目首期预计将于2022年年底交付使用。将龙塘镇集美云曼田园综合体打造成为全市首个一二三产业融合的新型项目，该项目开园以来接待游

东城"花稻花"无人农场示范基地　　　　　（黎泽坚　2021年摄）

客达15万人次,不断拓展农村产业融合新空间,有效带动周边自然村产业转型升级。

城市建设　统筹安排1.03亿元资金推进7个城镇老旧小区改造项目,惠及老旧小区837个,涉及居民37506户,楼栋6987栋,改造面积382.23万平方米。投入1.1亿元资金铺开85项创文项目建设,整治"两违"面积156万平方米,基本建成东城街、凤城街2个生活垃圾分类示范片区。新马防洪排涝治理工程、银盏水库输水涵管重建工程全面完工。南岸公园、飞来峡古栈道等建成使用。新建污水管网43.52千米,累计建成5G基站800个。

乡村振兴　新增省级示范家庭农场1家、农民专业合作社26家、农业龙头企业8家、认证10个"三品一标"农产品。打造粤北地区首个"花稻花"无人农场示范基地。新增美丽乡村416个,投入2亿元全面铺开6条美丽乡村精品线路建设,源潭新马、东城"三村一居"乡村振兴样板区建设成效明显,新桥村被评为"广东省文化和旅游特色村"。实现自然村集中供水100%覆盖、无害化户厕100%普及。建成(提升)"四好农村路"74.61千米。7个镇(街)驻镇帮镇扶村工作有序开展,省级扶持资金2000万元在30个乡村振兴项目中得到落实,有力巩固拓展脱贫攻坚成果同乡村振兴有效衔接。广清乡村振兴综合示范区(环霞、龙江源)全面启动。

【**促改革扩开放**】　**体制机制改革**　2021年,清城区完成镇(街)综合行政执法改革和群团机关改革,区乡村振兴局、区救助站挂牌成立。创新设立人才"编制周转池",公开招聘高层次人才35名。整合21名事业编制,高规格成立区企业服务中心。设立区委、区政府值班事务中心。统筹调剂增加区委党校等4个单位20名事业编制。创新开设"办不成事"反映窗口,在广清(清城)产业园打造全市首个进驻式"智税微厅"。464项审批事项811项材料实现免证办理,工程建设项目审批事项实现全覆盖,企业开办流程和建筑工地施工许可审批时限压缩至1个工作日内,工程建设项目审批时间最短压缩至35个工作日内。

扩大开放　全力做好稳外贸稳外资工作,2021年全区进出口总额185.57亿元,完成率133.7%,占全市比重34.6%。其中,出口总额35.85亿元,占全市比重15%。进口总额149.72亿元,占全市比重50.2%。实际吸收外资3.13亿元,完成率125.1%。

招商引资　全年亿元以上新签约项目13个,投资额134.65亿元。新动工项目14个,投资额105.97亿元。在谈项目18个,总计划投资额137亿元。继续深化与广州市越秀区联合招商合作,主动承接珠三角产业转移。依托石角建滔片区扩园、华南声谷扩园地块,引进先进制造业和医药产业,加快打造高新技术产业集聚区。

(麦思敏)

物价管理

【**规范价格收费管理**】　2021年,清城区为改进和完善生活垃圾收费管理工作,有效推进垃圾分类工作及垃圾处理资源化、无害化和产业化发展,科学合理地调整中心城区及乡镇生活垃圾处理费

2021年8月26日，区发改局联合区城综局在区顺拓公司二楼会议室召开生活垃圾处理费调整征收标准听证会
（区发改局 供图）

标准，制定《清城区中心城区及乡镇生活垃圾处理费标准调整方案》。

【开展价格认定】 清城区围绕法定登记的宗旨和业务范围，较好地完成纪检监察、司法和行政机关办理的涉嫌违纪案件、涉嫌刑事案件和行政诉讼、复议及处罚案件等工作中涉及的价格不明或有争议物品的价格认定工作。2021年，完成各类价格认定业务1231宗，涉及金额达1.01亿元。全年价格认定工作充分依托国家价格认定综合业务平台办理价格认定业务，按照省、市要求提前完成存量案卷"数据入库"工作，受到省发改委价格认定中心通报表扬。全年基本无发生投诉、复核及诉讼情况，在省发改委价格认定中心组织开展的年度全省价格认定工作质量分片评查活动中获通报表扬。在做好涉案物品价格认定工作的同时稳步推进涉税房地产价格认定数字化转型试点工作。清城区代表清远市作为全国8个首批开展涉税房地产价格认定数字化转型试点基地之一，积极探索，依托大数据技术，全面系统构筑涉税房地产价格动态批量估值和认证体系，为涉税价格争议纠纷调解提供价格认定服务，为下一阶段房地产税全面开征，加强政府对房地产行业动态管理和宏观调控提供有力支撑。

（区发改局）

审　计

【概况】 2021年，清远市清城区审计局（以下简称"区审计局"）完成审计项目14个，涵盖预算执行审计、公共投资审计、经济责任审计、政策落实跟踪审计、农业农村审计等，审计查出管理不规范金额100133万元，提出审计建议27条，出具审计（调查）报告18篇。

【预算执行审计】 2021年，区审计局对清城区2020年度财政预算执行、决算草案和其他财政收支情况审计，审计查出管理不规范金额6135.69万元。对清远市清城区2020年度一级预算单位部门预算执行全覆盖审计，审计查出管理不规范金额1280.26万元，违规金额3.87万元，全面推进实现一级部门预算执行横向到边审计全覆盖，着力提高预算管理水平，防范和化解地方财政风险。

【公共投资审计】 2021年，区审计局对清远市田家炳实验学校教学综合楼建设工程项目进行审计，审计查出管理不规范金额0.15万元。依法加强对政府投资、以政府投资为主的重大工程项目审计，促进提高公共投资绩效。

【经济责任审计】 2021年，区审计局对3个单位5名主要负责人进行了任期经济责任审计，查出管理不规范金额26570万元。通过审计，促进领导干部依法履职尽责、守法守规守纪、责任担当作为。

【国家和省重大政策措施落实情况跟踪审计】 2021年，区审计局开展清远市清城区2021年国家和省重大政策措施落实情况跟踪审计，通过审计，推动中央及省重大经济政策措施和决策部署贯彻落实，促进经济持续平稳运行和高质量发展。

【农业农村审计】 2021年，区审计局组织对清远市清城区2019

年至2021年6月粮食安全跟踪审计，审计查出管理不规范金额1.27万元。通过审计，摸清清城区在粮食生产能力、生猪等重要农产品的生产供应，以及粮食质量安全等方面的情况，揭示清城区粮食生产及质量安全方面存在的潜在隐患和苗头性问题。

【抽（借）调人员参与上级审计】 2021年，市审计局抽调区审计局6人次分别参与全省违法用地情况审计调查、清远市镇域经济发展情况专项审计调查、全省中心城区公厕建设管理使用情况专项审计调查、困难群众救助补助资金审计、韶关市隐性债务清理化解情况审计调查、清远市财政暂存暂付款挂账事项审计调查等审计项目。

（巫晓彤）

统　计

【概况】 2021年清城区统计局（以下简称"区统计局"）加强统计分析研究，夯实统计基层基础，全面完成上级统计调查任务和区委、区政府交办的各项工作，为全面推进广清一体化高质量发展，加快建设"一地、两区、三城"提供优质统计保障。

【经济调查】 2021年，区统计局狠抓统计数据质量和审核评估，准确、及时、全面地完成工业、农业、商业、建筑业、服务业、固定资产投资、能源、科技、交通等全区各经济领域的统计定期报表和临时报表的调查、上报工作，并及时做好基本名录库的更新、维护，为分析全区经济运行情况提供数据支撑。全区共有规模以上统计项目1462个，其中投资项目396个、房地产项目331个、商业企业273家、服务业企业203家、工业企业159家、建筑业企业100家。共有规模以下抽样调查企业605个。

【民生调查】 区统计局组织实施城乡一体化住户、劳动力、居民消费价格指数、农民工等民生调查。全区城乡一体化住户调查15个点共150户，居民消费价格指数调查192个调查点，劳动力调查5个调查点80户，禽畜调查7个镇（街）97户，农民工调查30个调查点，年度农民工市民化调查65个调查点。2021年全区居民人均可支配收入37080元，增长6.0%。按常住地分，城镇常住居民人均可支配收入39749元，增长7.3%；农村常住居民人均可支配收入24851元，增长9.3%。

【统计服务】 2021年，区统计局贯彻落实省统计局"统计基层基础建设年"工作部署，不断夯实统计基础工作。以国家统计局督察广东反馈意见整改工作为契机，强化经济联席会议制度，每季度定期召开一次经济运行分析研究会，每月根据工作需要召集农业、工信、发改、住建等部门专题研究落实有关经济工作。先后组织召开30多场线下集中研讨、培训会议，参会人员超600人次，保证统计业务培训全覆盖。对经济运行中出现的新问题、新情况进行深入分析，提出可操作性政策建议。及时发布《2020年清城区国民经济和社会发展统计公报》，整理编印《统计年鉴》《统计监测月报》《城区统计》等统计资料，全年对外提供信息咨询服务300余人次，提供指标数量近3000个。结合党史学习教育，制定"走访服务企业100家"工作机制，该项目入选区委"我为群众办实事"重点民生项目。充分利用统计报表空档期，深入企业面

2021年6月30日，清城区统计局执法人员到清远电力规划设计院有限公司开展统计执法检查工作

（区统计局　供图）

对面解决企业填报统计报表中遇到的问题，督促指导企业规范统计台账，帮助企业主动发现问题，减少统计违法风险。截至2021年年底，完成超过150家企业的走访工作。班子成员响应区"百名局长进千企"活动，分别走访忠信、凯荣德、中科、丰诚等企业，将企业诉求进行梳理和归纳并对接主管部门寻求解决方案，进一步优化和改善营商环境，推动企业健康发展。

2021年9月10日，清城区统计局领导到中科华飞（清远）管业有限公司开展"百名局长进千企"服务活动
（区统计局　供图）

【法治建设】 2021年，清城区把国家统计局督察广东反馈意见整改工作列入重要议事日程，以区政府名义印发《清城区落实国家统计局督察广东反馈意见整改方案》，多次召开部署整改工作会议，推动整改落实。区政府常务会议传达学习习近平总书记关于防范和惩治统计造假、弄虚作假重要讲话指示精神、中央、省印发统计法律法规文件精神，并通报2017年以来广东省统计违纪违法案件。全区8个镇（街）以及区纪委监委机关等9个主要部门对整改情况进行书面反馈。区委组织部发文要求全区所有区直机关、事业单位、社会团体将《关于深化统计管理体制改革提高统计数据真实性的意见》《统计违纪违法责任人处分处理建议办法》《防范和惩治统计造假、弄虚作假督查工作规定》作为领导干部学习的主要内容。区委党校将《统计法》及相关法律法规作为区委党校党员干部教育培训主体班次的必修课，在清城区公务员初任培训班、公务员全员培训班等15个班次中进行培训学习。通过多渠道宣传学习统计法律法规，全面提升领导干部防范、思想自觉、政治自觉和行动自觉。坚决防范和惩治统计造假、弄虚作假，全面贯彻依法统计依法治统、不断强化全局人员的统计法治意识，不断加大统计执法力度，全年对85家企业进行执法检查，统计执法数量比上年增长2.7倍，执法流程严格按照相关法律法规开展执法，全程录像，公开透明。清城区统计局案审委员会形成共识，对发现的违纪违法行为坚决予以立案查处，对数据差异在10%以内的7家企业作出责令改正通知决定；对数据差异在30%以上的3家企业进行立案，作出警告并罚款的行政处罚决定。

【人口普查】 2021年，清城区第七次全国人口普查继续围绕数据整理、资料开发完成一系列工作。保障普查人员待遇及时发放，针对部分镇（街）未及时足额发放"两员"补贴问题，清城区人普办及时协调，强力推进，各镇（街）"两员"待遇得到足额保障；撰写《清城区第七次全国人口普查报告书》，全面梳理总结普查工作经验和存在不足，做好普查工作总结和技术业务总结，为今后开展人口普查、人口调查工作积累经验；发布解读普查公报，在"清城发布"微信公众号上发布《清城区第七次全国人口普查公报（1—6号）》，并对人口、性别、教育等普查数据做出系列解读，营造积极正面的舆论氛围；开展普查资料课题研究，对《清城区适度人口规模与经济资源环境协调发展研究》等5个课题立项，进行专题研究并出具课题报告。清城区统计局被广东省第七次全国人口普查领导小组授予"广东省第七次全国人口普查先进集体"称号。刘逸群被国务院第七次全国人口普查领导小组授予"第七次全国人口普查先进个人"称号。

张燕芬、郭惠娟、周聘洪、姚已4人被广东省第七次全国人口普查领导小组授予"第七次全国人口普查先进个人"称号。

(卢明惠)

市场监督管理

【概况】 2021年,清远市清城区市场监督管理局(以下简称"区市场监管局")加挂清远市清城区知识产权局牌子。区市场监管局依法履职,抓好市场监管领域疫情防控,深化市场准入制度改革,优化营商环境,维护市场秩序,开展源头防范综合治理,实施质量强区战略,保护知识产权,夯实市场监管基础,严守安全底线,全年无发生市场监管领域重大安全事件。3月24日,清城区个体私营企业委员会在区市场监管局揭牌成立。

【市场主体登记注册管理】 2021年,清城区市场监管局辖区内有各类经济户口99808户,注册资本1822.29亿元,同比分别增长10.22%、10.27%,其中新增商事主体22071户,新增注册资本244.27亿元,同比分别增长7.88%、18.05%。

个体工商户登记 2021年,有个体工商户73991户,资金数额44.66亿元(其中新登记16920户、注册资金10.92亿元,注销8853户)。

内资企业登记 2021年,有内资企业2716户(含分支机构)、注册资本541.75亿元,其中新登记437户(含分支机构)、新增注册资本47.57亿元,注销164户。

私营企业登记 2021年,有私营企业22465户(含分支机构)、注册资本1227.34元,其中新登记4635户(含分支机构)、新增注册资本184.36亿元,注销2031户。

农民专业合作社 2021年,有农民专业合作社636户、出资总额78.54亿元,其中新登记79户、出资总额1.42亿元,注销29户。

食品药品登记 2021年,受理食品药品登记业务10083件,其中,食品经营许可8989件,食品生产加工小作坊登记119件,药品经营许可522件,第二类医疗器械备案338件,市市场监管局委托代收第三类医疗器械许可申请资料和GSP注销申请资料115件。办结9968件,制发证6824个。

特种设备使用登记 2021年,新办特种设备使用登记业务1411宗,涉及设备3811台(个),办理变更登记业务463宗,涉及设备1912台(个)。

办理"住改商"767户、引导"个转企"80户。办理股权出质登记799宗,担保金额734.27亿元。办理全程电子化业务5512宗,简易注销企业855户。商事登记窗口启动"企业开办专窗",专窗办理业务4299宗,开设"延时服务窗",办理业务311宗。特种设备窗口办理"旧楼加装电梯"业务47宗。

【企业监督管理】 2020年度企业年报公示率为内资企业94.43%(其中特种设备生产企业、燃气充装企业年报率100%)。开展双随机一公开抽查工作,全区各部门累计抽查企业4109户,开展跨部门联合抽查22次,抽查企业73户,其中区市场监管局开展"双随机"抽查等方式监督检查市场主体3665户,其中委托会计师事务所121户,开展跨部门联合

2021年3月24日,中共清远市清城区个体私营企业委员会在清城区市场监管局揭牌成立　　　　　(区市场监管局　供图)

抽查21户。加强企业信用监管，2021年列入经营异常名录或标记为经营异常状态的市场主体共44116户（其中企业2810户，个体41107户，农合199户），通过信用修复方式移出严重违法失信企业名单企业4户，移出经营异常名录或标志为异常状态的市场主体9079户（其中企业1542户，个体7511户，农合26户），列入严重违法失信企业名单企业共153户。向职能部门发送案件线索移送函11份，公示涉嫌冒名登记企业11户。开展"诚信企业""诚信经营示范店"创建活动，评选出诚信经营主体23户，其中诚信企业11户、诚信经营示范店12户。持续开展"死户"清吊工作，全年立案吊销企业2164户。加大查处无照经营工作力度，查处无照案件2宗，移交无照经营案件线索13宗。做好节日期间安全生产工作，配合政府及有关部门开展系列安全专项整治行动，共出动执法人员7336人次，检查3628户商事主体。

【执法检查】 2021年，区市场监督管理局累计立案2680宗，其中"四品一械"立案309宗，"清吊"案2164宗，反法、打假、价格、特设等案件207宗。移交涉刑案件3宗，均录入两法衔接平台。没收一批假冒伪劣、侵权酒类、日用品、化妆品、食品、医疗器械等物品。

打击传销活动 开展打击传销清查行动，开展各类清查行动47次，出动执法人员323人次，车辆106台次，清查出租房60间，派发宣传材料1377份。

打击走私工作 开展成品油非法经营专项行动，配合公安机关查处市场流通领域销售无合法来源证明成品油违法犯罪行为。核查柴油质量问题、疑似非法加油点案件线索15条次。开展违法销售野生动物及其制品走私专项行动，查处野生动物案3宗，罚没款8万余元，查获疑似滑鼠蛇活体134条共462.3斤、画眉活体61只，均移送至清远市林业局处理。

价格监督检查 结合新冠肺炎疫情形势，重点对猪肉、粮油、肉蛋、禽畜以及各类防疫物资等生活必需品的供应量及春节期间价格情况进行常态化监管。围绕群众投诉举报较多的收费问题，开展校外培训机构收费专项整治、不合理医疗机构服务收费专项工作，处理价格类信访舆情案件16宗，查处价格类违法案件2宗；开展反不正当竞争执法专项工作，制定《清城区反不正当竞争部门间联席会议制度》，开展反不正当竞争专项执法，查办反不正当竞争法案件6宗。全面完善公平竞争审查机制，制定《清城区公平竞争审查抽查工作办法（暂行）》《清城区公平竞争审查会审工作办法（暂行）》《清城区公平竞争审查举报处理工作办法（暂行）》。

检验检测 开展"四品一械"监督抽检工作，抽检食品3571批，合格率97.78%。抽检药品130批，合格率99.23%。抽检化妆品12批次，合格率100%。抽检医疗器械7批次，不合格1批次，合格率85%。

开展反诈宣传 深入企业开展反诈宣传活动，培育创建清远市"无诈企业"2家，推广安装"国家反诈中心"App 10645人次。

【市场管理】 常态化抓好农贸市场疫情防控工作。2021年，区市场监督管理局督促全区各农贸市场开办方（管理方）落实做好疫情防控市场主体责任，严格落实常态化疫情防控工作，强化测温扫码戴口罩、通风清洗消毒、人员健康管理和防疫知识培训，提倡无接触支付消费。做好创建全国文明城市农贸市场方面的迎检工作，辖区2个农贸市场接受国家创建检查组测评。

【网络管理】 加强网络市场监管工作，区市场监督管理局开展2021网络市场监管专项行动（网剑行动），立案查处网络案件6宗。

【合同管理】 区市场监督管理局开展"守合同重信用企业"公示活动，辖区被公示为广东省"守合同重信用企业"公示活动企业479家。根据《国务院关于实施动产和权力担保统一登记的决定》，自2021年1月1日起，生产设备、原材料、半成品、产品等动产抵押登记职责由人民银行承担，市场监管部门不再受理动产抵押登记的设立、变更、注销申请，于2021年12月31日前做好动产抵押登记职责划转工作。

2021年4月27日，清城区市场监管局开展进口冷链食品疫情防控检查
（区市场监管局　供图）

【知识产权保护】　2021年，清城区（不含高新区，下同）专利授权量1619件（占全市25.94%），同比增长34.8%，其中发明专利100件，实用新型1169件，外观设计350件。截至2021年年末，有效注册商标9078件，同比增长41.29%。区市场监督管理局全年查处知识产权案件37宗。继续做好飞来峡黑皮冬瓜和源潭窝仔粉地理标志证明商标的培育工作。

【广告监管】　2021年，清城区有广告经营单位3341户。纳入2020年度广告业统计主体库17户，填报企业17户，填报率100%。2021年，区市场监督管理局查处广告案件13宗，案值12.57万元，罚没金额18.84万元。

【消费者权益保护】　2021年，区市场监督管理局围绕"守护安全 畅通消费"消费维权年主题，开展消费者权益保护工作。受理消费者投诉举报13475宗（其中，咨询2100宗，投诉7590宗，经济违法举报3785宗），100%按时办结，处理信访件40多宗，为消费者挽回经济损失761.02万元，收到消费者赠予锦旗4面、表扬信3封，收到"12345"政府服务热线转发消费者表扬件4件。开展"3·15"国际消费者权益日、"消费安全知多点""守护安全 畅通消费"普法宣传进企业等宣传活动，发布消费警示30余篇，建设完善消费维权服务站点27个，全区4街4镇23个重点农贸市场设立消费者维权服务机构，现场检查和行政指导15家企业，约谈2家房地产公司，妥善处理美林湖等群体投诉事件。

【食品市场监管】　2021年，区市场监督管理局加强食品生产企业、食品小作坊日常检查监管，监督检查食品生产企业92家次，立案查处11宗；检查食品加工小作坊650家，立案查处8宗。委托第三方检测机构对全区27家农贸市场重点食用农产品（蔬菜类、水产品类和肉类为主）进行抽样检测，快检106455批次（不合格778批次）。开展食品销售风险分级工作，全区评级食品销售单位6899家，其中A级风险5647家、B级风险792家、C级风险4家、D级风险456家（其中校园周边食品销售单位455家）。开展"校园周边食品安全回头看"和"校园周边烟、酒、彩票禁售"专项清理整治。疫情防控方面，做好冷库通的运营管理工作，全区从事冷链食品生产和经营企业98家（生产企业只有蒙牛、玛芝莲、添香、雅和4间，其他均为餐饮和食品零售店），覆盖重点管控人员214人，冷库通各类货品库存1793.52吨。

【食品餐饮监管】　2021年，清城区实施"明厨亮灶"工程餐饮服务单位8710家，"明厨亮灶"率100%，完成餐饮服务单位量化分级8150家。区市场监督管理局开展食品餐饮店安全检查工作，检查学校食堂605家次，检查学校周边餐饮单位535家次，检查校外托管机构567家次；集中约谈辖区内饿了么和美团两家第三方平台负责人；开展网络直播"查餐厅"行动，邀请1名区人大代表、6名媒体代表共同参与，网络直播点击量达到5.13万人次。落实完成中央生态环境保护督察组交办工作。开展食品安全知识培训班3场，开展食品安全管理人员抽考及从业人员培训考核工作，5331家餐饮服务单位通过"食安快线通用版"App完成食品安全知识培训考核，培训考核通过率100%。开展疫情防控工作，出动检查人员5498人次，检查餐饮单位4201家次，与大中型餐馆签订《餐饮服务单位落实疫情防控措施承诺书》376份，派发《防疫温馨提示》376张。

【药品医疗器械化妆品监管】 召开2021年清城区药品安全监管工作新闻发布会。制定《清远市清城区药品安全事件应急预案（试行）》，同时开展药品、医疗器械安全事件应急处置桌面演练活动。全面落实疫情期间零售药店购买《目录》药品人员信息登记报告制度工作，对85家未按要求落实疫情防控工作的企业要求立即整改，对疫情防控措施落实不到位的28家药店责令停业整顿并通报给医疗保障部门，指导督促药店主动报告涉嫌黄码购药人员24人、红码人员2人。收集药品不良反应（ADR）1048份、医疗器械不良事件（MDR）409份、化妆品不良事件（ACR）106份、药物滥用报告266份。开展药品、医疗器械、化妆品安全专项整治，查处药品、医疗器械、化妆品行政处罚案件102宗，立涉药品领域刑事案件1宗，破案1宗，刑事拘留2人，取保候审2人。

【特种设备安全监管】 2021年，区市场监督管理局将特种设备安全监察专项经费纳入清城区财政预算（100万元）。全区在用特种设备19263台套，其中，锅炉167台、压力容器2778台、压力管道926台（套）、起重机械1462台、电梯11234台、场（厂）内机动车辆2670台、大型游乐设施25台、客运索道1台。受理安装、修理等施工告知1014笔，涉及特种设备2848台（套）。处理各类特种设备举报、投诉244宗，处理飘红特种设备426家1533台。推进气瓶安全监管改革，全区完成气瓶二维码安装489534只，完成率100%。组织特种设备使用单位及电梯安装、维保单位召开培训会议10次。委托东莞特检院监督抽查曳引和强制驱动电梯566台、老旧电梯10台。通过开展"3·15"国际消费者权益日、"安全生产月"等活动及新闻媒体系列宣传特种设备安全知识，组织特种设备使用单位开展应急救援演练。开展电梯、快开门式压力容器、起重机械设备等特种设备专项整治15次，约谈存在安全隐患问题较多的特种设备使用单位5次，出动人员510人次，现场检查172家次，发现隐患292处（均

2021年6月7日，清城区市场监管局开展特种设备安全宣传进企业活动，指导黄腾峡景区开展客运索道救护演练

（区市场监管局　供图）

闭环处理），发出《特种设备安全监察指令书》95份。

【工业产品质量监管】 2021年，完善行业产品数据库，区市场监督管理局录入信息产品生产企业4133家，经销商42655家。开展非医用口罩、烧结普通砖（除黏土砖外）、混凝土普通砖和装饰砖、办公用纸、瓦楞（纸、箱）、人造板（细木工板、纤维板、刨花板、胶合板）等6种产品监督抽查，抽查产品47款，发现不合格产品3款，立案查处2宗，没收不合格的非医用口罩18包。对上级部门监督抽查发现的52款不合格产品进行处理，立案13宗。加强标准化监管，开展2021年度团体标准和企业标准随机抽查后处理工作，督促9家被抽查企业落实整改抽查标准问题68个。组织2家企业申报2021年度广东省标准化试点项目和广东省标准化示范点项目。组织8家企业申报清远市实施标准化战略专项资金的项目32个。开展认证认可、检验检测领域专项治理，开展2021年检验检测机构资质认定"双随机一公开"检查，抽查企业16家，发出问题确认表3份。开展计量器具强制检定工作，检定单位1477个、计量器具124514台，检定不合格计量器具3586台。开展质量发展工作，组织企业质量管理人员参加清城区2021年《卓越绩效评价准则》国家标准宣贯培训班，33家重点企业取得培训证书。广东东鹏控股股份有限公司和广东新亚光电缆股份有限公司获"清远市政府质量奖"，清城区获奖企业数占全市获奖企业数的66.67%；开展2021年全区公共服务质量监测；开展以"深入实施质量提升行动 大力推进质量强国建设"为主题的"质量月"活动。

【政策法规】 2021年，区市场监督管理局行政复议7宗，结果为维持5宗，驳回1宗，调解1宗。举行听证案件2宗，行政诉讼案件5宗，驳回起诉4宗，主动撤诉1宗。推动综合执法工作，3月23日，清城区市场监管局局长黄劲锋与各镇（街）主要负责人签署工作交接书，将清城区市场监管局47项行政处罚事项以及相应的行政检查权、行政强制权下放至镇（街）。深化行政执法体制改革，依法整合区市场监管和商务领域行政执法职能，11月8日起，清城区市场监管局承担区商务领域的行政处罚权以及与行政处罚相关的行政检查权、行政强制权等事项53项。

【打击侵权假冒】 2021年，区市场监督管理局牵头，在全区开展打击侵犯知识产权和制售假冒伪劣商品工作、质量强区工作。全区查处假冒伪劣违法案件213宗，涉案货值2398.92万元。公安机关立涉假案件15宗，抓获27人，刑拘27人，逮捕10人，移送起诉14人。清城区法院受理侵犯知识产权类犯罪案件8件20人，审结3件7人，受理制售伪劣商品类犯罪案件8件16人，审结6件8人。清城区人民检察院受理涉"双打"犯罪审查逮捕刑事案件16件46人，依法批准逮捕8件21人，受理审查起诉刑事案件17件48人，依法提起公诉15件35人。在2020年县（市、区）人民政府质量工作考核中，清城区人民政府得分99.1分，被评定为A级，分数排名第一。开展2021年清城区公共服务质量监测（包括公共教育、公共就业、医疗服务、社会保障、公用事业、生态环境、公共交通、公共安全、公共文化、公共体育、养老服务、政务服务12个领域），总体监测结果为82.44分，处于"较满意"区间。2021年，全区在产品质量、工程质量、环境质量、服务质量等方面无发生较大事故。

【食品安全管理】 区市场监督管理局制定清城区2021年食品安全重点工作、清城区2021年食品安全工作评议考核方案，完善食品安全应急处理机制，开展2021年食品安全宣传周系列活动，全年抽检食品3571批次，立案查处食品194宗。

【区农贸市场和进口冷链工作专班】 2021年，区市场监督管理局加强进口食品疫情防控，强化进口冷链食品经营户监管，严禁不能提供"三证一码"的进口冷链食品上市销售；加大对涉进口冷链食品的冷库场所、产品、从业人员的采样和核酸检测力度，检测进口冷链食品从业人员10804人、进口冷链食品7414份、现场环境标本14062份；严格督促设有冷库食品生产经营者在"冷库通"系统及时录入产品出入库信息，收集冷链食品入库信息12272条，其中涉进口冷链食品9560条。开展进口冷链食品集中监管仓建设，将广东锦邦冷链仓储物流公司改造成符合疫情防控要求的冷链食品集中监管仓。加强餐饮环节疫情防控，开展餐饮行业食品经营户疫情防控检查，督促指导经营户做好从业人员管理、环境卫生防控、就餐过程管理等工作。开展涉疫进口冷链食品排查处置工作，组织卫健、市场监管、公安及属地镇（街）等部门联合排查销毁涉疫进口冷链食品3573千克，无害化处理407千克。采集涉疫的人员、环境、产品核酸检测样本904份，查处涉疫案件11宗。

【城乡市场】 2021年，清城区辖区有商品交易市场41个。做好商品交易市场登记注册和监管工作，推进市场企业化登记，领取营业执照市场39个，市场企业化登记率95.12%。

（陈文蔚）

自然资源管理

【概况】 清远市自然资源局清城分局（以下简称"区自然资源局"）主要职责是具体负责清城区行政范围内的自然资源管理（广东清远高新区、广清产业园负责的除外）和建设项目建设工程设计方案审查、行政许可及规划条件核发，以及相应的建设工程验线、规划条件核实及城市基础设施配套费的代征工作；负责组织辖区内建设工程违法建设案件定性工作；承办市自然资源局委托的其他事项。2021年，区自然资源局以尽职尽责保护自然资源、节约集约利用自然资源、尽心尽力维护群众权益为主线，推动清城区自然资源管理工作。

【行政审批】 2021年，区自然资源局办理规划审批（审查）业务2907宗次，办理用地规划许可的用地面积210.76万平方米，核发规划条件的用地面积625.33万平方米。审批临时用地24宗，面积104.22公顷。备案设施农用地26宗，面积15.29公顷。

【用地报批】 2021年，区自然资源局上报市局43宗用地申请，总面积302.24公顷，其中有区项目20宗，用地面积112.90公顷，占用农用地面积103.49公顷。市土地储备局项目17宗，用地面积98.28公顷，占用农用地面积91.32公顷。广清合作园5宗，用地面积60.4325公顷，占用农用地面积59.1582公顷。单独选址1宗，用地面积30.63公顷，占用农用地面积28.09公顷。获得市批复（农用地转用）15宗，总面积29.59公顷，其中有区项目14宗，用地批复面积24.59公顷，占用农用地面积16.96公顷。市土地储备局项目1宗，用地批复面积5公顷，占用农用地面积5公顷。获得省批复（城镇建设用地、单独选址）56宗，总面积528.09公顷，其中有区项目28宗，用地批复面积187.10公顷，占用农用地面积168.09公顷；市土地储备局项目26宗，用地批复面积161.27公顷，占用农用地面积157.83公顷；单独选址项目2宗，用地批复面积179.72公顷，占用农用地面积119.16公顷。审批临时用地24宗，用地面积104.22公顷。

【土地供应】 2021年，区自然资源局完成土地供应79宗，面积535.55公顷，出让金124382.95万元。其中二级市场共上会通过完成审批4宗，完成出让金补缴共324.84万元。根据《关于明确历史遗留工业用地土地出让金征收标准的通知》，完成5宗工业用地出让金征收共7422.41万元。

【土地变更调查】 在"三调"基础上，区自然资源局开展清城区2020年度土地变更调查工作，此工作包括外业举证、内业修改、数据建库等三项内容。2021年3月底完成数据库并通过省级检查，6月和7月国家分别下发2轮核查图斑数据，8月底完成外业举证及数据库修改工作，9月底通过省级验收，并汇交国家及通过国家检查。

【"房地一体"农村不动产登记发证】 2021年，清城区全部完成测量、权籍调查，调查总宗数167531宗，其中宅基地宗数159548宗，集体建设用地宗数7983宗。清城区110个完成权属调查及权属资料收集的行政村中有108个行政村完成首轮公示，公示161321宗。在二轮公示的有20个行政村，公示35672宗。110个行政村全部完成预建库，67个行政村通过省级质检软件检查并建库，共95027宗。

【节约集约用地】 清城区促进节约集约用地，充分利用现有建设用地，提高建设用地利用效率，严格执行闲置土地处置政策。

批而未供处置 2021年清城区批而未供处置任务面积为533.4公顷（其中：2009—2018年批而未供需处置面积为73.27公顷）。截至12月31日，清城区完成处置面积为560.02公顷，完成率105%，超额完成任务。

增存挂钩闲置土地处置 2021年，清远市自然资源局下达处置任务28.60公顷，清城区通过促动工5宗，处置面积33.10公顷，完成率达116%，超额完成任务。

闲置用地处置 2021年清城区新增疑似闲置土地75.42公顷，需完成处置面积63.95公顷，清城区完成处置面积72.25公顷，完成率113%，超额完成任务。

【垦造水田】 2021年度，清城区垦造水田任务66.67公顷，实施垦造水田项目8个，建设规模98.80公顷，预计新增水田95.67公顷。截至2021年12月31日，完成土地租地、土壤检测、测量、可行性报告编制、可研专家评审等工作，下一步将加快推进立项、财审和招投标工作。

【矿山治理】 2021年，清城区矿山石场治理复绿任务为18.96公顷，清城区完成2个废弃矿山石场治理复绿，总面积22公顷，完成率达116%，超额完成市下达的任务。

【整治主要交通沿线裸露被破坏山体】 2021年，清城区主要交通沿线裸露被破坏山体共30宗，总面积164.47公顷（其中：飞来峡镇4宗，面积13.33公顷；石角镇1宗，面积0.67公顷；龙塘镇7宗，面积58.33公顷；源潭镇15宗，面积86.87公顷；东城街办3宗，面积5.27公顷）。通过挂绿网、清理砂场、工程整治复绿等方式全面推进交通沿线裸露被破坏山体专项整治工作，全区完成主要交通沿线裸露被破坏山体整治复绿面积162.47公顷，完成率98.8%。

【优化营商环境】 2021年，区自然资源局建成统一的工程建设项目审批和管理体系，提供"一窗受理"综合服务，规范"一套机制"审批运行，制定"一张表单"内容格式，整合审批事项，制定一份办事指南、一张申请表单。深入推进工程建设项目规划用地"多审合一、多证合一"制度改革，将建设项目用地预审与选址意见书核发合并办理。在工建项目申报上，推动项目通过工程建设审批管理系统（以下简称"工建系统"）申报，试行将建设工程设计方案与建设工程规划许可证合并办理，符合条件的建设单位仅需一次申办，即可取得建设工程规划许可证。通过审批流程再造大力压缩审批时间，将"建设用地规划许可证""建设工程规划许可证"等审批业务改为即办件，即办率95%以上，极大程度压缩企业业务办理时间。

【地灾防治】 清城区1:5万地质灾害详细调查成果通过省专家验收，等级为优秀。清城区城市地质调查工作通过专家评审，等级为优秀。2021年，清城区在册地质灾害隐患点36个，有8个地质灾害隐患点完成整治（搬迁）工程，有15个在册地质灾害隐患点进场施工开展工程治理。

【信访工作】 2021年，区自然资源局处理信访736宗，其中：业务咨询21宗，反映规划问题483宗、反映土地确权问题37宗、反映矿产资源非法开采24宗、反映违法用地22宗、反映土地征收问题15宗、反映其他问题134宗。均通过法定途径分类处理信访诉求工作，进行书面回复或网上回复，做到宗宗有回音，全力维护群众利益。

【执法监察】 2021年，区自然资源局执法监督组开展治理违法违规用地和违法采矿行为专项行动，落实各项工作任务。

土地动态巡查 2021年，动态巡查上线率52.42%，上线时间10833.11小时，巡查96150.77千米，上报事件666宗，面积

2021年5月12日，清远市自然资源局清城分局联合清远市自然资源局、源潭镇人民政府、广东省有色金属地质局九四〇队在源潭镇开展地质灾害"进村入户"暨全国第13个防灾减灾日科普宣传活动　　（区自然资源局　供图）

234.58公顷，占耕地61.06公顷。

土地卫片执法　2021年1—11月土地卫片违法用地共49宗，违法用地面积27.63公顷（耕地占13.96公顷），整改面积16.80公顷（耕地8.01公顷）。

矿产卫片执法　2021年，全年下发矿产卫片47宗，其中：2020年度矿产卫片9宗，上报为违法5宗、伪变化3宗、合法1宗；2021年3月份矿产卫片8宗，上报为违法4宗、合法1宗、伪变化3宗；2021年7月份矿产卫片9宗，判定为违法的3宗，伪变化5宗，合法1宗；2021年第三季度矿产卫片13宗，合法3宗，违法1宗，伪变化9宗；2021年9月份矿产卫片1宗，上报类型为伪变化；2021年10月份矿产卫片1宗；2021年第四季度矿产卫片6宗，上报类型均为伪变化。

打击非法开采　加强打击非法开采巡查工作，对重点区域和重点地段实施重点监控，发现非法开采现象立即从严从重处理，达到条件的移送公安部门处理。2021年，查处非法开采32宗，扣押机械78台，罚款金额106.22万元，没收8.04万元。

整治露天堆（沙）场　2021年，排查出24宗（有手续7宗，没有手续17宗）路边露天堆（沙）场，其中：洲心街3宗、横荷街5宗、东城街3宗、龙塘镇3宗、石角镇5宗、源潭镇2宗、飞来峡镇3宗，全区整改取缔率为75%。

【矿产管理】区自然资源局推进矿产资源节约集约利用，加强对持证矿山企业执行开发利用情况以及开采现状进行检查，杜绝超层越界开采，严禁超限超载运输。截至2021年12月31日，清城区持证矿山数有15个，其中处于正常开采状态的有3个（有2个地热矿和1个砂石矿），未发现违法违规采矿行为，未发生矿山行业领域安全生产事故。

（雷建凌）

财政·税务

财　政

【概况】 2021年，清城区本级一般公共预算收入完成170518万元，同比增收3374万元，增长2.02%。其中：税收收入完成132034万元，同比增收3375万元，增长2.62%；非税收入完成38484万元，同比减收1万元，与上年同期基本持平，占一般公共预算收入比重为22.57%。本级一般公共预算支出完成543671万元，同比减支15478万元，下降2.77%。政府性基金收入完成124271万元，同比减收65567万元，下降34.54%；政府性基金预算支出完成234030万元，同比增支4233万元，增长1.84%。国有资本经营收入650万元，同比增收225万元，增长52.94%；国有资本经营支出90万元，同比减支46万元，下降33.82%。

【民生投入】 财政部门持续在民生领域方面加大投入，资金安排向民生类支出倾斜，2021年清城区民生支出41.16亿元，占一般公共预算支出的75.71%，确保区财政区教育高质量发展扎实推进，医疗卫生服务水平进一步提升，公共文体设施逐步健全，社会保障体系持续完善，底线民生保障水平逐步提高。

教育保障　落实教育投入"两个只增不减"，推动基础教育综合改革。2021年，财政投入资金4亿元，新建清城区新城小学、清飞小学，改（扩）建松岗中学、新北江小学。上述学校建成并投入使用后，新增公办中小学学位6860个，大大改善和提升基础教育质量。

医疗保障　加大医疗保障力度，做好全区疫情防控资金保障。疫情发生以来，清城区财政局（以下简称"区财政局"）筹措各级防控资金，做到第一时间安排、第一时间划拨。2020年至2021年12月，筹集疫情防控资金19789.14万元，支出18648.02万元，结余1141.12万元。推动医疗重大项目建设，清城区人民医院新院建设工程总投资5.8亿元，2021年，区财政划拨区人民医院新院建设相关资金2.02亿元。

就业保障　落实就业优先政策，推进就业创业工作。区财政贯彻落实就业创业政策，2021年区财政发放就业创业补贴841万元，惠及3201人次。

底线民生保障　筑牢保障底线，及时足额发放资金。2021年发放低保资金4961.65万元、普惠型儿童补助资金634.46万元、孤儿生活费85.89万元、临时救助200.21万元、特困供养金和护理补贴2903.06万元、残疾人两项补贴3097.46万元和高龄长寿金1101.05万元。

【重点支出】 财政部门注重统筹抓好涉农资金整合、直达资金及债券资金等重点领域支出工作。涉农资金整合方面，2021年省下达清城区涉农转移支付资金5155万元，报备项目40个，至12月全部支付完毕，支出进度100%，在全市率先完成年度考核任务。直达资金方面，上级财政下达到区财政区直达资金79889万元，支出78172万元，支出进度97.90%。

财政·税务

2021年6月29日，区财政局开展"追寻红色足迹、牢记初心使命"暨庆祝中国共产党成立100周年主题活动　　（区财政局　供图）

债券资金方面，2021年市下达清城区地方政府新增债券转贷资金170780万元（其中：一般债券10780万元、专项债券160000万元），财政拨付金额170780万元，拨付进度100%，部门实际支出金额67917万元，实际支出进度39.77%。

【财政改革】 2021年，全面深化预算制度改革，如期顺利完成全省"数字财政"系统在清城区的上线运行工作，首次实现国库支付电子化和预算管理一体化。财政资金管理、拨付全流程信息在"数字财政"系统可查、可见、可跟踪，全面提高财政运行的效率性、安全性、精准性，增强财政管理的精细化、信息化、数字化水平。深化政府采购制度改革。指导全区各预算单位上线广东省政府采购智慧云平台，进一步规范政府采购行为。推进国有资产监督管理改革。逐步推进以管资本为主的国有资产监管体制，推动行政事业单位经营性国有资产注入顺拓公司，总注资额约4.06亿元，增加顺拓公司注册资本、增强融资能力，推动区属国有企业改革重组。全面实施预算绩效管理，制定出台《关于全面推进预算绩效管理的实施方案》，将预算目标、事前绩效评估、重点项目绩效评价、绩效评价结果运用有机结合，建立健全绩效管理结果与预算安排、政策调整挂钩机制，树立"花钱必问效、无效必问责"理念，对低效无效资金一律削减，让财政资金始终处于"探照灯"和"高压枪"下，确保预算安排科学精准，防止"任性用钱"。

【财政监督】 2021年，区财政局打造阳光财政，严格按照《中华人民共和国预算法》要求，加强预决算等财政信息公开。在清城区政府门户网站公开2021年预算情况、2020年决算情况、2021年上半年预算执行情况及财政规章制度等相关信息。做好财政投资项目评审工作。2021年审结各类工程项目861项，送审金额459743万元，审定金额431002万元，审减28741万元，平均核减率6.25%。开展对挤占弱势群体利益行为的全面排查。从弱势群体资金的申请、审批、拨付、监管，弱势群体资金的规章制度是否完善等方面，全面排查清城区是否存在挤占弱势群体利益行为，不断提升资金规范化管理水平。

【财政管理】 抓实土地出让 2021年，区财政局加强部门协调联动，密切跟踪土地出让进度，主动研判收入形势，协调解决土地出让存在问题，在收入总量及均衡入库上实行双调控。2021年清城区土地出让收入累计完成103702万元，其中区本级收入为74237万元，镇（街）收入为29465万元。

盘活存量资金 进一步规范清城区财政存量资金管理，制定出台《清远市清城区财政存量资金管理办法》，全年盘活存量资金9288万元，切实提高财政资金使用效率。

争取上级资金 2021年上级财政下达清城区新增债券资金和直达资金共250665万元。债券资金和直达资金的使用，发挥政府投资对补短板、惠民生、促消费、扩内需的支持撬动作用，同时加强区级财政统筹力度，有效缓解财政资金投入压力。

推进财政挂账清理 加快消化财政历年挂账，按照积极稳妥有序、兼顾防控财政运行风险的原则，消化2021年存量挂账31775万元。

【财政服务】 2021年，区财政局全面落实公积金便民措施。贯彻落实《优化营商环境条例》，对标借鉴先进城市实践经验，在企业设立登记时同步开办公积金账户，压缩工作时限为0.5个工作日，提升营商环境。公积金新系统于2021年7月19日上线，提供多项业务7×24小时不间断线上服务，变"群众跑腿"为"信息跑路"。系统上线至2021年12月31日止办理5005宗业务，其中：归集业务573宗、贷款业务1899宗、提取业务1913宗、异地转移业务76宗、约定提取签约业务544宗。开展公积金追缴工作，为群众办实事办好事。2021年区财政局受理416名职工投诉，涉及金额295万元，其中区财政局为碧桂园假日半岛8间公司347名职工追缴住房公积金的案件，得到群众的高度认可，收到群众送来的锦旗。优化区属代理记账许可办事流程项目。优化代理记账许可办理流程、精减材料、简化程序，压缩办结时限，从原来法定办结时间10个工作日压缩到1个工作日，做到即来即办，保证群众办事"只跑一次"。

【财政创新】 创新建立"一个部门对口一个股室"制度。区财政局于2021年8月20日印发《清城区财政局关于建立"一个部门对口一个股室"的对口服务工作机制的通知》，明确各区级预算部门办理预算有关事项，直接向区财政局对口股室申请和咨询，由对口股室统一受理和办理，提供政策咨询和指导。实行首问首办和对口服务责任制，落实马上办、就近办、网上办、一次办，全面提升财政服务能力和服务水平。

（刘家宜）

清城税务

【概况】 2021年，清城区税务局（以下简称"区税务局"）统筹抓好疫情防控和服务发展大局，为经济社会发展提供坚实财力保障。2021年税费收入合计124.5亿元（含海关组织收入12.22亿元），同比增长14.6%，实现平稳安全可持续增长。其中，税务部门组织税收收入77.2亿元，同比增长3.5%，社保费及其他费金收入35.1亿元，同比增长38.0%。减税降费政策深入落实，税收红

2021年11月，根据国家发改委价格认证中心《关于开展涉税房地产价格认定数字化转型试点工作的通知》，清远市被列为全国8个首批涉税房地产价格认定数字化转型试点基地之一，清城区税务局作为清远市试点县区单位，推动涉税房地产价格认定数字化转型全国试点工作顺利落地

（区税务局 供图）

利直达市场主体，2021年累计新增减税降费3.28亿元。

【党建引领】 2021年，区税务局坚持"学党史、办实事"，开展"千企问需 百人问计"大调研行动，党委牵头组建10支队伍，走访企业1000多户，通过"局长信箱直通车"收到干部心声信件200余封，及时解决纳税人缴费人和干部职工急难愁盼问题。组建"青年党史宣讲团"，开展"五进"活动15场，举办党史学习教育专题读书班和青年理论学习专题研讨会，开展"走红色地图""诵红色家书""青年讲党史""党史知识共学""党史学习成果展示"等系列活动，推动党史学习教育走深走实。搭建"税务+地方""税务+企业""税务+高校"等党建共建"红色链接"，推动成立清远首个税务师事务所基层党组织，联合清远首个本科院校举办党史学习教育成果展演。强化基层分

局驻点监督和内外双巡访工作，对内巡访部门8个，对外巡访纳税企业27户。

【税费征管】 2021年，区税务局联合区发改局、区住建局、区自然资源局等部门，打造跨部门税费共治协作平台。升级房地产价格动态批量估值系统，实现"一房一价"估值。联合区发改局打造涉税房地产价格认定数字化新模式，争议价格认定全程"一窗受理、电子传输"，无需纳税人来回奔波和承担评估费用，有效减轻征纳负担。打造可视化成果展示中心，实时监控房地产行业价格波动趋势，强化房地产行业动态管理。探索"信用＋风险"精准监管模式，对高信用、中低风险、高风险纳税人进行分类精准监管。建立房地产业"全周期"管理模式，推动重点行业税收管理科学化。将"一人多户""自然人持股"纳入重点监控纳税人名单，源头上保障风险可控。全面落实行政执法"三项制度"，严格规范税务执法行为，突出精确执法。探索推进柔性执法，推广"首违不罚""两轻一免"涉税事项清单，2021年对541户次纳税人首次或轻微违法违规行为不予行政处罚，让执法既有力度又有温度。严格执行税务行政处罚裁量权实施办法及裁量基准，做到依法处置、罚当其责。联合人社部门在全市10个服务厅创新推出税务和社保业务"一厅联办"便民服务，有效优化群众办税缴费体验。推动社保费、非税收入等5个系统升级上线，实现缴费体验和效率双提升。实施社保注销"闭环"管理，为企业注销"提速度降风险"。强化跨部门沟通合作，深入调研推进，2021年划转水土保持补偿费、城镇垃圾处理费等非税收入征收项目6个。

【纳税服务】 建设"零窗口即办"智慧办税厅，服务智能化 2021年，区税务局配置高智能化自助办税设备，可自助办理事项覆盖全部线上业务和90%以上前台业务。打造"政策充电站""税务直播间"，云办税服务团队从6人增配至13人，远程可视化服务全面提速，不断拓展"非接触式""不见面"办税缴费服务。

2021年11月，清城区税务局打造"零窗口即办"一站式智慧办税厅，实现包括跨区、跨市等390项主题业务清单的办理，使市民享受更快、更便捷的办税体验

（区税务局 供图）

2021年11月1日，清远市税务局"数字税收智控中心"启用仪式在试点单位清城区税务局举行，这标志着集"纳税服务智能化、税收业务集约化、税源管理精细化"于一体的"智税"征管服务体系正式落地启用

（区税务局 供图）

打造"高智控即审"数字化中心，业务集约化 整合各分局、各部门人力资源，打造规模约30人的"高智控即审"数字税收智控中心。该中心可集约审批发票办理、申报纳税、税务注销等8大类700多项业务，审批提速75%以上。加强跨部门税收大数据智能化分析，促进税收数据在税源管理、经济运行研判等领域的深层次应用。

构建"一门式办税"便利化格局，办税贴心化 区税务局联合区人社局在全区10个服务厅创新推出税务和社保业务"一厅联办"便民服务，联合区自然资源局、区住建局推广"交房即发证"服务新模式，联合建设银行、农商银行推进"银税互联"自助办税服务，并在两区政务服务中心办税服务厅推行午间"不打烊"的延时服务，"一门式办税"最大限度为群众提供办税缴费便利。

【服务大局】 高标准抓好疫情防控 2021年，区税务局严格落实好全员摸排、错峰用餐、测温亮码、预约办税、疫苗接种、外出报备等系列措施，全面织密织牢疫情防控网。建好疫情防控党团志愿队，全力配合区委、区政府开展疫情防控工作。

高质量推进以税资政 采集增值税发票、个人所得税汇算等涉税数据，撰写高质量税收分析调研报告，为上级领导提供决策参考，2021年获得省局、市局和地方党政领导肯定性批示7次。

高站位落实社会责任 走进校园、社区、企业开展普法宣传，开展文明创建、禁毒宣传等工作，"税务蓝"志愿队开展各项志愿活动85次。2021年全年，累计获各级主流媒体正面报道140余次，树立起税务部门良好社会形象。巩固拓展脱贫攻坚成果，助力推进乡村振兴，选派1名党员干部担任驻村第一书记，并组织党员干部走进帮扶村开展慰问，入户宣传惠民政策，全年走访帮扶户63户次，投入7.5万元，清城区税务局获评"清城区脱贫攻坚突出贡献集体"荣誉，清城区帮扶干部麦伟楠获评"清城区脱贫攻坚突出贡献个人"荣誉。

(汤静文)

高新区税务

【概况】 2021年，国家税务总局广东清远高新技术产业开发区税务局（以下简称"高新区税务局"）坚决落实市税务局和地方党政工作部署，推动各项税收工作取得新进展新成效。全年累计新增减税降费4.64亿元，落实缓缴政策涉及企业623户次近4300万元。全局累计完成税费收入84.87亿元，同比增长24.4%，增收16.62亿元。其中国内税收收入63.93亿元，同比增长15.8%，增收8.71亿元；费金收入20.94亿元，同比增长60.8%，增收7.92亿元。税收收入中，归属清城区政府国内税收收入35.99亿元，同比增长14.7%，增收4.61亿元；其中市县级收入12.52亿元，同比增长14.8%，增收1.62亿元，超额完成区政府下达的各项税收预期目标，为地方经济社会提供有力的财力支撑。年内，高新区税务局获"清远市先进基层党组织"等称号，相关工作获地方党政和上级税务部门领导批示肯定12次，获中央电视台等各级媒体报道115次。10月20日，国家税务总局广东清远高新技术产业开发区税务局"智慧办税服务厅"揭牌成立。

【减税降费】 2021年，高新区税务局坚持立足税收职能、提升服务站位，全面落实上级各项决策部署，认真落实税费优惠政策措施，有效激发市场主体活力，助力服务地方经济社会发展大局。推进税费优惠直达快享。通过全覆盖推送，多维度辅导，精准化落实，及时打通税费优惠落地"最后一公里"。全年累计新增减税降费4.64亿元，其中，推进深化增值税改革，加快推进留抵退税审批流程，共为27户企业办理留抵退税1.86亿元；全力支持企业研发创新升级，严格落实研发费加计扣除新政，共271户享受研发费加计扣除2.91亿元。大力扶持中小微企业发展，做好中小微企业延缓缴纳税费专项工作，共623户中小微制造企业享受延缓缴纳税费政策0.4亿元。全面落实小微企业税收优惠政策，共581户小规模纳税人享受免征增值税0.08亿元，共681户小微企业享受所得税优惠0.04亿元。

【税收营商环境优化】 2021年，高新区税务局持续提升纳税服务水平，着力打造一流营商环境，为投资兴业创造良好条件。

创新服务有特色。全面落实总局"我为纳税人缴费人办实事暨便民办税春风行动"100条，推广"V-Tax"远程可视化自助办税系统，形成"导税台+前台窗口"联动宣传机制，创新推出"点餐式"培训辅导，累计举办7场线上直播和线下培训，吸引200余户企业5700余人次参加，获得点赞2472个。联合广清产业园企业建设和服务局举办"智慧办税服务厅"体验日活动，推动广清营商环境一体化提速增质。

便民服务解难题。启动"疫情下的高新区企业发展力"一年观察调研活动，实施"百名局长访百企"行动，班子成员带队下沉问需解难，走访企业29户，解答涉税问题32个。严格落实依法分类处理信访诉求的规定，妥善处理清远市美林湖大酒店有限公司信访事件，组织召开专题会议研究推进相关工作，及时有效化解舆情风险。着力破解纳税人满意度突出问题，搭建满意度工作交流平台，推广先进做法、提醒潜在问题，助力满意度工作不断前进。2021年，高新区税务局在全省纳税人满意度调查中综合得分为95.31分，高于全省综合得分95.29分，全市排名第2。

个性服务促发展。打造大企业"上市税管家"个性化服务品牌，编制《税费优惠政策一本通》《上市涉税业务指南》，加大

2021年10月20日，清远高新区"智慧办税服务厅"揭牌仪式在广清产业园举行
（高新区税务局　供图）

2021年9月28日，高新区税务局组织开展清远市网络安全教育馆参观活动并庆祝中华人民共和国成立72周年
（高新区税务局　供图）

对拟上市企业的税收支持力度，助力发展总部经济。

【依法治税】 2021年，高新区税务局坚持依法治税原则，努力营造公平正义市场环境。持续发挥全面依法行政领导小组作用，扎实推进领导干部学法工作。全面落实"首违不罚"清单制度，打造"免罚+教育"的柔性执法模式。构建"税务+"合作体系，与清城区人民法院、清城区人民检察院建立长效共建法治税务工作机制，营造"规范有序、信息共享、联动执法"的良好执法环境。进一步拓宽涉税数据共享渠道，从住建、市场监管、交通运输等外单位获取29户企业涉税数据，以数据为支撑形成行业税收风险模型，开展股权转让、机动车驾驶培训和水泥行业等专项税收风险管理，共查补税款605万元。

（巫奕勇）

农业农村

综　述

【概况】 2021年，清城区粮食播种面积15766.67公顷（23.65万亩），全年粮食产量6.91万吨。完成高标准农田建设项目工程1000公顷，完成复耕面积1267.2公顷，耕地安全利用率90.55%以上。人工增殖放流鱼苗约206万尾。购买各项政策性农业保险2137万元，发放各项补贴2831.64万元。新增省级示范家庭农场1家、农民专业合作社23家、家庭农场41家，验收农业公园1家。完成申报创建广东省清远市清城区现代农业产业园（国家级）。

【推进农业产业发展】 2021年，完成申报创建广东省清远市清城区现代农业产业园（国家级），主要建设目标是围绕清远麻鸡保种育种繁种3个领域的建设，着力打造清远麻鸡全产业链，加快推进广东南粤黄羽鸡优势特色产业集群项目。发展富民兴村产业，2021年7个"一村一品、一镇一业"项目正在建设中。培育新型农业经营主体，2021年以来，清城区新增省级示范家庭农场1家、农民专业合作社23家，家庭农场41家。加强"三品一标"农业品牌建设，至2021年年底，累计认证有机食品1家，绿色食品7家，无公害农产品11家。大力发展生态渔业，投入120多万元发展稻渔综合种养面积1500多亩。

【农村综合改革】 2021年，稳步推进农村集体经济组织成员资格认定工作。截至2021年年底，全区完成成员资格认定的有1291个经济社，61893户，275727人。受理"三资"交易立项453宗，成交272宗，成交金额32635.2万元。参与城乡融合发展，选取石角镇黄布村（整村推进）和源潭镇新马村凤尾一村小组作为"三块地"改革试点，加快推动农村土地经营权流转，探索推进农村宅基地制度改革。推进乡村治理体系和治理能力现代化，全区2048个经济社、114个经联社，100%实现村党组织书记、村委会主任、村

2021年6月23日，源潭镇新马村凤尾一组股份经济合作社举行挂牌仪式

（区农业农村局　供图）

集体股份经济合作社负责人"三个一肩挑"。完成70个行政村村庄规划的编制工作。落实扶持村级集体经济试点，壮大村级集体经济，遴选源潭镇新马村和飞来峡镇湴江口村作为扶持村级集体经济试点村。发展普惠金融，深化政策性农村住房保险和农业保险，全区投保农户97261户，各级支出保险金额807266.3元；联合区财政局开展2021年清城区金融、保险服务站培训班7期，至12月30日累计投保2176万元。

【美丽乡村建设】 2021年，清城区继续加大力度推进美丽乡村建设，深入开展"三清三拆三整治"，不断加强农村基础设施建设。全区通过区级验收美丽乡村418个、农村人居环境整治村37个，美丽乡村兑现奖补资金17288万元、人居环境整治村兑现奖补资金885万。建成农村公厕523座，完成2053户农村无害化户厕改造任务，全区农村无害化卫生户厕普及率100%，厕所粪污基本得到无害化处理或资源化利用，农村改厕基本实现全覆盖。集中供水行政村覆盖率100%，自然村覆盖率100%，入户覆盖率100%，实现农村集中供水全覆盖，农村生活饮用水水质合格率100%。全区新建农村生活垃圾收集点90个，其中洲心街、横荷街、龙塘镇、石角镇、飞来峡镇5个镇（街）实现农村生活垃圾收运市场化运作，东城街、凤城街和源潭镇农村生活垃圾由镇（街）自行收运，配备农村生活垃圾运输车辆62辆，农村生活垃圾清运覆盖率100%。1377个自然村完成农村生活污水治理，建成污水处理设施1298座，农村生活污水治理率83.15%。

【高标准农田建设】 2021年度高标准农田的建设任务为1.5万亩。建设任务分为2个项目片区进行实施，分别是飞来峡项目片区，面积为1.27万亩；源潭项目片区，面积为0.23万亩。片区内主要以建设机耕路、灌溉渠（排水沟）等农业基础设施为主。2021年年底，2个片区内完成勘察设计、确认监理单位、工程招投标工作，施工单位于11月初进场施工。截至2021年12月底，项目的施工进度约为90%。

【基层农技推广培训】 2021年，清城区基层农技推广体系改革与补助项目资金118万元。根据已制定的《清远市清城区基层农技推广体系改革与建设补助项目实施方案》，2021年4月19—23日组织清城区农业农村系统的46名专家、骨干、农技人员和示范基

2021年11月10—11日，清远市清城区农业农村局在石角镇抗洪公园举办"乡村振兴"新媒体助农培训

（区农业农村局　供图）

地代表参加清城区农技人员知识更新脱产（异地）与信息化培训班，达到预期培训效果。选定清远市瑞丰农业发展有限公司、清远市清城区盈多蔬菜种植专业合作社、清远市凤翔麻鸡发展有限公司、清远市清城区飞来峡镇富蕉有机茶专业合作社为清城区2020—2021年基层农技推广体系改革与建设补助项目农业科技示范展示基地。推广使用清城区主导品种与主推技术，推广使用中国农技推广App。

【农产品质量安全检测】 区农业农村局按照农产品质量安全定量监测量1.5批次/千人的要求加强抽检力度，加强和市农检中心合作，抽检清城区蔬菜种植基地、水果种植基地。2021年组织定量检测种植业农产品480批次，畜牧业定量检测农产品448批次，水产品定量检测359批次，合计检测1287批次样品，按时按量完成任务，切实保障农产品质量安全。

【食用农产品合格证推广】 2021年，清城区推进食用农产品合格证的试行工作，督促种植养殖生产者落实主体责任、提高农产品质量安全意识，探索构建以合格证管理为核心的农产品质量安全监管新模式，全面提升农产品质量安全治理能力和水平。2021年，清城区组织8个镇（街）共273家农业主体参加清城区食用农产品合格证培训班。截至2021年年底，清城区126家企业用证4953张，2229.2吨农产品用证。

种植业

【概况】 2021年，清城区粮食作物总播种面积23.65万亩，增长2.3%，其中，谷物播种面积23万亩，与上年基本持平。经济作物种植面积6.47万亩，减少3.1%。其他作物种植面积15.09万亩，增长3.4%。经济作物中，甘蔗种植面积0.06万亩，与上年基本持平；油料作物种植面积5.34万亩，减少3.0%；中草药材种植面积0.16万亩，增长2%。其他作物中，蔬菜（含菜用瓜）种植面积14.61万亩，增长5.1%。全年粮食产量6.9万吨，增长1%，谷物产量6.79万吨，增长1.1%。甘蔗产量0.95万吨，下降2.7%。油料作物产量1.26万吨，减少2.9%。蔬菜产量27.39万吨，增长5.6%。

【种植业农产品质量安全检测】 2021年，清城区配合开展农业投入品的专项执法检查，严厉打击违法生产、销售国家明令禁止销售和使用的农药，按《农产品质量安全法》的要求，强化农产品质量安全监督抽查和监测工作，截至2021年年底，抽检种植业农产品样品488个，合格率99.8%，派发有关宣传资料3000份。

畜牧业

【概况】 2021年，清城区开展非洲猪瘟等重大动物疫病防控工作，推进畜禽养殖产业转型升级，推动畜牧业持续健康发展，保障肉类市场供应，满足人民肉食需求。2021年，全区生猪存栏量6.08万头，出栏量19.48万头，肉产量17046.8吨；牛存栏量3171头，出栏量1777头，肉产量212吨，其中奶牛存栏量1260头，产奶量4632吨；羊存栏量12879只，出栏量11731只，肉产量194吨；鸡存栏量629.98万只，出栏量2055.37万只，肉产量27527.3吨；鸭存栏量134.55万只，出栏量238.5万只，肉产量4210.5吨；鹅存栏量101.33万只，出栏量493.25万只，肉产量15611.3吨。

【重大动物疫病防控】 2021年，区农业农村局严格按照省、市有关要求，开展春秋两季重大动物疫病防控工作，取得较好的成绩，全区没有发生重大动物疫情，畜牧业健康发展，群众生命财产安全得到切实保障。区共投入防疫经费70万元，派发禽流感疫苗39000瓶，口蹄疫疫苗2300瓶，狂犬病疫苗4900瓶，小反刍兽疫苗310瓶，羊痘疫苗50瓶，消毒药物发放6.9吨，免疫、消毒同时进行，确保免疫效果和消毒效果。区农业农村局认真落实各项防控应急机制，严格落实重大动物疫情应急预案，健全动物重大疫情应急机制，健全动物防疫应急指挥机构和应急队伍，贮备充足的疫苗、消毒药品、防护服、扑杀及消毒器具等应急物资，时刻做好处理突发重大动物疫情的应急准备。

【畜禽养殖废弃物资源化利用工作】 2021年，为切实推进清城区畜禽养殖废弃物资源化利用工作，规范清城区畜禽养殖生产管理，根据省、市有关要求，区农业农村局于4月下发《关于进一步做好清城区畜禽养殖场备案的通知》，要求各镇（街）对已备案的畜禽养殖场进行核实，对于养殖主体、规模和存栏出栏量发生变化的及时申请变更，对符合备案标准但未备案的规模养殖场和专业户填表上报。组织相关人员对清城区规模养殖场进行配套设施核查，指导养殖场完成设施建设并保持正常运行，建立相关台账，截至2021年年底通过验收的规模畜禽养殖场147家，规模养殖场配套验收率为97.8%，大型规模养殖场粪污处理设施装备配套率达到100%，清城区资源化利用率为84.64%。

【畜禽养殖业水污染防治】 2021年，清城区对乐排河500米范围内的畜禽养殖场进行分类治理。经核查，乐排河流域（石角镇）内，乐排河100米范围内养殖场共63家，100—500米范围内养殖场共53家。截至2021年年底，乐排河100米范围内的63家养殖场全部完成清拆整治。100—500米范围内的53家养殖场清理整治完毕，其中清拆完成15家，征收3家，停养30家，完成整治5家。清城区编制《清远市清城区禁养区畜禽养殖清理整治工作方案》来明确目标、任务、措施，落实工作责任。做好中央环保督查进驻前期准备和进驻期间案件办理工作，协办处理案件3件。

【屠宰管理】 2021年，区农业农村局对清城区2家屠宰企业进行突击检查，发放《规范生猪屠宰活动告知书》，签订《规范生猪屠宰活动承诺书》《清城区肉品质量安全承诺书》，要求企业承诺严格履行质量安全主体责任，确保肉品质量安全。督促屠宰企业严格落实主体责任，实施"1110"制度，即"一天一清洗、一天一消毒、一周一扫除、每天零存栏"，紧盯屠宰生猪的来源和临床健康状况，抓好抓实入场查验，对每批生猪查证验物，指导企业按规定对不合格生猪和生猪产品作无害化处理。严格落实畜牧兽医行政执法"六条禁令"和屠宰检疫"八条禁令"，加强动物检疫证章标志的管理，进一步规范产地检疫、屠宰检疫和出入境检疫工作，落实值班值守制度，区农业农村局与驻场官方兽医和协检员签订廉洁自律责任书，要求动物检疫人员认真履行清城区农业农村局"团结协作，守纪尽责"的团队建设要求。

【畜牧业安全生产工作】 2021年，清城区开展畜禽屠宰企业检查，重点检查入场后病死畜禽无害化处理设施和台账，截至2021年12月底，检查畜禽屠宰企业14个（次），出动检查人员78人次。对饲料生产、兽药生产企业等重要场所检查，重点检查安全生产台账和管理制度等，检查场所5个（次），出动检查人员5人次。开展畜禽养殖场监督检查工作，重点检查场所周边环境、栏舍、办公场所等是否存在安全隐患，做好安全生产宣传工作，提醒养殖户要及时做好应对极端天气的防护措施，监督抽查场户（所）147个（次），出动检查人员294人次。

【"瘦肉精"专项整治行动】 2021年4月，清城区开展为期3个月的"瘦肉精"专项整治行动，加大宣传力度，提高广大畜禽养殖户和消费者对"瘦肉精"危害的认识，增强对"瘦肉精"的防范意识，向养殖环节、贩运环节和屠宰环节经营主体发放《严禁生产销售使用"瘦肉精"等违禁物质告知书》；落实承诺制度，与肉羊、肉牛、生猪养殖场（户）、屠宰企业等签订《无"瘦肉精"等违禁物质承诺书》237份；对养殖环节、贩运环节和屠宰环节开展全面抽样和监管，监督抽检场户（所）242个，其中生猪场户（所）110个，肉羊场户（所）60个，肉牛场户（所）72个；监督抽查场户（所）48个次，出动检查人员164人次，抽检样品3279份，其中生猪2786份，肉羊173份，肉牛72份，未发现含有"瘦肉精"的样品。在3个月专项整治行动的基础上，持续开展有关监督检查工作，全年监督检查养殖场（户）166个（次），屠宰企业23个（次），抽检养殖环节1815份，抽检屠宰环节样品4234份。全年未发现有违法违规行为。

【动物和动物产品检疫】 加强动物和动物产品的检疫工作，强化措施，规范出证，把检疫工作做细、做实、做到位，保障动物及动物产品安全。2021年，清城区产地检疫生猪35.08万头、牛羊0.15万头、家禽7231.5万羽。屠宰检疫生猪54.7万头、肉牛0.7万头、家禽1249.04万羽。全年畜禽屠宰场无害化处理病死牲畜及病害畜产品426.3吨，禽类及禽产品共40.3吨。

【主要动物疫病监测】 完成2021年度清城区主要动物疫病监测及流行病学调查工作，主要动物疫病样品送检监测，2021年度送市级部门检测国家规定的重大动物疫病样品1112份。2021年，清城区检测口蹄疫、猪瘟、禽流感、鸡新城疫、小反刍兽疫免疫抗体和非洲猪瘟、布鲁氏杆菌病、牛结核病等主要动物疫病样品共7904份，免疫抗体合格率达到农业农村部的标准。通过监测，掌握主要动物疫病动态与免疫效果，及时消除疫情隐患，提高重大动物疫情预警预报能力，全区没有发生重大动物疫病。2021年度清城区动物防疫工作获清远市动物疫病预防控制中心表扬。

【从化无疫区维护工作】 为进一步做好广东省从化无规定马属动物疫病区（简称"从化无疫区"）管理维护并持续维持其无疫状态，继续夯实从化无疫区作为粤港澳大湾区马产业经济的核心载体作用，清城区作为从化无疫区的保护区，按照省、市相关规章文件要求，结合本区实际情况，制定工作计划方案，落实好从化无疫区动物疫病监测，保质保量完成样品抽样、送样、检测工作，按时按质做好马属动物马流感、日本脑炎强制免疫工作，保证免疫效果，加强易感动物监管等工作，继续与各地各部门协同做好从化无疫区各项管理工作，充分发挥区域内联席机制作用，共同维护好从化无疫区。清城区的2021年度从化无疫区维护工作获广东省农业农村厅表扬。

渔　业

【渔业生产】 2021年，清城区水产养殖面积约5.4万亩，鲜鱼总产量4.45万吨，按现行价全区渔业总产值6.25亿元，比2020年增长6.65%。全区渔业养殖户约有1000户，100亩以上的约有92户，50亩以上的约200户。现有"瘦身鱼"养殖户20多户，其中规模较大的有源潭黄沙渔业基地有限公司，养殖面积近600亩，年产"无姜鱼"商标品牌"瘦身鱼"2900吨，产品远销广州、深圳及珠三角等地酒楼食肆；绿之源渔业科技有限公司年产"誉北江"商标品牌"瘦身鱼"300吨。清城区鳜鱼等名优鱼类养殖平稳发展，鳜鱼养殖面积近4000亩，产量4000多吨，成为广东省鳜鱼养殖的重点地区，产品除满足本地市场外，大部分销往安徽、浙江等省份。

【乐排河流域水产治理】 根据《清城区乐排河流域鱼塘养殖水治理行动方案（2020—2021年）》，开展相关治理工作。市、区、石角镇相关工作人员深入乐排河流域养殖户调查了解相关情况，宣传省、市、区关于打好乐排河流域污染治理攻坚战的部署。区农业农村局组织区内水产养殖户参加市举办的"池塘循环水生态养殖技术"暨水产养殖尾水处理培训班，参加人数80人，派发水产养殖用药明白纸100多份，签订承诺书80份。利用渔业油补切块资金，建设3个循环水养殖技术示范点，通过物理技术对水产养殖尾水进行过滤净化处理，达到水质标准循环再用，防止污染附近水体，提升水产养殖环境，提高养殖产量。聘请第三方检测公司，定期对区内水产养殖户养殖水质进行监督检测，全年检测水样140份，符合池塘养殖尾水排放标准105份，合格率为75%。及时将检测结果反馈养殖户，要求落实措施，做到尾水达标排放，减少对水环境的影响。

【增殖放流】 2021年，区农业农村局通过整合资源持续加大对北江河的增殖放流力度，投放各类鱼苗206多万尾，涉及的品种有鲮鱼、草鱼、鳙鱼、广东鲂等品种，极大地丰富江河渔业资源种群，改善辖区水域的生态环境。增殖放流后持续加强管理，严厉打击各类非法捕捞行为，确保投放的鱼苗能成活产生效益，切实增加渔民的收入，渔民群众满意率90%以上，达到预期的绩效目标。

2021年8月，区农业农村局举办清城区2021年北江河增殖放流活动　　　　　（区农业农村局　供图）

【"稻渔"养殖模式推广】 2021年，根据辖区水产养殖发展情况，重点围绕渔业供给侧结构和渔业高质量发展的主线，坚持稳粮增收、生态优先、质量安全、品牌驱动和融合发展的基本原则，区农业农村局发展稻渔综合种养模式，推进一二三产业融合发展，制定《清远市清城区2021年发展稻渔综合种养项目实施方案》，并将实施方案印发给各镇（街），由镇（街）向辖区养殖户推广宣传，接受项目申请及核实相关情况，全年清城区发展稻渔综合种养面积1500多亩，产量约180吨，产值约1080万元，超额完成市下达的推广任务。

【渔业水上执法】 2021年，清城区加大巡逻执法力度，多部门相互配合严厉打击非法捕捞行为，采取执法行动354次，出动执法人员1373人次、执法车辆151次、执法快艇280次，其中与清远市农业农村局执法监督科、市公安局清城区分局及清城海事处联合执法32次。全年查处非法捕捞案件14宗，其中2宗为行政处罚案件（共处罚款5500元），12宗为刑事案件并移送公安机关立案处理（共刑拘19人）。收缴背包式电鱼机7套，暂扣非法电鱼船15艘，收缴电鱼工具一批（15艘电鱼船上共有蓄电池15块、电鱼机11台，捞批23个，电线275米），清理违规渔网923张（个），其中虾笼782个、刺网98张、滩边罾42个和灯光网1张，放生渔获物1253千克。与清城区人民检察院通力合作，对15宗违法电鱼案件的当事人进行法律法规宣传教育，当事人通过教育后，自愿赔偿资源损失，合计购买72550尾鱼苗用于江河增殖放流进行生态补偿，修复生态环境。

农机管理

【农业机械化】 2021年，清城区各个镇（街）分别开展农业机械化培训班，组织农机管理业务骨干和农机手对农机安全和农机补贴方面进行培训，参与人数536人，派发农机相关资料1000份。清城区全年新入户注册手扶拖拉机36台、申领驾驶证225人、换证14人。年审104台农业机械（其中手扶拖拉机运输机组95台、履带拖拉机3台、轮式拖拉机5台、手扶式拖拉机1台）。

【农机安全检查】 2021年，为做好农机安全日常检查，落实"百日攻坚"等行动。区农业农村局联合区交警大队各镇（街）中队进行农机安全检查，在各镇（街）开展拖拉机道路安全行驶执法整治行动。共同联合执法检查46次、出动人员共260人，行动共抽查拖拉机179台，其中行驶证无年审116台、非法改装41台，相关涉事车辆由各镇（街）中队按规定进行处理。2021年，区农业农村局各部门对各自职能范畴内的涉农企业开展隐患排查整改工作，检查22间涉农企业，检查22台农业机械，其中，无牌无证2台、非法改装1台、无年审2台。

【农机补贴】 截至2021年12月，区农业农村局受理41户农户和企业农机补贴申请，依法办结农机补贴申请48宗（含上年度已申请未办结），共发放41万余元农机补贴。

【农机知识宣传】 2021年，区农业农村局多次召集各镇（街）召开农机安全生产会议，结合会议，向各镇（街）相关人员派发农业机械作业安全常识宣传单、拖拉机、联合收割机所有人须知、"六个严禁"承诺书等宣传资料5000多份。在联合各镇（街）中队对道路行驶的农业机械进行检查的同时，现场派发宣传资料300多份，对违规的农机驾驶人员进行教育提醒。

（林东纯）

林　业

【概况】 2021年，清远市林业局清城分局（以下简称"林业分局"）以全面推行林长制为抓手，开展造林建设、加强森林资源保护和管理、发展林业产业工作，清城区生态环境明显改善，群众爱绿护绿意识显著提高，林业事业健康稳定发展。全区林业用地面积5.64万公顷，有林地面积5.05万公顷，森林覆盖率44.38%，森林活立木蓄积342.56万立方米。全区无较大以上森林火灾和因山火造成的人员伤亡事故，征占用林地审核率100%，林业有害生物成灾率低于4‰，有害生物无公害防治率85%以上，测报准确率90%以上。

【全面推行林长制】 2021年9月30日，区委、区府成立清城区全面推行林长制工作领导小组；10月14日，召开清城区全面推行林长制动员大会；12月制定《清远市清城区全面推行林长制实施方案》及七项配套制度。

【营造林建设】 2021年，清城区完成营造林960公顷，其中人工造林122.8公顷，退化修复413.8公顷，封山育林423.40公顷，并在源潭镇、飞来峡镇营造314.6公顷高质量水源林，完成新造抚育121.3公顷，造林抚育完成率100%。全面推进全民义务植树，在飞来峡镇湴江口、洲心街"南峡山"进行义务植树活动，共种植红花风铃木、黄花风铃木、小叶榄仁、宫粉紫荆、盆架木、秋枫等阔叶花色树苗1600多株，植树点面积3.7公顷。全年参加义务植树75.1万人次，植树262.9万株。

【生态公益林管护】 2021年，清城区没有发生大面积盗伐、滥伐生态公益林案件。清城区有省级以上生态公益林面积11174.87公顷，其中国家级3220.40公顷、省级7954.47公顷，有天然林面积6652.13公顷，与第三次全国国土调查数据对接融合，预计2022年完成融合。2021年省财政下达清城区省级以上生态公益林补偿资金652.4万元，发放资金643.61万元，损失性补偿资金发放率98.37%，剩余金额未发放的原因是插花山、权属有争议等。

【森林采伐限额管理】 2021年，市林业局下达采伐限额16.21万立方米，年审批林木采伐266宗，发放林木采伐证696份，采伐蓄积16.39万立方米（含不占限额林木采伐），未超过采伐限额，全区森林生长量大于采伐量，森林资源利用得到良性循环。

【征占用林地审批】 2021年，林业分局严格执行林地保护管理政策法规，切实保护林地资源。2021年审核上报审批征占用林地31宗，面积171.22公顷；审核、审批办理临时征占用林地11宗，面积23.04公顷；审批直接为林业生产服务征占用林地6宗，面积38.66公顷。

【林业有害生物防治】 2021年，林业分局为保护清城区森林资源与生态安全，保护生物的多样性，2021年有害生物防治资金投入1407.87万元。投入资金62.5万元，完成凤城街、东城街、飞霞风景区约2.5万亩松林飞机喷洒防治工作。投入资金11万元，完成全区约12.6万亩松树纯林和混交林的松材线虫病春季、秋季专项普查。投入1067.27万元，完成全区约6万亩薇甘菊的除治工作。投入资金160.2万元，完成全区的松材线虫疫除治工作，除治8434株。投入资金6.9万元，完成笔架山森林公园入口1250株松树人工打孔注药防治工作。投入资金90万元用于购买防治松材线虫病、薇甘菊及红火蚁的药物，并分派到各镇（街）；投入资金10万元，对全区1550亩林地发生的红火蚁进行除治。

【野生动物监管】 2021年，林业分局为提高广大市民保护野生动物的意识，打击非法捕猎野生动物、非法经营野生动物的违法行为，组织开展保护野生动物宣传活动，提高广大群众对野生动物保护的认识，呼吁市民参与野生动物保护。区林业局与清远广播电视台开展合作，充分发挥媒体作用，利用电视、电台、移动端、户外媒体等媒介进行广泛宣传，印制宣传资料10000份，分发到各镇（街）、各中心市场进行宣传。全区全年出动执法人员巡查7209人次，出动执法车辆1839台次，监督检查市场、酒楼、养殖场等9151家次。全年查办野生动物案件28宗，其中刑事案件24宗，收缴野生动物1158头（只）；切实做好清城区野生动物收容救护工作，全年接收市民和执法部门移交野生动物及其制品37次，涉及野生动物583条（只），其中国家一、二级保护动物豹纹陆龟、褐翅鸦鹃、猛鸮等53条（只），三有保护野生动物夜鹭、夜鹰、水鸡等530条（只）。

【林业行政执法】 2021年，林业分局充分发挥监督、指导、查处林业行政案件工作，加强林业行政执法检查，不断加大打击力度，全面强化执法监督，切实保护森林资源安全，为清城区绿色生态美保驾护航。全年查处涉林违法案件35宗，其中移送公安机关涉刑事案件3宗、擅自改变林地用途案26宗、滥伐林木案2宗、擅自在森林防火区野外用火案4宗，处罚人次32人，罚款8312039元。

【森林防火】 2021年，林业分局组织开展宣传活动27场次，多手段开展森林防火宣传，全年累计派发森林防火书信函4万份，出动宣传车800多车次，悬挂横幅1500多幅，张贴《清远市人民政府关于确保清明节期间森林防火安全的通告》1万份，派发《清明期间森林防火安全告知书》《致全区人民的一封信》9万份，组织村民签订《森林防火安全承诺书》5万份。在重大节假日和高火险时段，特别是清明时节，在主要进山路口设置临时防火检查站250个，防止群众携带火种进山入林。加强基础配套建设投入，投入资金495万元，根据《清城区2021年森林防火专项提升工作方案》中对森林防火设施的基础建设任务要求，完成森林消防水池建设21座，铺设配套管网7.4千米。完成森林防火阻隔带243千米清理工作，清理重点坟区周边可燃物1200多亩。新开设森林防火阻隔带33.4千米，新建森林防火应急救援通道23千米，在洲心南峡山新建1个森林防火护林站。全区发生一宗因部队实弹训练引发的森林火灾，过火面积150亩，没有造成人员伤亡；共监测到林火热点17宗，经核查，均为非林地烧杂，森林防火形势安全稳定。

【林业产业发展】 2021年，清城区林业产业发展稳步推进，全区林业产值约8.38亿元，其中第二产业（包括木材加工和木竹藤棕苇制品制造）总产值约5.3亿元。全区建成的森林旅游区有飞霞风景名胜区、牛鱼嘴原始生态风景区、黄腾峡生态旅游区、天子山森林公园四大生态旅游区。全区生态旅游产业年收入约1.36亿元，森林旅游产业有效拉动镇（街）经济发展。

（刘伟承）

水利

综　述

【概况】 2021年，清城区水利局（以下简称"区水利局"）坚持践行"节水优先、空间均衡、系统治理、两手发力"治水思路，以河长制为抓手，以民生水利建设、水旱灾害防御、水利改革发展等为重心，推进水利各项工作。河长制湖长制逐见成效，全域自然村集中供水、新马乡村振兴样板区防洪排涝治理、银盏水库输水涵管重建、污水管网建设、水库除险加固、水库移民等民生工程持续推进，落实最严格水资源管理，推动节水型社会建设。

【县域节水型社会达标建设】 根据《广东省水利厅关于开展第三批、第四批县域节水型社会达标建设工作的通知》等文件要求，清城区虽无创建县域节水型社会的工作任务，但为贯彻节水优先方针，响应各级水行政主管部门加快推进县域节水型社会达标建设的号召，决定开展清远市清城区节水型社会达标建设采购项目，把节水型社会建设作为方向性、战略性举措来抓，将节水贯穿到经济社会发展和生产生活全过程，全面提升水资源使用效率。2021年3月22日，区水利局、清城区河长办联合广东省水文局清远水文分局在清城区飞来湖广场举办"节水中国 你我同行"主题宣传活动，推动节水护水工作与公众的对接，增强全民节水护水意识。有46家重点企业完成水平衡测试工作。2021年清城区节水载体新增22家节水型小区和3家节水型企业，完成评审工作，节水载体获得市水利局、市发展和改革局的认可。

【水土保持监管】 2021年，通过委托技术支撑单位承担预防和治理水土流失工作监督检查中的技术性、基础性工作，清城区实现在建项目全覆盖的跟踪检查，建立健全水土保持监督检查制度。2021年清城区审批生产建设项目水土保持方案151宗，其中企业类水土保持方案程序性审查共110宗，水土保持设施验收备案共22宗，确定人为水土流失防治

2021年10月19日，清城区河长办举办清城区全面推行河（湖）长制区级河（湖）长助理、联络员和街镇河长办工作人员培训会议

（区水利局　供图）

责任面积14.64平方千米。现场核查疑似违法违规图斑182个，认定53宗违法违规图斑项目，发责令限期改正通知书53份，全部限期整改完成，约谈4宗项目建设单位。发挥信用监管在水土保持强监管中的作用，清城区将8宗未批先建的项目建设单位列入水土保持信用监管"重点关注名单"。

【防汛备汛】 2021年，区水利局坚持"安全第一、常备不懈、预防为主、全力抢险"的工作方针，全力做好防汛抢险准备工作，派出24人次开展水利工程汛前检查，排查出26个安全隐患点，逐一督促各地各部门完成整改工作。组织开展在建水利工程应急抢险演练1次，联合区应急局举办防汛责任人培训班1次。全面落实全区各水库、电排、堤防、山塘、山洪灾害点的防汛责任人，在汛期前和社会企业签订5份应急抢险保障物资、机械车辆和抢险队伍合作协议，补充抗旱物资抽水泵10台，价值15万元，确保全年未发生水利工程险情和大面积严重受灾情况。

【监督与安全工作】 2021年，清城区新开工水利工程有18宗，全部与项目法人签订质量和安全监督书，逐一成立项目质量安全小组，开展水利工程质量和安全监督检查9次，全年未发生工程质量和安全生产方面问题。完成小坑、梅坑水库等水利工程的蓄水阶段验收和惠清高速北江特大桥（跨北江干流段）堤防防护补救工程专项验收工作，一次验收合格率100%。开展安全生产应急演练活动4次，开展消防安全培训3次，开展安全生产知识宣传活动6次。

【水旱灾害防御】 受灾情况 2021年7月，受全区整体降雨量偏少影响，洲心、飞来峡和源潭出现局部农田干旱情况，约有5000亩农田灌溉受影响，通过下拨抽水设备解决，并未造成严重影响。8月9日8时至8月10日8时，清城区最大降雨量为石壁湖水库221.6毫米、黄腾峡218毫米、飞来峡139毫米，东城街13个村（居）和洲心、横荷街部分村庄局部受到不同程度水浸，其中，东城街石板、莲塘村片区的奥体中心路段出现车辆被淹和道路受浸的情况。洲心下南村和横荷富强路出现内涝点短时积水受浸的情况，均未造成严重的经济损失。

抢险救灾 全年启动2次水利防汛Ⅳ级应急响应，分别是5月31日和8月9日，累计派出专业技术人员150多人次到各镇（街）和在建水利工程进行防御指导工作，应急响应期间全区未出现水利工程抢险和救灾情况。

【碧道建设】 清城区按照《关于开展万里碧道建设试点工作的通知》《关于开展广东万里碧道建设规划编制工作的通知》等文件精神，为打造"水清岸绿、鱼翔浅底、水草丰美、白鹭成群"的生态廊道，2020年启动飞来湖碧道工程项目，建设范围为环飞来湖，总长度为8.88千米，项目总投资控制为1464.28万元，主要完成飞来湖碧道湖区的水环境改善、水生态保护与修复、构建水文化景观与游憩系统等三大内容建设任务。飞来湖碧道工程于2021年8月底完工，并向市民开放。2021年启动笔架河碧道工程，截至2021年年底，超额完成3.5千米建设任务（上级下达任务为2.3千米）。

【全域自然村集中供水】 按照省委、省政府工作要求和区政府印发实施的《清远市清城区农村集中供水攻坚行动实施方案》工作部署，清城区需在2021年年底前完成全域自然村集中供水覆盖率100%的任务。区水利局结合清城区的实际情况，2021年年底前需完成全区农村集中供水约2.78万人全覆盖建设任务，涉及飞来峡镇、凤城街道、龙塘镇等3个镇（街）13个行政村146个自然村5953户。其中建设任务主要集中在飞来峡镇，约为2.66万人。为完成建设任务，全区共实施11宗全域自然村集中供水工程项目，分别通过江南水厂、飞来峡水厂、龙塘粤海水务等城镇自来水厂进行扩网供水。11宗供水项目具体包括飞来峡镇8宗、凤城街道2宗、龙塘镇1宗，总投资约1.3亿元。截至2021年12月31日，完成全部管网敷设建设任务，达到通水条件。

【乡村振兴样板区防洪排涝治理】 清城区新马乡村振兴样板区防洪排涝治理工程被列入全国《防汛

抗旱水利提升工程实施方案》项目，也是保障清城区新马乡村振兴样板区防洪排涝安全的重要措施。经区政府常务会议研究，同意实施该项目。清远市水利局以《关于清城区新马乡村振兴样板区防洪排涝治理工程初步设计报告的批复》对清城区新马乡村振兴样板区防洪排涝治理工程初步设计报告进行批复，同意项目建设，工程批复概算为3006.05万元。项目建设地点位于清城区源潭镇新马村，2020年12月下旬开始动工建设，工程主要任务为加固改造截洪渠5.7千米，改造整治排涝坑2.5千米。该工程于2021年12月全面完成工程建设，围区内防洪排涝能力得到显著提升，有效促进新马乡村振兴样板区产业发展。

【新马电排站扩容改造工程】 为满足清城区新马乡村振兴样板区防洪排涝要求，2021年7月，新马电排站扩容改造工程经清城审批发改批准立项，8月经清城审批水务批复初步设计，工程总投资3226.76万元，工程等级为V等，扩容装机3×450千瓦，排涝标准提高到10年一遇24小时暴雨1天排干。项目主要建设内容包括新建1座电排站、扩容改造共用前池、新建共用拦污栅、新建泵站穿堤出水箱涵、新建外江防洪闸、对旧站上部厂房进行拆除重建以及加固旧站出水涵管。工程于2021年11月17日开工，计划2023年4月完工。

【清城区小型水库安全运行管理标准化】 根据《广东省水利厅关于开展小型水库安全运行管理标准化工作的通知》以及《广东省小型水库安全运行管理标准化工作指引（试行）》等文件提出的要求，为规范小型水库运行管理，进一步夯实小型水库安全基础，全面提升小型水库运行管理水平，区水利局决定开展小型水库安全运行管理标准化工作。小型水库安全运行管理标准化工作主要概括为"四个落实、三个规范、两个创新、一个美化"，即落实管理责任、落实管养经费、落实管护人员、落实管理与保护范围、规范工作制度、规范管理设施、规范标识标牌、创新管理手段、创新管养模式、美化水库环境。按照省水利厅部署要求，2020—2022年，清城区需在3个年度内组织实施全区49宗小型水库安全运行管理标准化补短板建设工作。清城区2020年度完成25宗水库安全运行管理标准化建设任务，2021年度完成24宗水库安全运行管理标准化建设任务，提前一年全面完成全区49宗小型水库安全运行管理准化建设，获得中央奖补资金202.84万元。

【水库除险加固工程】 清城区列入全国《防汛抗旱水利提升工程实施方案》的3宗小型水库除险加固工程分别为小坑水库除险加固工程、梅坑水库除险加固工程、朱公塘水库除险加固工程。清远市水利局于2020年12月对上述水库除险加固工程初步设计报告进行批复。3宗小型水库除险加固工程批复概算总投资1514.2万元，其中梅坑水库除险加固工程批复投资概算为482.81万元，小坑水库除险加固工程批复投资概算为527.89万元，朱公塘水库除险加固工程批复投资概算为503.5万元。梅坑水库、小坑水库除险加固工程按批复的主要建设内容全部完成建设任务，于2021年10月21日通过合同完工验收，朱公塘水库计划2022年2月25日通过合同完工验收。

【银盏水库输水涵管重建】 银盏水库是清城区3宗中型水库之一，水库集雨面积28.4平方千米，总库容3082万立方米，兼具防洪、灌溉、供水、发电、生态等综合功能。2013年，经相关部门安全鉴定，该水库输水涵管存在漏水安全隐患，影响水库大坝安全和龙塘镇及银盏片区工业园区的供水安全，需要重建输水涵管以消除安全隐患。项目于2018年3月由区行政审批局进行批复，批复总投资为2390.66万元，于同年11月底开工建设，后因施工方案的调整，于2019年9月份完成重大设计变更，变更后总投资为2846.07万元，于2021年11月20日完成所有建设任务。

【小水电清理整改】 清城区原有小水电站21宗，总装机12210千瓦。根据小水电清理整改综合评估报告，清城区内已建水电站21座，其中有19座水电站评估为整改类电站，2座水电站（大茅坪水电站和大坑水电站)评估为退出类电站，于2020年作为退出试点完成电站厂房和机组的拆除。2021年5月，清城区源潭镇人民政府发函决定对梅坑水电站作注销报废处理。2021年下半年经过现场调研以及与电站业主沟通，青龙水电站、银盏水电站、天堂山水电站虽然在核查评估阶段评估为整改类水电站，但水电站业主自愿要求退出，现已停产。清城区人民政府办公室于2021年9月24日印发《清城区人民政府办公室关于建立清城区推进小水电清理整改工作联席会议制度的通知》，9月26日印发《清城区人民政府办公室关于印发清城区小水电清理整改工作实施方案的通知》。10月14日，清城区水利局联合市生态环境局清城分局公布清城区生态流量核定成果，12月15日制定清城区小水电站"一站一策"方案，持续推进小水电清理整改工作。

【清城区水利工程管理与保护范围划界】 2021年，区水利局根据《水利部关于加快推进水利工程管理与保护范围划定工作的通知》《广东省水利厅关于进一步加快推进水利工程管理与保护范围划定工作的通知》等文件要求，经清城区政府八届第47次常务会议决定，批准开展清远市清城区水利工程管理与保护范围划定工作。2020年7月，经公开招投标确定由清远市水利水电勘测设计院有限公司负责实施。清远市清城区水利工程管理与保护范围划定项目包括：水库52宗（其中中型水库3宗），水闸工程53宗，电排站40宗，灌渠干渠3宗（迎咀干渠、银盏干渠、花斗干渠），堤围工程37宗。主要工作内容包括现状调查，实施方案编制，社会稳定风险评估，合符性审查、批复，组织实施，成果验收，资料整理归档移交等。2021年，清城区水利工程管理与保护范围划定项目完成技术工作，编制完成《清远市清城区水利工程管理与保护范围划界项目成果报告》。

【污水管网建设】 2021年，区水利局根据《关于抓好全市重点工作任务的补充通知》有关要求，明确清城区2021年的污水管网建设总任务是新增城镇污水管网33.92千米。截至2021年年底，完成新增城镇污水管网43.5千米（其中清城区建设22.78千米，市级部门建设9.18千米，高新区建设11.56千米），完成率128.2%；完成城镇老旧污水管网改造27.04千米。

【水库移民】 2021年，清城区水库移民站严格按照水库移民政策文件精神开展水库移民工作，编制14宗水库移民资金项目计划，投资约3530万元，其中水库移民直补资金1009.38万元，项目资金约2521万元。项目建设包括飞来峡镇横石、北漕及黄洞移民安置区巷道黑底化工程、源潭镇大连新村机耕道路及工具房工程、龙塘镇银盏新围村商铺电网改造及配套工程等。通过实施水库移民村的建设项目，水库移民群众的居住环境及生产条件得到极大改善，水库移民村基本上实现基础设施的布局优化及环境美化的目标。如飞来峡镇移民安置区道路黑底化、石角镇兴仁二队公园改造等项目都极大改善移民村的环境和提高移民的经济收入水平。项目的实施和建设成效，激发广大移民群众参与"水库移民美丽家园"建设，不断转变水库移民的生产方式和创业观念。

【水政执法】 2021年，区水利局持续深化省、市河道管理条例、河道采砂管理条例的贯彻实施，开展涉水各职能部门联动执法。2021年，行政罚款25万元，收缴12万元，依法查扣机械103台，包括采砂船1艘、钩机1台、铲车3台、拖拉机32辆、吉普车51辆等，依法对无人认领的扣押物品进行处理，共7批次397台，在重点河段安装摄像头一批，推进水域治安基础设施建设、信息化建设。配合上级有关部门关于推行镇（街）执法的相关部署，多次指导镇（街）开展执法行动、整理文书等工作，全年支持乡镇执法经费45万元。

(何燕红)

工 业

综 述

【概况】 2021年，清城区（区辖部分）实现工业总产值817.61亿元，同比增长22.8%。完成辖区规模以上工业增加值182.25亿元，同比增长10.8%。新增规模以上工业企业31家。清远市清城区产业转移园管理办公室于2021年4月8日由区委编办批文撤销，清远市清城区企业服务中心于2021年10月11日由区委编办批文机构编制规定，清远市清城区产业转移园管理办公室的职能及人员于2021年10月完成完全转入清远市清城区企业服务中心。

【清洁生产和绿色发展】 2021年，清城区工业和信息化局（以下简称"区工信局"）督促企业按规定开展清洁生产审核工作，有8家企业通过清洁生产审核。淘汰6家企业砖厂落后生产工艺（设备），其中包括一座60吨反射炉、一座2吨鼓风炉等落后生产工艺。出台《清远市清城区人民政府办公室关于印发清城区化工生产企业整治提升工作方案的通知》《关于印发〈清远市清城区化工生产企业考核评价实施方案〉的通知》，成立清城区化工生产企业整治提升工作专班，并委托第三方机构组织专家对全区34家化工生产企业进行现场认定，最终清城区纳入化工生产企业整治提升的企业有17家，其中，完成清退企业6家、在产企业9家、停产企业2家。

【工业投资及工业技改投资】 2021年全年，清城区（区辖部分）完成工业投资52.06亿元，同比增长185.2%，完成年度19亿元目标任务的274.0%。完成工业技改投资8.21亿元，同比下降16.5%，完成年度10亿元目标任务的82.1%。全区新增55个项目开展技改，完成年度推动50个技改项目任务目标。

【促进企业通过技术改造进行转型升级】 2021年，区工信局协助清城区内企业申报2022年省级促进经济高质量发展专项企业技术改造资金，经市工业和信息化局组织第三方专家评审，广东家美陶瓷有限公司、广东新亚光电缆股份有限公司等2个技改项目入库，并获得奖补资金429万元。拨付清远市2021年省级促进经济高质量发展专项企业技术改造资金（第二批）奖补资金2215万元。

招商引资

【概况】 2021年，清城区新引进项目14个，合同投资额约135.5亿元，其中，新引进工业项目9个，合同投资额38.21亿元；现代服务业项目3个，合同投资额11.34亿元；新能源项目2个，合同投资额86亿元。新引进的项目中，投资金额较大的项目有远光电缆产业基地转型升级搬迁项目（8.6亿元）、清远石角天然气分布式能源站项目（一期）（11亿元）、中国大唐集团有限公司广东分公司复合型光伏项目源网荷储一体化项目（50亿元）等。

【广清空港现代物流产业新城】 广

清空港现代物流产业新城位于清城区源潭镇京广铁路、乐广高速和佛清从高速的交汇处，地处广州空港物流圈，公路、铁路和航空货运等交通优势突出。园区规划总面积约37平方千米，定位为集电子商务、集中采购、快速分拨配送、展示交易、流通加工、全程冷链功能、口岸功能为一体的高端商贸物流园。运营项目有中国南部物流枢纽一期，引入阿里巴巴心怡物流、菜鸟网络、中国邮政等龙头企业。在建项目有中国南部物流枢纽二期、广东锦邦冷链仓储物流园、城际物流园，拟打造粤港澳大湾区生产生活商品物流中心。正在推进项目有中国南部物流枢纽三期、广清空港新城综合服务中心项目、新中源跨境电商物流产业园项目、湾区农产品期货交割仓库及中央厨房加工配送项目。

【清远互联网+创新产业园（华南声谷）】 清远互联网+创新产业园（华南声谷）项目位于清城区东城街省职教基地范围内，总规划面积1429亩，是按照"产城融合"模式，由广州市越秀区和清远市清城区共同打造的集产业链、资金链、创新链、人才链、服务链于一体的互联网+创新创业新型产业园区。园区计划发展大数据处理、电商物流业和云计算、教育培训、保险金融、呼叫产业等信息服务业，致力打造成为专注于互联网+的创业创新示范园区，努力在大众创业和万众创新两方面走出具有清远特色的新路子。

其中，正在运营的项目有万方大数据产业园首期项目、星谷科技一期项目，建成建筑面积6万平方米，于2020年投入运营。园区内引进企业60家，出租面积约2万平方米。正在推进项目有万方大数据产业园二期项目、广东博宏药业有限公司总部经济建设项目、清远市嘉福创新产业园建设项目、中嘉博创（华南）金融信息服务产业园项目、九融汇金融产业集群创新服务基地建设项目。

中小企业和民营经济发展

【概况】 2021年，区工信局抓好对企业的服务和培育工作。根据《关于组织2021年专精特新中小企业遴选工作的通知》的文件精神，组织推荐辖区内3家企业申报2021年专精特新中小企业，其中，广东蓝宝制药有限公司和清远市钛美铝业有限公司获得认定。推荐广东蓝宝制药有限公司申报2021年清远市"扶优计划"试点企业（第二批）并获得认定。组织清城区企业采购商参加第十七届中国国际中小企业博览会，借助中博会这个平台，推进清城区特色产业快速发展，为清城区中小企业走出去、引进来提供更多更好的机会。

2021年，清城区340家规模以上工业企业累计完成全区规模以上工业增加值298.32亿元，同比增长15.6%。清城区有"四上"民营企业1024家，其中规模以上工业企业295家、限额以上批零

住宿餐饮企业244家以及资质以上建筑业企业95家。有个体经营户73991户，同比增加8075户。

【中小微企业帮扶工作】 2021年，区工信局指导广东远光电缆实业有限公司、清远市一丞阻燃材料有限公司等2家企业的中小微企业贷款贴息项目申报，并获得清远市2021年省级促进经济高质量发展专项资金（民营经济及中小微企业发展）共71.55万元。

产业转移园管理

【概况】 广州（清远）产业转移工业园（以下简称"广清产业园"或"园区"）是按照《中共广东省委广东省人民政府关于进一步促进粤东西北地区振兴发展的决定》的部署及系列相关文件的要求，由广州市对口援建清远市的产业园区。园区规划总面积28.7平方千米，首期规划面积13.6平方千米，选址位于清远市清城区石角镇，与广州市花都区赤坭镇、佛山市三水区大塘镇交界。根据广州、清远两市政府签署的《共建广州（清远）产业转移工业园框架协议》，园区于2014年6月奠基成立，2015年9月完成前期工作开展实质建设。广州市委托广州开发区主导园区开发，清远市政府授予园区管委会69项市级行政审批权限。园区对标广州开发区营商环境建立"一站式+"服务窗口，供电、税务、规划、国土、建设、房管、环保等业务均可在园区办理，企业办事不出园区。

2020年12月3日,广州、清远两市政府签署《共建广州(清远)产业转移工业园补充协议》,广清产业园继续采取对口帮扶模式,由广州市政府委托黄埔区政府(广州开发区管委会)主导开发。

2021年4月,清城区产业转移园管理办公室承担的职能划入清城区工业和信息化局所属的区企业服务中心,撤销清城区产业转移园管理办公室,清城区企业服务中心升格为正科级建制。

【开发建设】 基础设施建设 2021年,区产转办按照"开发一片、建成一片、收效一片"的策略,高标准谋划园区空间布局,不断提升基础设施配套服务水平和园区产业承载力。截至2021年12月,建成道路总长40千米,体育文化广场、企业服务中心、公交站场、消防站、警务室等配套设施建成投入使用。实施道路提质改造和美化、绿化、亮化升级工程,提升园区品质。其中,湖岸西路和华清产业大道一期建成通车,完成德龙大道绿化升级改造,赋予园区"黄埔元素"。污水加压泵站和供水加压泵站投入使用。推动园区九年一贯制公办学校动工建设,建成后可有效满足园区企业员工及周边村民子女就近入学需求。与清远市人民医院合作共建门诊,进一步协商探讨门诊建设方案、日常运维等事项。

经济高质量快速发展 在新冠肺炎疫情冲击、外部环境更趋复杂严峻和不确定的情形下,在国内经济发展面临需求收缩、供给冲击、预期转弱的三重压力下,园区依然保持高质量快速发展的良好势头。2021年,累计实现工业总产值133.63亿元,同比增长28%;工业增加值36.75亿元,同比增长30.1%;固定资产投资54.68亿元,同比增长51.5%,其中工业投资47.48亿元,同比增长93.3%;全口径税收3.88亿元,同比增长133.73%;一般公共预算收入1.68亿元,同比增长95.35%。新签约项目27个,计划总投资144.7亿元,其中投资超10亿元的项目7个,累计签约项目246个。累计投(试)产项目80个,在建和筹建项目72个。高新技术企业18家、规模以上企业35家。

【广清两市产业共建工作机制】 2021年,园区铆足劲头、集中精力抓发展,充分发扬"孺子牛、拓荒牛、老黄牛"精神,快速推进项目落地、投产,全力当好广清一体化高质量发展的排头兵、打造清远先进制造业发展的集聚地、全省产业转移和产业共建的示范区。

产业一体化加速推进 探索推进"广州总部—清远生产""广州总装—清远配套""广州孵化—清远加速""广州核心—清远扩能"等接链补链强链产业合作。富强汽配三期项目的建设、铭科和庆昇项目的试投产进一步扩大园区汽车零配件产业的规模。特威、吉荣等项目试投产为园区先进装备制造产业再添生力军。老虎冲南侧十多家化妆品企业火热建设试投产,产值规模超百亿元,成为化妆品集聚地。欧派家居清远基地发展成为全球最大的智能家居生产基地,带动艾依格、盛时、帝鼎等国内知名的家居品牌制造企业和关键产业链入驻园区升级扩能发展。

【园区营商环境改进】 2021年,园区围绕企业关切,对标最高最好最优,迭代升级营商环境改革,推行"承诺审批""容缺审批"和"秒批",使企业办事不出园,一

2021年5月19日,清城区委书记邱泽军、区长廖家杰带队到广清产业园调研 (区工信局 供图)

2021年8月6日，广东省统计局党组书记、局长杨新洪（左二）到广清产业园调研　　　　　　　　　　（区工信局　供图）

次"搞定"，在重点行政审批环节，通过提前沟通、并联审批等措施，全面压缩行政审批时间，工业企业筹建流程由69个工作日压减至49个工作日；推进CSO首席服务官试点，由管委会班子挂牌，为每个项目安排一名CSO首席服务官，及时协调企业筹建过程中遇到的困难和问题。智慧办税服务厅进驻企业服务中心，广清两地224项业务实现省内税务部门互联互通，涉税业务"一站式"、跨区域办理。清远市人才驿站广清产业园分站投入使用，为园区建立人才对接交流平台，提升园区人才服务水平。清远市政府、清城区政府授予园区管委会企业登记注册、个体工商户登记注册等商事登记审批事项权限，企业办事更加方便快捷。园区在2021广东省营商环境创新实践评选活动中获"年度经济功能区优秀奖"称号。

【重点产业导入】　产业发展规模化集聚化。2021年新签约项目27个，计划总投资144.7亿元；招商项目动工数量20个，计划投资45.13亿元，均超额完成清远市政府下达的目标任务。其中绿十字、湾区美都、珠江电缆、天元汇邦、恒运集团等项目投资额达到或超过10亿元。天元汇邦计划投资23亿元，在园区全新建设42条全自动印刷生产线、20条全自动浸渍生产线、多条高速数码及3D打印生产线。绿十字计划投资10亿元，设立高端口服固体制剂生产线和创新药、仿制药生产线，建设制药研、产、销生产基地。这批项目的落地，将为园区产业规模发展带来强大的集聚效应。

【土地收储用地报批】　快速推进园区北部发展，委托石角镇政府征地2261亩，2021年收储1153亩，支付空产地价款约1.1亿元，完成2020年度6个批次409亩土地报批工作并取得用地批复。2021年度第十二、十三、十四、十五、十七5个批次约906亩用地报批材料完成组卷并报送至市自然资源局审查，待市用地委员会审核通过并支付相关报批费用后可取得用地批复。完成1293.21亩土规调整工作。梳理现有存量土地资源，盘活利用，增加园区工业用地供应，盘活土地324亩，引入志邦家居等优质企业，一定程度上满足项目入园需求。

供电事业

【概况】　南方电网广东清远清城供电局（以下简称"清城供电局"）主要负责清城区（含高新区）的供电业务。2021年，辖区包括4个街道和4个镇，供电面积约1296.31平方千米，售电户数64.19万户，供电人口约111.99万人。2021年完成供电量110.78亿千瓦时，同比增长20.88%；完成售电量109.17亿千瓦时，同比增长21.10%。最高负荷188.5万千瓦，较2020年最高负荷上升31.8%。全区电网建设总投资1.85亿元。线损异常率4.4%。线损率1.42%。年度固定资产投资计划1.85亿元。客户平均停电时间（中压）3.47小时，用户平均停电时间（低压）2.72小时。

【电力设备】　2021年，清城供电局辖区范围有变电站39座（其中局属29座，用户10座），220千伏变电站9座，110千伏变电站30

座。10千伏配电线路474回（其中局属线路395回，用户线路79回），公用线路共4683.77千米，电缆线路占比51.82%。10千伏配电变压器9431台（其中公变3438台，专变5993台），总容量601.44万千伏安。

【电力供应】 2021年，清城供电局严抓配网故障高发线路治理，做到"一线一策"，8回故障高发线路故障率同比下降41%。推进配网自动化设备改造，实现配网馈线接入主站202回，配网线路自愈覆盖率80%。

【安全监督】 2021年，清城供电局落实"从严治安"二十条，全年查处违章203个，管控全年6585项作业，处理违章人员208名，对10名本单位员工开展震撼式安全自省教育。深化落地"1+4"现场作业风险管控机制，将科学"评"、系统"管"、严格"督"做到位。应对4轮强降雨，高质量完成各项抢修复电任务。完成建党100周年系列庆祝活动等101项保供电任务。开展省运会各场馆供电安全风险评估，完善各场馆应急电源配置。

【电网建设】 清城供电局2021年系统化梳理供电需求221项，配网主要问题和风险2074项，编制规划方案607项，专项修编高新区、广清产业园等重点供电区域专项规划5个、辖区网架远景规划17个。作为清远供电局主网建设的"主战场"，通过成立区政府和局专项组织机构、区督查办每周督办等联合机制，抢抓发展机遇，全面铺开18个主网立项前期以及9个主网在建项目的属地民事工作。打赢德和线改造"跨江战"，出色高效完成南北门街5个台区的升级改造，完成腾讯云计算基地、广清城轨综合商业体等重点项目业扩配套工程投运。

2021年8月15日，清城供电局工作人员上门走访建设中的广外清远附校
（清城供电局　供图）

2021年11月2日，清城供电局党员服务队对辖区内中国南部物流枢纽园区开展用电检查，发现隐患及时处理，做好"电管家"，靠前服务，让双十一"电力十足"
（清城供电局　供图）

【经营管理】 2021年，清城供电局构建百亿电量客户服务体系，率先实现"三省""三零"服务，连续13年居清城区公共政府满意度测评第一，第三方客户满意度首创89分新高。打造21宗高压业扩和27宗低压业扩样本案例，为全市之最。落实业扩配套延伸、电力市场化交易等政策，释放政策红利4.21亿元。推行极速答复供电方案，推行App远程受理，中压业扩报装极速答复供电方案312宗，其中247宗为当天答复。全区范围内小微企业实现"当天报装，次日接电"1387宗。全年新增容量104万千伏安，同比增长2.25%。

【社会用电】 2021年1—12月，累计用电量为110.78亿千瓦时，同比增长20.88%。完成售电量109.17亿千瓦时，同比增长21.10%。随着国内疫情防控取得较好成果，同时消费市场逐步复苏、就业的持续好转以及居民可支配收入的上升，社会用电继续回暖。由于政府能耗管控，工业类别用电上升幅度放缓，其中第一产业同比增加12.44%，第二产业增加21.74%，工业同比增加21.67%，第三产业增加23.07%，居民用电量同比增长12.34%。2021年1—12月，清城区工业用电量75.26亿千瓦时，同比上升21.67%，占全社会用电量的78.30%。全区工业用电主要以陶瓷、钢铁、金属加工、铜铝材、电子、橡胶和塑料制品以及化学原料制品七大行业为主，占总电量的69.44%。受市场供需持续增长和改善影响，清城区工业生产稳步增长，各行业生产需求扩大，市场活力提升，高技术制造业增速加快。其中，钢铁行业增幅最大，达71.81%，其次是电子行业、铜铝材、金属加工业以及橡胶和塑料制品业，分别增长28.73%、25.44%、24.25%、24.16%，再次是化学原料制品业，增速为2.90%。

（覃 轩）

工业企业选介

【清远市简一陶瓷有限公司】 清远市简一陶瓷有限公司注册时间为2007年3月9日，注册资金6000万元，经营范围为研发、生产、销售陶瓷墙地砖、洁具、日用陶瓷产品。公司位于清远市清城区飞来峡镇升平工业园内（清城区银英公路旁），厂区占地面积379375平方米，是高新技术企业、省级企业技术中心、省级清洁生产企业、国家绿色工厂。公司于2007年奠基动工兴建，2008年5月初第一期工程的一条生产线投产。

2008年初，简一公司在项目的设计和建设上，采用"高产能""低能耗""高品质""低缺陷"的建设理念，选用并开发从原料加工到半成品压制、烧成等一系列先进设备。如选用60吨大吨位球磨机、6000型大规格喷雾干燥塔、4800吨大吨位压机、2.5×230米大型辊道窑等国内外先进设备，为高产、优质、低耗的生产创造有利条件。

清远市简一陶瓷有限公司确立"尊重客户价值、珍惜社会资源、遵守法律规范、持续创新发展"的管理方针，完全按照国家产业政策、法规建设投资生产，在建设过程中，严格执行国家安全、环保"三同时制度"，即安全、环保与生产同时规划、同时建设、同时投入使用。截至2021年年底，安全、环保建设投入资金近6500万元，达到"两无一高"（无废水、无废渣排出，高标准排放气体）标准，符合环保和安全生产的要求。公司全面通过ISO 9001国际质量管理体系认证、ISO 14001国际环境管理体系认证、欧盟CE认证和国家强制3C企业认证，是广东省清洁生产企业。公司构建绿色制造体系，实施绿色制造工程，于2018年3月成为国家绿色工厂。

【广东卡诺亚家居有限公司】 广东卡诺亚家居有限公司位于清远市清城区源潭镇金峡工业园，占地面积80亩，是集研发、销售、生产、服务于一体的卡诺亚（Knoya）品牌定制家居专营企业。卡诺亚创立于2001年3月，作为中国最早的定制家居品牌之一，拥有20万余平方米的广东广州、广东清远两大生产基地以及国际领先的智能化生产线，拥有家居研究院及商学院两大院系。该公司品牌产品主要包括书柜、衣帽间、推拉门、橱柜、定制家居等。所有产品均达到E1级或更高的环保标准，并且采用激光标识防伪，让顾客买得放心、用得舒心。2021年产值4.67亿元，员工约850人。

（区工信局）

交通·邮电·通信

交通·运输

【概况】 2021年年底，清城区公路通车总里程达1873.66千米，其中国道145.12千米，省道36.21千米，农村公路1692.33千米，公路密度为144.6千米/百平方千米，公路密度位居全市首位，行政村100%通公交。2021年清城区投入约356万元提升国道安全，完成国道G107线交通安全文明示范路样板示范工程、国道G107线部分路段标线翻新、绿化提升修缮、道路安全风险治理等工程。完成国省道与县乡道平交路口"一清一灯一带"巩固提升317处，完成国省道沿线村道出入口整治159处，国省道穿村过镇路段整治5处。清城区完成交通基础设施建设总投资1.61亿元，其中投入国省道1.19亿元，县乡农村公路约4280万元。区投入约1350万元，推进交通科技信息基础设施建设。完成5个普通公路治超非现场执法监测点建设。清城区是全市最先开展运用非现场执法监测系统进行治超执法的县区。2021年9月，清城区交通运输局推进清城区普速铁路安全隐患综合治理工作，联合源潭、龙塘和飞来峡镇共完成78处隐患点整治。2021年办理各类行政审批及一般管理事项业务共计24617宗，均实现100%办结。

【公路建设】 2021年，清城区完成农村公路建设（改造提升）计划里程74.61千米。清城区公路通车里程为1873.66千米，公路密度为144.6千米/百平方千米，其中国道145.12千米，省道36.21千米。纳入全国基础数据库桥梁总数为272座（其中国省道桥梁共72座），合计14227.21延米（其中国省道桥梁7625.88延米）。2021年按照省、市工作部署，实施农村公路安全提升工程26.62千米、农村公路单改双30.92千米、危桥改造7座、路面改造10.97千

2021年11月19日，区交通运输局前往龙塘镇、源潭镇和飞来峡镇，组织镇政府和施工、监理单位人员召开项目约谈会，并前往施工现场察看情况

（区交通运输局　供图）

米，县乡道路面维修及隐患整治5.9千米。

【客运站场】 清城区范围内有一个大型客运站。清远市粤运汽车运输有限公司清远新城汽车客运站（原清远市汽车运输集团公司清远市客货汽车总站），是清远地区的一个中心客运主枢纽站场，开通客运线路共38条，其中省内33条、跨省5条，入站经营车约120辆，每天发出正班车约135班次，2021年日均发送客运量约1680人次，2021年发送旅客约62万人次，是清远市最大的汽车客运中心。

【道路运输】 2021年，清城区有普通货物运输公司531户，个体户1261户，营运车辆13248辆；客运班车公司1户，营运车辆54辆；旅游包车公司7户，营运车辆184辆；公共汽车企业2家，公共汽车415辆（其中纯电动公交385辆），公交车班线103条，覆盖整个清城区以及清新区的部分区域，市区范围内票价为一票制2元模式及分段收费的模式；出租车公司8户，营运车辆315辆；危险货物运输公司13户，营运车辆234辆。

【水路运输】 2021年，清城区有水路旅游客运公司7户，营运客船86艘，总客位6730位，经营航线均在城区范围内；水路货物运输公司32户，营运货船764艘，总载重1787494.91吨，大部分经营省内航线，部分经营省际航线、港澳航线，经营港澳航线的大部分是集装箱船，经营其它航线的多为散货船、自卸砂船。辖区有横水渡6个。

（陆嘉汶）

银盏大道　　　　　　　　　　（李文勇　2021年摄）

公路建设与管理

【概况】 2021年，清城区国、省道在册公路里程为181.33千米，桥梁72座。清城区公路事务中心实际养护国、省道里程为57.33千米，桥梁20座，其中国道G107线新基至国泰段里程为8.18千米，国道G240线龙塘路口至塘基岭段里程为14.95千米，省道S252线榨油岭至金三角段里程为6.90千米，省道S354线黄洞口至东城街办段里程为27.3千米。

【公路建设】 2021年度，区公路事务中心完成省道S252线清城区榨油岭至金三角段路面改造工程交工验收；完成国道G240线民安桥、广清大道大燕河桥和省道S354线秀田桥、新农桥、旧岭桥危桥改造工程交工验收；完成省道S354线清城区黄洞口至新桥段路面改造工程交工验收；完成国道G107线交通安全文明示范路新基至兴仁段样板示范工程交工验收；完成国道G107线兴仁段路域整治试验示范工程交工验收；完成清城区公路安全生命防护工程治理效果评估工作；完成国、省道清城段道路安全风险治理工程交工验收。

【公路养护】 2021年，区公路事务中心落实区委、区政府的工作要求，确保完成大气污染防治年度考核目标。加强普通国、省道洒水降尘力度，确保清城区普通国、省道路容整洁、路况良好、路面无积尘、车过无扬尘。全年投入养护车2161台班，扫路车413台班，洒水车1098台班，养护人员8723工日，人工清理路口

2021年9月30日，清城区公路事务中心在清城区江埗村委会会议室召开省道S354线清城区黄洞口至新桥段路面改造工程交工会议

（区公路事务中心　供图）

486处/1987平方米，清理路边堆积物159处/29.6立方米。

【路产管理】 2021年，区公路事务中心落实上级关于深化改革工作的相关要求，进一步加强路产巡查，依法保护路产路权，提升道路管理和服务水平，路产管理工作规范化，保障市民安全便捷出行。处理民事损坏公路赔（补）偿事项91宗，共收取赔偿款791071.20元。路产查看公路设施158次，约10290千米、392人次。

（王晓练）

海事管理

【概况】 2021年，清城海事处开展清城辖区航运公司安全与防污染检查84家次，走访客船公司6家，确保涉客公司全覆盖。实施船舶现场监督检查824艘，船舶安检519艘，实施行政处罚立案167宗。巡航次数676次，出动执法人员2045人次。全年未发生一般等级以上的水上交通事故，水上交通安全形势持续稳定。

【专项整治行动】 客船安全专项整治　2021年，为确保涉客船舶船员适任、船舶适航，清城海事处于春运前及洪汛期前均对辖区77艘营运旅游客船和11艘渡船进行现场安全监督检查，并全面复查。检查中，按照"隐患归零"要求，重点检查客船机舱航行设备、救生消防设备、船员持证情况，对发现的问题缺陷全部督促现场整改或限期整改。现场督促船舶负责人要认真开展安全警示教育，查找安全隐患，全面落实船舶安全主体责任。

水上无线电秩序管理专项整治　清城海事处结合现场监督及安检计划对辖区客船开展无线电专项检查，重点检查船舶法定证照配备不齐、"一码多船""一船多码"、非法占有频道、违反通信秩序等突出问题。联合区水利局等部门执法人员开展水上联动执法，联合打击水上违法行为，加大整治力度，切实维护辖区水上无线电通信秩序。

船舶燃油抽检专项整治　结合现场监督检查，重点核查油类记录簿、船舶受油记录和燃油供应单证等相关材料，详细询问及记录船舶燃油的来源、加装日期等相关信息，留存加油凭证。以高标准、严要求持续加强辖区船舶燃油质量抽检，宣传引导辖区船舶使用合格清洁低硫燃油，推动船舶防大气污染工作取得实效，全年燃油抽检316艘次。

商渔船防碰撞攻坚整治　为有效遏制商渔船碰撞事故险情发生，维护好船舶通航秩序，清城海事处联合区农业农村局建立联合执法机制，按照上级"商渔共治2021"工作方案的要求开展防商渔船碰撞工作，通过通报典型案例、发放宣传单张等措施，做好商渔船安全检查和宣传，多次联合农业农村、交通、公安、地方镇政府等部门开展联合巡航执法，加强商渔船通航密集水域的巡查，严管严控渔船碍航捕捞、随意穿越主航道等危险行为。

船舶防碰桥专项整治　加强船碰桥事故防范工作，对辖区桥梁进行隐患排查，建立"一桥一策"档案；强化现场宣传，提高船员安全防范意识；加强巡航检查，及时纠正或查处桥区水域危险行为，劝离桥区水域钓鱼行为60余次，禁止船舶在桥区水域锚泊、掉头、追越。

砂石船重点专项整治　强化砂石船运输治理，严格按照上级要求对辖区砂石船开展重点专项整治，重点对砂石船是否存在加装围板、超载、配员不足等情况进行检查，全年检查砂石船115艘次，协助水利部门查扣砂石船19艘次。

【安全监管】 **持续做好疫情防控** 2021年，清城海事处按照"外防输入、内防反弹"的工作要求，除做好执法人员自身疫情防控工作以外，毫不松懈做好对航运公司及船员的疫情防控，加强信息管理和报告。加强与地方交通运输、区防疫指挥部等单位的信息共享，及时掌握到港船舶和船员信息。督促企业落实船舶疫情防控主体责任。通过航运公司安全与防污染会议部署、微信群传达、监督检查提醒等多方式督促辖区航运公司建立健全疫情防控管理制度，落实船舶疫情防控管理措施，完善应急处置预案，全面抓好船舶防疫工作。做好涉客船舶防疫工作。督促辖区各航运公司及客船落实严格控制客船单航次登船人数不超过额定载客人数90%的要求，做好旅客粤康码检查、人员登记和测温工作，提醒乘客佩戴好口罩，做好船舶日常消杀、通风等防疫措施，辖区疫情防控形势稳定。

加强航运公司管理 2021年，清城海事处结合工作实际，组织召开春运前、清明节暨洪汛期及疫情防控、"五一"劳动节前暨洪汛期及疫情防控、中秋节和国庆节前4次的航运公司安全与防污染工作会议，分析近期辖区安全形势，着重对疫情防控、船舶安全、船舶污染防治的相关要求进行宣贯，并对特殊时期如雷雨大风天气、洪汛期安全管理、枯水期等情况下限航规定等工作进行要求，要求公司落实主体安全责任，进一步加强风险防范措施，严格落实疫情防控相关要求，严格跟踪船舶安全检查缺陷整改、强化人员培训教育、实时掌握船舶动态等措施降低安全管理的风险，派发各类与安全生产相关的文件和安全宣传单。

保障特殊时段安全稳定 全年清城海事处抓好雾季、汛期、寒潮大风、雷雨大风等季节性水上交通安全管理工作。一季度针对出现的寒潮大风、雨雾等天气，及时对客渡船、锚泊区货船、货运码头等现场巡查，检查船舶是否制定和落实应急措施、锚泊设施是否系固、船员是否落实值班制度，派发安全提醒宣传单，通过VTS高频播报天气预警信息。5月北江首场大洪水来临，坚持处领导带班、业务骨干24小时值班机制，通过现场监管、CCTV、智慧监管服务平台落实汛期"三必查"机制：执法人员对重点水域每天巡航检查，及时发现消除隐患；对辖区每艘重点船舶违法行为必查，处罚教育两手抓；对辖区船舶违反禁限航情况不间断核查。经过全处干部职工5天4夜坚守岗位力战洪峰，实现洪水期间辖区船舶"零走锚"、险情事故"零发生"，辖区400余艘船舶安全度汛。

保障重点民生工程 2021年，清城海事处全面践行"五讲五强"要求，结合"我为群众办实事"主题实践活动，将办实事融入到日常工作中，把学习成效转化为为民服务的动力。为花都取水口项目、广清城轨北延线施工项目、南岸公园施工项目提供通航安全保障，做好辖区水上大型群体活动现场安全维护工

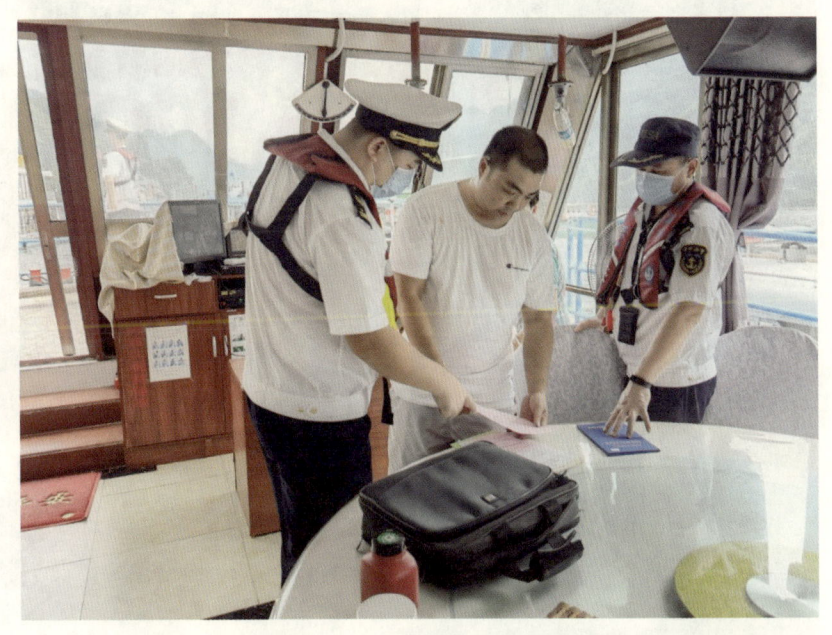

2021年10月2日，清城海事处国庆期间对白庙码头客船开展现场监督检查
（清城海事处　供图）

作。组织青年干部职工配合清城区开展大规模人员核酸检测采样工作，用实际行动诠释海事人的使命和担当。组织干部职工投入到志愿者服务活动，举办海事课堂，组织开展"三防两救""学党史办实事 安全知识进校园进公司进船舶"活动，构筑水上安全生命线。组织开展"处长接待日"活动，聆听企业群众困难，虚心接受企业群众建议，及时解决群众难题，提升群众"涉水幸福感"。与地方政府沟通争取清城区水上搜救中心设立及经费落实事宜，有效提升辖区水上交通事故应急搜救能力。根据上级统一部署推进白庙"五一"客船停泊点迁移工作，做好辖区船员思想工作。配合清城区环保工作要求，推动辖区江南水厂保护区内的船舶规范管理。

【防污染监管】 加强客船防污染和水资源保护区检查力度，2021年8月以来，严格落实清城区《北江流域（市区河段）旅游船舶污染专项整治联合执法工作方案》通知精神，配合清城区相关部门加强客船防污染，并落实情况进行专项整治，完成飞霞景区所有77艘适航客船污水直排管路整改和染色冲水测试。对不符防污要求的，污水直排管未整改的两艘客船立即留置并立案处理，责令限期整改后方可开航。坚持防污染工作常态化，巡航检查中将客船直排管路染色冲水测试作为现场监督检查必检项，杜绝类似事件发生。为保护水资源保护区内水源环境质量，把水资源保护区巡查纳入每周工作重点，多次联合清城区农业农村局、清城区交通运输局等单位开展联合巡查和安全宣传，重点检查景区航行客船有无向水体排放、倾倒污水，渔船有无在保护区内占用航道捕捞，保护区内有无船舶锚泊及其他可能存在污染水源等行为。

（靳天琪）

邮政通信

【概况】 中国邮政集团有限公司清远市清城区分公司（以下简称"清城区邮政"）主营范围：报刊、图书等出版物发行业务、机要通信业务、国内和国际信函寄递业务、邮政代理金融业务、邮政汇兑业务、国内和国际包裹快递业务、国家允许经营的其他业务。2021年，清城区邮政有8个邮政储蓄网点、12个自办营业网点、4个邮政代办所、14个快递投递部，投递覆盖面为100%，实现村村通邮。建成星级规范营业窗口10个，其中"四星级"1个、"三星

2021年11月1—15日，清城区邮政职能人员开展业务旺季支撑活动　　　　　　　　（清城区邮政　供图）

级"5个、"一星级"4个，为清城区党、政、军、民、工商企业提供方便优质的邮政通信服务。

【报刊业务】 2021年，报刊业务累计完成收入551.14万元，完成市公司下达532万元目标的103.6%，超收19万元，同比增长3.68%。2021年主要经营亮点有政务图书销售，争取区委宣传部、区国安下达征订文件，要求全区企事业单位订阅学习，其中《习近平谈治国理政》《论中国共产党历史》等四史图书、党史学习教育有声笔记系列等政务图书创收105万元。报刊大收订，全区收订流转额1672万元，其中本地收订流转额1477.50万元，集订分送33.99万元，图书160.51万元，完成市公司大收订必达目标1672万元的100%，同比增长6.78%。党报党刊，收订《清远日报》10592份、《人民日报》2758份、《求是》1449份、《经济日报》451份、《光明日报》508份，全面完成市、区公司下达的党报党刊收订目标。

【农村电商】 2021年，清城区邮政在4个街道、4个乡镇的71个村委分别建立邮政综合便民服务站，实现"乡乡设所、村村通邮"，构建起覆盖城乡、惠及全民的农村邮政服务体系。

【集邮业务】 方寸藏精华，集邮知天下。2021年，清城区邮政客户可预订次年发行的套票、年册、纪念邮资封片等邮品。在邮票所附的空白区域为客户提供个性化宣传业务。依托邮票资源，根据客户需求为其量身定做的纪念邮品，展现企业的品位与特色，是公关礼品、宣传礼品的最佳选择。

【新媒体业务】 2021年，清城区邮政发展新媒体业务，在微信朋友圈投入广告，通过微信广告系统进行投放和管理，广告本身内容基于微信公众账号生态体系，以类似朋友的原创内容形式进行展现，在基于微信用户画像进行定向的同时，依托关系链进行互动传播。利用邮政自身的网络优势和投递队伍，为广大市民提供账单业务，为促进"明明白白消费"搭建良好账单业务的平台。提供邮惠通业务，进行单张宣传，点对点投递，价格实惠，宣传效果好。

【金融业务】 2021年，清城区邮政致力解决广大人民群众的金融使用需求，提供个人存取款、大理财、代发工资、电子银行、微邮付聚合支付码等产品，为客户进行综合理财服务，构建"金融+生活"生态圈，满足人民群众日益增长的美好用邮需要。

【寄递业务】 2021年，清城区邮政寄递业务深化改革创新，通过降本、增效、提速，打造核心竞争力。

政务服务 邮政网点全面接入代办车管业务，启动驾驶证一站式补换领代办项目；全面放开合作车行，启动电动自行车上牌业务，扩大新车上牌市场占有率。深化警邮合作，全区开启身份证换领证邮寄到家项目，深度推进"放管服"改革，做到便民利民。

小微电商 通过实行快递包裹资费政策，开发大型仓储电商客户。加大快递包裹宣传力度，通过揽投员投递邮件到店到家时

2021年6月19日，清城区邮政开展"美好人生 远离毒品"宣传活动

（清城区邮政 供图）

派发宣传单张，加快开发小微电商类客户数量，让更多中小型企业和商家了解邮政快递包裹产品。邮政快递不爆仓，365天全年无休假。

（李世强）

中国电信

【概况】 2021年，中国电信清远城区分公司（以下简称"城区电信"）紧紧围绕"数字清远·三农先行"总体要求，实施云改数转战略，统筹发展与安全，全面深化三维联动改革，保持企业和谐稳定。2021年城区电信较好地完成了市公司下达的各项工作任务，获全省C类县级分公司2021年度先进绩效单位一等奖，实现"十四五"良好开局。

【我为群众办实事】 2021年，城区电信服务点进驻清远市（区）政务服务中心，为群众提供便民服务，信息化建设深度融合到政务、医疗、教育、治安等各个领域，建设"5G+智慧社区""雪亮工程""天翼看家"等提升民生福祉的项目，为保障公共治安管控要求，共推送1400个涉及学校、村委、乡镇的天翼看家视频监控数据，并且和公安数据进行联网，实现政府"群防群治"的管控要求；扎实推进"我为群众办实事"实践活动，充分发挥人才队伍和网络技术的优势，落实解决好群众的烦心事、揪心事，让信息现代化成果惠及广大人民群众。

【新基建】 加快新型信息基础设施建设，提升云网能力。2021年，城区电信构建高速泛在的双千兆网络，完成3期5G建设，实现市—县—镇—重点行政村连片覆盖，城区5G主要街、镇覆盖率行业领先；全面铺开网络优化改造，千兆光纤网络覆盖遍及城区1738条20户以上自然村，行业领先。持续扩大20户以上自然村4G覆盖范围，进一步夯实移动网覆盖基础，加快云网融合，巩固云网优势，打造新型云网架构及产品型应用。

【助力疫情防控】 城区电信坚决落实党中央和上级决策部署，全力以赴做好疫情防控工作。2021年6月7—9日，清城区开展大规模核酸检测，城区电信快速响应政府疫情防控指挥需求，承担117个核酸检测点快速联网、快速建设视频监控和提供优质网络保障等服务，三天累计投入192人次技术维护、7套应急基站设备、1台无线应急车、75台次车

2021年4月20日，东城街道办事处与清城区电信共建"平安乡村"签约仪式举行　　　　　　　　　　　　（城区电信　供图）

辆，仅用9小时完成117路网络视频监控安装及114个检测点手机信号摸查和优化，有效保障市民在所有检测点使用手机扫码通信畅通，保障检测点实时画面回传区综治平台。仅用2小时开通交付50席云呼叫业务用于政府疫情防控外呼宣传，为清城区全员核酸筛查工作统筹推进、实时管理、应急指挥调度、外部宣传等提供强有力的网络保障和技术支持，为清城区高效开展疫情防控工作保驾护航。城区电信在清城区全员核酸筛查工作中，充分体现大企业的责任和担当，得到政府部门的高度认可。

【乡村振兴】 2021年，城区电信坚决落实党委乡村振兴工作部署，做好乡村振兴干部管理，推进巩固拓展脱贫攻坚成果同乡村振兴的有效衔接，建成4个"数字乡村"示范标杆村，助力产业振兴。

【安全保障】 努力创建城区安全的通信环境，树立安全可信品牌。城区电信充分利用自身渠道网点、企业产品（如网络电视、公益短彩信等）开展多样化反诈防诈宣传活动。持续开展"进公司、进社区、进农村、进校园、进家庭"防诈反诈知识宣传，对每位接触的客户开展防诈宣传及安装反诈App辅导使用。圆满完成2021年通信保障任务，城区"0"事故，确保五类重大事件全年"未发生"。

（陈勇斌）

2021年7月8日，中国电信清远城区分公司开展"学党史 悟思想 办实事 开新局"实践活动

（城区电信 供图）

2021年5月17日，中国电信清远城区分公司开展反诈宣传活动

（城区电信 供图）

移动通信

【概况】 2021年，中国移动通信集团广东有限公司清远城区分公司（以下简称"城区移动"）坚持党建引领，加快数智化转型，注力市场、集客、网络、管理升级，扎实推动区域市场高质量发展。打造盈富电子"5G+智慧工厂"，被评为省级5G+工业互联网标杆示范项目，与凤城街办签约5G+综合治理指挥中心平台项目，与黄腾峡景区签订"5G+智慧景区"战略合作协议，为华南863科技创新园提供5G+智慧园区服务，5G应用场景多点开花。

【市场经营】 2021年，城区移动加强个人市场精准运营。通过渠道建设、融合发展、内容运营等，加快推进5G业务发展，实现5G客户双倍增。聚焦终端、宽带、集团等场景化需求，开展热点营销线上运营、社群营销线下推广，客户规模发展稳定，新业务活跃率大幅提升。加快有线业务攻坚拓展，推进智能家居融合、家庭群组融合等整合步伐，加速家庭产品深度运营。

【集客运营】 2021年，城区移动加快政企转型发展。与清城区政府签订战略合作协议，实现战略合作升级，牵引签订行业标杆合作项目。落实双线倍增行动、猎云专项行动、时事热点推广等，实现重点业务产能倍增。聚焦客户经理能力提升、集团驻点基础服务，全方位提升集团服务能力。

【网络建维】 2021年，城区移动夯实网络基础能力。新建5G基站549个，实现5G网络连片覆盖，4G/5G网络双向优化。新建基站、新增管道/光缆、解决历史黑点，补强沿街商铺、农村等有线资源覆盖，梳理盘活满端、闲置资源，强化网络接入能力。落实故障小区分级响应机制，聚焦长期退服小区，做好网络问题整改跟踪。圆满完成建党100周年、清城区大型核酸检测、黄腾峡旅游节等重要活动保障及防汛应急通信保障。

【基础管理】 2021年，城区移动注力管理效能优化。通过强化目标管理、部门协同、新闻宣传、末位提升等，实现内部管理升级。严格做好疫情防控，加强安全生产管理，实现企业安全运营。规范"三会一课"、主题党日，推进书记项目、党建和创、岗区队等，推动党业深入融合。组织廉洁教育、廉洁面谈，开展节假日、作风建设等专项监督，落实党风廉政建设。

（唐赞）

2021年2月8日，清远市清城区人民政府与中国移动广东清远分公司举行"智慧清城"战略合作签约仪式

（城区移动 供图）

城建·生态环境

重点建设项目

【概况】 清城区将重点项目建设工作作为推动清城区经济社会高质量发展的重要抓手，把握"时度效"，超常规促在建、促开工、促审批、促投产，综合施策推动重大项目建设，切实发挥投资对经济增长的关键性、引领性和支撑性作用，为区经济稳步增长提供强力支撑，推动全区经济社会平稳较快发展。

2021年，清城区重点建设项目47项，总投资324.37亿元，年度投资计划48.22亿元。其中，省市重点项目18项，年度投资计划31.38亿元。

【区重点建设项目投资】 截至2021年12月，清城区重点建设项目完成投资58.53亿元，完成率121.37%，超过时间进度21.37%。其中省市重点项目完成投资45.97亿元，完成率146.48%，超过时间进度46.48%。其中，清远市海德外国语学校、新城小学、清飞小学等多所学校建成并投入使用，有效缓解清城区学位紧缺的状况。锦邦物流、广百物流、金发科技等项目建成投产，推动促就业，保民生。清城区人民医院、老旧小区改造、村村通自来水、污水管网等民生工程按时建成，

2021年，重点项目清远市海德外国语学校　　（区发改局　供图）

2021年，重点项目清城区新城小学　　（区发改局　供图）

有效解决群众的操心事、烦心事、揪心事。

（区发改局）

住房和城乡建设

【概况】 2021年，清城区住建局坚定不移不折不扣落实贯彻区委、区政府的决策部署，坚定人民立场为群众办实事，关键抓好城乡发展和建筑安全两件大事，保障城乡居民住房安全，规范房地产市场，把住建各项工作落到实处。

【工程建设审批制度改革】 清城区住建局落实《清城区全面开展工程建设项目审批制度改革实施方案》要求，全面推动建设领域改革发展。清城区工程建设项目审批事项清单共有74个事项，区住建局制定10类项目审批流程图等一系列配套文件，建成工程建设项目审批制度框架和信息数据平台，实现工程建设项目审批事项全覆盖。2021年2月1日试行建筑工程施工许可告知承诺制审批，在项目投资备案、施工许可等行政许可办理过程中，豁免、简化审批手续和相关材料，审批时限由7个工作日压缩到1个工作日，项目推进速度明显加快。配合实施工程建设项目竣工联合验收，根据工程竣工联合验收有关文件，要求建设单位就规划、土地、消防、档案等事项的竣工实行联合验收，联合验收时间压缩至12个工作日以内。

【建筑市场监督管理】 2021年，清城区住建局完成公开招标备案登记34宗，中标价为134039.7万元。完成设计概算备案391宗，招标控制价备案386宗，施工合同价备案437宗，竣工结算价备案217宗。纳入清城区住建局监管的房屋建筑与市政基础设施工程152宗（按项目统计），其中，房屋建筑工程124宗、建筑面积484.39万平方米。办理在建工程责任主体人员变更210宗，受理行政许可12宗，办理建设工程消防设计审查61宗次，办理消防备案55宗次。监督竣工验收91宗次，办结消防验收43宗次。清城区住建局进一步加大对建筑市场和物业管理领域的企业违法行为的查处力度，2021年，对25家企业作出行政处罚决定，罚款74.19万元，向镇（街）移交违法案件2宗。

【建筑施工安全监管】 清城区住建局始终绷紧安全生产这根弦，抓实抓牢区属项目建筑施工安全监管工作。在疫情防控常态化形势下，指导建筑工地做好防疫工作，加强封闭式管理、人员健康监测和公共区域消杀，2021年，针对建筑工地排查发现的防疫问题下发整改通知书98份。清城区住建局和全区建筑施工项目不折不扣落实安全生产工作职责，2021年，清城区住建局检查在建项目535宗（次），下发隐患整改通知书378份、停工通知书38份，排查整治安全隐患1300多项，确保清城区建筑施工安全生产形势稳定，不发生较大及以上生产安全事故。抓好特殊天气户外作业安全生产工作，清城区住建局及时发出预警信息或天气信息，指导各镇（街）、各有关企业对削坡建房、削坡建厂、简易工棚和农房建设安全隐患进行排查，做好极端天气应对工作，消除安全隐患。推进建筑施工绿色可持续发展，清城区住建局以强有力的态势保障建筑工地扬尘污染防治工作方案不折不扣的落实，对区管项目大气污染检查1075宗（次），下发停工通知书39份，动态扣分237份，诚信扣分62份，清退63辆不符合要求的非道路移动机械，严格落实建筑工地扬尘治理"六个100%"。

【城镇老旧小区改造】 2021年，清城区城镇老旧小区改造项目投资约46300万元，有7个项目，涉及2街4镇，改造小区837个（包括续建小区326个），其中511个新建项目全面开工，完成续建项目326个。截至2021年年底，清城区城镇老旧小区改造项目支付中央、省补助资金10256.05万元，支付进度100%。清城区住建局在开展城镇老旧小区改造过程中，探索基层治理，引导居民参与共治，提升老旧小区居民的生活质量。全面改善小区的面貌，小区路面干净整洁、停车位框线分明、绿植花草生机勃勃、居民有休闲的街角公园，昔日外墙剥落、道路坑洼破损、雨天"水浸街"、排水道外溢污水横流的老旧小区面貌焕然一新。

【农村房屋安全隐患排查】 2021

年,全面开展农村房屋安全排查整治工作,完成对清城区辖区范围内的东城街道、横荷街道、石角镇、龙塘镇、源潭镇、飞来峡镇等6个镇(街)中71个行政村农村房屋全面摸底排查,排查房屋67146栋,其中用作经营的农村自建房2655栋,未用作经营的自建房63407栋,非自建房1084栋。排查发现安全隐患的用作经营的农村自建房作为本次整治工作的重点,对排查发现的33户用作经营的农村自建房初判存在风险的房屋,清城区住建局迅速组织专家开展安全评估,经评估为C、D级的8户,于2021年6月15前全部完成整治。

【农村削坡建房风险点整治】清城区住建局坚持人民至上、生命至上,形成一套"党建引领、主动担当,预防为主、整治并行,消除存量、控制增量,分类施策、高效运转"的可以推广复制的农村削坡建房风险点整治工作经验。清城区住建局在确保按时按质完成2021年473户清城区削坡建房整治工作任务的基础上,加大统筹力度,主动加压,将原计划在2022年实施的100户高风险隐患点整治任务提前到2021年实施,截至2021年年底,完成整治564户,超额完成省市目标任务19.2%。

【住房保障】 保障性住房租赁管理 清城区有政府投资建设的公租房1020套,2021年实物配租入住的有1013套,其中入住和平小区公租房共968套,朱围大街公租房27套,龙塘公租房18套,所有公租房的分配入住率为99%,做到100%保障住户符合条件。

住房租赁补贴发放 2021年清远市下达给清城区2021年城镇住房保障家庭租赁补贴的目标任务为400户,全区累计发放城镇住房保障家庭租赁补贴523户,发放金额150.22万元,超额完成任务。

【物业管理】 维修资金业务 2021年,清城区住建局共办理维修资金方面业务合计952宗,涉及金额为551.85万元,其中,办理住宅专项维修资金开户审核407宗。办理提取住宅专项维修资金申请233宗,提取住宅专项维修资金金额476.9万元。办理紧急提取住宅专项维修资金申请37宗,紧急提取住宅专项维修资金金额74.95万元,办理维修资金退款26份,开发商预交存维修资金249份。

物业备案业务 2021年,清城区住建局受理物业各类备案183宗,其中,前期物业服务合同备案50份,前期物业服务邀请招标备案32份,物业服务邀请招标中标备案34份,物业管理区域备案40份,以协议方式聘请物业服务企业14份,清城区物业服务合同备案10份,清城区物业服务变更区域备案2份,清城区前期物业服务合同注销备案1份。

企业诚信管理 2021年,清城区建立诚信系统账号的物业企业有136家,其中企业诚信达A级的有2家,B级的有127家,C级的有2家,D级的有5家。

【物业信访事项】清城区住建局按照"一楼一策"化解措施推进清城区"问题楼盘"矛盾化解工作。2021年,清城区住建局立案信访案件7288宗,均能按时办结;办理重复信访案件2宗,依法及时化解矛盾。通过实名制管理系统对辖区内在建项目的工人工资发放情况进行排查,及时协调化解劳资纠纷8宗。确保物业管理区域安全,减少物业类矛盾

2021年6月16日,清城区住建局领导到源潭镇检查一处削坡建房农房隐患点
(区住建局 供图)

纠纷，2021年度清城区住建局对295个小区开展督导检查，发出40份整改通知书，规范47个物业小区集中充电桩充电点建设。

【智慧小区建设】 充分发挥基层党组织的主体作用，有效承接清城区《共建"数字清城"战略合作框架协议》，推进清城物业小区在党建引领下建设高质量发展的红色物业、智慧小区。2021年4月2日，清城区住建局联合清远市物业管理协会与中国电信签订《共同建设"5G+智慧小区+红色物业"合作框架协议》，以完善社区基础网络设施为基础，推进基层党建、物业管理和安全服务互联网信息化，包括党建宣传、数字物管、联网监控、智感安防、数字安全等领域，致力于共同打造清城区小区物业管理服务的智能化，让小区成为基层党建宣传的重要阵地，构建红色、和谐、安全的智慧小区。2021年年底，在和平小区公租房建成5G智慧小区示范点。

（刘静文）

政府投资项目建设

【教育建设项目】 截至2021年年底，清城区教育建设项目有8个，其中5所学校完成建设，为清城区增加4980个小学学位、2000个中学学位和540个幼儿学位。清城区第五幼儿园建设项目预计于2022年4月建成交付，石龙学校、清城中学扩建工程将于2022年动工。清飞小学工程，总建筑面积28174.06平方米，完成立项总投资1.6亿元，办学规模48个班，提供2160个学位；新城小学工程，总建筑面积22011.83平方米，完成立项总投资1.3亿元，办学规模为36个班，提供1620个学位；新北江小学建设项目，总建筑面积3685.32平方米，完成立项总投资2260万元，设置24间教室，提供1200个学位；松岗中学扩建工程，总建筑面积10286平方米，完成立项总投资4920万元，设置40间教室，提供学位2000个；清城区第四幼儿园建设项目，总建筑面积5184平方米，完成立项总投资3500万元，办园规模为18个班，提供幼儿学位540个；清城区第五幼儿园，总建筑面积4802.82平方米，立项总投资2800万元，项目主体工程完成，室外工程施工预计于2022年4月完成；石龙学校，总建筑面积约45903平方米，估算投资3.48亿元，设计办学规模为72个班，提供3360个学位，为九年一贯制学校，完成初步勘察、初步设计、概算编制等前期工作，正在进行概算审核，预计2022年5月动工建设；清城中学扩建工程，规划建筑面积4283.27平方米，估算投资3367.10万元，设置25间教室、5间教研室、5间教师办公室，完成初步勘察、初步设计、概算编制和审核等前期工作，预计2022年2月动工建设。

【医疗卫生建设项目】 2021年，清城区人民医院新院建设工程：总建筑面积90486.22平方米，立项总投资5.8亿元，提供住院床位800张，建设内容包括一幢17层医疗综合大楼、一幢5层后勤楼。项目主体结构施工完成，正在进行智能化系统、专业装修等施工，计划2022年5月完成一层门诊部施工，部分投入使用。

清远市清城区疾病预防控制中心、慢性病防治站、精神卫生中心项目：占地面积10亩，规划建筑面积13613.67平方米，估算投资1.5亿元。完成初步勘察、初步设计、概算编制和审核等前期工作，预计于2022年5月动工建设。

清城区东城社区卫生服务中心建设项目：占地面积约26666.67平方米，规划建筑面积24080.53平方米，估算投资2亿元。完成初步勘察、初步设计、概算编制和审核等前期工作，预计于2022年5月动工建设。

【交通道路设施建设项目】 清城区第二批港湾式停靠站改造工程：项目立项总投资2551万元，建设内容为对清城区一批公交站进行港湾式改造，于2021年12月完工。

清城区东城街快径精品线路项目：估算投资4969.02万元，项目以新桥圩为起点，沿省道S377线、白庙路、清晖路、新河桥等路线改造，总长约15千米。主要内容包括村庄道路升级改造、村庄环境整治、农房风貌提升、景观改造升级、雨污管网及生活污水处理设施建设、民宿改造、白庙旧泵房改造等。完成立项、初步设计、概算编制等前期工作，预计于2022年年初动工建设。

源潭镇新马乡村振兴样板区道路改造升级工程：项目估算投资4920.34万元，主线路线全长约5.5千米，主要内容包括对原乡村混凝土道路进行拓宽并加铺沥青混凝土路面，路基宽度由4.5米拓宽至7.5米，道路采用三级公路标准设计，双向两车道，设计车速30千米/小时。项目完成立项、初步设计、概算编制、招标等前期工作，预计于2022年年初动工建设。

【其他公共建筑项目】 2021年，清城区党校建设项目：项目占地面积31.9亩，规划总建筑面积32678.23平方米，估算投资2.83亿元，建设内容主要包括清城区党校综合大楼、清城区老干部大学综合大楼、阶梯式报告厅、学员餐厅宿舍楼4栋建筑以及地下停车场、校内道路广场运动场等附属设施。完成初步勘察、初步设计、概算编制等工作，正在进行概算审核，计划于2022年动工建设。

清城区社会福利中心：占地面积31.58亩，建设内容包括医疗康复中心、颐养楼、活动中心、儿童中心等。项目完成选址、项目建议书和可行性研究报告初稿。

（李伟哲）

燕湖新城建设

【概况】 2021年，清远市清城区燕湖新城建设指挥中心（以下简称"区燕湖中心"）主要负责对清远市燕湖新城规划范围内的征地拆迁工作进行统筹协调和指导，协助有关部门推进重大工程项目，承接清城区"三旧"改造等工作。

【燕湖新城建设】 2021年，区燕湖中心对照市委"十大行动方案"任务清单，推动城市基础设施建设，经与洲心街办共同努力，完成"四馆一中心"征收工作。配合推进市政道路等其他基础设施建设，其中银泉南路完工，南岸公园建成开放。协助市燕湖办开展燕湖新城产城融合项目前期工作，优化深化燕湖新城土地利用，为推动燕湖新城产城融合发展奠定基础。

【燕湖新城建设征收】 2021年，区燕湖中心有序推进"五位一体"综合交通枢纽1682亩土地、清远大道扩建52亩土地、广清城际北

2021年，清城区清飞小学　　　　（区代建中心　供图）

2021年，清城区新城小学　　　　（区代建中心　供图）

轻轨银盏站　　　　　　　　　（李文勇　2021年摄）

2021年12月21日，清远淇丰房地产开发有限公司向清城区燕湖新城建设指挥中心赠送锦旗　　（区燕湖中心　供图）

延线项目（洲心段）110亩土地和62座房屋征收工作。完成B44、B45号区市储备用地项目108亩土地和7座房屋、E23号储备用地122亩土地的征收工作。

【国有土地收回】 解决广清轻轨银盏站场建设存在的征收难问题。区燕湖中心派出工作组艰难而和谐地征收清远市淇丰房地产开发有限公司名下位于清远市新银盏温泉度假区范围内部分国有土地及其地上的建（构）筑物和青苗等附着物。于2021年11月完成收尾工作，保证广清轻轨银盏站场的顺利建成，取得双赢局面，为此，淇丰房地产开发有限公司向区燕湖中心赠送锦旗和表扬信。

【燕湖新城安置房办证】 2021年，区燕湖中心成立由党员干部带队的专项工作组，协同洲心街办开展安置房办证相关的收件、核查和发证工作，优化审批流程、压缩审批时间。截至2021年年底，4648套安置房完成3847套办证资料的初审，累计办好不动产权证2701本。

【协调解决安置区存在问题】 2021年，区燕湖中心汇总3个安置区（凤凰春天花园、联湖花园、洲沙雅苑）墙体剥落、电梯故障等一系列问题，向市相关部门反映，得到相关部门承诺解决。区燕湖中心协助解决物业管理问题。经过协调工作，3个安置区均成立业主委员会，招聘物业公司，实现小区正常管理。

【"三旧"改造示范项目】 横荷街道岗头村委会"旧村庄"改造项目是市和区的"三旧"改造示范项目，区燕湖中心对此项目的推进高度重视。2021年，通过协调多部门联动、分类工作指导、现场规划建议等方式，推动项目的前期工作。多次组织相关政企召开项目推进会，促进项目稳步推进。

【审核"三旧"改造和成本核算方案】 2021年，区燕湖中心认真审核维多利商住小区和清远市伟豪职业技术培训学校有限公司2个"旧城镇"改造项目的改造方案和成本核算方案。其中，维多利商住小区"旧城镇"改造方案和成本核算方案获市"三旧"改造工作领导小组会议审议通过。

【开展"三旧"改造计划项目申报】 区燕湖中心认真开展清城区2021年度"三旧"改造计划的编制工作。2021年5月，经区政府同意后把清城区2021年度"三旧"改造计划（含5个项目）报送至市"三旧"办审批，总改造面积941.63亩。9月，获得市"三旧"改造工作领导小组会议审议通过。

【协助"三旧"改造项目调整范围线】 横荷街道岗头村委会"旧村庄"改造项目和亿宝"旧城镇"改造项目因项目图斑不规整、改造范围线拆迁难度大的原因申请调整改造范围线。2021年，区燕湖中心对该申请内容进行初审并征求区"三旧"改造工作领导小组各成员单位意见后，由区政府审定报送至市自然资源局。9月，市"三旧"改造工作领导小组会议审议通过该两项调整方案。

【核查"三旧"改造项目】 由于市区已批"三旧"项目核查工作时间紧、任务重，区燕湖中心迅速通知37个项目主体单位，严格按照《核查公告》开展自查自纠，并按《核查工作方案》要求开展核查工作。2021年12月，经区政府同意后把初步核查结果报送到市自然资源局。

（崔乐怡）

2021年11月2日，清城区燕湖新城建设指挥中心（区"三旧"办）联同市自然资源局清城分局和源潭镇政府到广东清远蒙娜丽莎建陶有限公司旧厂房改造项目开展现场核查工作
（区燕湖中心 供图）

城市综合管理

【概况】 2021年，清远市清城区城市管理和综合执法局（以下简称"区城管局"）狠抓主责主业、坚持多维发力，扎实推进城市管理和综合执法各项工作，实现"十四五"良好开局。实施人民东路、北江一路至站前路、沿江路及沿江亲水路、重要交通节点等绿化景观提升工程和新（改、扩）建10个小公园，实现绿地覆盖面积2875.89公顷，城市绿化覆盖率、绿地率和人均公园绿地面积分别达到40.15%、36.91%和15.51平方米，均达到国家园林城市标准。消除违法建设案件909宗，共治理违法建设面积486937.96平方米，治理任务完成进度为108.25%，拆除任务完成进度为139.68%。维修沥青路面42550.59平方米（含翻新铣刨沥青路面40994.19平方米），混凝土路面修复2549.81平方米，修复人行道30166.07平方米；管理各类路灯26423支，135622盏，新接管一河两岸楼宇亮化设备240800套，实现路灯亮灯率98%以上。

【落实"十大行动方案"】 2021年，实施城市形象突出问题整治提升工程。坚决清拆城乡规划违法建设，推进"三线"隐患问题整治，提升城市形象。拆除省运会场馆主次干道两侧及奥体中心周边违法广告114宗，1565.50平方米，拆除违法建筑94宗，9275平方米。

实施城市楼宇景观亮化整体提升工程 推进包括高速横荷出口、清远西出口亮化工程，御金街沿街建筑和朱汝珍公园亮化工程，北江南岸亮化提升工程，清城区G107国道交通安全文明样板路路灯翻新及修复工程等城市亮化美化工程。

实施城市街道"微改造"工程 投入1350万元完成对城区主要公园广场、人民东路、北江一路至站前路广清大道与连江路导流岛等重要交通节点的绿化景观提升改造工程。

【垃圾减量分类】 定标准 2021年，清城区制定并印发《关于进一步加强城市生活垃圾分类工作的通知》《清城区生活垃圾分类处

2021年8月24日，区城管局领导陪同区人大调研组到莲塘垃圾中转站和九龙湾小区调研垃圾分类工作 （区城管局 供图）

2021年10月1—7日，为保障国庆期间道路安全，局直属中队加强对中心城区渣土车检查，向其驾驶人宣扬安全文明驾驶理念 （区城管局 供图）

2021年9月29日，区城管局联合市住建局、市城管局、区应急局、区市场监管局对企业工厂进行安全生产检查 （区城管局 供图）

理工作考核方案（2021—2022）》《清城区2021年城市生活垃圾分类工作方案》等文件，高标准推进清城区垃圾分类工作。

立标杆 有序推进清城区生活垃圾分类示范片区建设服务项目和厨余垃圾收运服务项目，通过公开招投标方式引入垃圾分类第三方服务体系，从氛围营造、设施设备、队伍培训、宣传策划、分类督导、回收体系、智慧管理等方面重点打造东城和凤城两个示范片区。

强宣传 结合"逢8出发""1+1"第一书记、党员志愿者活动等开展相关垃圾分类主题宣传活动，累计发放垃圾分类宣传手册、相关礼品10万余份。

【城管综合执法】 **严厉打击非法处置建筑垃圾、生活垃圾违法行为** 制定《清城区2021年度打击违法违规倾倒垃圾专项整治行动实施方案》，加强对清城区垃圾乱倾倒的巡查管理，严厉打击违法乱倾倒行为。2021年，出动执法人员10575人次，出动执法车辆3457车次，整治清理、查处垃圾乱倾倒、乱堆放行为563宗。立案查处随意倾倒建筑垃圾49宗，缴纳罚款262050元；未经核准擅自处置建筑垃圾40宗，缴纳罚款1168000元；擅自设置弃置场受纳建筑垃圾17宗，缴纳罚款67000元。

狠抓违法建设治理 清城区2021年违法建设治理任务为45万平方米，其中拆除任务为33.75万平方米。截至12月31日，清城区各镇（街）消除违法建设案件909宗，拆除违法建设面积471419.96平方米，罚款、罚没及其他方式处理违法建设面积15518平方米，治理违法建设面积486937.96平方米，治理任务完成进度为108.25%，拆除任务完成进度为139.68%。

重点整治提升户外广告和燃气监管执法效能 拆除清城区违法设置户外广告和门店招牌730宗，拆除面积7485.10平方米。责令限期改正的户外广告设施和门店招牌378宗，作出行政处罚的户外广告设施27宗，面积共2751.90平方米。开展燃气执法检查及城镇燃气安全风险隐患排查工作。全年出动3422人次，出动905车次，检查燃气供应点545间，检查煤气瓶12332罐，暂扣煤气瓶1732罐。

铁路外部环境安全隐患整治 区城管局领导高度重视铁路外部环境安全，多次前往安全隐患点位现场督导整治工作，组织召开京广铁路和广清城际轨道协调会议，细分工作任务，落实工作进度。京广高铁外部环境安全隐患28处、广清城际轨道外部环境安全隐患107处全部完成整治。

【环卫事业发展】 **实施环卫体制改革** 从2021年1月1日起，清城区环卫清扫保洁不再采用购买服务的形式，改由所属街办和区顺创公司承接环卫清扫保洁的各项工作，切实转变政府职能，进一步明晰区、街两个管理层级的职权职责，建立权责分明、相互协调、相互促进的环卫管理新体制。加强与各街和顺创公司的业务沟通联系，做好环卫清扫保洁交接的各项准备工作，及时协商解决边界不清、工人工资待遇差异较大的实际问题，确保环卫工人队伍的稳定。

推进垃圾转运站新建选址工作 为缓解清城区生活垃圾压缩转运能力不足的实际问题，在省职教基地建设生活垃圾转运站，初步确定选址在孖龙山陵园旁，占地24.70亩（约1.6万平方米），项目设计生活垃圾日压缩转运处理能力为140吨，项目总投资约2800万元。

加快推进E17号区垃圾转运站的扩容工作 为解决市区江南区片压缩转运难的问题，拟对E17号区中转站进行扩容改造，增加2套压缩设备和2条桶装车道，将现有的四厢站升级为六厢站，通过增加中转站配套运输车辆，全面提升中转站的作业效率和应急压缩转运处理能力。

【园林绿化管理】 **接管新增绿地——南岸公园** 南岸公园是清远推进全省建设"万里碧道"工作的重点工程，也是重大民生工程。区城管局对接，委托清远市清城区顺拓园林绿化有限公司作为管养公司先行接管南岸公园现场环境卫生和秩序管理等工作，精心做好南岸公园的保洁、安保等工作，为市民打造一个全新的休闲娱乐场所。

对公园广场设施巡查维修 加强对公园广场各种设施的巡查工作，对各公园、广场内基础配套设施进行全面检修维护，对破损设施进行及时更换，确保设施完好无损。全年完成笔架河木栈道、飞来湖鸡文化馆木护栏、飞来湖公园南广场码头周边木地板等1830个项目的维修工作。

【路灯设施维护】 2021年，区城管局继续加强对主要道路的路灯设施监管维护，保障城市路灯设施正常运行，接管广清大道龙塘至银盏等多个路段路灯，有针对性地完成一系列的维护、改造任务。全年管辖各类路灯26423支，135622盏，控制597台路灯配电箱，路灯的亮灯率高于98%。

【市政设施维护】 强化市政基础设施维修。做好管辖区域的市政维修，适时开展对物业小区退让红线范围兜底维修和交通标线提升工作，保障市民安全畅顺出行。2021年，清城区市政道路养护工作维修沥青路面42550.59平方米（含翻新铣刨沥青路面40994.19平方米），混凝土路面修复2549.81平方米，修复人行道30166.07平方米。

【公益广告维护】 强化户外公益广告维护。为深化做好文明城市创建宣传工作，营造良好宣传氛围，区城管局继续加强对市区主次干道各类户外广告设施的日常巡查力度。2021年，维护户外广告设施51块，更新绿化带公益广告牌画面6441幅、面积8593.23

平方米，候车亭广告334幅、面积1986.96平方米，路灯刀旗广告1023幅、面积1186.41平方米，大型立柱广告21幅、面积1575平方米，悬挂国旗685幅，建设公益广告景观小品8座，完成市区139座遮雨篷的篷顶更新工作。

【燃气安全保障】 从严从紧从细抓牢抓实燃气安全监管工作，对监管的7家燃气充装站、39个液化石油气三级供应门店和为使用点提供设备的39家企业实行全方位监管。2021年9月，区城管局结合《城镇燃气设计规范》等有关文件制定《清城区城管局燃气安全监督管理制度》，对燃气监管工作的监管内容、隐患治理、提升安全保障能力等事项作出明确规定。

发动全民参与宣传 印制各类宣传资料20万份分发至各燃气经营企业，要求企业切实履行主体责任，依法依规经营，要求燃气经营企业向用户宣传和普及燃气使用安全常识，引导用户安全用气、正确用气、科学用气。

严格排查标准 制定瓶装液化石油气经营企业5大项目47项内容和燃气供应站11大项目46项内容检查标准，压紧压实企业主体责任。2021年出动677人次，检查燃气经营企业496家次，发出检查表399份，排查安全隐患105处，督促这些经营企业全部完成整改。出动3422人次，检查燃气供应点545间次，打击燃气黑点共收缴气瓶2449个，其中报废瓶1467个。

【数字化城市管理】 畅通受理渠道，解决群众诉求。2021年，区城管局着力提升城市智慧化、精细化管理水平，处理"清远市数字化城市管理系统"案件29510宗，包括市指挥中心派遣案件16982宗、区县指挥中心立案案件12528宗，按时办结率93.03%。跟踪落实市12345政务平台投诉案件3544件，同比增长28.5%，按时办结率100%。受理城管投诉电话（0763-3330906）案件509宗，全部转派给相关责任单位跟进处理，案件转派率100%。使用"清城区城管小广告电话语音提醒系统"追呼违规小广告号码220宗，持续助力创建干净整洁的市容环境。印发《清远市清城区城市管理和综合执法局"城管通"智能手机终端使用管理规定》，明确量化手机终端使用者必须按要求保质保量及时完成一定的工作任务，从而有效增加清城区主动立案的数量，区指挥中心全年主动发现立案12528宗，同比增长381.66%。攻坚难案积案，提高案件办结率。自6月始，指派专门人员负责跟踪处理疑难案件，解决1146宗积案。

【综合执法培训】 加强人员培训，提高法律素养，2021年，根据清远市清城区人民政府关于乡镇街道实行综合行政执法的公告，区城管局下放91名行政执法人员至各镇街。做好执法人员业务指导培训，加强日常业务指导，提高执法人员行政执法水平。夯实执法根基，树立文明形象，以"强基础、转作风、树形象"专项行动为契机，强化城市管理综合执法队伍基础建设，要求各执法中队改进执法方式，严格落实各项纪律规定，对仪容风纪、办公秩序、工作效能等方面进行严抓实管，扎实推进执法队伍规范化建设。

【新冠肺炎疫情防控】 "城管蓝"助力疫情防控 2021年，区城管局成立一支约180人的疫情防控工作预备队伍，能够根据区疫情防控专班部署，迅速启动应急处置下沉工作。6月7—9日，迅速组织约500人次到静福广场等大型检测点，助力洲心街开展全民核酸检测。9月6—9日，区城管局组织党员志愿者近200人次迅速赶到龙塘镇社区，支援社区疫情防控。

全力以赴落实防控任务 中转站、公园广场等场所每天定期开展环境卫生综合整治2次，每天出动保洁人员约300多人次，消毒人员48人次进行消毒。要求局直属各中队、各镇（街）执法队伍加大对全区范围内各农贸市场周边的巡查管理力度，对农贸市场周边占道经营等不利于疫情防控的违法行为进行严格执法。

（谢丽君）

生态环境

【概况】 2021年，清城区空气质量优良率为93.2%，6项指标均达到国家Ⅱ级标准。国考断面北江七星岗、北江石角界牌水质均达到Ⅱ类标准,"十四五"新增国考断面潖江口水质达到Ⅲ类标准,省考断面大燕河水车头水质达到Ⅳ类标准,4个断面均满足考核目标要求。完成5条农村黑臭水体调查工作,市生态环境局清城分局制定初步治理方案。推动清城区8个自然村的农村生活污水治理设施建设,8个自然村的10个农村生活污水治理设施完成建设并通过验收。全年出动2283人次,检查企业1122家次,组织参与集聚园区整治、"散乱污"整治、乐排河专项、塑料企业检查等8次专项整治行动,立案处罚环境违法行为88宗。全区完成"散乱污"整治605家,双随机检查155家。收到中央督察组交办案件66宗、协办案件4宗,其中重点关注案件10宗。办结案件48宗,阶段性办结18宗,办结率100%。

【大气污染防治管理】 2021年,强化挥发性有机物VOCs治理和工业炉窑综合治理,完成省级涉VOCs重点企业评级工作25家,VOCs深度治理4家,VOCs"一企一策"9家,推动工业炉窑达B级以上30家,将评级高的企业列入正面清单,评级低的企业列入不良天气应对期间重点管控对象。市生态环境局清城分局成立餐饮油烟和露天烧烤专项整治领导小组,检查餐饮店2837家,督促整改584家,整治露天烧烤1735档。组织开展汽修行业专项整治工作,累计检查汽修企业569家,责令整改6家,行政处罚1家,督促汽车维修企业建设共享喷涂车间,实施喷漆废气处理,使用水性、高固体份涂料替代溶剂型涂料。加强机动车、非道路移动机械及成品油污染防治,建立柴油车用车大户清单37家并全部完成入户检查,检查车辆183辆。常态化开展机动车上路抽检工作,共抽检机动车1840辆次,处罚290辆次。对冒黑烟等高排放非道路移动机械采取发现一宗处理一宗的措施,行政处罚1宗。加大成品油行业专项整治,开展打击成品油非法经营活动133次,取缔非法加油站128个,暂扣油品39.29万升,查处涉成品油行政案件7宗,查扣涉案油品约1.10万升。加大露天焚烧和燃放烟花爆竹管控。借助高空摄像头,建立严密监控平台,按照"发现、推送、处置、反馈"工作机制,及时将火点情况推送给网格员,确保"发生即发现、发现即处置"。建立严格露天焚烧网格化监管,对敷衍应对工作人员进行通报。清城区全域禁止烟花爆竹燃放,对烟花爆竹经营(零售)许可证进行注销、撤回。

【水污染防治管理】 有序开展入河排污口排查及复核工作,清远市生态环境局清城分局对潖江流域、笔架河流域、白坭河流域、飞来湖流域、大燕河流域、银盏河流域、迎咀河流域在内的7个河道流域,1个湖泊,3个水库进行排查及复核。强化饮用水源保护,加强饮用水水源保护区保护,完成江南水厂、飞来峡横石及迎咀水库饮用水水源保护区等3个饮用水水源保护区风险源排查工作,并制成风险源名录,提高江南水厂饮用水水源保护区水质预警能力,完成江南水厂饮用水水源在线监控预警能力建设。飞来峡镇政府完成飞来峡江口取水口销号工作。

2021年12月15日,市生态环境局清城分局党支部组织党员到英德市连樟村重走习近平总书记视察清远路线 (市生态环境局清城分局 供图)

【土壤污染防治管理】 2021年，市生态环境局清城分局完成清远市污染地块石角镇兴仁村地块和龙塘镇民平（大岭脚）地块示范项目修复管控工程，完成清运处置龙塘、石角镇历史遗留固废约2万吨，完成清城区6家土壤污染隐患排查重点监管单位排查工作，并形成报告，挂网公示。

【环境监察执法】 2021年，市生态环境局清城分局出动2283人次，检查企业1122家次，开展集聚园区整治、"散乱污"整治、乐排河专项、塑料企业检查等专项整治行动8次，立案处罚环境违法行为88宗。全区完成"散乱污"整治605家，双随机检查155家。收到中央督察组交办案件66宗、协办案件4宗，其中重点关注案件10宗。办结案件48宗，阶段性办结18宗，办结率100%。

【排污许可核发】 清城区扎实推进排污许可质量审核工作，按照"边核发边回头"原则，采取实地调研、专题培训、专家指导、座谈交流等方式为企业提供技术帮扶，持续开展排污许可发证登记和质量提升工作。2021年市生态环境局清城分局共核发排污许可证334家次，完成355家持证排污单位2020年度执行报告提交审核任务，开展43家2020年度执行报告内容规范化审核和179家排污许可证质量审核工作，完成年度排污许可"双百任务"。

2021年2月25日，市生态环境局清城分局共组织召开9场排污许可管理条例宣贯和证后管理工作推进会议，培训企业200余家

（市生态环境局清城分局 供图）

【环境监测站建设】 截至2021年年底，清远市清城区环境监测站拥有一支28名专业环境监测人员组成的监测队伍，其中高级工程师2名、中级工程师8名、助理工程师7名，全体人员均持有广东省环境监测人员持证上岗合格证；配备电感耦合等离子体质谱仪、全自动流动注射仪等258台（套）环境监测仪器设备；取得水和废水、环境空气和废气、噪声、土壤和固体废物等4大类197个方法的计量认证资质。2021年完成地表水、环境空气、噪声等环境质量监测任务和污染源执法监测任务，监测数据共28640个，共出具各类监测报告785份，完成大燕河水车头水质自动监测站和北江石角水质自动监测站的维护维修及运维保障工作。

【生态环保宣教】 2021年，市生态环境局清城分局组织召开排污许可管理条例宣贯和证后管理工作推进会议9场，培训企业200余家。利用纪念世界环境日（6月5日）的契机，结合"人与自然 和谐共处"宣传教育、"逢8出发"、新时代文明实践和文明劝导等活动，组织党团志愿者深入社区、商场等地开展爱国卫生、文明交通劝导、公筷公勺行动、低碳出行和绿色环保等多种形式的志愿服务活动，共开展80多场环保志愿服务活动，参与志愿者达561人次。

（朱华玲）

经贸·信息化·科技

经济贸易

【外经贸指标】 2021年，清城区实际利用外资上报金额3.13亿元人民币，完成市目标任务125.1%。外贸进出口总额185.57亿元人民币，同比增长36.4%，完成市目标比例133.7%，占全市比重34.6%。其中：出口额为35.85亿元，同比增长1%，占全市比重15%；进口额为149.72亿元，同比增长48.9%，占全市比重50.2%。外贸进出口总额连续3年超百亿元，再创历史新高。

【对外经济合作】 2021年清城区新增对外投资企业备案2家，投资总额共54万美元。截至2021年12月，全区对外投资备案企业有8家，投资总额1510万美元。

【外资管理】 着力稳外资工作。清城区工业和信息化局（以下简称"区工信局"）坚持促增量、稳存量并举，加强对全区存量外资企业调研，优化外资企业和重点外资项目服务保障，重点抓清远市顺联物流有限公司、清远市中伦商务发展有限公司外资出资工作，做好出资材料申报，2021年上报外资出资共3.13亿元。开展外商投资信息报告监督检查，加强事中事后监管，为稳外资工作提供支撑。对4家外资企业开展外商投资信息报告监督检查，均无发现违反《外商投资信息报告办法》的行为。区工信局配合相关部门加大招商力度，优化营商环境，着力引进优质外资项目，全年清城区新设外资企业33家，注册资本4706.65万美元。

【对外贸易】 引导外贸企业开拓国际市场 2021年，区工信局组织企业参加广交会、粤澳名优商品展、东博会、进博会等综合性展会和"粤贸全球"线上线下展会，鼓励企业走出去扩大国际市场"朋友圈"。加强区域全面经济伙伴关系协定（RCEP）等自由贸易协定的宣传宣讲力度，引导企业合规利用RCEP规则扩大进出口优势，开拓新的外贸市场。

推动政策有效落地 按照当前外贸发展新形势，根据省、市有关扶持、奖励政策，多次深入外资企业和外贸企业开展调研，抓好政策宣讲和落实工作，组织指导辖区内企业向国家、省和市争取各项财政扶持外经贸发展专项资金。2021年区工信局协助11家企业申请专项资金共获得71.9万元，其中：中央财政2021年度外经贸发展专项资金（开拓重点市场事项）获得中央财政资金5万元，清远市稳外贸专项资金共获得市财政资金66.9万元，充分发挥政策导向、推动和杠杆作用，助推清城区外贸业发展壮大。

抓优化服务，促经济发展 开展精准服务，强化重点企业跟踪。围绕清城区前十大外贸进出口企业，力推其扩大进出口业务。重点抓金发科技、江西铜业等项目实现增资扩产。推动华鸿铜业将集团进口业务迁至清城区。对接海关，优化口岸营商环境，为外贸进出口产品提供优质的检测服务，助推清城区外贸进出口企业高质量发展。

推动外贸新业态新模式发展 优化跨境电子商务发展环境，引进优质跨境电商经营主体，推动跨境电商发展。继续关注市金属行业商会公用型保税仓项目建设，力争早日投入运营，为扩大金属原料进口提供便利。鼓励和支持符合条件的外贸企业发展成为外贸综合服务企业，助力企业挖掘新的外贸增长点。

（区工信局）

信息化建设

【概况】 清远市政务热线投入使用后，日渐成为人民群众网络问政的重要平台，也是倾听民意民声，解决群众诉求的新渠道。2021年，清城区受理群众信息基础设施方面诉求35件，为来信群众解决处理基站建设、宽带报装、网络信号较弱等网络通信信息需求，取得投诉群众满意管线单位也满意的显著效果、12345平台无黄牌、信访无督办。

【实施乡村信息基础设施振兴工程】 清城区持续加大农村区域特别是贫困农村投入，全年投入432万元，建设68个站点，解决68条边远农村信号覆盖，彻底落实解决群众的诉求。2021年，累计完成132个行政村和纳入省全域规划的20户以上的自然村100%连通光缆和4G网络全覆盖。正在推进重点镇、村实现5G网络良好覆盖。全年基本实现"全光城区"目标。

【加快5G网络等新型基础设施建设】 清城区全力推进5G网络优先布局密集城区和工业园区、大型场馆、交通干线等重点场景，加快扩大清城区5G网络覆盖面。2021年，清城区累计完成5G基站建设807个。

【疫情防控】 2021年，根据市、区新冠肺炎疫情防控指挥部关于进一步健全和完善常态化新冠肺炎疫情防控和应急处置工作的组织体系和工作机制的工作部署和要求，区工信局牵头负责"陆路与航空口岸疫情防控工作专班""生活物资保障组"和"科研攻关组"。

陆路与航空口岸疫情防控工作专班 专班转运组工作人员实施14天为一工作周期的集中居住、闭环管理，严格按照规定落实核酸检测、全员接种疫苗工

2021年6月8日，清城区领导到顺盈·城市广场检查核酸检测点位工作　　　　　（区新闻信息中心　供图）

作。工作人员实施岗前业务和个人防护知识培训，通过考核才能上岗。严格执行"绿码"上岗制，每日上岗前测量体温并进行健康申报。接转过程中，专车司机穿着和配戴防护服、手套、眼罩、面屏等防护用品。接转任务后对接转专车进行专业消毒杀菌。2021年完成入境人员集中隔离后闭环接转任务221批次409人，全程实施闭环接转，无一人感染。截至2021年年末，清城区有粤港跨境运输作业点8个，直接服务于跨境货车的风险岗位工作人员均100%按规定完成疫苗接种和核酸检测。作业点建立专责管理小组（挂点领导、驻点干部、疫情防控责任人、专责管理员），做到"车到人到，车在人在"。各作业点均设有"两区一间"，并安装慧眼前端设施进行实时监控。相关工作人员均通过培训和考核，掌握工作职责的相关防疫技能，做到规范操作。全年完成作业离开清城境内的跨境车辆总数为3438辆次。专班对各个粤港跨境运输作业点每月定期开展一次工作检查，在检查工作过程发现作业点存在的风险隐患和漏洞建立台账，要求企业立行立改，使作业点的疫情防控工作落细落实，实现常态化管理的工作局面。专班严格按照"总体从严、确有需要""谁邀请谁负责""事由充分且必要"的原则，把好邀请关口，对确有需要在新冠肺炎疫情期间来华人员提出的申请进行严格审核。2021年完成"快捷通道"来清外籍人士邀请函申报审核2人次。

疫情生活物资保障 2021年7月5日下午，开展新冠肺炎疫情封闭封控区域生活物资供应应急演练。由区工信局牵头，组织区发改局、区市场监管局、区交通运输局、区委宣传部、区供销社，组织东城街道金湖社区金碧湾小区，以及大润发超市、华润万家超市等单位和企业开展应急演练行动，围绕《广东省新冠肺炎疫情封闭、封控区域生活物资供应工作指引》要求采取现场演练方式进行。该次演练提升各单位在紧急情况下的应急处置能力，检验针对封闭、封控区域生活物资"最后100米"的配送问题。受疫情影响，自9月4日晚上11时起，清城区龙塘镇阳光100阿尔勒小区实行封闭式管理。9月5日早上8点，在获悉小区内新鲜蔬菜、肉类严重短缺的情况下，紧急协调大润发超市协助调货保障供应，其他大型商超企业作预备，借用小区钱大妈店铺摆放，让住户有序自行购置，有效补充住户生活物资。按照生活必需品主要类别（米、油、面、蔬菜、肉类）制定套餐，每天配送2次，向住户提供预设套餐菜单的形式，由志愿者、物业管理工作人员送到居民门口，满足住户基本生活需求。在整个物资供应保障过程中，全程维护市场价格秩序。截至9月8日早上，累计协调大润发供货7次，累计配送猪肉1203斤、鸡肉742.31斤、青菜（含瓜类）2184斤。

（区工信局）

科学技术

【**科技计划管理**】 2021年，清城区印发《关于组织申报2021年清远市清城区科技计划项目的通知》，开展区级科技项目申报管理。印发《清远市清城区科研领域严重失信行为专项整治行动方案》，开展为期2个月的专项整治行动。

高新技术企业认定方面，区工信局组织36家企业申报高新技术企业认定，最终19家通过重新认定，13家通过新认定。截至2021年年底全区有78家高新技术企业。国家科技型中小企业认定方面，组织50家企业获得国家科技型中小企业认定。高新技术产品认定方面，组织企业申报2021年广东省名优高新技术产品。

【**研发机构建设**】 组织1家企业申报广东省第二十批省级企业技术中心，2家企业申报2022年度省重点实验室，6家企业申报省级工程技术研究中心，其中3家通过认定，丽珠集团新北江制药股份有限公司通过2021年度省重点实验室认定。4家企业申报清远市工程技术研究开发中心，其中3家通过认定。督促广东新亚光电缆实业有限公司的广东省电力线缆工程技术研究开发中心和广东天农食品有限公司的广东省清远麻鸡遗传育种工程技术研究中心，2家省级工程技术研究中心进行整改。督促广东天农食品有限公司的广东省清远麻鸡遗传育种重点实验室进行整改。截至2021

年年底，全区有省级企业技术中心14家，省重点实验室2家，省级工程技术研究中心28家，市级工程技术研究开发中心39家。

【省、市科技项目】 推荐清远星谷科技发展有限公司的广东省职教城（清远）大学科技园服务能力建设等4个项目申报2021年省级"大专项+任务清单"科技计划项目，最终1个项目获得立项。推荐清远市清城区人民医院、清远爱尔眼科医院和清远市清城区洲心社区卫生服务中心3家医疗机构的10个项目，申报2021年度清远市社会发展领域自筹经费科技计划项目，最终2个项目获得立项。清远千闰达环境技术有限公司的生态浮床种植水芹治理面源污染关键技术研究与示范等4个项目，获得2021年度清远市科技计划项目立项。推荐广东微碳检测科技有限公司的清远市绿色低碳发展科技服务平台等18个项目，申报2022年度清远市科技计划项目。推荐广东天农食品有限公司的清远麻鸡复合育种技术的创新及新品系培育项目，申报2021年度广东省重点领域研发计划"现代种业"重大专项项目。

区级科技计划项目 经形式审查、专家评审、实地核查、立项公示、区科技计划项目审定小组审定、区政府审批等环节，2021年清城区有11个项目获得区级科技计划项目立项，其中6个为科学馆项目。

省、市、区三级科技计划项目结题 2021年，清城区协助清远市科技局开展清理逾期未验收省级科技型中小企业技术创新专项资金项目，包括清城区2016年立项的2个项目。开展3批次区级科技计划项目结题验收，15个项目通过结题验收。

【科技统计报送】 2021年，区工信局组织61家高新技术企业开展《高新技术企业综合统计快报表》填写报送工作。组织64家高新技术企业开展年度科技火炬统计系统报送工作。组织57家企业开展高新技术产品、工程研究中心，以及高新技术服务的省专项科技统计报送工作。组织广东省火炬计划再生资源特色产业基地（清远）开展产业基地集群类综合统计调查工作。

【科技培训】 2021年，区工信局组织企业参加省级工程技术研究中心申报培训、科技统计知识培训班、清远市2021年工程技术研究开发中心培训班、2020年度全国地方财政科学技术支出统计调查线上培训会议和科技创新政策宣讲培训。

【科技奖励】 2021年，清城区有2家单位获得"清远市科技创新先进单位"称号，8人获得"清远市科技创新先进个人"称号。清远市简一陶瓷有限公司的釉面定点刻蚀技术及防滑大理石瓷砖的研制项目，获得2021年创新清远科学技术一等奖。广东家美陶瓷有限公司、清远纳福娜陶瓷有限公司、清远忠信世纪玻纤有限公司和励泰家具（清远）有限公司的项目分别获得二等奖。广东金发科技有限公司、清远忠信世纪玻纤有限公司和丽珠集团新北江制药股份有限公司3家企业被认定为2021年度清远市标杆高新技术企业。清城区企、事业单位获得省、市、区三级科技资金共365万元。

【产学研合作与人才工作】 2021年，清城区通过省、市、区三级项目立项的形式，支持广东隆达铝业有限公司等企业与华南理工大学、东莞理工学院、仲恺农业工程学院、广东省农业科学院农业资源与环境研究所等高校院所开展产学研项目合作。

开展清城区各项人才工作，做好清远市农村科技特派员与清城区四个镇的帮扶对接工作。配合清远市科技局到广东天农食品集团股份有限公司和丽珠新北江制药有限公司，进行人才调研。配合市委组织部、区委组织部深入企业开展人才调研工作，共调研企业5家。开展春节和国庆节期间慰问高层次人才活动，分别慰问丽珠新北江制药的杜艳华博士和陈民良博士。清远忠信世纪玻纤有限公司的应用于5G高速通信超低损耗集成电路基板玻璃纤维的研究项目，获得2021年清远市新型高性能材料产业人才振兴计划（扬帆计划）立项。

（邓雯婕）

商贸流通

综 述

【概况】 2021年，清城区消费市场各商贸企业在疫情期间开展形式多样的促进消费活动，大幅提振消费者的消费信心，全年完成社会消费品零售总额280.16亿元，较上年同期增长10.3%。

【文明创建活动】 2021年，区工信局落实大型商场超市文明创建工作市、区两级联络机制。根据文明创建月度红黄旗工作机制，加强及完善对大型商场、超市点位的文明创建效果提升机制，为每个点位安排责任领导和分点负责人，对发现的问题做到迅速响应、立行立改。及时更新过时公益广告。拆除并更新公益广告2794幅，更新景观小品28座。开展2021年农贸市场巩卫工作。对区内18个点位市场的排水渠以及沉沙池、熟食店铺、半成品食品店档的"防四害"设施设备和消毒杀菌设施设备等进行维修改造工作。开展大型商场、超市、专业市场文明窗口单位评选活动。7月，清城区组织区工信局、区消防大队、区住建局、区卫健局、区公安分局、区市场监管局、凤城街办、洲心街办开展文明窗口单位评选活动，共评出文明商场2个、文明超市2个、文明专业市场1个，评选结果有效期1年。

【促消费工作】 2021年，清城区选取一批规模大、信誉好、消费增长潜力大的大型商贸企业、餐饮企业、汽车企业等企业作为消费促进活动主体，支持企业开展各种各样内容丰富、形式多样的促销活动，消费市场得到大幅增长，其中，金银珠宝类、石油及制品类企业交出亮眼成绩，分别同步大涨38.2%和26.1%，相关行业企业得到较快恢复。开展2021年广东省促消费（夏季）暨"家520"促销活动（2021年启动仪式在锦绣清城购物中心举行），启动仪式由市商务局与清城区人民政府联合主办，通过组织区内大型商场、超市联合开展"520"促销活动，营造消费氛围，不断增强消费对清城区经济的拉动作用。响应政策推动"夜间经济"工作。清城区包括城市广场、锦绣清城和义乌商贸城在内的4个大型商场共举办10次夜间促销活动，活动重点围绕家居、餐饮等行业，以特卖活动、美食摊等形式向消费者提供丰富的产品，该活动得到消费者的认可和支持，有效地促进清城区社零总额的增长。联合银联开展消费券活动。9月29日至10月31日，举办2021清远消费券暨"食在清远"旅游美食节，联合银联"云闪付"发动各大银行共同开展促消费活动。按照计划，云闪付平台共发放4次消费券，合计120万张，全年发放4次消费券。

【内贸流通监管】 2021年，区工信局通过与万达广场、时代广场、大润发等17家重点商贸企业以及和清远市和联民爆器材有限公司城区分公司、清远市金属回收有限公司签订《安全生产责任书》，明确全年安全工作的整体任务和目标要求。开展专项执法检查工作，做好民爆企业安全生产检查。

共对清远市和联民爆城区分公司检查13次，发现4个问题，均整改完毕。做好商贸领域安全生产检查工作。组织检查大型商场超市、汽车销售企业79次，发现52个安全隐患问题，督促企业完成整改。检查辖区内再生资源回收经营店26次，发现19个问题，1家经营店问题移交区安委办，街道办对其中2家经营店作出停业整改处理，剩余隐患问题完成整改；检查辖区内二手车行业企业13次，发现19个建议完善问题，全部完成整改。检查清远市金属回收公司8次，发现3个问题，全部问题整改完成。检查10间货车销售企业，并要求其中6间企业签订《拒绝销售、服务非法改装货车承诺书》。对月子中心开展4次安全生产检查，发现问题7个，全部整改完成。坚持开展安全生产"回头看"工作，对前段时间发现的问题和隐患进行复查，确保消除安全隐患，实行隐患闭环管理，落实企业安全生产主体责任制。督促企业开展应急演练活动。清城区民爆企业开展应急演练1次，17间大型商场超市共开展应急演练72次，要求企业强化标准规范意识，提高应急处置能力，落实好安全生产主体责任。做好二手车交易市场备案核查工作。全年清城区到省商务厅网站上申请备案批复的二手车交易市场有53家，全部通过省商务厅备案申请。开展清城区再生资源网点规划编制工作，该规划完成专家评审流程，正在进行合法性审查。

（区工信局）

供销合作

【概况】 2021年，清远市清城区供销合作社（以下简称"区供销社"）下属7个基层社，下属全资子公司3个、控股企业1个、参股企业5个，供销系统关联企业（院校）11个。2021年，清城区供销系统实现商品销售总额72701.51万元，实现利润总额422.3万元，社有资产总额7523.56万元，所有者权益3490.36万元。2021年，清城区供销系统农资销售额39639.73万元，农副产品销售额31095.42万元，日用消费品销售额1966.36万元。

【农资网络体系建设】 2021年，区供销社坚持全方位提供农资产品供应服务。供销系统农资公

2021年8月18日，清远市清城区供销合作社与清远农商银行在清远农商银行总行举行战略合作签约仪式

（区供销社　供图）

2021年5月28日,中央纪委国家监委驻中华全国供销合作总社纪检监察组组长、供销总社党组成员李金英(左二)一行到清城区石角波记蔬菜种植专业合作社实地调研
（区供销社　供图）

司1家(配送中心),全区经营网点74家,为清城区农资供应的主要渠道,2021年冬储优质化肥6000吨,农药1500吨,完全保障全区农业生产需要及次年的春耕需求。

【农产品流通体系建设】 2021年,区供销社开展放心农产品流通服务。通过实施"生产基地+配送中心+销售终端"和"农产品电商(线上线下)"建设,供销系统建成4个菜篮子生产基地,2个农产品配送中心,20家生鲜农产品社区门店(或者超市),3个农产品电商App小程序,5个田头冷库,新增1家清远市2021年农村食品经营店规范化试点企业。区供销社联合区农业农村局、区机关事务局在凤雅苑正门举办"我为群众办实事"——爱心助农6·30消费帮扶活动,助力因疫情滞销农产品销售,销售西瓜超60000斤、玉米5000多斤,为种植专业合作社挽回经济损失7万多元。疫情期间,做到保障生活必需品供应,筑牢疫情防控保供稳价基础,参加清城区生活物资保供应急处置桌面应急演练2次,实战应急演练1次,提高疫情应急处置能力,为清城区新冠肺炎疫情防控群众重要生活必需品应急储备和保供稳价提供有力保障。

【助农服务体系建设】 2021年,区供销社实施联农扩面工程,夯实密切联结农民的组织基础。开展县域助农服务平台联农工程,升级赋能现有县域助农服务综合平台,新增3家为农服务公司。开展镇级供销合作社联农工程,新建1个镇级助农服务中心。开展村级供销合作社联农工程,坚持"党建带社建、村社共建"的原则,建成4个村级基层社。开展农民专业合作社联农工程,新增5个农民专业合作社,新增3个供销系统国家级农民专业合作社示范社。开展农业产业化联合体联农工程,建成3家由供销社主导围绕当地特色产业"企业+农民专业合作社+农户"的农业产业化联合体,提供农产品初加工、冷链仓储物流、市场渠道拓展等产加销关键环节服务,促进小农户与现代农业有机衔接。加大开放办社力度,与11家涉农企业、1家高校、1家金融机构签署战略合作协议。

【农化服务体系建设】 2021年,实施服务提质工程,构建全程农业社会化服务体系。区供销社与市、区农业农村局等政府部门、各镇（街）党委政府、村委会及村民小组沟通协调，通过土地流转、土地托管、统防统治、配方施肥、农机作业、智慧农业等服务方式，完成本年度41836.41亩农业社会化服务面积（其中撂荒地复耕4500亩，承接"花稻花"无人农场智慧农业132亩，"花稻花"万亩油菜花项目2700亩）。拓展农村普惠金融服务，通过与清远市农商银行签订战略合作协议，清远农商银行将向区供销社及关联企业提供5亿元的授信总额度。2021年，开展7场共356人农村普惠金融推广活动。开展城乡综合服务，2021年，新增农村综合服务社3家，农作物技术服务中心（庄稼医院）3家。

【粤北地区首个"花稻花"无人农场示范基地】 2021年7月，清远市政府携手中国工程院院士、华南农业大学教授罗锡文团队打造广东省第二个、粤北地区首个"花稻花"无人农场示范基地，项目土地全托管工作由区供销社社属企业负责，努力破解"谁来种地""怎么种好地"的难题，在发展智慧农业方面努力探索出可向全市推广的"清城区模式"。"花稻花"无人农场的132亩地块，位于清远市清城区东城街道江埗村委会，无人农场作为智慧农业的一种生产方式，使用罗锡文院士团队亲自研发的智能农机装备、耕种技术，实现水稻生产耕整、种植、田间管理及收获全程无人机械化、规模化作业。计划每年3—7月以种植荷花和放养稻田鱼虾为主打发展乡村旅游，并收获藕尖、莲子、鱼虾等农产品；7—12月以水稻为主打开发农耕体验、稻景观赏等项目；12月至次年3月以油菜为主打发展观赏、蔬菜、榨油、饲料、肥料等上下游产业，最终打造成为一个集观光旅游、农业种植、渔业养殖为一体的三产融合示范项目，形成夏有莲花、秋有稻花、冬有油菜花的整片田园风光。

（区供销社）

粮食储备

【概况】 清城区粮食储备总规模为32600吨，储备食用植物油规模为85吨。全区储备库点3个，储粮仓库17座，备案有效总仓容22958吨，其中：横荷粮库4座仓容12145吨、龙塘粮库5座仓容4787吨、源潭粮库8座仓容6026吨。石角粮库于2021年10月退出储粮，减少仓容3043吨。横荷粮库于2003年竣工投入使用，其他库点始建于20世纪80年代前，储粮仓库委托代储粮食（折原粮）9261吨。2021年7月区军供站终止军粮供应资格。

【粮食储备管理】 2021年，贯彻国家粮食安全战略，全面落实粮食安全责任制的决策部署，全年落实粮食风险基金1387.96万元，落实粮食储备规模32600吨、储备油规模85吨。完成年度轮换出库计划任务10838.03吨，抽查储备粮样品9个、代表数量20830.42吨，占区级储备粮总规模63.89%，经第三方机构鉴定合格率为100%。结合政策性粮油库存检查、"亮剑2021"等专项行动，加强进口粮食疫情防控、定向销售粮食监管、储备粮油质量和安全生产监管，有效落实粮食储备安全责任。局领导班子多次带队检查粮食企业、门店、库点。2021年全年粮食行业无发生粮食安全事故，储粮工作安全有序开展，零问题通过政策性粮油省市交叉库存检查。推进落实"南粤粮安工程"建设，投入171万元，整治中心粮库库区环境、升级改造成品粮低温仓，有效解决落实成品粮储备需仓容。全力推进新粮库项目建设，建成2.5万吨以上骨干粮库，项目选址定于飞来峡镇旧岭村委会媒人迳周边地块，规划总占地面积300.53亩，其中：项目（一期）用地面积139.24亩。2021年度前完成可行性研究报告、社会风险性评估报告、项目立项、初步设计、概算编制及财审等前期工作，并完成清场、清表工作，准备开展项目建设招投标工作。推动"人才兴粮"，宣传先进典型，2021年度孙国鸿被评为广东省粮食和物资储备工作先进个人。

（区发改局）

卫 生

综 述

【概况】 2021年，清城区内管辖医疗卫生机构649个，其中，区属公立综合医院1个、中医院1个、乡镇卫生院4个、社区卫生服务中心4个、社区卫生服务站4个、村（社区）卫生室165个，公共卫生机构2个（疾控中心、妇幼保健计划生育中心）。公立医疗机构卫生技术人员1576人，执业（助理）医师700人，注册护士617人。公立医疗机构床位840张，其中，区级医疗机构280张，基层医疗机构560张，医疗卫生机构万元以上设备1999台。全区100%的家庭可在15分钟内到达最近的医疗机构。

【信访维稳】 2021年，清远市清城区卫生健康局（以下简称"区卫健局"）着力化解信访矛盾，把问题妥善处理在本系统本单位、解决在基层。指导局属各单位加强内部管理和提高服务能力，对重点人群认真排查摸底，针对性地做好稳控工作，坚决制止越级上访、非法闹访等行为，维护卫生健康系统稳定。全年收到新冠肺炎疫情防控和卫生健康类群众来访（来电）46宗、清远市政务服务热线转办工单3347宗，上级转来信访件9宗，办结率和回复率均达100%。

【依法行政】 区卫健局从增强执

2021年6月21日，清城区医护队伍赴东莞市开展核酸检测支援工作　　　　　　　　　　　　　　　　（区卫健局　供图）

法意识入手，督促执法人员树立法制观念，规范卫生健康领域执法行为，提高执法能力和水平。

2021年，全区卫生健康系统未发生粗暴执法、乱收费、乱罚款等侵犯公民权益案件，未出现因行政执法发生的重大群体性事件。及时公开办事流程，全面规范公开执法事项、执法程序和标准，对办理卫生和生育服务有关事项实行首问责任制、一次性告知制度、限时办结制度，极大地提升清城区卫生健康行政办事效率。依法打击医疗行业违法违规行为，坚决维护正常医疗秩序，营造良好医疗卫生环境。

【医疗卫生综合改革】学习借鉴先进地区的建设情况，有序推进清城区紧密型医共体建设。2020年6月28日，举行清城区医疗卫生共同体建设挂牌启动仪式。印发清远市清城区加强紧密型医疗卫生共同体建设实施方案，成立清城区医疗卫生共同体管理委员会和制订议事规则。2021年10月9日，区委编办发文同意区所属公立医疗卫生机构加挂医疗卫生共同体医院牌子，其中清远市清城区人民医院加挂"清远市清城区医疗卫生共同体总医院"牌子，各基层医疗机构加挂分院牌子，总医院印发清城区医疗卫生共同体联合病房建设的实施方案、清城区医疗卫生共同体双向转诊实施推进方案（试行）、清城区医疗卫生共同体医疗质量同质化管理方案（试行）等管理文件。

【医院管理】区卫健局开展优质服务基层行活动，制定《清城区深入开展优质服务基层行活动方案》，全面对标准找差距抓创建，重点提升基层传染病防控能力，改善医疗服务，推动质量提升，促进管理服务上台阶。2021年横荷社区卫生服务中心、东城社区卫生服务中心、龙塘镇卫生院通过优质服务基层行活动推荐标准。飞来峡镇卫生院通过优质服务基层行活动基本标准。

【护理和院感管理】2021年，区卫健局在新冠肺炎疫情期间加强医疗机构医院感染管理工作，围绕院感防控十项措施，着重在预检分诊、发热门诊、核酸检测及病房管理等方面组织专家对辖区医疗机构进行多次督导检查，及时反馈，及时整改，使清城区院感防控工作得到全面提升，全年无发生医务人员感染新冠肺炎的情况。清城区院感防控能力不断提升，质量持续改进。加强培训学习。组织医疗机构开展新冠肺炎疫情应急演练，利用广东省远程医疗平台定期进行感控专家课堂视频培训，开展36场次。在疫情防控常态化下，医疗机构每月至少开展1次线下全员培训。培训医务人员3978人，系统学习新冠肺炎诊疗方案，确保全区医务人员全面、准确、快速掌握疫情防控和医疗救治知识，全面提升医务人员新冠疫情防控能力。

【卫生统计】2021年，区卫健局统计全区总诊疗208.90万人次（不含民营医院、个体诊所、村卫生室），同期对比增幅25.16%；全区住院人次2.65万人次，同期对比下降13.4%。

【广清对口帮扶】2021年继续加强广清帮扶沟通，推动卫生帮扶工作。凤城社区卫生服务中心与广州越秀区儿童医院双方就合作共建儿科博士工作室续签帮扶协议。洲心社区卫生服务中心与广州医科大学第三附属医院签订超声帮扶协议。8月26日，清城区人民政府与中山大学孙逸仙纪念医院共同签订《共建清远市清城区人民医院合作意向书》，中山大学孙逸仙纪念医院对清远市清城区人民医院进行托管帮扶，提供人才和技术支持。全年帮扶专家到清城区支医103人次，专家诊疗支医天数539天，专家支医诊疗881人次，开展临床重点专科建设2个、新技术项目2例、疑难手术92例、教学查房及疑难病例讨论140例。

爱国卫生

【爱卫宣传】2021年4月是第33个爱国卫生月，宣传主题是"文明健康、绿色环保"，清城区共举办大中型现场宣传活动45场，派发除四害家庭包1600份和各类宣传资料逾40000份，引导群众培养文明健康、绿色环保的生活方式，为常态化疫情防控筑牢坚实环境基础，保障人民身体健康。

【病媒生物防控】2021年，清城

区开展全区性的爱国卫生运动6次，共清理垃圾19.68万吨，投放毒鼠谷2.16万千克，使用灭蚊药物1.35万千克，消杀消毒面积2186万平方米，安装毒鼠屋3688个。对建成区内的街巷、公园、广场、城市空地、城中村外环境和城乡接合部等各类公共场所以及排水沟渠、沉沙井、垃圾站（点）、卫生死角等病媒生物孳生地，开展6次灭蚊和4次灭鼠行动，病媒生物的孳生繁殖得到有效控制，防制区域的"四害"密度明显降低。

【健康教育活动】 2021年，清城区通过派发宣传单张，播放宣传片，发微信朋友圈、微信群和悬挂横幅等方式有针对性地开展消毒消杀知识、健康知识和疫情防控知识的宣传，教育引导市民群众加强个人和家庭清洁消毒，提升自我保护意识。累计派发宣传资料162万份，播出防控疫情广播、音频80万次。

【省市卫生村创建】 2021年，清城区共创建省卫生村40条，市卫生村305条，人居环境得到有效改善。

（区卫健局）

疾病预防控制

【传染病防治】 截至2021年12月31日，清城区全年无甲类传染病报告，报告乙、丙类传染病19种17170例，死亡8例，与上年同期（11630例）相比发病数上升47.64%。其中，乙类传染病13种3924例，死亡8例；丙类传染病6种13246例，无报告死亡病例。全区传染病网络直报系统运行正常，机构网络正常运行率100%。为保证辖区法定传染病报告质量，对辖区医疗机构开展法定传染病疫情报告质量调查。开展人感染H7N9禽流感、不明原因肺炎、狂犬病等重点传染病监测，2021年未报告相关病例。

艾滋病、麻风、结核病、寄生虫病防制工作取得显著成效。加强禁毒与艾滋病宣传工作，营造良好禁毒、防艾氛围。全年举办3场大型宣传活动，同时开展高危人群干预工作，咨询检测21人。开展血吸虫病监测工作，组织开展查螺工作2次，分别为春季国家监测查螺和省监测查螺，核查螺面积7.83平方米，均未查获活钉螺。4所哨点医院检测流动人口血清209人份，未发现血清阳性者。20条原流行村中建立钉螺可疑孳生环境档案600份，环境面积742.82万平方米。

【公共卫生服务】 截至2021年12月31日，清城区建电子档案970229份，常住人口建档率为92.60%，动态使用率72.42%。65岁及以上的老年人建档74989份，接受体检34147人，接受健康管理26234人，管理率34.98%。

全区管理高血压患者27694人，其中规范管理17901人，规范管理率64.64%；全区管理糖尿病患者11694人，其中规范管理7482人，规范管理率63.98%。

全区在广东省精神卫生信息平台中累计登记建档5151人，在册患者人数4643人，报告患病率5.44‰。管理人数4526人，管理率97.48%。规范管理人数4482人，规范管理率96.53%。累计失访患者33人，不同意社区管理患者111人。危险性评级3级以上六大病种居家患者94人。

全区登记转诊疑似肺结核病人2018例，病原学阳性率53.22%，确诊并免费治疗活动性肺结核病人419例。医疗机构病人报告率100.00%，病人转诊率100.00%，转诊到位率23.03%，追踪率99.76%，追踪到位率99.51%，总体到位率99.62%。涂阳病人密切接触者筛查率100.00%。肺结核患者管理率98.00%，规范管理率99.13%，肺结核患者规则服药率98.88%。全区初治涂阳患者治愈率90.34%，涂阴患者完成疗程率92.39%，结核患者开展HIV检测筛查率98.49%，患者耐药筛查率95.41%。发现学校内学生肺结核患者13例，经及时处理，均得到有效控制，未发生学校聚集性疫情。

【免疫规划】 2021年，中心冷库入库免疫规划疫苗240631支，下发免疫规划疫苗233176支，采购入库非免疫规划疫苗310678支，下发非免疫规划疫苗290681支。截至2021年12月31日，全区报告AEFI个案75例，一般反应43例、异常反应8例、偶合症15例、心因性反应4例、待定5例。对

4岁以下儿童开展疫苗查漏补种工作，调查儿童2145人，补册3人次，补种1823人，补种2785剂次。截至5月31日，全区完成IPV补种工作，补种42928剂次，两剂次接种率96.53%。

推进新冠疫苗接种工作 2021年，清城区累计接收新冠疫苗2333764人份，累计下发新冠疫苗2328764人份，累计出动疫苗配送车辆293车次、配送到接种门诊1182间次、出动工作人员1178人次。完成4个季度的基本公卫督导（预防接种部分）和病例主动搜索；完成上下半年2次免疫规划专项督导；完成5次新冠接种点的全覆盖督导检查。

【卫生应急】 2021年，清城区网报"2021年1月14日清远市清城区1起新冠肺炎境外输入疫情（TK72航班）"等突发公共卫生事件（未分级）13起，各起疫情均报告及时。经处理，疫情均得到有效控制。全区累计报告新冠肺炎确诊病例9例（境外输入3例）和无症状感染者25例（境外输入23例），累计追踪境外输入关联或国内本地新冠肺炎病例关联密切接触者1204名、次密切接触者501名，累计报告进口食品及环境阳性相关事件7起，其中冷链食品5起、非冷链食品2起。

开展集中隔离医学观察场所环境专项监测工作，累计监测环境物表标本3569份，其中新冠病毒核酸阳性3份，阴性3566份；开展重点场所污水新冠病毒监测工作，累计监测污水443份，结果均为阴性；开展医疗机构新冠肺炎医院感染风险监测工作，监测样品总数518份，结果均为阴性；开展粤港跨境司机三点一线场所专项监测工作，监测粤港跨境司机三点一线场所环境样品1392份，结果均为阴性；开展重点场所和重点人群新冠核酸常态化监测，累计上报重点场所和重点人群常态化新冠核酸监测标本12299份，其中工作人员标本4450份、环境标本7510份、重点食品339份，结果均为阴性；开展终末消毒及预防性消毒工作，累计开展新冠肺炎疫情相关终末消毒工作16次，出动工作人员28人次，消毒面积3214平方米；累计开展预防性消毒工作4次，出动工作人员11人次，消毒面积6200平方米。

2021年，区疾控中心方舱核酸实验室检测人员样品3311份，环境样品3569份，污水443份；完成清城区各类常见传染病监测样本385份，检测项数654项。

（区卫健局）

卫生监督管理

【疫情卫生监督】 2021年，区卫健局按照新冠疫情防控常态化工作要求，派出执法人员对辖区内的医疗机构、大型公共场所、水厂、企业等各类重点防控单位进行认真细致的监督检查。2021年，检查医疗机构1614间次，公共场所3408间次，工矿企业196间次，学校49间次，餐具、饮具集中消毒24间次，生活饮用水消毒10间次，处理群众投诉283宗，查处违法违规案件180宗，罚没金额106.54万元。

【"双随机一公开"工作】 2021年，区卫健局完成国家随机监督抽查"双随机一公开"任务350间，省职业卫生双随机任务43间，均按时保质完成，办理行政处罚案件4宗。

【重点专项监督】 打击非法行医 2021年，区卫健局严厉打击未取得《医疗机构执业许可证》擅自开展诊疗活动的"黑诊所"，严厉打击未取得《医疗机构执业许可证》擅自从事医疗美容诊疗活动的单位和个人，全年查处无证行医案件12宗，共罚没25.84万元。

严厉查处医疗机构各类违法违规执业行为 全年清城区查处医疗机构各类违法违规案件77宗，处罚金额14.6万元。

巩卫"四小"行业专项整治 为做好清城区2021年国家卫生城市复审迎检工作，对区建城区的"四小行业"开展集中整治，其间查处公共场所违法案件58宗，处罚金额5.6万。

医疗机构新冠疫情防控工作专项检查 对预检分诊不规范、擅自脱岗，医护人员个人防护不到位，医疗废物处置不规范等问题较多、疫情防控风险隐患较大的27间医疗机构给予停业整顿处理。

【职业卫生监督】 2021年，区卫

健局开展职业卫生监督执法工作，加强对用人单位职业病防治工作的指导，宣传职业病防治的有关法律法规、标准和防治知识，依法查处违法违规行为，全年查处职业卫生违法案件33宗，处罚金额60.5万元整。

（区卫健局）

"巩卫""创文"

【巩固国家卫生城市】 2021年，清城区卫生健康局始终把牢巩固国家卫生城市的指示方针，结合辖区疫情防控常态化工作要求，有序有效有力推进巩卫工作。全面提升重点场所卫生监督效能，严厉查处违法违规行为，加强辖区医疗卫生行业的监管，开展职业卫生监督执法工作，严格执行行政审批流程，开展"四小"行业整治工作，从重打击非法行医行为。持续提升公共卫生与医疗服务水平，做好传染病防控工作，做好严重精神障碍管理工作，做好国家免疫规划疫苗接种工作。有效加强病媒生物预防控制，由区爱卫办牵头，对辖区开展以灭蚊为重点的病媒生物防控工作，防制区域的"四害"密度明显降低。持续推进健康教育和健康促进工作，结合新冠疫情防控常态化和巩固国家卫生城市的工作要求，切实健全健康教育网络，开展多种渠道、覆盖面广的健康教育和健康促进宣传工作。

【创建文明城市工作】 2021年，区卫生健康局依托局属医疗卫生机构等阵地，发挥行业优势，形成以局班子领导为核心、医院主要领导为骨干、全系统共同参与的创文工作新格局，严格督促各个医疗卫生机构做好网上申报、实地考察点位规范化建设等创建工作，开展创建文明城市期间突出问题综合整治、社区包干包联、逢"8"出发主题志愿服务活动、各级医疗健康专业志愿服务队伍的医疗健身服务、未成年人思想道德建设等各项工作，在清城区卫生健康系统掀起创建全国文明城市的工作热潮。

（区卫健局）

区重点医院简介

【清城区人民医院】 清远市清城区人民医院成立于1988年，位于清远市清城区下濠基124号，是清城区集临床、教学、科研、预防、保健、康复于一体的公立二级甲等综合医院，是清远市助理全科医生培训基地，是广州医科大学附属第三医院对口帮扶单位、南方医科大学珠江医院专科联盟单位、承办一站式免费婚检中心、清城区出生缺陷综合干预中心，2021年加挂清远市清城区医疗卫生共同体总医院牌子。2021年8月，区人民政府与中山大学孙逸仙纪念医院共同签订《共建清远市清城区人民医院合作意向书》，依托中山大学孙逸仙纪念医院品牌、技术、人才优势，以区人民医院（清城区医疗卫生共同体总医院）为建设主体，计划建设中山大学孙逸仙纪念医院清远市医疗中心。

近年来医院先后获得"清远市文明单位""清远市清城区创建卫生城市先进单位""清远市清城区创建文明城市先进单位""清远市抗击新冠肺炎疫情先进集体"等荣誉称号。

2021年，医院有职工446人，卫生技术人员占比90.8%以上。副高以上（含副高）职称66人，中级职称161人。2021年柔性引进康复科学科带头人和中医科学科带头人各1名（省级专家），三级医院妇产科副主任医师、消化内镜副主任医师、放射科副主任医师各1名，逐步形成一支知识化、年轻化、专业化的高素质专业团队。

医院科室齐全、功能完善，设有门急诊科、重症医学科、内一区（含呼吸内科、神经内科）、内二区（含肾内科、风湿免疫科、内分泌科）、内三区（含心血管内科、消化内科）、外科（含泌尿外科、普外科、肛肠外科）、骨科（含关节外科、创伤外科、脊椎外科、神经外科）、妇产科、儿科（含NICU）、中医科、康复医学科、眼科、耳鼻喉科、口腔科、皮肤科、血液透析中心和健康管理科等19个临床科室。设有病理、检验、影像、功能4个医技科室。其中骨科和康复医学科为清远市临床重点专科；血液透析中心达到三级医院规模；层流手术室洁净度最高达到百级。

医院拥有进口MRI、64排螺旋CT、彩色多普勒超声诊断仪、DR、四维彩超、全自动生化分析仪、化学发光仪、电泳仪、腹腔镜、关节镜、椎间盘镜、肾镜、电子胃肠镜、电子鼻咽镜、肌电图机等大型医疗设备。2021年门急诊诊疗近50万人次，出院1.18万人次。

新院项目于2017年12月28日动工，占地约3.8万平方米，第一期总投资5.8亿元，总建筑面积为90065.07平方米，建成后可提供住院床位800张，车位700个。2021年1月，新院发热门诊投入使用。

清城区人民医院全体干部职工恪守"和谐、厚德、精业、创新"精神，紧抓发展机遇，以精湛的技术、优质的服务、良好的信誉为患者打造方便、快捷、高效的医院服务平台。

【清城区中医院】 清城区中医院位于清城区源潭镇陶瓷工业园H-17小区，于2015年12月28日在源潭镇卫生院的基础上挂牌成立，同时挂牌成立广州市越秀区中医院技术协作医院和广州市正骨医院技术协作医院，采取"一套人马两块牌子"的管理模式，是一所集医疗、教学、康复、预防、保健于一体的综合性中医院和爱婴医院。

清城区中医院主要以骨科专科联盟为特色，重点打造中医骨科品牌。2016年年初，与广州市正骨医院签定专科联盟合作方案，联合组建广州市正骨医院清远骨科中心，是集四肢创伤、脊柱外科、小儿创伤、关节外科为一体的大型骨科创伤中心。

广州市正骨医院根据清城区中医院实际需要，长期派驻4名医生采用技术托管的形式到清城区中医院骨科全面主持工作。在广州市正骨医院的带领和指导下，清城区中医院继续开展创伤骨科、脊柱外科、关节外科、小儿创伤和手外科等各种骨科手术，新开展双动全髋手术和经皮椎弓根钉手术各1台。针对小儿四肢骨折、脱位，清城区中医院骨科主要以"黄氏正骨手法"为中心，手法整复，自制小夹板固定，自制油布外敷，有效治疗率95%以上，深受广大患者的赞誉，远近闻名。

清城区中医院与南方医科大学中西医结合医院结成泌尿外科专科联盟，引进前列腺等离子电切系统、内窥镜摄像系统、钬激光系统等相应设备，开展经尿道输尿管镜钬激光碎石术、前列腺等离子电切术、膀胱镜检查等相关手术，切实推动清城区中医院泌尿外科的发展。

医院占地面积43亩，建筑面积32370平方米，拥有CT、500毫安X光机、四维彩色B超、C臂机、心电监护仪、生化分析仪、血球计数仪、尿十项分析仪、钾、钠、氯分析仪等检查设备及呼吸机、洗胃机、心脏起搏除颤仪、120专用抢救监护型救护车等医疗设备。内设机构有：高桥分院、源潭社区卫生服务站，内设急诊中心、专科门诊、预防接种门诊、内儿科住院部、妇产科住院部、骨科中心、康复中心、检验科、PCR实验室、影像科、药剂科（智能中药房）、病案室、供应室等。

清城区中医院新建越秀楼（综合楼）于2017年12月4日立项批复，经多方努力，至2020年9月28日，越秀楼竣工。越秀楼占地594.75平方米，层高6层，总建筑面积3416.49平方米，设置病床数90张。按照二级甲等中医院基本要求进行建设，拟定一、二楼为妇女儿童免疫接种门诊，六楼为多媒体会议室。待各项工作验收后，即可投入使用。

清城区中医院始终秉承"精医民慈 善行人生"的精神，坚持病人的利益高于一切，以人为本，诚信服务。不断完善与加强医院管理、优化医疗流程、加强人性化服务，美化就医环境、优化医疗服务、强化医德医风，为人民群众提供优质、便捷、经济的医疗服务。

（钟沛文）

教育

综 述

【概况】 2021年，清远市清城区有中小学102所，其中初中35所、小学67所；有初中生42810人，小学生117849人；有幼儿园211所，在园幼儿52694人。全区公办学校、幼儿园在职教职工9087人，其中在编在岗公办教职工5302人。全区中小学、幼儿园占地面积分别为3186789.67平方米、644714.18平方米，校舍面积分别为778930.40平方米、529610.10平方米。

【教育系统党建】 党史学习教育 2021年，清城区教育系统开展组织生活会130场、主题党日活动1280次、基层党组织书记讲专题党课437次。开展3期2300多名党员干部参加的清城区教育系统领导干部党史学习教育专题研讨读书班。3万多人次收听有声图书馆，征订指定教材4782册。师生参观革命遗址遗迹等384场次，受教育党员干部89810人次。组织全体1600多名在职党员、预备党员、入党积极分子参加党史知识竞赛。清远市清城区教育局（以下简称"区教育局"）代表队在2021年9月获清远市教育系统党史知识竞赛二等奖。按时完成市教育系统党史办和区委党史办约稿任务，高质量上报稿件83篇。开展"童心向党 经典诵读"活动135场次、"童心向党 童谣传唱"活动208场次、"童心向党 红色赞歌"活动118场次，参与人员达50多万人次。举行清城区"童心向党·劳动创造幸福"中小学生劳动成果展，展出100多个红色故事演讲视频、31个原创童谣优秀视频、600多篇"红领巾看百年"最佳观后感，37个"永远跟党走"微电影（微视频）等。开展"讲好红色故事"活动65场次，参加师生3.5万人次。制作9个《百年风华茂 礼赞新中国》"党史·清城"短视频。举办10场2万多名师生参与的党史学习教育主题讲座。编写一套（2本）清城区中、小学生党史学习教育材料。区教育系统负责的392个"我为群众办实事"项目，均按进度完成。

基层党建三年行动计划 统筹推进学校"两新"等领域党建

2021年1月25日，广东省中小学教师培训专家熊焰工作室挂牌暨广东第二师范学院实践教学基地授牌仪式在清城举行 （区新闻信息中心 供图）

2021年9月9日，清城区委书记邱泽军（右三）到学校调研

（区新闻信息中心　供图）

提档升级，推进"五型支部"建设，形成支部特色，夯实党建基础，对不具备单独建立党组织条件的（含无党员民办教育机构）民办教育机构，通过建立联合党支部、选派党建工作指导员等措施抓好党的工作覆盖，按照"成熟一个、组建一个、巩固一个、提高一个"的原则建立健全党组织，指导和帮助清远市海德外国语学校成立党支部。加强党员队伍教育管理，提升党员队伍整体素质；区教育系统党委严格按照党员发展相关流程和规范，进一步推动"双培养"工作，发展党员46名。

党风廉政建设　做好党风廉政建设和反腐败工作。8月起，开展全区中小学有偿补课和教师违规收受礼品礼金问题专项整治工作，截至12月底，暂未发现相关违规问题；11月11日，清城区教育系统组织召开违规吃喝问题专项整治动员部署暨警示教育大会，营造区教育系统风清气正的良好育人环境。开展党内谈话活动。2021年，区教育局班子开展各类谈话69人次，全区公办中小学（幼儿园）开展日常廉政谈话活动1889人次。全年受理群众来信来访15宗，办理各级各类信访件405宗，回复网站留言220宗、12345服务热线问题2542宗、网信舆情转办件22宗，维护教育环境的和谐稳定。4月8日，系统纪委组织各校（园）37名纪检委员于锦兴小学阶梯教室召开加强学校内部廉政监督工作会议，要求各学校（幼儿园）做好廉政风险防控和廉政监督管理。

【校园疫情防控常态化】　2021年，清城区抓好校园疫情防控常态化工作，严把师生入校（园）关。师生员工进出校门一律进行体温测量，外来人员严格落实身份核实、佩戴口罩、测体温、查验健康码、行程码等信息。严格执行离清审批手续，收紧离（来）清交流活动。各学校、幼儿园落实晨午检制度、因病缺勤缺课追踪登记制度、传染病疫情报告制度等。推进教职员工及学生新冠疫苗接种工作。新冠疫苗接种宣传动员工作广泛有力，全区教职员工（含退休）接种疫苗18000余人，3—11周岁学生第一针接种率91.70%、第二针79.09%。

【教育建设项目】　2021年，清城区新建清飞小学、新城小学，异地迁建新百加小学，改（扩）建新北江小学、松岗中学等5项工程全部落成，新增优质公办中小学位达7670个。其中，清飞小学、新城小学、新百加小学于2021年9月1日开学，松岗中学教学综合楼于2021年秋季投入使用，新北江小学新建教学楼计划2022年春季投入使用。在引进华师大、广铁一中等名校合作办学的基础上，2021年重点引进占地250亩，办学规模小学96个班、初中48个班的清远市海德外国语学校。该校于2021年9月建成并开学，增加优质民办学校学位6480个。2022年，计划新建清城区智慧初级中学（暂名），改扩建清城中学，分别接收碧桂园山湖城和美林湖第二所配建学校，新增公办中小学学位6350个。

【广清教育结对帮扶】　2021年，清远清城、广州越秀点面结合，实现两区教育帮扶全覆盖。全年清城区有46所学校与广东省名校（园）签订深度结对帮扶协议，其中与越秀区签订协议的学校有37所。结对帮扶工作收获丰硕。2021年，全区派出教师到广州跟岗学习或培训达753人次，两地通过听课研讨开展交流1367人次，广州市越秀区教育专家、领导到清城区指导达129人次，组织清城区教师通过越秀区优质资源公共平台在线观摩优质智慧课堂19期，内容涵盖小学至初中多个学科，举办大型讲座类培训活动26场。两区教师发展中心实现结对，3月12日，越秀区教育发展中心与清城区教师发展中心在越秀区举行结对签约仪式。

【教育系统文明创建】 加强对教育系统文明创建工作和未成年人思想道德建设工作的统筹和指挥，各点位学校均成立创文办，挑选骨干老师充实创文办，设置专岗，确保各项工作高效落实。2021年，市政府及区政府对清城区教育系统创建全国文明城市暨未成年人思想道德工作投入资金总额达1018万元，有力保障清城区未成年人思想道德建设工作实施。严格按照各项标准，制定《清远市清城区深入开展文明校园创建活动实施方案》等多个工作方案，务求深入推进创建全国文明城市及未成年人思想道德建设工作。

【义务教育"双减"】 2021年，清城区中小学校实现课后服务全覆盖，"建立作业校内公示制度、作业时间控制达标、不给家长布置作业或要求家长批改作业、服务时间达标"等任务目标全面完成。成立"减轻义务教育阶段学生校外培训负担工作"工作领导小组，8月18日起，经过核查，全区学科类校外培训机构均执行国家相关规定，立即停止相关学科类培训活动，安排7名工作人员分别对81所存在注销、转型及"营转非"需要的培训机构进行包干督导，累计完成机构注销21所、转型57所、待办理转型3所，完成任务率96.3%。制发《清远市清城区中小学生校内课后服务工作实施方案（试行）》，全区参加课后服务学生人数为57053名，参与教师6646名，占比分别为33.90%、63%。

【学前教育】 2021年，新建清城区第四、第五幼儿园，接收"鹏翔·四季尚璟"和"碧桂园江与峨二期"小区配套幼儿园办成公办幼儿园，分别命名为清城区凤翔幼儿园和清城区清飞幼儿园，有效增加公办幼儿学位1530个。其中清城区第四幼儿园、凤翔幼儿园、清飞幼儿园于2021年秋季学期投入使用，第五幼儿园计划于2022年春季学期底完成建设。持续推进普惠性民办幼儿园的认定工作，认定150所普惠性民办幼儿园。

【义务教育】 学校新（扩）建项目进展顺利。清城区新建清飞小学、新城小学项目，扩建松岗中学教学综合楼项目均于2021年9月1日投入使用，扩建新北江小学教学综合楼项目于8月底建成。新增义务教育阶段公办学位6860个。卧龙五洲世纪城配建学校建设项目进展顺利，力争2022年建成并投入使用。2021年7月6日成立清城区教育基金，为推动清城区教育事业高质量发展注入强大动力。稳步推进广州大学附属中学美林湖项目，7月15日广州大学附属中学与美林湖学校合作办学。

【民办教育】 广外附设清远外国语学校建设项目一期工程完成，于2021年9月1日开学，新增优质民办学校学位6480个。从2021年秋季学期开始，清城区每学期至少开展一次民办义务教育学校办学情况专项检查，禁止外资违法违规进入或变相进入义务教育领域；清理规范学校名称，逐校核查民办义务教育学校名称，稳妥实施"公参民"学校治理，夯实民办义务教育学校党建根基。

【特殊教育】 建立残疾儿童、少年入学保障体系，合理规划设置学区随班就读资源中心，建成随班就读资源教室18间。2021年秋季学期，清城区适龄残疾儿童少年入学人数504人。其中，普校随班就读235人，普校送教上门171人，区特殊教育学校学生人数98人。

【未成年人思想道德建设】 评选新时代好少年。2021年，清城区评选出263名区级"新时代好少年"，推荐11名参加市级评选，其中凤翔小学1名学生被评选为省级"新时代好少年"。各学校分别组织开展传统书法、戏曲、体育进校园活动约200多场。开展"我们的节日·春节"等主题系列活动408场，参加活动的学生人数达21.5万人次。组织开展社会主义核心价值观系列活动。举办区级核心价值观故事演讲比赛等活动，征集活动心得、书法、绘画和视频等优秀作品1200多份。举办未成年人思想道德建设工作暨"童心向党·劳动创造幸福"中小学生劳动成果展。开展学雷锋志愿服务活动。组织师生志愿者到各社区、小区周边进行卫生清洁活动1200多次，到敬老院、福利院慰问老人、儿童980多次。

【课题研究和课改实验】 清城区教育系统2021年申报课题49项，其中省级课题9项、市级课题11项、区级课题29项；结题52项，其中省级课题4项、市级课题14项、区级课题34项。在清远市第六届教研成果评比中清城区获一等奖3项、二等奖4项、三等奖3项，总成绩全市遥遥领先。清城区教育局副局长邓慧（锦兴小学原校长）的教研成果《以礼育人：礼育课程的整体性建构与实践创新》获2021年广东省教学成果奖二等奖。承担的教改实验项目"基于'爱种子'实验背景下'三环四得'教学模式化与应用研究"，通过省专家组的结项验收。在源潭镇中心小学等8所小学及教学点开展的"双师教学"实验项目初见成效，有效解决乡镇农村学校教师结构性缺编的突出矛盾，提高课堂教学效率。

【学生素质全面发展】 清城区各中小学生体质测试均达标，至2021年年底，累计创建6所省级校园足球推广学校、19所全国青少年校园足球特色学校和9所全国足球特色幼儿园。加强对学生卫生健康行为的教育和管理，提高师生卫生意识，养成良好的卫生习惯，营造整洁的校园环境。2021年，飞来峡镇第一初级中学、清远市博爱学校、清远市新北江实验学校被评为广东省第四批艺术教育特色学校，清远市师范学校附属小学被评为广东省第二批中华优秀文化传承学校。在清远市2021年第七届中小学生艺术展演活动暨清远市第三届中小学生美育节中，清城区有6个节目荣获一等奖、4个节目荣获二等奖、2个节目荣获三等奖。举办第六届清城区青少年科技创新实践能力挑战赛、第四届清城区青少年科技创新大赛，举办校园科技节的学校达36所。参加第二届清远市"小小科学家"比赛获奖142项。斩获第二届广东机器人大挑战清远选拔活动冠军4项、亚军4项、季军5项。参加省第二届广东青少年机器人大挑战获冠军1项、亚军1项、季军1项、殿军2项、一等奖7项。

【教育装备建设】 清城区不断加大教育装备的投入，2021年，清城区中小学校全部接入宽带，100%学校（含教学点）实现"校校通"，且公办中小学校带宽不低于1G，其他学校不低于100M。全区中小学校（含教学点）100%教学班配备多媒体教学平台，"班班通"覆盖率为100%。学校100%教师按要求配备专用教学用终端，所有教学点实现数字教育资源全覆盖。

【教师队伍建设】 师德师风建设 2021年，清城区坚持把师德建设放在教师队伍建设的首位，全面实施《清城区教育系统师德师风建设实施方案》《清远市清城区教育系统贯彻落实新时代教师职业行为十项准则实施方案》。在评优评先中，坚持实行师德考核"一票否决制"。全区教职工没有出现一例严重违反师德师风的现象，有4人被评为广东省特级教师，4人被评为南粤优秀教师（教育工作者），71人获清远市优秀荣誉称号，230人获区优秀荣誉称号。

教师培训 2021年，清城区全面实施"强师工程"。坚持面向全员、倾斜农村、突出骨干原则，落实全员培训计划、"名校长、名班主任、名教师"培训计划、"学科带头人、骨干教师"培训计划、"越秀区—清城区帮扶结对"计划，全力抓好教师的培训工作，着力提高中小学校长、教师的思想政治素养和业务素质。2021年清城区实施培训项目79项，培训36623人次。12月，清城区教育发展中心通过市教育局验收认定。

师资队伍结构优化 针对清城区中小学校教师缺员较多的状况，通过公开招聘的形式有序补充中小学教师。面向社会公开招聘中小学教师304名，通过"以事定费"方式招聘教师500名，进一步提高教师队伍素质，优化教师队伍年龄结构和学科结构。2021年，区委、区政府再次提高教师效能建设考核奖，人均比2020年增加5280元（退休人员增加3570元），区财政支出比2020年增加3422万元，不断提升全区教师的幸福指数。

【校园安全】 2021年，清城区各学校按要求配备专职保安人员，全区学校（幼儿园）配备安保人员860人，安装一键式报警设施，实际安装高清视频监控摄像头12000多个，配齐配足必备的防护器材和装备，并由公安部门牵头进行培训学习及演练，发展"警家校"家长志愿者6000多人。整治安全隐患，区教育局组织4次校园安全生产工作督查行动，对全区校园安全生产工作进行大检查，排查一般隐患32项，整改31项，投入安全生产宣传、培训、校舍安全维修等各类校园安全工作经费约600万元。抓好安全教育工作，开展反诈、防溺水、交通安全、消防安全、食品卫生安全、普法、疫情防控等宣传教育活动。

（区教育局）

学校简介

【清远市清城区新城小学】 清远市清城区新城小学坐落在新城银泉路假日豪苑原梦幻水城地块，建于2021年9月，是市委、市政府推动清远高质量发展"十大行动方案"的一项重要举措。学校位于美丽的清远北江河畔，比邻清远市人民政府、市文化馆、市博物馆、市体育馆、市少年宫、市图书馆，地处清远市政治、经济、文化中心区域，四通八达，周边环境优美。

设施建设 新城小学占地面积24550.54平方米，建筑面积22011.83平方米。学校采用先进的纳米多媒体教学平台，安装带有人脸识别、轨迹追踪和红外报警的监控设备，实现校园监控全覆盖，全力保障师生的生命安全。学校建有齐全的多元化智能功能室场，如清远最大的安全体验馆、让孩子认识世界的地球村、培养科创意识和创新思维的科学创客教室。有大型图书馆、体育馆、心理辅导室、音乐放松室、版画室、烹饪室、队部室、电视台、音乐室、美术室、书法室、舞蹈兼合唱排练室、宣传展览廊、党建室、乒乓球室、学科教研室、合班阶梯教室、录播室和会议室等，配有200米环形跑道的运动场，让孩子有机会选择适合自己的活动项目，培养特长、充分张扬个性，成为更好的自己。

办学规模 2021年，学校只有一年级16个教学班，学生782人，教职员工41人，教师学历达标率100%。

办学方向 根据小学阶段孩子的年龄特点，结合习近平总书记提出的新时代培养德智体美劳全面发展的社会主义建设者和接班人的要求，学校以"新气象，云帆万里。城中花，万紫千红——打造启新教育，培育爱新之人。坚实小学基础，开启成功人生"为办学理念，以"注重基础——潜心育人，植根养成。注重身心——俯首育人，植根生命。注重未来——长效育人，植根五育"为办学目标，以"德、雅、勤、健、悦"为校训，推动学生全面发展。

办学成果 云帆之路喜获佳绩。2021年，捷报频传；胡桂芳老师获清城区小学语文互动探究课一等奖第一名；杨巧珑主任在2021年清城区小学道德与法治优秀课例比赛中获一等奖，同时获清远市的一等奖；张婷老师获清城区小学数学优秀课例比赛一等奖，获得家长的肯定和社会的认可。学校在清城区中具有良好的声誉。

【清远市清城区清飞小学】 清飞小学位于清远市清城区东城街道J26号区，建于2021年9月，是清城区一所公办学校。

设施建设 学校环境优美，占地面积29000多平方米，总建筑面积28174平方米。校内布局合理、环境和谐优雅，建有五楼三园两馆一厅。5幢教学楼分别以"立新""知新""拓新""致新""维新"命名，"清雅""清新""清静"三园别致、独特，逸兴体育馆、云飞报告厅、清正图书馆充满现代化气息。学校功能室场建设高标准、现代化。有科技体验中心、安全体验中心、创客室、陶艺室、沙画室、棋艺室、书法室、舞蹈室、合唱室等多样的功能室场。

办学规模 有一年级共10个教学班，学生403人，教职员工27人，教师学历达标率100%。

办学方向 清飞小学致力打造"立新"文化，塑造"立新教育"品牌。学校以"人人能发展，个个都精彩"为办学理念，以"知行日新·活力清飞"为课程理念，并以此为引领，提出"培养全面发展的时代新人"的育人目标。学校结合"立新"的核心精神，提出基于"立新文化"的"一训三风"："清正立新，逸兴云飞"的校训，"重德重能，维实维新"的校风，"立德立行，守正出新"的教风，"致远至恒，博学拓新"的学风。

办学成果 学校成立半年以来，清飞小学获得清城区课堂考核一等奖，清城区校园科技节评比一等奖，教师课堂教学比赛获区级一等奖1项、二等奖2项。学生参加清远市规范字书写比赛获三等奖2人，参加科技节清远市第二届"小小科学家"中小学科学实验活动成果展示交流活动获二等奖1人、三等奖2人，参加清城区第十届青少年科技创新大赛少年儿童科学幻想画作品中获二等奖2人、三等奖6人。开办以来学校的教育教学工作获得家长的肯定和社会的认可，在清城区中具有良好的声誉。

【清远市清城区第四幼儿园】 清远市清城区第四幼儿园位于清城区洲心街道锦霞路（原假日豪苑梦幻水城地块），隶属于清远市清城区教育局，是清城区委、区政府致力打造的一所高品位、高质量、有特色的新型现代化公办幼儿园，于2021年10月8日开园。这是清远市中心城区扩容提质首批重点项目十项民生实事之一。

设施建设 幼儿园总面积5204.95平方米，建筑面积为4998.66平方米，园内设备设施齐全，每班均配有幼教互动一体机、钢琴、饮水机、消毒柜、空调等。设有音乐活动室、扎染坊、科学探索室、绘本阅读馆等特色功能室场，户外有大型攀爬区、30米塑胶直跑道、综合区、趣游区、玩车区、趣野区、玩球区、玩沙区、沙水区、建构区、木工坊、涂鸦区、科学操作区等10多个区域。

办园规模 核定办园规模18个班，开设有6个小班，现有教职工31人，专任教师学历均达到大专以上，学历达标率100%，保育员上岗持证率100%。

办园方向 幼儿园以"爱，让我们光芒四射"为办园理念，以培养"四慧"——慧心、慧智、慧玩、慧美的幸福儿童为办园目标，充分利用周围生活中丰富的自然和人文资源开展科学体验探究和实践，结合幼儿熟悉的生活经验，以广东省岭南自主游戏项目试点园为依托，探索基于北江文化背景下幼儿自主游戏活动的实施路径，建立具有园所特色的区域联动的幼儿自主游戏模式。引进中科编程课程，并在课程建设中依托阅读活动打造书香校园，着力培养幼儿良好的阅读习惯，让儿童健康、快乐、自由、个性地成长，每一个孩子都成为最好的自己，享受快乐美好的童年。

办园成果 幼儿园开园近半年来，先后成为广东省学前教育高质量发展实验区岭南自主游戏项目试点园、清远市实验幼儿园教育集团成员学校，获得社会的广泛赞誉和家长的高度认可。

【清远市清城区凤翔幼儿园】 清远市清城区凤翔幼儿园位于清城区凤翔大道73号，设立于2021年8月，是清城区委、区政府全面落实"三同步"政策，指导小区配建并接收办成公办园的第一所小区配建园。

设施建设 幼儿园占地面积约4420平方米，总建筑面积4800平方米，园所配套建设音体活动室、美工活动室、科学启蒙室、木创坊、编程馆、图书阅览室6个功能室以及其他办公用房、辅助用房等，于2021年秋季开园。

办园规模 幼儿园办园规模为12个教学班，可提供360个学位，现有幼儿144人，教职员工22人，教师学历达标率100%。

办园方向 幼儿园践行"自然生态、玩美童年"的办园理念，培养"尚自然、会游戏、敢探究、乐分享"的玩美儿童。

办园成果 作为一所小区配建的公办幼儿园，成立一学期以来，凤翔幼儿园加入清远市新北江幼儿园教育集团，根据园所自身的办园理念和培养目标，结合

2021年8月3日，清远市清城区凤翔幼儿园举行交接仪式　　　　　　　　　　　　　　（区新闻信息中心　供图）

清城区申报的广东省学前教育高质量发展实验区课题岭南自主游戏项目，以及清城区"十四五"规划"融湾教育"特色，以科学为特色，以博物课程为载体，探索具有本园特色的幼儿自主游戏模式，全面提升保教保育水平，致力为幼儿的终身发展打下良好基础。一学期过去，清城区凤翔幼儿园得到广大家长群众的信任和社会的认可，在清城区中具有良好的声誉。

【清远市清城区清飞幼儿园】清远市清城区清飞幼儿园位于清城区东城街道大塱村辖区内碧桂园江与峨二期地块东南角，创建于2021年10月，直属于清远市清城区教育局。

设施建设　幼儿园占地面积3792.43平方米，总建设占地面积2642.73平方米。每班均配有电脑互动一体机、空调、钢琴等设施设备，配有多个室内活动区域、美术室、科学室、图书室、音乐功能室场。户外有30米以上的地垫直跑道、种植园、百鸟归巢等10多个区域，里面包含沙、水、泥、体能、岭南游戏等多个游戏区域。

办园规模　办园规模为9个班。已开设3个班，有19名教职工，教师学历达标率100%。

办园理念　办园理念：清韵、润童、乐动、齐飞。办园理念中的首字"清"与末字"飞"合成"清飞"，寄希望于幼儿在清飞幼儿园雏凤清声、振翅高飞。园训：挖掘潜能，发现天赋，全体共进。园风：和融、进取、开发、创造。教风：眼里有光，心里有爱，发光发热。学风：健体、乐学、自信、友爱。园树：凤凰树。园花：木棉花。

办园特色　项目式探究课程：清飞幼儿园深入研究、开展"1+N"的园本课程模式，即1个主题教学+N个本土资源文化的项目式探究课程。以"凤城文化"为切入点，从而形成具有科学性、系统性、适宜性的"凤城文化"项目课程资源体系，以项目课程浸润童心。陶艺工作坊：清飞幼儿园开设特色陶艺工作坊，结合陶艺多样性的教学特点，挑选具有代表性的"凤城文化"元素深入开展美育活动，构建地域园本特色课程，促进儿童全面发展。岭南特色游戏：清飞幼儿园开发岭南特色游戏项目，游戏形式多种多样，如：踩高跷、揪尾巴、滚铁环、斗鸡等，这些游戏能提升幼儿的身体协调能力和团队协作能力。

（曾洁惠）

文化·传媒

综 述

【概况】 2021年，清城区有业余文艺团队60支，文化志愿者近1600人。有各类公共文化场馆251个，总面积合计56935.64平方米。其中包括有区级图书馆、文化馆、博物馆各1个，文化馆、图书馆分馆各8个，服务点32个，街镇文化站8个（5个一级站，3个二级站）。村居综合性文化服务中心158个，乡村微型博物馆2个。其中区"三馆"面积5804平方米，文化站总面积11743.64平方米，村居综合性文化服务中心39238平方米，乡村微型博物馆150平方米。

【群众文化】 文化馆总分馆建设 2021年，清远市清城区文化广电旅游体育局（以下简称"区文广旅体局"）为加快构建清城区现代公共文化服务体系，推进公共文化资源共建共享和服务效能的提升，清城区文化馆总馆、清城区图书馆总馆推进文化馆、图书馆总分馆建设工作，分别建成8个分馆，32个服务点，实现文化总馆、图书总馆与分馆的资源有效调配。

开展一系列联动服务 2021年，区文化馆举办总分馆联动培训54期、总分馆联动展览、讲座共54期。总分馆联动下基层志愿演出20场，总分馆志愿服务30场，共计举办活动、培训、展览158场，服务清城区群众2.3万人次，总分馆创作精品作品3件。图书馆开展总分馆联动活动服务108场，服务点开展阅读推广活动服务64场，举办总分馆联动活动服务172场，参加活动人数1.3万多人。

开展各类文化活动 2021年，区文化馆组织举办"我们的节日""非遗图片展""粤艺进校园""舞动凤城""文艺百村行""新时代文明实践"以及总分馆联动培训、展览、讲座、演出等各类主题活动千余场次。3月，举办粤艺进校园活动培训，进入3间小学提供2个学期的第二课堂培训，受惠人次达500余人。9月19日，组织举办2021年清城区"永远跟党走·我们的节日·中秋"情系北江少儿成长音乐会。10月，组织举办清城区特色品牌活动文艺百村行，受疫情

2021年3月12日，清城区举行2021年清城区春节群众系列活动启动仪式
（区新闻信息中心 供图）

2021年9月19日，清城区文化广电旅游体育局、清城区文化馆举办2021年清远市清城区"永远跟党走·我们的节日·中秋"情系北江少儿成人音乐会

（区文广旅体局　供图）

影响，此次百村行采取以点带面的形式，在清城区凤城街道、石角镇、源潭镇各举办一场大型晚会，并在线上展播。11月，组织举办清城区特色品牌活动第七届"舞动凤城"乡村广场舞大赛，受疫情影响，此次比赛采取线下录制、线上展播的形式进行，惠及清城区8个街镇500余人次的业余舞蹈爱好者，观看人数达2000余人次。11月，组织举办清城区特色品牌活动第三届"狮舞凤城"狮王争霸赛。

扶持业余团队　加强业余文化团队建设是清城区推进全区公共文化服务体系建设的重要内容。清城区文化馆召开清城区扶持业余文艺团队会议，对20支优秀团队给予表扬，根据扶持资金分配方案为各个文艺业余团队发放扶持资金，促进清城区群文队伍不断壮大，群众文化活动遍地开花，清城区群文发展越来越辉煌。

非遗工作扎实有效　清城区文化馆非遗项目传承和宣传力度取得成效。少儿粤艺课程送进3所校园，开展为期2个学期的粤艺第二课堂，惠及群众逾2000人次。开展清城区非遗图片展，进一步提升清城区非遗项目的知名度，在清城区8个镇（街）开展非遗项目进校园、进社区、进农村、进景区活动，受惠人次达2000余人次。承办新时代文明实践系列活动之2021年清远市清城区"狮舞凤城"第三届舞狮比赛暨龙狮文化展演活动，更好地弘扬清城区非物质文化遗产保护项目，提升清城区非遗项目的表演和实践水准。免费开放具备专业粤艺培训功能的"少儿粤艺培训室"和具备清城区各个非遗项目推广和展示功能的"非物质文化遗产展示厅"，加强少儿粤艺培训和非遗项目推广展示的功能，提高非遗文化的社会影响力。

【**非物质文化遗产保护**】　2021年，区文广旅体局全力挖掘非遗资源，非遗项目申报硕果颇丰。清城区拥有省级非遗项目5项，市级非遗项目8项，区级非遗项目25项。其中，2021年将龙塘凌氏陶缸烧制技艺、清远白切鸡烹饪技艺、白庙端午游龙3个非遗项目申报为广东省省级非遗项目，已进入公示期。将仓前街糖水制作技艺、袁氏根雕、清远腊味制作技艺等3个非遗项目申报为清远市市级非遗项目。注重非遗项目的活性发展，由区级非遗项目《拉面毛》改编成的非遗舞蹈《清城记忆》，获省、市级奖项。组织开展"戏曲进校园""粤艺进校园"活动，把戏曲文化带入校园，培养未成年人对于传统非遗文化的兴趣。

清城区非物质文化遗产代表性项目名录

级别	项目类别	项目名称	批次
省级项目	民间文学	凤城的传说	第二批
省级项目	民俗	清远旺龙	第五批
省级项目	民俗	白庙端午游龙	第八批
省级项目	传统技艺	龙塘陶缸烧制技艺	第八批
省级项目	传统技艺	清远白切鸡烹饪技艺	第八批

续上表

级别	项目类别	项目名称	批次
市级项目	传统体育、游艺与杂技	三人燕尾龙舟竞技	第一批
市级项目	民间音乐	禾楼歌	第一批
市级项目	传统美术	曹氏木雕	第二批
市级项目	传统舞蹈	龙狮田客家鸡公狮舞	第五批
市级项目	传统技艺	陈华记竹升云吞面制作技艺	第六批
市级项目	传统技艺	清远腊味制作技艺	第八批
市级项目	传统技艺	仓前街糖水制作技艺	第八批
市级项目	传统技艺	袁氏根雕	第八批
区级项目	民间舞蹈	醒狮	第一批
区级项目	民间文学	峡江归猿记	第一批
区级项目	生产商贸习俗	清远鸡提纯复壮技艺	第一批
区级项目	生产商贸习俗	清远乌鬃鹅提纯复壮技艺	第一批
区级项目	语言	清远白话	第一批
区级项目	民间曲艺	粤剧	第一批
区级项目	民间文学	飞来寺传说	第二批
区级项目	传统技艺	飞霞液酿造技艺	第二批
区级项目	传统技艺	洲心烧肉	第三批
区级项目	传统技艺	筥伞	第四批
区级项目	民间文学	白庙传说	第四批
区级项目	传统医药	侯氏传统跌打骨伤药制作技艺	第五批
区级项目	传统舞蹈	龙形拳	第五批
区级项目	传统技艺	全鸡宴烹饪技艺	第六批
区级项目	传统体育、游艺与杂技	清远郭氏蔡李佛拳	第七批
区级项目	民间传说	石角回岐文笔塔的传说	第七批
区级项目	民俗	拉面毛	第七批
区级项目	传统技艺	洲心打铁	第七批
区级项目	传统技艺	源潭红烟制作技艺	第七批
区级项目	传统技艺	清远鹅醢煲烹饪技艺	第七批
区级项目	传统技艺	铜盘鸡烹饪技艺	第七批
区级项目	传统技艺	擂茶	第七批

【文艺创作】 2021年，清城区文化馆参与省级活动，组织区优秀舞蹈骨干排练清城区文化馆原创非遗舞蹈《清城记忆》，参加广东省第七届岭南舞蹈大赛，并获优秀表演奖、优秀创作奖、组织奖等3个省级奖项。获得2020年广东省群众文艺作品评选三等奖。选送50余件作品参加清远市艺术花会，参加活动群众达数十余人，其中手工创作《寻味清远》获市级银奖，书法作品《长征》获市级铜奖，其余获奖作品达10余件。清远区文化馆选送清城区教职工灵韵合唱团、清远市技师学院合唱团，丁安如、高嘉瑶、黄子荣、李启岸等歌手参加清远市"百歌颂中华"比赛，其中清城区教职工灵韵合唱团的《把一切献给党》《唱支山歌给党听》2首合唱歌曲获得"百歌颂中华"合唱大赛金奖。

【公共图书馆】 清城区图书馆实

行免费开放、免费办证、免费借阅（纸质图书和电子图书），观看展览、进馆上网、参加馆举办的各类阅读推广活动全免费。全区实行通借通还、馆级互通、资源共享等功能服务。每周保持开放时间60个小时，实行错时开放。纸质图书藏书量32万册，电子图书藏书量20万册，年增加藏书量1万册，订有报刊235种；全年进馆人数约8.5万人次，外借量110619册（纸质图书外借6.2万册次，电子图书外借4.8万册次），新增办证数量2000个，电子阅览室人数4235人次，建有网站和移动图书馆各1个，点击量约3.6万次。

【周末电影】 清城区图书馆每周六15：00—16：30在一楼多媒体室开展影音沙龙少儿专场活动。播放包括核心价值观教育、爱国主义教育、道德教育、扫黄打非、禁毒等主题的少儿教育影片，辅导和引导少儿读者进行影音欣赏，交流观影心得。全年开展活动40场，参加群众约1500人次，引导读者欣赏影音作品，提高他们的鉴赏能力。

【读书活动】 清城区图书馆开展"我们的节日·春节、元宵、清明、端午、七夕、中秋、重阳"共9场次活动。活动内容有春节故事会，春节手工活动，清明线上祭英烈、清明故事会和手工活动，端午包粽子活动，七夕主题故事会，中秋猜灯谜、制作灯笼等多种形式。

4月23日世界读书日 清城区图书馆4月23日开展"4·23世界读书日"活动。其中包括"你演我讲·话剧社"亲子活动、"词语猜猜猜"亲子游戏、"水彩笔绘画"亲子活动及世界读书日有奖知识问答活动，共开展6场，活动参加总人数共220人。

全国图书服务宣传周 清城区图书馆5—6月开展全国图书服务宣传周活动，活动内容包括"讲红色故事，唱红歌""读书知识抢答大赛"等，深受读者欢迎。

"阅读·悦享受"亲子活动 清城区图书馆全年开展40场活动，内容分别有亲子阅读、诗歌朗诵、绘本故事会、亲子读书会、亲子游戏、手工制作、手工绘画、橡皮泥手工碟画、诗歌故事会比赛、手工、绘画比赛等，全年参加活动约1100人次。

"亲子共读——童蒙养正"讲堂 清城区图书馆全年共举办8场阅读活动，内容包括诵读《弟子规》等经典、学习传统礼仪等，带领孩子和家长一起阅读，共同学习，营造阅读氛围，潜移默化引导孩子们从小养成讲卫生、讲文明、讲礼貌的好习惯，培养孩子的感恩之心和孝心，全年参加活动115人次。

少年电脑技术培训 清城区图书馆在暑假期间，举办2期计算机技能培训班，共360人次参加培训。该培训让读者掌握计算机的基本操作要领和编程知识，吸引很多少年读者参加，读者们表现出浓烈的兴趣。

全民读书月 10月22—31日，清城区图书馆举办全民读书月活动，包括"朗诵者"模仿秀、诵读比赛、颁奖大会、走进大自然畅读等系列活动，参加活动人数约200人次。

【送书下乡活动】 2021年6—7月，清城区图书馆开展送书下乡活动，分别到8个镇（街）开展流动借书阅读活动。将1000余册精心挑选的图书送到清城区各镇（街）。书本涵盖政治经济、文学艺术、哲学历史、生活保健、农业科学等方面内容，让广大群众免费阅览图书，养成读好书、好读书的好习惯，发挥公共图书馆的宣传教育职能。活动图书共送到14个流动服务点，阅读群众3000多人次。

【图书馆总分馆制建设】 开展图书馆总分馆制建设，分馆服务点藏书量约15万册（含总馆调配部分），新增图书1.1万册（含总馆调配部分）；图书借阅量0.3万册次。开展总分馆联动活动108场，其中清城区图书馆总馆和下属分馆共举办讲座35次，展览36次，阅读推广活动37次，参加活动人员1.4万人次。帮助32个服务点开展阅读推广活动，平均每个服务点2场，共计64场。基本实现"三个统筹，五个统一"。9月举办为期8天全区图书馆业务骨干培训班，清城区图书馆、文化站、各图书分馆、服务点工作人员共22人参加。定期派工作人员到分馆、服务点调试和维护总分馆设备。

【图书采购】 清城区图书馆以采

购纸质图书为主，完成采购综合性图书约1万册和少量盲文图书（包括著录、加工、上架和电子标签），采购资金共30万元。

【文化信息资源共享工程】 2021年，清城区图书馆电子阅览室实行免费开放，全年有786人次在电子阅览室上机学习，数字图书阅览量为4.8万册次，清城区图书馆网站及时发布活动公告和最新动态，平均每月更新4—5次，点击量3.6万次。新增数字资源"清城区民间故事简笔画"供读者使用。

【古墓保护和搬迁】 2021年，协助推进区重点项目的开展，邀请省文物保护专家到清城区开展"佛清从"高速公路"李九松夫妻合葬墓"的搬迁论证工作和邀请文物专业公司到古墓现场测量，制定搬迁方案，至12月"李九松夫妻合葬墓"完成搬迁工作。

【送展下乡活动】 5月至10月31日，区文广旅体局开展《"辉煌历程"建党100周年》送展"进校园、进街镇、进社区"活动20场，观展观众约30000人次。

（刘 彦）

新闻信息

【概况】 2021年清城区新闻信息中心充分发挥宣传矩阵优势，落实市委"十大行动方案"、党史学习教育、疫情防控、安全生产、交通整治、防诈反诈、乡村振兴等各项重点工作，牢牢把握好各个新闻发布渠道，全面深入地开展宣传报道。截至12月，制播《今日清城》电视新闻275期；在中央、省、市级报刊上刊登稿件713篇；"清城发布"微信公众号推文约2100篇，微博发布约1800条新闻，制作和推发"疫情防控""担当争先清城先锋""清城经济发展系列""维权315"等原创视频50个；主动对标"学习强国"平台栏目要求，通过文字、图片、音频、视频等形式每天向"学习强国"平台供稿，向学习强国供稿1135篇，被采用326篇。

【系统升级改造】 2021年，清城区投入200多万元对《今日清城》演播系统、非线性编辑和存储系统进行升级改造，实现《今日清城》新闻节目高清化制作。

【成果展示】 2021年，清城区新闻信息中心公众号"清城发布"分别被市委宣传部和市委网信办评为清远市"十大政务微信"。李丽珍荣获市委网信办和文明办"十名网络正能量榜样"、清城区"优秀共产党员"称号。敬丽斯分别荣获清远市新闻战线"好记者讲好故事"演讲比赛一等奖、全国新闻界第八届"好记者讲好故事"活动"优秀选手"称号。

（黄晓群）

出版版权

【概况】 2021年，清城区严厉打击侵犯知识产权违法行为，稳定有序推进版权保护和创新工作，有效净化清城区版权环境，繁荣版权产业。2021年2月，在清远市2020年县级版权工作考评中，清城区以115分的考核评分在全市排名第一。2021年4月25日，广东省版权局发布"2020年度广东省版权十大案件"，清城区"可乐游戏工作室侵犯网络游戏著作权案"被列为"2020年度广东省版权十大案件"之一。

【新闻出版版权管理】 2021年，区委宣传部和市公安局清城分局、区文广旅体局联合印发《清城区打击网络侵权盗版"剑网2021"专项行动实施方案》，开展清城区打击网络侵权盗版"剑网2021"专项行动。共出动工作人员323人次，检查电影院146家（次）、印刷企业39家、出版物经营单位77家，督促清城区新闻出版企业、电影院做好疫情防控、消防安全和安全生产工作，确保清城区新闻出版企业、电影院复工复产平稳有序，创造安全健康环境。

【版权宣传周活动】 2021年，开展线上和线下相结合的"4·26"世界知识版权日宣传周活动，强化版权宣传，通过7个宣传媒介平台全方位结合，共刊播12篇版权活动相关信息，阅读量达3.3万人次。线下宣传参与人数为1800人，共派送印有版权知识的小礼品1600多份。

档案工作

【档案监督指导】 2021年，清城

区依法全面履行档案行政管理职能，加大档案安全检查力度，确保档案安全工作落实到位。印发《关于开展清城区2020至2021年度档案综合管理、档案安全工作检查的通知》，对各镇（街）、相关区直单位、国有企业等开展33次档案工作检查；印发《清远市清城区档案局关于进一步规范档案服务外包工作的通知》，要求区各立档单位严格按照要求落实相关工作，消除在档案外包服务中存在的档案丢失、损毁、泄密等安全隐患，确保档案质量符合进馆要求；主动服务疫情防控、脱贫攻坚档案工作，指导区疫情防控指挥办、区乡村振兴局在完成疫情防控、脱贫攻坚档案数字化的基础上，高质量完成疫情防控、脱贫攻坚档案移交进馆工作。

【国际档案日宣传】 2021年5—11月，清城区档案局开展主题为"档案话百年"的宣传活动。借助"清城发布"微信公众号举办主题为"档案话百年"的线上照片展，通过展示一批清城红色照片档案，再现党在清城大地的奋斗历程，直观表现党的思想在清城这片红色热土上落地生根的生动实践，该活动在全区上下引起强烈共鸣。区档案局会同区档案馆在"清城发布"微信公众号特别开设《百年党史·红色档案》党史学习教育专题栏目，累计发布24期红色党史故事，全力助推党史宣传学习教育走深走心走实。

【档案工作服务农村基层试点】 2021年，清城区档案局指导试点村以"我为群众办实事"实践活动为抓手，创新便民服务举措，不断提升档案服务水平，指导试点村建立规范村级档案工作，配强配齐试点档案工作人员，建立健全试点村档案工作制度，完善村档案室及硬件设施建设，研究制定符合农村基层治理建设需求的村务管理档案基本目录（清单），建立起区、街、社区密切配合的三级档案工作管理网络，建立有效的考核机制和管理体制，推进村级档案资源共建共享建设，并顺利通过省档案局验收。其中，指导试点村专门开设查阅档案以及党员查询档案预约通道，在全市8个试点中率先实现村级档案线上预约查询，得到省验收组高度肯定和评价。

（区委办）

档案馆藏·地方志

【概况】 2021年，清城区档案馆（以下简称"区档案馆"）开拓创新，切实履行"为党管档，为国守史"的职能，不断提升档案、史志工作服务质量，为人民群众办好事、解难事，用心服务民生，全力助推清城区发展。2021年，馆藏全文数字化新增48个全宗，共6965卷另17839件、103481条目录、1140864页。馆藏数字化总数为52408卷58725件5235593页，馆藏档案数字化比例约为56%，馆藏存量信息化进程不断推进，馆藏档案信息化建设稳步推进。

【档案利用服务】 2021年，档案查阅大厅配备5台电脑用于查询档案，到区档案馆接待查阅大厅查阅档案资料、现行文件及其他政务公开信息2167人次，查借阅档案资料1946卷（件），复印5159页。联合清新区档案馆实行跨馆查阅档案服务，为群众提供更便利的服务，档案利用服务水平不断提高，发挥档案利用在维护社会大局稳定、创建和谐社会和经济建设服务中的重要作用。

【档案数字化建设】 为满足数字化扫描需求，2021年，区档案馆投入7万余元增加10个8T硬盘，在原来的基础上升级改造，为数字化扫描数据和备份提供足够的储存空间，增强档案数字化建设安全性。

【库房管理】 2021年，区档案馆委托具有资质的公司对档案库房消防工程系统进行专业维护和保养，每月定期上门对消防给水系统、自动灭火系统、自动报警系统、灭火器材、防排烟系统、应急照明及疏散指示系统、防火门等进行安全检查，发现问题及时处理。投入1万余元更换一批消防设备，包含不锈钢防火门、疏散指示灯、安全出口灯、应急照明灯、自救呼吸器等设备，为档案库房安全提供硬件保证，确保档案安全。

【微视频等获奖】 2021年，清远

2021年2月19日上午，清城区副区长黄翠珊（右二）到区档案馆调研，了解档案馆新库房建设进展情况、机构编制和人员及档案数字化情况，到查阅大厅和库房实地察看
（区档案馆 供图）

2021年11月15日，清远市清城区档案馆召开2021年县级综合档案馆业务建设评价会
（区档案馆 供图）

市清城区地方志编纂委员会办公室（以下简称"区地方志办"）在广东省人民政府地方志办公室等10个部门联合举办的2021年"多彩乡村 党史奋进"主题教育实践活动中，区地方志办组织制作的《书写美丽黄布，助力乡村振兴》及《文洞烽火》2条微视频均获得视频类二等奖，清远市清城区地方志编纂委员会办公室获得"优秀组织奖"。在清城区"凤聚英才 强区有我"短视频大赛中，区地方志办组织制作的《书写美丽黄布，助力乡村振兴》获三等奖，《文洞烽火》获优秀奖。

【镇（街）志、行业志编纂】 区地方志办根据《清城区镇街志、行业志编纂工作实施方案》稳步推进全区镇街志、行业志编纂工作，截至2021年年底，全区9部镇（街）志、2部行业志中，有8个镇（街）志完成初稿，飞来峡镇志完成86%初稿，教育志和水利志因编纂工作启动迟，完成不到一半。全年区地方志办通报全区修志编纂进度4期，举办清城区镇（街）志、行业志编纂培训班1期，制定《清城区镇（街）志行业志审查验收方案》。

【《全粤村情》（清城区卷一）出版】 2021年，区地方志办配合出版社做好《全粤村情》（清城区卷）文稿核查、修改和反馈工作。3月，《全粤村情》（清城区卷一）由广东省人民出版社公开出版。该书收录清城区龙塘镇、国营银盏林场、凤城街道225个村简介，约86万字，600张图片。包括村落名称、地理位置、历史沿革、民居宗祠、风俗习惯、文物遗址、主要人物等。

【《清城年鉴·2021》出版】 2021年3月，清城年鉴编辑部完成《广东年鉴·2021》《清远年鉴·2021》（清城篇）的文字编辑和图片收集整理工作。6月《清城年鉴·2021》组稿工作基本完成，8月完成稿件的编辑、审校和排版，9月报送出版社审核，2021年年底，《清城年鉴·2021》由广东省地图出版社公开出版发行。全书约70万字，图片近200幅彩页，设置"大事要闻""创文巩卫""扫黑除恶·全民禁毒""乡村振兴""疫情防控""清城风貌"等6个图片专辑，图文结合，全面翔实地反映2020年清城区经济社会发展基本情况和基本成就。

（梁绮雯）

体育·旅游

体 育

【群众体育】 2021年，清城区开展多形式、多层次、内容丰富、群众喜闻乐见的体育活动，有效地推动群众体育活动的深入发展。结合疫情防控工作的需要，9月18日至11月7日以线上形式举行2021年清城区"全民健身与奥运同行"全民健身日系列活动，包括线上体育运动短视频活动和线上亲子及打卡跳绳视频活动，让奥运和体育健身的正能量精神得到广泛传播。10—11月，开展2021年国民体质测定工作，完成由市分配不同对象、不同年龄段约1200个的样本量监测任务。12月11—12日，举办2021年清城区象棋公开赛和2021年网球公开赛，推动全民健身，促进清城区象棋和网球项目运动水平的提高，展现城区居民健康、有爱、文明的精神面貌，让广大人民群众有更多的获得感和幸福感。12月18—19日，举办2021年清城区干部职工羽毛球赛，展现良好的体育精神和积极向上的职工风貌。2021年12月至2022年1月，举办2021年清城区职工足球赛，丰富干部职工的业余生活，激发工作干劲和增强体质。助力美丽乡村建设，结合各村（社区）体育场地和健身设备的配置和更新需求，2021年7月和12月，分2批次对清城区8个镇（街）购置健身体育器材给予支持，安装工作于2021年年底前完成，进一步完善清城区公益性体育设施建设，满足群众日益增长的体育健身需求。

【竞技体育】 2021年7月13日，清远市清城区文化广电旅游体育局（以下简称"区文广旅体局"）在飞来湖中学和清城中学举行的2021年清城区中小学生足球联赛落下帷幕。源潭女队继续一骑绝尘，卫冕初中组冠军。10月7日，在2021年清远市"市长杯"足球联赛（高中、中职组）暨初中小学足球联赛总决赛中，源潭一中代表清城区参加比赛，获得总冠军。11月8—12日，在清远市飞腾体育馆举办"北江杯"清远市第八届乡镇（街道）男子篮球赛，由飞来峡镇组队，代表清城区参赛，获得第四名。11月28日下午，清远市第七届运动会颁奖仪式上，清城区代表队以64块金牌、团体总分2959分的成绩，获得清远市第七届运动会12个大项团体总分第一名和"体育道德风尚"奖。

省运会跆拳道项目备战 清城区打造一支拥有教练员3名、运动员40余名的优秀跆拳道队伍，在洲心街第一中学和清远市华侨中学设立训练基地。在2021年广东省中学生跆拳道锦标赛中，清远市跆拳道代表队取得8枚金牌、6枚银牌、6枚铜牌，获得初中组团体第一名。

组队参加市级比赛 代表清城区组队参加清远市"北江杯"系列比赛和其他市级比赛，获得清远市"北江杯"第十七届网球赛、清远市"北江杯"第三届乒乓球赛团体总分第一名和清远市"贺岁杯"男子篮球精英邀请赛冠军，促进清城区与其他县区各体育项目的技术交流，推动清城区各项体育运动的健康发展。

旅 游

【概况】 2021年,清城区落实粤港澳大湾区总体发展规划和全省"一核一带一区"区域发展新格局战略布局,高质量推进广清一体化发展,立足粤北生态发展区发展生态经济,全力筑牢粤北生态屏障,优化全域旅游发展环境,打造清城特色旅游品牌,促进清城区文化旅游高质量发展。全年接待游客478.88万人次,同比增长37.27%,旅游收入40.53亿元,同比增长5.35%。

【创新区域合作机制】 2021年,区文广旅体局推进粤港澳大湾区北部生态文化旅游合作区合作,与广州花都区签订合作框架协议,探索"旅游+"产业生态圈,创新乡村振兴发展模式,培育供给更多特色生态旅游、生态文化、健康养生等旅游文旅产品。5月14日和5月19日,与花都区联合举办"花清联游"旅游大惠民政策现场推介会等系列活动,共同推出"花清联游"旅游惠民政策,有27家旅游景区、乡村旅游点参与旅游惠民活动。坚决落实清远市委"十大行动方案",配合完成广清惠民旅游年卡有关工作,携手打造区域旅游共同体,逐步形成区域协同、优势互补、产业联动的整体发展格局,助力乡村振兴发展战略,破解城乡二元结构,促进城乡融合发展。

【旅游市场监管】 2021年,区文广旅体局加强旅游市场监管,全年出动1440人次,对720家(次)文旅企业进行督查。其中检查A级及重点旅游景区140家(次)、旅行社46家(次)、星级酒店36家(次)、网吧136家(次)、娱乐场所240家(次)、游泳池30家(次)、游艺场所60家(次)、文博单位32家(次)。发出依法经营告知书22份,无较大以上安全事故发生。取缔无证经营场所15家次。与各旅游企业签订《安全生产责任书》,加强重点旅游景区(景点)、旅行社、星级酒店安全监管,强化旅游高峰时段安全隐患排查整治。

【旅游投诉处理】 2021年,区文广旅体局接到旅游投诉160宗,其中旅游80宗,文化市场39宗,体育7宗。通过区文广旅体局协调撤诉34宗,处理率100%,游客满意率100%。

【推动田园综合体建设】 2021年,区文广旅体局建立"旅游+农业"体系,促进农旅产业功能互补和深度融合,全力打造乡村振兴样板区,综合推进清城区乡村振兴战略实施,培育具有示范带动效应的综合体项目。集美云曼田园综合体项目作为清远市国家城乡融合发展试验区重点项目由清城区全面推动项目建设。全园以番茄为主题,融入生态农业、种植业、畜牧业等景观,是集创意农业、文旅休闲、主题体验、田园观光为一体的田园综合体项目。集美云曼田园综合体申报"清远市中小学生研学实践教育营地",并建立清远市少先队校外时间教育营地(基地)。营地对外开放,配有40间学生宿舍、320个床位、80个灶台野炊区和可容纳500人用餐的餐厅。集美云曼田园综合体2021年元旦开园至年底接待游客达15万人次,不断拓展农旅产业融合新空间。

【乡村旅游发展】 以巩固提升省级全域旅游示范区为契机,发展"旅游+"多产业融合业态,连片连线建设美丽乡村,打造美丽乡村风貌带。2021年,区文广旅体局结合乡村振兴战略,配合指导东城街"三村一居"乡村振兴样板区旅游项目建设,1月,东城新桥村被评为广东省文化和旅游特色村。推动景区优化升级,6月,飞霞风景区被评为国家AAA级旅游景区。推动清城区乡村民宿加快发展,清城区横荷街道大有村沙塘月景湾民宿入选广东省乡村民宿示范点公示名单。引导民宿产业集聚区建设,全面推进乡村振兴发展,清城区东城街道入选广东省乡村民宿示范镇名单。

【推进民宿品牌品质提升】 全力配合推进省民宿现场会筹备工作,探索"酒店+民宿"合作模式。2021年,区文广旅体局组织清远乡农乡村民宿专业合作社与清远国际酒店签订战略合作协议,双方开展深度合作。8月17日,双方联合主办2021年首届合作交流会,新桥大水坑村23家民宿主参加民宿服务提升专项培训班。8月19日,清远国际酒店团

清远国际酒店　　　　　　　　　　　　　　　　　　　　　　　　　　　（李文勇　2021年摄）

队深入到大水坑村民宿进行实地教授、演练,进行手把手教学,切实提升民宿主的实操能力和接待水平,有效促进村集体增收和农民致富,为巩固拓展脱贫攻坚成果与乡村振兴有效衔接增添强劲动力。11月30日,广东省乡村民宿发展现场推进会在清远召开,现场调研点之一大水坑村获得省领导的称赞。

东城街道新桥大水坑村民宿村　　　　　（李文勇　2021年摄）

【旅游形象品牌宣传】 区文广旅体局大力宣传清城区文化和旅游资源,提升清城旅游的知名度和影响力。常态化开展文化旅游对外展示交流活动,组织黄腾峡生态旅游区、天子山瀑布风景区、新银盏温泉度假村、狮子湖国际休闲度假区等7家旅游景区参加2021年广东国际旅游产业博览会及2021年深圳文旅推介会,有效促进旅游供需对接,开展旅游业界交流、资源推荐等系列活动,为清城旅游打造一张靓丽的名片。利用线上平台宣传文旅资源,组织清远国际酒店、黄腾峡生态旅游区、天子山瀑布风景区、牛鱼嘴原始生态风景区、集美云曼田园综合体等文旅企业参加清远市旅游协会举办的"莲姐带你游清远"系列网络直播活动,活动收看总人次达2.2亿人,利用直播平台活动流量和重点推广支持,集中宣传全市旅游景区(点)和酒店,通过线上线下融合的新业态新模式激发文游行业消费活力。

【旅游厕所革命】 2021年,清城区新建改建旅游厕所3间。全区有64间旅游厕所,其中一类29间,二类28间,3间达到通用标准,4间停用,在用达标率100%。

（区文广旅体局）

社会生活

人力资源和社会保障

【概况】 2021年，清城区新增就业人数13358人，城镇失业人员实现再就业5010人，就业困难人员实现再就业231人，新增吸纳本省劳动力4865人，转移输出农村劳动力3016人，促进成功创业402人带动就业767人，城镇登记失业率为2.49%。清城区人力资源和社会保障局（以下简称"区人社局"）组织线上线下招聘会23场，发布招聘岗位14186个。持续发挥职业技能培训促进就业导向作用，发放职业技能提升补贴1046.55万元，惠及10422名劳动者。处理劳动保障监察案件562宗，为4326名劳动者解决欠薪5014.2万元。全区劳动人事争议仲裁累计结案率99.58%，调解达成率59.11%。

【劳动就业】 2021年，区人社局全面贯彻"促进就业九条3.0版"，扎实做好"稳就业"工作、全面落实"保居民就业"任务，加强公共就业服务、提升技能培训效果、促进创业带动就业，深入实施"粤菜师傅""广东技工""南粤家政"三项工程，发挥职能作用，保障全区就业形势总体稳定。

【岗位培训】 2021年，区人社局持续优化就业服务，发挥广东人社"三项工程"促进就业功能，实施职业技能提升行动，抓实创业担保贷款，抓好各项补贴发放。开展粤菜师傅培训3620人，广东技工培训11212人，南粤家政培训2305人。全年发放各类就业补贴1887.71万元，其中发放就业创业类补贴841.16万元，惠及3201名劳动者，发放职业技能提升补贴1046.55万元，惠及10422名劳动者。审批并发放创业担保贷款50笔合计925万元。推进企业职业技能等级认定，清城区现有10家企业获批企业职业技能等级认定，全年技工院校、企业共组织开展109场等级认定，考核6543人，核发技能等级证书4709本。有序推进职业技能鉴定工作，组织开展218场技能鉴定，考核7841人，核发专项职业能力证书8764本、初级职业资格证书414本。

【劳务招聘】 2021年，区人社局配合国家、省和市"百日千万网络招聘行动"，发挥政府、市场合力作用，为劳动者提供多岗位信息，畅通企业用工渠道。组织线上线下招聘会23场，发布招聘岗位14186个。对登记求职人员开展"一对一"职业指导服务，转变求职观念，提高岗位适配。

【社会保险】 2021年，区人社局审核41批次城镇建设用地征地项目，共8141名被征地农民纳入养老保险，足额预存5433.61万元入清城区开设的"收缴被征地农民社会保障资金过渡户"。推动清城区被征地农民社保资金分配工作，完成分配60873.90万元。依法依规办理工伤认定。受理工伤案件1019宗，认定工伤1003宗，结案率98%，未出现案件超期。开展工伤调解60宗，工伤行政诉讼案件20宗，行政复议案件8宗。

【人事管理及公开招聘】 2021年，区人社局在常态化疫情防控工作中做好各类人员公开招聘工作。草拟《清远市清城区机关事业单位专项工作聘员、合同制聘员以及后勤服务类人员管理办法（稿）》，进一步规范和理清清城区机关事业单位专项工作聘员、合同制聘员以及后勤服务类人员管理，全面提高行政效能和服务水平。完成2020年清城区7179名事业单位工作人员年度考核、人才统计年报工作。开展事业单位工作人员、高层次人才和聘员公开招聘4场，协助主管部门开展卫生专业技术人员、中小学教师公开招聘2场，合计招聘人员567人。做好全区事业单位人员队伍管理工作。依法依规办理全区事业编制、政府聘员、政府购买服务人员等各类身份人员的增减员工作2276人次，全年未出现违规招录人员问题。

【人才工作】 2021年，区人社局充分发挥区人才储备中心编制激励作用，用好、用足、用活人才政策，面向社会公开招聘事业编制高层次人才，共招35名来自中山大学、华南师范大学、中南大学、暨南大学等名校的高层次人才。推动人才队伍建设，累计引进经营管理人才以及博士、硕士研究生学历人才等各类高层次人才136人，其中入选市"六类"人才9人。牵线省内高校与辖区企业结对，促成人才项目落地7个，推动企业投入人才引育和项目研发资金约9038万元。新增企业省级博士工作站1家，省级院士工作站1个，省级工程技术研发中心5家，省级重点实验室2家，国家级高新技术企业6家，市级技能大师工作室2个，新建区级乡村振兴人才驿站1个。开展线上线下人才（职称）政策宣讲、技能培训和人才交流活动16场次，联合市人才驿站、市广播电视台制作建党100周年和人才防疫专题视频2集。受理申报市高层次六类人才30人，"起航计划"三高人才84人，技能先锋奖13人，全日制硕士生补贴79人，发放人才安家费、津贴补贴152.2万元。

【劳动监察】 2021年，区人社局压缩信访事项办理时限，提升信访事项办理效率，办理时间时限缩减53%。推动普法工作进工地、进企业、进村居，引导企业和群众增强法治意识。用好全国根治欠薪线索反映平台，发挥平台"触角"功能，及时接收、处理欠薪线索，减少因欠薪而引发的信访事件。2021年，收到775条欠薪线索，办结716条，办结率92.29%。开展"2020年根治欠薪冬季攻坚行动""清理整顿人力资源市场秩序执法专项行动"等专项行动，对劳资领域纠纷和隐患进行专项排查，主动巡查用人单位240户，涉及劳动者12460人，督促35个用人单位补签劳动合同126份，责令14家用人单位对存在的违法行为进行整改，较大程度地减少劳资领域纠纷隐患。规范建设领域用工行为，落实《清远市建设领域工人工资支付保证金管理办法（试行）》，累计有270个工程项目按规定缴存工资保证金32477.25万元，其中办理退还的有125家，共退还11974.93万元。加强投诉举报案件查处力度，依法维护劳动者合法权益。处理劳动保障监察案件562宗，立案查处劳动保障违法案件16宗，为4326名劳动者解决欠薪5014.20万元，涉嫌拒不支付劳动报酬移送公安机关侦查案件1宗。

【劳动仲裁】 2021年，区人社局注重加强调解仲裁队伍建设，组织清城区仲裁院参加清远市劳动人事争议调解仲裁员培训班，打造政治素质高、综合素质高的仲裁员队伍。推进信息化仲裁院建设，上线运行全省统一的调解仲裁信息管理系统，落实案件受理、审理、监督统计等工作全流程信息化，推广应用全国"互联网+调解"平台，拓宽劳动争议纠纷调解仲裁申请多样化渠道，为群众提供便利。妥善处理劳动人事争议仲裁案件，立案受理仲裁案件1174件，涉案人数1703人，涉案金额6209.05万元，结案1169件，结案率99.58%，其中调解结案691件，调解率59.11%。

（梁哲铭）

社会保险基金管理

【概况】 2021年，清城区参加城镇职工养老保险（含离退休）18.08万人，增长6.91%。参加城乡居民基本养老保险人数28.13万人，增长2.38%。参加职工基本医疗保险19.14万人，增长32.98%。参加城乡居民基本医疗保险48.56万人，参加工伤保险12.84万人，增长4.47%。参加失业保险11.87万人，增长2.8%。参加生育保险14.06万人，增长26.81%。各险种均稳中有升，社保覆盖面持续扩大。

【社会保险征缴】 截至2021年12月底，清城区当年累积征缴各项社会保险243121万元，其中城镇职工基本养老保险150361万元，同比增长86.93%（企业职工基本养老保险126637万元，同比增长113.90%；新机关养老保险23724万元，同比增长11.74%）。城乡基本医疗（含城镇职工基本医疗）63447万元，同比增长19.4%。失业保险费2849万元，同比增长115.83%。工伤保险费1625万元，同比增长116.67%。城乡居民社会养老保险7266万元，同比增长107.84%。职业年金17573万元，同比下降6.54%。

【社会保险待遇发放】 截至2021年12月31日，清城区累积支付各项社会保险待遇92681万元（其中企业职工养老保险待遇31715万元，新机关养老保险待遇32343万元，失业保险待遇2420万元，工伤保险待遇5194万元，城乡居民基本养老保险待遇21009万元，医疗保险由市级统筹，不作统计）。各项社会保险待遇100%社会化发放。

【养老保险待遇调整】 2021年，清城区企业职工、机关事业单位人均月增资分别为189元、218元，惠及全区1.94万人。

【城乡居民基本养老保险】 截至2021年12月31日，城乡居民基本养老保险参保登记人数281277人，续保人数118094人，全面完成清远市下达的任务101.37%。2021年符合领取长期待遇总人数为73003人。为五类特殊人群8740人代缴2021年城乡居民基本养老保险费，其中低保和特困人员1249人，1—3级重症残疾和精神障碍人员5936人，建档立卡贫困人员1555人。

【被征地农民养老金分配】 2021年，清城区应分配的资金有6.82亿元，实际分配被征地农民养老保障金3.5亿元，剩余3.32亿元待分配，完成目标任务51.3%，完成率居全市前列。

【精准扶贫】 2021年，清城区符合参加养老保险的建档立卡人员2737人100%参保、符合领取待遇2468人100%按时足额领取待遇，6005名建档立卡人员100%纳入医疗保险。

【企业职工待遇保障】 定期养老待遇、失业待遇、失业补助金、价格临时补贴、工伤医疗费、一次性工伤待遇等待遇按时足额发放。2021年，区社保局稳妥做好过渡性养老金计发办法调整。重核6951人，补发养老金462.54万元。落实稳岗补贴发放工作，全年5830家企业经人社完成公示后即可发放448.05万元稳岗补贴。

【职业年金】 2021年，100%落实清城区第二期职业年金单位缴费实账积累工作，做实金额达5690万元。

【养老保险改革工作实现"四个100%"】 2021年，机关事业单位养老保险改革工作实现"四个100%"，完成281个机关事业单位改革准备期基金清算工作，稳步推进2017年12月31日前的过渡"中人"上线工作。新办法上线退休"中人"431人，上线率92.89%，居全市前列。

【内控和稽核】 2021年，市社保局清城直属分区按时保质完成省审计厅审计发现问题整改工作。全部退回2017年至2019年6月期间按照补充医疗保险费总额的1.5%向中国人民财产保险股份有限公司、平安养老保险股份有限公司广东分公司收取的"医疗保险监管费"160.23万元。落实"清数""筑墙"4.97万条涉及职工保、机关保、城居保、失业保、工伤保等险种疑点数据核实反馈，整改3843条，追回218.83万元。

【深化"一窗通办"经办服务改革】 2021年，市社保局清城直属分局继续深化"一窗通办"经办服务改革，养老类、待遇类业务实现一站式办理，设置对公及特殊群体绿色快办通道，加快对公业务批量受理，一站式办理老年人、残疾人、孕妇、军人等特殊群体的社保业务，综合柜员制经办服务窗口成为全市唯一一个作为全国人力资源社会保障系统优质服务窗口表彰对象。

【"放管服"改革成果巩固】 2021年，市社保局清城直属分局打造15分钟社保经办服务圈，32项社保业务可在全区161个村（社区）"小一门"社保经办服务窗口办理；15台自助机全部覆盖区、镇两级政务服务中心，社保服务"24小时不打烊"。依托邮储银行经办网点、设备设施和工作人员，建成社银一体化服务网点17个，惠及参保人达7.3万，实现社保业务就近办、多点办。

（黎坤仪）

医疗保障管理

【概况】 清远市医疗保障局清城分局（以下简称"市医保局清城分局"）于2019年3月29日挂牌成立，为市医疗保障局直属派出机构，暂未设置党组、党支部，未设置机构法人、财务账户，人、财、物管理权限均在市局。截至2021年年底，清城区城乡居民基本医疗保险参保人数为48.56万人，同比减少1.64%。城镇职工基本医疗保险参保人数为19.14万人，同比增长33.01%。生育保险参保人数为14.06万人，同比增长26.78%。

【学党史 办实事】 2021年，市医保局清城分局在党史学习教育中，把讲政治敢担当的能力体现在抓落实、见成效上，切实发挥医疗保障稳定社会的"压舱石""减压阀"作用。开展"我为群众办实事"实践活动，开展宣传贯彻《基金监管条例》、门诊异地结算、"小一门"政务服务等3项涉及医保民生重点实事，着力解决人民群众医疗保障中的难点、痛点和堵点问题，用实际行动为群众办实事、办好事。

【医疗保障制度改革】 深化医保支付方式改革 2021年，市医保局清城分局贯彻实施年初出台的《清远市深化医疗保险结算支付方式和管理制度改革实施方案》，协调解决医疗机构在推进实施支付方式和管理制度改革实施过程中存在的问题和困难，以支付方式改革倒逼医院节省成本、控制医疗费用、规范医疗行为。探索推进紧密型医共体支付方式改革，支持医共体建设，提升基层医疗卫生机构能力，促进医疗资源合理配置。

落实三项支持中医发展举措 将符合条件的中医诊所等基层医疗机构、中医药养老机构中设的医疗机构纳入医保定点，将针灸、骨科康复、治疗性推拿等符合规定的中医诊疗项目纳入医保支付范围，将同病同效的中医治疗病例给予西医治疗病例相同的支付标准，鼓励中医特色病种的临床应用。

助力推进医养结合 在理清医疗卫生服务和养老服务医保支付边界的基础上，明确对取得医疗机构执业许可证的养老机构内设医疗机构纳入医保定点范围，支持医疗机构与养老服务机构实现有机融合。

推进异地就医门诊医疗费用直接结算工作落地见效 清城区于2021年7月25日起全面实现省内异地就医普通门诊、特定病种医疗门诊费用联网直接结算，较好地解决参保群众患大病、急病、慢性病的门诊医疗费用负担。

做好药品耗材集中采购 国家组织药品集中采购以来，陆续推进5批国家药品集采和市药品集团采购落地见效，并推进国家组织和省组织的冠脉支架、冠状动脉球囊扩张导管类、人工晶体、人工关节类、超声刀类、新冠病毒核酸检测配套产品和新冠病毒疫苗接种注射器等集中采购落地，通过集中带量采购，腾出降价空间，让医疗机构、医保基金、人民群众三方共享改革红利。

推进生育保险实施 2021年10月1日起实施省政府新修订的《广东省职工生育保险规定》。明确参保女职工生育三孩费用纳入生育保险待遇支付范围，同步做好城乡居民生育医疗费用待遇保障和新生儿参保工作，全面实施生育保险和职工基本医疗保险合并实施政策，两项保险实现"一个窗口办事、一站式服务"。

推动医保药品目录实施 2021年3月1日起，执行全省统一的新版医保药品目录，收录西药、中成药和国家谈判药品等超过

3100种，并纳入最新版国家新冠肺炎诊疗方案药品以及癌症、精神疾病、眼病、儿科等221个国家谈判药品，让更多参保患者负担得起好药、用得上新药。

推进"日间手术"医保支付 将84个病种、139种手术纳入"日间手术"支付病种范围，破解"小病大治"问题。

全力做好疫情防控工作 认真履行区防控指挥部救治组、物资保障组、督查组、疫苗接种专班、大规模人群核酸检测专班的部门职责，全力做好疫情常态化防控。对发热门诊（含CT、核酸检查）、应检尽检、新冠肺炎患者治疗、疫苗接种、大规模人群核酸检测费用均纳入医保支付范围专项列支，由医保基金和财政共同负担。

【乡村振兴】2021年，市医保局清城分局推进脱贫攻坚成果有效衔接乡村振兴策略，通过基本医保、大病医保、医疗救助三层保障体系，健全防范化解因病返贫致贫长效机制，实现参保全覆盖、资助全落实、待遇全享受、结算"一站式"，坚守住不发生规模性返贫的医保底线。全年清城区特困供养人员、孤儿、脱贫人口、最低生活保障家庭成员、军烈属、纯二女结扎户、重度残疾人员、四级精神和智力残疾人员、无名氏精神病患者、强制医疗精神病患者、麻风病患者、符合救助范围的尘肺病患者等特殊困难人群，均实现100%全额资助参加医保。截至2021年年底，清城区对有就医记录的困难人群按规定进行医疗报销和医疗救助43274人次，医疗报销金额为3241.09万元，医疗救助金额为1359.14万元。根据《清远市医疗保障局2021年度各县（市、区）发展稳定工作考核基础指标和评分表》，清城区基本医疗保险征缴计划完成率为108%，得分为100分，完成率位列各县（市、区）首位。

【基金监管】市医保局清城分局不断健全严密有力的基金监管长效机制，综合运用协议、行政、司法等手段，先后开展定点医疗机构专项治理"回头查""三假"（"假病人""假病情""假票据"）专项整治等专项行动，严肃追究欺诈骗保单位和个人责任。截至2021年年底，出动监管人员581人次，检查定点医疗机构39家次、定点零售药店125家次，走访调查参保患者185人次，审阅住院病历326份、门诊处方113份，约谈医疗机构相关负责人23人，立案查处案件8宗，移送公安机关1宗，追回医保基金23.31万元，罚没金额7037.62元。落实省审计厅审计问题整改，依法查处相关定点医疗机构违规多收费、重复收费问题，追回医保基金6.33万元。利用《医疗保障基金使用监督管理条例》（以下简称《条例》）于2021年5月1日施行的契机，采取群众喜闻乐见、通俗易懂的形式，开展《条例》进农村、进社区、进定点医药机构、进媒体等活动，全方位、多渠道宣传《条例》，营造"人人知法，人人守法"的良好环境，共同筑起打击欺诈骗保的人民防线。活动开展以来，制作宣传展板180个，在人口密集的商业广场、住宅小区、医疗机构投放56个电子屏幕滚动播放宣传片，分发宣传折页28000余份、口罩36000余只、宣传海报6000余份，医保宣传小物品9000余份。在《清远日报》刊发专版宣传5期及"清城发布""清远日报"微信公众号发送推文6条，将医保政策服务送到群众身边，该活动深受广大群众欢迎。

【"互联网+医疗保障"】按照全市统一部署，于2021年3月18日上线国家医保信息平台，区、镇（街）、村（居）三级医保经办机构以及全部定点医疗机构对接国家医保信息平台，提供统一、高效、兼容、便捷、安全的医疗保障服务。依托国家医保信息平台，不断拓展医保电子凭证的服务深度和场景应用广度，实现全区400多家定点医药机构"码上就医""码上购药"。依托电子医保凭证，将量大面广、办事频密的服务事项优先上线，实现参保信息查询、个账余额查询、异地就医备案、扫码就医购药、线上结算等经办服务事项"掌上办""随时办"。建设完善全区医保"小一门"基层政务服务平台，先后在164个村居建成"小一门"平台，将13项医保业务下放到村级，率先实现市、区、镇、村四级业务系统贯通，基层群众办事更加便捷高效，营商环境不断优化。

（沈嘉琪）

民　政

【概况】 2021年，区民政局以"民政为民、民政爱民"为理念，突出重点，强化措施，真抓实干，各项工作取得显著成效。贯彻落实区十件民生实事，全面提高底线民生水平。进一步贯彻落实市委"十大行动方案"，升级改造清城区居家养老服务中心、清城区凤翔居家养老服务中心，实现与市级居家社区养老服务信息化平台无缝对接。完善提高清城区凤城街西湖社区居家养老服务中心的服务和保障水平。推进洲心街道敬老院三星级升级改造工程。通过"一事一议"的申请，协助洲心街道敬老院办理消防审验手续。将清远市康大医疗管理有限公司高新区康大养老服务中心和清远市清城区东城幸福养老院创建为养老机构消防安全示范点。依法依规完成全区161个村（社区）委员会换届选举工作。以洲心启明、石角石歧为村级议事协商试验点，推进"村民议事厅"建设。19个村（村小组）申报为清城区村规民约示范点，融入约束性条款的村规民约达村民小组（自然村）数量的71%。指导石角镇分设万悦、碧湖2个新社区及东城街道分设清飞社区。区政府同意启动清城区社会福利中心建设事项，正在开展制定可行性研究报告、征地等前期工作。清城区"广东兜底民生服务社会工作双百工程"完成全区8个乡镇（街道）社工服务站、本地区规划社工点总数量50%的片区服务点覆盖。建立清城区殡葬管理工作联席会议制度，开展安葬（放）设施违规建设经营综合整治和违建墓地专项整治成果巩固提升行动。清城区救助站于2021年3月挂牌成立。

【城乡居民最低生活保障】 2021年，清城区城镇低保标准从每人每月807元调整提高至847元，农村低保标准从每人每月660元调整提高至726元。全年发放最低生活保障资金4961.66万元，惠及82506人次。

【特困供养】 2021年，清城区城乡特困人员供养标准按不低于本区城乡低保标准1.6倍落实执行。即农村特困人员供养标准从每人每月1056元提高到1162元，城市特困人员供养标准从1292元提高

2021年7月24日，清城区民政局召开落实市委"十大行动方案"工作部署会议

（区民政局　供图）

2021年10月20日，清远市"双百工程"社会工作服务站举行挂牌仪式

（区新闻信息中心　供图）

到1355元。全年发放特困供养资金2513.05万元，21362人次。

【孤儿及事实无人抚养儿童】2021年，清城区社会散居孤儿供养标准从每人每月1110元调整至1227元，集中孤儿供养标准从每人每月1820元提高到1883元。事实无人抚养儿童标准为当年社会散居孤儿供养标准的40%，即490.8元。全年发放孤儿及事实无人抚养儿童养育资金317.93万元，4617人次。

【残疾人两项补贴】2021年，清城区困难残疾人生活补贴标准由每人每月175元提高到181元；重度残疾人护理补贴标准从每人每月235元提高到243元。全年发放残疾人两项补贴3097.47万元，134161人次。

【临时救助】2021年，区民政局临时救助生活困难群众157户、387人次，发放临时救助资金200.21万元［其中下拨镇（街）储备金96万元］。

【居家养老服务】2021年12月6日，在清城区居家养老服务中心、凤翔居家养老服务中心接入市级居家社区养老服务信息化平台，进一步整合社会各类养老服务资源，推动专业化养老服务。

【殡葬管理】区民政局同区财政局对免除殡葬基本服务费用政策进行严格监督核查，确保惠民政策全覆盖。2021年，全区办理免除殡葬基本服务4443宗，费用549.02万元。疫情期间多措并举，全力打造"平安清明"。成立区祭扫活动应急指挥部，形成区领导亲自抓、责任部门全力抓、有关部门配合抓的齐抓共管局面，印发《关于印发清城区2021年清明节祭奠活动突发事件应急指挥部领导及有关成员通讯电话的通知》。成立民政局清明节工作专班，督促指导各镇（街）民政部门开展清明期间疫情防控、安全管理、祭扫服务保障和移风易俗等工作，坚决遏制因集中祭扫活动引发输入性或聚集性疫情。清明期间，辖区内骨灰存放设施全部暂停现场祭扫服务并实行封闭式管理，全区公墓周边、路口设置岗亭200多个，出动5000多人次对各公墓等集中拜祭点进行管控，确保辖区内不出现任何形式的聚集性祭扫、聚餐等情况。开展专项治理，殡葬秩序逐步规范。2021年，为进一步组织领导和统筹协调清城区殡葬管理工作，强化部门协作配合，区民政局建立清远市清城区殡葬管理工作联席会议制度。印发《清远市清城区殡葬管理工作联席会议组成人员名单和成员单位职责的通知》，进一步规范联席会议的运作，有效治理安葬（放）设施领域存在的各种违法违规问题，更好保障人民群众"逝有所安"。5—12月期间在全区范围内开展安葬（放）设施违规建设经营综合整治和违建墓地专项整治成果巩固提升行动。印发《清远市清城区民政局关于印发〈安葬（放）设施违规建设经营综合整治方案〉的通知》《关于印发清城区殡葬业价格秩序、安葬（放）设施建设经营专项整治行动工作方案的通知》，加大对全区公益性生态墓地的检查和对违规建坟的清理力度。

【基层政权建设】2021年，区民政局依法依规完成全区161个村（社区）委员会换届选举工作，71个村委会共选举产生村委会成员

2021年5月25日，清城区举办村（居）务监督委员会主任培训班

（区民政局　供图）

375人，90个社区共选举产生居委会成员478人，依法依规推动村（社区）党组织书记选举为村（社区）委会主任，推动村（社区）党组织成员选举为村（社区）委会成员，"两委"交叉率100%，全部村（社区）基层参选率95.1%，基层党的领导得到全面加强，基层民主自治意识显著提升。区民政局印发《关于报送〈清城区村务监督委员会工作情况月报表（试行）〉落实情况的通知》和《关于配合做好清远"微监督"平台信息公开工作的通知》，提升村务监督委员会服务群众、依法依规实施监督的能力，切实推进村务规范化管理工作纵深发展；省、市、区财政按6∶3∶1的比例对村务监督委员会成员进行补贴，按平均每村3名村务监督委员会成员每人每月800元进行补助。在全区村规民约修订完成率100%的基础上，持续提升村（社区）、村民小组村规民约的实效性，切实发挥村规民约的作用，2021年建设19个区级村规民约示范点，融入约束性条款的村规民约达村民小组（自然村）数量的95%。印发《清城区村（居）级议事协商试点工作实施方案》，打造以突出基层党组织领导的多元化参与、议事形式创新的村级议事协商实验试点，洲心启明、石角石歧列为市的村级议事协商试验点，通过搭建议事协商平台，保障广大村民通过民主协商平台有序参与村级事务的决策管理和监督，提升乡村善治水平。

【社区建设】 2021年，区民政局全力推进社区"万能章"专项治理工作，深入改进和规范基层群众性自治组织出具证明工作，通过采取社区摸查、相关部门自查，并在清城区人民政府官网设立社区证明事项反馈渠道听取群众反馈等方式，全面摸排出清城区基层群众性自治组织可出具证明事项清单（正面清单）和清城区不应由基层群众性自治组织出具证明事项清单（负面清单）共50余项，持续推进"减证便民"，切实为基层减负。开展绿色社区创建行动，全年创建清远市"绿色社区"13个，生态文明理念进一步深入人心。

【社区综合服务中心】 2021年，区民政局继续开展第三轮社区综合服务中心政府购买服务项目。经区政府常务会议决定，在东城街道青云、洲心街道洲心和启明、横荷街道打古4个中心社区继续开展购买社工社会服务。中标的社工机构进驻中心开展服务7年，涉及的服务内容包括老年人服务、青少年服务、志愿者和义工培育、残疾人服务等。项目运作正常，社会成效显著。探索清城区社会工作服务模式，为社会工作服务开展奠定良好的基础。清城区社会工作服务的服务框架、服务设计、服务推进、服务覆盖面、服务质量都达到政府购买服务的第二周期目标。通过购买服务促进一批社会工作服务机构的成长。4个承接服务的社会工作服务机构都有较好的专业成长，机构管理上水平、上台阶。AAAAA级社会组织有清远市青桥社会工作服务中心、清远市博阳社会工作服务中心，AAAA级社会组织有清远市清城区现代社会工作服务中心。通过购买服务令一批本土社会工作服务专业人才得到充分成长，有社会工作硕士、中级社会工作师数十人和一批有2年以上服务经验的助理社工师。清城区通过购买服务促成案例大赛、评选优秀社工等活动，为清远市清城区社会工作人才队伍建设铺平道路。优秀社工成为人大代表、政协委员、党代表等，为促进社会和谐努力贡献。服务项目逐年进步，稳定发展，服务质量不断提高。

【社区调整】 严格按照《中华人民共和国居民委员会组织法》等有关法律法规要求，实行社区的精细化管理，合理调整设置居委会规模，为切实解决部分社区人口过大、服务范围过大的情况，结合实际需要，2021年12月，清城区增设东城街道清飞社区，石角镇万悦社区、碧湖社区，提升城乡社区服务和管理质量。

清飞社区 东至四桥北引道，南至沿江东路，西至凤翔大道，北至松苏岭公园。清飞社区办公地点设在保利天汇花园三期10号楼首二层，办公面积1194.98平方米。

万悦社区 东至G240国道，南至（三台石）G240国道，西至思圆村，北至清城区129/151乡道。万悦社区办公地点设在清远万科城一期悦湖街3号首层，办工面积300平方米。

碧湖社区 东至龙塘镇交界处，南至赤坭镇交界处，西至X405县道、三坑水库、美林湖大道，北至规划一路（规划中，七星新民小组村庄）。碧湖社区办公地点设在清城区石角镇碧桂园半岛壹号三期25号楼二楼，办工面积600平方米。

【道路命名更名】 2021年，区民政局根据《广东省地名管理条例》《广东省建筑物住宅区名称管理规定》和《清远市地名管理实施办法》的规定，进一步加强地名管理工作，规范地名命名、更名申报的相关程序，遵循"尊重历史、照顾现实、符合习惯、体现规划、着眼未来、好记易找"的原则开展工作。全年配合市地名办办理地名、道路、建筑物命名31宗，共40条，其中道路命名13条、建筑物住宅区命名22条、道路更名2条、建筑物住宅区更名1条、道路名称范围调整1条、建筑物住宅区名称范围调整1条。从源头上杜绝新增不规范地名，实现辖区地名标准化。

【社会慈善捐赠】 2021年，区民政局开展以"广东扶贫济困日"活动为主题的社会募捐活动。全年接收社会捐款1066.28万元，按规定使用捐款1387.31万元（含历年结余资金），其中用于开展资助困难人群生活、建房、捐资助学、基础设施建设、民生工程等捐赠方意向项目688.2万元，主要包括石角镇敬老院宿舍楼配套升级改造修缮工程支出100万元、石角镇乡村振兴100万元等；精准扶贫支出699.11万元，主要用于清城区建档立卡脱贫户购买自付医疗保险及清城区建档立卡五保户购买住院津贴保险138万元、建档立卡脱贫户生活补助174.25万元等，使广大困难群众受惠。

【婚姻登记和收养登记】 2021年办理婚姻登记业务7462宗，其中国内结婚登记5010对，离婚登记1731对，补领婚姻证书681宗，出具婚姻登记记录证明3宗。2021年清城区办理国内收养业务10宗，其中收养社会福利机构抚养的查不到生父母的儿童7宗，收养三代以内旁系血亲的子女3宗。新的家庭保障被收养人健康成长所需的生活条件，为其提供良好的教育。

【福利彩票】 2021年清城区有福利彩票投注站49个。受疫情影响，在取消快乐10分主力电脑游戏的情况下完成全年销售任务，销售量达7408万元，居全市第一。2021年区福彩中心为深入贯彻落实省市对新冠病毒防疫工作的要求和部署，筹措并持续为投注站点投放一次性医用口罩、泡腾消毒片、测温枪等防疫物资，分批分组配送发放到投注站点，确保投注站安全运行。通过开辟新站点拓宽销售渠道及销量。2021年开辟新站点有石角美林湖社区、银盏恒大银湖城片区等。通过兼营鼓励等方式覆盖尚未覆盖的边远地区，如东城大学城奥体中心片区、长隆景区等。区福彩中心拟从2021年9月至2022年8月选定44180420投注站作为清城区培训教学点，聘请销售员苏春燕做培训讲师，对销售排名靠后的投注站点进行销售技巧知识培训及交流经验，由先进帮后进，巩固提升其销售能力，使其销量进一步提高。通过培训，销售网点能熟练掌握游戏规则与宣传技巧，达到良好的销售效果，配合张贴海报、派发宣传单等举措迅速推广新游戏以增加新赢利点。

（卢慧）

社会组织管理

【概况】 截至2021年12月31日，清城区有社会组织627家。其中，社会团体101家、民办非企业单位526家。按照社会组织性质划分，一般性社团96个，行业协会5个，民办非企业单位276个，民办学校250个。按照民政分类划分，科技研究5个，教育435个，卫生8个，社会服务38个，文化9个，体育37个，工商业服务15个，农业及农村发展12个，职业及从业者组织28个，志愿服务组织15个，其他15个。2021年，清城区新成立3个社会组织，注销17个社会组织。

【社会组织年度工作报告实施】 清城区多举措助推社会组织年度工作报告制度实施。根据广东省民政厅出台的《广东省社会组织年度工作报告实施办法（试行）》

有关精神，贯彻落实中央和省有关文件精神，深化"放管服"改革，转变监管方式，促进社会组织健康有序发展，结合清城区实际情况，印发《关于做好2020年度全区性社会组织年度工作报告的通知》，并向社会公开，接受社会监督。2021年，515间社会组织报送2020年度工作报告。

【培育发展社会组织】 清城区全年将培育发展社会组织的重点放在基层，通过鼓励、引导、培育，简化手续、降低门槛的方法，重点培育发展慈善公益和人民群众生活类的社会组织。2021年新登记的社会组织31个。

【清理规范行政审批中介服务事项】 2021年8—12月底，清城区通过网上中介超市选取清远市新正达会计师事务所作为第三方机构，对社会团体法定代表人离任、社会团体注销清算、民办非企业单位法定代表人离任、民办非企业单位注销工作进行审计共20间。

【加强社会组织管理】 区委宣传部及区政法委、网信办、教育局、财政局、民政局、公安局、市场监督管理局、住建局、税务局、应急管理局、工信局、文体局13个部门共同制定《清远市清城区打击整治非法社会组织专项行动施方案》，成立专项行动领导小组，在清城区民政局门户网站发布《关于加大涉嫌非法社会组织线索收集进一步打击整治非法社会组织的公告》，印发宣传小册子，继续深入开展打击非法社会组织行动。开展社会组织法人治理专项整治工作。印发《清远市清城区民政局关于规范社会组织法人治理专项整治工作方案》，成立专项整治工作小组，通过整治一批法人治理不规范的社会组织、查处一批违法违规的社会组织、清退一批名存实亡的社会组织，净化清城区社会组织发展环境，促进清城区社会组织高质量发展。结合推进党史学习教育和"我为群众办实事"实践活动的深入开展，为贯彻落实上级党委政府关于减税降费的重大决策部署，全面推动"我为企业减负担"专项行动，深入走访清城区行业协会商会，通过查阅资料，按照"能免则免、能减则减、能降则降"的原则，引导行业协会商会强化勤俭节约办会意识，主动压缩各项不必要开支，结合实际，自觉主动减免一批收费、降低一批收费、规范一批收费。经过排查，清城区行业协会商会均未发现存在违规行为，并在2021年度为会员企业减免会费3万多元。印发《清远市清城区民政局关于开展2021年全区性社会组织"双随机、一公开"抽查监督的通知》，区民政局会同区教育局联合检查，从清城区社会组织名录库中按照4%的比例随机抽取25家民办非企业单位，包括中、小学校和教育培训机构，从执法人员名录库随机抽取2名执法人员，检查结束形成"双随机"抽查情况通报，通过政务公开网、清远市清城区社会组织信息网向社会公开，通报各受检社会组织。推进社会组织等级评估工作，通过对社会组织的基础条件、规范运作、能力建设、发挥作用、社会评价等方面进行综合评定，继续强化社会组织守信自律。

【社会组织选介】 清远市清城区社会工作协会成立于2020年12月，以"团结社工，发展专业，赋能社群"为服务宗旨，充分整合链接政府部门、企事业单位、社会组织、媒体等多方资源，通过资源整合、研究倡导、宣传推广、行业交流、社工人才培养、服务领域深化拓展等工作，引领单位会员不断探索和完善"社区+社工+志愿者"联动机制，推动行业参与社会治理新格局的构建，充分发挥社会工作在民生保障、社会福利和社会治理中的专业作用。自成立以来，协会充分发挥沟通政府和民间机构的桥梁和纽带作用，以项目协作形式推动清城区其他社工机构整合资源、共同发展，参与城乡社区治理相关工作，包括清城区"党建引领"乡村振兴社工志愿服务品牌试点项目、凤城街道社会治理试点督导培训项目等。协会还专注于行业发展标准制度研究、理论研究、实务技能培训等工作，促进行业内社工人才的交流学习，不断提升行业服务质量，为推动社会发展贡献专业力量。

（卢 慧）

退役军人事务

【概况】 2021年,清城区退役军人事务局深入贯彻落实习近平强军思想,统筹疫情防控和退役军人工作,加强党的领导,健全机制体制,持续提升服务水平。清城区建成镇(街)退役军人服务站8个,村(社区)退役军人服务站165个。选派3名骨干代表广东省队参加退役军人事务部组织的全国"网评比赛",获全国第二名。

【思想政治和权益维护】 2021年,清城区退役军人事务局联合区委政法委等16个单位制作《退役军人事务领域涉稳问题专项治理工作方案》,明确目标任务和工作方向,常态化联系退役军人1194人次,大走访11583人次,充分掌握当地涉军退人员思想状况,切实帮助退役军人解决实际困难和问题。

【移交安置】 2021年,清城区对2名上年接收安置的自主就业军转干部落实退役金、退役金补助、节日金、住房改革补贴发放以及医保费用缴交等。通过与人社、社保、财政等部门沟通协调,落实36名员额制方式安置的转业士官工资福利待遇。对164名2020年退役士兵发放自主就业一次性经济补助金共640.43万元。接收2021年符合政府安排工作退役士兵及自主就业退役士兵一批,实行返乡"一站式"业务办理服务。

【就业创业】 2021年,清城区对退役人员开展全员适应性培训。组织区退役军人优秀企业和有意创业的退役军人参加清远市退役军人(乡村振兴)孵化中心揭牌暨培训开班仪式,同时组织7名退役军人参加就业创业培训课程。组织约60个企业开展2021年春、秋两季退役士兵专场招聘会,提供近千个工作岗位;接受退役军人创业担保贷款申请43宗,申请金额950万元,批出15宗共243万元,为清城区退役军人创业就业提供有力支持。

【优待抚恤】 2021年,清城区有优抚对象3523人,发放优待金511户(人)合计769.44万元。发放330名特困优抚对象生活补助资金63.71万元,发放优抚对象住院医疗补助215人次共46.72万元。收到符合退役军人应急救助资金申请条件7人的申请,拨付金额19.28万元。管理服务3名军休人员,月发放军休资金约3万元。自主择业军转干部43人,月发放补助资金约8.5万元。企业退休军转干部6人,月发放补助金约3万元,将军休人员和军转干部的生活权益落实到位。

【随军家属就业】 2021年,按每人每月1000元的标准向29名随军家属发放未安置就业生活补助。清城区安置5名随军家属,帮助70名军人子女入读优质学校,部队"三后"问题得到高质量解决。

【双拥工作】 2021年,清城区向14名立功现役军人家庭隆重送喜报,发放奖励金14000元。联合中国人民解放军某部队捐赠2万元物资帮助清城区石角镇沙坑卫生室防控疫情和完善医疗设施。清城区组建的退役军人达飞志愿服务队有注册志愿者260名,广泛组织参加疫情防控、反诈骗、河南救灾等志愿服务活动;开展

2021年9月28日,清城区退役军人事务局联合清城区人力资源和社会保障局举办2021年清城区退役军人专场招聘会　　　(区退役军人事务局　供图)

"最美兵支书""最美军嫂""最美拥军人物"学习宣传活动。

【烈士褒扬】 2021年,清城区分别投入118.09万元、116.73万元慰问金,在"春节""八一"期间对全区团级以上驻军部队及区属各类优抚对象进行走访慰问;开展"9·30"烈士纪念日活动,上门慰问18名烈属共发放慰问金1.8万元;资助13名烈士后裔学生助学金6.7万元;完成清城区4处零散烈士纪念设施修缮,保护工程计划进度达到100%。其中,源潭镇(烈士胡金纪念碑、陆军第一五七师抗战阵亡将士纪念碑)、飞来峡镇(烈士王凤岐同志纪念碑)修缮升级工程均完工。

【星级示范创建】 2021年,清城区退役军人服务中心命名为"广东省五星级退役军人服务中心"。清城区4个镇级退役军人服务站命名为"广东省五星级退役军人服务站",分别是东城街道退役军人服务站、横荷街道退役军人服务站、源潭镇退役军人服务站和飞来峡镇退役军人服务站,实现星级示范创建比例100%。

【社保接续】 2021年,清城区现时办理社保接续补缴总人数154人,经核算,按照国家补缴政策实际缴费人员120人,无需补缴16人,放弃补缴18人,补缴总月数3791个月,补缴总金额353.89万元,完成社保接续资金决算核查,工作取得成效。

(宋志成)

2021年1月20日,市政府领导到飞来峡镇开展清远市2021年春节慰问革命老区活动

(飞来峡党政办　供图)

老区建设

【概况】 2021年,清城区老区促进会(以下简称"区老促会")认真履行区老促会工作职责,主动与职能部门沟通联系,推动工作落实,建言献策发挥参谋作用,协同区有关部门完成省、市老促会和区委、区政府赋予的工作任务。

【调查研究,建言献策】 抓好老区建设入库项目的调研工作。2021年,老促会驻会人员多次深入到凤城、东城、横荷、石角、飞来峡5个镇(街),对入库的35个项目有重点、有目的地进行现场考察,召开项目分析会,对项目进行排队,按照强民生、优效益的原则,向区农业农村局提出《关于老区建设资金安排的建议》。结合上级工作要求和老区建设的实际,抓好专项调研。4月,省老促会在全省开展新时代支持革命老区振兴发展专题调研,在迎接省老促会开展调研过程中,区老促会协同镇(街)及有关部门深入一线查看调研项目,召开座谈会听取意见和建议。省调研结束后,根据省调研组反馈的意见,结合清城区实际,对照中央、省、市关于老区振兴发展的要求,区老促会向区及相关部门提出《关于在有革命老区村的村委会设置红色标志的建议》《关于继续落实扶持专项资金,推动老区振兴发展的建议》《关于申请享受老区苏区省级专项财政补助的建议》《关于申请建设飞来峡镇高田社区居家老人活动中心项目的建议》。学习贯彻国务院《关于新时代支持革命老区振兴发展的意见》,努力促成区人大对革命老区建设工作和革命遗址修复保护、利用情况进行专题调研。4月初,区老促会在向区人大汇报学习贯彻国务院《关于新时代支持革命老区振兴发展的意见》的情况和迎接省老促会关于新时代支持革命老区振兴发展专题调研准备情况后,就老区建设工作及革命遗址修复保护、利用工作要

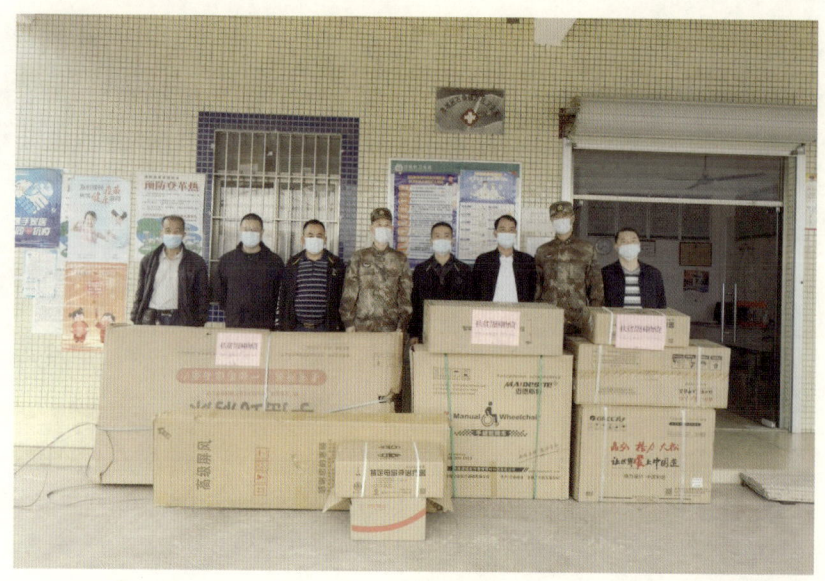

2021年2月9日，中国人民解放军某部队前往清城区石角镇沙坑卫生室捐赠医疗卫生物资
（区退役军人事务局　供图）

求人大给予监督，区人大高度重视。6月下旬，区人大常委会组织有老区的镇（街）分管老区工作领导、区有关部门负责人及邀请部分人大代表共30多人参加的调研组，对革命老区建设工作和革命遗址修复保护、利用情况进行专题调研，利用2天时间对飞来峡、石角镇、东城、横荷街的7个革命老区村和5处革命遗址进行现场察看和实地调研，召开座谈会，听取区政府及职能部门负责人的工作情况汇报，开展座谈交流，会上，各镇（街）及职能部门作表态发言，会后，各镇（街）及职能部门认真履行职责，主要领导亲自带队深入各老区进行调研落实相关工作，取得明显效果。

【老区建设专项资金】 2021年，市专项资金30万元安排的项目是飞来峡镇文洞大坪村至西坑下赤圳村段乡村道路硬底化建设，道路长0.9千米，宽3米，受益人口4200人。工程总投资53万元，竣工并交付使用。市8.2万元公路养护切块资金项目安排有飞来峡镇西坑村委会道路扩宽工程，道路长2千米，受益人口2000多人，工程总投资33.2万元，年底道路扩宽工程完成。清城区的100万元专项资金安排3个项目：飞来峡镇高塱村委会金骨等4个村小组饮水工程，总投资62万元；飞来峡镇文洞红色革命展览馆工程，总投资100万元，其中区专项资金30万元；飞来峡镇文洞大坪村至西坑下赤圳村段乡村道路硬底化工程，总投资53万元，其中区专项资金8万元。区专项资金安排3个项目，除文洞大坪至西坑下赤圳村段乡村道路硬底化工程竣工外，其他两个工程项目仍在施工中。为确保工程保质、保量如期竣工，区老促会协同飞来峡镇先后多次到项目所在村委会召开会议，听取意见、分析问题、提出要求。在工程建设期间，深入工地检查工程进度和质量，掌握情况。

【烈士后裔困难学生助学金】 2021年，清城区完成烈士后裔助学金发放工作，全区受助学生13人，其中大学生9人，中专生2人，高中生2人，发放助学金72200元，其中省、市补助资金59200元，区补助资金13000元。与退役军人事务局召开联席会议，组织对13名助学对象逐一审核过关，确保不漏报、不错报。年底全区烈士后裔助学金发放工作圆满完成。

【老区宣传工作】 讲好老区故事，加强宣传报道工作。区老促会聘任4名老区通讯员，并且定期与通讯员联系交流老区发展变化信息，区老促会每次到镇（街）调研都强调做好老区的宣传报道工作。2021年，清城区有2篇稿件被老区刊物《源流》杂志选用。抓好《中国老区建设》和《源流》杂志的征订工作，2种老区刊报征订数分别比上年有所增加，全区订阅《中国老区建设》70份，《源流》杂志138份。抓好第三届"红色日记"征文大赛开展工作和宣传发动。区老促会多次到区委宣传部、区文化广电旅游体育局、区教育局、文联等单位共商发动工作，利用新闻媒体广泛宣传发动，鼓励文化团体和学生踊跃投稿。第三届"红色日记"征文大赛，清城区共投稿141篇，获奖14篇，取得良好效果。

（区老促会）

干部保健

【干部体检】 2021年，区干部保健中心组织全区干部职工进行体检，建立健康档案，建档率100%。对已检查人员给予专业的体检建议及诊疗方案，并根据检查结果，对查出异常的干部职工，提出个性化饮食、身体锻炼及生活作息等建议，并对检查结果明显异常的干部职工提出开展进一步专科诊疗建议。

【开展健康教育】 2021年，区干部保健中心面向全区各有关单位部门的广大干部职工印发相关健康宣传资料《健康生活小手册》，推广宣传健康生活方式，以达到预防保健的目的。举办2期医学专家专题讲座、1期心肺复苏培训，参加讲座的干部人数共214人次，组织专题讲座的有南方医科大学公共卫生学院、清远市中医院以及清远医疗急救指挥中心的专家，讲授内容有疾病预防健康知识、应急救援技能实操等。健康讲座期间，向与参会干部职工发放满意度调查表，满意率96.2%，并收到宝贵的意见和建议。

【开辟就诊"绿色通道"】 2021年3月，在区基地医院（清城区人民医院）新增设干部保健办公室，推进预约专科门诊、抽血化验、输液、取药等一条龙服务，优化各项就诊流程，改善服务质量，为干部保健对象的就诊提供快捷、安全、准确、高效、满意的绿色通道优质服务。3—11月清城区基地医院为保健对象提供门诊及住院医疗服务共244人次。

【组织巡诊服务】 2021年，受到疫情常态化防控的影响，清城区干部保健相关工作的开展有所延迟，经过前期长时间的调研和沟通协调，于6月初至11月底按干部保健对象自身情况陆续开展全年巡诊服务工作。在区基地医院组建一支干部保健联系医生队伍，在建立干部保健联系医生制度、完善各项考核制度基础上，以定期上门的方式进行巡诊服务、安排有关慰问工作，提供巡诊服务共72人次。了解保健对象身体状况，建立健康档案；对患病的干部保健对象，掌握病情变化情况，了解诊治用药情况，有针对性地提出防治意见，有计划地进行健康教育；对医疗保健方面的有关问题进行答疑解惑和进行相关疾病的健康宣传；同时完善干部保健对象个性化药箱配备。

【开展中医"治未病"】 2021年，区干部保健中心以"未病先防、小病先治"为重点，开展中医"治未病"工作，以达到调节自身免疫功能，防病治病的目的。9—12月，组织市中医院专家制订预防保健方案，选派专家为有关重点保健对象进行"三伏天灸"艾贴及"三九天灸"艾贴的贴敷工作。

（区委办）

关心下一代

【概况】 2021年，清城区关心下一代工作委员会（简称"区关工委"）在开展"四史教育"、法制教育、禁毒教育、安全教育，关爱留守儿童、困境儿童，组织"160"工程和"十个一"活动，持续推进"圆梦·智慧启航"项目，助力就业创业创新，加强关工组织建设等方面，取得较好成绩。

【青少年思想政治引领】 清城区各级关工组织采取各种措施和充分运用各种办法，创新学习教育的形式，推动学习教育活动走深走实。2021年3月中下旬，区关工委逐个镇（街）开展调查工作。5月，区关工委在全区组织开展"学党史、感党恩、听党话、跟党走——百场青少年党史教育贺百年"主题活动，具体制订工作方案，准备好宣讲材料，进一步将青少年党史学习教育推向新的高潮。5月20日上午，区关工委联合横荷街道党工委、横荷街道关工委在横荷中学举办活动启动仪式后，全镇（街）、村（社区）、各中小学校、校外教育辅导站点，主题教育活动如火如荼展开。各级关工组织主动协调中心学校、文明实践站以及共青团、妇联、文化宣传等部门，组织好党史学习教育进社区进企业进校园活动，不少"五老"勇挑重担，搜集相关资料，做调查研究，编写辅导演讲内容，走向学习教育活动的第一线。全区各级关工组织一年来共组织开展党史学习教育，爱党爱国教育，包括线上线下的党史课、报告会、讲座、纪念仪式、主题实践活动、读书活动、征文活动、演讲比赛1723场次，参与活动的"五老"有1215人次，受教育青少年139万多人次。区关工委持续与区文明办、区教育局在中小学生中全面开展"传承红色基因，争做时代新人"主题教育活动和组织各种特色鲜明的主题教育活动，更加有效地推进青少年思想道德建设。

【青少年法制教育活动】 2021年，区关工委坚持根据全区中小学校的发展建设和法制副校长的出缺情况，协调区公安分局、区教育局配足配好各中小学校法制副校长。区公安分局关工委围绕《宪法》《民法典》《未成年人保护法》和《预防未成年人犯罪法》等涉及青少年成长保护的法律法规，做好备课准备，撰写授课提纲，具体指导全区中小学校法制副校长对中小学生开展普及法律常识和法制教育工作。各中小学校法制副校长在实践中注重调查研究，及时与各级关工组织沟通对接，精准把握青少年成长中不同时期出现的新情况和新问题，使普法和法制教育更有针对性、警示性和引领性，取得良好的效果。2021年，全区各级关工组织及法制副校长开展普法教育活动576场次，受教育的学生和家长达35万多人次，其中中小学校法制副校长和法制辅导员在全区103所中小学上法制课，宣讲《民法典》、新修改的《未成年人保护法》《预防未成年人犯罪法》等宣传教育255场次，受教育的人数达156306人次。

【青少年禁毒、安全教育】 2021年，全区各级关工组织注重有效地把法制教育、禁毒教育、交通消防与防溺水、防拐卖防诱骗教育结合起来，采取同时进行、反复开展的方法，坚持每学期和学期结束前都进行一次，双休日、寒暑假期，充分发挥村居基层关工组织和广大"五老"的作用，走村入户进行宣传教育，校内校外构筑起预防青少年吸毒、染毒和保障安全的屏障。区教育局关工委扎实在全区中小学校开展青少年毒品教育"八个一""五个一"活动，有效实现青少年毒品预防教育全覆盖、全区学校毒品预防教育的常态化、规范化。源潭镇关工委与社区戒毒中心联合19个成员单位，开展禁毒宣传工作进社区、进农村、进企业、进场所、进单位活动，累计开展禁毒宣传活动820场次，派发宣传资料3万多份，受教育人数30180人次。龙塘镇关工委在中小学生暑假前夕，会同妇联、禁毒办、司法所以及宣传部门分别到镇内各中小学校开展宣传教育，研究具体措施的落实，并由镇中心学校根据各项内容编写印制1万多份《暑假给学生家长的一封信》，要求家长同心合力看管教育好自己的孩子，确保青少年远离毒品和珍惜生命财产安全，开心快乐成长。

【留守、困境儿童关爱服务】 2021年，全区各级关工组织会同妇联、共青团、民政等部门对建档在册的1409名留守儿童和1609名困境儿童都分别给予不同程度、不同形式的帮助，提供必要的关爱服务。关工组织通过争取有关部门的支持、发动社会力量，累计提供帮扶金额91万多元，受助人数823人。凤城街道关工委经常深入社区对留守儿童、贫困学生进行调查，发动社会热心人士筹集到87500元资金，对辖区内30个单亲贫困家庭的学生给予扶贫助学。高基里关工小组通过走访慰问、爱心助学，组织青少年学雷锋志愿服务活动，使辍学的3名学生重返校园复学。洲心街道关工委对经过调查核实的27名困难学生和10名留守儿童，向街道党工委申请拨付资金，在春节前开展"冬日暖阳"关爱活动，组织受过资助，同处困境的大学生与他们展开交流，畅谈成长体会，勉励他们树立信心，增强斗志，奋发学习，积极向上，并代表党和政府送上学习用品、发放慰问金。全年街道和社区村居两级受帮扶的贫困学生108人，资助金额336850元。

【丰富中小学生假期活动】 每逢双休日和节假日，特别是中小学生的寒暑假，全区各级关工组织都做到科学安排，精心规划和设计开展"160工程"，充分利用社区学校、党群活动中心、青少年活动中心、学校少年宫、爱国主义教育基地、科普教育基地、社会实践基地以及校外教育辅导站点、儿童之家、四点半学堂、午间驿站、亲情活动室等各类文化体育活动场所，组织和开展有利于青少年德智体美劳全面发展，有益于青少年身心健康的学知识、学文化、学技能以及强身健体，培育青少年高尚情操的文娱体育活动。全区各级关工组织会同有关部门2021年开展文化育人活动793场次，受教育青少年202326人次。各校外教育辅导站点、四点半学堂、午间驿站辅导学生26227人次，参与校外教育辅导的"五老"463人。

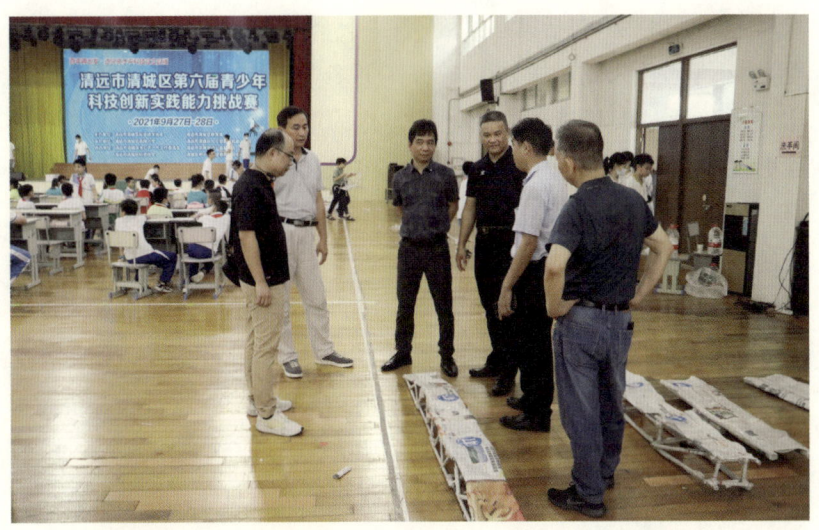

2021年9月28日，清城区关工委出席在凤翔小学举办的清城区第六届青少年科技创新实践能力挑战赛
（区关工委　供图）

【培蕾助学项目】　区关工委自2018年开始尝试针对青少年成长中大学阶段教育成本高、经济负担压力大的问题，面向辖区内孤儿、父母一方身亡的单亲家庭（包括因各种原因造成贫困的家庭）的学子开展解决读大学困难问题的培蕾助学项目，2020年得到清远市农商银行公益基金会的大力支持，将其编列入"圆梦·智慧启航"系列项目。2021年，区关工委继续争取到清远市农商银行公益基金会的支持，商定项目安排资金33万元，其中清远市农商银行公益基金会资助30万元，区关工委出资3万元。经过几个月的摸底调查、实地研究，全区分两批确定列入"圆梦·智慧启航"之培蕾助学项目的受助学子96人，其中第一批在读大学生57人，第二批28人，覆盖全区4个街道4个镇。其中本科及以上55人（含研究生2人），大专41人。属于孤儿或事实无人抚养儿童18人，单亲家庭属低保户或建档立卡扶贫户的47人，其他特殊原因致贫的31人。按照双方确定的项目受助标准，本科每人每年为4000元，大专每人每年为3000元，两项合计为343000元。其中清远市农商银行公益基金会出资30万元，区关工委出资43000元。

【青少年科技创新活动】　2019年年底，区关工委编制清城区青少年科技创新活动提升工程项目，提请清远市农商银行公益基金会给予支持。2020年，清远市农商银行公益基金会确定将其纳入"圆梦·智慧启航"项目之分项目，与区关工委、区科普协会签署合作协议，2021年，清远市农商银行公益基金会继续投入20万元给予支持。清远市农商银行公益基金会资金投入后，项目发展规模、项目质量、科技教师素质以及组织参加省市青少年各项科技创新活动赛事都得到前所未有的、质的飞跃。2021年获得全国性奖项13项、省级奖项64项、市级奖项182项。全区青少年科技创新能力的提升，有效助力清城区科普教育强区建设。

【向学校赠送红色读本】　2021年，区关工委对广大青少年进行传承红色基因、加强爱国主义思想的教育。加强思想政治引领是新时代为党育人、为国育才，关心下一代成长工作中一项培元固本、锻骨铸魂的工程。《百年扬帆——粤学党史粤爱党·打卡广东红》由中共广东省委党史学习教育领导小组办公室组织编著，是一本全曲、丰富、生动、立体、多维展示百年党史广东实践的教育读本。该书于2021年10月份出版发行后，区关工委意识到这是一本对广大青少年开展党史教育、传承红色基因、赓续红色血脉的具有重大影响和价值的红色教材，从年度经费中安排资金向新华书店购买250本，通过区教育局向全区103所（包括民办、私立）中小学校图书馆赠送230本，让青少年通过阅读读本、讲述党史故事等方式接受爱国主义教育，实施传承红色基因工程。赠送的数量为小学每校2本，中学每校3本，剩余的20本赠送给镇（街）基层关工委。

【组织开展"十个一"活动】 2021年，全区各级关工组织把开展"十个一"活动作为动员和组织更多"五老"参与关心下一代工作的重要载体，精心策划、积极组织和广泛发动"五老"为青少年思想道德建设提一条建议，为青少年做一次辅导报告或学术讲座，利用家长学校开展好家庭教育，发动青少年参与创作一件文学文艺作品、一次征文与讲故事比赛，联系一个班级或一个小区、村居了解青少年成长情况，撰写一篇有教育意义的文章，与不良青少年进行一次谈心，向青少年传授一项科技知识，为保护青少年合法权益做一件事，以及为资助贫困大中小学生出一份力的捐资助学活动，为青少年健康成长做一件好事、实事。2021年全区参与"十个一"活动的"五老"人数达2000人次，累计为青少年开展党史学习教育、爱党爱国教育、法制教育、家庭教育、文化育人活动2120场次，受益青少年180多万人次。组织省青少年儿童践行社会主义核心价值观征文活动18场次，参与人数2486人，争取和筹集助学助困资金近百万元。

2021年7月15日，清城区关工委、区向日葵儿童之家、益力多清远分公司联合举办"童心向党迎百年，共享阳光生日会"活动　　（区关工委　供图）

2021年8月27日，清城区2021年城乡创业青年经验交流暨换届选举会议在飞来峡镇山其洞举行　　（区关工委　供图）

【助力就业创业创新】 2021年，全区各级关工组织在助力就业、创业创新方面，区关工委与清城金城职业学校合作，继续举办城镇新居民青年就业创业技能培训班，培训城镇新居民青年80人。城镇新居民青年就业创业技能培训工作，是区关工委于2016年开始针对清城区城镇化快速发展，很多近城青年农民土地被征用后却因缺乏文化和技能而出现就业难问题的应对措施，而创新性作为关心下一代成长工作的业务，主要是从全省"田园追梦"农村青年就业创业培训的基础上发展而来，也运用省关工委下拨的专项经费。至2021年年底，累计培训726人，经过培训，95%以上的人员都实现就业创业，其中比较突出的有368人，就业后走上自主创业的有124人，就业创业成效较为显著的有89人。2021年

11月，区关工委确定与金城职业学校对多年来培训的人员进行全面追踪调查，计划用两个多月的时间，精选编写30—40个成功案例，为今后的学员树立典型，指引方向。区关工委与何公桥茶业有限公司举办两期50人的茶艺茶文化推广培训班。经过研究，为扶持乡村振兴产业品牌，同时吸引和鼓励农村青年创业，2021年11月，区关工委与兴哥月子鸡生态合作社共同举办兴哥月子鸡养殖技术农村青年创业培训班，原规划办班规模为50人，实际参加培训人数近80人。全年聚集在其合作社旗下，参与月子鸡养殖创业的青年达30多人。

（梁祖儿）

应急管理

【概况】 清远市清城区应急管理局（以下简称"区应急局"）坚持以人为本，统筹发展和安全两件大事，加强全区安全生产监管。2021年，清城区发生各类生产安全事故29起，死亡32人（含市住建局监管项目6起6人），各类事故起数与上年同比上升7.41%，死亡人数同比下降3.03%。

【夯实安全生产基础】 2021年，区应急局制定《清远市清城区安全生产委员会成员单位安全生产工作职责》，明确各部门安全生产职责，对基层安全生产执法问题进行专题培训。区安委办成立督查组深入各镇（街）和部门开展安全生产督查，压实镇（街）和部门责任。组织督查检查53次，发现问题145项，及时将问题转交主管部门处理。针对市安全生产专项巡察发现问题整改进度慢的黄腾峡景区等隐患，多次组织行业主管部门协调处理。督促主管部门推进重点领域安全专项治理和安全生产三年行动计划。全区各级各部门开展安全生产专项整治三年行动，共排查一般隐患2789处，整改2445处，整改率87.67%。突出问题和重大隐患合计20处，整改19处，整改率95%。三年行动各牵头部门派出督导检查组111个，督导检查单位1787家（次），督导问题212个，行政处罚1130次，罚款金额894.29万元，约谈警示企业889家（次）。

【危险化学品专项整治】 2021年，区应急局推进危险化学品企业重大危险源安全包保责任制落实工作。根据《转发广东省应急管理厅办公室转发应急管理部办公厅关于印发危险化学品企业重大危险源安全包保责任制办法（试行）的通知》要求，对辖区内5家危险化学品重大危险源企业进行宣贯，督促各企业严格按照责任制工作时间节点要求进行落实，强化责任落实，确保重大危险源安全。全年辖区内5家构成重大危险源企业均明确本企业重大危险源的主要负责人、技术负责人和操作负责人，从总体管理、技术管理、操作管理3个层面对重大危险源实行安全包保。

开展危险化学品行业领域安全检查工作 根据岁末年初安全检查工作要求，对危险化学品生产企业开展春节前安全检查工作。抽查7家危险化学品生产企业，督促企业落实春节期间值班值守工作，特别是春节期间不停产企业，严格春节期间安全防范工作措施，严防各类安全生产事故。同时根据疫情防控工作要求，对企业员工做好政策宣传和引导，鼓励员工就地过年，非必要不离清，非必要不去中高风险地区，对需离粤员工做好人员情况收集跟踪，掌握员工流动信息。辖区内62家化工（危化品）、医药生产单位有54家企业春节期间停产，8家企业不停工。根据省、市、区关于春节期间安全生产工作部署要求，通知辖区内相关企业做好春节期间值班值守工作，落实化工企业"四令三制"要求，同时将企业节假日期间值班情况报送至"广东省危险化学品安全生产风险监测预警系统"。

开展小化工安全整治工作 提升化工行业安全管理水平。2021年1月以来，根据《清城区安全生产委员会关于印发〈非法违法"小化工"专项整治实施方案〉的通知》文件要求，结合《化工企业安全检查要点》，对辖区内化工企业开展安全专项检查工作，先后对12家化工企业开展检查，发现事故隐患63条，对涉及非法违法行为移交执法处理3宗，采取措施消除事故隐患，督促企业落实安全生产主体责任。

开展安全生产排查整治工作 根据《广东省安全生产委

员会办公室 广东省应急管理厅关于深刻吸取贵阳"6·12"危化品泄漏较大事故教训 切实加强危险化学品安全防范工作的通知》和《关于吸取近期事故教训 加强安全生产防范工作的通知》文件要求，对辖区内危化品企业开展安全检查工作，充分吸取贵阳"6·12"危化品泄漏较大事故、湖北十堰"6·13"天然气爆炸事故等近期发生的各类事故教训。根据摸排，辖区内危化品生产经营企业均不涉及生产、经营、使用甲酸甲酯的问题。辖区内存在4家危险化学品企业涉及充装环节的问题，全部督促企业按照《清远市应急管理局检查危险化学品充装环节安全管理工作方案》要求，开展自查自纠工作。清远市应急管理局会同清城区应急管理局对清远市永兴石油化工有限公司开展充装环节安全检查工作。对辖区内涉及有毒有害、易燃易爆危险化学品的化工企业开展安全检查。根据监管人数及工作安排，共抽查检查4家危化品生产经营单位，发现隐患12条，其中对存在重大事故隐患的清远市泛太化工实业有限公司下达责令暂时停产停业的处理，同时移交执法进行处置。

加强危险化学品经营企业安全检查 2021年，检查企业462家次，查出隐患546条，整改隐患546条，整改率100%，危化企业完成风险等级评定。

【烟花爆竹监管】 2021年，区应急局开展专项整治，于春节、清明、中秋等节日期间联合各镇（街）、公安、市场监管等部门开展打非行动，出动执法人员400次，取缔非法储存窝点2处缴获烟花爆竹1450箱（件）。

【检查非煤矿山】 2021年，清城区非煤矿山企业在重点区域、重点部位、重要岗位、关键设备安装视频监控，全部接入广东省业务信息系统。检查企业38家次，发现隐患问题128项，整改完成92项，整改率72%。

【防灾减灾和应急救援】 2021年，区应急局对清城区三防应急预案（已完成征求意见）及各级防洪工程预案进行修订，对各镇（街）、各行政村防汛应急基础信息台账进行更新，建立群众避险安全转移路线、场所（延伸到村民小组、学校、医院、厂矿、企业、种养场）等自然灾害防御信息接收人员台账，特殊群体人员转移对接联系人台账，把群众安置路线和安置场所（地点）等信息录入应急值班系统。抓好防汛抢险物资的储备，要求各镇（街）对各自镇（街）三防物资仓库物资和种类进行清点，建立物资登记制度、仓库管理制度，并将制度上墙。结合各自实际，对应急物资储备种类和数量进行补充。对卫星电话、应急发电机、应急照明等保障设备按照维护保养要求做好物资保养工作。2021年，清城区储存石方3.34万立方米，河砂13.22万立方米，纤维包97.5万只，防汛铁笼81只，钢丝网兜250个，铁丝片350片，土工布2.73万平方米，抽水设备58台，冲锋舟9艘，橡皮舟26只，救生衣（圈）720多件（只）以及其他一大批防汛物料器材。加强应急抢险队伍训练。4月7—15日，区应急局联合清远市水松救援队、医疗急救队，组织区综合应急救援队、4个街道办事处的民兵轻舟队及区森林消防救援大队，共122人进行水上救援的技能训练、集

2021年9月21日，区应急管理局联合高新区开展"五一"节前重大危险源企业安全生产检查工作　　　　　　　　（区应急管理局　供图）

中操练、冲锋舟和橡皮艇科目演练。组织防汛责任人培训和应急实战演练。2021年4月25日上午，区应急局和区水利局联合在区三防会商室举办新时期三防工作及职责、水库"三个责任人"职责、山洪灾害防御、气象防灾减灾知识培训。区直各有关责任人、各镇（街）、各村（社区）相关防汛责任人共229人参加培训。2021年，清城区开展17场三防应急抢险演练，有8个镇（街）、8个村委、7个三防成员单位、6个公司、3个水利工程，共870多人参演。加大宣传力度，增强全民防灾意识。开展中小学防灾减灾应急演练活动，宣传防灾减灾知识，充分利用区广播电视台这一普及性的宣传平台，2021年入汛以来多次制作并播放山洪灾害防御和群众自救方面的广泛性电视宣传专题短片，使山洪灾害防御知识进一步深入民心，有效地提高人民群众的防灾自救能力。

2021年4月7日，清城区正式拉开应急救援队伍集中培训大幕，内容涵盖冲锋舟、橡皮艇、水上救援、转运、医疗急救等相关知识和技能

（区应急管理局　供图）

2021年1月1日，清城区区长廖家杰（前左一）到消防大队调研

（区新闻信息中心　供图）

【森林防灭火】　2021年，清城区森防办在清明、重阳等重要节假日制定专项方案并对全区森林防灭火工作进行督导，推广"包山头、守路口、盯重点、签责任、打早小"阳山经验推动森林火灾防治标准化建设，开展"五清"专项行动强化源头治理，坚决消除森林火灾隐患。清城区制定《清城区森林火灾隐患排查治理工作方案》，全区排查8个镇（街）、2个林场、1个风景区，排查森林面积86万亩，火灾隐患点872处，其中坟墓443处、神坛寺庙35处、林缘田埂123处、水电站14处、信号基站83处、矿区3处、垃圾焚烧场1处、易燃易爆物品仓库7处、油站气库10处、旅游区9处、餐饮饭店34处、养殖场所110处。涉及112个火险等级评定对象，其中，高火险16个、中火险59个、低火险37个。根据不同隐患类型制定治理措施434份，印发《关于开展森林火灾隐患专项治理的通知》，要求各镇（街）组织并督促各责任主体开展治理。完成林火远程视频监控系统新增15个监控前端的安装，并接入省市林火远程监控平台及区综合指挥平台，对林业移交的原15个监控前端进行维护修复，修复9个，待修复前端6个，可正常运行的21个。

（潘海英）

居民生活

【居民收入】 2021年，清城区全体居民人均可支配收入37080元，同比增长6.0%。其中，城镇居民人均可支配收入39749元，同比增长7.3%；农村居民人均可支配收入24851元，同比增长9.3%。

【居民消费价格指数】 2021年，清城区居民消费价格指数全年累计上涨0.7%，八大类商品及服务项目呈"5涨3降"。其中，食品烟酒类价格下降1.3%，衣着类价格上涨0.4%，居住类价格上涨1.1%，生活用品及服务类价格下降0.4%，交通和通信类价格上涨4.3%，教育文化和娱乐价格上涨2.2%，医疗保健价格上涨0.9%，其他用品和服务价格下降1.6%。

（区统计局）

人口计生

【概况】 2021年，清城区全面落实《中共中央国务院关于优化生育政策促进人口长期均衡发展的决定》和新修改的《广东省人口与计划生育条例》，促进人口均衡发展和生育政策与相关经济社会政策配套衔接，推动全区各项工作迈上新台阶。全区常住人口出生人数7761人，自然增长率4.39‰。

【实施三孩生育政策】 2021年，清城区全面落实《中共中央 国务院关于优化生育政策促进人口长期均衡发展的决定》和新修改的《广东省人口与计划生育条例》。组织各级各部门深入学习《决定》和《条例》精神，坚持以习近平新时代中国特色社会主义思想为指导，坚持以人民为中心、以均衡为主线、以改革为动力、以法治为保障，实施三孩生育政策及配套支持措施，完善服务管理制度，提升优生优育和普惠托育服务水平，降低生育、养育、教育成本，增进家庭和谐幸福，推动实现适度生育水平，促进人口长期均衡发展。依法实施三孩生育政策。取消社会抚养费，清理和废止相关处罚规定，将入户、入学、入职等与个人生育情况全面脱钩。遵循法制统一原则，注重与上位法的协调，做好三孩生育政策实施前后奖励扶助和制约处罚措施的衔接。压实属地责任，依法依规妥善处理历史遗留问题，维护人民群众的合法权益，维护工作大局的稳定。持续深化服务管理改革，简化生育服务流程，全面推行网上办事和一站式服务，进一步简政便民。"让群众少跑腿，让信息多跑路"，解决群众"办事难、办事慢、办事繁"的问题，有效改善计划生育工作的形象和干群关系，加快转变政府职能，提高政府服务效率和透明度，便利群众办事。全年办理各类计划生育证明、生育登记、再生育审批等手续15072人，其中办理三孩生育登记手续684人。

【落实计划生育利益导向机制】 2021年，清城区坚持把落实兑现计划生育奖励政策作为引导激励群众自觉实行计划生育的一项重要措施，推进"惠一生"利益导向机制，让计生家庭优先得到实惠。2021年度，清城区较好落实各项奖励扶助金发放管理工作，奖励扶助金申请、审核、发放工作平稳有序，累计发放计生奖励扶助金3522.84万元，落实率100%。

【计生困难群众服务管理】 2021年，清城区为独生子女死亡、伤残家庭，纯二女结扎户、节育手术后遗症、并发症家庭等8825人购买计生家庭综合保险，费用34.60万元。通过协助计生困难家庭购买保险，降低计生困难家庭因病致贫的风险。

【免费孕前优生健康检查】 2021年，清城区继续重点推进国家免费孕前优生健康检查项目工作，为计划怀孕夫妇提供优生健康教育、病史询问、体格检查、临床实验室检查、影像学检查、风险评估、咨询指导、早孕及妊娠结局追踪随访等孕前优生健康检查相关服务，力求使每一对计划怀孕夫妇都能享受到免费孕前优生健康检查服务，提高全区优生科学知识知晓率及目标人群覆盖率，有效降低出生缺陷发生风险，提高出生人口素质。2021年，全区接受免费孕前优生健康检查服务的计划怀孕夫妇人数1825人，项目覆盖率达标。

【老龄工作】 资助全区老年人投保人身意外伤害保险 由区政府出资102万元为全区60周岁（含）以上具有清城区户籍的老人

101720名向中国人寿清远分公司购买每人每年10元的"银龄安康"老年人意外伤害综合保险，全区覆盖率100%。2021年全区此项保险（含自费购买部分）赔付2673宗，赔付金额人民币189.54万元。

开展2021年"敬老月"活动　在中山公园开展主题为"实施积极应对人口老龄化国家战略，乐享智慧老年生活"的宣传服务活动。组织开展深入基层走访慰问老年人，送关怀、办实事活动。组织全区各社区向辖区老年人派发相关宣传资料送知识、送服务、进社区、进家庭。

做好2021年全国示范性老年友好型社区创建　10月19日，清城区洲心街道光明社区被命名为2021年全国示范性老年友好型社区。

开展医养结合工作　2021年，清城区有医养结合机构3间（清远联合医院、清远高新区医院和清远清城康大医院），开设养老床位近400张，入住老人100多人。

（区卫健局）

民族宗教

【民族事务】2021年，区委统战部坚持以"服务中管理，管理促服务"的工作思路，推进清城区各民族交往交流交融。

民族事务服务管理　为3名符合中考照顾政策的少数民族学生办理服务，为9名符合条件的群众办理公民民族成份变更审核。开展《民法典》和医社保政策专题讲座各1场，增强少数民族群众法治观念。加强疫情防控期间的走访调研，了解少数民族群众实际困难，开展少数民族群众慰问活动，协助清城区290名少数民族群众接种疫苗，联合金丰集团对少数民族群众捐赠消毒液2箱、医用口罩5000个。

民族团结进步宣传教育　举办"民族团结一家亲，同心共筑中国梦"为主题的文艺演出、少数民族扎染体验活动、民族团结知识宣传展、民族团结线上知识竞赛、少数民族群众党史学习共建活动等一系列民族团结进步宣传教育活动，不断铸牢中华民族共同体意识。

【宗教场所】2021年，清城区有宗教活动场所12处，其中佛教场所3处、道教场所3处、基督教场所5处、天主教场所1处。

【宗教事务】2021年，区委统战部依法管理事务，有序承接市下放的5处宗教活动场所（包括清远市飞来寺、清远市紫竹林寺、清远市飞霞古洞、清远市基督教清远堂、清远市天主教清远堂），确保宗教领域和谐稳定。

宗教领域疫情常态化防控　指导各宗教活动场所落实春节期间"双暂停"措施。场所开放后，督促各场所落实相关防控措施，严格执行疫情防控应急预案，做好重点人群核酸检测工作。向宗教界捐赠300个口罩，并对宗教教职人员和场所负责人进行走访慰问，帮助场所解决实际困难。

安全管理　加强指导各宗教活动场所和民间信仰活动场所全面排查各类安全隐患，做好浴佛节、斋月等重大宗教节日及"五一"劳动节、中秋节、国庆节期间的值班值守和应急处置工作，确保人员和场所安全。

宗教政策法规宣传教育　多措并举开展宗教政策法规学习月活动，广泛进行反宗教极端思想、反邪教、反恐怖主义等宣传教育，推动党的宗教政策全面贯彻落实。开展普法宣传进场所活动，加强《中华人民共和国民法典》《中国共产党统一战线工作条例》《宗教政策法规汇编》等法律法规资料的学习教育。

（区委统战部）

街道（镇）

凤城街道

【概况】 凤城街道位于清城区北部，南临北江，西北毗连清新区，东与东城街道接壤，南邻洲心街道。2021年，凤城街道总面积23.27平方千米，下辖东门、武安、龙船塘、凤桂园、西湖、沿江、城西、麻寺田、石狮、西门塘、后街、大观、朝阳、西门、向群、天湖、鹤堂、凤宇、花厅、麦围、竹仔园、高基里、翠湖、飞来湖、古城、清郊、沙田、田龙28个社区居委会。年末，户籍户数31731户，户籍人口96682人。辖区有山明水秀的笔架山森林公园，有景色宜人的北江风光，有风光旖旎的飞来湖湿地公园，有环境优雅的伯爵园度假酒店。凤城街道是清远市区的老城区，商圈经济发达，休闲娱乐和文化历史资源丰富，有城市广场、锦绣清城广场、世纪荟广场、万达广场等商业综合体，有东门塘体育公园、中山公园等游乐憩息场所，还有糖果时光文创园、北门街、南门街、起凤里古巷道、女人街、仓后街等特色街区，是集生态休闲度假、高端商务旅游于一体的宜游之地。

2021年2月4日，凤城街举行南门街历史文化街区亮灯仪式
（凤城街道办　供图）

2021年7月13日，清城区凤城街第二届"凤城杯"社会公益项目创投大赛启动仪式
（区新闻信息中心　供图）

【经济发展】 经济概况　2021年，凤城街

道完成财政收入约26345万元,全街财政支出约26872万元。全街完成规模以上工业总产值33.25亿元,同比增长20.47%,完成固定资产投资21.33亿元。

重点项目 2021年,凤城街道落实市委"十大行动方案",加快推进其中86项涉及凤城街道项目,推进老旧小区改造等重点项目建设,年内建成后街社区长堤公园、清风市场街心公园、高基里社区微普法公园等微改造工程,解决老旧小区治理的难点和痛点;2021年建成南门街历史文化街区,推进凤城街道南门片区凤城文化起源地名城保护及提升改造项目,20个文化历史打卡点位基本建设完工,全长超1000米,包含复原的古城墙150米,串联桂香街、城隍街、塘仔边巷等老街巷,凸显凤城特色,进一步激活辖区商圈经济。

【**社会事业发展**】 **教育** 2021年,凤城街道辖区内有幼儿园46间,中小学校13间,高中2间,中小学适龄儿童入学率100%,实现九年义务教育全覆盖。

文化 2021年,凤城街道组织辖区28个社区开展203场"我们的节日"主题文化活动,在中山公园、东门塘体育公园、街角公园、南门口广场举办文艺惠民千村行活动17场,举办"传统戏曲进乡村"系列活动8场,极大丰富群众精神文明生活。推进未成年人教育建设,联合清城区文化馆总分馆举办"木艺手工培训班""少儿绘画培训班""合唱指挥培训班""少儿硬笔书法培训班""小主持人培训班"和"健康养生舞培训班"公益性培训6场,参与培训活动的学员达120余人次,并与清城区图书馆总分馆联合开展讲座4场、阅读推广活动4场、公益性展览6场,为孩子精心打造一个独具特色的书香平台。

医疗卫生 辖区内有公立医院清远市中医院(三级甲等)、清远市妇幼保健院(三级甲等)、清城区人民医院(二级甲等)。为优化清城区人民医院就医环境,扩大办院规模,前些年,政府牵头建设清城区人民医院新院项目,项目位于飞来湖社区环城西路与飞水跨线桥交叉口,占地面积3.8万平方米,总建筑面积9万平方米,建筑项目施工完成,投入使用后预计可提供床位800张。辖区内设有1间社区卫生服务中心,1间社区卫生服务站,有民营医院、门诊部、个体诊所、村卫生室等共104间,其中村卫生室4间。

劳动就业 凤城街道持续做好"六稳""六保"工作,落实疫情防控期间就业保障政策。2021年,下岗失业人员再就业人数1092人(就业困难人员实现再就业人数60人),城镇登记失业率控制在3.5%以下,新增农村劳动力转移就业350人,新增吸纳本省劳动力647人。加大劳动权益保障力度,全年接到劳资纠纷及拖欠工资投诉166宗,涉及人数1068人,涉及工资金额达1729万元,追回金额1184万多元。开展就业困难人员认定初审工作,努力为群众排忧解难,全年为302名就业困难人员完成认定工作。

巩固脱贫攻坚成果 2021年,凤城街道严格落实"四个不摘"要求,坚决守住脱贫攻坚胜利果实,27户建档立卡贫困户全面落实动态监测帮扶。加强防止返贫动态监测和帮扶工作,有效衔接凤城街道乡村振兴工作,截至2021年12月,凤城街道有建档立卡帮扶户27户47人,其中五保户8户8人,一般贫困户3户3人(其中有2户是孤儿户),低保贫困户16户36人,均落实有安全住房、有安全饮水、有电用、有电视信号覆盖、有网络信号覆盖、有教育保障、有医疗保障、有稳定收入来源或最低生活保障,实现"两不愁、三保障",每户都达到稳定脱贫标准。

政务服务 凤城街道"一门式一网式"政务服务中心于2021年1月开始运营,内设市场监督管理、社保、计生、民政、残联、农林、城建等11个业务服务窗口及24小时自助服务厅,全年办理窗口业务6.7万宗,自助业务逾7500宗,日均服务群众超250人次。在政务中心打造清城区第一个"党史学习驿站",增加邮政快递业务,不断提升群众服务体验。

社区建设 探索创新社区治理模式,完善"党建+社工+志愿者+群团组织"社区治理架构,提升社区服务水平。创建"红色管家"品牌,以胜利雅苑、海港

2021年7月14日,省委副秘书长、宣传部副部长王桂科(左二)一行深入凤城街道大观社区和东门社区开展实地调研 (凤城街道办 供图)

成、海境界、湖景湾4个小区为试点,挖掘小区居民党员、物业公司党员,在小区成立党支部、党小组,理顺以社区党组织为核心,物业、业主代表和社工多元协同的治理机制。全面铺开楼长制工作,推选优秀党员或热心居民担任楼长,在社区党组织领导下带领与居民共同参与社区自治,共推选出楼长86名,其中党员7名,共同解决楼栋问题96宗;在小区治理层面,通过物业公司购买社工服务的方式,凤城街道社区互助会作为项目承接方,在5个试点小区共招聘9名专职社工进驻小区党群活动中心开展工作,共培育志愿者183名,组建9支小区志愿服务队伍参与到小区建设发展等多项公共事务中。推进社区层面的智库团队建设,以西门塘社区为试点组建智库团队,有居民代表15人,其中11人为固定成员,4人为特邀成员,成员包括社区工作者、社工、教师、律师、医生、文物爱好者等,组建培育金晖雅居左邻右舍志愿服务队、和善美志愿服务队、活力爱心志愿服务队等3支志愿服务队。开展第四届"寻找社区合伙人,共建文明社区"项目,发掘101个居民团队,认领461个子项目,开展1561场社区活动。启动第二届"凤城杯"社区公益微创投大赛,经过项目评估和评选,有29个项目进入决赛。发展"萤火虫"个案服务中心,2021年,凤城社工通过电访、探访等方式为471户困难群众和特殊群体建立一户一档案,为14户困难家庭资助合计46500元,占"清远市慈善总会·凤城社区公益基金"资助金额的46.5%。

网格化治理 探索"网格化+信息化""网格员+信息员"基层社会治理模式,将辖区划分为1个总网格、28个社区网格和111个小网格,构建起街道、社区、网格三级体系。综合运用网格化+、物联网、云计算、大数据等现代信息技术,投入资金共295万元,于4月初建成智慧凤城综合治理指挥平台并投入使用。发挥网格监管服务职能,率先对辖区内8000多家商铺设置电子门牌,实行"红黄绿"分级管理,将城市管理、社会服务、社会治安、疫情防控、安全生产全面纳入网格化管理。全年通过网格化管理解决各类网格事件7400多件,累计巡查商铺5.7万间次,治理效率明显提高。2021年凤城街道"平安+满意"公众评价得分获全区第一。

【疫情防控】 筑牢疫情常态化防线,疫情防控形势稳定向好。严格落实重点人员核查和"四个一"健康管理,凤城街道28个社区"三人小组"以网格为单位开展地毯式排查,做好信息登记、入户健康走访、居家隔离保障等工作,2021年核查中高风险地区来(返)清人员1.14万人。严抓常态化疫情防控措施,加强巡查督导,督促辖区内小区、农贸市场、大型商场、公园等公共场所落实戴口罩、测体温等防控措施,抓好物流冷链管理,全方位落实疫情防控工作。科学有序开展全员核酸检测和"应检尽检"人员核酸检测工作,全面保障人员到位、物资供应、秩序稳定,全年完成核酸检测共25.12万人次。共筑凤城防疫屏障,全力推进60岁及以上人群疫苗接种及加强免疫接种工作,加强宣传引导,为方便老人接种疫苗提供专车接送、专人陪护、绿色通道等暖心服务,2021

年累计接种新冠疫苗26.84万剂次（其中60岁以上第一针1.61万人次）。

【党廉建设】 聚焦党建示范引领，不断深化党廉建设。2021年凤城街扎实开展党史学习教育，紧紧围绕"学党史、悟思想、办实事、开新局"总要求，掀起全街学习热潮，开展各类党史学习教育1428场、专题党课活动595场、宣讲团宣讲184场次、专题培训6期、知识竞赛活动1场。以"逢四说事"活动为抓手开展"我为群众办实事"实践活动，收集并解决群众最关心的小事、急事、难事147件。探索"党建+社区治理"新模式，加强社区精神文明建设，2021年凤城街道新时代文明实践所被列为省级新时代文明实践示范所，翠湖社区、西湖社区新时代文明实践站被列为省级新时代文明实践示范站。坚持全面从严治党，成立村级监督站，深入开展正风行动，2021年，开展日常谈话92人次，任前廉政谈话142人，提醒谈话9人次，通报批评3人次，诫勉1人次，警诫谈话1人次。

【城市管理】 聚焦创新管理方式，提升城市品质。实施城市垃圾分类，完善垃圾分类投放设施，2021年在辖区内安装48个垃圾分类亭，购置3600个240升收集桶，强化垃圾分类宣传，在胜利雅苑等3个示范点打造一批景观小品及垃圾分类亭，2021年第二至四季度清城区城市生活垃圾分类工作综合考评中连续3个季度排名第一。开展文明创建专项整治，结合凤城街道实际，开展清除卫生死角专项行动、清除小广告专项行动、空中缆线及地面管道开挖未复原问题整治专项行动、路面破损修复专项行动，营造良好的街容街貌。保持"两违"整治高压态势，全年治理违法用地42.71亩，共治理违法建设5.6万平方米。其中拆除违建82宗，共4.1万平方米；罚没违建2宗，共1.5万平方米，超额完成年度任务。抓好生态环保治理工作，全年共整治"散乱污"企业223家，整治油烟问题餐饮店180间，查处露天焚烧42起，同比下降86.28%，调处环境投诉案件773宗，调处率100%，中央环保督察交办案件办结销案。

【乡村建设】 聚焦农村示范建设，乡村振兴加快推进。推进古城样板村、清郊、沙田、田龙示范村建设，选派4支乡村振兴工作队进驻，加强村（居）议事决策、日常管理、社区治理、村务监督等各方面工作。加强农村基础设施建设，推进沙田松岗中学至沙田小学路段绿道改造工作，完善田龙、清郊、沙田乡村道路硬底化和排水设施改造，完成21条自然村村道路硬底化和排水设施改造，沙田自来水集中供水工程全部完工。抓好红火蚁防控工作，2021年超额完成红火蚁发生面积防控任务，完成率166%，红火蚁防治取得较好的防控成效。探索村级档案管理，古城社区"档案工作服务农村基层社会治理"试点通过省级验收，建成古城社区终身股股权和教育基金专项档案，完善村级档案3015件，为提升农村基层治理能力提供基本保障和有效服务。

【安全生产】 严守安全生产红线，在全区率先实体化运作应急管理办公室，基本形成上下协调、统一高效的应急管理机制，抓好安全生产、消防、道路交通安全和三防工作。2021年，凤城街道围绕摩电停车场、废品回收站等"三小"场所、危险化学品和烟花爆竹、道路交通、水上交通、建筑施工、大型群众性活动、旅游、工矿商贸等重点行业领域开展大整治大巡查，在"三小""三合一"场所开展"破网封墙行动"，全面堵塞安全隐患。2021年，排查工贸企业313家，发现安全隐患246处，完成整改隐患238处；排查"三小场所"2万多间次，检查发现存在较大安全隐患189家、496处，要求限期整改5990多家。排查废品回收站42家，摩电行业46家，发现安全隐患240多处，落实整改160多处。排查有证照燃气充装点21间次，取缔非法燃气充装点26处，查扣燃气瓶295只及非法运输车辆6台，移交公安机关行政处罚4人。检查建筑施工场所18间。全年消除各类安全隐患8500多处，各项安全生产巡察问题全部落实整改。

【社会治理】 聚焦风险隐患化解，社会大局持续稳定。强化矛

2021年3月11日，凤城反诈宣传活动　　（凤城街道办　供图）

盾纠纷排查化解，2021年调解各类民事纠纷592宗，其中调解达成571宗，调解达成率96.45%，凤城司法所获"全国模范司法所"称号，推进法治政府建设。支持人大依法履职，凤城街基层人大建设工作走在全市前列，组织全体人大代表广泛参与到专项视察、监督执法、市域社会治理中，2021年凤城街道中心联络站、大观社区联络站被评为清远市"最美人大代表联络站"。开展全民反诈工作，充分运用社区新闻官拍摄接地气的反诈宣传视频，开展"每案追源"活动，推动合伙人反诈志愿者等团队开展"敲门行动"及国家反诈App安装宣传推广工作，全年安装国家反诈App共9.8万人，群众反诈意识不断提高，辖区发案数及被骗金额明显减少，4月以来排名逐渐下降，10月跳出全市前20，相关经验得到市、区的推广，2021年凤城街道反诈宣传知晓率、有效率、满意度公众评价排名全区第一。全力打造无毒环境，创新制定《凤城街禁毒工作方案》，建立禁毒工作奖惩机制，率先开展全街干部职工毛发检测工作，推进全民禁毒工作。开展禁毒宣传进社区、进农村、进校园、进场所、进单位、进家庭等"六进"禁毒宣传活动共240场，打造150米禁毒宣传长廊，实现禁毒教育阵地的全覆盖。坚决打击毒品犯罪，全年集中清查整治易涉毒犯罪娱乐场所300余次，出租屋、废弃厂房1500余次，开展物流寄递专项清查100余次，社区戒毒（康复）人员毛发检测率100%。

（潘　瑶）

东城街道

【概况】　东城街道位于清城区东北部，南临北江，西邻凤城街道，东与飞来峡镇接壤，北与清新区毗连。2021年，东城街道总面积101.82平方千米，下辖长埔、石板、新星、新桥、江埗、黄金㙟、澜水、平塘、大塱、莲塘10个村委会和青云、平安、莲发、白庙、基龙、金湖、敏捷、时代、清飞9个社区居民委员会，清飞社区为2021年12月新增社区。年末，户籍户数2.6万户，户籍人口84704人。东城是清城区人民政府所在地，东有白庙码头，南望武广客运专线清远站，西邻笔架河，中有省道S377线通过，北有凤城大桥、洲心大桥、伦洲大桥，把清远市新市区与东城街道联为一体。辖区旅游景点有国家AAAA级旅游景区黄腾峡生态旅游风景区、牛鱼嘴原始生态风景区、金鸡岩名胜古迹风景区，拥有百年历史的兴隆古寺、白庙渔村、清远最大的花卉销售超市花卉小镇、清远飞霞山市民公园等。2021年，东城街道被广东省农业农村厅、广东省乡村振兴局、广东省文化和旅游厅授予"广东省乡村民宿示范镇"称号。

【经济发展】　经济指标　2021年，东城街道完成规模以上工业企业总产值5088.8万元，同比

街道（镇）

平安社区利用闲置空地打造一个具有党建+渔家文化特色的主题社区公园
（东城街道办　供图）

2021年11月30日，广东省全省乡村民宿发展现场推进会在清远召开，东城街新桥大水坑村是清远市清城区点位之一　　（东城街道办　供图）

降低22.8%；固定资产投资完成107.7亿元，同比增长4.5%；财政收入51325.45万元，同比增长133%；农业总产值4.19亿元，同比增长15.7%。居民可支配收入37080元，同比增长6%。

【重点项目】　2021年以来，完成征地面积59245亩，拆迁房屋95座，征拆大型场所78个，交付施工土地面积1060亩。广东金融学院首期用地、清外学校用地均完成建设并交付使用，两所学校于2021年9月开学实现正常使用。省职教城三期先行团项目正开展大型场所的勘测和拆迁工作。奥体中心需征地2230亩，需拆迁房屋79间，签订拆迁协议76间。轻轨北延线项目征地工作全部完成。旅游大道、职教一路西延线、职教二路、海逸路等项目征地稳步开展。东城街Y426线秀田螺至沙罗底14千米路面硬底化项目完成交工投入使用。东城街大学西路和附城大道周边8个公交停靠站港湾式改造基本完成，并投入使用。老旧小区升级改造项目总投资23亿元，东城老旧小区改造配套基础设施项目一期完成，二三四期基本完成。清远万方大数据产业园、中嘉博创金融信息服务产业园、清远市嘉福创新产业园、中国联通（华南）智能通信互联网产业园、博宏大健康产业园等项目有序开展。华南声谷启动区建设完成，首批入驻企业开始投产。

【疫情防控】　2021年，东城街防疫"三人小组"落实疫情防控常态化工作，部门社区齐抓共管，全面检查重点场所232家。配合做好全区大规模核酸检测工作，全街出动街道办干部职工530多人，设置25个固定取样点，27个学校采样点，20个流动采样点，全街采样316193人，完成比例为120%。持续组织村（社区）进村入户进行疫情防控宣传指导、动员接种疫苗。截至2021年年末，东城街18—59岁人口数为174009人，累计接种165012剂次，完成率为94.83%；60岁以上人口数为26363人，累计接种17355剂次，完成率为65.83%。

【乡村振兴】　2021年，东城街开展各类环保执法行动约400次，解决投诉案件约80宗，出动环保宣传车辆约2400车次，尤其针对固废倾倒、露天焚烧、工地扬尘、水源保护等领域重点出击。人居环境整治初具规模，完成人居环境整治村120个，人居环境整治完成率75%，110个自然村达美丽宜居村以上标准，完成率68.75%，建设卫生公厕28个。"三村一居"样板区初具雏形，美丽乡村风貌带建设有序推进。着力打造乡村振兴项目党建名片，引

· 231 ·

进优质发展项目，新桥村党总支部牵头加强与企业合作，注册相关产业约50家；与企业合作研发"乐享美食村"，面向省职教城师生提供餐饮配送服务，与院校合作研发设计订房App，扩大民宿知名度。新桥大水坑村作为广东省全省乡村民宿发展现场推进会清远市清城区点位之一，迎接与会人员的实地考察。江埗村党总支部与华南农业大学合作建立清远首个"花稻花"无人农场项目。农村产权改革工作稳步推进，完成全街10个村委会和189个村民小组"三资"情况的全面核查。全面完成全街的粮食播种和种植任务。农村禽畜防疫、检疫工作贯彻始终，防疫率100%。渔政管理进一步规范，做到安全"零事故"。红火蚁防治工作卓有成效，实施防治面积2000亩。

【城市治理】 2021年，东城街52个网格配置285名保洁员和85名文明劝导员开展工作。投入资金50万元，更换破损沙井盖33套、修复路面2093平方米、更换圆石柱5条、清理疏通下水道、集雨井112座，清理面积达到1600多平方米。实现市区13个公共机构、40所中小幼学校和47个物业小区生活垃圾分类全覆盖，打造示范小区4个，示范学校3所。处理中央第四生态环境保护督察组交办案件5宗，结案1宗，阶段性结案4宗。全街2021年接信访案件1267宗，按期办结率100%。投入90万元反诈专项工作经费进行防电诈宣传，敲门入户宣传27000余次，安装国家反诈中心App 136298人次，完成进度为75.17%。2021年立刑事案件662起，较2020年下降13.24%。全街治理能效获得提升，137个网格基础信息录入3821条。广泛建立"扫黄打非"基层站点，2021年开展"扫黄打非"活动86场。全面检查娱乐场所408次，清查出租屋1534间，破获涉毒人员70余人。在企事业单位、小区、广场等场所开展安全宣传活动10余场，覆盖受众5万余人。

【民生事业】 清远市水上运动基地、广东金融学院清远校区体育馆项目完工。新桥学校教学楼加建完成。新桥养老中心完成建设。黄金生态公益公墓建设四期进展有序。全街新时代文明实践所（站）共开展活动1088场，包括理论政策宣讲类、文化文艺服务类、助学支教类、医疗健身类等，总服务群众18362人次。东城街"一门式"政务服务中心及东城社区卫生服务中心等民生重点项目有序推进。7个微改造项目在2021年清远市清城区"民生微实事"项目评选中获奖，其中二等奖1个，三等奖4个，优秀奖2个。不断深化社会保障服务水平，做好被征地农民社会保障资金分配工作，加强计生服务，落实民政各项优抚服务。全面完成全街18个选区的人大换届选举，确保人民当家做主。扶贫监测持续在线，全街现有建档立卡脱贫户290户507人，均无返贫征兆。

【党建工作】 2021年，东城街道36支党员服务队和8支党员突击队、志愿队开展"双报到"活动，参与活动队员422人次，带头做好防火、防汛、防疫、反诈工作。完成18个村（社区）党组织和村（居）民委员会换届工作，针对新一届"两委"班子开展履职培训合计138人次。新成立1个"非公"企业党组织，发展党员42名，推动街道"大工委"和社区"大党委"建设工作，选定省职教城（清远）事务中心以及广东金融学院、广东科贸职业学院、广东财贸职

2021年12月31日，东城街道举行"大工委"成立仪式暨第一次全体会议

（东城街道办　供图）

业学院、广东建设职业技术学院4间学院的党组织负责人为东城街"大工委"兼职委员。平安社区、金湖社区、大塱村3个党总支升格为党委。通过党史学习教育打造"红色旅游"文化和经济党建网格化与"金融网格"双融合，支持村级集体经济发展。

（麦素文）

洲心街道

【概况】 洲心街道位于清远北江南岸、大燕河北岸，东接源潭镇，南邻龙塘镇，西连横荷街道，北与凤城街道、东城街道隔江相望，是清远市委、市政府所在地和全市的政治、经济、金融、文化、商务中心。2021年，洲心街道总面积80.10平方千米，下辖22个社区居委会：光明、维港、启明、振南、永安、凤鸣、连江、洲心、学联、江南、凤翔、三角、南埗、洲沙、沥头、青联、沙湖、塘坦、连石、联岗、凤凰、伦洲（11个"村改居"）。年末，户籍户数57199户，户籍人口183158人，常住人口244954人。辖区交通四通八达，广清高速公路和清连高速公路在辖区内交会，国道G107线、清佛一级公路贯穿境内，辖区内有武广高铁清远站、广清城际铁路清城站、广州白云国际机场清远候机楼等交通设施。洲心街道物产丰富，清远麻黄鸡、乌鬃鹅驰名中外，有洲心大粥、洲心烧猪、洲心烧鸡、洲心河鲜等特色美食。辖区内旅游景点有江滨公园、清远龙湖奇石文化产业园公园、伦洲岛等景点。江滨公园沿江而建，全长13.8千米，被誉为"清远小外滩"，可欣赏市区北江两岸迷人风光，观赏清远标志"北江之母"像。清远龙湖奇石文化产业园公园是奇石欣赏、收藏交流主题性公园，设有奇石玉器古玩街、会议拍卖中心、大型停车场等配套服务设施。伦洲岛位于北江飞来峡口外水域位置，是四面环水的内河冲积而成的冲积岛。岛内面积约2平方千米，其中沙滩面积700多亩、树林面积500多亩。

【经济发展】 2021年，洲心街道完成规模以上工业总产值22.56亿元，与上年同比增长34.3%，完成规模以上工业增加值5.76亿元。完成固定资产投资72.5亿元，同比下降8.89%。实现财政收入1.57亿元，同比增长0.97%，工商税收地方留成部分3.32亿元，同比减少2.06%。

工业 工业经济发展，完善洲心工业园区的配套建设，认真做好协调服务企业工作，促进辖区企业健康发展。

招商引资 2021年，招商引资项目任务数1个，投资金额2.5亿元。1月引进项目1个：广东江夏生态建设有限公司，合同投资总额2.84亿元。2021年洲心街道有重点项目2个：清城区新北江小学卧龙分校和洲心街伦洲岛片区截污管网及污水处理工程。新北江小学卧龙分校总投资约1亿元，资金来源为企业自筹，学校2020年11月开工，至2021年12月完成总投资1亿元，主要完成建设内容有一栋5层小学教学楼、一栋1层小学校门、一栋1层小

2021年4月1日，洲心街商会在清城区统战工作创新中心举行携手共创全国文明城市百企签名活动

（洲心街道办 供图）

2021年5月8日，清城区领导到洲心街道调研禁毒反诈工作
（区新闻信息中心　供图）

学配电房、一栋1层小学水泵房及一层用以停车的地下室。清城区洲心街伦洲岛片区截污管网及污水处理工程总投资1272万元，至2021年12月完成总投资1272万元，完成总投资100%，主要完成建设内容有新建1日处理污水能力350立方米的污水处理站，铺设截污管道6000米，完成集水生态稳定池塘一处及其配套景观工程建设。

农业　实现农业总产值2.62亿元，同比下降13.8%。粮食生产和农业产业结构调整稳步向前，全面落实防旱抗旱措施，完成两造水稻种植面积21895亩，确保粮食增产、农民增收。

【社会发展】　基层社会管理　2021年，洲心街道结合新时代文明实践所工作实际，常态化联合开展新时代文明实践志愿服务活动。年内，实践所志愿服务队和22支新时代文明实践站志愿服务队累计开展各类主题活动489场，其中开展"我们的节日"主题活动71场、扫黄打非主题活动16场、禁毒主题活动10场、开展理论宣讲活动70场、文化文艺惠民演出活动91场、医疗卫生志愿服务活动17场、科普知识活动71场、法律服务活动44场、卫生环保志愿服务活动37场、扶贫帮困慰问活动44场、未成年人主题活动18场；参加新时代文明实践活动的志愿者约480人次，参加群众约14000人次；开展6场少儿培训班、8场阅读推广活动及1场图片展览。逐步推进志愿服务，设置学雷锋志愿服务岗，配备志愿便民服务箱及应急药箱等，不断拓展志愿服务的活动领域，实现志愿服务活动由社区向社会延伸，联合开展志愿活动，实现资源共享。

文化　通过"乡村微播站""社区微播站""渡轮小讲堂""街角小讲堂"等大众化通俗化的理论普及工作，打通理论宣传宣讲"最后一公里"。全年开展学习习近平新时代中国特色社会主义思想基层理论宣讲会110场，理论学习中心组共开展16次党史专题学习，5月12日举办副科及以上干部党史学习教育专题研讨班。"线下"基层宣讲和现场教学双管齐下，依托"渡轮小讲堂""大榕树下的小讲堂"等宣讲阵地，邀请市委、区委宣讲团到洲心街道讲授党史专题党课。为构建情景式、体验式、沉浸式学习环境，将向秀丽公园、维港社区丝绸文化主题公园和"大桥

2021年3月11日，凤翔益家长者活动志愿服务站举行启动仪式
（区新闻信息中心　供图）

下的洲心记忆"作为党史学习教育阵地,振南社区和凤翔社区党建展示厅打造为党史学习教育精品路线。组织100名干部职工观看红色电影《长津湖》,10月下旬开展"看电影 学党史"送红色电影进社区主题活动,为辖区内的22个社区巡回放映免费电影22场,观看群众2000多人次。依托"学习强国"、打卡广东红、党史竞赛App等线上平台打造"指尖上的课题",以学时管理、积分管理、有奖竞答的形式提升广大党员学习积极性和时效性。充分利用社区宣传栏、工地围墙、电子显示屏、大型户外广告、公交站台等设置创文公益广告,实现"抬头可见、驻足可观",造浓创建氛围。全年辖区内23个公共场所大型LED电子屏滚动播放宣传标语,每天播放次数约3000次;翻新宣传栏20个,新增宣传栏约30个,更新宣传栏画面内容约1400张;修正公共场所创建全国文明城市文字表述错误公益广告宣传牌约900块,清理破、损、污、旧广告宣传牌约300块,清理修补破损建筑围挡约3300平方米,制作文明标识牌约500个,修正300多个小区内的文字表述错误公益广告;更新维修3个体育公园公益广告,让广告吹起"文明新风"。

社会保障制度 社会保险覆盖面扩大,养老、失业、工伤、医疗保险参保人数逐年增长,社会救助工作有效开展,城乡最低生活保障实现应保尽保。按时完成社会保障卡及市民卡发放,加强城乡居民养老保险、医疗保险续保工作。

民政 按照"应保尽保、分类施保、动态管理"的要求,将符合低保条件的困难群众及时纳入最低生活保障待遇,解决他们基本生活问题,完善低保的审批程序,做到低保审批工作的"公开、公平、公正"。截至2021年12月,有在册农村最低生活保障户324户748人,城镇最低生活保障户63户120人,城乡低保群众的基本生活得到有效保障。洲心街道新增"五保户"5户,有散居的特困对象133人。为继续改善敬老院的居住环境,动员街道的"五保"人员入住敬老院,对入住敬老院的20名老人集中供养,提高在院老人的生活质量。做好困境儿童的救助和保障工作,将未满18周岁的重病、重残、困境家庭儿童等符合补助政策条件的未成年人列入名册,按规定实行分类按月发放金额进行补助。洲心街道困境儿童有157人。洲心街道享领残疾人重度护理补贴1306人,残疾人生活津贴276人,使残疾人享受到政策应有的待遇。对80岁以上的老人及时发放长寿金,并做好登记、审查和变动调整工作,洲心街道领取80岁以上高龄老人长寿金有2706人,其中80—89岁有2275人,总计发放113750元,90岁以上(含100岁以上14人)共有431人,确保上级政策落到实处。

人口和计生 严格按照区委、区政府提出的工作要求,明确目标,强化领导履行职责,督导落实实施好全面两孩、三孩政策,切实保障人口与计划生育事业全面可持续发展,2021年度政策生育率92.98%,节育率46.48%。

安全生产 开展各时期、各阶段安全生产专项整治。持续开展"三合一""三小"场所"扫街破网封墙"专项治理行动,2021年,全街检查"三合一""三小"场所等重点场所共9387间,发出责令限期整改通知书7007份,实施断电处理的22间。加大物流仓储快递行业消防安全监管力度,检查辖区物流仓储7间,发出责令限期整改通知书7份。坚持不懈抓好再生资源回收行业消防安全隐患专项整治,检查废品回收站37间,现场发出责令限期整改通知书37份,实施断电处理18间。持续开展电动自行车违规停放充电、私自上楼入户、疏散通道被堵塞、占用等安全隐患专项整治行动,共发出整改通知书38份,整治电动自行车566辆。对辖区内411个老旧小区的消防车通道开展专项治理工作,对消防车通道占用、堵塞、封闭等突出问题,按标准施划消防车通道标线标志,建立长效管理机制。洲心街道新增104套消防栓,有528个市政消防栓。对重点地区有损坏的40个市政消防栓进行更换维护。

综治维稳 开展"平安+满意"创建行动,通过多种渠道、多种方式开展综治各项工作宣传,营造"平安洲心"氛围。全年开展反邪教宣传活动14场,派发宣传资料3500余份。开展铁路护路宣传活动5场，派发宣传资料1000余份、牙签筒300个、扇子300把、环保袋500个。开展扫黑除恶宣传活动22场，派发宣传资料3000余份。开展反走私宣传活动5场，派发宣传资料200余份。开展日常巡查20次，出动100余人次，检查80个冷库，各项行动均无发现走私冻肉等问题。开展200余场反诈宣传活动，悬挂1110条横幅、粘贴15000张宣传海报、派发25000份宣传折页和26万张宣传单张，制作52个反诈宣传栏和60个台卡，推广安装国家反诈中心App逾12万人。加大"社会综合治理云平台"建设，2021年洲心街道投入382301元增建12支摄像杆共33个摄像头和3个高空摄像设备，充分利用大数据等现代技术提升生态环境、交通运输、安全生产等领域治理效能。将扫黑除恶与反诈、禁毒宣传活动同步部署，联合街办各部门和驻街办各单位、辖区内派出所和各村（社区），开展宣传活动22场，派发宣传资料约3000份。全年洲心街道结合宣传活动和疫情走访排查填写100份线索摸排表，暂无发现有效线索。

【城市建设】 加快推进重点项目进度 2021年，洲心街道加快推进重点项目进度。高效完成广清城轨北延线、清远大道扩建、五位一体、K20、E23、K23、B42、B44、B45号区市储备用地等项目累计约2300亩土地的征收补偿工作。全力做好B44、B45、K14、K15、K20号区、K23号区东侧等市级经营性土地的征地拆迁工作，完成所征村民小组的青苗清点补偿，大型场所的评估赔偿、大型园林、竹林的征购工作以及交地工作，确保完成市政府的土地出让计划。有序推进房屋拆迁工作，累计拆迁房屋超90座，全力支持广清交通一体化基础设施建设。

商贸物流项目 洲心街凭借突出的交通区位优势，充分利用市、区的优惠政策，引进各大商贸物流项目，打造全市商贸物流中心。洲心辖区城西大道至人民路地段规划为商贸物流园区，依靠一大批商贸物流项目的建设，洲心街道拓展传统商贸服务业，发展壮大现代服务业；发展以赢之城广场为中心的商贸板块，加快推进华南装饰城二期、义乌商务城、农产品批发市场、顺盈时代广场、胜利广场等大型商贸物流项目的建设，商贸物流圈正逐步形成规模。

【城市管理】 2021年，洲心街道继续以强化城市综合治理为核心，加大资金投入，开展各项专项整治，推进农村环境综合整治工作，加强爱国卫生运动，推进垃圾分类试点工作，巩固创文创卫成果，城乡管理呈现新气象。

环境卫生整治 着重从整治重点区域环境卫生、开展好属地化卫生消毒、强化环境整治、抓好卫生防病知识宣传普及、集中开展群众性环境卫生清洁5个方面加强和提高工作力度，为疫情防控打造良好的环境基础。不定期实施重点场所重点区域环境卫生整治行动，重点对市场周边、车站等人员聚集重点场所以及背街小巷、城乡接合部、老旧居民区等重点部位强化环境卫生集中治理，改善城乡环境卫生情况，有效治理脏、乱、差问题。加强对工地以及建筑垃圾清运车辆的监控，保证建筑垃圾源头管理。巡查发现违章违规车辆29辆，处理不按规定倾倒建筑垃圾造成污染的4辆，其中处理在运输散体物料的过程中未采取密闭措施存在物料遗撒造成污染的2辆。在专项整治行动工作中巡查发现运输散体物料造成抛洒滴漏污染路面的行为8次，检查工地2827次，巡查发现车辆车轮带泥造成路面污染9次，在建工地在施工过程中造成道路污染等行为150次，并发出整改通知书35份，处理乱堆放建筑淤泥844宗，处理堆放建筑垃圾108宗。下水道清疏清理淤泥约330吨，清疏管道约23850米，高压清水980车次，牛皮癣清理250万处，共投入185万余元。

基础设施 继续推进上一年老旧小区、单体楼改造工程的收尾工作，继续投入4393万元，推进2021年洲心街道老旧小区、单体楼改造工程，完成改造的老旧小区、单体楼85个，涉及楼栋数347栋，0.58万户，总建筑面积68.82万平方米。推进以人为核心的新型城镇化建设，加快中心城区扩容提质，提升中心城区首位度，营造更加宜居宜业宜游的城市环境。

城市管理建设　全年执法局处理互联网舆情周报5宗，接收督查通报12宗，处理215起。接收农贸市场限期整改通知书6宗，处理178起。接收限期整改通知书8宗，处理248起。接收洲心问题整改清单5份，处理128起。1—12月发出《先行登记保存证据通知书》7份。违法立案处理简易程序处罚44宗，一般程序处罚34宗，处理数字化城市管理系统（12319）投诉案件5547宗，处理12345投诉案件1885宗，拆除周边违法广告52宗、约124.5平方米，拆除违法建筑4宗、约200平方米。开展55次专项行动，查处清理乱摆约3270宗，乱停乱放2254宗。开展饮食油烟污染及露天烧烤整治108次，出动723人次，145车次；整治餐饮油烟448档，教育露天烧烤对象483档，整治城市"六乱"共出动25556人次，6472车次；处理占道经营20825次、流动摊贩14944次、露天烧烤档127次、道路污染事故322次、油烟污染258次，查处违章广告744处、乱堆乱放2174起。查处"两违"工作专业队巡查发现违法建设328宗，总占地面积72554平方米，依法拆除违法建筑185宗，拆除面积51745平方米。派发《责令停止自然资源违法行为通知书》177份、《责令改正违法行为通知书》8份，依法拆除出动1042人次，出动车辆148车次。

思想道德氛围建设　充分利用社区宣传栏、工地围墙、电子显示屏、大型户外广告、公交站台等设置公益广告，实现"抬头可见、驻足可观"，营造浓创建氛围。全年辖区内23个公共场所大型LED电子屏滚动播放宣传标语，每天播放次数约3000次。翻新宣传栏约20个，新增宣传栏约30个，更新宣传栏画面内容约1400张。修正公共场所创建全国文明城市文字表述错误公益广告宣传牌约900块，清理破、损、污、旧广告宣传牌约300块，清理修补破损建筑围挡约3300平方米，制作文明标识牌约500个，修正300多个小区内的文字表述错误公益广告；更新维修3个体育公园公益广告，让广告吹起"文明新风"。依托"清城发布""清远发布""南方+"网络媒体和《清远日报》《南方日报》纸质媒体等，开展外宣工作，共发布各类新闻信息、宣传视频、专题报道等79篇次，各类媒体播放关于洲心街道的新闻片、宣传片16条，做好电视、电台、报纸等各类媒体的接访宣传工作，多次对接各级新闻采访，完成有关疫情防控、重点项目建设等重要采访接待任务。以乡村"大喇叭"为宣传阵地，投入21万元在连石、青联、沥头等40个自然村建设乡村大喇叭，有效助力党的理论、政策在农村落地生根。

病媒生物防治及登革热防控　疫情期间出动1412人次对辖区范围进行全面整治工作，清理卫生死角204处，清除垃圾1320多吨，整治病媒孳生地26处，清理下水道或排水渠共500米，派发宣传单张约70000份，出动防制人员80人次，投放毒鼠谷600千克，投放灭蚊药物约160千克，使用消毒药约900千克，消毒面积约90000平方米。开展4次统一灭蚊工作，加强对病媒孳生地的整治，共投入6万余元，其中按照工作指引购买除"四害"药物一批，约投入20万元。聘请专业除四害技术服务站对辖区范围的各机关单位、城中村、公园、广场、主次干道、内街小巷、排污渠、沉沙井、地下沟渠、垃圾站（点）、卫生死角、城市空地、居民区外环境以及城市接合部等各类公共场所重点区域及积水地进行除四害消杀工作。全年行动出动人员1609人次，病媒生物防治面积1205万平方米，使用器械332台次，使用灭蚊药物有倍硫磷乳油178千克、幼剋颗粒剂462千克、烟雾剂药液1408升、残杀威653千克、奋斗呐22千克、优士粉81千克、干撒净98千克、毒死蜱乳油83.5千克、安备颗粒剂50.8千克，使用灭鼠药物5001千克，新装灭鼠屋617个。加强并扩大病媒生物防制范围，进一步提高病媒生物防制的覆盖面和密度控制水平，防止辖区范围内登革热疫情的发生。由于各级重视，措施得力，有效打击"四害"密度的回升，人民身体健康得到有力保障。通过强有力的防控，洲心街道辖区内病媒生物密度大幅降低。

【新农村建设】　农业产业结

构　发展高产值、高效益农业，促进粮经比例提高，经济作物种植和畜牧水产养殖逐渐成为拉动洲心街农业经济发展的主要力量；发展生态、休闲农业，引进旅游开发项目，推动农业产业结构调整。

农村基础设施　洲心街道推进清城区洲心街城边村、城乡接合部环境综合整治项目建设，立项批复总投资17984.56万元，项目主要对洲心街道辖区内城边村和城乡接合部进行环境综合整治，改造面积约2700亩，涉及南埗、三角、连石、塘坦、洲沙等村（社区），涉及独树村、步塘村、正丰村、果园村等28个自然村小组。为满足市民日益增长的休闲娱乐、锻炼身心等需求，洲心街道共投入228万元拟对辖区内的大木洲公园、廉政文化公园进行提升改造，同时，投入513万元推进实施清远市清城区博爱学校周边和御福名居9个公交停靠站港湾式优化改造工程，已完成9个公交站改造；投入284.12万元，实施洲心街道2021易涝点整治工程，新建1座排水泵站、建设DN100-DN1000的排水管道约820米，解决洲心街道炒沙村、正丰村内涝问题。随着岛内旅游的逐渐兴旺，伦洲岛上的基础设施老旧不足成为阻碍发展的"硬伤"，例如岛上原乡村路宽度仅为4米左右，且夜晚没有路灯照明，既不便利又存在安全隐患。为尽量避免交通安全事故的发生，洲心街道对道路进行照明设施安装，修建环岛乡村公路并完善安全辅助设施。为解决伦洲岛生产和生活污水排放问题，切实保护伦洲岛周边水域环境，启动伦洲岛片区污管网及污水处理工程，2021年进行施工建设。为突出党建先锋作用，投入约100万元建设党建文化公园，该公园成为"初心路线"教育点，面向广大党员群众免费开放。

农村综合环境整治　为深入开展城乡清洁工程，进一步强化村容镇貌管理，推动社会主义新农村建设，营造整洁、优美、文明的居住环境，洲心街道聘请清洁公司加强对农村生活垃圾的清运，建立监督考核制度，加强对外包清洁公司的管理，要求清洁公司按照创卫工作的标准进行卫生保洁，安排街道工作人员巡查，及时将发现问题反馈给清洁公司，使问题得到及时解决。

【巩固脱贫攻坚成果】　洲心街道虽然处于市中心位置，但还是一个城乡结合型的街道，仍有一部分人口处于贫困状态。针对2020年秋至2021年春在校贫困户学生，经过扶贫工作组员及村委会的调查核实，全街精准扶贫户贫困学生有125人，其中属于九年义务教育81人，按补助标准每人每年获得生活费补助3000元；高中教育阶段25人，按补助标准每人每年减免学杂费2500元，发放生活费补助3000元；大专12人，按补助标准每人每年减免学杂费5000元，发放生活费补助7000元；本科7人，按补助标准每人每年减免学杂费5000元，发放生活费补助7000元。各项教育资助政策及时落实到位，实现辖区贫困户子女零辍学。其中洲心街道367户722人脱贫户全部购买2021年城乡居民基本医疗保险，纳入大病医疗救助，100%落实基本医疗保障，没有出现因病治疗又没有获得救助的情况。2021年，洲心街有脱贫户（4000元以下省定标准政策兜底户）367户722人（其中低保户

2021年7月1日，为庆祝中国共产党成立100周年，洲心街举行"光荣在党50年"纪念章颁发仪式
（洲心街道办　供图）

241户572人，五保户116户117人，一般贫困户10户33人），精准脱贫政策全面落实，脱贫户人均可支配收入以及"两不愁三保障"稳定达标，"八有"标准符合脱贫验收要求，达到脱贫标准的对象按要求组织有序退出精准扶贫建档立卡，脱贫攻坚成果得到有效巩固。

【学党史　办实事】 2021年，洲心街道开展庆祝中国共产党成立100周年系列主题活动。开展"百道党史题，千人大擂台"党史知识暨"学习强国"知识竞赛活动、"百位书记讲　齐心悟党史"专题党课活动、"大桥下的洲心记忆"专题展览等活动。通过举办系列庆祝活动，在全街营造浓厚的庆祝氛围，让全街党员干部及群众的爱党爱国的思想情怀更加入脑入心，让主动担当、服务群众成为党员干部的自律自觉。以开展"我为群众办实事""逢四说事"活动为抓手，进行社区服务官当好城市"绣花人"工作，广泛收集群众的急难愁盼问题。各村（社区）共收集办实事项目216个，完成项目56个。梳理并形成"我为群众办实事"主题实践活动重点民生项目清单，重点开展老旧小区改造工程、完善城乡供水和生活污水处理设施等与人居环境质量息息相关的重要项目，提升群众的幸福感、获得感、安全感。

（黎志强）

横荷街道

【概况】 横荷街道位于清城区西南部，东邻洲心街，南邻龙塘镇，西邻石角镇。2021年，横荷街道总面积90.37平方米，下辖百加、佛祖、横荷、打古、荷兴5个社区居委会和岗头、赤岗、大有、青山、玉塘、车头6个村委会，224个村民小组。年末，户籍户数19512户，户籍人口74962人。横荷街道水陆交通便利，三面环水，与北江、大燕河亲水相接，是广清高速公路和清连高速公路出入口，国道G107线、省道S1906线（清三公路）、清佛公路、广清高速贯穿东西南北。矿产资源主要有黏土。物产丰富，横荷街道是著名的"鱼米之乡""三鸟之乡"，清远麻黄鸡、乌鬃鹅、塘鱼是传统的主要特产，畅销海内外。旅游景点主要有国家AAAA级景区狮子湖旅游休闲度假区，是集生态旅游、阳光高球、别墅度假与国际商务于一体的大型综合国际社区，致力打造配套齐全、功能完善、服务优质的商务政务及旅游休闲交流平台。商圈文化有沙塘·月景湾乡村旅游（红色党建基地）。

【经济发展】 2021年，横荷街道地方财政收入15174.73万元，同比下降26.55%。固定资产投资31.89亿元，同比下降15.4%，完成率82.9%。

招商引资 2021年，横荷街道引进广东江夏生态建设有限公司总部大厦项目，项目总投资3.84亿元。该项目取得项目备案证、建设用地规划许可证、不动产权证，开展场地清拆、规划及建筑勘察设计工作资格，办理前期报建手续。

农业 2021年，横荷街道合理调整农村种养项目，粮食生产和农业产业结构调整稳步向前，完成水稻播种面积47362亩，其中，春种面积22345亩、夏种面积25017亩。完成撂荒复耕873.65亩，完成率105.78%，全面完成复耕面积2500亩。

工业 2021年，横荷街道实现规模以上工业企业总产值70.26亿元，同比增长24.4%。实现规模以上工业增加值11.47亿元，同比增长5.1%，完成率268.42%。实现固定资产投资31.89亿元，同比下降15.4%，完成率82.9%。实现外贸进出口总额2.32亿元，完成率171.85%。规模以上企业有14间，其中规模以上转规模以下有1间，新增规模以上企业8间。

【项目建设】 2021年，横荷街道项目建设有序推进。创兴六路、岗头600亩储备用地、人民西路连接线、城西大道268亩储备用地、工业品博览城等项目的征地拆迁工作有序开展，征地面积440.16亩，拆迁房屋159间；万安食品二期、敢鱼咀村三旧改造等项目的建设不断推进；沙塘·月景湾、环卫综合及停车场建设项目建成并投入使用。

【基础设施建设】 农村基础设施 2021年，横荷街道投入50万元完成横荷社区路口优化及C290线、Y188线道路修复。投入38万元开展C296线、C685线3.46千米安全防护提升工程建设。投入33万元开展C848线0.5千米农村道路硬底化建设。投入510多万元完成岗头泹田一、泹田二、新屋3个城中村15千米污水管网改造。投入115万元完成石垭塘水库标准化建设、沙塘及元罗岭等四座电排站的维修、玉塘村灌溉渠清疏工程建设和青山狮子湖泄洪道及周边排涝坑寨治工程建设。

公共服务建设 2021年，横荷街道开展基本公共服务均等化建设。筹建"一门式、一网式"政务服务中心，拟在街办周边租赁1500平方米办公场所建设包括政务服务大厅、公安服务大厅、24小时自助服务大厅在内的"一门式、一网式"政务服务中心，进一步拓宽政务服务方式和渠道。实施公交停靠站港湾式优化改造工程，完成广清医院、远光电缆厂、万科华府站等5个公交停靠站港湾式改造。

【城乡建设管理】 打好蓝天保卫战 2021年，横荷街道坚决打好污染防治攻坚战。强化涉气企业污染防治，重点加强对恒丰泰印染有限公司、中拓染整有限公司等重点排放企业的监管。强化"小散乱污"企业整治，责令16家达不到要求的企业进行整改，取缔无证照无污染防治设施企业28家。强化餐饮油烟污染治理，责令28家油烟收集不完善或未正常维护油烟净化设施的大排档进行整改，取缔无证露天烧烤档23家。强化露天禁烧整治措施，处理田间地头秸秆焚烧事件263起。

打好碧水保卫战 2021年，横荷街道全面推行河长制，街级河长巡河590次，村级河长巡河1009次。开展水面保洁行动，全年投入130多万元保洁河道42.2千米，保洁水面面积约389.3万平方米。持续开展海仔大排坑和龙沥大排坑综合整治，投入450万元对海龙涌A段进行改道。投入170万元完成寮坑河1.6千米黑臭水体整治，改善周边群众居住环境。

打好净土保卫战 2021年，横荷街道查扣违法倾倒建筑垃圾运输车辆8台。联合上级部门在清远西高速出入口和横荷高速出入口设点查处非法运输固废垃圾车辆，设点排查30次，有效遏制非法转移、倾倒固体废物污染环境违法犯罪行为。专门聘请有资质的公司对此前遗留的固废垃圾点（如打古社区、车头村、大燕河堤等固废垃圾点）进行清理。

城乡管理 2021年，横荷街道抓好"两违"整治，引导群众、企业依法用地、规范用地。全年拆除违章建筑30间，拆除面积17620平方米。拆除违法在建地基2处，拆除面积200平方米。拆除违规搭棚83处，拆除面积80580平方米，进一步规范建设管理秩序。集中整治"六乱"现象，整治乱摆卖、乱张贴、乱拉挂、乱涂画、乱堆放、乱停放等共14200多起，查处摊档12600多个。统筹抓好人民路沿线敢鱼一、敢鱼二、敢鱼三和新屋村等周边自然村连片整体改造，推进御金街、倾国清城、人民路义乌商贸城华南装饰城的沿街建筑美化亮化工程。完善创文巩卫硬件建设，有序推进5个社区工程建设整治、2个农贸市场周边卫生提升，更新2000多处公益广告，更换800多套分类垃圾桶标识，购置1300只240升垃圾桶，升级改造垃圾港湾收集点12个，推动横荷街道环境面貌、文明程度不断提升。

【社会事业发展】 教育医疗 2021年，横荷街道发展教育事业，投入790万元完成横荷中学宿舍升级改造工程和校园升级改造工程建设，进一步改善学校的办学环境。百加小学新校区完成建设并投入使用，新增学位900多个。加强医疗卫生服务建设，申请专项债资金筹建横荷社区卫生服务中心二期工程。

文体 2021年，横荷街道开

展文化馆总分馆联动活动15场次、图书馆总分馆联动活动20场次,组织星级队伍横荷活力舞蹈队26人开展文艺下乡演出活动6场次,丰富群众精神文化生活。选送的佛祖龙盛龙形拳醒狮队和车头复英堂醒狮队两支队伍参加"狮舞凤城"第三届舞狮比赛,分别获一、三等奖的好成绩,推动了狮舞技艺的传承与发展。以党建带动乡村振兴、发展全域旅游,促进民宿持续健康发展,2021年9月横荷街沙塘·月景湾民宿获广东省文化和旅游厅颁发的"广东省乡村民宿示范点"称号。

文明志愿活动 2021年,横荷街道推进新时代精神文明建设,深化群众性精神文明创建活动,培育文明风尚,建成新时代文明实践所1个,新时代文明实践站11个,开展新时代文明实践活动472场。深化社区服务官系列活动,以"三传一办"为抓手,开展"逢四说事",全面推进"民生微实事"。开展文明志愿活动,开展文明交通、文明上网、"逢8出发"、绿色环保、垃圾分类等志愿活动280多场。

工会 2021年,横荷街道总工会组建企业工会46家,新增企业工会7家,通过职工代表大会完成换届选举的企业工会5家。街道办事处工会为干部职工购买广东省职工保障互助会住院医疗综合互助保障计划(二次医保)402人,因病住院享受二次医保报销职工27名,大大减轻职工的经济负担。

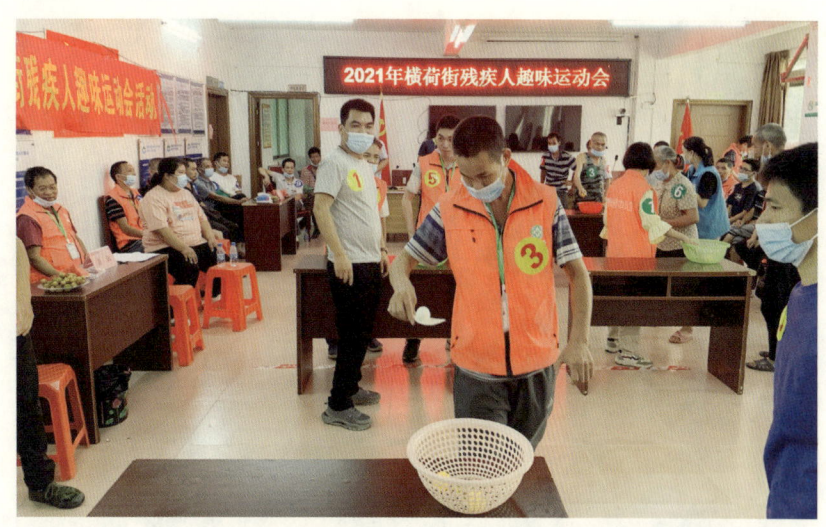

2021年5月25日,横荷街道办在岗头村康园中心召开横荷街残疾人趣味运动会,共有34名残疾人参加活动 (横荷街道办 供图)

民生保障 2021年,横荷街道按政策发放低保户救济金、特困户补助金、残疾人两项补贴、孤儿养育金、困难儿童生活补贴等1260多万元。纳入低保户24户,退出低保户13户,纳入特困户9户,退出26户。开展"寒冬送温暖"活动,向特困户及有需要的困难群众派发棉被和大衣。帮助1个流浪汉,将其送到救助站救助。开展关爱保护留守儿童和困境儿童活动,为13名困境儿童申请补贴,对52名困境儿童进行入户调查,了解儿童的生活情况、监护情况和健康情况。为70个重度残疾人申请护理补贴,为23个困难残疾人申请生活津贴,5月25日,在康园中心举办一场残疾人趣味运动会,有34名残疾人参与活动。疫情防控期间对敬老院进行全封闭管理,为减少疫情对老人的影响,及时对老人进行心理疏导。

社会保障 2021年,横荷街道联合上级部门举办各项技能培训活动,发动农村劳动力参加"粤菜师傅"培训315人,"广东技工"培训596人,"南粤家政"培训201人。推动线上清缴城乡居民医保和养老保险工作,实现"让数据多跑路,让群众少跑腿"的政务服务要求。全街城乡居民养老保险参保缴费有16100人,完成率100%。

【**疫情防控**】2021年,横荷街道严格落实"外防输入、内防反弹"防控策略,紧紧围绕防、控两个环节,强力部署,织密疫情防控网,无人感染新冠肺炎。紧盯重点人群,严格落实中高风险地区来清、返清人员的追踪、筛查、登记和健康监测,加强对公安推送的工单进行跟踪核查。公安推送的19235人全部核查完毕,其中落地本辖区的2757人全部按照"四个一"要求落实健康管理措施。严控重点场所,加强对辖区内的工业园区、住宅小区、KTV、休闲娱乐、宾馆旅店、旅游景

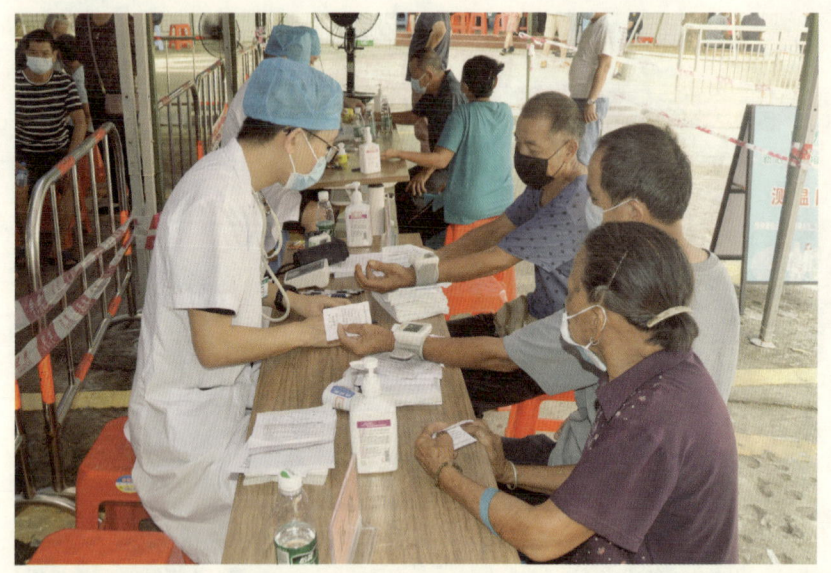
2021年10月3日，横荷医院对60岁以上老人进行新冠疫苗接种工作
（横荷街道办 供图）

点、冷链物流公司等场所的疫情防控督导检查，引导各场所严格在出入卡口落实测温、亮码、登记等各项疫情防控措施。检查狮子湖、倾国清城、MI国际电音剧场、东方水韵等重点场所180多个，各重点场所基本能按疫情防控要求落实防控措施。响应国家号召，及时动员，合理安排辖区居民群众分时段、分批次接种新冠疫苗，全街累计接种新冠疫苗205746剂次。严格按照区疫情防控指挥部的统一部署开展大规模核酸检测，依时优质高效完成全员核酸检测任务，全街累计完成核酸检测人数118766人。

【乡村振兴】 **巩固脱贫攻坚成果** 2021年，横荷街道紧紧围绕"四个不摘"要求，完善防返贫动态监测和帮扶机制，对易返贫致贫人口实施常态化监测预警，防止各类边缘户返贫，平稳推动巩固拓展脱贫攻坚成果同乡村振兴有效衔接；因地制宜开展优质农产品种养技术和乡村振兴、农村电商等专业培训，助力新型职业农民成长，提高农民经济收入，开展农村种养业技能培训等培训班6期，培训人数600人；鼓励农村或农户盘活利用现有土地资源，发展农民合作社、家庭农场、龙头企业等新型农业经营主体，申报区级农业龙头企业2家、农民合作社3家、家庭农场5家。

农田耕地保护 2021年，横荷街道开展农田整治，严控耕地撂荒，全年整合撂荒土地2500亩，撂荒农田办田2500亩，丢耕撂荒现象得到有效改善。

三资交易 2021年，横荷街道加强并规范农村集体资产交易管理，确保农村集体资产交易公开、公平、公正，推动农村集体资产优化配置和保值增值，加快改革力度，采取有力措施，应上尽上，创造交易条件，强力推进三资交易工作，让村民的利益得到最大化的保障，守住村民的钱袋子。通过"三资"监管平台立项资产资源交易35宗，立项交易合同年限有20年、15年、5年，交易的资产资源以土地和鱼塘为主，少部分为厂房及商铺。

美丽乡村 2021年，横荷街道有144个村民小组建成整洁村，5个村民小组建成示范村，1个村民小组建成特色村。全面铺开农村环境卫生保洁工作，全街村庄保洁覆盖面达100%，投入13800元完成46户农村厕所整改，建成130多个农村生活污水处理设施，投入近15万元开展两次大规模农村人居环境整治，村庄面貌焕然一新。

春秋防疫 2021年，横荷街道共组织防治员480多人次参加春秋两季动物集中免疫注射工作，为辖区内约4400户次农户饲养的动物进行免费免疫注射。春秋两季动物集中免疫数量散户合计为：鸡7万只，鹅4.1万只，鸭0.2万只，规模场免疫家禽数128.5万只，牛45头，羊985头，鸽30万只。

【人大换届选举】 2021年9月，横荷街道根据《清城区区镇两级人民代表大会换届选举工作实施方案》，依时依规完成清城区人大代表的换届选举工作。全街有52000多选民参加投票选举，参选率95.7%，选出28名代表；清城区市直、区直机关选派代表5名。年末，横荷街有清城区第九届人大代表33名。

【党建工作】 **思想政治建设** 2021年，横荷街道组织党委理论中心组开展学习11场，支部主题党日活动731场，领导干部、支部书记讲党课240场次；有156名老党员获颁"光荣在党50年"纪念章；1600多名党员干部参与重温入党誓词、接受红色教育、观看"七一"庆祝大会讲话等活动。

街道体制改革 2021年，横荷街道推进体制改革工作，2020年8月29日，横荷街道由原来的八大办改为十一大办，同步完成党支部调整；有序推进2021年村（社区）"两委"换届工作，1月9日，完成11个村（社区）党组织换届选举，1月22日，全面完成11个村（居）委会选举工作。

基层党组织建设 2021年，横荷街道发展党员48名，转正党员28名，进一步优化党员队伍。推荐党员干部参与2021年各级"两优一先"评选，2名党员被评为"清远市优秀共产党员"，2名党员被评为"清远市优秀党务工作者"。规范基层党组织设置，将赤岗、岗头、青山、百加、佛祖、横荷6个村（社区）党总支部升格为党委，选优配强班子成员；推行街道"大工委"、社区"大党委"工作机制，成立5个社区"大党委"，聘任6名"大党委"兼职委员，遴选4名街道"大工委"兼职委员参与街道社会治理，变"独角戏"为"大合唱"，使横荷街道基层党组织更趋优化。部分基层党组织在党建工作中发挥基层示范引领作用，以实际行动赢得上级部门的认可，在2021年"两优一先"基层党组织评选活动中，远光集团、车头村2个基层党组织被评为"清远市先进基层党组织"，横荷社区、大有村2个基层党组织被评为区级"先进基层党组织"。

人才培养 2021年，横荷街道实施"金融村官"计划，与清远农商银行相关联系人对接，引进"金融村官"挂职10个村（社区）党组织书记助理。统筹推进各领域党务工作者队伍、党建人才队伍建设，组织村（社区）14名后备干部参加两届大专学历提升班培训，利用街工委党校多次组织各领域的党务工作者进行教育培训。以"党建+乡村振兴"项目建设为抓手，开展党员参与共建共治乡村环境卫生长效管护的探索，以大有村为试点，通过"三个一元"的方式推动大有村27个村小组落实保洁员制度，以点带面铺开横荷街道乡村环境卫生长效管护。

2021年，万豪水晶湾廉洁长廊 （横荷街道办 供图）

【社会维稳】 **综治维稳** 2021年，横荷街道牢固树立"综治为民"工作观念，开展平安横荷创建活动，履行维护横荷街道政治大局及社会经济和谐稳定。全域"网格化+信息化"管理工作汇总提升，辖区共划分为1个总网格、11个村（社区）网格和110个村小组（小区）网格，构建全街全域一体化的三级网格体系，新增网格事件7801宗全部处理完毕。推动"清城区社会综合治理云平台"项目建设进展，部署327个点位，976支摄像头，按照建设标准，增加114支高清红外枪机和116支人脸识别摄像机，对主要交通干道和人流密集场所的覆盖率为100%。

安全监管 2021年，横荷街道推进安全生产专项整治行动，抓好安全领域风险防范，坚决遏制重特大事故发生，检查企业及

"三小"场所1800多家,发现安全隐患1650项,发出责令整改通知书824份,完成整改1620项,关停废品回收站6间,查封无牌无证"三合一"场所2家。深入开展扫黄打非,实施精神障碍患者救治救助,推进"综治视联网"建设,加强流动人口及出租屋管理,做好食品药品监管,保障全街社会大局和谐稳定。

反诈宣传 2021年,横荷街道全面推进辖区反电诈宣传工作,全街驻村干部落实"敲门行动"网格化,结合新冠肺炎疫情防控工作和疫苗接种、核酸检测等部署开展"疫苗反诈双接种、生命财产齐保护"专项行动。全街累计装设流动高音喇叭20个,完成安装固定高音喇叭185套,出动宣传巡逻车逾2000车次,制作悬挂反诈横幅约300条,印制反诈宣传单120000份,超大海报3600张,宣传塑料扇20000把,反诈抽纸4000盒,出动干部累计逾6000人次,敲门入户宣传累计近两万户,全街所有窗口部门向群众宣传反诈累计逾五万人次,推广安装国家反诈中心App并完成扫码认证累计70193人。

(黄燕梅)

2021年5月20日,横荷开展反诈宣传活动　　(横荷街道办　供图)

源潭镇

【概况】 源潭镇位于清城区东部,东与佛冈县和广州市从化区接壤,南与龙塘镇银盏林场和广州市花都区接壤,西与龙塘镇、清远市区接壤,北与飞来峡镇接壤。乐广高速公路及建设中的佛清从高速公路、京广铁路交会其中。2021年,辖区面积227.37平方千米,下辖5个社区居委会、16个村委会,共534个村民小组。户籍户数24130户,户籍人口98237人。全镇下辖党组织108个、党员2353人。辖区内矿产资源种类丰富多样,其中储量较为丰富的是高岭土、花岗岩、瓷沙、瓷泥,主要分布在迎咀村、青龙村、洞尾村一带。丰富的矿产资源为源潭镇陶瓷产业的发展提供原材料,奠定源潭镇陶瓷产业的支柱地位。源潭镇工业发达,辖区内主要有建材陶瓷工业园、金峡工业园和东坑工业园三大工业园区,总面积约5万亩,作为支柱产业的陶瓷产业共有企业13家、生产线81条,拥有东鹏、蒙娜丽莎、家美、南方卫浴和宏威5个国家著名商标企业。辖区内旅游景点有新马田园综合体项目("飞霞龙田"文化乡村项目),设有稻虾共生、智慧农业、水产基地、精品民宿四大主题板块,建成365亩稻虾共生养殖场、古风民宿样板、"星期六集市"长廊、智慧农业大棚等一系列基础设施,助力乡村振兴。文化遗产有龙狮田客家鸡公狮,堂号"乐英堂",是岭南客家文化的活化石。自清乾隆二十九年(1764年),源潭镇青龙村委会龙狮田客家围村以客家潘姓家族为主,将客家鸡公狮舞技艺代代相传、延续至今。龙狮田客家鸡公狮舞被列入清远市第五批市级非物质文化遗产代表性名录,多次受邀参加市、区非遗展演。特色美食窝仔粉,又叫"卷粉糍",是源潭传统美食之一。浸泡好的米浆通过竹编米筛蒸熟，粉皮晶莹剔透，口感细腻爽滑，当地村民常在逢年过节或喜庆日子食用。

【经济发展】 经济指标 2021年工农业总产值139.6亿元，同比增长4.5%；实现工业总产值129.9亿元，同比增长4.5%；规模以上工业总产值约127.8亿元，同比增长4.5%；实现农业总产值9.7亿元，同比增长12.2%；固定资产投资19.3亿元，同比增长20.1%。

招商引资 2021年，源潭镇新增动工项目5个，新建成投产项目1个。9家外贸企业进出口总额341587.3万元，其中进口总额6267.6万元、出口总额335319.7万元。重点项目共有6个，完成投资6.95亿元，占年度投资计划110.27%。现有陶瓷企业11家，其中在产陶瓷企业10家，建成生产线80条，累计完成陶瓷生产线"煤改气"改造80条。

农业 源潭镇深入实施撂荒复耕工作，确保粮食稳产增收。以行政村为复耕主体，合计派发春耕宣传海报2040张、横幅1020条、告知书1万余份，共完成15亩以上撂荒耕地复耕3970亩。2021年，全镇开展红火蚁防控行动攻坚战，组建专业防控队伍21支，组织生物灾害防治培训168人次，共投入资金8万元，累计发放红火蚁药物10吨，组织实施防治面积4500亩，减少发生面积2750亩，成效明显。

【疫情防控】 2021年，源潭镇进一步筑牢联防联控、群防群控严密防线，对重点人群进行落地核查和落实"四个一"工作机制，强化"三人小组"业务培训、推广应用"一码通"、提高"三人小组"的业务能力，更好地完成疫情防控各项工作。源潭镇强化资源保障，确保防疫物资保障到位，有序开展本地疫情全流程应急演练，从流行病学调查、重点人员转运、核酸大排查、环境消毒、生活垃圾处置等环节开展全流程应急处置演练，进一步提升疫情应急处置能力。

2021年11月30日，省委常委叶贞琴（左一）携同参加全省乡村民宿发展现场会的领导到新马乡村振兴样板区开展现场考察 （源潭镇党政办 供图）

2021年，清远纳福娜陶瓷有限公司车间 （源潭镇党政办 供图）

【民生发展】 社会保障 2021年，源潭镇全面提高城镇特困人员救助供养标准至1355元/人/月、农村特困人员救助供养标准至1162元/人/月；提高孤儿基本生活供养水平、残疾人生活津贴和重残护理补贴标准、老人长寿金标准，共发放老人长寿金约140万元；强化特殊困难群体关爱帮扶，投入约11万元开展冬春救助活动和慰问慰藉活动。

劳动就业 2021年，源潭镇以推进城乡居民参保全覆盖为目标，重点推进城乡医疗保险和新型农村养老保险工作，全镇续保人数为17950人，完成人数为18053人，完成率100.57%。城镇新增就业人数为456人，城镇下岗失业人员再就业人数为265人，就业困难人员实现就业人数28人（其中灵活就业人数22人），农村富余劳动力转移输出1930人，新增吸纳本省劳动力686人。

文体 2021年，源潭镇开展思想政治宣传活动，依托新时代文明实践所和各村（社区）新时代文明实践站，开展以党史学习教育、习近平总书记在庆祝中国共产党成立100周年大会上的讲话精神、党的十九届六中全会精神等为主题的宣讲活动近100场。举办"反诈敲门行动"、交通安全宣传、志愿集市、"文艺百村行"等大型主题活动4场。开展诗歌朗诵比赛、阅读分享会、摄影书画比赛、"学习强国"知识竞赛、"扫黄打非"进校园（社区）大型文化活动5场。开展"我们的节日"系列主题活动8场、"逢8出发"志愿者活动10余场、新时代文明实践活动100余场。组织免费公益电影播放192场，更新各类公益广告500余处。更换宣传广告、公益广告宣传栏（牌）90幅。完成政务中心门前廉政文化公园建设和大连村委旁街角景观微改造。

政务服务 2021年，源潭镇政务服务中心不断深化"放管服"改革，优化政务服务能力，实现政务服务由"一事跑多窗"向"一窗办多事"转变。全年源潭镇政务服务中心办理业务59310件，其中政务大厅窗口办理50277件（综合窗18195件、税务窗16518件、公安窗15564件），自助办理区9033件。源潭镇推广使用综合轻型化智能终端机——"粤智助"政府服务自助机，实现自助办理公积金查询、政务打印、医保查询、不动产信息查询、银行账号查询、助农补贴领取等多领域业务，实现"数据多跑路、群众少跑腿"，助力乡村振兴。

【城乡建设】 城乡管理 源潭镇加强辖区违法建设控制。2021年，发出责令停止违法行为（整改、拆除）通知书36份，开展拆违工作，拆除违建99宗，拆除建筑面积达56069.01平方米。开展创文工作专项整治行动。共清理占道杂物11车次、拆除违规设置户外广告灯箱37个，先行登记扣留流动摆卖四轮手推车9台次，劝导不文明现象29次，查处违规乱张贴9宗，整治工作取得良好效果。严格落实"河长制"，投入127万元对全镇14条河流进行日常维护保洁，投入45万元对26.47千米堤围进行维护。

生态环境 2021年，源潭镇严格按照大气污染防治攻坚"百日行动"要求，严厉查处农田焚烧秸秆、餐饮油烟排放和企业废气排放问题。截至2021年12月，源潭镇办结各类环境信访问题247宗，整治"散乱污"企业19家，完成VOCs重点监管企业治理4家，关停取缔企业19家，并对48家已整治企业进行"回头看"督查工作。查处超载洒漏车辆8辆，危废管理工作中对全镇36家存在危废的企业开展专项检查行动97（轮）次，查处大气排放问题企业6间。严厉打击非法转移处置固废行为，认真做好土壤污染防治工作，在设卡打击非法转移倾倒固废工作中，共出动238人次，开展专项行动32次，检查车辆591车次，查处疑似非法转移固废车辆1台。

【社会治理】 综治维稳 2021年，源潭镇加快推进"中心＋网格化＋信息化"工作。经一二期"雪亮工程"建设，建成视频监控点位752个，安装视频监控摄像机枪1835支，基本覆盖全镇辖区主要进出道路范围。排查调处各类纠纷365件，调处达成362件，调处达成率99.17%。源潭镇开展铁路安全隐患排查，成立铁路安全隐患排查工作小组，对源潭镇铁路沿线14个安全隐患点位进行危树清障，并通过区级验收。开展大型反邪教宣传活动8场，派发反邪教宣传资料1800余份、宣传环保袋约2000个，普及8000多人次，有效地提高群众防范意识和处理邪教问题的本领。强化禁毒宣传教育，源潭镇联合19个禁毒成员单位，开展禁毒宣传活动946场，派发禁毒宣传资料4万余份，服务约40180人次。联动21个村（居）完成第六次社会面吸毒人员信息采集工作，并完成分类分级工作。

扫黑除恶 2021年，源潭

镇信访办移交问题线索1条,已办结信访案件中暂未发现涉黑涉恶案件,辖区派出所共出动警力1400人次检查整治场所,建设平安良好的社会秩序。深入推进扫黑除恶斗争,派发扫黑除恶宣传资料约2000份,派发扫黑环保宣传袋约2000个,进一步提高辖区群众对扫黑除恶工作的知晓率和参与度。

安全生产 2021年,源潭镇全面检查辖区内工矿商贸企业,检查工贸企业250家(次),派出检查工作人员800人(次),完成整改164项。加强对矿山高陡边坡、排土场等重点区域和防排水设备设施检查,检查矿山38家(次),派出检查工作人员120人(次),发现隐患问题17项,发出执法文书30份,全部隐患跟踪落实并整改完成。开展消防安全工作,严格排查各类场所,整治隐患场所1024家,发出限期整改通知书1132份,完成粤商通注册企业1132家。发动网格员应用消防排查App软件开展消防排查工作,完成线上排查"三小"场所1132家,注册人数1132人。

【乡村振兴】 **基础设施** 源潭镇投入762.3万元完成5条农村道路(黄泥厂—大平段、大矿口—煤坑水库段、迳口—杨梅根段、排路坑—大屈坳段、大木岗—庙朗段)9.26千米安全防护设施升级改造,并完成危桥改造3座(办坑桥、林布桥、新屋桥)。完善农村公路安全防护设施,保障人民群众外出交通安全。增加"减速标线""停车让行"等交通标志牌,提醒途经车辆减速慢行和安全行驶,同时增设治安视频监控设备,以便对交通事故案件的侦破发挥重要作用。

美丽乡村 源潭镇围绕"一村一主题、一村一文化、一村一特色",全面实施美丽乡村建设。截至2021年12月底,累计建成20户以上美丽乡村329个(其中:整洁村311个、示范村12个、特色村6个),完成20户以下人居环境整治自然村53个,农村人居环境喜迎新面貌。

三块地改革 为探索推进农村"三块地"(农村承包地、农村宅基地、农村集体经营性建设用地)改革试点工作,整合盘活农村土地资源,激活农村土地等资源要素效益,源潭镇选取新马村凤尾一村小组作为"三块地"改革试点,完成股份经济合作社和资源合作部的成立挂牌仪式,通过推动农民变股民、资源变资产、资金变股金,提高农村集体、农民的收入水平。

【党建党廉】 **党建工作** 2021年,源潭镇以提升基层党建工作水平为重点,完成镇村两级换届任务。创新实行"村+村""村+校""机关+企业"党建共建模式。源潭镇率先在迎咀村党总支部和大连村党总支部(村+村)、台前社区党总支部和源潭中学党支部(村+校)、源潭派出所党支部和中国移动城区分公司党支部(机关+企业)搭建3种党建共建模式。21个村(社区)共建立党员突击队、党员志愿队42支,共1700余人,将两支队伍成员融入到综合治理网格中担任网格员,充分运用两支队伍在乡村振兴、疫情防控、突发事件应对工作中形成的有效机制,推动全镇基层社会治理能力迈上新台阶。

党廉工作 落实政府系统全面从严治党主体责任,持之以恒正风肃纪,始终保持惩治党员违纪违法高压态势。2021年,全镇立案15宗15人,以办理党员违纪违法案件为抓手,形成强有力

2021年,源潭镇新马村乡村振兴样板区温室大棚 (源潭镇党政办 供图)

的震慑作用，一体推进不敢腐、不能腐、不想腐体制机制。全面梳理排查历年积压线索，源潭镇发出监察建议书5份，督促相关部门落实主体责任，堵塞制度漏洞。充分发挥"微监督"平台作用，拓宽村级监督渠道，促进村（社区）"两委"干部廉洁履职，规范农村"微权力"的运行，打通基层正风反腐"最后一公里"，为全镇强化不敢腐的震慑、扎牢不能腐的笼子提供坚实的基础。

（陈翠婷）

2021年6月23日，清城区源潭镇新马凤尾一组股份经济合作社举行挂牌仪式　　（区新闻信息中心　供图）

龙塘镇

【概况】　龙塘镇位于清远市南部，距清远市区10千米，东靠源潭镇，南接广州市花都区，西邻石角镇，北与横荷街道、洲心街道隔江相望，属"珠三角半小时经济生活圈"范围，有清远"南大门"之称。2021年，龙塘镇辖区总面积227.37平方千米，下辖10个社区居委会（8个"村改居"）、6个村委会，分别为龙塘社区、石岭社区、金沙社区、新庄社区、银盏社区、云路社区、井岭社区、陂坑社区、沙溪社区、银龙社区、湴冲村委会、定安村委会、安丰村委会、民平村委会、长冲村委会、泗合村委会。2021年年末，户籍户数19398户，户籍人口77227人，常住人口7.61万人。龙塘既是清远市工业龙头镇，又是广东省重点工业卫星镇，广清城际铁路、广清高速公路、佛清从高速公路、武广高速客运专线、京广铁路、国道G107线和省道S269线、S253线贯穿其中，区位优势明显，是广清南北经济走廊的重要节点。龙塘名优特产有清远麻鸡、乌鬃鹅、水鸭、无渣粉葛等。旅游景点有银盏温泉、长隆森林公园生态旅游度假区（建设中）、三嘉北帝古庙、神石丹霞地貌等。

【经济发展】　经济指标　2021年，龙塘镇规模以上工业总产值308亿元，同比增长37.1%；工业增加值52.47亿元，同比增长18.55%；固定资产投资45.94亿元，同比增长9.57%。完成税收124771万元，同比增长8.88%，返还税收2960万元，同比增长6.13%；财政收入26105万元，支出17136万元，全镇经济呈现出平稳健康发展的良好态势。

工业　2021年，龙塘镇努力实现"工业大镇"向"工业强镇"转型，认真做好服务企业工作，促进辖区企业健康发展。引进先进企业78家，辖区内现有工业园区18个，企业422家，规模以上工业企业105家。广东聚石化学股份有限公司成为清远首家科创板上市企业，金禄电子科技股份有限公司2022年筹备上市。

农业　2021年，龙塘镇着力释放乡村新活力，全年新增农民合作社9个、农业龙头企业1家。严格落实耕地保护制度，推进撂荒耕地坐标点复耕3228亩。有序开展驻镇帮镇扶村工作，13个乡村振兴项目落实省级扶持资金

1814万元，有力巩固拓展脱贫攻坚成果同乡村振兴有效衔接。

【重点项目】 2021年，龙塘镇充分发挥清远"南大门"的区位优势，牢牢抓住广清一体化、粤港澳大湾区发展腹地建设等重大机遇，强化项目支撑带动，有序推进重点项目建设。全面完成磁浮旅游专线工程、佛清从高速公路北段（清远段）、清远市东部供水管网工程等项目征地任务，如期交付土地进行工程施工。继续做好长隆项目民事协调工作，清晖南路、森林大道、平安路、清晖路南延段等长隆配套道路加紧建设。安丰围（月星段）达标加固工程、清城区大份田水下游（高桥村至银盏河段）河道整治拓宽工程有序施工。完成雄兴工业园、圣力钢铁等工业园区及企业扩征任务，提高工业企业发展后劲。粤港澳大湾区500千伏外环中段工程（清远段）及清远500千伏清城至花都线路工程加快推进。

【环境整治】 2021年，龙塘镇聚焦环境保护，严厉打击各类环境违法行为。全年受理环保领域投诉事项529宗，处理环保领域投诉事项529宗，处理率100%。完成5个历史遗留堆点和3个新发现固废堆点的固体废物转移无害化处置工作，清理固体废物约6000吨。开展专项环境整治行动，实行设卡夜查、全天候日夜巡查，严厉打击企业偷排或不达标排放、非法焚烧、倾倒工业垃圾及电子废弃物、废旧五金拆解行业违规复产等环境违法行为。全年组织专项整治行动36次，依法取缔散乱污场所169间，清运处理工业固体废物3717吨。从严从重整治"散乱污"场所，开展"横向到边、纵向到底"的地毯式排查整治行动，巡查涉固废单位超过200家/次。严格落实"河长制"，各级河长巡河538次，处理河道问题19个，问题办结率100%。投入50多万元，保洁河道总长17千米，保洁水面面积约500万平方米。全镇生态环境不断优化。

【城乡建设】 2021年，龙塘镇着力升级完善基础设施，投入5550万元，完成清城区龙塘镇老旧小区改造（一期）工程，有序开展清城区龙塘镇老旧小区改造（二期）工程。投入2000万元，完成龙塘镇城中村污水管网建设工程。不断完善城乡路网，投入350万元，完成Y201线焦坑桥"桥改涵"改建工程、Y329线、U209线、C038线、C057线等道路工程的建设。投入70万元，完成泗合白鹤村至渔仔电排至上板村路灯、民平村委会德兴村入村道路等路灯安装亮化工程。以镇中心区域为重点，全面整治暴露性垃圾堆积、污水横流等问题，确保生活垃圾日产日清。全年清理卫生死角960多处，每月清运垃圾3800多吨，清理主次干道"牛皮癣"广告6580处，铲除牛皮癣面积达4680平方米，抹平扫白面积达10350平方米。依法拆除违章建筑面积6万多平方米，拆除违规设置的户外广告设施400多个，镇容镇貌得到有效改善。

【乡村振兴】 2021年，龙塘镇全域开展农村人居环境综合整治及美丽乡村建设工作，新增整洁村12条、示范村4条、特色村3条，累计完成183个自然村"三清三拆三整治"，覆盖率100%，累计打造120个整洁村。投入1400万元，全面铺开美丽乡村精品线路建设，完成龙塘镇轻轨站至集美云曼道路黑底化及沿线道路两侧排水及绿化工程，完成井岭、安丰沿线村庄房屋外立面建设、安丰党群服务中心外立面、农耕馆总体及地面改造工程、井岭党群服务中心外立面、公园改造工程。建成农村生活垃圾收集点21个，实现全镇村庄保洁100%全覆盖，行政村集中供水100%全覆盖，无害化户厕100%全普及。全年完成约3.04千米的"四好农村路"建设，铺就乡村振兴"快车道"。农综改深入推进，基本完成农村集体产权制度改革，"房地一体"农村不动产登记发证全面铺开。

【社会事业发展】 2021年，龙塘镇社会保障水平不断提升，城镇低保标准提高至847元，农村低保标准提高至726元，同比增长5%、10%。城乡居民医疗保险参保人数达51941人，新型农村社会养老保险参保人数达37631人。有效处理劳资纠纷案件，帮助工人追回工资4000万元。发放低保金517.21万元，为群众提供基层保障。投入700多万元，完成中

2021年9月10日,龙塘镇主要领导前往龙塘中心小学、龙塘第一中学进行教师节慰问　　（龙塘镇党政办　供图）

小学扩班课室改造、运动场和厕所等场所升级、教学设备设施采购等事项,新增初中学位410个,小学学位643个。完善提升各村（居）综合文化服务中心运营,镇综合文化站被评为市一级文化站。完成龙塘镇治安监控系统设备更新（一期）、龙塘中心小学地质灾害整治、镇公共文体"三场"改造等一批民生实事。

【疫情防控】　加强常态化疫情防控工作,筑牢疫情防控坚固防线。坚持"人民至上、生命至上"理念,坚定不移抗击新冠肺炎疫情。制定网格化管理实施方案,建立由镇（村）干部、民警、卫计系统工作人员组成的"三人小组"210个,严格落实国内疫情中、高风险地区来（返）龙塘人员和国（境）外输入人员排查管控工作,安全有序接转入境分流旅客集中医学隔离6批次、647人次,切实做好涉港运输业务企业及粤港跨境货运司机管理,强化辖区内重点场所、重点行业防疫工作督导检查,落实重点人员定期核酸检测。2021年6月7—9日,完成从业人员咽拭子检测5096人次。有序推进全年龄段新冠疫苗接种工作,采取流动接种车、"点对点"接送、设置绿色通道等措施,做好60岁以上老年人疫苗接种工作,累计接种新冠肺炎疫苗151966人次,其中接种新冠灭活疫苗第一针72726人次（含3257人次腺病毒疫苗）,接种新冠灭活疫苗第二针68066人次,累计接种新冠疫苗第三针11174人,防控工作取得阶段性成果。

【社会维稳】　法治建设　推动全面依法治镇工作落地落实,深化公共法律服务体系建设,全面落实"一村（社区）一法律顾问"制度。2021年村（社区）法律顾问提供法律咨询187人次,开展法律宣传66场次,为村（社区）出具法律专业意见10份,发放便民服务卡3000余张。推进乡镇（街）道综合行政执法工作,成立综合行政执法委员会,立案37宗,作出行政处罚37宗。通过省执法公示平台公示行政执法结果信息37条,全程音像记录37次。对重大行政执法决定进行法制审核11件次,切实提高严格规范公正文明执法水平。

综治维稳　纵深推进扫黑除恶专项斗争,依托"中心+网格化+信息化"工作体系,开展"平安龙塘"创建活动、全民禁毒工程建设等工作,建立完善社会矛盾纠纷分级调处工作机制，受理各类矛盾纠纷201宗，化解达成198宗，调处达成率98.5%。全面推进综治信息系统运作，上传案件6764件，处置6764件，处置率100%，把大量矛盾纠纷消除在萌芽状态，构建基层稳定的第一道防线。

【安全监管】 2021年，龙塘镇严格落实安全生产责任，开展烟花爆竹和危险化学品专项检查整治，检查各类店铺123家次，查扣烟花爆竹213箱；检查危险化学品生产经营（加油站）企业69家次，排查隐患156条，督促整改156条，整改率100%。深入开展重点行业领域安全生产专项整治行动，检查各类企业241家/次，发现各类隐患195条，督促整改195条，整改率100%。全年全镇没有发生重大安全事故，人民生命和财产安全得到有效保障。

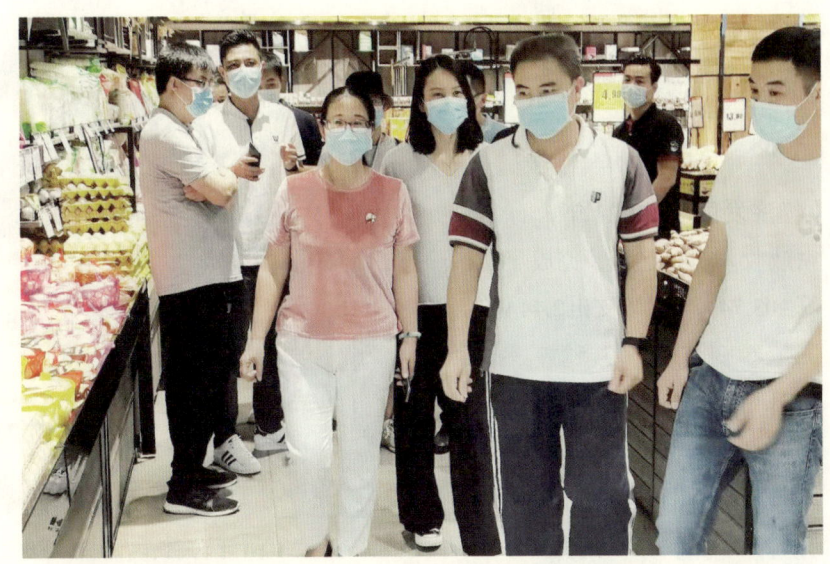

2021年7月24日，区长廖家杰（前右二）到龙塘镇调研商场防疫工作
（龙塘镇党政办 供图）

（肖 伟）

石角镇

【概况】 石角镇位于清远市最南端，地处清远、广州、佛山三市的交汇点，南接广州市花都区，西接佛山市三水区，是全区距离粤港澳大湾区最近的产业大镇，在接受大湾区辐射带动上拥有优越的区位、交通、生态、开发空间优势，具备承接粤港澳大湾区辐射带动的优越条件和重大机遇。2021年，石角镇域面积178.23平方千米，其中耕地总面积5万亩。石角镇辖有黄布、灵洲、南村、民安、新基、塘基、田心、七星、马头、石岐、沙步、沙坑、界牌、回岐、舟山15个村民委员会和石角、城中、塘头、兴仁、美林湖、碧湖、万悦7个居民委员会，共有287个村（居）民小组。全镇户籍人口28592户92729人，常住人口99004人，其中城镇居民57884人，农业人口34845人。镇内交通四通八达，国道G107线、国道G240线、省道S269线、省道S253线、X405线、Y012线、Y136线、石龙大道、德龙大道等主干道路贯穿全镇。北江大堤起点位于石角骑背岭，干堤在境内长16.28千米，石角镇拥有丰富的旅游资源，如距离珠三角最近的丹霞地貌马头山地质公园、历史悠久的岭南古民居九厅十八井、坐拥万千飞行爱好者基地的翔鹏农业生态园、新标志性旅游景点大家元摩天轮、北江河两岸美景、石角大堤"网红树"、石角镇抗洪公园以及美林湖度假区、故乡里等，这些旅游资源独具特色，各有千秋，促使石角旅游业不断发展。

清城区石角镇紧紧围绕区委提出的"将石角镇打造成为广清产业转移示范区、环大湾区先进制造业强镇"这一重要战略目标，深入贯彻落实"一心两轴四组团，全面推行网格化管理"的发展定位，抢抓"双区"驱动、"双城"联动和两个合作区建设重大机遇，奋力谱写新时代石角经济社会发展新篇章。2021年12月,石角镇获第二届"乡村振兴清远大擂台"金奖。

【经济发展】 2021年,石角镇财政收入2.45亿元,完成年初预算103.74%。财政支出2.44亿元,完成年初预算103.52%。截至2021年底,全镇拥有规模以上工业企业62家,占全区规模以上工业企业总数的45.5%,新上规模以上企业2家。石角镇规模以上工业总产值374.23亿元,占全区工业总产值的45.77%,同比增长32.1%。镇规模以上工业增加值为77.57亿元,同比增长15.80%。累计完成固定投资75.70亿元,同比增长33.60%。

2021年,广清产业园实现工业总产值132亿元,同比增长25.71%。工业增加值34.5亿元,同比增长26%。固定资产投资54.48亿元,同比增长50.91%,其中工业固投46.91亿元,同比增长90.94%;实现全口径税收收入3.88亿元,同比增长133.73%。一般公共预算收入1.68亿元,同比增长95.35%。

招商引资 产业基础不断夯实。石角镇列入2021年省市区重点建设项目共10个,累计完成总投资34.59亿元,截至2021年12月,共完成计划投资总额的219.21%,其中,金发科技高分子新材料产业基地项目建设进度远超预期,兴维物流园、蓝宝制药、赛美(广东)科技创新产业园、广清中大时尚科技城等重点项目稳步推进。全年引进各类规模企业项目29个,总投资11.2亿元。广清产业园区累计签约项目264个,投(试)产项目79个,在建和筹建项目70个。全年完成征地面积767.64亩,拆迁房屋49座,征拆大型场所14个,交付施工土地面积180.84亩。黄布500千伏清城变电站征地148亩、南方电网周边地块收储项目征地69亩、佛清从征地1212亩、广州路北延线两侧地块征地2362亩、新塘组团征地4432亩、湖岸西路片区征地3635亩工作全面完成。

2021年10月19日,省级新时代文明实践所——清城区石角镇新时代文化实践所 (区新闻信息中心 供图)

【农业产业】 2021年,石角镇推进"三个重心下移""三个整合"工作,深化农村综合改革,加大土地流转力度,重点推进农村耕地整合治理、连片耕作工作,解决土地细碎化问题。增加"三块地"改革试点取得初步成效,黄布村成为全市首个整村推进股份制改革村。全镇实现土地流转面积121622亩,镇内现有葡丰生态园、石岐波记菜场、回岐盈多蔬菜种植园特色农业示范基地3个,其中石岐波记菜场年产蔬菜约2300吨,是清城区唯一的省级农民专业合作社,成为供穗"菜篮子"基地。

【乡村振兴】 乡村振兴成果丰硕。石角镇深入推进乡村振兴战略,举全镇之力开展文明镇村创建工作,人居环境显著提升。其中,石岐村被评为第五届"全国文明村",石角镇人民政府被评为"清远市文明单位",新基、黄布、南村被评为"清远市文明村"。深入实施"美丽乡村2025"行动计划,建成美丽乡村234条,其中生态村1条、特色村16条、示范村51条、整洁村166条,完成人居环境整治3条。2021年,石角镇被纳入清城区美丽乡村风貌带建设镇,代表清城区参加广东省第二届乡村振兴大擂台清远市十强赛,取得金奖。结合石角镇区位,延展拥有江河、沙滩和草原的北江大堤自然资源景观,

街道（镇）

2021年，广清中大时尚科技城清远首个裸眼3D大屏
（石角镇党政办　供图）

2021年，清城区石角镇乡村旅游风貌带三色线景观
（石角镇党政办　供图）

2021年7月8日，清城区石角镇人民政府与欧派家居集团股份有限公司举行"乡村振兴战略合作协议"签约仪式　　（区新闻信息中心　供图）

围绕"国潮文化"，深挖"石角1953"文化、北江渔民"疍家"文化，打造清远市首个全沉浸、开放式农文旅剧场等主题产业集群，全面开发建设"石角1953"文旅项目建设。深耕本土文化和当地特色，打造极具特色的美丽乡村精品线路3条。创新开展政银合作、村企合作、工业反哺农业发展模式，分别与金发科技、欧派家居、忠华集团签署"乡村振兴战略合作协议"，与清远农商行签署"政银战略合作协议"。石岐村岐西纺织品公司、珠海飞翔传动机械有限公司相继建成投产，预计增加村集体年收益90万元，带动当地就业50多人。

【民生事业】　2021年，石角镇民生福祉更加殷实。基层政务服务便民高效，高标准打造石角镇政务服务中心，可办理698项业务，其中186项可以实现24小时自助办理，并创新推出"预约服务""午间延时服务""办不成事反映窗口"等举措，进一步优化营商环境。中心自2018年投入运营以来，共办理各类业务20万余宗，按时办结率100%，最多跑一次比率93.1%，群众满意率99.9%。全市首个社区24小时自助服务区（石角美林湖社区）投入使用。中心小学三号教学楼、广铁一中二期、美林湖公立学校建成投入使用。全镇所有行政村（居）综合文化服务中心实现全覆盖；家庭医生签约制度实现全覆盖。

【生态环境保护】　生态环境不断

2021年12月22日，清城区石角镇政务服务中心24小时自助服务区（美林湖分区）举行揭牌仪式 　　（区新闻信息中心　供图）

改善。石角镇推进"河长制""湖长制"，镇村两级河长巡河1754次，整改落实河道问题86件，开展全镇河流清淤清漂302次。扎实开展环保工作，健全巡查监管长效机制和举报奖励制度，强化宣传和监管，全力切断外来固废进入石角镇倾倒的路径。配合做好2021年第二轮中央生态环境保护督察反馈问题整改工作，累计收到中央环保督察组转办信访、投诉案件23宗，全部办结。开展联合打击固废行动29次，制止非法倾倒行为11宗。关停取缔"散乱污"场所65家。扎实开展乐排河流域和沙步溪综合整治。

【社会治理】　共治共享格局日益彰显。2021年，石角镇完成建党100周年大庆等重大节点维稳安保工作任务。建成综合网格中心，划定31个二级网格、330个三级网格，实现"多网合一、一网统筹"。全镇通过运用"清城网治"App和系统后台上报有效事件达1662宗，事件办结1659宗，办结率99.8%。开展交通安全示范镇创建，精心打造国道G107线交通安全"一公里示范带"，全镇道路交通环境安全有序。铁腕整治违法建筑，全年发出责令停工或拆除通知609份，依法拆除违法建设126宗，拆除违建面积113080平方米。全面开展"治乱补短全民反诈"工作，全镇推广群众安装反诈App约7万人次。持续抓好安全生产工作，全年检查企业293家，发现隐患962项，完成整改656项，全镇无发生特、重大安全事故。

（江明君）

飞来峡镇

【概况】　飞来峡镇位于东经130°7′，北纬23°45′，地处清远市区东部，北江中下游。东面是佛冈县龙山镇，南面是清城区源潭镇、东城街道，西面是清新区禾云镇，北面是英德市黎溪镇。距清远市区37千米，北江航道、银英公路、京广铁路、武广高铁、乐广高速、汕湛高速和广连高速公路纵贯全镇。2021年，飞来峡镇总面积371.55平方千米，下辖螺塘、黄口、禾仓、独树、湖洞、银地、浈江口、石梨、黄洞、社岗、升平、竹园、西坑、高塱、文洞、旧岭、石颈、坳头18个村民委员会和江口、北潦、清华、龙埗、升平、横石、高田7个社区居委会，共25个村（居）委会389条自然村。年末，户籍户数21246户，户籍人口86021人。飞来峡镇有矿产资源、水力资源、旅游资源和野生动植物资源。矿产资源有用于陶瓷材料的瓷砂、白泥，蕴藏量较多，建筑用材花岗岩石较为丰富，有稀土、云母、长石、石英石及银矿。境内水力资源丰富，有北江、浈江、大燕河、高田河、樟洞坑、社岗坑，1999年建成的飞来峡水利枢纽多年平均发电量为5.55亿千瓦时，境内的高塱、西坑水位落差大，是开发兴建小水电站和漂流度假景点的一大优势。待开发的社岗

2021年12月31日，广连高速公路建成通车（飞来峡东出口）

（飞来峡党政办　供图）

飞来峡水利枢纽风景区　　　　　　　　（李文勇　2021年摄）

温泉流量大，水温76℃。旅游资源得天独厚，有飞来峡水利枢纽风景区、天子山风景区、飞来岛度假村，以及极具开发潜力的飞来峡库湾景区、九州驿站·大罗山主驿、聚美金沙滩等众多旅游观光休闲胜地，年接待能力可达50万人次。其中飞来峡水利枢纽工程上游的库湾湖面面积有70多平方千米、总库容达19亿立方米，更有5万亩连片待开发山坡地，区内山清水秀、空气清新、景色秀美，极具综合开发利用潜力。镇内古迹有南朝墓、宋朝墓和明朝墓，有古桥、古窖藏。有仁孝里门楼（北潦）、长庚永照门楼（社岗）、大龙古庙（北潦）、大围村禾塘屋（社岗）、文洞革命根据地纪念碑（文洞）、香炉坑村民居（升平）、黄口二村关圣帝庙（独树）、里社古庙（黄洞）、社九村高积里门楼（社岗）、寺山村炮楼（石颈）、古村落（旧岭）等。飞来峡黑皮冬瓜是飞来峡镇的蔬菜拳头产品，作为特色产业发展。2021年飞来峡镇举办一年一度的飞来峡黑皮冬瓜节，吸引众多商家和游客前来参观和选购。

【经济发展】　经济指标　2021年，飞来峡镇完成公共财政预算收入1.45亿元。完成规模以上工业企业产值27.18亿元，同比增长约28%。规模以上工业增加值6.63亿元，同比增长约29.60%。完成农业总产值16.53亿元，同比增长约5.3%。完成固定资产投资13.09亿元，同比增长26.30%。

工业　新引进华润新能源、国能光伏等项目7个。新增映品（清远）生物科技有限公司和广东粤海飞来峡水力发电有限公司等规模以上企业2家。共投入8500多万元推动简一陶瓷、一丞阻燃和恒生饲料等公司完成生产设备和生产线升级改造等技改项目。

农业　实施农业"3个三工程"，努力探索和发挥"金融村官"作用，推动农民致富增收。高标准建设清远鸡省级现代农业产业园，完成2个国家黄羽鸡产业集群项目建设任务。智慧农业云平台加快构建。申报独树乌鬃鹅、旧岭大迳农场沃柑"一村一品、一镇一业"项目，全镇茶叶种植面积800亩，柑橘种植面积2000亩，种植黑皮冬瓜面积达3万亩以上，总产量超过10万吨。山其洞休闲度假村成为清城区重点农业龙头企业，粤桂湘游击队西坑村文化馆揭牌启用。

旅游　加快推进天子山旅游度假区、湛江蓄滞洪区花海项目

2021年，飞来峡镇文洞村委会大围村建设美丽乡村"特色村"建设通过验收　　　　　　　　　　　　（飞来峡党政办　供图）

（花稻花试验田项目）建设，全力做好生态文旅大文章。深入挖掘红色、侨文化资源，推进高田农业生态观光园项目、革命老区建设、华侨农场改革发展等文旅、农旅项目实施，农业休闲、生态旅游发展良好。

重点项目　清远市绿能环保发电项目投产运营，广连高速建成通车。江口、高田老旧小区改造和江口小学新建综合楼竣工。河西片区扩网供水工程和黄口、独树、湖洞"村村通"自来水工程完成建设。潖江蓄滞洪区建设与管理工程有序推进。飞来峡工程涉及群众搬迁安置项目正在协调用地手续。清城区新建粮库、飞来峡镇卫生院江口院区业务用房改建工程、清城区飞来峡镇公办幼儿园扩建改造、升平圩镇老旧小区及单体楼升级改造等项目建设加快推进。

【**乡村振兴**】　**基础设施建设**　2021年，飞来峡镇推进农村道路提升工程，完成U208线黄洞冲至黄竹坑段等共10.02千米道路硬底化工程和Y258线江口至黄口段等共30.92千米单改双车道项目建设。更换一批主干道老化路灯电线。完成北潦、横石移民安置区和黄洞大坪角等道路黑底化工程。统筹驻镇帮镇扶村资金500多万元，加快文洞初心学堂、C542线下潭至麻竹段单改双车道和坳头沙一、沙二村外立面改造等项目建设。

城乡环境整治　全面推广农村保洁经费制度。推进美丽乡村建设，全年通过验收美丽乡村"整洁村"36个、"示范村"21个和"特色村"5个，新增农村污水处理设施40个。累计建成美丽乡村259个，覆盖率为80.43%。全面开展农村厕所摸排整改行动，完成1.30万间农村户厕排查。

【**深化改革**】　**深化农村综合改革**　2021年，完成《飞来峡镇镇域乡村振兴规划》编制。推进农村股份制和坳头"三块地"改革试点工作。开展破解城乡二元结构、促进城乡融合发展深调研，扎实推动城乡融合18个重点项目。有序推进农村集体经济组织成员资格认定工作。完成红火蚁防治整治3000多亩。全面开展撂荒地整治，完成复耕复种5300亩，完成粮食种植2.8万亩。推进1.30万亩高标准农田项目建设。落实农村承包地确权登记颁证"回头看"整改工作，累计完成确权登记1.30万余户。加快房地一体化登记工作，分别完成初始登记和一轮公示修改2.1万宗、1.55万宗。

深化行政体制改革　镇乡村振兴办挂牌成立，驻镇帮镇扶村工作队有序进驻，有力巩固拓展脱贫攻坚成果同乡村振兴有效衔接。扎实推进综合行政执法改革，开展水利、林业、自然资源、市场监管等领域专项治理工作，有力查处一批行政案件。全年立案76宗，行政处罚案件32宗，处罚金额达200多万元。持续深化"一门式、一网式"基层政务服务改革，推动"网上办""掌上办"。在全镇各村（居）增设"粤智助"政府服务机器18台，全方位推广24小时服务，以"数据多跑腿"换取"群众少跑腿"。全力推进数字化改革，不断提升办事效率，全年政务服务中心受理审批办结事项3.5万余件，按时办结率100%。

【**生态环境保护**】　2021年，飞来峡镇全面落实"河长制""湖长制",开展西坑村马坑等河道疏浚工作。强化镇内水资源保护,减少农业面源污染。抓好中央生态环保督察有关工作,办结中央生态环境督察案件5宗,协办1宗,完成率100%。严厉打击固废倾倒行为,全面清理固体废物917.11吨。严格执行企业环评制度、排污许可制度,依法取缔"散乱污"场所6间,处理危险废物162.6吨、废旧鞋1万方。开展撒漏扬尘整治行动,立案查处扬尘撒漏12宗。推进森林防火阻隔带清理项目,全年修整防火隔离带10.8千米,开设森林防火救援通道6千米,建设森林防火高位蓄水池2个。完成迹地更新、造林及抚育1.7万多亩,森林覆盖率57.98%,活立木蓄积量114.41万方,年增长率6.0%。全镇没有发生大面积的病虫害和外来物种侵害,森林病虫害防治率100%。

2021年10月19日,飞来峡镇禁毒教育基地正式揭牌对外开放

(区新闻信息中心 供图)

【社会综合治理】 **依法治镇** 2021年,飞来峡镇自觉接受人大监督、法律监督和政协民主监督,累计承办市、区、镇三级人大代表议案建议67件、政协提案3件。推进政务公开,健全完善政府行政决策、学法普法、法律顾问、规范性文件合法性审查等制度机制,政府工作科学化、民主化水平不断提高。

综治维稳 推进禁毒重点整治工作,摘掉"区级重点禁毒关注地区"帽子,飞来峡镇禁毒教育基地揭牌。发挥"一中心"管理"一张网"组织作用,推进"网格化+信息化"建设,运用"清城网治"App上报有效事件754件。加强信访案件和矛盾纠纷的调处力度,及时化解社会矛盾,2021年受理信访案件45宗,办结43宗。调处各类社会矛盾纠纷127宗,达成调解125宗,调处达成率为98.43%,被评为广东省2021年信访工作示范乡镇。开展"扫黄打非""防邪""双打"等工作,做好重大节点维稳安保工作。深入开展"治乱补短·全民反诈"专项行动,累计推广近3万人安装反诈App。

安全生产 开展安全生产领域六大专项整治。全面开展工矿商贸、危化品企业,加油站等场所安全生产检查,发现隐患414项,全部落实整改。强化"两站两员"劝导作用,开展系统防范化解道路交通安全风险"百日攻坚行动"。开展9765间农村房屋安全隐患排查,消除农村房屋重大安全风险隐患。完成普铁安全隐患治理22处,完成削坡建房风险点整治60处。完成地质灾害隐患点整改4个,加快推进2021年度地质灾害隐患点治理工程。推动江居防震减灾示范点建设工程建设,加强森林防灭火及汛期"三防"工作,全镇没有发生重大安全事故。

【社会民生事业】 2021年,飞来峡镇各项底线民生保障标准不断提高。城乡低保年人均标准分别提高480元和792元,城乡特困人员供养标准分别提高756元和1272元,孤儿供养标准提高1404元,残疾人生活补贴提高72元,重残护理补贴提高96元。认真办好"粤菜师傅""广东技工""南粤家政"三项工程,新增城镇就业250人,有效促进就业创业。做好城乡居民医疗保险工作,城乡居民基本养老保险参保率达100%,社会保障提标扩面。有序推进被征地农民养老保障资金分配工作。

民生实事 十件民生实事有效落实。坚持为民办好事、办实事,全面铺开"我为群众办实事"活动,高质量完成3项重点民生项目和136项一般性实践活动,结合"逢四说事"解决群众意见329条。

科教文卫 通过省教育强镇复评验收,进一步巩固创建教育强镇成果。创建广东省五星级退役军人服务站和2021年度镇级全国示范型退役军人服务站。累计投入493万元开展创文工作,完成竹园、升居、石梨、社岗4个新时代文明实践站示范点建设,新增26个垃圾分类收集点,完成1个"扫黄打非"示范点和1个"扫黄打非"主题广场建设。依托新时代文明实践所(站),累计开展各类活动210余场。有序组织开展"疫情防控""爱国卫生""党团志愿服务""河小青"等各类志愿服务活动56场。

【疫情防控】 2021年,飞来峡镇统筹安排资金近330万元,用以抓好常态化新型冠状病毒肺炎疫情防控,稳妥处置各类疫情应急事件。做好中、高风险地区来飞重点人员核查和"四个一"健康管理,加强重点场所、重点人群排查管控,疫情防控平稳有序。完成全镇约4万人大规模核酸检测工作。稳妥有序推进疫苗接种工作,切实筑牢全民免疫屏障。

【基层党建】 2021年,飞来峡镇开展党史学习教育,广大党员干部在学思悟践中砥砺初心使命、赓续红色血脉,组织党员干部前往文洞革命根据地纪念碑开展"我们的节日·清明"学党史守初心、缅怀革命先烈活动;开展"永远跟党走"系列文化文艺演出10场,在全镇掀起听党话、感党恩、跟党走的热潮。严格落实全面从严治党主体责任,抓好意识形态工作。全面完成村级换届、镇领导班子、党代表、人大代表换届工作。推进廉政作风建设,执行中央八项规定及实施细则精神,开展"违规吃喝"问题专项整治。加大工作督查力度,开展"正风"行动、"公述民评"、基层正风反腐三年行动,干部队伍作风明显改善。

(梁洁颖)

2021年6月27日,飞来峡镇组织高田片区流动党员在红色革命老区——石板乡农会旧址开展"七一"专题党课

(飞来峡党政办 供图)

人物

2021年新任职区领导

新任清城区委副书记、区长

廖家杰 1973年3月生,广东佛山人,1997年7月参加工作。1992年9月考入广东商学院国际贸易专业,1994年10月加入中国共产党,1997年7月本科毕业;1997年7月至2000年3月在广东省委办公厅会务处工作;2000年3月至2001年7月任广东省委办公厅秘书;2001年7月至2004年2月任广东省委办公厅副科职秘书;2004年2月至2004年4月任广东省委办公厅正科职秘书;2004年4月至2007年4月任广东省委办公厅督查室主任科员;2007年4月至2009年4月任广东省委办公厅督查室副主任(其间:2006年9月考入武汉大学软件工程专业,2008年12月硕士毕业);2009年4月至2011年9月任英德市委常委;2011年9月至2011年12月任清远市纪委副处级纪检监察员;2011年12月至2012年8月任清远市纪委常委(正处级);2012年8月至2014年12月任清远市纪委常委,市预防腐败局副局长(其间:2014年9月至2014年12月参加省委组织部中青年领导干部培训)(正处级);2014年12月至2016年6月任清远市纪委常委,市监察局副局长(正处级);2016年6月至2016年10月任英德市委副书记(正处级);2016年10月至2016年11月任英德市委副书记,政协党组书记,党校校长(正处级);2016年11月至2019年3月任英德市委副书记,政协党组书记、主席,党校校长;2019年3月至2019年6月任英德市委副书记、党校校长(保留正处级领导职务干部待遇);2019年6月至2020年11月任清远市发展和改革局党组书记、局长;2020年11月至2020年12月任清远市清城区委副书记,区政府党组书记、区长候选人,一级调研员;2020年12月至2021年3月任清远市清城区委副书记,区政府党组书记、副区长、代理区长,一级调研员;2021年3月起任清远市清城区委副书记,区政府区长、区政府党组书记,一级调研员。

新任清城区人大常委主任

虞卫旗 1967年3月生,广东连山人,1989年8月参加工作。1985年9月考入中南民族学院历史专业,1989年6月本科毕业;1989年8月至1990年3月通过公开招考调入团市委,任办公室干事;1990年3月至1994年1月任团市委学校部干事;1994年1月至1995年1月任团市委青农部干事(其间:1994年4月加入中国共产党);1995年1月至1995年11月任团市委希望工程办公室干事;1995年11月至1996年4月任团市委维权部副部长;1996年4月至1999年6月任团市委青农部副部长;1999年6月至2001

年11月任团市委城乡部部长；2001年11月至2004年3月任团市委办公室主任；2004年3月至2006年11月任团市委副书记，2004年11月任团市委党组成员；2006年11月至2011年9月任清远市旅游局党组成员、副局长，2009年8月兼任市旅游协会副会长；2011年9月至2016年1月任佛冈县委常委、纪委书记；2016年1月至2019年1月任清远市国土资源局党组成员、纪检组组长；2019年1月至2019年5月任清远市自然资源局党组成员、市国土资源局纪检组组长；2019年5月至2021年1月任清远市自然资源局党组成员、副局长；2021年1月至2021年3月任清远市清城区委副书记；2021年3月至2021年10月任清远市清城区委副书记、三级调研员；2021年10月至2021年11月任清远市清城区人大常委会党组书记、主任候选人，三级调研员；2021年11月起任清远市清城区人大常委会主任、党组书记。

新任清城区政协主席

陈少聪 1967年7月生，清远清新人，1986年8月参加工作。1984年9月考入广州师范学院政治系，1986年7月大专毕业；1986年8月至1994年7月在清远市一中工作，先后任政治科组长、团委书记；1994年7月至1996年11月任清远市清城区清城中学副校长（其间：1996年6月加入中国共产党）；1996年11月至1999年6月任清远市清城区清城中学校长（副科级）；1999年6月至1999年8月任清远市清城区教育局副局长、清城中学校长；1999年8月至2003年5月任清远市清城区教育局副局长、党委委员（其间：2000年9月考入广东省委党校行政管理专业，2002年12月本科毕业）；2003年5月至2007年2月任清远市清城区教育局局长、党委书记；2007年2月至2011年5月任清远市清城区发展和改革局（物价局）局长；2011年5月至2011年6月任清远市清城区发展和改革局（物价局）党组书记；2011年6月至2011年9月任清远市清城区教育局局长；2011年9月至2016年10月任清远市清城区教育局局长、党委书记；2016年10月至2016年11月任清远市清城区委常委，区教育局局长、党委书记；2016年11月至2019年4月任清远市清城区委常委、区委办公室主任；2019年4月至2020年12月任清远市清城区委常委，区政府党组成员，区委办主任；2020年12月至2021年10月任清远市清城区委常委、区委办主任；2021年10月至2021年11月任清远市清城区政协党组书记、主席候选人，区委办主任；2021年11月至2021年11月任清远市清城区政协党组书记、主席候选人；2021年11月起任清远市清城区政协主席、党组书记。

新任清城区委常委

周冬梅 女，1973年11月生，广东连州人，1993年9月参加工作。1991年9月考入广东省财政学校财税计算机应用专业，1993年7月中专毕业；1993年9月至1996年3月在连州市连州镇财政所工作；1996年3月至2005年1月在连州市财政局工作（其间：1995年9月考入中共广东省委党校经济管理专业，1998年8月大专毕业，2002年6月加入中国共产党）；2005年1月至2007年2月任连州市财政局副局长（其间：2004年9月考入中央广播电视大学会计学财会方向专业，2007年1月大专毕业）；2007年2月至2007年3月任连州市西江镇党委副书记；2007年3月至2008年4月任连州市西江镇党委副书记、镇长；2008年4月至2011年11月任连州市西江镇党委书记、人大主席（其间：2007年9月考入中央广播电视大学法学专业，2010年1月大学毕业）；2011年11月至2016年9月任连州市人民政府党组成员、副市长（其间：2013年9月考入桂林电子科技大学工商管理专业，2015年12月硕士毕业，获工商管理硕士学位）；2016年9月至2016年10月任连南县委常委；2016年10月至2019年4月任连南县委常委、统战部部长，县政协党组副书记；2019年4月至2021年4月任清远市疾病预防控制中心主任；2021年4月起任清远市清城区委常委、统战部部长，区政协党组副书记。

刘浩文 1973年11月生，广东梅州人，1996年7月参加工作。1992年9月至1996年6月在广东商学院投资经济系投资金融专业学习；1996年7月至2000年1月任清远市财政局科员；2000年1月至2003年12月任清远市财政局预算科副主任科员（其间：2003年6月加入中国共产党）；2003年12月至2004年10月任清远市财政局预算科副科长；2004年10月至2009年6月任清远市财政局预算科科长（其间：2003年3月考入中国科技大学公共管理专业，2005年12月研究生毕业，获公共管理硕士学位）；2009年6月至2011年1月任清远市财政局行政政法科科长；2011年1月至2012年7月任清远市财政局办公室主任、人事教育科科长、行政政法科科长；2012年7月至2012年8月任清远市财政局办公室主任、人事教育科科长；2012年8月至2013年8月任清远市财政局副调研员、办公室主任、人事教育科科长；2013年8月至2013年10月任清远市财政局党组成员，市公共资产管理中心主任、办公室主任、人事教育科科长；2013年10月至2019年7月任清远市财政局党组成员、市公共资产管理中心主任；2019年7月至2021年3月任清远市财政局党组成员、总会计师，市公共资产管理中心主任；2021年3月至2021年10月任清远市财政局党组成员、总会计师；2021年10月起任清远市清城区委常委，区政府副区长、党组副书记。

耿彦召 1982年4月生，河南鲁山人，2004年7月参加工作。2000年9月考入西南政法大学法学专业，2003年4月加入中国共产党，2004年7月本科毕业；2004年7月至2011年12月任清远市公安局交警支队宣传科科员（其间：2007年4月考入中山大学法律专业学习，2008年4月至2009年4月挂任清新县公安局交警大队副大队长，2011年6月硕士毕业，获法学硕士学位）；2011年12月至2012年9月任清远市公安局交警支队市区大队源潭中队副中队长；2012年9月至2014年1月任清远市纪委科员；2014年1月至2016年5月任清远市纪委副科长级纪检监察员；2016年5月至2018年1月任清远市纪委（市监察局）办公室副主任；2018年1月至2020年3月任清远市纪委监委研究室副主任；2020年3月至2021年7月任清远市纪委监委办公室主任；2021年7月至2021年9月任清远市清城区委常委、纪委书记，区监委主任候选人；2021年9月至2021年11月任清远市清城区委常委、纪委书记，区监委副主任、代理主任；2021年11月起任清远市清城区委常委、纪委书记，区监委主任。

杨国辉 1983年11月生，广东英德人，2006年7月参加工作。2002年6月加入中国共产党，2002年9月考入广东外语外贸大学财务管理专业，2006年7月本科毕业；2006年7月至2008年6月在广东省清新县烟草专卖局（分公司）工作（其间：2006年10月考入英国兰卡斯特大学金融学专业，2007年9月硕士毕业）；2008年6月至2008年10月任广东省清新县烟草专卖局（分公司）综合管理部副主任，挂任清新县禾云镇镇委委员；2008年10月至2009年6月任广东烟草清远市有限公司佛冈县分公司副经理（副科级）；2009年6月至2009年11月任广东省佛冈县烟草专卖局（分公司）副局长（副科级）；2009年11月至2010年6月任广东省清新县烟草专卖局（分公司）副局长（副科级）；2010年6月至2011年11月任广东烟草清远市有限公司清新县分公司副经理（副科级）；2011年11月至2012年11月任共青团清远市委员会学校部副部长（其间：2012年9月起在华南农业大学农业经济管理专业博士研究生班学习）；2012年11月至2013年3月任共青团清远市委员会城乡部主任科员；2013年3月至2017年8月任清远市委组织部干部一科主任科员；2017年8月至2019年5月任清远市委组织部人才工作科科长；2019年5月至2020年5月任清远市委组织部办公室主任；2020年5月至2021年1月任清远市委组织部办公室主任、一级主任科员；2021年1月至2021年6月任清远市清城区委常委、组织部部长、党校校长；2021年6月起任清远市清城区委常委、组织部部长、党校校长，区直机关工作委员会书记。

钟伟权 1967年11月生，广东英德人，1988年8月参加工作。1986年9月考入广州市司法学校法律专业，1988年7月中专毕业；1988年8月至1999年9月在清远市清城区财贸委员会（清城区人民政府财贸办公室）工作，曾任综合办副主任（其间：1994年6月加入中国共产党，1995年9月考入中共广东省委党校行政管理专业，1998年8月大专毕业）；1999年9月至2002年6月任清远市清城区府办财贸办主任；2002年6月至2003年6月任清远市清城区府办公室副主任科员；2003年6月至2009年4月任清远市清城区委区府办公室副主任科员，区委区府办督查组组长；2009年4月至2011年9月任清远市清城区督查办主任；2011年9月至2012年7月任清远市清城区委区府办副主任、督查办主任；2012年7月至2013年7月任清远市清城区委区府办副主任、主任科员；2013年7月至2013年9月任清远市清城区社会工作委员会专职副主任（正科级）；2013年9月至2018年1月任清远市清城区政府党组成员、区府办主任、区委办副主任；2018年1月至2019年3月任清远市清城区政府党组成员、区府办主任、区委办副主任、区法制局局长；2019年3月至2021年4月任清远市清城区政府党组成员，区府办公室党组书记、主任；2021年4月至2021年5月任清远市清城区政府党组成员，区政府办公室党组书记、主任，一级主任科员；2021年5月至2021年10月任清远市清城区政府党组成员，区政府办公室党组书记、主任，四级调研员；2021年10月至2021年11月任清远市清城区委常委，区政府党组成员，区府办党组书记、主任；2021年11月起任清远市清城区委常委，区委办主任，区府办党组书记、主任。

新任清城区副区长

黄桂棠　1970年10月生，清远清新人，1992年8月参加工作。1990年9月考入韶关大学体育教育专业，1992年7月大专毕业；1992年8月至1993年3月任清远市清新县公安局太和派出所民警；1993年3月至1996年3月任清远市清新县公安局治安股民警；1996年3月至1999年3月任清远市清新县公安局治安科副科长（其间：1996年7月加入中国共产党）；1999年3月至2001年3月任清远市清新县公安局三坑派出所所长；2001年3月至2004年5月任清远市清新县三坑镇党委委员、三坑派出所所长（其间：1999年9月考入中共广东省委党校函授学院政法专业，2001年12月本科毕业）；2004年5月至2005年6月任清远市清新县公安局副科级侦察员、治安管理股股长；2005年6月至2005年9月任清远市清新县公安局副局长；2005年9月至2007年10月任清远市清新县公安局党委委员、副局长；2007年10月至2011年1月任清远市清新县公安局党委委员、副局长、正科级侦察员；2011年1月至2013年1月任清远市清新县公安局党委副书记、政委、正科级侦察员；2013年1月至2015年5月任清远市公安局清新分局党委副书记、政委；2015年5月至2015年6月任清远市公安局清新分局党委副书记、政委，清远市连南县人民政府党组成员、副县长，县公安局党委书记、局长、督察长，县委政法委员会委员；2015年6月至2016年11月任清远市连南县人民政府党组成员、副县长，县公安局党委书记、局长、督察长，县委政法委员会委员；2016年11月至2018年9月任清远市连南县人民政府党组成员、副县长，县公安局党委书记、局长、督察长，县委政法委第一副书记；2018年9月至2020年4月任清远市连南县人民政府党组成员、副县长，县公安局党委书记、局长、督察长，四级高级警长，县委政法委第一副书记；2020年4月至2021年5月任清远市连州市（县级）副市长、公安局局长，四级高级警长；2021年5月至2021年8月任清远市连州市（县级）副市长、公安局局长，三级高级警长；2021年8月至2021年9月任清远市连州市（县级）副市长、公安局局长，清城区政府党组成员、副区长人选，三级高级警长；2021年9月起任清远市清城区副区长、党组成员，清远市公安局清新分局党委书记、局长、督察长，三级高级警长。

邱伟博　1983年8月生，广东阳山人，2006年7月参加工作。2002年9月考入广东外语外贸大学国际商务英语学院英语（国际商务管理）专业，2005年5月加入中国共产党，2006年6月本科毕业；2006年7月至2007年10月任毕马威华振会计师事务所审计员；2007年10月至2011年12月任清远市对外贸易经济合作局科员；2011年12月至2012年12月任清远市对外贸易经济合作局副科长；2012年12月至2012年12月任清远市对外贸易经济合作局外资管理科副科长；2012年12月至2014年9月任清远市对外贸易经济合作局办公室副主任（其间：2011年9月考入广东财经大学工商管理专业，2014年6月硕士毕业，获工商管理硕士学位）；2014年9月至2014年11月任清远市商务局办公室副主任；2014年11月至2017年3月任清远市商务局投资促进与对外经济合作科科长；2017年3月至2019年5月任清远市商务局投资促进及管理科（外资加工贸易科）科长（其间：2017年6月至2019年5月挂任连南县三排镇党委副书记）；2019年5月至2019年6月任清远市商务局党组成员；2019年6月至2021年3月任清远市商务局党组成员、副局长；2021年3月至2021年4月任清远市清城区政府党组成员、副区长人选；2021年4月起任清远市清城区政府副区长、党组成员。

宗卫平　1975年10月生，清远清城人，1994年8月参加工作。1992年9月考入广东省韶关农业学校农业经济管理专业，1994年3月加入中国共产党，1994年6月中专毕业；1994年8月至2004年11月在清远市清城区东城街道工作，历任计生办办事员、妇联副主席、团委副书记、党政办副主任（其间：1996年9月考入广东省委党校财务与金融专业，1999年7月大专毕业）；2004年11月至2014年12月任清远市清城区东城街道党工委委员（其间：2005年2月考入广东省委党校公共管理专业，2008年1月本科毕业）；2014年12月至2016年6月任清远市清城区横荷街道党工委委员；2016年6月至2016年10月任清远市清城区飞来峡镇党委副书记、镇长人选；2016年10月至2020年1月任清远市清城区飞来峡镇党委副书记、镇长；2020年1月至2020年8月任清远市清城区飞来峡镇党委书记、镇长；2020年8月至2021年4月任清远市清城区飞来峡镇党委书记；2021年4月至2021年5月任清远市清城区飞来峡镇党委书记、一级主任科员；2021年5月至2021年6月任清远市清城区政府党组成员、副区长人选，飞来峡镇党委书记、一级主任科员；2021年6月起任清远市清城区政府副区长、党组成员。

雷焕坤　1971年1月生，清远清城人，1993年7月参加工作。1990年9月考入集美航海学院船舶通信与导航专业，1994年7月大专毕业；1993年7月至1995年9月在广州海运集团工作；1995年9月至2000年5月在清远市清城区政府办工作，历任科员、综合组副组长、信息组组长（其间：1996年9月考入中共广东省委党校经济管理专业，1998年3月加入中国共产党，1998年12月本科毕业）；2000年5月至2001年11月任清远市清城区小市街道办事处副主任；2001年11月至2003年6月任清远市清城区上廓街道办事处副主任、武装部部长；2003年6月至2004年11月任清远市清城区凤城街道党工委委员；2004年11月至2006年8月任清远市清城区凤城街道办事处副主任；2006年8月至2011年6月任清远市清城区凤城街道党工委委员；2011年6月至2012年7月任清远市清城区飞来峡镇党委委员；2012年7月至2013年9月任清远市清城区委区府办副主任、主任科员；2013年9月至2013年10月任清远市清城区飞来峡镇党委副书记；2013年10月至2014年5月任清远市清城区飞来峡镇党委副书记、镇长；2014年5月至2015年9月任清远市清城区飞来峡镇党委书记、镇人大主席；2015年9月至2016年3月任清远市清城区源潭镇党委书记、镇人大主席人选；2016年3月至2016年10月任清远市清城区源潭镇党委书记、镇人大主席；2016年10月至2021年4月任清远市清城区源潭镇党委书记；2021年4月至2021年5月任清远市清城区源潭镇党委书记、一级主任科员；2021年5月至2021年8月任清远市清城区源潭镇党委书记、四级调研员；2021年8月至2021年9月任清远市清城区政府党组成员、副区长人选，源潭镇党委书记；2021年9月起任清远市清城区政府副区长、党组成员，源潭镇党委书记。

新任清城区政协副主席

古汉雄　1972年6月生，广东梅州人，1992年9月参加工作。1989年9月考入西江大学计算机及应用专业，1992年7月大专毕业；1992年9月至1994年5月任清远市社会劳动保险公司科员；1994年5月至1996年8月任清远市社会保险事业局科员；1996年8月至1996年12月任清远市社会保险管理局科员；1996年12月至1998年7月任清远市社会保险管理局五级职员（其间：1995年9月考入中共广东省委党校经济管理专业，1997年12月本科毕业）；

1998年7月至2001年7月任清远市社会保险管理局副科级调研员；2001年7月至2002年4月任清远市社会保险基金管理局副科级调研员；2002年4月至2007年5月任清远市社会保险管理局副主任科员；2007年5月至2011年2月任清远市社会保险基金管理局信息技术科副科长；2011年2月至2012年10月任清远市社会保险基金管理局信息技术科副科长、主任科员；2012年10月至2015年8月任清远市社会保险基金管理局信息科科长、主任科员；2015年8月至2019年7月任清远市社会保险基金管理局信息科科长（正科级）；2019年7月至2020年1月任清远市社会保险基金管理局稽查科科长；2020年1月至2021年10月任清远市社会保险基金管理局稽查科科长、一级主任科员；2021年10月至2021年11月任清远市清城区政协副主席候选人；2021年11月起任清远市清城区政协副主席。

谢宇辉 1972年8月生，清远清城人，1992年7月参加工作。1990年9月考入广东省财政学校财税微机应用专业，1992年6月中专毕业；1992年7月至2002年12月在清远市财政局工作，先后任外经金融科、社保科科员；2002年12月至2005年10月任清远市财政局农业科副主任科员；2005年10月至2007年8月任清远市财政局契税征收分局副局长（副科级）；2007年8月至2009年3月任清远市财政局农业科主任科员；2009年3月至2009年6月任清远市财政局农业科主任科员、副科长；2009年6月至2014年1月任清远市财政局农业科科长（其间：2010年6月加入中国共产党）；2014年1月至2014年2月任清远市清城区财政局副局长人选、党组成员（保留正科领导职务干部待遇）；2014年2月至2014年3月任清远市清城区财政局副局长、党组书记（保留正科领导职务干部待遇）；2014年3月至2019年3月任清远市清城区财政局党组书记、局长（其间：2016年9月考入西南科技大学行政管理专业，2019年1月大专毕业）；2019年3月至2021年4月任清远市清城区财政局党组书记、局长，兼任区国有资产监督管理局局长；2021年4月至2021年5月任清远市清城区财政局党组书记、局长，兼任区国有资产监督管理局局长，一级主任科员；2021年5月至2021年11月任清远市清城区财政局党组书记、局长，兼任区国有资产监督管理局局长，四级调研员；2021年11月起任清远市清城区政协副主席、党组成员，区财政局党组书记、局长，兼任清城区国有资产监督管理局局长。

张锦辉 1971年2月生，清远清城人，1992年8月参加工作。1988年9月考入广东省水产学校水产养殖专业，1992年7月中专毕业；1992年8月至1998年12月在清远市清城区洲心镇政府工作，先后任房地产开发公司会计员、镇团委副书记、司法员、团委书记、司法办主任、党政办副主任、党政办主任（其间：1997年4月加入中国共产党）；1998年12月至2002年1月任清远市清城区洲心镇党委委员（其间：1997年9月考入广东省委党校经济管理专业，2000年7月大专毕业）；2002年1月至2003年6月任清远市清城区洲心镇副镇长；2003年6月至2006年8月任清远市清城区洲心街道办事处副主任（其间：2002年9月考入广东省委党校经济管理专业，2005年7月本科毕业）；2006年8月至2011年6月任清远市清城区洲心街道办事处副主任、党工委委员；2011年6月至2015年1月任清远市清城区东城街道党工委委员、纪工委书记；2015年1月至2016年6月任清远市清城区东城街道党工委副书记；2016年6月至2019年3月任清远市清城区洲心街道党工委副书记、办事处主任；2019年3月至2021年4月任清远市清城区洲心街道党工委书记；2021年4月至2021年11月任清远市清城区洲心街道党工委书记，一级主任科员；2021年11月起任清远市清城区政协副主席、党组成员，洲心街道党工委书记。

2021年获"广东省五一劳动奖章"称号人物

杨小姻 女,1975年10月生,广东梅州人,本科学历,现任清远市清城区困难职工帮扶中心主任。2014年2月从事困难职工帮扶工作以来,她兢兢业业,尽职尽责,吃苦耐劳,任劳任怨,严谨细致,严格按照规范程序,主动深入困难职工家庭,对建档立卡困难职工家庭进行入户调查,5年来,清理完善全国级、省级、本级档案共2526份。按照省保障部"先建档、后帮扶"的工作要求,对纳入困难职工档案的各类人员精准识别建档,做到档案制度完善,审核程序规范,严格实施公示制度,档案信息真实完整,建档标准科学合理。严格按照规定实施帮扶,针对困难职工不同致困原因,通过采取生活救助、助学救助和医疗救助的方式,真心实意帮助困难职工群众做好事、办实事、解难题,切实让职工感受到工会干部就是职工贴心娘家人。2021年被广东省总工会授予"广东省五一劳动奖章"荣誉。

2021年获"广东省优秀党务工作者"称号人物

伍敏忠 男,1986年9月生,广东清远人,2007年6月加入中国共产党,2009年7月参加工作,2018年任清远天安智谷有限公司党支部书记。该同志时刻以党员的标准严格要求自己,以饱满的工作热情、扎实的工作作风、优异的工作成绩,赢得天安智谷园区众多入园企业家代表一致的好评。2016年,清远天安智谷有限公司成立党支部,伍敏忠同志作为公司仅有的3名党员中的一员,在支部担任宣传委员一职。由于工作踏实、表现优秀,在2018年新一轮党支部换届选举中,他被选举为党支部书记。伍敏忠同志坚持学习党的路线、方针和政策,不断加强党性修养,按照党章的规定履行党员义务。他提出"不忘服务企业初心,牢记成就企业使命"是清远天安智谷党支部的特色,围绕服务、创新的主题,打造平台型、创新型"两新党支部"是支部的目标。他坚持把党组织作为桥梁、坚持把服务送进企业、坚持把党员放在一线、坚持把发展作为目标,在实际工作中取得了良好的成果,从成立伊始仅有3名党员支部发展到2021年有14名正式党员。随着支部党员数量的增加,支部力量不断增强,为更好地开展服务企业的工作提供强大后盾。他也不断学习和探索"两新"党组织发展新思路,积极沟通上级党组织及园区企业并获得支持。在开展园区企业走访活动中,他常常组织支部党员、公司运营团队与园区企业负责人和一线员工进行深入交流,对企业情况进行跟踪调查,了解企业目前的经营状况、今后的发展思路、存在问题和需求,助力企业发展。他多次组织与财税部门、自然资源部门、住建部门、银行金融机构、法院、海关等单位党支部的党建共建交流活动,为园区企业发展整合各方资源,搭建业务对接的桥梁,取得实质性的效果。作为公司工程开发总监,不可避免地要与经济事务发生关系,他牢固树立和强化廉洁意识,筑牢自身思想防线,能正确看待和处理好个人与单位之间的经济利益关系。他始终抱着"我是一名普普通通的党员,我的义务就是全心全意为人民服务"的信念,发挥基层党组织的政治核心作用,最大限度地发挥好、调动好园区党员的先锋模范作用,鼓励和引导每一位党员积极参与园区发展,极大激发园区党员投身园区事业发展的政治热情。他坚持落实"以党建抓服务,以服务促创新,以创新强企业"的工作思路,充分发挥党的先进性和引导性作用,把党建工作与园区平台创新发展有机结合。通过构建"党建+孵化"体系建设,以党群服务中心为载体,实现"四个孵化":孵化推动园区内企业组建党支部3个;孵化建立科创服务中心、人才驿站、工业互联网、知识产权、科技金融5大服务平台，与华为联手打造5G+智慧园区、5G+智慧党建；孵化园区文化，共开展党建文化活动逾50场；孵化统战创新经验，建立了清远市同心智荟实践创新基地。2019年7月，他带领党支部获得清远国家高新区企业基层党建路演比赛一等奖，个人被评为了"优秀党支部书记"。2020年2月，在疫情最严峻的时候，他投身防疫工作，牵头将获得的基层党建路演比赛一等奖以及优秀党支部书记的奖金全部用于采购防疫物资，向清城区横荷街道党工委捐赠防疫一次性口罩500个、酒精10斤。2020年9月，他带领党支部获得清远高新区"两新"组织党建路演比赛二等奖。2021年获"广东省优秀党务工作者"荣誉。

2021年获"清远好人"称号人物

邓淑华 女，1963年10月生，清城区金湖爱心志愿者协会的队长。2018年，邓淑华连同石角的一些爱心人士注册成立石角爱心志愿者协会，带头号召一些爱心商家、爱心人士，进行捐爱心款，帮扶困难家庭、困境学生等活动，2018年至2021年每月保持定期帮扶，每月资助4个困难家境学生，定期组织志愿者前往探访慰问。2020年疫情期间，为促使所居住社区和谐发展，共同抗疫，在金湖社区发动爱心居民群众加入志愿服务队伍，为金湖社区的和谐发展、新型商住小区的志愿服务探索了经验，2021年1—2月正式向民政部门申请成立金湖爱心志愿者协会，在加强相关部门监督的同时，更规范有序开展志愿服务。2021年获"清远好人"称号。

黄镜明 男，1976年6月生，清远农商银行金融护卫人员，同时也是清远市水松应急救援中心水域救援队队长。2021年2月27日，清城区石角镇北江河段发生险情，一游客因不熟悉地形不慎驾车冲进北江河中，所幸车上两名司乘人员反应快速弃车逃生，未发生生命危险。水松应急救援中心接到清远海事局请求救援通知后，立即出动6名队员驾驶两辆越野车拖带两艘快艇从市区赶往现场展开救援，经过一个多小时的奋力营救，终于将落水车辆拖上沙滩。面对车主重酬答谢的心意，救援队员一一谢绝并表示救援工作是民间公益无偿行为，能够帮助到有需要的人就是最好的报酬。2021年获"清远好人"称号。

唐嘉仪 女，1992年5月生，清城区飞来湖中学化学教师。2020年重阳节，唐嘉仪和4位驴友同去英德爬山，两位男驴友被黄蜂蛰伤，其中一位驴友突发过敏性休克，出现心跳骤停。作为一名教师和中共党员，唐嘉仪挺身而出，安抚其他驴友的情绪，拨打求救电话，并对该休克驴友进行心肺复苏。在该驴友苏醒后，为了避免再次出现紧急情况，确定自己有能力背其下山后，唐嘉仪主动提出背该男驴友下山寻找救援。下山途中不慎踩空，唐嘉仪的右脚踝小骨当场骨折。为了不给群众添麻烦，唐嘉仪靠双手和左脚爬着下山，该驴友也逐渐恢复意识，在其他驴友的搀扶下安全下山。该驴友经治疗已无大碍，而唐嘉仪因脚踝骨折在家休养两个月。2021年获"清远好人"称号。

刘娜 女，1979年10月出生，广州市菲源琦科技有限公司总经理。自2005年3月至2021年，在社会实践及社区中，为各大中专院校、企业、社团开展公益演讲、义务主持3000小时以上。参与其他组织的公益活动，比如筹款资助贫困学生，探望敬老院的老人，公益徒步等活动，时长超过500小时。积极参加社区活动，是美林湖关爱成长读书会的一员，利用周六、周日，义务工作60小时以上，不定期组织开展家长学习，青少年成长学习，图书置换等活动。同时还热心儿童教育公益工作，担任美林湖学校校级家委会委员，成为学校和家长连接沟通的桥梁，积极为学校建设和孩子们的成长献计献策。广州市菲源琦科技有限公司任职期间，在企业办职工大学，带领全员学习，倡导中华传统文化，传播感恩文化、孝文化，立足工作岗位做公益。2021年获"清远好人"称号。

刘锡锋 男，1986年4月生，清远市公安局清城分局刑事侦查大队一中队侦查员。在203系列涉医骗保案件中，共查处涉案医院2间，抓获犯罪嫌疑人52人，采取强制措施38人，执行逮捕23人，查明涉案金额超5000万元，通过积极的追赃挽损，为国家直接挽回经济损失高达5144万元。以点带面教育、整顿、震慑清远地区医疗行业的乱象，改变清远地区民营医院经营获利的生态模式，每年间接减少国家医保基金损失数以亿计。其追赃挽损之多、影响范围之广、震慑力度之大、持续时间之久、改变生态之巨是公安机关在打击涉医骗保案件中所罕见的，彰显了公安机关打击涉医骗保、守护广大患者"钱袋子"的决心，其打击成果在华南地区乃至全国都名列前茅、影响深远、意义重大。2021年获"清远好人"称号。

王 夏 女，1982年6月生，清远市清城区清城中学语文教师。2004年至今，王夏一直在教学一线工作，在平凡的岗位上用实际行动践行着一位优秀人民教师的天职。2019年7月，她响应学校的校本建设，带头成立校级骨干教师工作室，在毫无前人经验的基础上，带领工作室6位成员，践行着学校"走出去，带回来"的教育教学理念，取得不俗成绩，工作室成为学校样本工作室。王夏以学生立场为中心，关注语文学科教学知识的运用，在教学中关注学生语言的构建和思维的发展，引导学生学会思考，注重培养学生听说读写的能力，带领学生参加多项读写活动并取得不俗成绩。作为一名人民教师，她做到了在学科教学中融入立德树人的思想，在平凡的岗位上兢兢业业，以平凡的心，做伟大的事。2021年获"清远好人"称号。

张利银 女，1959年2月生，个体户。她一家原本有6口人，在公公、婆婆和丈夫相继去世后，她咬牙挑起家庭重担，独自抚养女儿，悉心照顾残疾的小叔。小叔廖志光是残疾人，还患有腰椎炎，生活不能自理。张利银42年来毫无怨言，不离不弃，为小叔按摩身体、擦拭身体、喂饭……言传身教，以德育人，她时常教育孩子学会做人、学会做事，做对社会有所作为、有所贡献的人。张利银还热心公益活动，积极配合街道社区支持清远创建文明城市，帮忙派发垃圾分类、扫黑除恶、扫黄打非等宣传单，还耐心给居民讲解宣传单上的知识。她怀揣这一份坚毅，用责任心和坚强担起一个家庭的重担。孝老爱亲早已融入张利银的骨子里，她以真情抒写了人间大爱，用行动践行了优秀美德。2021年获"清远好人"称号。

2021年获"清远市劳动模范"称号人物

赖栋楠 男，1992年6月生，广东清远人。蒙牛乳业（清远）有限公司质量管理处质量成品高级工程师。2013年，大学毕业加入蒙牛乳业（清远）有限公司，从最开始的基础化验员成长到现在的成品高级工程师，他始终严格要求自己，兢兢业业，立足本职岗位，勇挑工作重担，贴心服务部门员工，脚踏实地做好每一项工作。自动化的生产设备，需要有质量工人坚守产品一线，才能确保发运到市场的产品符合要求。赖栋楠这些年在食品安全这条路上稳打稳扎、稳步上升，这与他的刻苦奋斗分不开。在平凡的岗位打造不平凡业绩，用责任担当书写自己普通而不平凡的人生。7年食品安全路上，用青春成就责任。2021年被清远市总工会授予"清远市劳动模范"称号。

李继林 男，1972年1月生，湖北监利市人，本科学历，金禄电子科技股份有限公司董事长。他是参政议政的统战积极分子，热心公益的慈善人士，以劳模精神创业守业，打造行业及区域知名品牌企业，带领其创立的金禄电子科技股份有限公司发展成为中国电子电路行业百强企业及清远市重点上市后备企业，为清远市的社会和经济发展作出较大的贡献。积极参政议政，连续多年担任清远市政协委员，在优化清远市营商环境、环境保护等领域积极建言献策，积极推广和宣传清远市统一战线工作。热心公益慈善事业，积极在清远市开展扶贫工作并为社会捐款捐物，支持清远市扶贫、环保、抗疫等工作。2021年被清远市总工会授予"清远市劳动模范"称号。

刘冠 男，1984年12月生，广东佛山人，中共党员，本科学历，广东远光电缆实业有限公司技术总监。2009年加入广东远光电缆实业有限公司，历任储备干部、助理工程师、车间主任、生产部副经理、技术部副经理，现担任技术总监及集团研发中心总监。始终坚持深入一线岗位，思想稳定、工作积极、刻苦钻研，主要负责所有新产品的设计研发以及企业标准的编制、创新工作，科技类项目申报资料的编写等技术工作，多次主持统筹开展产品研发设计及项目的实施。作为一名共产党员，长期坚守在生产技术岗位并深入一线，脚踏实地、刻苦钻研，带领技术团队攻克一个又一个的技术难关。疫情期间，口罩紧缺，带领团队开展口罩鼻梁条的研发工作，成功跨界生产口罩鼻梁条。2021年被清远市总工会授予"清远市劳动模范"称号。

温志光 男，1980年10月生，广东英德人，中共党员，本科学历，清远市清城区人民医院呼吸内科主任。2020年1月在新冠病毒疫情发生后，主动提前结束春节假期，返回工作岗位，除常规值班外，24小时待命，随时为抗击疫情准备着。作为医院新型冠状病毒防控专家小组的成员，积极承担处理疑似新型冠状病毒感染的肺炎病人的相关工作，检查院内防控各环节，会诊发热病人，给本科室医生和横荷发热门诊的医护人员做新型冠状病毒肺炎相关知识培训。当医院发出援助湖北的号召后，他主动请缨加入援鄂医疗队。在湖北荆州市支援期间，他主要在监利县人民医院以及监利县中医院开展新冠肺炎患者救治工作，在会诊巡诊指导、完善诊疗方案、个性化治疗等方面发挥关键作用。2021年被清远市总工会授予"清远市劳动模范"称号。

吴丽娥 女，1979年11月生，广东清远人，中共党员，江西铜业（清远）有限公司叉车班副班长。2008年进入清铜工作以来，潜心学习，通过各种途径了解叉车的理论知识，熟知叉车的各项技能，在工作中碰到难题敢于承担责任、勇挑重担。在践行"两学一做"学习教育中，吴丽娥把"真学真信、常学常做、实学实用"的总体要求融入到日常工作当中，真正做到在思想上、行动上，时刻以一名党员的标准来约束自己，并得到了群众和公司的肯定。先后被评为江铜南方总公司2013—2014年度先进工作者，江铜南方总公司2017—2018年度优秀共产党员，清远江铜2017—2018年度党员先锋岗等光荣称号，2019年当选为江西铜业股份有限公司第四次党代会党代表。2021年被清远市总工会授予"清远市劳动模范"称号。

肖森森 男，1986年2月生，广东连州市人，中共党员，本科学历，广东远光电缆实业有限公司导体车间主任。2010年于广东工业大学毕业后，进入远光电缆公司工作，长期奋斗在生产一线岗位上，任导体车间主任，2013年加入中国共产党。他工作积极、主动、认真，不断提高自身政治修养和思想觉悟，在按时按量地完成生产任务的同时，还利用自己的技术和经验，针对产品进行分析和改进，曾在省级以上报刊发表了三篇专业技术论文，获得一个实用新型专利。2016年参与编写的《1250 mm^2 钢芯成型铝绞线产品研发与应用》被评为"2016年中国中小企业创新100强"；2017年获得清远市技能先锋称号；2021年被清远市总工会授予"清远市劳动模范"称号。

郑大荣 男，1989年8月生，湖南隆回人，本科学历，广东家美陶瓷有限公司窑炉技术员。2012年6月入职，8年来，他将青春热血和满腔激情融入到工作中，诠释一个当代青年的成长奋斗史，为推动公司的发展作出应有贡献。面对新的低温快烧技术，他快速调整窑炉生产，短时间内逐一攻破变形不稳定、针孔多、强度不合格等难关，极快使产品稳定生产。通过对窑炉喷枪和窑炉保温进行一系列的技改，窑炉的天然气单耗降幅达15%，年均节约天然气费用1500万元，现公司的天然气窑炉单耗已达行业先进水平。他积极开展人才培养工作，先后培养窑炉操作工6名，窑长3名。凭借精益求精的工作态度，他被唯美集团授予"高素质、高水平、高技能"的热工技术三高人才。2021年被清远市总工会授予"清远市劳动模范"称号。

名 录

先进单位

2021年度获全国系统先进单位称号名录

单位名称	授予单位	荣誉称号
清远市清城区东城街道新桥村	中华人民共和国农业农村部	第二批全国乡村治理示范村
清远市清城区环境监测站	中国环境监测总站	2021年区县站实验室能力考核优秀
清远市清城区文化广电旅游体育局	国家版权局	2020年度查处重大侵权盗版案件有功单位
清城区洲心街道光明社区	国家卫生健康委员会	全国示范性老年友好型社区
清城区司法局凤城司法所	中华人民共和国司法部	全国模范司法所
清远市公安局清城分局	中华全国妇联	全国维护妇女儿童权益先进集体
清城公安分局洲心派出所	公安部	全国一级公安派出所
清远市清城区人民法院	中国法院网（最高人民法院批准成立）	优秀直播法院
清远市齐力合成革有限公司工程部	中华全国总工会	2021年全国工人先锋号
清远市社会保险基金管理局清城直属分局办事服务大厅	中华人民共和国人力资源和社会保障部	全国人力资源社会保障系统优质服务窗口

2021年度获省级（含省直部门）先进单位称号名录

单位名称	授予单位	荣誉称号
清城区凤城街道西湖社区	中共广东省委、广东省人民政府	广东省文明单位
清远市师范学校附属小学	共青团广东省委员会、广东省教育厅、少先队广东省工作委员会	广东省红领巾示范学校

（续表）

单位名称	授予单位	荣誉称号
清远市师范学校附属小学	共青团广东省委员会、广东省教育厅、少先队广东省工作委员会	广东省少先队先进学校
清城区东城街道新桥村	广东省文化和旅游厅	广东省文化和旅游特色村
清城区东城街道新桥村	广东省委全面依法治省委员会办公室、中共广东省委农村工作办公室、广东省司法厅、广东省民政厅	广东省民主法治示范村（社区）
清城区东城街道办事处	广东省农业农村厅、广东省乡村振兴局、广东省文化和旅游厅	广东省乡村民宿示范镇
清远市新北江小学	广东省教育厅	广东省中小学教师校本研修示范学校
清城区飞来峡镇第一初级中学	广东省教育厅	广东省中小学第三批中华优秀文化传承学校
清城区东城街中心小学	广东省教育厅	广东省中小学第三批中华优秀文化传承学校
清远市生态环境局清城分局	广东省生态环境厅	广东省固定污染源排污许可全覆盖工作中表现突出的集体
清远市生态环境局清城分局	广东省生态环境厅	广东省污染防治攻坚战执法工作表现突出的集体
清远市清城区环境监测站	广东省生态环境厅	2020年广东省生态环境监测工作表现突出的集体
清远市生态环境局清城分局	广东省生态环境厅	重点国考断面水质达标攻坚工作表现突出的集体
清远市生态环境局清城分局	广东省生态环境厅	广东省大气污染防治攻坚工作表现突出的集体
清远市生态环境局清城分局	广东省生态环境厅	广东省生态环境政务信息工作表现突出的集体
清远市清城区卫生健康局	广东省卫生监督所	2020年度卫生行政处罚优秀案例
清远市清城区卫生健康局	广东省卫生监督所	案件"熊某某伪造他人身份信息非法行医案"评为2020年度广东省卫生行政处罚优秀案例
清城区飞来峡镇人民政府	广东省信访工作联席会议办公室、广东省信访局	广东省2021年信访工作示范乡镇（街道）
清远市清城区扶贫开发办公室	中共广东省委农村工作领导小组	2019—2020年脱贫攻坚工作表现突出
清远市清城区价格认证中心	广东省发展和改革委员会	广东省2021年度价格认定工作质量分片评查活动表扬单位
清远市清城区价格认证中心	广东省发展和改革委员会、价格认定中心	2021年存量案卷"数据入库"表扬单位
清城区司法局凤城司法所	广东省司法厅	全国模范司法所

(续表)

单位名称	授予单位	荣誉称号
中国电信股份有限公司清远城区分公司	中国电信股份有限公司广东分公司	广东省C类县级分公司2021年度先进绩效单位一等奖
中国民主同盟清城区委员会	中国民主同盟广东省委员会	民盟广东省优秀基层组织
清远市清城区工商联	广东省工商业联合会	广东省工商联法律服务示范点
清城区洲心街商会	广东省工商业联合会	2021年广东省工商联系统"四好"商会
清城区石角镇商会	广东省工商业联合会	2021年广东省工商联系统"四好"商会
清城公安分局小市派出所	广东省人力资源和社会保障厅、广东省公安厅	2019—2020年度全省优秀公安基层单位
清城公安分局扫黑除恶专业队	广东省公安厅	集体二等功
清城公安分局洲心派出所	广东省公安厅	第二批广东省"枫桥式公安派出所"
清城公安分局经济犯罪侦查大队	国家外汇管理局广东省分局、广东省公安厅	2017—2019年度打击非法买卖外汇先进集体
清城公安分局光明派出所党支部	广东省公安厅	广东省公安机关第二批先进基层党支部示范点
清城公安分局光明派出所炒沙警务室	广东省公安厅	第二批广东省"岭南标杆警务室"
清远市清城区残联	广东省残联	2021年度残疾人事业新闻宣传工作优秀通讯员
清城区司法局石角司法所	广东省人力资源和社会保障厅、广东省司法厅	第四届广东省法律援助工作先进集体
清远市清城区统计局	广东省第七次全国人口普查领导小组	广东省第七次全国人口普查先进集体
清城区退役军人服务中心	广东省退役军人事务厅	广东省五星级退役军人服务中心
清城区东城街道退役军人服务站	广东省退役军人事务厅	广东省五星级退役军人服务站
清城区横荷街道退役军人服务站	广东省退役军人事务厅	广东省五星级退役军人服务站
清城区源潭镇退役军人服务站	广东省退役军人事务厅	广东省五星级退役军人服务站
清城区飞来峡镇退役军人服务站	广东省退役军人事务厅	广东省五星级退役军人服务站
中共清远市清城区委政法委员会	中共广东省委政法委员会、广东省人力资源和社会保障厅	2018—2019年度广东省平安建设先进集体
广东豪美新材股份有限公司	广东省总工会	2021年广东省劳动奖状

(续表)

单位名称	授予单位	荣誉称号
广东嘉博制药有限公司研发中心	广东省总工会	2021年广东省劳动奖状
广东家美陶瓷有限公司原料车间	广东省总工会	2021年广东省劳动奖状
中共清远市清城区委组织部	中共广东省委组织部	广东省组织系统2021年信息报送先进单位
国家税务总局清远市清城区税务局第一税务分局	广东省妇女联合会办公室	2021年度广东省三八红旗集体名单
清远市清城区科学技术协会	广东省青少年科技教育协会	2020年广东省优秀组织单位
清远市清城区科学技术协会	广东省科学技术协会、广东省教育厅、广东省科学技术厅、广东省市场监督管理局、共青团广东省委员会	第36届广东省青少年科技创新大赛"十佳优秀组织单位"
清远市清城区科学技术协会	广东省爱卫办	广东省无烟单位
清城区地方志编纂委员会办公室	广东省人民政府地方志办公室、广东省精神文明建设委员会办公室、广东省教育厅、广东省科学技术厅、广东省农业农村厅、广东省文化和旅游厅、广东省人民政府港澳事务办公室、共青团广东省委员会、广东省学生联合会、南方报业传媒集团	2021年"多彩乡村 学史奋进"主题教育实践活动中《书写美丽黄布 助力乡村振兴》及《文洞烽火》2条微视频均获得视频类二等奖
清城区地方志编纂委员会办公室	广东省人民政府地方志办公室、广东省精神文明建设委员会办公室、广东省教育厅、广东省科学技术厅、广东省农业农村厅、广东省文化和旅游厅、广东省人民政府港澳事务办公室、共青团广东省委员会、广东省学生联合会、南方报业传媒集团	2021年"多彩乡村 学史奋进"主题教育实践活动优秀组织奖

2021年度获市委、市政府(含市直部门)表彰先进单位称号名录

单位名称	授予单位	荣誉称号
清城区东城街道办事处	中共清远市委、清远市人民政府	清远市先进集体
清城区工业和信息化局	中共清远市委、清远市人民政府	清远市科技创新先进单位
清城区工业和信息化局	中共清远市委、清远市人民政府	清远市先进基层党组织
共青团清远市清城区委员会	中共清远市委、清远市人民政府	2020—2021年度共青团工作表现突出团委
中共清城区东城街道新桥村总支部委员会	中共清远市委	清远市先进基层党组织
中共清城区飞来峡镇西坑村党总支部委员会	中共清远市委	清远市先进基层党组织

（续表）

单位名称	授予单位	荣誉称号
中共清远市清城区委办公室支部委员会	中共清远市委	清远市先进基层党组织
中共清城区凤翔社区党支部	中共清远市委	清远市先进基层党组织
清远美吉特华南装饰城经营服务有限公司党支部	中共清远市委	清远市先进基层党组织
中共清城区凤城街道社会工作服务站支部委员会	中共清远市委	清远市先进基层党组织
中共清城区横荷街道车头村总支部委员会	中共清远市委	清远市先进基层党组织
中共清城区龙塘镇井岭社区总支部委员会	中共清远市委	清远市先进基层党组织
清远市社会保险基金管理局清城直属分局	中共清远市委	清远市先进基层党组织
中国民主同盟清城区基层委员会	中国民主同盟清远市委员会	2021年度社会服务工作先进集体
中国民主同盟清城区基层委员会	中国民主同盟清远市委员会	2021年度组织建设工作先进集体
清城区人民法院团支部	中共清远市委办公室、清远市人民政府办公室	2020—2021年度共青团工作中表现突出集体
清远市生态环境局清城分局	中共清远市委办公室	严厉打击非法倾倒固废系列优秀报道
清城区东城街道办事处	清远市第七次全国人口普查领导小组办公室	清远市第七次全国人口普查先进集体
清远市师范学校附属小学	清远市禁毒委员会办公室、清远市教育局	清远市青少年毒品预防教育示范学校
清城区先锋小学	清远市禁毒委员会办公室、清远市教育局	清远市青少年毒品预防教育示范学校
清城区古城小学	清远市禁毒委员会办公室、清远市教育局	清远市青少年毒品预防教育示范学校
清城区大观小学	清远市禁毒委员会办公室、清远市教育局	清远市青少年毒品预防教育示范学校
清城区南埗小学	清远市禁毒委员会办公室、清远市教育局	清远市青少年毒品预防教育示范学校
清城区小市小学	清远市禁毒委员会办公室、清远市教育局	清远市青少年毒品预防教育示范学校
清城区新三角小学	清远市禁毒委员会办公室、清远市教育局	清远市青少年毒品预防教育示范学校
清城区沙田小学	清远市禁毒委员会办公室、清远市教育局	清远市青少年毒品预防教育示范学校
清城区进修实验小学	清远市禁毒委员会办公室、清远市教育局	清远市青少年毒品预防教育示范学校

(续表)

单位名称	授予单位	荣誉称号
清城区平安学校	清远市禁毒委员会办公室、清远市教育局	清远市青少年毒品预防教育示范学校
南方影视文武学校	清远市禁毒委员会办公室、清远市教育局	清远市青少年毒品预防教育示范学校
广铁一中外国语小学	清远市禁毒委员会办公室、清远市教育局	清远市青少年毒品预防教育示范学校
清城区凤翔山湖学校	清远市禁毒委员会办公室、清远市教育局	清远市青少年毒品预防教育示范学校
清城区美林湖学校	清远市禁毒委员会办公室、清远市教育局	清远市青少年毒品预防教育示范学校
清城区银湖初级中学	清远市禁毒委员会办公室、清远市教育局	清远市青少年毒品预防教育示范学校
清城区横荷街百加小学	清远市禁毒委员会办公室、清远市教育局	清远市青少年毒品预防教育示范学校
清城区东城街长埔小学	清远市禁毒委员会办公室、清远市教育局	清远市青少年毒品预防教育示范学校
清城区北部万科城小学	清远市禁毒委员会办公室、清远市教育局	清远市青少年毒品预防教育示范学校
清远市新北江小学	清远市教育局	清远市建设全国规范化家长学校实践活动实验区示范校
清远市教师进修学校附属实验小学	清远市教育局	清远市科学教育优秀示范学校
国家税务总局清远市清城区税务局	清远市精神文明建设委员会办公室	百年华诞 史诗大美 2021年"清远朗读者"朗诵汇演活动 银奖
清远市生态环境局清城分局	清远市生态环境局	污染防治攻坚战各项重点任务基本圆满完成
清远市清城区卫生健康局	清远市卫生健康局	2021年第四届全省健康教育技能竞赛清远市级选拔赛健康科普演讲二等奖
清远市清城区卫生健康局	清远市卫生健康局	2021年第四届全省健康教育技能竞赛清远市级选拔赛个体化健康教育二等奖
清远市清城区卫生健康局	清远市卫生健康局	2021年第四届全省健康教育技能竞赛清远市级选拔赛健康促进优秀实践案例三等奖
清远市清城区卫生健康局	清远市卫生健康局	2021年第四届全省健康教育技能竞赛清远市级选拔赛团体二等奖
清远市清城区卫生健康局	清远市卫生健康局	2021年第四届全省健康教育技能竞赛清远市级选拔赛（专业知识竞赛）一等奖
清远市清城区横荷社区卫生服务中心	清远市打击治理电信网络新型违法犯罪市际联席会议办公室	"全民反诈 清远在行动"——2021年清远市反诈主题征集活动平面作品三等奖
清城区机关事务管理局	清远市机关事务管理局	清远市机关事务管理系统"百年党史我来讲"微党课比赛一等奖
清城区飞来峡镇人民政府	清远市扶贫开发领导小组	清远市2019—2020年脱贫攻坚突出贡献集体

（续表）

单位名称	授予单位	荣誉称号
清城区飞来峡镇人民政府	清远市"扫黄打非"工作领导小组	2020年清远市"扫黄打非"成绩突出集体
清城区飞来峡镇专职消防队	清远市消防救援支队	先进政府专职消防队
清城区人民政府凤城街道办事处沙田社区	清远市工业和信息局	2021年清远市企业情况综合数据采集工作表现突出通报表扬
清城区人民政府凤城街道办事处沙田社区	清远市第七次全国人口普查领导小组	清远市第七次全国人口普查"七人普"镜像奖
清城区人民政府凤城街道办事处东门社区	清远市打击治理电信网络新型违法犯罪市际联席会议办公室	2021年清远市反诈主题征集活动视频作品二等奖
清城区人民政府凤城街道办事处清郊社区	清远市"治乱补短 全民反诈"领导小组办公室	清远市"治乱补短 全民反诈"先进单位
清城区人民政府凤城街道办事处飞来湖社区	清远市住房和城乡建设局	绿色社区
清城区人民政府凤城街道办事处	清远市第七次全国人口普查领导小组办公室	清远市第七次全国人口普查先进集体
清城区人民政府凤城街道办事处西湖社区	清远市住房和城乡建设局	绿色社区
清远市公安局清城分局政工室	清远市公安局	集体三等功
清远市公安局清城分局指挥中心	清远市公安局	集体三等功
清远市公安局清城分局监督室	清远市公安局	集体三等功
清远市公安局清城分局法制大队	清远市公安局	集体三等功
清远市公安局清城分局治安管理大队	清远市公安局	集体三等功
清远市公安局清城分局网络警察大队	清远市公安局	集体三等功
清远市公安局清城分局国内安全保卫大队	清远市公安局	集体三等功
清远市公安局清城分局经济犯罪侦查大队	清远市公安局	集体三等功
清远市公安局清城分局出入境管理大队	清远市公安局	集体三等功
清远市公安局清城分局刑事侦查大队	清远市公安局	集体三等功
清远市公安局清城分局交通警察大队	清远市公安局	集体三等功
清远市公安局清城分局禁毒大队	清远市公安局	集体三等功

(续表)

单位名称	授予单位	荣誉称号
清城区强制戒毒所	清远市公安局	集体三等功
清城公安分局松岗派出所	清远市公安局	集体三等功
清城公安分局洲心派出所	清远市公安局	集体三等功
清城公安分局源潭派出所	清远市公安局	集体三等功
清城公安分局龙塘派出所	清远市公安局	集体三等功
清城公安分局升平派出所	清远市公安局	集体三等功
清城公安分局重点专项工作领导小组办公室	清远市公安局	集体三等功
清城公安分局"犁庭1号"专案组	清远市公安局	集体三等功
清城公安分局"犁庭6号"专案组	清远市公安局	集体三等功
清城公安分局《派出所警情与警力效能评估》创模团队	清远市公安局	集体三等功
清城公安分局龙塘派出所	清远市"扫黄打非"工作领导小组	2020年清远市"扫黄打非"成绩突出集体
清城区横荷街道办事处	清远市第七次全国人口普查领导小组办公室	清远市第七次全国人口普查先进集体
清远市清城区政务服务数据管理局	清远市打击治理电信网络新型违法犯罪市际联席会议办公室	创作《罔恋》获得"全民反诈 清远在行动"——2021年清远市反诈主题征集活动视频作品优秀奖
清城发布	中共清远市委网络安全和信息化委员会办公室、清远市精神文明建设委员会办公室	"2021年清远市互联网风云榜"榜单发布活动"十大政务微信"称号
清城发布	清远市新闻办公室清远发布编辑部	"清远十佳政务微信"称号
中共清远市清城区委政法委员会	中共清远市委平安清远建设领导小组	清城区委平安建设领导小组在2020年度平安清远建设考评中获得优秀等次,全市排名第一
清城区住房和城乡建设局	清远市打击治理电信网络新型违法犯罪市际联席会议办公室	2021年清远市反诈主题征集活动视频作品优秀奖
清城区源潭镇党委、镇政府	清远市委农村工作办公室、清远市农业农村局	全省乡村民宿发展现场推进会顺利举办作出突出贡献
清城区龙塘镇卫生院	清远市医疗急救指挥中心	2021年度院前急救工作先进单位
清城区龙塘镇商会	清远市工商业联合会	2021年清远市工商联系统"四好商会"
清城区龙塘镇银盏社区	清远市"治乱补短 全面反诈"领导小组办公室	2021年无诈创建活动先进单位
清远市清城区龙塘镇人民政府	清远市第七次全国人口普查领导小组办公室	清远市第七次全国人口普查先进集体

先进个人

2021年度获全国系统先进个人称号名录

姓名	单位及职务	授予单位	荣誉称号
晏和平	清城区文广旅体局四级主任科员	国家版权局	2020年度查处重大侵权盗版案件有功个人
邓毅华	清城公安分局松岗派出所四级警长	中华人民共和国公安部	个人嘉奖
梁爱民	清城区人民法院综合办公室主任	最高人民法院	荣誉天平纪念章
郭少文	清城区人民法院四级高级法官	最高人民法院	荣誉天平纪念章
刘逸群	清城区统计局工业和交通能源股股长	国务院第七次全国人口普查领导小组	第七次全国人口普查先进个人
李晓静	区委组织部调研信息组组长	中国组织人事报（中央组织部主办）	中国组织人事报2021年优秀通讯员
朱光晞	清城区市场监督管理局消费者权益保护股股长	中国消费者协会	2020—2021年度消费维权先进个人
黄健侦	清城区纪委监委案件办理管理中心副主任	中国纪检监察杂志社	2021年中国纪检监察杂志社学刊用刊工作先进工作者
敬丽斯	清城区新闻信息中心电视部组长	新闻战线"三项学习教育"活动领导小组办公室	全国新闻界第八届"好记者讲好故事"活动优秀选手

2021年度获全省（含省直部门）先进个人称号名录

姓名	单位及职务	授予单位	荣誉称号
朱永宜	清城区农业农村局党组成员、区委农办专职副主任	中共广东省省委、广东省人民政府	广东省脱贫攻坚先进个人
麦少维	清城区新三角小学校长	广东省人民政府	广东省第十一批特级教师
李健	清城中学校长	广东省人民政府	广东省第十一批特级教师
伍东恩	清远市新北江小学校长	广东省人民政府	广东省第十一批特级教师
汤锦洪	清城区大观小学副校长	广东省人民政府	广东省第十一批特级教师
孙国鸿	清远市清城区发展和改革局粮食与物资储备监督股负责人	广东省人民政府	广东省粮食和物资储备工作先进个人
苏耀佳	区委组织部四级主任科员	中共广东省委组织部、中共广东省委老干部局、广东省人力资源和社会保障厅	2021年全省先进老干部工作者

(续表)

姓名	单位及职务	授予单位	荣誉称号
蔡伟新	清城区东城街道党工委书记	中共广东省委农村工作领导小组	2019—2020年脱贫攻坚工作中表现突出
叶锐文	清城区东城街道扶贫办主任	中共广东省委农村工作领导小组	2019—2020年脱贫攻坚工作中表现突出
刘银彩	清城区东城街道扶贫办副主任	中共广东省委农村工作领导小组	2019—2020年脱贫攻坚工作中表现突出
黄向军	清城区东城街道党工委书记	广东省第七次全国人口普查领导小组办公室	第七次全国人口普查工作省级先进个人
刘颖仪	清城区凤鸣小学校长	广东省教育厅	南粤优秀教育工作者
梁焕初	清城区飞来湖小学教师总务处主任	广东省教育厅	南粤优秀教师
朱素颜	清城区源潭镇高桥初级中学教师	广东省教育厅	南粤优秀教师
苏少芬	清城区东城街第一初级中学	广东省教育厅	南粤优秀班主任
周涛	清远市博爱学校教研室副主任兼年级主任	广东省教育厅	南粤优秀教师
黄烈	国家税务总局清远市清城区税务局	国家税务总局广东省税务局	个人所得税改革专项工作个人嘉奖
蓝炫雾	清远市生态环境局清城分局股长	广东省生态环境厅	广东省固定污染源排污许可全覆盖工作中表现突出的个人
王秀珍	清远市生态环境局清城分局工程师	广东省生态环境厅	广东省固定污染源排污许可全覆盖工作中表现突出的个人
朱志怿	清远市生态环境局清城分局污染防治股副股长	广东省生态环境厅	广东省固体废物污染防治表现突出的先进个人
朱力祺	清远市生态环境局清城分局执法股副股长（执法大队副队长）	广东省生态环境厅	2020年度环境信访维稳工作成绩突出的个人
陈妍	清远市清城区环境监测站站长、高级工程师	广东省生态环境厅	2020年广东省生态环境监测工作表现突出的个人
吴光磊	清远市生态环境局清城分局副局长	广东省生态环境厅	广东省督察整改工作表现突出的先进个人
潘振华	清远市生态环境局清城分局副局长	广东省生态环境厅	重点国考断面水质达标攻坚工作表现突出的个人
邓长泉	清远市生态环境局清城分局执法股股长	广东省生态环境厅	重点国考断面水质达标攻坚工作表现突出的个人
钟淑芬	清远市生态环境局清城分局副局长	广东省生态环境厅、广东省自然资源厅、广东省农业农村厅	全国农用地详查表现突出的个人
陈志岗	清远市生态环境局清城分局生态保护股股长	广东省生态环境厅	广东省大气污染防治攻坚工作表现突出的个人
朱惠萍	清远市生态环境局清城分局科员	广东省生态环境厅	广东省大气污染防治攻坚工作表现突出的个人

(续表)

姓名	单位及职务	授予单位	荣誉称号
唐淑怡	清远市生态环境局清城分局办公室副主任	广东省生态环境厅	广东省生态环境政务信息工作表现突出的个人
钟淑芬	清远市生态环境局清城分局副局长	广东省第二次全国污染普查领导小组办公室	广东省第二次全国污染源普查表现突出的个人
潘振华	清远市生态环境局清城分局副局长	广东省第二次全国污染普查领导小组办公室	广东省第二次全国污染源普查表现突出的个人
林艳玲	清远市生态环境局清城分局职员	广东省第二次全国污染普查领导小组办公室	广东省第二次全国污染源普查表现突出的个人
陈志岗	清远市生态环境局清城分局生态保护股股长	广东省生态环境厅	广东省生态环境信息化工作表现突出的个人
黄世祺	清远市清城区卫生健康局执法股大队长	广东省卫生健康委员会 广东省红十字会	广东省2019—2020年度全省无偿献血奉献奖铜奖
潘国林	清城区飞来峡镇扶贫办副主任	广东省扶贫开发领导小组	2019—2020年广东省脱贫攻坚突出贡献个人
李必栋	清城区飞来峡镇扶贫办	广东省扶贫开发领导小组	2019—2020年广东省脱贫攻坚突出贡献个人
赖志勇	清城区农业农村局十级职员	中共广东省委农村工作领导小组	2019—2020年脱贫攻坚工作表现突出
李利华	清城区石角镇经济发展办副主任、统计站站长	广东省第七次全国人口普查领导小组	广东省第七次全国人口普查先进个人
陈伟荣	清城区石角镇党委书记	中共广东省委农村工作领导小组	2019—2020年广东省脱贫攻坚突出贡献个人
朱艳伦	清城区石角镇党委委员、副镇长	中共广东省委农村工作领导小组	2019—2020年广东省脱贫攻坚突出贡献个人
莫永红	清城区石角镇田心村委会驻村干部、清城区石角镇人大主席	中共广东省委农村工作领导小组	2019—2020年广东省脱贫攻坚突出贡献个人
刘玉燕	清城区石角镇农林水办副主任、新时期脱贫攻坚帮扶工作组办公室主任	中共广东省委农村工作领导小组	2019—2020年广东省脱贫攻坚突出贡献个人、清远市扶贫荣誉奖
黄艳桃	清城区石角镇新时期脱贫攻坚帮扶工作组办公室副主任	中共广东省委农村工作领导小组	2019—2020年广东省脱贫攻坚突出贡献个人
吴永杰	清城区石角镇人民政府党委副书记、镇长	中共广东省委农村工作领导小组	2019—2020年广东省脱贫攻坚突出贡献个人
刘业庆	清城区石角镇农林水办主任	中共广东省委农村工作领导小组	2019—2020年广东省脱贫攻坚突出贡献个人
谭伟华	清城公安分局刑事侦查大队副大队长、二级警长	广东省人社厅、广东省公安厅	2019—2020年度全省优秀人民警察
蔡俊乐	清城公安分局刑事侦查大队二中队指导员、三级警长	广东省公安厅	个人二等功
杨伟	清城公安分局源潭派出所巡防办案中队指导员、三级警长	广东省公安厅	个人二等功

(续表)

姓名	单位及职务	授予单位	荣誉称号
刘锡锋	清城公安分局刑事侦查大队三级警长	广东省公安厅	个人二等功
黄　展	清城公安分局省职教城派出所综合中队中队长、三级警长	广东省公安厅	个人二等功
宁　钊	清城公安分局交警大队清城中队一级警长	广东省公安厅	个人二等功
刘志军	清城公安分局小市派出所所长、二级警长	广东省公安厅	第一届新时代南粤刑侦之星
刘幸哲	清城区凤城街道	中共广东省委农村工作领导小组	2019—2020年脱贫攻坚工作表现突出
杨　静	清城区横荷街道统计站站长	广东省第七次全国人口普查领导小组	广东省第七次全国人口普查先进个人
潘文俊	清城区横荷街道办事处办事员	中共广东省委农村工作领导小组	2019—2020年脱贫攻坚工作表现突出
张灵飞	清城区横荷街道办事处副主任	中共广东省委农村工作领导小组	2019—2020年脱贫攻坚工作表现突出
张　展	清城区横荷街道纪检干事	中共广东省委农村工作领导小组	2019—2020年脱贫攻坚工作表现突出
季焕爽	清城区人民检察院驻东城街道检察室主任、一级检察官	广东省人民检察院政治部	第六批广东检察教育培训精品课程
陈显忠	清城区人民检察院副主任科员、四级高级检察官	广东省人民检察院	调研文章获第十五届广东省法学会检察学研究会年会论文优秀奖
季焕爽	清城区人民检察院驻东城街道检察室主任、一级检察官	广东省人民检察院	调研文章获第十五届广东省法学会检察学研究会年会论文优秀奖
黄带娣	清城区人民检察院第一检察部副主任、一级检察官	广东省人民检察院	调研文章获第十五届广东省法学会检察学研究会年会论文优秀奖
季焕爽	清城区人民检察院驻东城街道检察室主任、一级检察官	广东省人民检察院	调研文章获第十五届广东省法学会检察学研究会年会优秀奖
陈显忠	清城区人民检察院副主任科员、四级高级检察官	广东省人民检察院	调研文章获第十五届广东省法学会检察学研究会年会优秀奖
黄带娣	清城区人民检察院第一检察部副主任、一级检察官	广东省人民检察院	调研文章获第十五届广东省法学会检察学研究会年会优秀奖
杜　思	清城区人民检察院第三检察部副主任、二级检察官	广东省人民检察院	省检察院信息直报点优秀信息员
张燕芬	清城区统计局局长	广东省第七次全国人口普查领导小组	广东省第七次全国人口普查先进个人
郭惠娟	清城区统计局副局长	广东省第七次全国人口普查领导小组	广东省第七次全国人口普查先进个人
周聘洪	清城区统计局农村贸易股股长	广东省第七次全国人口普查领导小组办公室	广东省第七次全国人口普查金牌讲师

(续表)

姓名	单位及职务	授予单位	荣誉称号
周聘洪	清城区统计局农村贸易股股长	广东省第七次全国人口普查领导小组	广东省第七次全国人口普查先进个人
姚 己	清城区统计局综合核算投资股股长	广东省第七次全国人口普查领导小组	广东省第七次全国人口普查先进个人
潘崔文	清城区统计局	国家统计局广东调查总队	2021年度广东国家调查队系统优秀辅助调查员
邓惠华	清城区总工会综合办主任	广东省总工会	2021年广东省优秀工会工作者
杨小姻	清城区总工会困难职工帮扶中心主任	广东省总工会	2021年广东省五一劳动奖章
王雪群	清城区龙塘镇统计站站长	广东省第七次全国人口普查领导小组	广东省第七次全国人口普查先进个人
刘敏志	清城区凤城街道	广东省第七次全国人口普查领导小组	广东省第七次全国人口普查先进个人

2021年度获市委、市政府（含市直部门）表彰先进个人称号名录

姓名	单位及职务	授予单位	荣誉称号
蔡伟新	清城区工业和信息化局局长	中共清远市委、清远市人民政府	清远市优秀共产党员
刘卫民	清城区工业和信息化局局长	中共清远市委、清远市人民政府	清远市科技创新先进个人
钟伟权	清城区人民政府办公室党组书记、主任、四级调研员	中共清远市委	清远市优秀共产党员
蔡伟新	清城区东城街道党工委书记	中共清远市委	清远市优秀共产党员
谢锡彬	清城区横荷社区卫生服务中心主任	中共清远市委	清远市优秀共产党员
雷焕坤	清城区政府党组成员、副区长，源潭镇党委书记	中共清远市委	清远市优秀共产党员
周文俊	清城区人民法院一级法官	中共清远市委清远市人民政府	清远市先进工作者
翁照红	清城区人民法院政治部主任	中共清远市委	清远市优秀党务工作者
于力文	清城区社区建设办主任	中共清远市委	清远市优秀共产党员
陈景阳	清城公安分局江口派出所副所长、三级警长	中共清远市委	清远市优秀共产党员
盘杰良	清城区银盏村委会书记、主任	中共清远市委	清远市优秀党务工作者
李艺凌	清城区委组织部常务副部长、区"两新"组织党工委书记	中共清远市委	清远市优秀党务工作者

(续表)

姓名	单位及职务	授予单位	荣誉称号
朱曼立	清城区东城街道青云社区党支部书记	中共清远市委	清远市优秀党务工作者
朱婉虹	清城区东城街道组织办	中共清远市委	清远市优秀党务工作者
何小俸	清远市博爱学校行政后勤办公室副主任	中共清远市委	清远市优秀党务工作者
谭文杰	清城区振南社区党委书记、居委会主任	中共清远市委	清远市优秀党务工作者
刘丽仪	清城区南埗社区党委书记、居委会主任	中共清远市委	清远市优秀党务工作者
林雪霞	清城区石角镇黄布党总支部书记、黄布村民委员会主任	中共清远市委	清远市优秀党务工作者
陈秀芬	清城区石角镇党委委员	中共清远市委	清远市优秀党务工作者
黄毅斌	清城公安分局政工室副主任、二级警长	中共清远市委	清远市优秀党务工作者
邓成飞	清城区飞来峡镇水电所所长	中共清远市委	2021年清远市优秀共产党员
陈景阳	清城公安分局江口派出所副所长	中共清远市委	2021年清远市优秀共产党员
冯泽文	清城区横荷街道党政综合办公室党支部书记	中共清远市委	清远市优秀共产党员
郭婷婷	清城区横荷街道党建办公室办事员	中共清远市委	清远市优秀党务工作者
汤哲	清城区龙塘镇政府党委委员	中共清远市委办公室、清远市人民政府办公室	2020—2021年度表现突出的共青团干部
肖颂洋	清城区人民法院五级法官助理	中共清远市委办公室、清远市人民政府办公室	2020—2021年度共青团工作中表现突出个人
郑虹燕	清城区龙塘一中学生	中共清远市委办公室、清远市人民政府办公室	2020—2021年度表现突出的共青团员
谢伊韵	清远市田家炳实验学校少先队辅导员	中共清远市委办公室、清远市人民政府办公室	2020—2021年度表现突出个人
邹颖喆	清城区委统战部	清远市委统战部	2021年度全市统战信息工作优秀信息员
刘宇凌	中国民主同盟清远市清城区基层委员会	中国民主同盟清远市委员会	2021年度民盟清远市参政议政工作先进个人
黄向军	清城区东城街道党工委书记	清远市第七次全国人口普查领导小组办公室	清远市第七次全国人口普查工作先进个人
陈荣添	清城区东城街道办事处副主任	清远市第七次全国人口普查领导小组办公室	清远市第七次全国人口普查工作先进个人
向锡健	清城区东城街道统计站站长	清远市第七次全国人口普查领导小组办公室	清远市第七次全国人口普查工作先进个人
祝伟华	清城区东城街道统计站办事员	清远市第七次全国人口普查领导小组办公室	清远市第七次全国人口普查工作先进个人

(续表)

姓名	单位及职务	授予单位	荣誉称号
欧艳玲	清城区东城街道统计站办事员	清远市第七次全国人口普查领导小组办公室	清远市第七次全国人口普查工作先进个人
朱曼立	清城区东城街道青云社区党支部书记	清远市第七次全国人口普查领导小组办公室	清远市第七次全国人口普查工作先进个人
杜爱嫦	清城区东城街道金湖社区党支部书记	清远市第七次全国人口普查领导小组办公室	清远市第七次全国人口普查工作先进个人
朱志诚	清城区东城街道平安社区党支部书记	清远市第七次全国人口普查领导小组办公室	清远市第七次全国人口普查工作先进个人
刘卫怡	清城区东城街道敏捷社区党支部书记	清远市第七次全国人口普查领导小组办公室	清远市第七次全国人口普查工作先进个人
朱永杰	清城区东城街道莲塘村委委员	清远市第七次全国人口普查领导小组办公室	清远市第七次全国人口普查工作先进个人
伍东恩	新北江小学校长	中共清远市委教育工作委员会、清远市教育局	清远市优秀校长
梁劲波	松岗中学校长	中共清远市委教育工作委员会、清远市教育局	清远市优秀校长
蔡桂梅	龙塘镇中心小学校长	中共清远市委教育工作委员会、清远市教育局	清远市优秀校长
肖军宣	石角镇中心小学校长	中共清远市委教育工作委员会、清远市教育局	清远市优秀校长
梁燕云	新北江实验学校校长	中共清远市委教育工作委员会、清远市教育局	清远市优秀校长
黄初军	清城中学教师	中共清远市委教育工作委员会、清远市教育局	清远市优秀班主任
何清明	田家炳实验学校教师	中共清远市委教育工作委员会、清远市教育局	清远市优秀班主任
郭社妹	松岗中学教师	中共清远市委教育工作委员会、清远市教育局	清远市优秀班主任
郭小青	平安学校教师	中共清远市委教育工作委员会、清远市教育局	清远市优秀班主任
蔡彩虹	新北江小学教师	中共清远市委教育工作委员会、清远市教育局	清远市优秀班主任
叶结贞	凤翔小学教师	中共清远市委教育工作委员会、清远市教育局	清远市优秀班主任
赵丽珍	先锋小学教师	中共清远市委教育工作委员会、清远市教育局	清远市优秀班主任
杨利英	后街小学教师	中共清远市委教育工作委员会、清远市教育局	清远市优秀班主任
叶桂香	大观小学教师	中共清远市委教育工作委员会、清远市教育局	清远市优秀班主任

（续表）

姓名	单位及职务	授予单位	荣誉称号
黄惠珍	小市小学教师	中共清远市委教育工作委员会、清远市教育局	清远市优秀班主任
黄洁萍	东城街中心小学教师	中共清远市委教育工作委员会、清远市教育局	清远市优秀班主任
谭桂杏	洲心街中心小学教师	中共清远市委教育工作委员会、清远市教育局	清远市优秀班主任
程丽环	龙塘镇中心小学教师	中共清远市委教育工作委员会、清远市教育局	清远市优秀班主任
杨丽清	石角镇二中教师	中共清远市委教育工作委员会、清远市教育局	清远市优秀班主任
王梅英	飞来峡镇一中教师	中共清远市委教育工作委员会、清远市教育局	清远市优秀班主任
温捷萍	清城中学教师	中共清远市委教育工作委员会、清远市教育局	清远市优秀思想政治理论课教师
曾敏静	松岗中学教师	中共清远市委教育工作委员会、清远市教育局	清远市优秀思想政治理论课教师
陈艳莉	飞来湖中学教师	中共清远市委教育工作委员会、清远市教育局	清远市优秀思想政治理论课教师
陈　敏	凤翔山湖学校教师	中共清远市委教育工作委员会、清远市教育局	清远市优秀思想政治理论课教师
刘娅丽	新北江小学教师	中共清远市委教育工作委员会、清远市教育局	清远市优秀思想政治理论课教师
郑桂忠	凤翔小学教师	中共清远市委教育工作委员会、清远市教育局	清远市优秀思想政治理论课教师
姚剑红	桥北小学教师	中共清远市委教育工作委员会、清远市教育局	清远市优秀思想政治理论课教师
林杰洪	先锋小学教师	中共清远市委教育工作委员会、清远市教育局	清远市优秀思想政治理论课教师
李燕清	新三角小学教师	中共清远市委教育工作委员会、清远市教育局	清远市优秀思想政治理论课教师
何结霞	东城街一中教师	中共清远市委教育工作委员会、清远市教育局	清远市优秀思想政治理论课教师
何毅阳	石角镇一中教师	中共清远市委教育工作委员会、清远市教育局	清远市优秀思想政治理论课教师
蔡耀均	龙塘镇中心小学教师	中共清远市委教育工作委员会、清远市教育局	清远市优秀思想政治理论课教师
胡汉生	源潭镇一中教师	中共清远市委教育工作委员会、清远市教育局	清远市优秀思想政治理论课教师
张雪梅	飞来峡镇高田学校教师	中共清远市委教育工作委员会、清远市教育局	清远市优秀思想政治理论课教师

(续表)

姓名	单位及职务	授予单位	荣誉称号
王琴	广铁一中万科城外国语学校教师	中共清远市委教育工作委员会、清远市教育局	清远市优秀思想政治理论课教师
李玉葵	源潭镇中心小学教师	中共清远市委教育工作委员会、清远市教育局	清远市优秀乡村教师
袁瑞和	源潭镇一中教师	中共清远市委教育工作委员会、清远市教育局	清远市优秀乡村教师
薛秀云	飞来峡镇江口小学教师	中共清远市委教育工作委员会、清远市教育局	清远市优秀乡村教师
卢伟光	飞来峡镇一中教师	中共清远市委教育工作委员会、清远市教育局	清远市优秀乡村教师
林间容	龙塘镇中心小学教师	中共清远市委教育工作委员会、清远市教育局	清远市优秀乡村教师
李井连	龙塘镇井岭小学教师	中共清远市委教育工作委员会、清远市教育局	清远市优秀乡村教师
郭燕珍	龙塘镇第二小学教师	中共清远市委教育工作委员会、清远市教育局	清远市优秀乡村教师
吴美连	石角镇界牌小学教师	中共清远市委教育工作委员会、清远市教育局	清远市优秀乡村教师
黄建喜	石角镇中心小学教师	中共清远市委教育工作委员会、清远市教育局	清远市优秀乡村教师
黄丽华	石角镇中心小学教师	中共清远市委教育工作委员会、清远市教育局	清远市优秀乡村教师
陈慧洁	清城中学教师	中共清远市委教育工作委员会、清远市教育局	清远市教坛标兵
潘秀红	田家炳实验学校教师	中共清远市委教育工作委员会、清远市教育局	清远市教坛标兵
陈丽敏	新北江小学教师	中共清远市委教育工作委员会、清远市教育局	清远市教坛标兵
胡婉桦	凤翔小学教师	中共清远市委教育工作委员会、清远市教育局	清远市教坛标兵
李燕蓉	凤鸣小学教师	中共清远市委教育工作委员会、清远市教育局	清远市教坛标兵
黄丽娜	锦兴小学教师	中共清远市委教育工作委员会、清远市教育局	清远市教坛标兵
于亦涛	师范学校附属小学教师	中共清远市委教育工作委员会、清远市教育局	清远市教坛标兵
莫莎莎	飞来湖小学教师	中共清远市委教育工作委员会、清远市教育局	清远市教坛标兵
蔡小花	新三角小学教师	中共清远市委教育工作委员会、清远市教育局	清远市教坛标兵

（续表）

姓名	单位及职务	授予单位	荣誉称号
黄小洁	古城小学教师	中共清远市委教育工作委员会、清远市教育局	清远市教坛标兵
罗爱珍	区教师发展中心教研员	中共清远市委教育工作委员会、清远市教育局	清远市教坛标兵
黄玉兰	东城街一中教师	中共清远市委教育工作委员会、清远市教育局	清远市教坛标兵
汤玉萍	洲心街中心小学教师	中共清远市委教育工作委员会、清远市教育局	清远市教坛标兵
赖向英	石角镇中心小学教师	中共清远市委教育工作委员会、清远市教育局	清远市教坛标兵
叶容娇	飞来峡镇一中教师	中共清远市委教育工作委员会、清远市教育局	清远市教坛标兵
蔡庭玮	新北江小学教师	中共清远市委教育工作委员会、清远市教育局	清远市教坛新秀
原　梦	凤鸣小学教师	中共清远市委教育工作委员会、清远市教育局	清远市教坛新秀
梁茂桦	进修实小教师	中共清远市委教育工作委员会、清远市教育局	清远市教坛新秀
张　莹	洲心街中心小学教师	中共清远市委教育工作委员会、清远市教育局	清远市教坛新秀
张　灿	东城街中心小学教师	中共清远市委教育工作委员会、清远市教育局	清远市教坛新秀
毛凤清	石角镇中心小学教师	中共清远市委教育工作委员会、清远市教育局	清远市教坛新秀
肖巧韵	清城中学教师	中共清远市委教育工作委员会、清远市教育局	清远市优秀教育工作者
向劲芳	凤翔小学教师	中共清远市委教育工作委员会、清远市教育局	清远市优秀教育工作者
黄兰芳	古城小学教师	中共清远市委教育工作委员会、清远市教育局	清远市优秀教育工作者
廖敏静	横荷中学教师	中共清远市委教育工作委员会、清远市教育局	清远市优秀教育工作者
闫建涛	博爱学校教师	中共清远市委教育工作委员会、清远市教育局	清远市优秀教育工作者
黄海华	清师附小教师	中共清远市委教育工作委员会、清远市教育局	清远市优秀少先队辅导员
卢志锋	清师附小教师	中共清远市委教育工作委员会、清远市教育局	清远市优秀少先队辅导员
李月香	新北江小学教师	中共清远市委教育工作委员会、清远市教育局	清远市优秀少先队辅导员

（续表）

姓名	单位及职务	授予单位	荣誉称号
许钊杰	新北江小学教师	中共清远市委教育工作委员会、清远市教育局	清远市优秀少先队辅导员
廖仁翀	凤翔小学教师	中共清远市委教育工作委员会、清远市教育局	清远市优秀少先队辅导员
唐荷艳	大观小学教师	中共清远市委教育工作委员会、清远市教育局	清远市优秀少先队辅导员
彭 健	松岗中学教师	中共清远市委教育工作委员会、清远市教育局	清远市优秀少先队辅导员
潘小静	市第一中学实验学校教师	中共清远市委教育工作委员会、清远市教育局	清远市优秀少先队辅导员
包晓英	博爱学校教师	中共清远市委教育工作委员会、清远市教育局	清远市优秀少先队辅导员
刘颖仪	凤鸣小学校长	中共清远市委教育工作委员会、清远市教育局	清远市名教师工作室主持人
汤静文	国家税务总局清远市清城区税务局一级行政执法员	清远市精神文明建设委员会办公室	百年华诞 史诗大美 2021年"清远朗读者"朗诵汇演活动银奖
袁惠瑜	国家税务总局清远市清城区税务局一级行政执法员	清远市精神文明建设委员会办公室	百年华诞 史诗大美 2021年"清远朗读者"朗诵汇演活动银奖
张倩缘	国家税务总局清远市清城区税务局协税人员	清远市精神文明建设委员会办公室	百年华诞 史诗大美 2021年"清远朗读者"朗诵汇演活动银奖
宗卫平	清城区飞来峡镇人民政府党委书记	市扶贫开发领导小组	清远市2019—2020年脱贫攻坚突出贡献个人
徐永基	清城区飞来峡镇人民政府农业农村办主任	市扶贫开发领导小组	清远市2019—2020年脱贫攻坚突出贡献个人
邓金婵	清城区飞来峡镇统计站	国家统计局清远调查队	2021年清远市劳动调查工作优秀调查员
罗顺友	清城区飞来峡镇升平村委会	清远市道路交通安全联席会议办公室	全市农村交通优秀劝导员
莫振杰	清城区飞来峡镇公路站	广东省清远军分区	优秀教练员
向华钊	清城区洲心街道洲沙社区党总支部书记、居委会主任	清远市双拥工作领导小组	最美兵支书
汤锦联	清城区洲心街道退役军人服务工作站负责人	清远市双拥工作领导小组	最美拥军人物

(续表)

姓名	单位及职务	授予单位	荣誉称号
梁升财	清城区洲心街道党建工作办公室主任	清远市"扫黄打非"工作领导小组	2020年清远市"扫黄打非"成绩突出个人
邓恒欢	清城公安分局党委委员、纪委书记、副局长、第一副督察长、四级高级警长	清远市公安局	个人三等功
王志雄	清城公安分局指挥中心三级警长	清远市公安局	个人三等功
张光兴	清城公安分局刑事侦查大队五中队警务技术一级主管	清远市公安局	个人三等功
吕杨帆	清城公安分局刑事侦查大队一中队指导员、一级警长	清远市公安局	个人三等功
刘锡锋	清城公安分局刑事侦查大队三级警长	清远市公安局	个人三等功
温国勋	清城公安分局刑事侦查大队三级警长	清远市公安局	个人三等功
王 亮	清城公安分局刑事侦查大队四级警长	清远市公安局	个人三等功
陈文辉	清城公安分局治安管理大队副大队长、三级警长	清远市公安局	个人三等功
苏建辉	清城公安分局交警大队清城中队副中队长、三级警长	清远市公安局	个人三等功
温国飞	清城公安分局交警大队交管中队二级警长	清远市公安局	个人三等功
黎佩珊	清城公安分局国内安全保卫大队一中队指导员、四级警长	清远市公安局	个人三等功
刘 智	清城公安分局经济犯罪侦查大队副大队长、三级警长	清远市公安局	个人三等功
郑润全	清城公安分局禁毒大队三级警长	清远市公安局	个人三等功
王 维	清城公安分局巡逻警察大队副大队长、四级警长	清远市公安局	个人三等功
郭继坚	清城公安分局松岗派出所副所长、三级警长	清远市公安局	个人三等功
潘金就	清城公安分局小市派出所副所长、三级警长	清远市公安局	个人三等功
黄裕辉	清城公安分局北江派出所三级警长	清远市公安局	个人三等功
王超宇	清城公安分局光明派出所四级警长	清远市公安局	个人三等功
黄 展	清城公安分局东城派出所综合中队中队长、四级警长	清远市公安局	个人三等功

(续表)

姓名	单位及职务	授予单位	荣誉称号
周香桂	清城公安分局交警大队机动巡逻中队指导员、二级警长	清远市公安局	个人三等功
陈广贤	清城公安分局交警大队源潭中队副中队长、三级警长	清远市公安局	个人三等功
雷剑波	清城公安分局交警大队源潭中队中队长、三级警长	清远市公安局	个人三等功
戴希志	清城公安分局交警大队石角中队指导员、三级警长	清远市公安局	个人三等功
黄志清	清城公安分局交警大队石角中队一级警员	清远市公安局	个人三等功
黄志强	清城公安分局强制隔离戒毒所教导员、一级警长	清远市公安局	个人三等功
欧阳春华	清城公安分局洲心派出所副所长、二级警长	清远市公安局	个人三等功
欧建文	清城区副区长，公安分局党委书记、局长、三级高级警长	清远市公安局	个人三等功
关志刚	清城公安分局法制大队大队长、二级警长	清远市公安局	个人三等功
侯永贤	清城公安分局交警大队石角中队一级警长	清远市公安局	个人三等功
张志光	清城公安分局交警大队东城中队指导员、一级警长	清远市公安局	个人三等功
周敏桦	清城公安分局小市派出所一级警员	清远市公安局	个人三等功
谢伟荣	清城公安分局刑事侦查大队一中队指导员、三级警长	清远市公安局	个人三等功
温建锐	清城公安分局指挥中心副指挥长、二级警长	清远市公安局	个人三等功
赵晓明	清城公安分局监督室副主任、三级警长	清远市公安局	个人三等功
李伟宇	清城公安分局警务保障室副主任、二级警长	清远市公安局	个人三等功
黎祖杰	清城公安分局治安管理大队副中队长、三级警长	清远市公安局	个人三等功
李建方	清城公安分局法制大队指导员、三级警长	清远市公安局	个人三等功

(续表)

姓名	单位及职务	授予单位	荣誉称号
朱伟霖	清城公安分局网络警察大队中队长、警务技术三级主管	清远市公安局	个人三等功
黎远芳	清城公安分局交警大队东城中队中队长、二级警长	清远市公安局	个人三等功
刘国坚	清城公安分局小市派出所一级警长	清远市公安局	个人三等功
伍伟江	清城公安分局光明派出所副所长、三级警长	清远市公安局	个人三等功
黄文飞	清城公安分局洲心派出所三级警长	清远市公安局	个人三等功
李社锋	清城公安分局龙塘派出所副所长、三级警长	清远市公安局	个人三等功
朱少勇	清城公安分局石角派出所指导员、二级警长	清远市公安局	个人三等功
高焯文	清城公安分局升平派出所一级警长	清远市公安局	个人三等功
林小平	清城公安分局网络警察大队三级警长	清远市公安局	个人三等功
谭清凤	清城公安分局国内安全保卫大队二中队指导员、二级警长	清远市公安局	个人三等功
谢绍庆	清城公安分局松岗派出所四级警长	清远市公安局	个人三等功
潘金就	清城公安分局小市派出所副所长、三级警长	清远市公安局	个人嘉奖
林翔	清城公安分局松岗派出所三级警长	清远市公安局	个人嘉奖
李志发	清城公安分局刑事侦查大队三中队副中队长、三级警长	清远市公安局	个人嘉奖
林永杰	清城公安分局交警大队源潭中队指导员、一级警长	清远市公安局	个人嘉奖
何卫洪	清城公安分局交警大队升平中队副中队长、一级警长	清远市公安局	个人嘉奖
林剑飞	清城公安分局光明派出所社区警务队副中队长、二级警长	清远市公安局	2021年度清远市"最美基层民警"
林立	清城公安分局交警大队小市中队指导员、三级警长	清远市公安局	2021年春运道路交通安全管理工作表现突出个人
周敏桦	清城公安分局小市派出所一级警员	清远市公安局	2021年第二季度平安之星
赖仕文	清城公安分局刑侦大队一中队中队长、三级警长	清远市公安局	2021年第二季度平安之星
黎祖杰	清城公安分局治安管理大队副中队长、三级警长	清远市公安局	2021年第二季度平安之星
袁炳容	清城公安分局高田派出所辅警	清远市公安局	2021年第二季度平安之星

（续表）

姓名	单位及职务	授予单位	荣誉称号
韦 玮	清城公安分局网络警察大队副大队长、警务技术三级主管	清远市公安局	"净网2020"专项行动先进个人
陈文辉	清城公安分局治安管理大队副大队长、三级警长	清远市扫黄打非工作领导小组	2020年清远市扫黄打非成绩突出个人
陈康贤	清城区纪委监委党风监督室主任	清远市扫黑除恶专项斗争领导小组	2021年全市扫黑除恶专项斗争先进个人
徐跃健	清城公安分局经济犯罪侦查大队辅警	清远市公安局	二级嘉奖
蓝伟强	清城公安分局巡逻警察大队辅警	清远市公安局	二级嘉奖
肖建明	清城公安分局上廓派出所辅警	清远市公安局	二级嘉奖
黄家荣	清城公安分局石角派出所辅警	清远市公安局	二级嘉奖
陈承庆	清城公安分局小市派出所辅警	清远市公安局	二级嘉奖
钟维聪	清城公安分局巡逻警察大队辅警	清远市公安局	三级嘉奖
杜星海	清城公安分局松岗派出所辅警	清远市公安局	三级嘉奖
赖洁锋	清城公安分局网络警察大队辅警	清远市公安局	三级嘉奖
邝伟良	清城公安分局光明派出所辅警	清远市公安局	三级嘉奖
李飞龙	清城公安分局东城派出所辅警	清远市公安局	三级嘉奖
汤建国	清城公安分局政工室辅警	清远市公安局	三级嘉奖
刘振财	清城公安分局省职教城派出所辅警	清远市公安局	三级嘉奖
许燕琼	清城公安分局出入境管理大队辅警	清远市公安局	三级嘉奖
陈 谦	清城公安分局东城派出所辅警	清远市公安局	三级嘉奖
石俊栋	清城公安分局东城派出所辅警	清远市公安局	三级嘉奖
冯广文	清城公安分局东城派出所辅警	清远市公安局	三级嘉奖
罗鉴文	清城公安分局高桥派出所辅警	清远市公安局	三级嘉奖
吴卫嫦	清城公安分局光明派出所辅警	清远市公安局	三级嘉奖
陈艺康	清城公安分局光明派出所辅警	清远市公安局	三级嘉奖
练荣标	清城公安分局横荷派出所辅警	清远市公安局	三级嘉奖
郭超伟	清城公安分局横荷派出所辅警	清远市公安局	三级嘉奖
梁家裕	清城公安分局监督室辅警	清远市公安局	三级嘉奖
何金成	清城公安分局江口派出所辅警	清远市公安局	三级嘉奖
何 杰	清城公安分局警务保障室辅警	清远市公安局	三级嘉奖
卢永华	清城公安分局交警大队辅警	清远市公安局	三级嘉奖
邓敬良	清城公安分局交警大队辅警	清远市公安局	三级嘉奖
梁晓明	清城公安分局交警大队辅警	清远市公安局	三级嘉奖

（续表）

姓名	单位及职务	授予单位	荣誉称号
梁伟豪	清城公安分局交警大队辅警	清远市公安局	三级嘉奖
刘阳贵	清城公安分局交警大队辅警	清远市公安局	三级嘉奖
邓思源	清城公安分局交警大队辅警	清远市公安局	三级嘉奖
周仁辉	清城公安分局交警大队石角中队辅警	清远市公安局	三级嘉奖
潘东辉	清城公安分局交警大队辅警	清远市公安局	三级嘉奖
潘少清	清城公安分局龙塘派出所辅警	清远市公安局	三级嘉奖
温玲玲	清城公安分局龙塘派出所辅警	清远市公安局	三级嘉奖
陈景文	清城公安分局强制隔离戒毒所辅警	清远市公安局	三级嘉奖
冯卫庆	清城公安分局上廓派出所辅警	清远市公安局	三级嘉奖
杨柏河	清城公安分局上廓派出所辅警	清远市公安局	三级嘉奖
黄锡泉	清城公安分局升平派出所辅警	清远市公安局	三级嘉奖
胡静霞	清城公安分局禁毒大队辅警	清远市公安局	三级嘉奖
何海超	清城公安分局省职教城派出所辅警	清远市公安局	三级嘉奖
阮小龙	清城公安分局石角派出所辅警	清远市公安局	三级嘉奖
卢家伟	清城公安分局石角派出所辅警	清远市公安局	三级嘉奖
黄有兴	清城公安分局松岗派出所辅警	清远市公安局	三级嘉奖
王静文	清城公安分局松岗派出所辅警	清远市公安局	三级嘉奖
黄嗣伟	清城公安分局松岗派出所辅警	清远市公安局	三级嘉奖
王宇	清城公安分局网络警察大队辅警	清远市公安局	三级嘉奖
马树华	清城公安分局温泉派出所辅警	清远市公安局	三级嘉奖
关淑仪	清城公安分局小市派出所辅警	清远市公安局	三级嘉奖
刘俊枫	清城公安分局小市派出所辅警	清远市公安局	三级嘉奖
赖源深	清城公安分局刑事侦查大队辅警	清远市公安局	三级嘉奖
陈舒婷	清城公安分局刑事侦查大队辅警	清远市公安局	三级嘉奖
赖海锋	清城公安分局刑事侦查大队辅警	清远市公安局	三级嘉奖
陈路保	清城公安分局巡逻警察大队辅警	清远市公安局	三级嘉奖
潘家杰	清城公安分局巡逻警察大队辅警	清远市公安局	三级嘉奖
冯秀金	清城公安分局巡逻警察大队辅警	清远市公安局	三级嘉奖
刘小琼	清城公安分局巡逻警察大队辅警	清远市公安局	三级嘉奖
温志勇	清城公安分局巡逻警察大队辅警	清远市公安局	三级嘉奖
骆嘉政	清城公安分局巡逻警察大队辅警	清远市公安局	三级嘉奖
温馨	清城公安分局源潭派出所辅警	清远市公安局	三级嘉奖

(续表)

姓名	单位及职务	授予单位	荣誉称号
何嘉欣	清城公安分局巡逻警察大队辅警	清远市公安局	三级嘉奖
陈桂全	清城公安分局源潭派出所辅警	清远市公安局	三级嘉奖
关丽仪	清城公安分局指挥中心辅警	清远市公安局	三级嘉奖
林敏仪	清城公安分局治安管理大队辅警	清远市公安局	三级嘉奖
李锡辉	清城公安分局治安管理大队辅警	清远市公安局	三级嘉奖
杨毅飞	清城公安分局洲心派出所辅警	清远市公安局	三级嘉奖
柳炫康	清城公安分局光明派出所辅警	清远市公安局	三级嘉奖
刘淑君	清城区凤城街道	清远市社会工作师联合会、清远市民政局	清远市社会工作专业领军人物
陈泳	清城区凤城街道	国家统计局清远调查队	2021年清远市劳动力调查工作优秀（党员）调查员
陈朗燃	清城区凤城街道	国家统计局清远调查队	2021年清远市劳动力调查工作优秀（党员）调查员
凌育坤	清城区凤城街道	国家统计局清远调查队	2021年清远市劳动力调查工作优秀（党员）调查员
李文静	清城区凤城街道	清远市工业和信息化局	2021年清远市企业情况综合数据采集工作表现突出人员
罗海花	清城区凤城街道	国家统计局清远调查队	2021年清远市住户调查工作优秀辅助调查员
张婕妤	清城区凤城街道	清远市禁毒委员会办公室	禁毒社工之星
卢继开	清城区凤城街道	清远市第七次全国人口普查领导小组办公室	清远市第七次全国人口普查先进个人
冯嘉艳	清城区凤城街道	清远市第七次全国人口普查领导小组办公室	清远市第七次全国人口普查先进个人
麦啟扬	清城区凤城街道	清远市第七次全国人口普查领导小组办公室	清远市第七次全国人口普查先进个人
苏宇恒	清城区凤城街道	清远市第七次全国人口普查领导小组办公室	清远市第七次全国人口普查先进个人
余思伟	清城区凤城街道	清远市第七次全国人口普查领导小组办公室	清远市第七次全国人口普查先进个人
林涛	清城区凤城街道	清远市第七次全国人口普查领导小组办公室	清远市第七次全国人口普查先进个人
罗海花	清城区凤城街道	清远市第七次全国人口普查领导小组办公室	清远市第七次全国人口普查先进个人
郭韵	清城区凤城街道	清远市第七次全国人口普查领导小组办公室	清远市第七次全国人口普查先进个人

(续表)

姓名	单位及职务	授予单位	荣誉称号
黄 敏	清城区凤城街道	清远市第七次全国人口普查领导小组办公室	清远市第七次全国人口普查先进个人
蔡斯雅	清城区凤城街道	清远市第七次全国人口普查领导小组办公室	清远市第七次全国人口普查先进个人
冯立道	清城区横荷街道党工委委员、武装部部长、政法委员	清远市人民政府征兵办公室	2021年度征兵工作先进个人
杨 静	清城区横荷街道统计站站长	清远市工业和信息化局	2021年清远市企业情况综合数据采集工作表现突出人员
潘伟锋	清城区横荷街道统计站副站长	清远市第七次全国人口普查领导小组办公室	清远市第七次全国人口普查先进个人
李思慧	清城区横荷街道统计站办事员	清远市第七次全国人口普查领导小组办公室	清远市第七次全国人口普查先进个人
徐小英	清城区横荷街道荷兴社区副主任	清远市第七次全国人口普查领导小组办公室	清远市第七次全国人口普查先进个人
刘伟健	清城区横荷街道岗头村委干部	清远市第七次全国人口普查领导小组办公室	清远市第七次全国人口普查先进个人
刘加荣	清城区横荷街道赤岗村委干部	清远市第七次全国人口普查领导小组办公室	清远市第七次全国人口普查先进个人
黄建兴	清城区横荷街道大有村委干部	清远市第七次全国人口普查领导小组办公室	清远市第七次全国人口普查先进个人
陈永杰	清城区横荷街道佛祖社区干部	清远市第七次全国人口普查领导小组办公室	清远市第七次全国人口普查先进个人
冯诗晴	清城区横荷街道综合治理办公室办事员	清远市"扫黄打非"工作领导小组	2020年清远市"扫黄打非"优秀信息员
李栩晴	清城区人民法院书记员	清远市扶贫开发办公室	扶贫经典故事征文活动评选三等奖
汤珍榕	清城区机关事务管理局办公室主任	清远市机关事务管理局	清远市机关事务管理系统党史学习教育征文一等奖
罗振光	清城区机关事务管理局办公室一级科员	清远市机关事务管理局	清远市机关事务管理系统党史学习教育征文二等奖
袁美华	清城区机关事务管理局办公室一级科员	清远市机关事务管理局	清远市机关事务管理系统党史学习教育征文三等奖
何 毅	清城区机关事务管理局办公室副主任	清远市机关事务管理局	清远市机关事务管理系统党史学习教育征文优秀奖
季焕爽	清城区人民检察院驻东城街道检察室主任、一级检察官	清远市人民检察院	清远市十佳公诉人

(续表)

姓名	单位及职务	授予单位	荣誉称号
何海莹	清城区人民检察院五级检察官助理	清远市人民检察院	清远市十佳公诉人
胡想想	清城区人民检察院五级检察官助理	清远市人民检察院	清远市十佳公诉人
黄洁明	清城区人民检察院一级检察官	清远市人民检察院	清远市优秀公诉人
郑常青	清城区人民检察院五级检察官助理	清远市人民检察院	清远市优秀公诉人
唐东杰	清城区人民检察院五级检察官助理	清远市人民检察院	清远市优秀公诉人
叶芷菁	清城区人民检察院五级检察官助理	清远市人民检察院	清远市优秀公诉人
季焕爽	清城区人民检察院驻东城街道检察室主任、一级检察官	清远市人民检察院	最佳辩论奖
陈雪茹	清城区人民检察院第三检察部控申组负责人、一级检察官	清远市人民检察院	个人嘉奖
黄带娣	清城区人民检察院第一检察部副主任、一级检察官	清远市人民检察院	个人嘉奖
黄带娣	清城区人民检察院第一检察部副主任、一级检察官	清远市扫黑除恶办公室	全市扫黑除恶专项斗争先进个人
吴楚贤	清城区人民检察院第一检察部副主任、一级检察官	清远市扫黑除恶办公室	全市扫黑除恶专项斗争先进个人
刘莉敏	清城区人民检察院第一检察部副主任、一级检察官	清远市妇女联合会	清远市优秀妇联执委
叶剑挺	清城区人民检察院第二检察部副主任、四级检察官助理	清远市人大制度理论研究会	论文入选清远市人大制度理论研究会2020—2021年度论文
胡想想	清城区人民检察院五级检察官助理	清远市人大制度理论研究会	论文入选清远市人大制度理论研究会2020—2021年度论文
钟林森	清城区人民检察院五级检察官助理	清远市人大制度理论研究会	论文入选清远市人大制度理论研究会2020—2021年度论文
季焕爽	清城区人民检察院驻东城街道检察室主任、一级检察官	清远市人民检察院	全市检察标兵
罗少东	清城区人民检察院第二检察部主任、一级检察官	清远市人民检察院	撰写的《周某某与清远市某房地产开发有限公司民间借贷纠纷虚假诉讼监督案》被评为清远市检察机关2021年度服务保障民营经济发展十大典型案例

(续表)

姓名	单位及职务	授予单位	荣誉称号
季焕爽	清城区人民检察院驻东城街道检察室主任、一级检察官	清远市人民检察院	办理的"熊某、陈某某等四人侵犯著作权案"被评为"清远市检察机关2021年度服务保障民营经济发展十大典型案例
季焕爽	清城区人民检察院驻东城街道检察室主任、一级检察官	清远市人民检察院	清远市检察机关"检察匠心杯"工作创新项目比赛一等奖
陈雪茹	清城区人民检察院第三检察部控申组负责人、一级检察官	广东省女检察官协会清远分会、清远市院妇女委员会、清远市院女工委	清远市检察机关优秀女干警
刘莉敏	清城区人民检察院第一检察部副主任、一级检察官	广东省女检察官协会清远分会、清远市院妇女委员会、清远市院女工委	清远市检察机关优秀女干警
莫娟	清城区人民检察院一级检察官	广东省女检察官协会清远分会、清远市院妇女委员会、清远市院女工委	清远市检察机关优秀女干警
刘莉敏	清城区人民检察院第一检察部副主任、一级检察官	清远市妇女联合会	首届"巾帼心向党——寻找清远优秀妇联执委"活动中，评为"清远市优秀妇联执委"
蓝永芳	清城区人民检察院一级检察官	清远市人民检察院	清远市检察机关"检察匠心杯"工作创新项目比赛优秀奖
刘景舒	清远市清城区人民检察院办公室（司法警察大队）副主任、一级科员	清远市人民检察院	优秀信息员
刘庆文	清城区统计局副局长	清远市第七次全国人口普查领导小组办公室	清远市第七次全国人口普查先进个人
张小燕	清城区统计局办公室主任	清远市第七次全国人口普查领导小组办公室	清远市第七次全国人口普查先进个人
吴晓敏	清城区统计局	清远市第七次全国人口普查领导小组办公室	清远市第七次全国人口普查先进个人
何潇斐	清城区统计局	清远市第七次全国人口普查领导小组办公室	清远市第七次全国人口普查先进个人
张家劲	清城区统计局	清远市第七次全国人口普查领导小组办公室	清远市第七次全国人口普查先进个人
徐敏	清城区人民武装部军事科长	清远军分区	练兵备战先进个人
徐敏	清城区人民武装部军事科长	清远军分区	民兵工作先进个人

(续表)

姓名	单位及职务	授予单位	荣誉称号
陈明金	清城区人民武装部	清远军分区	优秀职工
廖红顺	清城区委宣传部网信综合办主任	清远市"扫黄打非"工作领导小组	2021年清远市"扫黄打非"成绩突出个人
张鲜宝	清远市清城区龙塘镇安丰村民委员会副主任	国家统计局清远调查队	2021年清远市住户调查优秀（党员）辅助调查员
杨国才	清城区龙塘镇井岭社区居委会委员	国家统计局清远调查队	2021年清远市住户调查优秀（党员）辅助调查员
卢继泉	清城区龙塘镇政府党委委员	清远市扫黑除恶专项斗争领导小组	全市扫黑除恶专项斗争先进个人
冯泽有	清城区龙塘镇井岭社区党员	国家统计局清远调查队	2021年清远市住户调查优秀（党员）记账户
王雪群	清城区龙塘镇	清远市第七次全国人口普查领导小组办公室	清远市第七次全国人口普查先进个人
王显锋	清城区龙塘镇	清远市第七次全国人口普查领导小组办公室	清远市第七次全国人口普查先进个人
梁雪儿	清城区龙塘镇	清远市第七次全国人口普查领导小组办公室	清远市第七次全国人口普查先进个人
盘杰良	清城区龙塘镇	清远市第七次全国人口普查领导小组办公室	清远市第七次全国人口普查先进个人
朱东旭	清城区龙塘镇	清远市第七次全国人口普查领导小组办公室	清远市第七次全国人口普查先进个人
郑金燕	清城区龙塘镇	清远市第七次全国人口普查领导小组办公室	清远市第七次全国人口普查先进个人
张鲜宝	清城区龙塘镇	清远市第七次全国人口普查领导小组办公室	清远市第七次全国人口普查先进个人
杜敏瑜	清城区龙塘镇	清远市第七次全国人口普查领导小组办公室	清远市第七次全国人口普查先进个人
汤燕霞	清城区龙塘镇	清远市第七次全国人口普查领导小组办公室	清远市第七次全国人口普查先进个人
潘永昌	清城区龙塘镇	清远市第七次全国人口普查领导小组办公室	清远市第七次全国人口普查先进个人
敬丽斯	清城区新闻信息中心电视部组长	中共市委宣传部 清远市新闻工作者协会	2021年清远市新闻战线"好记者讲好故事"演讲比赛一等奖

在中国共产党清远市清城区第八次代表大会上的报告

(2021年10月26日)

中共清远市清城区委书记 邱泽军

各位代表、同志们：

中国共产党清远市清城区第八次代表大会，是在中国共产党成立100周年的重要时刻、"两个一百年"奋斗目标历史交汇的关键节点，召开的一次十分重要的大会。大会的主要任务是：深入学习贯彻习近平新时代中国特色社会主义思想，认真学习贯彻习近平总书记"七一"重要讲话精神，全面贯彻落实党中央和省委、市委决策部署，回顾总结区第七次党代会以来工作，明确今后五年奋斗目标和主要任务，动员全区广大党员干部群众，立足新发展阶段，贯彻新发展理念，融入新发展格局，加快建设"一地、两区、三城"，奋力谱写新时代清城高质量发展新篇章。

现在，我代表中国共产党清远市清城区第七届委员会向大会作报告，请予审议。

一、过去五年全区上下凝心聚力、锐意进取，推动清城经济社会各项事业迈上新台阶

区第七次党代会以来的五年，是清城改革发展史上极不平凡的五年。五年来，我们始终坚持以习近平新时代中国特色社会主义思想为指导，深入学习贯彻总书记重要讲话和重要指示批示精神，立足新发展阶段，贯彻新发展理念，坚持稳中求进工作总基调，抢抓"双区"驱动、"双城"联动[1]和横琴、前海两个合作区建设重大机遇，认真贯彻落实省委"1+1+9"工作部署[2]和市委"十大行动方案"[3]，统筹推进疫情防控和经济社会发展，有力推动清城各项工作争创一流、走在前列，圆满完成了区第七次党代会确定的目标任务，全面建成小康社会，开创了清城高质量发展的新局面。

（一）五年来，我们始终高举旗帜，政治建设持续加强。我们旗帜鲜明讲政治，坚定不移用习近平新时代中国特色社会主义思想武装头脑、指导实践、推动工作，严格执行省委坚决落实"两个维护"十项制度机制，建立健全政治要件闭环落实机制，认真执行请示报告制度，切实增强"四个意识"、坚定"四个自信"、做到"两个维护"。我们认真贯彻落实总书记视察广东、视察清远重要讲话精神，深刻体悟总书记的亲切关怀、关心厚爱，牢记总书记的殷殷嘱托，自觉把对领袖的深厚感情转化为做好清城工作的强大动力，严格落实"第一议题"学习制度，持续开展"大学习、深调研、真落实"，认真落实省委"1+1+9"工作部署，高质量落实好市委"十大行动方案"，切实以清城高质量发展的生动实践，充分彰显习近平新时代中国特色社会主义思想强大的真

2021年10月26—27日，中国共产党清远市清城区第八次代表大会在清城召开　　（区新闻信息中心　供图）

理力量和实践伟力。

（二）五年来，我们致力转型升级，经济发展稳中有进。经济能级跨越提升，2020年实现地区生产总值639.56亿元、规上工业增加值219.79亿元、社消零总额251.95亿元、地方公共财政收入16.71亿元，比2015年分别增长了27.8%、48.6%、24.4%、9.3%，主要经济指标总量稳居全市首位；三次产业结构从4.7：40.5：54.8调整优化为4.4：33.6：62.0，有色金属和陶瓷两大传统产业产值占规上工业产值的比重从52.3%下降至43.1%，先进制造业增加值占规上工业增加值的比重从12.7%提高到31.5%，高技术制造业产值从27.75亿元增加到84.45亿元、大幅增长204%，成功跻身粤东西北经济发展强区排名榜亚军。平台项目蓬勃发展，清远国家高新区挺进全国百强，广清（清城）产业园累计完成征地1.37万亩、签约项目246个、投试产项目72个；清远互联网+创新产业园（华南声谷）、广清空港现代物流产业新城启动区正式运营；239个重点项目完成投资318.53亿元；累计引进项目133个，完成投资961.57亿元；先导材料、金发科技、忠信玻纤三期等一大批项目建成投产；腾讯清远高新区云计算数据中心、广清中大时尚科技城、中国南部物流枢纽等一系列项目加快推进。创新活力显著增强，新增豪美新材、东鹏控股、聚石化学3家上市企业，规模以上工业企业达335家，数量稳居全市首位，嘉博制药、泛瑞新材料入选"小巨人"企业[4]名单，蓝宝制药、美佳乐环保新材荣获中国专利优秀奖，华炬科技成为国家级孵化器，天安智谷获评国家级众创空间；创建省级博士工作站5家、工程技术研发中心49家，高新技术企业数量增长8倍，专利申请量增长超4倍。

（三）五年来，我们加快扩容提质，城市面貌日新月异。城市扩容步伐明显加快，累计完成征地5.74万亩，拆迁房屋、大型场地近2900间（宗），燕湖新城总体框架基本形成，城市建成区面积达101.84平方公里，城镇化率达82.21%，常住人口突破112万人，成为建市以来首个常住人口超过百万的县（市、区）；省职教城累计完成征地1.15万亩，已进驻广东科贸、建设、交通等高职院校10所，广东金融学院清远校区建成开学，实现清远本科院校零突破。城市功能配套明显改善，广清城轨一期建成通车、北延线加快建设，广清永高铁纳入国家规划，飞来峡水利枢纽二、三线船闸建成通航，清远"高接高"、汕湛高速惠清段建成通车，广连高速即将通车，佛清从高速加快建设，伦洲大桥、洲心大桥相继建成，行政村100%通公交。飞霞山市民公园、南岸公园建成开园，新增碧道16.9公里；奥体中心即将竣工，"四馆一中心"[5]主体结构封顶；新设置公共停车位5万余个，新增港湾式停靠站52个。城市品质内涵明显提升，投入22.8亿元完成创文项目3798个，改造升级城乡结合部超130个、公共厕所572间，整治交通堵点32个、建成平安路口2672处，提升内街背巷近1000条；整治"两违"面积367.7万平方米；新增新时代文明实践中心（所、站）170个，文明村镇覆盖率达96%；助推清远创建成为国家卫生城市。

（四）五年来，我们推进乡村振兴，城乡融合步伐加快。脱贫攻坚取得全面胜利，3712户6456名相对贫困人口全部脱贫，12个区定困难村全部出列。特色农业提质增效，清城区国家级现代农业产业园创建工作有序推进；累计培育市级以上农业龙头企业33家、新型农业经营主体1028家；完成高标准农田建设超6.4万亩。"三农"改革蹄疾步稳，广清接合片区清城片区7项试验任务60个重点项目完成投资103.4亿元，"三块地"改革[6]成效明显，率先在全市成立农村股份经济合作社、发放土地经营权流转证书；农村土地承包经营权确权登记顺利完成，农村集体产权制度改革基本完成；整合耕地17.6万亩、涉农资金5.36亿元。乡村建设全面提速，建成美丽乡村1132个，源潭新马、东城"三村一居"乡村振兴样板区建设成效明显，6条美丽乡村精品线路加快建设，广清乡村振兴综合示范区（环霞、龙江源）有序推进；无害化户厕普及率达100%，自然村集中供水即将实现全覆盖；建成（提升）"四好农村路"[7]492.51公里。

（五）五年来，我们深化改革开放，发展活力充分迸发。高质量完成10项中央、省改革试点任务。全面完成新一轮区级机构改革和镇（街）体制改革。政务服务有效提升，在粤东西北地区率先成立行政审批局，高规格成立区企业服务中心，全面推行"政务服务官""社区服务官"模式，创新开设"办不成事"反映窗口，38个部门1707项行政审批及公共服务事项基本实现"一窗受理、一窗通办"，行政许可事项可网办率、一窗受理率达100%，审批事项承诺办理时限比法定时限压缩79%，率先试行建筑工程施工许可告知承诺制，企业用电报装实现"当日通"，与湖南靖州、广州越秀、肇庆广宁实现政务服务"跨省通办、省内通办"，政务服务改革长期走在粤东西北前列。大力推进"数字政府"改革，高标准建成4个镇级"一门式、一网式"政务服务中心，镇级服务事项大幅增加至639项；成为全省首个将省集中式社保系统平台延伸至村居的县（市、区）。改革攻坚纵深推进，中心城区环卫改革顺利落地；成立全市首个产业园区商标品牌培育指导站；为企业减税降费83.32亿元，净增各类市场主体4万余户。

（六）五年来，我们持续改善民生，社会事业全面进步。社会保障体系更加健全，民生领域累计支出199.73亿元，年均增长6.53%；扎实办好省、市、区十件民生实事；城乡居民人均可支配收入年均增长8.5%，城乡居民收入比值由1.71下降至1.63；新增城镇就业5.7万人，登记失业率控制在2.6%以内；城乡低保标准较2015年分别提高62.88%、72.86%，城乡居民基本养老保险参保率达100%。教育事业加快发展，投入超27.34亿元新（改、扩）建中小学校和公办幼儿园46所，成功引进广铁一中外国语学校、广外附设清远外国语学校、华师附属学校、广州大学附属中学，44所中小学校（园）与广州名校（园）实现深度结对帮扶，新增学位6.23万个，公办幼儿园和普惠性民办幼儿园学位覆盖率超过80%，创建成为粤北首批"广东省推进教育现代化先进区"。医疗卫生服务水平不断提升，新（改、扩）建区中医院、东城锦兴社区卫生服务站等一批医疗卫生项目，区人医新院即将投入使用，区疾控中心、石角镇卫生院等项目加快建设，建成全市首个儿科博士工作室，建立专科联盟9个，2020年每千常住人口拥有床位、医生、护士数量比2015年分别增长247.13%、83.05%、238.2%。

（七）五年来，我们坚持绿色发展，生态优势持续巩固。"全域增绿"扎实推进，完成造林面积4.35万亩，新增森林公园4个，4个村庄入选全省首批"国家森林乡村"，森林覆盖率达44.37%。绿色发展深入推进，新增3A级景区3家、旅游集散中心和咨询服务中心（点）15个，累计接待游客人数4673.42万人次、旅游收入318.86亿元，创建成为广东省全域旅游示范区，成功入选全国绿色发展百强区；新建公共电动汽车充电桩360个，新增新能源公交车385辆，完成陶瓷生产线"煤改气"84条；东城、凤城生活垃圾分类示范片区建设加快推进，青山垃圾扩容应急填埋场、E17号区垃圾中转站建成投入使用，清远绿能环保发电厂投入运营，破解了多年来想解决而未能解决的"邻避"难题。环境质量明显提升，累计办结中央环保督察交办案件153宗，2020年空气质量达标率95.4%；建成污水管网127.64公里，实现建制镇污水处理设施全覆盖，集中式饮用水水源水质100%达标；安全处置固废32.9万吨，完成9个历史遗留固废堆点风险管控。

（八）五年来，我们聚焦平安建设，社会大局和谐稳定。疫情防控取得阶段性成效，安排超2.46亿元抓好常态化疫情防控，率先成立334支志愿服务队和党员突击队，助推全市本土确诊病例在全省率先"清零"；高效完成131万人次大规模人群核酸筛查，累计做好8317名集中隔离人员服务保障工作。安全生产形势平稳，深入开展安全生产六大重点领域专项行动，完成市安全生产专项巡察反馈45个点位70个问题整改，全面完成赤狮坑村灾后重建工程，累计整治地质灾害隐患点26个、削坡建房隐患点128处，完成危房改造任务1148户，各类事故起数、死亡人数分别同比下降90.69%、26.67%。平安建设亮点纷呈，扫黑除恶专项斗争三年攻坚战胜利收官，打掉68个涉恶团伙、17个涉恶犯罪集团、5个涉黑组织，查处涉案财物3.74亿元，各项战果指标位居全市首位；统筹安排9000余万元在全市率先设立信访维稳、安全生产、生态环保等专项资金，有效化解信访积案465宗，消除各类安全生产隐患2.6万余处；深入开展整治突出毒品问题三年行动，横荷社区戒毒（康复）服务中心获评省级示范点，禁毒工作考核成绩连续4年位居全市第一；稳妥做好建党百年大庆等维稳安保任务，政法队伍教育整顿成效明显，全民反诈、"扫黄打非"等工作取得新成效，连续5年被评为全市平安建设（综治工作）优秀区。有效化解燕湖新城安置区商业用房等一大批历史遗留问题，解除历史土地合作开发项目34宗、面积1.44万亩，化解镇（街）历史债务12.35亿元，落实返还农民实业用地3017亩。建成粤东西北地区首个社会综合治理云平台，网格化管理实现100%全覆盖，成功获评"2020中国智慧城市示范城市"。

（九）五年来，我们强化党的建设，政治生态风清气正。坚持和加强党的全面领导，区委常委会定期听取区人大常委会、区政府、区政协等党组工作汇报，大力支持人大、政协等依法依章程履行职责，意识形态工作责任制有效落实；党管武装工作取得新进展，军地双向兼职制度有效落实，连续十届被评为省"双拥模范区"；大统战工作格局加快构建，爱国统一战线持续巩固；党管机构编制全面加强，工会、共青团、妇联等工作取得新成效，党校、档案、老干、残疾人等各项工作取得新进步；认真抓好省委巡视、省委审计等反馈问题整改落实。党的建设持续加强，绩效考核连续3年荣获全市第一，深入实施加强党的基层组织建设三年行动计划，圆满完成镇、村级换届选举，实现了乡镇领导班子结构优化和村（社区）书记、主任、集体经济组织负责人"三个一肩挑""两委"班子成员100%交叉任职；全面推行村级党组织评星定级，累计整治软弱涣散党组织40个，基层党组织的凝聚力、战斗力、号召力明显增强。统筹98名专项编制创新设立人才"编制周转池"[8]，在全市率先建立大学生电商创业空间及培育基地，搭建各类育才平台98个、引进人才1035人。坚持全面从严治党，挂牌成立区监委，持之以恒正风肃纪反腐，立案696件698人，给予党纪政务处分594人，实现巡察全覆盖，风清气正的政治生态进一步巩固。

看似寻常最奇崛，成如容易却艰辛。各位代表、同志们，过去五年辉煌成绩的取得，是我们坚持习近平新时代中国特色社会主义思想指导的结果，是省委、市委正确领导的结果，是历届区委班子接续奋斗的结果，是全区上下勤力同心、攻坚克难的结果。在此，我代表中共清远市清城区第七届委员会，向所有关心、支持、参与清城建设与发展的领导们、同志们、朋友们，表示衷心的感谢，并致以崇高的敬意！

五年栉风沐雨，历程催人奋进；五年艰辛探索，启示尤为深刻。面向新征程，我们既要从过去的成就中获取经验启示，不忘初心、坚定信心，更要从过去的成就中激发前进动力，昂首阔步、开创未来。回顾五年来的奋斗历程，我们深深体会到：

（一）必须始终把思想引领作为推动发展的根本保证。五年来，我们始终坚持以习近平新时代中国特色社会主义思想为指导，忠实践行"两个维护"，确保清城各项事业发展始终沿着正确的方向前进。实践充分证明，我们必须坚持强化思想引领、把牢政治方向，自觉、用心、坚定做到"两个维护"，把习近平新时代中国特色社会主义思想贯穿于改革发展稳定全过程各方面，用总书记思想战胜一切艰难险阻，不断从胜利走向新的胜利。

（二）必须始终把改革开放作为推动发展的关键一招。五年来，我们始终向改革要活力、向开放要空间、向创新要动力，大力传承发扬"清远经验""洲心经验"蕴含的改革创新精神，着力推动重点领域、关键环节改革，探索了高质量发展新模式。实践充分证明，我们必须不断深化改革、继续扩大开放，走出"舒适圈"、勇闯"无人区"，敢于做"第一个吃螃蟹的人"，不断解放和发展社会生产力，始终做到激发活力、抢占先机。

（三）必须始终把人民至上作为推动发展的价值导向。五年来，我们主动践行以人民为中心的发展思想，以造福人民为最大政绩，用心用情用力解决好群众"急难愁盼"问题，群众的获得感、幸福感、安全感大幅提升。实践充分证明，我们必须始终坚持人民至上，真正把实事办好、把好事办实，最大限度增进民生福祉，确保干一件成一件、成一件受益一片，以实际行动赢得全区人民的拥护和支持，进而汇聚起推动清城高质量发展的磅礴力量。

（四）必须始终把比较优势作为推动发展的强大支撑。五年来，我们准确把握清城所处的历史方位和阶段特征，充分发挥清城的区位、生态、空间、资源等比较优势，作出了一系列契合中央精神、落实省市要求、体现群众期盼、符合清城实际的决策部署，在区域合作发展中率先崛起，实现了跨越式发展。实践充分证明，我们必须把深化区情认识作为推动发展的战略基点，把清城放在大湾区先进城市中对标追赶、放在大湾区整体格局中定位融合，坚持格局制胜，勇当站得高、望得远、看得准的奋斗者。

（五）必须始终把城乡融合作为推动发展的突破方向。五年来，我们始终牢记总书记的殷殷嘱托，坚持以协调推进新型城镇化和乡村振兴战略为抓手，以广清接合片区清城片区改革建设为牵引，大力破解城乡二元结构，全面促进城乡融合发展，实现了城乡发展各美其美、美美与共。实践充分证明，我们必须把城市和乡村真正统筹起来，坚持旧城新城一体提升、城市乡村一体发展，不断缩小城乡发展差距，激活城乡发展潜力，扎实推动共同富裕。

（六）必须始终把生态优先作为推动发展的必要前提。五年来，我们深入贯彻落实习近平生态文明思想，立足"一区"发展定位，坚定不移推进绿色发展、绿色崛起，实现了经济发展与环境保护双赢共兴。实践充分证明，绿色是清城最靓丽的底色，是清城发展最重要的屏障，我们必须坚定不移贯彻新发展理念，打好生态文明建设持久战，持续巩固污染防治攻坚成果，坚决守护好清城这片碧绿、这方蔚蓝、这份纯净。

（七）必须始终把安全稳定作为推动发展的重要基石。五年来，我们牢固树立安全发展理念，坚守安全、环保、效益三条底线，有效防范应对新冠肺炎疫情、涉环保项目"邻避"、城市征拆安置等重大风险，全区社会大局和谐稳定。实践充分证明，做好安全稳定工作是清城发展的根基，我们必须用大概率思维应对小概率事件，统筹抓好发展和安全两件大事，始终做到居安思危、未雨绸缪，切实为清城高质量发展提供安全稳定的环境。

（八）必须始终把党要管党作为推动发展的政治保障。五年来，我们始终坚持把党要管党、从严治党作为第一责任，充分发挥党的领导核心作用，为全区经济社会高质量发展提供了坚强有力的政治保障和组织保证。实践充分证明，我们必须全面加强党的领导和党的建设，推动党政紧密团结、人大政协齐心协力，一体推进不敢腐不能腐不想腐，带动全区上下风正劲足、政通人和，确保我们的力量无坚不摧，我们的事业无往不胜。

（九）必须始终把担当争先作为推动发展的鲜明品格。五年来，我们始终高扬"守初心、担使命、善作为、勇争先"的主旋律，带动全区上下攻坚克难、比学赶超、真抓实干，发展成果亮点纷呈，各项工作百花齐放。实践充分证明，我们必须坚持高定位、追求高标准、保持高效率，让勇挑重担、敢于担当等优良作风融入党员干部的骨髓血液中，形成你追我赶、争先进位的生动局面，共同把清城的事业干好、干成功。

各位代表、同志们！这些深刻启示，是我们立足清城实际、用行动和汗水换来的宝贵经验，更是今后必须长期坚持的重要准则，全区上下要倍加珍惜、长期坚持。在肯定成绩的同时，我们还应清醒地看到，前进道路上面临的诸多困难和挑战，主要是：城乡发展不协调、不均衡的问题仍然突出，新兴主导产业培育还需下更大功夫，城市精细化管理仍需加强，财政收支矛盾日益突出，营商环境亟需进一步优化，教育、医疗等方面与群众期盼还有一定差距，生态文明建设力度还需进一步加大，统筹发展和安全的能力仍有待加强，少数党员干部敢于担当、攻坚克难意识还有待提升，等等。我们必须居安思危，坚持问题导向，弘扬斗争精神，提升斗争能力，补齐短板弱项，以更加昂扬的斗志、更加务实的作风推动全区各项工作走在前列、勇立潮头。

二、启航新征程、勇担新使命，必须科学精准谋划清城发展方向路径

一个时代有一个时代的主题，一代人有一代人的担当。未来五年，是清城在全面建成小康社会的基础上，乘势而上奋斗"十四五"、启航新征程的重要五年，科学谋划好各项事业发展意义重大、责任重大。我们必须科学研判、精准把握未来五年清城发展的方向路径，始终保持永不懈怠的精神状态、一往无前的奋斗姿态，一锤接着一锤敲、一棒接着一棒跑，奋力谱写新时代清城高质量发展新篇章。

（一）纵观大势，启航新征程我们充满机遇。当前，世界局势正在发生深刻变革，百年未有之大变局加速演进，新冠肺炎疫情加剧了全球政治经济的不确定性，"黑天鹅""灰犀牛"还会不期而至。但是，我们更应看到，新一轮科技革命蓬勃兴起，"双循环"活力日益增强，广东落实习近平总书记"走在全国前列、创造新的辉煌"的总定位总目标进入关键期，清远打造融湾崛起排头兵、城乡融合示范市、生态发展新标杆、"双区"魅力后花园深入推进，一系列政策红利、改革红利、发展红利持续释放、叠加发力，必将为清城发展注入新动力、提供新空间、创造新机遇。我们必须胸怀"两个大局"，心系"国之大者"，善于在危机中育先机、在变局中开新局，努力在加快打造新发展格局的县域节点中实现更大发展、展现更大作为、作出更大贡献。

（二）立足自身，启航新征程我们具备优势。清城在接受大湾区辐射带动上拥有优越的区位、生态、空间优势。市委寄予清城很高期望，赋予我区全市经济发展"排头兵"、承接全市中心工作任务"主力军"、省市重点项目落户"主战场"和扩容提质"主阵地"的重要地位，全力支持清城提升首位度。经过五年的不懈努力，清城综合竞争力迈上了新的更高台阶，清远国家高新区、广清经济特别合作区、清远互联网+创新产业园（华南声谷）等重大产业平台建设提质增效，政务服务改革、网格化管理服务等一大批管当前、利长远的改革举措落地实施，为清城高质量发展提供了坚实支撑、积蓄了巨大潜力。我们要扛起时代重任，永葆"闯"的精神、"创"的劲头、"干"的作风，更好地把比较优势转化为发展动能，努力在更高的起点上加快推动清城高质量发展。

（三）锚定目标，启航新征程我们责任在肩。今天的清城，解决了许多长期想解决而没有解决的难题，办成了许多过去想办而没有办成的大事，迈上了许多以前可望而不可及的台阶，是清城发展史上办成大事要事最多的时期。未来五年，我们不仅要完成地区生产总值达到千亿等硬任务，还要实现打造粤港澳大湾区生态环境"涵养地"等软指标；不

仅要推动入珠融湾进程再上新台阶,还要确保中心城区首位度和承载力显著提升;不仅要创建全国文明城市,还要促进乡村全面振兴,加快实现城乡融合发展,发展任务更加艰巨、要求更加全面。我们要立足清远争一流、全省进位次,把清城应该干、能够干、必须干的事情办好,全力抓牢接力棒、干出加速度、跑好超越赛,努力在新的赶考之路上创造新的奇迹、铸就新的辉煌。

今后五年,清城经济社会发展的指导思想是:坚持以习近平新时代中国特色社会主义思想为指导,认真贯彻习近平总书记在庆祝中国共产党成立100周年大会上的重要讲话精神,深入贯彻习近平总书记对广东系列重要讲话和重要指示批示精神,全面贯彻党的十九大和十九届二中、三中、四中、五中全会精神,统筹推进"五位一体"总体布局,协调推进"四个全面"战略布局,完整、准确、全面贯彻新发展理念,坚持党的全面领导,坚持依法治区,坚持以人民为中心,坚持深化改革开放,坚持系统观念,坚持稳中求进工作总基调,以推动高质量发展为主题,以深化供给侧结构性改革为主线,以改革创新为根本动力,以满足人民日益增长的美好生活需要、实现共同富裕为根本目的,以"跳出清远看清城"战略视野,树牢"对标珠三角、融入大湾区"的工作导向,坚持工业立区战略不动摇,坚定不移走城乡融合发展和绿色生态发展之路,全面推进广清一体化高质量发展,加快建设"一地、两区、三城",奋力谱写新时代清城高质量发展新篇章。

"一地":粤港澳大湾区发展腹地。充分发挥清城距离大湾区中心城市最近的比较优势,抢抓"双区"驱动、"双城"联动和两个合作区建设重大机遇,坚定不移加快入珠融湾步伐,主动融入参与粤港澳大湾区、广清接合片区、广州都市圈等高能级区域一体化建设,努力把清城打造成为粤港澳大湾区的生态环境"涵养地"、辐射带动"传承地"、旅游休闲"目的地"、高端人才"落脚地"、科技成果"转化地",力争到2025年全区地区生产总值达到1000亿元、年均增长6.5%,不断提高经济外向度和县域开放度。

"两区":一是国家城乡融合发展试验区广清接合片区的"样板区"。勇于进入"无人区"探索原创型改革,敢于在重要领域、关键环节先行先试、大胆突破,积极探索具有清城特色的共同富裕实施路径,加快打造一批引领型乡村振兴示范区,促进城乡生产要素双向自由流动和公共资源合理配置,城乡发展差距和居民生活水平差距明显缩小,力争塑造一批新时代城乡融合发展的新模式新典范。二是广清一体化高质量发展的"先行区"。坚持把高质量推进广清经济特别合作区建设作为重要载体,继续深化与广州、越秀的帮扶共建,不断塑造大开放的气度、构筑大开放的格局、优化大开放的环境,在打破市场壁垒、完善合作机制、创新招商模式、建设承接平台等各领域大胆试、大胆闯,努力实现与广州等湾区城市市场相通、交通相连、人才互通、产业互补,推动以制度性开放、改革性创新为鲜明特征的高水平开放发展。

"三城":一是国家级职业教育城。认真贯彻落实习近平总书记对职业教育工作的重要指示精神,围绕将省职教城打造成为"岭南学苑、山水匠城"的目标,全力推动省职教城三期项目建设,依托技能人才培训示范基地、青年人才交流活动中心等平台,加强创新型、应用型、技能型人才培养,着力打造一座可容纳25万高素质人口的国际化、生态型、花园式的高品质活力知识城,加快构建广东技能人才培育高地,力争在办学规模、专业门类、培养方式等各个方面走在全国前列。二是环粤港澳大湾区现代产业新城。积极参与"双区"和两个合作区产业分工,依托清远国家高新区、广清经济特别合作区、清远互联网+创新产业园(华南声谷)等重大产业发展平台,主动承接大湾区高端装备制造、生物医药、电子信息、商贸物流等产业外溢和产业转移,携手广州、越秀共建"421"现代产业体系[9],支持清远国家高新区继续培育壮大创新型产业集群,力争建成国家创新型特色园区;推动广清(清城)产业园打造成为全省产业转移和产业共建示范区,推动广清空港现代物流产业新城打造成为覆盖华南地区的交易配送中心、面向粤港澳大湾区的现代商贸和物流产业集聚区,努力将清远互联网+创新产业园(华南声谷)打造成为全省"互联网+"

创业创新示范园区，推动清城产业向更大规模、更优质量、更高层次迈进。三是华南休闲宜居宜游名城。以筹办2022年省运会和创建全国文明城市为抓手，树牢"办好一次会、成就一座城"的理念，把"办赛事""创文明"与"建城市"结合起来，进一步完善城市基础配套设施，不断优化城市功能、做靓城市环境、提升城市品位；进一步巩固提升全域旅游示范区创建成果，参与粤港澳大湾区北部生态文化旅游合作区建设，推动现有一批旅游景区、乡村旅游示范片区提档升级，促使"景点旅游"向"全域旅游"转变，力争到2025年，城乡居民人均可支配收入年均增长8%，森林覆盖率达到44.41%，让清城真正成为"双区"魅力后花园的鲜活样板。

各位代表、同志们！今后五年我区建设"一地、两区、三城"的美好画卷正徐徐展开，全区人民对此满怀期盼。我们要为此肩负使命，共同奋斗，用实干精神、实干担当、实干业绩，描绘出清城波澜壮阔的美好明天！

三、坚定实施高质量跨越式发展战略，全面建设社会主义现代化新清城

推动高质量发展既是一场"加速跑"，更是一场"耐力赛"。未来五年，我们必须拿出"立大志、干大事"的决心和气魄，抢抓机遇、勠力同心、真抓实干，为全面建设社会主义现代化新清城不懈奋斗。

（一）*坚定不移贯彻新发展理念，加快构建现代化经济体系。*始终把着力点放在实体经济上，做大做强战略性新兴产业，优化升级传统产业，大力发展现代服务业，着力提升清城经济质量效益和核心竞争力。

一要不断优化产业体系布局。积极参与"双区"和两个合作区产业分工，依托清远国家高新区、广清（清城）产业园等工业园区，实施培育先进制造业集群行动，大力发展新材料、新能源、电子信息、生物医药、智能家居、交通装备零部件及智能制造等先进制造业集群。提升服务业发展能级和竞争力，依托广清空港现代物流产业新城，大力发展智慧物流、冷链物流等商贸服务和现代物流产业，打造现代化综合物流枢纽节点。推进数字经济和实体经济深度融合，加快推动有色金属、陶瓷等传统产业数字化、智能化改造步伐，大力发展大数据、云计算、人工智能、智能终端等数字产业新业态。实施重点产业链"链长制"[10]，大力开展产业链精准招商，培育一批"链主"企业和"专精特新"中小企业[11]，构建产业全生命周期培育体系。提升项目服务质量和保障力度，推进土地要素市场化配置，重点保障重大产业项目建设用地需求，加大"小散乱污"企业治理力度，加快推动"十四五"规划重大项目落地实施。

二要大力实施创新驱动战略。用创新激发经济发展新动能，加快形成"众创空间—孵化器—加速器—专业园"全链条孵化体系，争取打造1个以上特色众创空间产业聚集区，新培育高新技术企业28家以上。着力扩大工业和技改投资，探索实行"揭榜挂帅"[12]等制度，加快推动在生物医药、新材料等重点领域建设国家级或省级科技创新平台，支持中小微企业成长为创新重要发源地，重点培育在细分领域领先的"隐形冠军"[13]"小巨人"企业。加大金融支持实体经济力度，吸引大型银行、保险、证券等金融机构到清城设立分支机构，实施科技金融深度融合行动，提升创新支撑力。

三要奋力推动全面深化改革。坚持把改革系统集成摆在突出位置，加快推进财税金融、国资国企、减税降费、科技创新、产权保护、供水供电供气等领域制度改革，促进优质资源要素向重点区域、优势产业集聚。推进"数字政府"建设，推动镇级"一门式、一网式"政务服务中心全覆盖，健全"办不成事"反映窗口工作机制，全面推行"政务服务官"模式。深化"放管服"改革，加快推出"模拟审批"[14]"标准地"[15]"评定分离"[16]等改革措施，力争工程项目实现"拿地即开工"，着力为企业提供更加优质高效的服务。

（二）*坚定不移推进广清一体化高质量发展，深层次参与与融入"双区"建设。*抢抓"双区"驱动、"双城"联动和两个合作区建设重大机遇，高质量推进广清交通、产业、营商环境、公共服务一体化，做好巩固、融合、共赢三篇文章。

一要持续推动交通一体化。大力推进广清永高铁、广清城轨北延线、清远磁悬浮专线、广州东至花都天贵城际延伸至清远、佛清从高速、清南高速等重点交通项目建设，推进广清大道南延线、东环快速南延线接乐广高速王子山出入口等干线公路与广州对接，鼓励开展"航空+轨道""公路+轨道""航空+巴士"等联程运输服务和定制化客运发展，加快构建联通广州中心城区"半小时通勤圈"，深度融入大湾区"1小时交通圈"。

二要持续推动产业一体化。聚焦广清合作共建"421"现代产业体系，推行"总部+基地""创造+制造""孵化+加速""整装+配套"等合作共建模式，推动广清产业发展深度融合，形成产业链跨区域协同发展格局。依托广州创新资源集聚功能，共建科技成果转化对接机制，开展科技招商引智工作，推动广州科技成果优先在清城转化和产业化。

三要持续推动营商环境一体化。主动融入大湾区制度体系、要素体系和市场体系，加快推动广州营商环境4.0[17]向清城覆盖，深化拓展"广清通办"业务事项，对接融入"湾区通办"，促进公共交通、通讯资费、信用信息等领域标准互认、规则衔接、政策互通。完善与广州、越秀各层面规划一体化衔接机制，深化与广州在地块开发、商业物业经营、零售运营等领域合作。

四要持续推动公共服务一体化。完善教育全面结对帮扶机制，引入大湾区优质教育资源在清城办学。加大广清两市、越秀清城两区医疗卫生领域交流合作力度，引导广州、越秀高端优势医疗卫生资源布局到清城，打造一批高水平专科联盟。推动文化馆、图书馆等场馆广清联动共享。加强广清两地劳务对接，推动与广州公共就业服务信息平台互联共享。加快建设居家社会机构相协调、医养康养相结合的养老服务体系，整合广州养老服务品牌和清城自然生态优势，引进广州高端康养项目，高质量发展健康养老产业。

（三）坚定不移推动中心城区扩容提质，全力打造华南休闲宜居宜游名城。深入推进以人为核心的新型城镇化，全面提升城市功能品质，努力建设人民群众满意城市。

一要优化城市空间布局。抢抓新一轮国土空间规划调整契机，围绕"一主四次"城市空间结构，引导中心城区四个街打造成为现代服务业核心区、城市中央综合服务区、城市生活居住区，持续提升中心城区城市品位形象、承载力和首位度；优化四个中心镇功能布局，努力将源潭镇打造成为现代物流、高端陶瓷产业集聚区，龙塘镇成为现代生态科技新城，石角镇成为广清产业转移示范区、环大湾区先进制造业强镇，飞来峡镇成为生态休闲旅游强镇、乡村振兴示范镇，形成各具特色、错位发展的区域发展新格局。

二要加快城市扩容步伐。高水平建设燕湖新城、省职教城、沙田片区等一批城市新客厅、新空间，大力引进金融、商务、信息技术等现代服务业项目，打造城市消费优势区。积极推进城市老旧小区、镇村级工业园和旧村居连片改造项目，扎实开展批而未供、闲置土地和城镇低效用地清理处置工作，持续推进国土空间提质增效，下足绣花功夫把每一寸空间用好管好。继续深化清城清新一体化发展。加快推进环城快速路规划建设，打通"断头路"，着力疏解城市交通堵塞。

三要倾力提升城市品质。借助省运会举办溢出带动效应，深入实施城市绿化美化亮化工程，擦亮"一江两岸"名片，推进北岸公园等公共服务设施建设，大力实施城市"微更新"、公共设施"微改造"提升行动，持续抓好"两违"整治，基本建成城市生活垃圾分类处理系统。健全创文巩卫常态化长效化工作机制，完善智慧城市建设体系，加大新型基础设施建设力度，推进水、电、气、公交"一张网"等工作，打造一批智慧社区、智慧交通、智慧医院、智慧校园等应用示范场景，让群众畅享智慧新生活。

（四）坚定不移推进城乡融合发展，努力探索具有清城特色的乡村振兴实施路径。抢抓广清接合片区建设历史机遇，优先发展农业农村，全面推进乡村振兴，加快推动农业高质高效、乡村宜居宜业、农民富裕富足。

一要巩固拓展脱贫攻坚成果。做好巩固拓展脱贫攻坚成果同乡村振兴有效衔接，健全防返贫监测预警和群众报贫工作"双机制"，持续落实和完善兜底性政策，坚决守住不发生规模性返贫的底线。健全完善驻镇帮镇扶村工作机制，开展"党政机关+

企事业单位+科研力量"组团结对帮扶，深入实施"千企帮千镇、万企兴万村"行动，加快出台发展壮大村级集体经济奖补措施，着力激发乡村发展内生动力。

二要加快推动城乡融合发展。扎实推进广清接合片区清城片区7项试验任务建设，以农村"三块地"改革为突破口，结合农村土地、产权等制度改革，打通城乡生产要素双向自由流动的制度性通道，搭建起农村集体经营性建设用地交易、城中村改造合作、城乡产业协同发展等平台，形成城乡统一的建设用地市场，建立健全城乡有序流动的人口迁徙制度，不断完善农民持续增收体制机制，推动城乡基本公共服务均等化发展，逐步缩小城乡发展差距和居民生活水平差距，努力形成一批在全国范围内可复制、可推广的新时代"清城经验"。

三要大力发展高质高效农业。依托"3+3+X"农业产业体系[18]，持续推进"一村一品、一镇一业、一县一电商平台"发展，高标准建设清城区国家级现代农业产业园、粤港澳大湾区"菜篮子"清远配送中心等重点项目，力争市级以上农业龙头企业达到35家以上。培育农村电商、乡村旅游、民宿等新业态，大力发展"旅游+农业""旅游+文创+新农村"等新兴农业产业链，推动农村一二三产业融合发展。全面实施高素质农民培育工程，健全从田间到餐桌的全产业链监管机制，抓好高标准农田建设，坚决制止耕地抛荒现象。

四要推动乡村建设提档升级。深入实施"美丽乡村2025"行动计划，力争到2025年美丽宜居乡村建成率达到100%。大力实施农村人居环境整治提升五年行动，连线连片打造一批乡村振兴示范区、美丽乡村精品线路。健全农村污水治理、生活垃圾收运处理、道路修护、绿化养护、公共设施维护"五位一体"管护机制，开展新一轮农村水、电、路、网等基础设施建设行动，强化"四好农村路"建设，全面提升农村基础设施建设水平。

（五）坚定不移走绿色发展道路，建设天蓝地绿水清的美丽家园。 锚定大湾区生态环境"涵养地"定位不动摇，统筹推进生态修复、绿色生产、绿色生活，不断满足人民日益增长的优美生态环境需要。

一要巩固污染防治成果。突出抓好3个国控站点周边污染整治，打好治企、清散、消煤、控车、降尘组合拳，确保空气质量达标率稳步提升。严格落实河长制、湖长制，强化饮用水水源地保护，持续巩固乐排河、大燕河、滨江河等重点河流整治成效，开展污水处理设施升级改造，推动黑臭水体治理常态化长效化，确保4个国（省）考断面稳定达到考核标准，推动清城江河安澜、秀水长清、清波流远。健全固废危废非法倾倒打击、处置机制，有效管控土壤环境风险。认真抓好中央环保督察反馈问题整改落实，健全生态环境绩效评价与问责机制，完善生态环境损害赔偿和公益诉讼制度，加快构建政府履责、企业负责、社会尽责的环境保护新格局。

二要建设绿色低碳城市。守住生态保护红线、环境质量底线、资源利用上线的硬约束，科学制定碳达峰实施路径，实施能源消耗总量和强度"双控"行动，强化重点行业清洁化生产、园区循环化发展，单位GDP能源消耗降低比例完成市定目标。探索建立生态产品价值实现机制，倡导简约适度、绿色低碳生活方式，加快新能源车辆推广应用，推进充电桩规划建设，创建一批节约型机关、绿色家庭、绿色学校、绿色社区。

三要提升生态涵养能力。实施新一轮绿化大行动，严格落实林长制，高标准规划建设一批森林公园、城市公园、万里碧道，加快实施98个废弃矿山生态修复，持续提升森林覆盖率和城市绿化率。依托生态、山水、民宿、文化、温泉等资源优势，健全完善旅游公共服务体系，共建粤港澳大湾区北部生态文化旅游合作区。

（六）坚定不移增进民生福祉，推动发展成果更多更公平惠及人民群众。 坚持以人民为中心的发展思想，围绕幼有善育、学有优教、劳有厚得、病有良医、老有颐养、住有宜居、弱有众扶的目标，推动人的全生命周期公共服务优质共享。

一要着力提升社会保障能力。千方百计稳定和促进就业，全面落实"促进就业九条"3.0版本，持续推动"粤菜师傅""广东技工""南粤家政"三项工程规范化、标准化、品牌化发展，确保城镇登记失业率控制在3%以内。逐步提高底线民生保障水平，积极推动退役军人、工会、民族宗教等工作，保障妇女儿童合法权益，统筹推进助残、救孤、济困、慈善等福利事业发展。坚持"房住不炒"定位，促进房地产市场健康发展。

二要着力提高公共服务水平。大力发展基础教育，推动高素质教师队伍建设，落实义务教育"双减"政策，力争新增学位不少于5.9万个，全面推动教育质量优质均衡发展。深入实施健康清城行动，加快区疾控中心、东城社区卫生服务中心等新（扩）建医疗卫生项目建设，不断提高疾病预防处置能力，力争每千人口执业（助理）医师数、基层医疗卫生机构床位数达到全省平均水平。积极推进与省内高水平医疗机构合作共建，加快把区人医建设成为三甲综合医院。

三要着力加强精神文化建设。以全国文明城市创建为抓手，积极践行社会主义核心价值观，加快现代公共文化服务体系建设，高水平建设新时代文明实践中心（所、站）。传承利用好南门街、北门街等历史文化街区，规划打造一批具有清城特色的文旅综合体、特色街区和创意产业园，丰富城市内涵，延续城市文脉。完善全民健身公园等场馆配套设施，培育壮大各类文化市场主体，增加优质公共文化服务供给，讲好清城故事。

（七）坚定不移抓好发展和安全两件大事，建设更高水平的平安清城、法治清城。 坚守安全、环保、效益三条底线，加快推进社会治理体系和治理能力现代化，防范化解各种风险挑战，筑牢安全屏障。

一要突出抓好安全生产。严格落实安全生产责任制，系统抓好六大重点领域风险隐患排查整治，大力实施自然灾害防治九项重点工程，强化食品药品监管，健全"四不两直"[19]综合执法、依法追责问责、新闻发布会等安全生产全链条监管机制。大力推进智慧消防、智感安防等安全系统智能化建设，健全完善自然灾害预防、应急物资保障、救援队伍建设"三大体系"，推进防灾减灾救灾应急管理体系和能力现代化。

二要完善社会治理体系。健全数字经济治理体系，加快推进市域社会治理现代化试点工作，完善"网格化+信息化""网格员+信息员"基层社会治理模式，将社会综合治理云平台打造成横向全覆盖、纵向全联通的城市运行管理中枢，努力实现社会治理"一网统管"、民生服务"一格覆盖"。毫不松懈抓好常态化疫情防控，筑牢群体免疫屏障，完善重大疫情和突发公共卫生事件防控机制。

三要建设平安法治清城。坚持总体国家安全观，持续开展维护国家政治安全专项行动，健全地方政府债务风险化解机制，积极稳妥化解农民实业用地返还、土地合作开发等历史遗留问题，坚决防范化解重大风险隐患。深化信访制度改革，加快推进"信访超市"[20]建设，完善矛盾纠纷多元预防调处化解综合机制。深化平安清城建设，创新社区警务体制机制，抓好政法队伍教育整顿成效转化，依法打击各类违法犯罪行为，坚决维护社会和谐稳定。深入推进法治清城建设，严格规范重大行政决策制定和执行，推动社会信用制度建设，推进公权力运行法治化、规范化。

四、持之以恒加强党的领导和党的建设，为全面建设社会主义现代化新清城提供坚强政治保障和组织保证

推动清城高质量发展，关键在党，关键在人。全区各级党组织和广大党员干部要毫不动摇地坚持和加强党的全面领导，落实新时代党的建设总要求和党的组织路线，大力弘扬伟大建党精神，推动全面从严治党向纵深发展，引领和保障清城高质量发展破浪前行、行稳致远。

（一）始终把党的政治建设摆在首位。 严格执行省委坚决落实"两个维护"十项制度机制，坚持和完善党领导经济社会发展的体制机制，完善党委研究重大政策的工作机制，建立健全推动高质量发展的指标体系、考评体系等，认真落实省委"1+1+9"工作部署和市委"十大行动方案"，全力推动党中央和省委、市委决策部署在清城落地落实。严格执行民主集中制和请示报告制度，教育引导广大党员干部不断提高政治判断力、政治领悟力、政治执行力。坚定不移发展社会主义民主政治，积极支持人大、政协等依法依章程履职，全面加强党对统一战线工作的集中统一领导，不断完善大统战工作格局，坚持党管机构编制，强化工会、共青团、妇联等群团组织的桥梁纽带作用。落实意识形态工作责任制，健全完善重大舆情和突发事件舆论引导机制，牢牢掌握意识形态工作领导权、管理权、话语权。强化党管武装责任意识，巩固深化双拥共建成果，深化军地资源共享和双向支撑拉动。

（二）坚持不懈用党的创新理论铸魂育人。坚持把学懂弄通做实习近平新时代中国特色社会主义思想作为首要政治任务，认真落实随时随地学用习近平新时代中国特色社会主义思想"三法十条"，切实用以武装头脑、指导实践、推动工作，进一步增强"四个意识"、坚定"四个自信"、做到"两个维护"。全面落实"第一议题"等学习制度，扎实推进党史学习教育等党内集中教育，健全"我为群众办实事"长效机制，持续深化"大学习、深调研、真落实"，把总书记重要指示批示转化成为改革发展的具体举措和扎实成效，推动习近平新时代中国特色社会主义思想在清城大地落地生根、结出丰硕成果。

（三）高质量推进基层党组织建设。牢固树立大抓基层的鲜明导向，深入实施新一轮基层党建三年行动计划，扎实推进全省农村基层党建示范先行区创建工作，推动"党建网格"与基层治理网格深度融合，加大村级组织监督力度，切实把党的基层组织建设成为坚强的战斗堡垒。高质量推进"两个覆盖"[21]，全面加强机关、国企、"两新"组织等领域党建工作，加快城市党群孵化中心建设，深入开展模范机关创建，探索制定机关党建实事"十大行动计划"和评星定级考核办法，推动基层党建全面质量过硬、全域率先示范。

（四）全面强化干部和人才队伍建设。坚持党管干部原则，落实新时代好干部标准，突出实干实绩，注重在重大斗争一线培养、考察和识别干部，健全干部素质培养、知事识人、选拔任用、从严管理、考核评价和正向激励体系，完善容错纠错机制，强化对敢担当善作为干部的激励保护。坚持党管人才原则，深入实施新时代"人才强区"战略，出台更加积极、开放、有效的人才政策，清单式引进高精尖缺人才，着力破解人才发展的体制机制难题，推动人才培养、引进、评价、服务、激励制度改革，营造识才、爱才、敬才、用才的浓厚氛围，努力把清城建设成粤东西北区域性的人才中心和创新高地。

（五）持之以恒正风肃纪反腐。始终坚持严的主基调，严格落实党风廉政建设责任制，锲而不舍抓好中央八项规定及其实施细则精神落实，毫不松懈纠治"四风"，力戒形式主义、官僚主义。坚持清减存量、重点遏制增量，全力抓好正风肃纪、治乱补短，深化运用"微监督"平台，加强重大工程、重点领域、关键岗位制约监督，严查群众身边腐败问题。精准落实政治巡察要求，健全完善监督体系，强化对"一把手"和领导班子监督，推动各类监督贯通协同，巩固发展反腐败斗争压倒性胜利，着力营造干部清正、政府清廉、政治清明、社会清朗的政治生态和良好发展环境。

同志们，人间万事出艰辛，担当奋斗见精神。站在新的历史起点上，让我们更加紧密地团结在以习近平同志为核心的党中央周围，在省委、市委的坚强领导下，进一步提振"精气神"、把握"时度效"、锤炼"胆识谋"、奋力"闯创干"，以一往无前的奋斗姿态、风雨无阻的精神状态，为加快建设"一地、两区、三城"、奋力谱写新时代清城高质量发展新篇章而努力奋斗！

【名词解释】

1. "双区"驱动、"双城"联动："双区"，指粤港澳大湾区和深圳中国特色社会主义先行示范区；"双城"，指广州和深圳。

2. 省委"1+1+9"工作部署：第一个"1"，指以推进党的建设新的伟大工程为政治保证；第二个"1"，指以全面深化改革开放为发展主动力；"9"，指加快形成全面开放新格局、建设科技创新强省等9个方面重点工作。

3. 市委"十大行动方案"：指2021年1月中共清远市委印发的《关于深入学习贯彻习近平总书记出席深圳经济特区建立40周年庆祝大会和视察广东重要讲话重要指示精神推动清远高质量发展的行动方案》（清发〔2021〕1号），方案涵盖了《关于加强党的全面领导和党的建设坚定不移推进全面从严治党的行动方案》等10个子方案。

4."小巨人"企业：指业绩良好、极具发展潜力和培育价值却处于成长初期的小企业，通过培育推动其快速健康成长，最终成为行业中或本区域的"小巨人"。

5."四馆一中心"：指清远市城市馆、博物馆、图书馆、科技馆与青少年活动中心。

6."三块地"改革：指农村承包地、集体经营性建设用地、宅基地改革。

7."四好农村路"：指建好、管好、护好、运营好农村公路。

8.人才"编制周转池"：指统筹全区事业编制，建立高层次人才周转编制专户，实行单列管理、专编专用、动态调整的高层次人才引进模式。

9."421"现代产业体系："4"，指做强四大战略性支柱和新兴产业集群，包括培育生物医药产业、加快大数据产业布局、壮大汽车零部件产业、发展装备制造配套产业；"2"，指做大商贸服务和生态服务业、共建综合型现代商贸物流产业；"1"，指做优都市现代农业。

10."链长制"：指明确若干条产业规模实力强、产业链条完善、龙头企业支撑突出、发展空间大的重点产业链，由地方领导担任"链长"对产业链进行协调，培育壮大若干控制力和植根性强的"链主"企业和生态主导型企业，带动产业链上下游企业配套协同发展。

11."专精特新"中小企业：指具备专业化、精细化、特色化、新颖化四大优势的中小企业。

12."揭榜挂帅"：指为调动全社会力量攻克特定领域的技术难题，加快推动重大科技成果转化，通过公开征集需求、组织社会力量揭榜的方式实施科技计划项目，把项目交给真正想干事、能干事、干成事的人手中，具有不论资质、不设门槛、选贤举能、惟求实效的特征。

13."隐形冠军"：指那些不为公众所熟知，却在某个细分行业或市场占据领先地位，拥有核心竞争力和明确战略，其产品、服务难以被超越和模仿的中小型企业。

14."模拟审批"：指项目在不具备基本建设项目审批条件的情况下，为使项目早日开工，由特定主体或项目业主提出申请，按审批程序要求准备报批资料，各审批部门按现行审批要求对报送资料进行实质性审核审查，出具模拟审批意见；当该项目申报材料齐全并达到法定审批条件后，由各审批部门对模拟审批意见进行补充、完善，出具正式审批文件，将模拟审批转化为正式审批的一种审批模式。

15."标准地"：指在城镇开发边界内具备供地条件的区域，对新建工业项目先行完成区域评价、设定控制指标，对每块建设用地的投资、建设、税收、能耗、环境等方面给予明确标准，并实现项目动工开发所必需的通水、通电、通路、土地平整等基本条件，可出让的国有建设用地。

16."评定分离"：指招投标程序中的"评标委员会评标"与"招标人定标"作为相对独立的两个环节进行分离，改变以往评标定标全部由评标专家决定的做法。

17.广州营商环境4.0：指2021年5月广州市印发的《广州市用绣花功夫建设更具国际竞争力营商环境若干措施》，围绕"国家试点、湾区示范、指标攻坚、涉企服务、数字赋能、智慧监管"六大方面总体布局，研究提出了35条改革举措共260项年度任务。

18."3+3+X"农业产业体系：第一个"3"，指蔬菜、水果、茶叶三个种植产业；第二个"3"，指清远鸡、生猪、鳜鱼（桂花鱼）三个养殖产业；"X"，指多个地方特色产业。

19."四不两直"：指不发通知、不打招呼、不听汇报、不用陪同接待、直奔基层、直插现场。

20."信访超市"：指通过聚合政法、司法、信访等职能部门公共服务资源和法律咨询、心理服务、人民调解等社会服务资源，联合接待与矛盾纠纷调处中心，理顺工作机制，让有关部门在化解矛盾纠纷工作中集中发挥作用，实现最大限度在一地、一次性及时解决群众矛盾纠纷、信访诉求。

21."两个覆盖"：指党的组织覆盖和工作覆盖。

政府工作报告

——在清远市清城区第九届人民代表大会第一次会议上

(2021年11月24日)

清远市清城区人民政府区长　廖家杰

各位代表：

现在，我代表区人民政府，向大会作工作报告，请予以审议，并请各位政协委员和其他列席人员提出意见。

一、过去五年工作回顾

区八届人大一次会议以来的五年，是清城区发展进程中极不平凡的五年。五年来，区政府始终坚持以习近平新时代中国特色社会主义思想为指导，紧密团结在以习近平同志为核心的党中央周围，在省委省政府、市委市政府和区委的正确领导下，在区人大及其常委会和区政协的监督支持下，团结带领全区人民，立足新发展阶段，贯彻新发展理念，融入新发展格局，坚持稳中求进工作总基调，牢牢把握重大发展机遇，认真贯彻落实省委"1+1+9"工作部署[1]和市委"十大行动方案"[2]，稳步推进"一地、两区、三城"[3]建设，统筹推进疫情防控和经济社会发展，扎实做好"六稳""六保"工作，全面打赢脱贫攻坚战，如期全面建成小康社会，圆满完成区八届人大一次会议以来作出的各项工作部署和"十三五"规划目标任务，在砥砺奋进、破浪前行中推动全区经济社会发展再上新台阶、人民群众生活更加美好幸福。

（一）五年来，我们坚持稳增长促转型，经济发展提质增效

经济增长稳中向好。2020年实现地区生产总值639.56亿元、规上工业增加值219.79亿元、社会消费品零售总额251.95亿元、本级一般公共预算收入16.71亿元，比2015年分别增长了27.8%、48.6%、24.4%、9.3%，主要经济指标总量稳居全市首位，成功跻身粤东西北经济发展强区排名榜亚军。今年1—9月，实现地区生产总值505.34亿元、同比增长6.8%；农林牧渔业产值、规上工业增加值、固定资产投资、社会消费品零售总额分别同比增长2.7%、16.2%、18.4%、10.9%；本级一般公共预算收入11.81亿元，同比增长13.4%。

产业项目扎实推进。累计引进项目133个，完成投资961.57亿元。239个重点项目完成投资318.53亿元。广清（清城）产业园累计完成征地1.37万亩、签约项目246个、投试产项目72个。清远互联网+创新产业园（华南声谷）、广清空港现代物流产业新城启动区正式运营。先导材料、金发科技、忠信玻纤三期等项目建成投产。腾讯清远高新区云计算数据中心、广清中大时尚科技城、中伦综合体等项目有序推进。

发展质量稳步提升。三次产业结构调整优化为4.4：33.6：62.0。清远国家高新区挺进全国百强，华炬科技成为国家级孵化器，天安智谷获评国家级众创空间，新增广东豪美、东鹏控股、聚石化学3家上市企业。创建国家级高新技术企业72家、省级工程技术研发中心49家，高新技术企业数量增长8倍，专利授权量增长超5倍。新增规上工业企业113家、规上服务业企业36家。创建省、市、区三级育才平台98个，引进各类人才1035人。为企业减税降费83.32亿元，净增各类市场主体4万余户。

（二）五年来，我们着重打基础提品质，城市形象不断优化

城市建设步伐加快。城市建成区面积达101.84平方公里，城镇化率达82.21%，常住人口达112万人，成为清远建市以来首个常住人口超百万的县（市、区）。累计完成征地5.74万亩，拆迁房屋、大型场地近2900间（宗）。燕湖新城总体框架基本形成。奥体中心即将竣工，"四馆一中心"[4]主体结构封顶。打造美林湖、银盏温泉等一批特色小城镇。先后引进万达、世纪荟、顺盈、保利广场等大型商

业综合体。省职教城累计完成征地1.15万亩，进驻广东科贸、建设、交通等高职院校10所，广东金融学院清远校区建成开学，实现清远本科院校零突破。

城市功能不断完善。广清城轨一期建成通车、北延线加快建设，清远磁悬浮专线加快推进，广清永高铁纳入国家规划，清远"高接高"、汕湛高速惠清段建成通车，广连高速即将通车，佛清从高速加快建设。伦洲大桥、洲心大桥相继建成，清远绿能环保发电项目投入运营，飞来峡水利枢纽二、三线船闸建成通航，潖江蓄滞洪区建设与管理工程顺利推进。新建市政道路9条、公共停车位5万余个、5G基站766个，建成污水管网127.64公里。

品位形象稳步提升。投入22.8亿元完成创文项目3798个，改造升级城乡结合部超130个、公共厕所572间，建成平安路口2672处，提升内街背巷近1000条。整治"两违"面积367.7万平方米。助推清远成功创建国家卫生城市。新增新时代文明实践中心（所、站）170个，文明校园、文明村镇、文明家庭覆盖率分别达100%、96%、95%。飞霞山市民公园、南岸公园建成开园，完成"一江两岸"亮化提升工程，建成南门街历史文化街区。

（三）五年来，我们全力兴农村促融合，乡村振兴全面推进

城乡融合持续深化。广清接合片区成功入选国家城乡融合发展试验区，7项试验任务[5]60个重点项目完成投资103.4亿元，"三块地"改革[6]成效明显，率先在全市成立农村股份经济合作社、发放土地经营权流转证书。农村土地承包经营权确权登记顺利完成，颁证80297户，整合耕地17.6万亩、涉农资金5.36亿元。基本完成农村集体产权制度改革，打造区级农村产权流转管理服务平台，完成交易395宗4.58亿元，8个镇（街）全部建成农村集体"三资"监管平台[7]。

农村产业加速发展。清远鸡省级现代农业产业园顺利建成，清城区国家级现代农业产业园创建工作有序推进。完成高标准农田建设超6.4万亩，累计培育市级以上农业龙头企业33家、家庭农场327家、农民专业合作社638家，391个村级经济合作社年收入达到10万元以上。认证"三品一标"产品19家，完成4个"3个三工程"项目建设，投入540万元实施4个"一村一品""一镇一业"项目。

美丽乡村加快建设。累计建成美丽乡村1132个、兑现奖补资金6亿元。完成1656个自然村"三清三拆"、70个行政村村庄规划编制，自然村集中供水即将实现全覆盖，农村无害化户厕普及率达100%。建成（提升）"四好农村路"492.51公里，1656个自然村全部完成村道路面硬化，行政村100%通公交。龙塘集美云曼建成开业，源潭新马、东城"三村一居"乡村振兴样板区建设成效明显，6条美丽乡村精品线路[8]加快建设，广清乡村振兴综合示范区（环霞、龙江源）有序推进。

（四）五年来，我们扎实办实事惠民生，社会事业全面进步

保障水平显著提升。民生领域累计支出199.73亿元，年均增长6.53%。城乡居民人均可支配收入年均增长8.5%，开展"粤菜师傅""广东技工""南粤家政"培训超4万人次，新增城镇就业5.7万人，登记失业率控制在2.6%以内。城乡居民基本养老保险参保率达100%，累计发放低保金1.6亿元、特困供养金1亿元，城乡低保标准较2015年分别提高62.88%、72.86%。全面打赢脱贫攻坚战，3712户6456名相对贫困人口全部脱贫，12个区定困难村全部出列。

公共服务更加均等。投入超27.34亿元新（改、扩）建中小学校和公办幼儿园46所、新增学位6.23万个，公办幼儿园和普惠性民办幼儿园学位覆盖率超80%，44所中小学校（园）与广州名校（园）实现深度结对帮扶，成功引进广州大学附属中学等4个优质教育项目，创建成为粤北首批"广东省推进教育现代化先进区"。累计投入近6亿元新（改、扩）建医院和服务站6间，增设数字化预防接种门诊13间，建立专科联盟9个，建成全市首个儿科博士工作室，2020年每千常住人口拥有床位、医生、护士数量比2015年分别增长247.13%、83.05%、238.2%。建成居家养老服务中心（站）15间。完成158个基层综合性文化服务中心、体育健身场地建设。

各项事业协调发展。入围首批广东省法治政府建设示范地区，连续十届被评为"广东省双拥模范

区"，获评2018年"广东省科普信息化试点区"。国防动员、民兵工作、国防设施建设、优抚安置等扎实有效。发改、物价、统计、供销、粮食、市场监管、消费维权、打私、民族宗教、外事侨务、对台港澳、退役军人、妇女儿童、老龄、残疾人、红十字、档案方志、人防、气象、科学普及等工作稳步推进，公安、自然资源、生态环境、社保、医保、林业、税务、供电等市驻区机构作出了新贡献。

（五）五年来，我们注重强治理严管控，生态环境持续改善

污染防治深入推进。全面开展大气污染防治百日攻坚行动，累计完成超2000家"散乱污"企业（场所）综合整治，全面完成84条陶瓷生产线"煤改气"，淘汰钢铁落后产能14万吨，突出抓好3个国控点大气污染联防联治，2020年空气质量达标率95.4%。累计投入超2亿元开展乐排河污染综合整治，界牌、七星岗、水车头3个国（省）考断面水质均稳定达标。投入1.93亿元开展国家中小河流治理项目8宗。实现建制镇污水处理设施全覆盖，集中式饮用水水源水质100%达标。持续推进电子废弃物污染治理，安全处置固废32.9万吨，完成9个历史遗留固废堆点风险管控。

环境监管力度加大。累计投入2048万元建成大气污染监管系统，建立大气网格化管理精准决策信息系统，30个微型空气监测站投入使用，18家陶瓷企业建立47套污染物排放在线监控平台。全面落实"河长制""湖长制"，完成地表水省考断面水车头水质自动监测站建设工程。设立打击固废倾倒联合执法检查点12个，实现镇（街）全覆盖。建立广佛跨界联合执法机制。累计办结中央环保督察交办案件153宗，立案查处环境违法行为超340宗。

绿色发展成色更足。扎实推进"全域增绿"，城市绿化覆盖率为39.02%，入选全国绿色发展百强区。累计完成造林面积4.35万亩，新增森林公园4个、碧道16.9公里，4个村庄入选全省首批"国家森林乡村"，森林覆盖率达44.37%。新建公共电动汽车充电桩360个，新增新能源公交车385辆。成功创建广东省全域旅游示范区，累计接待游客4673.42万人次、实现旅游收入318.86亿元。

（六）五年来，我们着力促和谐保稳定，治理体系更加完善

疫情防控有力有效。统筹安排超2.46亿元抓好常态化疫情防控，成立334支志愿服务队和党员突击队，严格落实"每日研判"机制，助推全市本土确诊病例在全省率先完成"清零"。建成3个新冠病毒核酸检测实验室，高效有序完成131万人次大规模人群核酸筛查，累计做好8649名集中隔离人员服务保障工作，扎实推进新冠肺炎疫苗接种工作。横荷社区卫生服务中心疫情防控表现突出，获全国通报表扬。

社会治理创新创优。投入1.6亿元建成粤西北地区首个社会综合治理云平台，网格化管理实现100%全覆盖，成功获评"2020中国智慧城市示范城市"。统筹安排9000余万元在全市率先设立信访维稳、安全生产、生态环保等专项资金，有效化解信访积案465宗。创建省级以上民主法治示范村（社区）4个，新培育发展社会组织337个，在全市首推"社区服务官""警务服务官"模式，成立首个街道社会工作服务站和社区互助会。

社会大局和谐稳定。深入推进"平安清城""法治清城"建设，扫黑除恶专项斗争各项战果指标位居全市首位，禁毒工作考核连续4年全市排名第一，全民反诈、"扫黄打非"等工作取得新成效，连续5年被评为全市平安建设（综治工作）优秀区。持续开展安全生产专项整治，消除各类安全生产隐患2.6万余处，各类事故起数、死亡人数分别同比下降90.69%、26.67%。安全稳妥化解燕湖新城安置区商业用房等一大批历史遗留问题，解除历史土地合作开发项目34宗、面积1.44万亩，化解镇（街）历史债务12.35亿元，落实返还农民实业用地面积3017亩。全面完成赤狮坑村灾后重建工程。

（七）五年来，我们着力转作风优服务，政府工作高效规范

民主法治扎实推进。认真落实区人大及其常委会各项决定，自觉接受区人大、政协和社会各界监督，2016年以来累计办理人大代表建议112件、政协提案323件，办复率均达100%。密切与各民主党派、工商联、各人民团体和无党派人士联系，广泛听取各方面意见建议。大力推进政务公开，健全完善政府行政决策、学法普法、法律顾问、规范性文件合法性审查等制度机制，政府工作科学化、民主化水平不断提高。

机构运行更加高效。高质量完成新一轮区级机构改革和镇（街）体制改革，积极承接市级下放城市管理、食药监等9大类行政职能。持续深化事业单位改革。中心城区环卫改革顺利落地。全面接管银盏林场社会事务，新设社区居委会8个。在粤东西北地区成立首个行政审批局。区乡村振兴局挂牌成立。

政务服务全面提升。升格打造"一站式'管家'服务"区企业服务中心，成立高新区·清城区政务服务中心。大力推动"数字政府"改革，率先建成全市首个24小时自助政务服务大厅，高标准建成4个镇级"一门式、一网式"政务服务中心。在全市率先推行"政务服务官"模式，创新开设"办不成事"反映窗口。38个部门1707项行政审批及公共服务事项基本实现"一窗受理、一窗通办"，行政许可事项可网办率、一窗受理率均达100%，审批事项承诺办理时限比法定时限压缩79%。成为全省首个将省集中式社保系统平台延伸至村居的县（市、区）。与湖南靖州、广州越秀、肇庆广宁实现政务服务"跨省通办、省内通办"。

作风纪律持续加强。深入开展"两学一做"学习教育、"不忘初心、牢记使命"主题教育、党史学习教育，扎实推进"正风"行动、"公述民评"等活动，党员干部作风、纪律意识全面加强。强化政府系统作风建设，严格执行中央八项规定精神及其实施细则，始终保持反腐倡廉高压态势，坚决惩治干部队伍腐败和作风问题，驰而不息纠"四风"、树新风。大力弘扬"马上就办、办就办好"工作作风，机关作风明显改善。

各位代表！过去五年，全区经济社会发展取得的显著成绩，是习近平新时代中国特色社会主义思想科学指引、生动实践的成果，离不开省委省政府、市委市政府和区委的正确领导，离不开区人大及其常委会和区政协的监督支持，离不开历届班子打下的坚实基础，离不开全区人民和社会各界的共同努力，离不开越秀区对口帮扶单位的大力支持和帮助。在此，我代表区人民政府，向各位代表、各位委员，向全区广大干部群众、驻军部队、武警官兵、人民警察，各民主党派、工商联、人民团体，向所有关心、支持、参与清城建设和发展的驻区单位、帮扶地区、港澳台同胞、海外侨胞和社会各界人士，表示衷心的感谢并致以崇高的敬意！各位代表！五年来的工作，为未来发展奠定了坚实基础，积累了宝贵经验。回顾五年的奋斗历程，我们深刻体会到：必须把思想引领作为推动发展的根本保证。坚持以习近平新时代中国特色社会主义思想为指导，忠实践行"两个维护"，确保清城各项事业发展始终沿着正确的方向前进。必须把改革开放作为推动发展的关键一招。坚持向改革要活力、向开放要空间、向创新要动力，以发展的眼光辩证分析前进道路上的机遇和挑战，毫不动摇坚持完整、准确、全面贯彻新发展理念。必须把人民至上作为推动发展的价值导向。坚持践行以人民为中心的发展思想，坚定不移把实现好、维护好、发展好最广大人民根本利益作为一切工作的出发点和落脚点。必须把比较优势作为推动发展的强大支撑。坚持准确把握清城所处的历史方位和阶段特征，充分发挥清城的区位、生态、空间、资源等比较优势，将清城放在大湾区先进城市中对标追赶、放在大湾区整体格局中定位融合。必须把城乡融合作为推动发展的突破方向。坚持贯彻落实总书记的殷殷嘱托，协调推进乡村振兴和新型城镇化战略，大力破解城乡二元结构，全面促进城乡融合发展。必须把生态优先作为推动发展的必要前提。坚持深入贯彻落实习近平生态文明思想，坚定不移推进绿色发展，打好生态文明建设持久战。必须把安全稳定作为推动发展的重要基石。坚持牢固树立安全发展理念，统筹抓好发展和安全两件大事，切实为清城高质量发展提供安全稳定的社会环境。必须把党的建设作为推动发展的政治保障。把坚持和加强党的全面领导贯穿工作全局，以党建促作风建设，以全面从严治党促廉政建设，积极营造风清气正良好政治生态。必须把担当争先作为推动发展的鲜明品格。坚持深入推进政府职能转变，提升全区党员、干部干事创业、为民服务、狠抓落实的良好氛围和工作本领，汇聚起共推高质量发展的坚实力量。

各位代表！志不求易者成，事不避难者进。在总结成绩的同时，我们也清醒地认识到，全区的经济社会发展还存在不少困难和问题，主要表现在：一是经济发展的质量效益有待提升。工业结构不够优化，产业聚集和集群发展水平不高，创新对产业发展的引领和支撑力度不够，各类人才依然紧缺，能耗双控约束及电力保障瓶颈凸显，用地、资金等要素制约趋紧，经济增长对房地产依赖程度较高。二是区域发展不协调、不均衡的问题仍然比较突出。城乡区域公共基础设施和居民收入仍存在较大差距，二元结构未根本改变，推进城乡融合、乡村振兴依然任重道远。三是基本公共服务体系仍需完善。与群众对美好生活的需要相比，教育、医疗等领域还存在不少短板，社会保障、底线民生仍需进一步改善，城市精细化智能化等管理水平有待提升，功能配套设施还不够完善。四是保障安全和稳定仍存在较大压力。疫情防控依然不容松懈，环境保护、安全生产、社会稳定等工作仍需加大力度，防范化解重大风险能力有待提升。五是政府自身建设仍需加强。干部"闯、创、干"劲头仍需进一步增强，敢于担当、攻坚克难方面与党委、政府工作要求仍存在差距，营商环境还需进一步优化，政府服务效能仍需不断提升。对此，我们一定直面问题挑战，对标先进、查找差距，以敢想敢干敢担当的闯劲和百折不挠、不达目的不罢休的韧劲去解决难题、攻克难关。

二、今后五年的工作安排

当前，"双区"驱动、"双城"联动[9]和两个合作区[10]建设及"一核一带一区"[11]区域发展格局等重大机遇交汇叠加，释放出强劲有力的发展动能，国家城乡融合发展试验区广清接合片区、广清经济特别合作区等系列政策利好，将对清城高质量发展带来前所未有的战略牵引力、政策推动力、发展支撑力，清城的战略位势和发展动能必将更加强劲。区第八次党代会已为我们吹响了奋进号角，我们务必牢牢把握历史机遇，聚焦省委"1+1+9"工作部署和市委"十大行动方案"，全力打造"一地、两区、三城"，开启清城全面建设社会主义现代化新征程。

今后五年，区政府工作的总体要求是：坚持以习近平新时代中国特色社会主义思想为指导，认真贯彻习近平总书记在庆祝中国共产党成立100周年大会上的重要讲话精神，深入贯彻习近平总书记对广东系列重要讲话和重要指示批示精神，全面贯彻党的十九大和十九届二中、三中、四中、五中、六中全会精神，统筹推进"五位一体"总体布局，协调推进"四个全面"战略布局，完整、准确、全面贯彻新发展理念，坚持党的全面领导，坚持依法治区，坚持以人民为中心，坚持深化改革开放，坚持系统观念，坚持稳中求进工作总基调，以推动高质量发展为主题，以深化供给侧结构性改革为主线，以改革创新为根本动力，以满足人民日益增长的美好生活需要、实现共同富裕为根本目的，以"跳出清远看清城"的战略视野，树牢"对标珠三角、融入大湾区"的工作导向，坚持工业立区战略不动摇，坚定不移走城乡融合发展和绿色生态发展之路，全面推进广清一体化高质量发展，加快建设"一地、两区、三城"，奋力谱写新时代清城高质量发展新篇章。

今后五年，我区经济社会发展的主要预期目标是：全区经济实力大幅跃升，到2025年，力争全区地区生产总值达1000亿元，年均增长6.5%以上。人民生活更加美好，城乡居民人均可支配收入年均增长8%左右，城镇登记失业率控制在3%以内。绿色发展成效显著，城市空气质量优良天数比例、Ⅲ类水体占地表水比例、单位GDP能耗完成市定目标。

为实现上述目标，今后五年，我们将着力抓好以下八个方面工作：

（一）*不断优化产业发展结构，着力培育新增长极*。坚持以发展为第一要务，坚定不移贯彻新发展理念，准确把握"稳"与"进"的关系，努力推动经济高质量发展。

稳定经济增长基础。用足用好援企稳岗等惠企政策，引导金融机构加大对实体经济投放力度，推动房地产业健康稳定发展。深掘消费潜力，探索夜间经济、网红经济新模式，紧扣汽车、旅游、直播电商、社区团购等消费热点，多措并举促进消费市场回暖。积极引进电商物流企业项目，推动数字经济、金融服务等项目建设投产。大力发展旅游产业，扎实推进清远长隆等重点项目建设，力争区域内新增3A级景区2家、旅游年收入达84亿元、接待游客达800万人次。全力稳定外贸增长，支持企业参加广交会、进博会等各类大型展销活动，做大做强跨境电商，配合市推进保税物流中心（B型）建设。

着力优化产业体系。配合市深入实施制造业高质量发展"六大工程"[12]，以清远国家高新区、广清（清城）产业园、清远互联网+创新产业园（华南声谷）等平台为载体，继续抓好万方大数据、金发科技和兴维仓储等重点产业项目建设，全力建设工业强区。实施培育先进制造业集群行动，大力发展新材料、新能源、电子信息、生物医药、智能家居、交通装备零部件及智能制造等先进制造业集群。依托广清空港现代物流产业新城，大力发展智慧物流、冷链物流等商贸服务和现代物流产业，打造现代化综合物流枢纽节点。依托石角工业园及石角循环经济工业园，打造集"科研产销"于一体的新材料产业园区。依托粤港（清远）生物医药孵化及中试基地、清远中大创新药物研究中心等创新平台，积极培育生物医药产业链。引导石角镇、横荷街道等打造广清汽车零配件生产基地和展贸综合体。

不断提升发展效益。严守安全、环保、效益底线，提高招商引资门槛，制定实施低效能传统工业企业退出指导标准，大力开展"散乱污"企业（场所）综合整治，逐步淘汰落后产能和过剩产能。支持企业创新发展，加快推动天安智谷、华南863等科技创新平台发展，争取新培育高新技术企业28家以上。大力支持企业技术化改造，推动清远华清循环经济园升级改造项目、赛美（广东）科技创新产业园转型升级示范企业项目建设。

加快破解要素瓶颈。推动土地资源规划利用与产业发展相协调，落实最严用地制度，建立工业用地效率倒逼机制，实行工业用地全生命周期管理，鼓励建设标准厂房。探索推广"标准地出让"[13]"带项目设计方案出让"模式，加快落实"点状供地"[14]政策，加强耕地"占补平衡"[15]管理，推动存量空间再开发。加快清远长隆配建项目等重点项目供地，大力盘活华清产业园和云铜地块。强化财政资金保障，积极争取新增专项债券、上级补助资金，加快专项债项目资金支出进度及上级财政资金拨付速度。

（二）聚焦广清一体化发展，力争率先融入珠三角。牢固树立"对标珠三角、融入大湾区"工作导向，以广清一体化为战略抓手，着力打造"入珠融湾"先行区。

推动交通建设一体化。突出重大项目带动作用，加快推进广清永高铁、广清城轨北延线、清远磁悬浮专线、广州东至花都天贵城际延伸至清远等重大轨道项目建设，积极推进广清大道南延线、东环快速南延线接乐广高速王子山出入口等干线公路与广州对接，加快佛清从、清南高速等重点交通项目建设，着力构建联通广州中心城区"半小时通勤圈"，深度融入大湾区"1小时交通圈"。

抓好产业发展一体化。积极参与"双区"和两个合作区产业协同合作，加快承接广州产业功能疏解，携手广州、越秀共建"421"现代产业体系[16]。强化重大平台项目支撑作用，配合市加快广清经济特别合作区实体化运作，着力将广清（清城）产业园打造成为全省产业转移和产业共建的示范区。深度对接广深港澳科技创新走廊，不断加强与大湾区各城市的对接联系，积极参与广州都市圈（广佛肇清云韶）产业协同合作。

推进营商环境一体化。加快推动广州营商环境4.0[17]向清城覆盖，不断拓宽广清通办业务范围，推动实现与广州政务服务同质化、同城化。对接融入"湾区通办"工程，促进公共交通、通讯资费、信用信息等领域标准互认、规则衔接、政策互通。扎实做好广清（清城）产业园行政审批及公共服务事项委托工作，允许广清（清城）产业园、广清空港现代物流产业新城企业择优享受广州和清远的优惠政策，提高广清政策协同性。

深化公共服务一体化。配合加快推进广清同城化，构建与大湾区接轨的公共服务体系，着力在广清接合片区打造建设"广清新城"。加大越秀、清城两区教育、医疗卫生领域交流合作力度，深入推进广东省中小学教师校本研修示范学校、两区教师发展中心结对帮扶，加快推动区属医疗机构与中山大学孙逸仙纪念医院、广州市正骨医院、南方医科大学珠江医院等省内知名医院组建跨区域专科联盟，引导更多高端优势教育、医疗卫生资源布局到清城。加大民生福祉共建共享力度，推动与广州公共就业服务信息平台互联共享，加快建设居家社区机构相协调、医养康养相结合的养老服务体系，推动广清两地更多优质资源互通共享。

（三）着力打造国家级职业教育城，招才引智促发展。依托省职教城平台，着力打造国家职业教育高地，完善人才"引育用留"制度体系，为清城高质量发展提供高技能人才保障。

落实配套服务保障。全力推动省职教城三期项目征地拆迁，进一步完善周边配套设施，加快道路升级改造，加密布局省职教城内部和通达市区的公交路线和站点，推广应用新能源公交车，加快落实污水处理、综合管网、供水供电等市政配套基础设施建设，布局5G基站、智慧灯杆等数字化基础设施。积极争取广州、深圳等优质教育资源在省职教城办学，吸引广州大型综合医院在省职教城设立分支机构，着力建设教师公寓、人才公寓、商住用房等，提供多元化服务保障。

推进产教融合发展。深化人才发展体制机制改革，创新优化政校企合作模式，实施"职教优才"培养计划[18]。推动清远高新区、广清（清城）产业园等重点企业联合高校建设一批产教融合创新平台，通过新型现代学徒制、订单培养等定向培育学生。发挥现有技能大师工作室、博士工作站等人才平台载体作用，拓展产教合作、技艺传承空间。围绕大湾区产业发展需求和导向，加强专业技能型人才培养，配合市积极申报省产教融合型试点城市。

营造创新创业环境。深入实施人才强区战略，完善职业技能人才政策支持体系。积极开展创新创业教育，加强5G、人工智能、大数据、云计算、物联网等领域专业设置，协助省职教城各院校搭建广交125创工场、智能机器人应用创新活动中心等一批创新创业平台，积极培育适应新型技术的技能人才和能工巧匠，促进创新成果与核心技术产业化。充分发挥人才驿站、行业协会联系人才、链接产业的桥梁纽带作用，吸引汇聚助力我区企业转型升级发展的实用型专技人才。

（四）统筹抓好城乡建设，深度促进城乡融合发展。深入推进以人为核心的新型城镇化，加快形成工农互促、城乡互补、深度融合、共同繁荣的新型城乡关系，打造宜居宜业宜游城市。

推动城市扩容提质。统筹优化城市功能定位和空间形态，积极构建以中心城区四个街为核心、四个镇为副中心的"一主四次"城市发展新格局，进一步强化中心城区行政服务、商业服务、金融服务和生产性服务功能，打造现代服务业核心区。加快推动燕湖新城、沙田片区等建设，抓好"四馆一中心"、奥体中心等项目，深入推进老旧小区改造建设，扎实推进全国文明城市创建，借助省运会举办溢出带动效应，实现"办好一次会，成就一座城"。

扎实推进乡村建设。深入实施"美丽乡村2025"行动计划，力争2025年美丽宜居乡村建成率达100%，建成特色村50个、生态村10个。高水平打造6条美丽乡村精品线路，高质量完成源潭新马、东城"三村一居"等乡村振兴样板区建设。大力实施农村人居环境整治提升五年行动，健全农村污水治理、生活垃圾收运处理、道路修护、绿化养护、公共设施维护"五位一体"管护机制，强化"四好农村路"建设，提升农村基础设施建设水平。鼓励社会资本投向"三农"领域。

加速现代农业发展。深入实施质量兴农战略，继续实施农业"3个三工程"，推进"一村一品、一镇一业、一县一电商平台"发展，高标准建设清城区国家级现代农业产业园。积极培育新型农业主体，力争市级以上农业龙头企业达到35家以上。大力发展现代农业，力争建成高标准农田15.97万亩。全力抓好农产品稳产保供，健全完善农产品质量安全可追溯体系，积极开展"三品一标"认证，力争新增有机食品、无公害农产品等企业5家以上。坚决遏制撂荒耕地现象。加快推进农业废弃物资源化利用。

加快城乡融合步伐。以建设国家城乡融合发展试验区广清接合片区为引擎，紧扣7项试验任务，全力探索具有清城特色的城乡融合发展路径。以农村"三块地"改革为突破口，全面完成农村集体产权制度改革，铺开农村集体经营性资产股份合作制度改革，健全农民持续增收体制机制，力促城乡基本公共服务均等化发展，逐步缩小城乡差距。健全乡村人才工作体系，加强村（社区）"两委"干部队伍建设，推动人才引领城乡融合高质量发展。

（五）聚焦促进共同富裕，全面建设高质量幸福清城。顺应人民对美好生活的需求，围绕补短板、扩供给、提质量，扎实办好十件民生实事，在高质量发展中促进共同富裕。

完善社会保障体系。持续巩固拓展脱贫攻坚成果，健全防返贫监测预警和群众报贫工作"双机制"，深入开展驻镇帮镇扶村工作。扎实做好稳就业保就业工作，深入实施"促进就业九条"3.0版本[19]，持续推动"粤菜师傅""广东技工""南粤家政"三项工程规范化、标准化、品牌化发展。健全分层分类的梯度救助体系，继续加大财政对底线民生保障领域投入力度，完善社保扩面征缴长效机制、退役军人优抚安置制度，积极推进社会福利中心、救助管理站和养老服务机构建设，推动基本医疗保险总体参保率达98%以上。

提升公共服务水平。着力打造"融湾教育"品牌，持续加大公办中小学、幼儿园优质学位供给，力争新增学位5.9万个以上，贯彻落实义务教育"双减"政策[20]，全面发展高素质教育。推进优质医疗资源扩容和城乡区域均衡发展，加快推进区疾控中心、东城社区卫生服务中心等一批新（扩）建医疗卫生项目建设，着力把区人医建设为三甲综合医院，力争到2025年每千人口执业（助理）医师数达2.8人、基层医疗卫生机构床位数达5.4张。深化医药卫生体制改革，加快推进医疗卫生共同体建设。大力实施"文化惠民"工程，推动一批体育场、健身公园等文体场馆建设，全方位提升我区公共服务水平。

协调发展各项事业。在落实省、市十件民生实事的同时，办好区十件民生实事。加快推动十六届省运会筹办工作。积极落实鼓励三胎配套政策，不断提升我区人口竞争力。深入开展"全国科普示范区""广东省双拥模范区"创建活动。加强国防教育，推动民兵和专武干部队伍建设。统筹抓好发改、物价、统计、供销、粮食、市场监管、消费维权、打私、民族宗教、外事侨务、对台港澳、妇女儿童、老龄、残疾人、红十字、档案方志、人防、气象、科学普及等工作，推动各项事业发展迈上新的台阶。

（六）全面加强生态文明建设，实现绿色低碳发展。深入践行"绿水青山就是金山银山"理念，坚持"一区"发展定位，持续改善生态环境质量，厚植绿色发展底色。

深化环境综合治理。持续加强大气污染防治，狠抓工业污染源治理，加强工地和道路扬尘、机动车尾气、餐饮油烟污染等治理，全面禁止露天焚烧。大力实施"清水工程"，长效落实"河长制""湖长制"，加强饮用水水源地保护力度，继续推进乐排河、大燕河等重点流域整治和农村黑臭水体排查整治，确保4个国（省）考断面稳定达到考核标准。抓好土壤污染防治，加强固体废物源头控制和资源化利用，持续开展电子废弃物污染整治，严厉打击非法转移倾倒危险废物等行为。抓好中央环保督察反馈问题整改，高质高效做好交办案件办理，组织开展生态环境保护督察整改"回头看"，持续巩固环保问题整治成果。

提升生态涵养功能。实施新一轮绿化大行动，严格落实"林长制"，高标准谋划建设一批森林公园、城市公园、万里碧道，配合市积极创建国家森林城市。建立健全生态环境和资源保护现代监管体系，加强环境资源司法保护和环保信用信息披露及惩戒，加快实施98个废弃矿山生态修复。探索生态产品价值实现机制，打造"互联网+林下经济"等绿色发展新业态。全力做好生态文旅大文章，依托生态、山水、民宿、文化等资源优势，共建粤港澳大湾区北部生态文化旅游合作区。

推动绿色低碳发展。按照"总量和强度双控"要求，加快推动陶瓷、有色金属、钢铁等传统产业绿色化、低碳化改造，推动工业节能降耗。深化能源供给侧结构性改革，大力推进光伏、风力发电等新能源项目，鼓励发展清洁能源。发展生态循环农业，实施农药化肥减量行动。践行"低碳生活、绿色出行"理念，积极推广新能源汽车应用，鼓励创建一批节约型机关、绿色家庭、绿色学校、绿色社区，建设节能型社会，助力如期实现碳达峰、碳中和目标。

（七）加强和创新社会治理，不断增强人民群众安全感。坚持总体国家安全观，强化底线思维，探索具有清城特色的区域社会治理新模式，着力提升社会综合治理能力水平。

加强应急体系建设。完善突发事故、自然灾害、消防救援等应急管理体系，加强应急物资保障体系建设，全面完成在册登记地质灾害隐患点和农村削坡建房风险点的综合治理，增强城市防洪排涝、火灾防控等应急管理能力。持续抓好常态化疫情防控，慎终如始抓好"外防输入、内防反弹"各项工作，严格落实闭环管理措施，加强疾病预防控制体系建设，有效提升重大突发公共卫生事件应对和处置能力。

推进社会治理创新。加快推进城市治理体系和治理能力现代化，完善"网格化＋信息化""网格员＋信息员"基层社会治理模式，健全区社会综合治理云平台实体化运作机制。加强基层社会治理队伍建设，做好社会组织管理和培育工作，积极构建"多社联动"共建共治共享新格局。以推进区域社会治理现代化为抓手，综合利用大数据、人工智能等现代技术提升社会治理效能，推动智慧交通、智慧社区、智慧消防等建设，不断提高社会治理数字化、智慧化水平。

维护社会和谐稳定。深入开展"平安＋满意"创建行动，持续推进"平安清城""法治清城"建设，扎实推进扫黑除恶、"扫黄打非"、全民禁毒、反诈等工作常态化、长效化。严格落实安全生产责任制，深化安全责任体系建设，持续抓好危险化学品、非煤矿山等重点领域重点行业攻坚治理。深化信访制度改革，持续推进"信访超市"[21]建设，完善矛盾纠纷多元预防调处化解综合机制。健全地方政府债务风险化解机制。加快解决农民实业用地返还和历史土地合作开发项目等历史遗留问题。

（八）持续抓好政府自身建设，积极打造阳光政府。坚持把党的建设摆在首位，强化务实为民作风，提高履职尽责能力水平，努力建设人民满意的服务型政府。

狠抓政府系统党的建设。坚持以习近平新时代中国特色社会主义思想为指引，切实把思想和行动统一到以习近平同志为核心的党中央的决策部署上来，不断增强"四个意识"、坚定"四个自信"、做到"两个维护"。严格贯彻落实新时代党的组织路线，全面加强政府系统党的建设，把坚持和加强党的全面领导贯穿到政府工作的全过程、各领域，扎实推动党中央、省、市和区委重大决策部署落地见效。

提升民主法治建设水平。依法接受区人大及其常委会的监督，自觉接受区政协的民主监督，主动接受社会和舆论监督，认真办理人大代表议案和政协委员提案。全面推进依法治区工作，严格落实政府权责清单制度，提高领导干部运用法治思维和法治方式解决问题的能力，严格规范重大行政决策制定和执行，构建职责明确、依法行政的政府治理体系。健全重大政策事前评估和事后评价制度，加大政务公开力度，提高政府决策科学化、民主化、法治化水平。

扎实推进高效政府建设。持续深化"放管服"改革，大力实施"一网通办"，全面推行"政务服务官"制度、承诺制信任审批和"容缺受理"制度，健全"办不成事"反映窗口办理机制。加大"数字政府"建设力度，探索12345热线智能化建设，加快推动镇级"一门式、一网式"政务服务中心全覆盖，打通服务群众的"最后一公里"。深入推进行政审批体制改革、相对集中行政许可权改革试点等改革措施，进一步优化办事流程、缩短办事时间，全面提升政务服务效能。

着力打造清正廉洁政府。始终坚持严的主基调，锲而不舍抓好中央八项规定精神及其实施细则落实，毫不松懈纠"四风"、树新风，切实为基层减负，严肃查处工作推诿扯皮、"中梗阻"等突出问题。始终保持严惩腐败高压态势，切实加强以案示警、以案促改警示教育，探索建立长效化党内监督机制。大力支持纪检监察机关执纪问责，深入整治群众身边的腐败和作风问题，一体推进不敢腐、不能腐、不想腐，让清城更加水秀山清、气正风清、海晏河清。

各位代表！征程万里风正劲，奋楫扬帆再启航。让我们更加紧密地团结在以习近平同志为核心的党中央周围，高举习近平新时代中国特色社会主义思想伟大旗帜，在省委省政府、市委市政府和区委的坚强领导下，发扬伟大建党精神，凝心聚力、继往开来，勠力同心、真抓实干，加快建设"一地、两区、三城"，奋力谱写新时代清城高质量发展的新篇章。

【名词解释】

1. 省委"1+1+9"工作部署：第一个"1"，指以推进党的建设新的伟大工程为政治保证；第二个"1"，指以全面深化改革开放为发展主动力；"9"，指加快形成全面开放新格局、建设科技创新强省等9个方面重点工作。

2. 市委"十大行动方案"：指2021年1月中共清远市委印发的《关于深入学习贯彻习近平总书记出席深圳经济特区建立40周年庆祝大会和视察广东重要讲话重要指示精神推动清远高质量发展的行动方案》（清发〔2021〕1号），方案涵盖了《关于加强党的全面领导和党的建设坚定不移推进全面从严治党的行动方案》等10个子方案。

3. "一地、两区、三城"："一地"，指粤港澳大湾区发展腹地；"两区"，指国家城乡融合发展试验区广清接合片区的"样板区"和广清一体化高质量发展的"先行区"；"三城"，指国家级职业教育城、环粤港澳大湾区现代产业新城和华南休闲宜居宜游名城。

4. "四馆一中心"：指清远市城市馆、博物馆、图书馆、科技馆与青少年活动中心。

5. 七项试验任务：指建立城乡有序流动的人口迁徙制度、建立农村集体经营性建设用地入市制度、搭建城中村改造合作平台、搭建城乡产业协同发展平台4项规定任务和建立城乡基础设施一体化发展体制机制、建立城乡基本公共服务均等化发展体制机制、健全农民持续增收体制机制等3项自选任务。

6. "三块地"改革：指农村承包地、集体经营性建设用地、宅基地改革。

7. 农村集体"三资"监管平台：指对农村集体资金、资产和资源进行统一标准、规范管理、实时监管的综合平台。

8. 六条美丽乡村精品线路：指石角镇美丽乡村精品线路、龙塘镇轻轨站至集美云曼精品线路、东城街快径精品线路、东城街新桥慢游精品线路、东城街江埗慢游精品线路、东城街黄金埗慢游精品线路。

9. "双区"驱动、"双城"联动："双区"，指粤港澳大湾区和深圳中国特色社会主义先行示范区；"双城"，指广州和深圳。

10. 两个合作区：指横琴粤澳深度合作区和前海深港现代服务业合作区。

11. "一核一带一区"：指将全省划分为珠三角核心区、沿海经济带、北部生态发展区3个功能区。其中，清远要以保护和修复生态环境、提供生态产品为首要任务，严格控制开发强度，大力强化生态保护和建设，构建和巩固北部生态屏障。

12. 制造业高质量发展"六大工程"：指制造业高质量发展"强核""立柱""强链""优化布局""品质""培土"六大工程。

13. "标准地出让"：指在城镇开发边界内具备供地条件的区域，对新建工业项目先行完成区域评价、设定控制指标，对每块建设用地的投资、建设、税收、能耗、环境等方面给予明确标准，并实现项目动工开发所必需的通水、通电、通路、土地平整等基本条件，带着"标准"出让工业用地。

14. "点状供地"：指将项目用地区分为永久性建设用地和生态保留用地，其中永久性建设用地建多少供多少，剩余部分可只征不转，按租赁、划拨、托管等方式供项目业主使用，项目容积率按垂直开发面积部分计算，不按项目总用地面积计算。

15. 耕地"占补平衡"：指按照"占多少，垦多少"的原则，建设单位必须补充相应的耕地，以保证耕地不减少，是新《土地管理法》确定的一项耕地保护的基本制度。

16. "421"现代产业体系："4"，指做强四大战略性支柱和新兴产业集群，包括培育生物医药产业、加快大数据产业布局、壮大汽车零部件产业、发展装备制造配套产业；"2"，指做大商贸服务和生态服务业、共建综合型现代商贸物流产业；"1"，指做优都市现代农业。

17. 广州营商环境4.0：指2021年5月广州市印发的《广州市用绣花功夫建设更具国际竞争力

营商环境若干措施》，围绕"国家试点、湾区示范、指标攻坚、涉企服务、数字赋能、智慧监管"六大方面总体布局，研究提出35条改革举措共260项年度任务。

18."职教优才"培养计划：指创建青年人才交流活动中心，加大青年人才尤其是大学生人才吸引力度；加大技能人才支持力度，打造技能人才培训示范基地、技能大师工作室等平台；探索构建以创新能力、质量、实效、贡献为导向的科技人才评价体系等系列措施。

19."促进就业九条"3.0版本：指2021年3月出台的《广东省进一步稳定和扩大就业若干政策措施》。

20.义务教育"双减"政策：指要有效减轻义务教育阶段学生过重作业负担和校外培训负担。

21."信访超市"：指通过聚合政法、司法、信访等职能部门公共服务资源和法律咨询、心理服务、人民调解等社会服务资源，联合接待与矛盾纠纷调处中心，理顺工作机制，让有关部门在化解矛盾纠纷工作中集中发挥作用，实现最大限度在一地、一次性及时解决群众矛盾纠纷、信访诉求。

政府工作报告
——在清远市清城区第九届人民代表大会第二次会议上
（2022年6月17日）
清远市清城区人民政府区长　廖家杰

各位代表：

现在，我代表区人民政府，向大会作工作报告，请予以审议，并请各位政协委员和其他列席人员提出意见。

2021年工作回顾

2021年是中国共产党成立100周年，是"十四五"的开局之年，清城区坚持以习近平新时代中国特色社会主义思想为指导，全面贯彻党的十九大和十九届历次全会精神，坚持稳中求进工作总基调，立足新发展阶段，贯彻新发展理念，融入新发展格局，在市委、市政府和区委的正确领导下，在区人大及其常委会、区政协的监督支持下，认真抓好"双区"驱动、"双城"联动[1]、两个合作区[2]建设等重大机遇，紧紧围绕省委"1+1+9"工作部署[3]和市委"十大行动方案"[4]，统筹推进稳增长、促改革、调结构、惠民生、防风险、保稳定各项工作，有力推动经济社会发展再上新台阶，"十四五"实现良好开局。

一年来，我们主要做了以下工作。

（一）精准施策稳定经济增长。全年完成地区生产总值712.39亿元、同比增长5.4%，人均地区生产总值63227元、增长4.0%。规上工业增加值、固定资产投资、社会消费品零售总额、进出口总额分别同比增长15.6%、3.5%、10.3%、36.4%。三次产业结构调整优化为3.9∶43.9∶52.2。位列2021全省区县工业百强排行榜第28名。区辖部分地方一般公共财政预算收入17.05亿元，同比增长2.0%。城乡居民人均可支配收入37080元，同比增长6.0%。全年接待旅游人数、旅游收入分别同比增长37.3%、5.4%。为企业减税降费7.21亿元，新增各类市场主体2.21万户、同比增长7.9%，新增"四上"企业[5]205家。

（二）坚定不移厚植发展优势。全区新引进项目14个、完成投资金额135.5亿元，47项重点项目完成投资额58.53亿元、完成率121.4%，工业投资同比增长86.7%。广清（清城）产业园投（试）产项目79个，获省"年度经济功能区优秀奖"。广清空港现代物流产业新城启动区正式运营，配合市成功申报国家级跨境电商综合试验区。新认定国家级高新技术企业14家，创建市级以上工程中心6家，引进高层次人才136人。新北江制药建成粤北地区2021年度唯一一家通过认定的省重点实验室。

（三）持之以恒推动城市发展。常住人口112.83万人，城镇化率83.78%，是粤东西北12个地级市人口最多的中心城区。燕湖新城加快建设，高标准完成奥体中心等省运会场馆及配套设施建设，清远体育中心已对外开放，"四馆一中心"已完成总体建设进度80%。省职教城进驻高职院校10所，在校学生达10.5万人，广东金融学院清远校区正式开学。广清城际北延线加快推进，广连高速清城段建成通车。新马防洪排涝治理工程、银盏水库输水涵管重建工程全面完工。投入1.1亿元进行85项文明城市创建项目建设，南岸公园、飞来峡古栈道等建成使用，新增碧道16.2公里。新建污水管网43.52公里，新增5G基站208个，累计建成新能源汽车充电桩366个。

（四）凝心聚力推进乡村振兴。广清接合片区清城片区7项试验任务43个重点项目完成投资47.67亿元，农村"三块地"改革[6]成效明显。创建省级示范家庭农场1家，培育农民专业合作社26家，认定区级重点农业龙头企业5家，认证"三品一标"[7]10家。清城区国家级现代农业产业园创建有序推进，打造粤北地区首个"花稻花"无人农场示范基地。新增美丽乡村416个，源潭新马、东城"三村一居"[8]乡村振兴样板区建设成效明显，石角镇荣获第二届"乡村振兴清远大擂台"金奖，新桥村获评广东省文化和旅游特色村。自然村集中供水100%全覆盖、无害化户厕100%普及。统筹安排9238万元推进驻镇帮镇扶村工作，有力巩固拓展脱贫攻坚成果同乡村振兴有效衔接。

（五）扎实有力建设生态文明。持续开展3个国控站点周边环境整治，推进9家市重点监管企业VOCs综合整治，清理整治"散乱污"企业（场所）605家，全区空气质量达标率为93.2%，连续两年获得全市环境保护暨污染防治攻坚战考核第一名，助力我市实现空气质量综合指数改善率全省第1。持续加强对乐排河等重点流域综合整治，4个国（省）考断面稳定达到考核标准。处置清运历史遗留固废约2.92万吨，一般固废、危废申报率均为100%。66宗第二轮中央环保督察交办案件办结48宗，阶段性办结18宗，办结率100%。城市绿化覆盖率39.02%，高质量完成省下达1.44万亩造林与生态修复任务。新马村成为全省首个"碳中和"新能源示范村。

（六）全力以赴深化各项改革。顺利完成镇（街）体制、行政复议体制、森林公安管理体制和有关群团机关等改革，国防动员改革、民兵预备役组织建设、民兵组织调整改革扎实推进。建成4个"一门式、一网式"政务服务中心，区24小时自助大厅和全市首个社区24小时自助服务区（石角镇美林湖社区）投入使用。创新开设"办不成事"反映窗口，在广清（清城）产业园打造全市首个进驻式"智税微厅"。524项审批事项1079项材料实现免证办理，工程建设项目审批事项实现全覆盖、审批时间最短压缩至35个工作日，小微企业办电最快可"当天报装、当天接电"。与湖南靖州、广州越秀、肇庆广宁实现321项政务服务"跨省通办、省内通办"。

（七）用心用情提高民生保障。省、市、区十件民生实事基本完成。民生支出占一般公共预算支出的75.71%。城乡居民养老和医疗保险覆盖率均达100%。城乡低保标准分别增长5%、10%。投入教育经费15.55亿元，新增学位超1.8万个。区疾控中心等4个新（扩）建医疗卫生项目加快建设，区人医与中山大学孙逸仙纪念医院合作共建加快推进，洲心社区卫生服务中心成功创建清远市首家"广东省社区医院"。累计安排超2.55亿元落实常态化疫情防控，新冠疫苗全人群全程接种完成率达91.79%。各类生产安全事故、生产经营性道路交通事故死亡人数分别同比下降3.03%、36.36%。建成全市首个"网格化"综合治理指挥中心，网格化管理实现100%全覆盖。

（八）从严从实加强自身建设。坚持以习近平新时代中国特色社会主义思想为指导，深入开展党史学习教育，忠诚拥护"两个确立"，不断增强"四个意识"、坚定"四个自信"、做到"两个维护"。坚持向人大及其常委会报告工作，自觉接受人大、政协监督，承办市、区两级人大代表建议48件、政协提案112件。持续推进法治清城建设，入围首批广东省法治政府建设示范区。驰而不息纠"四风"，严格执行中央八项规定及其实施细则精神，深入推进违规吃喝问题专项整治，机关作风明显改善。扎实做好政府系统各领域工作，发改、物价、统计、供销、粮食、市场监管、消费维权、扫黄打非、武装工作、民族宗教、外事侨务、对台港澳、妇女儿童、老龄、残疾人、红十字、档案方志、双拥、人防、气象、科学普及等工作取得新成效。

各位代表，过去一年我区经济社会保持平稳发展实属不易，这是市委、市政府和区委正确领导的结果，是区人大及其常委会和区政协监督支持的结果，是全区人民和社会各界团结奋斗的结果，是广州市、越秀区等大力支持的结果。在此，我代表区人民政府，向全区人民、驻军部队和各级驻区单位，向所有关心支持参与清城建设发展的各界人士，表示衷心的感谢并致以崇高的敬意！

回顾一年工作，我们也清醒地认识到，当前清城发展还面临不少困难和问题：一是经济下行压力较大，经济恢复受疫情持续影响，工业投资放缓，房地产业收缩趋势明显，财政收支矛盾突出；二是产业转型升级迟缓，传统高耗能产业产值仍占较大比重，新兴主导产业尚未形成，用地、资金、环保、能耗等要素制约日益趋紧；三是发展不平衡、不充分，城乡融合成效不明显，城乡二元结构问题依然突出，教育、医疗、文化等优质资源供给力度仍需加大，社会保障水平仍需进一步提升；四是环保、安全生产等形势依然严峻，污染防治攻坚仍需进一步加强，疫情防控、安全生产、社会治理工作力度仍需进一步加大，社会不稳定因素仍然较多，保障安全问题依然任重道远；五是政府效能仍需提升，营商环境仍需优化，干部干事创业精气神有待进一步激发。对此，我们将高度重视，采取坚决有力措施加以解决。

2022年工作安排

2022年是党的二十大召开之年，也是新一届区委、区政府开展工作的第一年，做好今年经济社会工作至关重要。开启新征程，奋进"十四五"，我们要深刻把握"稳字当头、稳中求进"的总体要求和政策取向，坚持统筹谋划、量质齐抓，着力推进稳增长、调结构、惠民生，加快转变发展方式，推动有效市场和有为政府更好结合，持续激发市场活力和社会创造力，努力保持经济运行在合理区间。

今年区政府工作的总体要求是：以习近平新时代中国特色社会主义思想为指导，全面贯彻落实党的十九大和十九届历次全会及中央经济工作会议精神，深入贯彻习近平总书记对广东系列重要讲话和重要指示批示精神，弘扬伟大建党精神，认真贯彻落实省第十三次党代会和市第八次党代会工作部署，落实区第八次党代会和区委八届三次全会工作要求，坚持稳中求进工作总基调，完整、准确、全面贯彻新发展理念，服务和融入新发展格局，全面深化改革开放，坚持创新驱动，坚持以供给侧结构性改革为主线，统筹疫情防控和经济社会发展，统筹发展和安全，认真贯彻落实省委"1+1+9"工作部署和市委"十大行动方案"，抢抓"双区"和两个合作区建设重大机遇，继续做好"六稳""六保"工作，持续改善民生，加快建设"一地、两区、三城"[9]，奋力谱写新时代清城高质量发展新篇章，以优异成绩迎接党的二十大胜利召开。

今年全区经济社会发展主要预期目标是：地区生产总值增长6.5%左右，规上工业增加值增长10.0%，固定资产投资增长6.0%，社会消费品零售总额增长8.0%，进出口总额增长3.0%，地方一般公共预算收入增长3.0%，居民消费价格涨幅控制在3.0%以内，城乡居民人均可支配收入与经济增长同步。

围绕实现上述目标，重点抓好以下七方面工作：

（一）坚持稳中求进，全力抓项目稳投资促增长

紧抓重点项目建设。坚持以发展为第一要务，全力推动全区48项、年度投资51.46亿元重点项目动工建设，集中精力抓好广清空港现代物流产业新城、华南声谷等重大平台项目建设，加快北江旅游经济带飞来峡和石角港区征地拆迁工作，配合市加快推进广清城际北延线、省职教城三期、清花高速等一批重大项目加快开工建设，积极配合广州软件学院清远校区筹建工作，力争年内启动校区建设。加快石角天然气分布式能源站（一期）项目建设。

重点推动洪盛利合金项目、嘉福创新产业园等4个项目动工建设，加快中星科技产业园、荣丰线路板制造项目等12个项目续建，推动广清中大时尚科技城等重点项目尽快投产达效，积极助推凯荣德、忠信玻纤等企业增资扩产。

大力推进招商引资。加强区级招商大统筹，以龙塘、石角标准厂房建设为抓手，为企业"拎包入住"创造便利条件，围绕激发产业集聚效能，科学谋划招商引资项目，加快构建"筑巢引凤""以园招商"的清城招商体系。进一步强化与中央、省属国企及行业龙头企业的战略合作，主动承接大湾区产业转移，引导已签约项目有序布局，力争完成工业投资53.1亿元。充分发挥龙头企业带动作用，加快引入普洛斯清远时尚科技产业园、广东省建筑工程集团有限公司建筑工业化智能科技园等项目，推动壹悦城全市首个大型湖景式商业购物广场形成新地标，确保"引进一个，带来一片"，着力打造大湾区投资热土。

全力抓好要素保障。坚持"要素跟着项目转"，探索建立用地保障联席会议制度，加强重大产业项目用地统筹，优先保障优质项目尽快落地投产。扎实开展低效用地提升整治，完善工业用地效率倒逼机制，坚决清理处置批而未供、闲置土地和低效建设用地，充分盘活废弃矿山建设用地指标，探索推进村级工业园升级改造，深挖石角建滔片区扩园、华南声谷扩园等地块产业发展容量，加快开发源潭镇简带工业园区和锦鸿片区等连片地块，着力打造产业集聚区。加快专项债券支付进度，积极做好项目储备和争取各类上级补助资金，保障重大项目加快建设。持续加大财税、金融、用能等领域支持保障力度，切实为企业纾难解困。

（二）坚持产业强区，加快推动产业转型升级

加快优化产业结构。坚持工业强区战略不动摇，全力抓好工业匹配度提升，扶优扶强AB类企业，引导C类企业向B类企业以上转型升级，推动D类企业提效升档或出清，大力推动陶瓷、有色金属等传统产业转型升级。依托蓝宝、新北江等龙头企业和粤港（清远）生物医药孵化及中试基地等创新平台，培育集研发、生产、销售为一体的产业链，加快打造生物医药产业创新集聚区。大力引进新楠方亿尚智能家具等发展潜力大的项目，助力广东卡诺亚家居等成长性好的本地优质企业增资扩产，推动高端家装行业高质量发展。围绕无机非金属、高分子等新材料研发，推动形成以忠信世纪、凯荣德、雄星新材料等企业为核心的新材料产业集群。

积极培育创新动能。重点围绕产业发展推动科技创新，积极培育"互联网+"创新企业，支持广东清远电子信息产业园建设。推进数字经济和实体经济深度融合，推动传统企业数字化转型升级。支持规上工业企业、科技型中小企业加大研发投入，开展核心技术攻关，力争推动40个项目开展技改，完成技改投资8.29亿元。切实发挥天安智谷、华炬等孵化器作用，全力营造大众创业、万众创新氛围，着力培育一批专精特新企业，力争新认定高新技术企业5家、新增省级工程技术研究中心1家、专利授权量增长10%。

深度促进产城融合。充分发挥省职教城落户清城优势，扎实做好产学融合、产城融合两篇文章，系统谋划城市、产业、人才规划对接，深入推动清远高新区、广清（清城）产业园等重点企业联合高校建设一批产教融合平台。大力实施"职教优才"培养计划[10]，围绕产业发展导向和大湾区产业转移需求，定向培养高端技能人才。建立健全人才"引育用留"制度体系，高水平建设省职教城人才服务基地，做大做强本土产业和企业，加快孵化一批电商、手游、创意、时尚等创新型中小企业，努力实现平台引人、产业留人，为清城高质量发展提供职业技能人才保障。

（三）把握发展机遇，不断提升广清一体化水平

抓好产业协同发展。积极参与"双区"和两个合作区产业协同合作，配合市加快推动广清经济特别合作区实体化运作。不断提升广清（清城）产业园软硬件环境，加快推动新塘组团、湖岸西路片区开发建设，力争新增投（试）产项目25个以上。配合市加快理顺广清空港现代物流产业新城管理体制机制，加快推进中国南部物流枢纽二期、城际清远源潭综合物流产业园项目一期建设，积极引进航空物流、跨境物流、保税物流和冷链物流等新业态，

做好物流产业"深加工",大力发展生产性服务业,促进物流产业吸引集聚更多新经济增长点。

推进交通互联互通。围绕提升广清协同发展能力水平,为两地生产要素流动提供高效便捷的运输服务。强化重点交通项目支撑,配合市扎实推动清远磁浮旅游专线等项目建设,做好广清永高铁项目前期工作,积极推动广州东至花都天贵城际延伸至清远项目、佛清从高速等重点交通项目建设,有序推进广清大道南延线、东环快速南延线接乐广高速王子山出入口等干线公路与广州对接,深度融入大湾区"半小时生活圈"。

促进服务共建共享。加快构建与大湾区接轨的公共服务体系,着力在广清接合片区打造建设"广清新城"。加大越秀、清城两区教育领域交流合作力度,继续引进一批广州名校在清城区合作办学或托管办学,积极推进与广州美术学院、广州中医药大学基础教育对口帮扶。继续深化两区医疗卫生领域交流,积极推进与中山大学孙逸仙纪念医院等省内高水平医疗机构合作共建,借鉴广州市越秀区正骨医院与清远区中医院对口帮扶等新模式,探索一院一特色、区域联合配套的对口帮扶特色专科建设道路。加快推动广州营商环境5.0[11]向清城覆盖,不断拓宽广清通办业务范围,推动广清两地更多优质资源互通共享。

(四)深化乡村振兴,加快推进农业农村发展

大力发展农业产业。坚持把打造清远鸡、丝苗米等百亿农业产业[12]作为推动产业振兴和乡村振兴的重中之重,加快推进清远鸡、预制菜产业规划编制,着力推进清城区国家级现代农业产业园、广东南粤黄羽鸡优势特色产业集群、上兆公司大型丝苗米加工生产线等项目建设,推动清远鸡产业全链条融合发展、丝苗米产业扩面增产提质。认真抓好粮食生产和安全储粮工作,深入实施"田长制",落实最严格的耕地保护制度,坚决遏制防止耕地"非农化""非粮化",加快推动清城区粮食储备库新库项目(一期)建设。依托粤港澳大湾区"菜篮子"清远配送中心,推动农产品仓储冷链物流加工项目建设,积极培育壮大中央厨房、预制菜等产业集群,推动飞来峡预制菜基地尽快动工建设,延伸农业产业链条,全力构建现代化农业产业。

积极建设美丽乡村。深入实施"美丽乡村2025"行动计划和[13]"千村示范、万村整治"工程[14],力争90%以上自然村成功创建为"整洁村"档次以上美丽乡村,因地制宜推进农村"四小园"[15]建设,力争完成"四好农村路"[16]建设120公里以上。持续推动农房管控和乡村风貌提升。保护好传统建筑和传统村落,高标准推进源潭新马、东城"三村一居"、石角1953等乡村项目建设,大力发展田园养生、农耕体验、休闲露营、民宿康养等休闲农村旅游新业态,着力延长"乡村旅游+"产业链条。持续巩固拓展脱贫攻坚成果,完善防止返贫动态监测和帮扶机制,扎实做好驻镇帮镇扶村工作。

抓好改革试验任务。聚焦7项国家城乡融合发展试验任务,年度投入32.96亿元,扎实推进29项重点项目建设,积极探索具有清城特色的城乡融合发展路径。以农村"三块地"改革为突破口,扩大全区试点范围,盘活利用闲置宅基地,全面完成农村集体产权制度改革,推动一批集体经营性建设用地入市交易,发展壮大村集体经济,促进集体经济发展和农民持续增收,逐步缩小城乡差距。

(五)坚定绿色发展,深度推动生态文明建设

全力抓好生态保护。扎实推进中央环保督察反馈问题整改落实。大力开展"散乱污"企业(场所)综合整治,建立生态环境领域执法体系和巡查机制,坚决铲除高污染问题企业生存土壤。加强大气污染防治常态化管控,持续加大3个国控站点周边环境整治力度,全面禁止露天焚烧,大力推进VOCs深度治理,全力完成环境空气质量目标。落实"河长制""湖长制",全面实施排污口整治和规范化建设,持续巩固乐排河等重点河流整治成效,推动黑臭水体治理常态化、长效化,补齐污水收集系统短板,确保4个国(省)考断面稳定达标。抓好土壤污染防治,严厉打击固废危废非法转移倾倒行为,加快实施98个废弃矿山生态修复。

大力发展生态旅游。全力做好北江旅游经济带"水文章",做好飞霞山、马头山、银盏温泉等景区开发,充分展现北江清城段山水人文资源优势和地理特色。用好用活1000万元文旅发展专项资金,撬

动更多社会资本，引进优质旅游项目。统筹抓好金鸡岩、天子山等重点旅游项目建设，推动牛鱼嘴申报国家4A级旅游景区，引导白庙渔村打造省文化和旅游特色村。打造清城特色文旅IP，着力打造具有清远饮食文化特色的美食街，积极推进省级夜间文化和旅游消费集聚区建设，抓好旅游产品宣传推广，推动共建粤港澳大湾区北部生态文化旅游合作区。

深入推进绿色转型。坚持生态优先、绿色发展，持续深入推进"林长制"，开展"全域增绿"行动，配合市创建国家森林城市。严格实施"三线一单"[17]生态环境分区管控，严格把关涉生态环境领域重点行业准入，完善减污降碳激励约束政策，抓好陶瓷、有色金属、钢铁等行业节能降耗，稳步推进能耗"双控"向碳排放总量和强度"双控"转变。大力发展清洁能源产业，加快推进整区屋顶分布式光伏开发，积极探索碳汇交易实施路径，将更多环境效益转化为经济效益。推进绿色低碳技术研发和推广应用，加快形成绿色生产生活方式。

（六）做好民生工作，扎实推进共同富裕

千方百计稳定就业。全面落实"促进就业九条"3.0版本[18]，强化就业服务和信息精准推送，持续推动"粤菜师傅""广东技工""南粤家政"三项工程。着力做好高校毕业生、农民工、脱贫劳动力、城市困难人员等重点群体的就业服务和保障工作，确保完成全年就业目标任务。加快落实全省6方面131条稳经济一揽子政策，加大对困难企业的帮扶力度，帮助尽可能多的市场主体特别是中小微企业、个体工商户挺过难关，保住岗位。落实大众创业、万众创新相关政策，支持多渠道灵活就业和自主创业，加强失业人员兜底保障。

扩大公共服务供给。全力办好省、市、区十件民生实事。全面实施基础教育高质量发展行动，落实国家"双减"政策[19]，加快推进碧桂园山湖城C区三期配建学校、清城中学新建教学楼等6个新（扩）建中小学校项目建设，确保新增中小学（幼儿园）学位6900个以上。协助推进县域医共体建设，加快区疾控中心等4个新（扩）建医疗卫生项目建设，按照三甲综合医院标准推进区人医新院建设。完善社会保障体系，持续确保养老、医疗参保全覆盖，稳步提高民生保障水平，加快推进区社会福利中心建设和洲心敬老院三星级升级改造。实施文化惠民工程，加快区、镇、村三级公共文化设施提档升级。全力协助办好省运会，完善全民健身公园，办好系列群众文体活动。

统筹完善社会治理。持续推进"平安清城""法治清城"建设，完善"网格化+信息化""网格员+信息员"基层社会治理模式，打通平安清远建设三项攻坚任务"最后一公里"。扎实推进扫黑除恶、扫黄打非、反诈、打击侵权假冒、打传、打私等工作常态化、长效化，大力整治毒品突出问题，强化食品药品安全综合治理。慎终如始抓好常态化疫情防控，抓紧抓牢消防、道路交通、防汛抗旱、自建房排查、防灾减灾、企业生产等领域安全工作。深入开展"全国科普示范区""广东省双拥模范区"创建活动，加快全国青年发展型县域试点建设。统筹抓好发改、物价、统计、供销、粮食、市场监管、消费维权、信访维稳、民族宗教、外事侨务、对台港澳、妇女儿童、老龄、残疾人、青少年、红十字、档案方志、人防、气象、科学普及等工作，把武装工作纳入我区经济社会发展总体规划，贯彻落实《广东省"十四五"时期民兵建设发展计划》，全面抓好国防教育、征兵、民兵等工作，推动各项事业发展迈上新台阶。

（七）坚持党的领导，着力打造高效有为政府

加强思想政治建设。坚持以习近平新时代中国特色社会主义思想统揽工作全局，落实"第一议题"学习制度，以"三法十条"为抓手，持续巩固拓展党史学习教育成果，认真学习党的十九大和十九届历次全会精神，贯彻落实习近平总书记对广东重要讲话和重要指示批示精神，忠诚拥护"两个确立"，不断增强"四个意识"、坚定"四个自信"、做到"两个维护"。把握新时代党的建设总要求，加强政府系统党风廉政建设，坚持严的主基调不动摇，坚持不懈把全面从严治党向纵深推进，严格执行中央八项规定及其实施细则精神，持续整治"四风"问题，积极营造风清气正的政治生态。

推进法治政府建设。坚持科学民主依法决策，严格规范重大行政决策的制定和执行，构建职责明

确的政府治理体系。坚持向人大及其常委会报告工作，依法接受区人大及其常委会的监督，自觉接受区政协的民主监督，办好人大代表建议、政协委员提案。主动加强与各民主党派、工商联、无党派人士和各人民团体的沟通协商。发挥政府法律顾问和公职律师作用，强化政府规章和规范性文件制订管理，加大政务公开、审计监督力度，积极做好普法教育、人民调解、公共法律服务等工作，稳步推进乡镇（街）道综合行政执法工作，加快推进行政执法规范化建设。

提升政府服务效能。着力转变部门和干部作风，坚决摒弃"等靠要""差不多""惯性思维"等思想，持续落实激励干部担当作为"十条措施"，努力建设忠诚干净担当高素质专业化干部队伍。切实把优化营商环境作为"一把手工程"来抓，牢固树立当好"服务员""店小二"思想，持续深化"放管服"改革，继续试行相对集中行政许可权改革试点等工作，带动各领域改革纵深推进、同向合成。配合省推进"数字政府2.0"[20]建设，促进有效市场和有为政府更好结合。推动区企业服务中心高效运作，扎实开展企业问题首席服务官体系标准化建设试点工作，推行"专人专项""专班推进"制度，优化企业申报落地办理流程。

各位代表！目标在前，使命在肩。让我们更加紧密地团结在以习近平同志为核心的党中央周围，高举习近平新时代中国特色社会主义思想伟大旗帜，在市委市政府和区委的坚强领导下，踔厉奋发、笃行不息，为加快建设"一地、两区、三城"，奋力谱写新时代清城高质量发展新篇章而努力奋斗，以优异成绩迎接党的二十大胜利召开！

【名词解释】

1. "双区"驱动、"双城"联动："双区"，指粤港澳大湾区和深圳中国特色社会主义先行示范区；"双城"，指广州和深圳。

2. 两个合作区：指横琴粤澳深度合作区和前海深港现代服务业合作区。

3. 省委"1+1+9"工作部署：第一个"1"，指坚定不移加强党的全面领导和党的建设；第二个"1"，指以更大魄力、在更高起点上推进改革开放；"9"，指纵深推进"双区"和横琴、前海两个合作区建设；做实做强新发展格局战略支点；聚力推进高水平科技自立自强；全面推进乡村振兴；推动"一核一带一区"区域发展格局积厚成势；深入推进文化强省建设；持续强化生态文明建设；着力保障和改善民生；深入推进平安广东法治广东建设共9个方面重点工作。

4. 市委"十大行动方案"：指2021年1月中共清远市委印发的《关于深入学习贯彻习近平总书记出席深圳经济特区建立40周年庆祝大会和视察广东重要讲话重要指示精神推动清远高质量发展的行动方案》（清发〔2021〕1号），2021年12月30日，清远市委常委会（扩大）会议审议并原则通过《中共清远市委办公室关于印发市委"十大行动方案"2022年度任务清单的通知》，确定2022年任务清单共402个项目，投资规模超2725亿元，内容涵盖了《关于加强党的全面领导和党的建设坚定不移推进全面从严治党的行动方案》等10个子方案。

5. "四上"企业：指规模以上工业企业、资质等级建筑业企业、限额以上批零住餐企业、国家重点服务业企业等这四类规模以上企业。

6. "三块地"改革：指农村承包地、农村宅基地、农村集体经营性建设用地改革。

7. "三品一标"：指无公害农产品、绿色食品、有机农产品、农产品地理标志。

8. 东城"三村一居"：指围绕东城街新桥村、江埗村、黄金埇村和白庙居委会打造乡村振兴样板区，以"快径慢游"为策略，建设连片民宿和民旅综合体，带动村庄和产业发展，推动农旅产业融合发展，逐步实现产村融合、城乡互动，推动产业、人才、文化、生态、组织全面振兴。

9. "一地、两区、三城"："一地"，指粤港澳大湾区发展腹地；"两区"，指国家城乡融合发展试验区广清接合片区的"样板区"和广清一体化高质量发展的"先行区"；"三城"，指国家级职业教育城、环粤港澳大湾区现代产业新城和华南休闲宜居宜游名城。

10. "职教优才"培养计划：指创建青年人才交流活动中心，加大青年人才尤其是大学生人才吸引力度；加大技能人才支持力度，打造技能人才培训示范基地、技能大师工作室等平台；探索构建以创新能力、质量、实效、贡献为导向的科技人才评价体系等系列措施。

11.广州营商环境5.0：广州市正式启动营商环境5.0改革，并制定出台了《广州市建设国家营商环境创新试点城市实施方案》。广州将以"激发活力"为主线，实施40项重点改革任务、223项落实举措、76项特色举措，进一步优化营商环境，提升城市核心竞争力。

12.五大百亿农业产业：2022年初，清远市委、市政府提出重点谋划发展清远鸡、英德红茶、连州菜心、清远丝苗米、西牛麻竹笋五个优势特色产业，力争用3年左右的时间，打造五大百亿级农业产业。

13."美丽乡村2025"行动计划：2018年5月，《清远市"美丽乡村2025"行动计划》印发，提出到2025年，实现全市100%的自然村创建成为"整洁村"档次以上的美丽乡村，80%以上的自然村创建成为"示范村"档次以上的美丽乡村，建成特色村500个、生态村100个、美丽田园一批，全部行政村达到省美丽宜居村标准。

14."千村示范、万村整治"工程：2019年4月，《清远市关于深入推进"千村示范、万村整治"工程的行动方案》印发，目标是到2022年底，全市60%以上行政村达到美丽宜居村标准，全市建成50个以上特色精品村。

15."四小园"建设：指在农村利用清拆出来的闲置空地，因地制宜开展小菜园、小果园、小花园、小公园等小生态板块建设活动。

16."四好农村路"：指建好、管好、护好、运营好农村公路。

17."三线一单"："三线"，指生态保护红线、资源利用上线和环境质量底线；"一单"，指生态环境准入清单。

18."促进就业九条"3.0版本：指2021年3月出台的《广东省进一步稳定和扩大就业若干政策措施》。

19."双减"政策：指有效减轻义务教育阶段学生过重作业负担和校外培训负担。

20."数字政府2.0"：2021年7月，广东省印发的《广东省数字政府改革建设"十四五"规划》中提出，明确2025年全面建成"智领粤政、善治为民"的"广东数字政府2.0"，通过系统化实施数字政府2.0建设，广东将打造数字中国创新发展高地，在全国实现政务服务水平、省域治理能力、政府运行效能、数据要素市场化改革、基础支撑能力"五个领先"。

2021年清城区国民经济和社会发展统计公报

清远市清城区统计局

2021年，清城区坚持以习近平新时代中国特色社会主义思想为指导，坚持稳中求进工作总基调，立足新发展阶段，贯彻新发展理念，融入新发展格局，认真抓好"双区"驱动、"双城"联动、"两个合作区"建设等重大机遇，紧紧围绕省委"1+1+9"工作部署和市委"十大行动方案"，统筹推进稳增长、促改革、调结构、惠民生、防风险、保稳定各项工作，有力推动经济社会发展再上新台阶，实现"十四五"良好开局。

一、综合

经市统计局统一核算，2021年全区实现地区生产总值（初步核算数）712.39亿元，增长5.4%，其中第一产业增加值28.00亿元，增长3.1%，对地区生产总值增长的贡献率为2.4%；第二产业增加值312.65亿元，增长9.6%，对地区生产总值增长的贡献率为74.1%；第三产业增加值371.74亿元，增长2.4%，对地区生产总值增长的贡献率为23.5%。三次产业结构为3.9：43.9：52.2，第二产业比重提高1.8个百分点。人均地区生产总值63227元（按年平均汇率为9800美元），增长4.0%。

年末常住人口112.83万人，比上年末增加0.32万人，其中城镇常住人口94.53万人，占常住人口比重（常住人口城镇化率）83.78%，比上年末提高1.57个百分点。

全年出生人口0.83万人，出生率10.44‰；死亡人口0.43万人，死亡率5.41‰；自然增长人口0.40万人，人口自然增长率5.03‰。年末全区户籍人口80.04万人，比上年末增加1.47万人，其中男性人口40.05万人，女性39.99万人。

全年城镇新增就业人数13358人，城镇登记失业率2.49%。

全年居民消费价格比上年上涨0.7%。分类别看，食品烟酒类下降1.3%，衣着类上涨0.4%，居住类增长1.1%，生活用品及服务类下降0.4%，交通和通信类增长4.3%，教育文化和娱乐类上涨2.2%，医疗保健类增长0.9%，其他用品和服务类下降1.6%。工业生产者出厂价格增长8.0%。

二、农业

全年农林牧渔业完成总产值51.75亿元，增长4.0%。其中农业产值15.62亿元，增长6.0%；林业产值2.57亿元，增长73.1%；牧业产值23.06亿元，增长0.6%；渔业产值6.41亿元，下降0.6%；农林牧渔服务业产值4.09亿元，增长29.2%。

全年粮食作物总播种面积23.65万亩，增长0.02%。其中，谷物播种面积23.00万亩，下降0.2%；经济作物种植面积21.81万亩，增长2.5%；其他作物种植面积1.33万亩，下降2.5%。经济作物中，甘蔗种植面积0.06万亩，与上年基本持平；油料作物种植面积5.34万亩，下降3.0%；中草药材种植面积0.16万亩，增长2.0%。其他作物中，蔬菜（含菜用瓜）种植面积14.70万亩，增长5.1%。

全年粮食产量6.91万吨，增长1.4%，谷物产量6.79万吨，增长1.2%；甘蔗产量0.61万吨，增长2.7%；油料作物产量1.26万吨，增长2.9%；蔬菜产量27.39万吨，增长5.6%。

全年肉类总产量6.51万吨，下降3.6%。其中猪肉产量1.70万吨，增长18.8%；牛肉产量0.02万吨，增长40.8%；禽肉产量4.76万吨，下降9.5%。禽蛋产量1.19万吨，下降3.7%。

三、工业和建筑业

全年规模以上工业完成增加值298.32亿元，增长15.6%。其中，国有企业增加值2.72亿元，增长23.1%，股份制企业增加值235.74亿元，增长15.1%，外商及港澳台投资企业增加值57.96亿元，增长17.6%。分轻重工业看：轻工业企业增加值72.94亿元，增长20.7%；重工业企业增加值225.38亿元，增长13.8%。大中型企业增加值183.09亿元，增长16.8%；民营企业增加值201.59亿元，增长14.6%。

在规模以上工业现代产业中，先进制造业增加值95.56亿元，增长24.3%，占规模以上工业增加值的比重为32.0%，其中，高端电子信息制造业增长60.6%，先进装备制造业增长4.1%，石油化工产业增长10.8%，先进轻纺制造业增长27.1%，新材料制造业增长25.4%，生物医药及高性能医疗器械增长11.7%。

高技术制造业增加值35.52亿元，增长29.4%，占规模以上工业增加值的比重为11.9%。其中，医药制造业增长11.7%，电子及通信设备制造业增长54.3%。

优势传统产业增加值95.31亿元，增长10.1%，占规模以上工业增加值的比重为31.9%。其中，纺织服装业下降3.9%，食品饮料业增长36.1%，家具制造业增长24.4%，建筑材料业增长3.9%，金属制品业增长10.5%，家用电力器具制造业增长31.4%。

支柱产业中：有色金属行业完成增加值72.58亿元，增长12.9%；陶瓷业完成增加值32.47亿元，下降6.0%。

六大高耗能行业增加值比上年增长11.6%，其中，非金属矿物制品业增长3.6%，电力、热力生产和供应业增长18.0%，黑色金属冶炼及压延加工业增长112%，化学原料和化学制品制造业增长10.8%，有色金属冶炼及压延加工业增长10.9%，我区没有石油、煤炭及其他燃料加工业。

2021年规模以上工业主要工业产品产量

指标	单位	全年	增长/%
饲料	吨	807646	36.8
饮料酒	千升	1020	-5.4
服装	万件	161	10.7
轻革	平方米	674360	104.8
人造板	立方米	264833	19.0
家具	件	1427215	14.1
纸制品	吨	256222	11.4
化学试剂	吨	86716	24.5
塑料制品	吨	437780	21.9
商品混凝土	立方米	6265554	7.6
瓷质砖	万平方米	18877	-6.6
钢材	吨	2553201	134.1
铜材	吨	272042	4.3
铝材	吨	595946	25.6
电力电缆	千米	463406	7.9
自来水生产量	万立方米	1425	-62.3

全年规模以上工业企业资产负债率为67.5%，上升3.1个百分点；流动资产周转次数1.91次；成本费用利润率4.11%，比上年减少1.7个百分点；全员劳动生产率34.82万元/人年，增长21.1%；产品销售率97.16%，下降1个百分点。实现营业收入1489.24亿元，增长26.9%；实现利润总额58.67亿元，下降9.3%。亏损企业亏损总额7.72亿元，增加56.1%。亏损企业亏损面24.5%。每百元营业收入中的成本为89元，比上年增加2.14元。

年末全区有资质的总承包和专业分包建筑企业95家，比上年增加10家；完成建筑业总产值76.51亿元，下降10.8%。

四、服务业

全年批发和零售业增加值增长3.5%，住宿和餐饮业增加值增长9.2%，金融业增加值增长2.5%，房地产业增加值下降10.3%。

全年规模以上服务业企业实现营业收入100.10亿元，增长13.6%；利润总额9.29亿元，增长44.2%。分行业营业收入看，道路运输业增长15.6%，邮政业增长10.1%，软件和信息技术服务业下降49.4%，研究和实验发展增长1.2%，专业技术服务业增长1.5%，科技推广和应用服务业增长67%，水利管理业增长91.2%，卫生下降33.6%。

全年交通运输、仓储和邮政业实现增加值10.77亿元，增长17.0%。

五、固定资产投资

全年完成固定资产投资增长3.5%，其中第一产业投资下降23.5%，第二产业投资增长86.7%，第三产业投资下降7.6%。工业投资增长86.7%，占固定资产投资的比重为21.3%。基础设施投资增长24.9%，占固定资产投资的比重为19.9%，其中电力、热力生产和供应业投资增长513.4%，交通运输、仓储和邮政业投资下降6.0%，水利、环境和公共设施管理业投资下降12.6%。高技术制造业投资下降16.9%，先进制造业投资增长127.2%，其中装备制造业投资增长48.0%。

全年房地产开发投资219.83亿元，下降16.3%。按用途分，商品住宅开发投资171.34亿元，下降20.9%；办公楼投资2.46亿元，下降2.9%；商业营业用房投资12.77亿元，下降6.9%。商品房销售面积318.54万平方米，下降21.5%，其中住宅249.36万平方米，下降31.1%。

六、国内贸易

全年社会消费品零售总额280.16亿元，增长10.3%。其中限额以上消费品零售额148.51亿元，增长9.2%；批发业企业零售额53.65亿元，增长18.2%；零售业企业零售额78.59亿元，增长0.7%；住宿业企业零售额1.56亿元，增长9.8%；餐饮业企业零售额0.97亿元，增长13.9%。

在限额以上批发和零售业商品零售额中，粮油、食品类下降2.5%，烟酒类增长1.7%，服装、鞋帽、针纺织品类下降7.5%，化妆品类下降11.3%，金银珠宝类增长38.2%，日用品类下降0.7%，体育、娱乐用品类下降20.0%，书报杂志类增长12.5%，家用电器和音像器材类下降35.1%，文化办公用品类下降36.8%，中西药品类增长0.1%，通讯器材类下降53.3%，石油及制品类增长26.1%，汽车类增长1.3%。限额以上批发零售业通过公共网络零售额下降4.9%。

七、对外经济

区辖部分全年外贸进出口总额185.57亿元，增长36.4%。其中出口35.85亿元，增长1.0%；进口149.72亿元，增长48.9%。进出口差额（进口减出口）113.87亿元。

区辖部分全年签订外商直接投资重大项目1个。实际使用外资3.13亿元，下降4.8%。

八、财政和金融业

区辖部分全年地方一般公共预算收入17.05亿元，增长2.0%；其中税收收入13.20亿元，增长2.6%。区辖部分全年地方一般公共预算支出54.37亿元，下降2.8%。其中，教育支出15.56亿元，增长11.7%；科学技术支出0.41亿元，下降71.9%；卫生健康支出5.52亿元，下降14.0%；社会保障和就业支出5.82亿元，下降0.3%；节能环保支出0.59亿元，下降54.9%，城乡社区支出4.37亿元，增长21.4%。

年末全区金融机构本外币存款余额1328.52亿元，比上年末增长2.4%，其中住户存款余额701.86亿元，比上年末增长10.1%；本外币贷款余额1378.45亿元，比上年末增长13.8%。

九、人民生活、社会保障和福利业

全年全区居民人均可支配收入37080元，增长6.0%。按常住地分，城镇常住居民人均可支配收入39749元，增长7.3%；农村常住居民人均可支配收入24851元，增长9.3%。

年末全区参加城镇职工养老保险（含离退休）18.08万人，增长6.9%；参加城乡居民基本养老保险人数28.13万人，增长2.4%；参加职工基本医疗保险19.14万人，增长33.0%；参加城乡居民基本医疗保险48.56万人；参加工伤保险12.84万人，增长4.5%；参加失业保险11.87万人，增长2.8%；参加生育保险14.06万人，增长26.8%。

全区拥有各类养老机构17间，其中区福利院1间、镇（街）敬老院6间、公建民营1间、民办9间。全区正在运营的居民养老服务中心（站）共16个，其中通过政府购买服务运营的中心3个，共有各类可供养老床位2417张，收住老人807名。

共发行销售福利彩票7408.20万元，筹集福利彩票公益金约690万元。

十、教育和科学技术

全区各类学校（不含市属、特殊学校，含公、民办学校、幼儿园，下同）共有313所。其中普通中学35所，小学67所，幼儿园211所，教学点15间。在校学生214691人，其中高中在校学生（博爱学校）1338人，初中在校学生42810人，小学在校学生117849人，幼儿园（含学前班）在园幼儿52694人。全区共有专任教师12419人，其中普通中学专任教师（不含高中）2901人，小学专任教师6072人，幼儿园专任教师3446人。

区辖部分全年计划外登记科技成果22项，均为应用技术成果。拥有广东省工程技术研究开发中心28个，清远市工程技术研究开发中心38个。全年专利授权量1619件，增长34.8%，其中发明专利授权量100件，增长122.2%。全年PCT国际专利申请量11件，同比降低63.3%。

十一、文化、旅游、卫生和体育

年末全区共有博物馆1个，文化馆1个，文化站8个，县级以上图书馆1个，图书馆藏书为521189册，其中纸制藏书为320892册，电子图书为200297册。全年共接待国内外游客478.88万人次，同比增长37.3%；旅游总收入40.53亿元，同比增长5.4%。年末全区共有各类医疗卫生机构数（含民营机构及村卫生室）649个，其中，医院（包括综合医院、中医院、专科医院）29个，乡镇卫生院4个，社区卫生服务中心（站）8个，村卫生室165个，门诊部及诊所441个，妇幼保健机构（包括妇幼保健医院）1个，疾病预防控制中心1个，急救中心（站）0个。全区拥有医疗床位2525张，下降3.9%，其中卫生院床位370张。全区卫生机构拥有在岗职工5539人，增长10.4%，其中执业医师1560人，执业助理医师414人，注册护士2281人，疾病预防控制机构卫生技术人员45人，卫生院卫生技术人员627人。全年成功举办各类体育活动6次，参加运动员超过0.2万人。在省级以上运动会获得金牌8枚。

十二、资源、环境和应急管理

全区大、中型水库年末蓄水总量0.4261亿立方米，比上年下降23.0%。全年总用水量8442.93亿立方米，下降42.5%。其中，生活用水量1.255亿立方米，增长41.9%；工业用水量0.375亿立方米，下降19.4%；农业用水量1.7475亿立方米，下降9.7%；生态环境用水量0.035亿立方米，下降30.3%。全年规模以上工业综合能源消费量191.02万吨标准煤，增长2.5%。全社会用电量110.74亿千瓦时，增长20.7%，其中工业用电75.30亿千瓦时，增长21.7%；第三产业用电19.94亿千瓦时，增长23.1%；城乡居民生活用电13.07亿千瓦时，增长12.3%。

从市环保考核评价点总体情况看，全区空气质量优良天数为340天，其中优天数171天；良天数169天；轻度污染天数25天；无中度以上污染天数，空气质量指数（AQI）优良率为93.2%。清城区二氧化硫、二氧化氮、可吸入颗粒物（PM 10）、细颗粒物（PM 2.5）年均浓度分别为7微克/立方米、24微克/立方米、41微克/立方米、23微克/立方米，臭氧日最大8小时均值第90百分位数平均为149微克/立方米，一氧化碳日均值第95百分位数平均为1.1毫克/立方米。

全年完成营造林工程14400亩，其中人工造林1842亩，退化修复8051亩，封山育林6350亩；完成中幼林抚育20000亩，全区森林覆盖率达到44.39%。全年共发生各类生产安全事故29起，死亡32人，受伤10人，经济损失2593.3万元。发生工矿商贸制造企业事故5起，死亡7人，直接经济损失1143万元。发生交通运输和仓储业生产经营性事故13起，死亡14人，受伤9人，直接经济损失1.3万元。

注：1. 本公报中2021年数据为初步统计数。

2. 公报中地区生产总值、各产业增加值量为现价，增长速度按可比价计算。

3. 金融、卫生、社会保障、教育等数据来自部门统计。

（区统计局）

清城区国民经济和社会发展主要指标

项目	单位	2021年	增减（%）
年末常住人口	万人	112.83	0.3
年末户籍总人口	万人	80.04	1.9
其中：女		39.99	2.1
年末户籍总户数	万户	22.79	6.5
地区生产总值	亿元	712.39	5.4
第一产业增加值	亿元	28.0	3.1
第二产业增加值	亿元	312.65	9.6
其中：工业		275.13	12.3
第三产业增加值	亿元	371.74	2.4
人均生产总值	万元	6.32	4.0
农林牧渔业总产值	亿元	51.75	4.0
规模以上工业企业数	个	340	同比增加22个
规模以上工业总产值	亿元	1425.53	30.5
规模以上工业增加值	亿元	298.32	15.6
规模以上工业利润总额	亿元	58.67	-9.3
塑料制品产量	万吨	43.78	21.9
瓷质砖产量	万平方米	18877	-6.6
钢材产量	万吨	255.32	134.1
铜材产量	万吨	27.20	4.3
铝材产量	万吨	59.59	25.6
电力电缆产量	万千米	46.34	7.9
固定资产投资额	亿元	—	3.5
房地产开发投资完成额	亿元	219.83	-16.3
其中：住宅		171.34	-20.9
新增固定资产	亿元	162.37	23.4
竣工房屋面积	万平方米	301.80	14.3
其中：住宅		220.79	8.2

(续表)

项目	单位	2021年	增减（%）
房屋销售面积	万平方米	318.54	−21.5
其中：住宅		249.36	−31.1
房屋销售金额	亿元	246.66	−27.6
其中：住宅		209.95	−32.6
社会消费品零售总额	亿元	280.16	10.3
其中：限额以上企业批发业		53.65	18.2
限额以上企业零售业		78.59	0.7
限额以上企业住宿业		1.56	9.8
限额以上企业餐饮业		0.97	13.9
外贸进口总额	亿元	149.72	48.9
外贸出口总额	亿元	35.85	1.0
实际吸收外资金额	亿元	3.13	−4.8
地方公共财政预算收入	亿元	17.05	2.0
其中：税收收入		13.20	2.6
地方公共财政预算支出	亿元	54.37	−2.8
居民消费价格总指数（上年=100）	%	100.7	0.7
城镇居民年人均可支配收入	元	39749	7.3
农村居民年人均可支配收入	元	24851	9.3
小学学校所数	所	67	增3所
小学专任教师数	人	6072	40.0
小学在校学生数	人	117849	6.2
中学学校所数	所	35	增0所
普通中学专任教师数	人	2999	−23.8
普通中学在校学生数	人	44148	16.0
各类卫生机构床位数	张	2525	−3.9
其中：医院、卫生院		2335	−4.3
卫生技术人员数	人	4826	10.0
其中：执业（助理）医师		1974	7.5

(续表)

清城区各镇（街）国民经济和社会发展主要指标

街镇名称	土地面积（平方公里）	总户数（户）	户籍总人口（人）	乡村人口（人）	农林牧渔总产值		规模以上工业总产值		固定资产投资	
					总量（亿元）	增长（%）	总量（亿元）	增长（%）	总量（亿元）	增长（%）
凤城街道	23.27	31731	96682	0	0.19	—	33.25	20.5	—	-38.5
东城街道	101.82	26074	88950	0	4.19	—	0.51	-22.8	—	4.5
洲心街道	80.10	57199	183158	0	2.62	—	22.57	34.0	—	-8.9
横荷街道	90.37	19512	74962	0	6.69	—	70.26	24.4	—	-15.4
源潭镇	227.37	24130	98237	50404	9.73	—	127.83	4.5	—	20.1
龙塘镇	223.67	19398	77227	0	5.18	—	308.15	37.1	—	9.6
石角镇	178.23	28592	95154	32371	6.35	—	374.23	32.1	—	33.6
飞来峡镇	371.55	21246	86021	61268	16.53	—	27.18	11.9	—	26.3

（区统计局）

清城区重点农业龙头企业

序号	企业名称	认定类型及年份	主营产品范围（规模）	从业人数（人）	年产值（万元）	办公地址（生产基地地址）
1	清远市高谷膳食配送与农产品检测有限公司	省级，2021年 市级，2019年	农产品配送服务	42	5013	清远市新城B39号洲心工业园内藏霞一路101号
2	广东容大生物股份有限公司	市级，2021年 区级，2021年	开发、生产销售：兽药、饲料、饲料添加剂	125	11304	清远高新技术开发区建设二路31号
3	清远市万安食品有限公司	市级，2021年 区级，2020年	禽畜（生猪）屠宰销售	130	9347	清城区清三公路与北江水利枢纽工程便道交界处西北角
4	清远市飞扬农业发展有限公司	区级，2021年	蔬菜种植、加工、冷链物流配送	20	549	清远市人民三路31号清远富荣农副产品批发中心九号商业楼1—2层006号
5	清远市鼎盛膳食管理有限公司	区级，2021年	农产品加工配送服务	30	690	清远市清城区龙塘镇陂坑白牛田村侧银英生活配套区3号楼首层自编01
6	广东鼎田菜篮子农业投资有限公司	区级，2021年	食品制造、销售，农副食品加工、销售	10	320	清远市清城区源潭镇清佛公路旁金沙工业区鼎田农业科技产业园一期A区五楼自编001号
7	清远市玄德现代农业科技有限公司	区级，2021年	农产品种植、加工、销售	80	1294	清远市清城区源潭镇新马村飞霞龙田文化乡（新马居委会往东200米）

2021年清城区守合同重信用企业公示名单

序号	评测年度	企业名称
1	2020	清远市清城区建筑工程有限公司
2	2020	广东粤北建设有限公司
3	2020	清远市清城区第二建筑工程公司
4	2020	清远市进田企业有限公司
5	2020	清远市新城建筑工程有限公司
6	2020	清远市远宏建筑工程有限公司
7	2020	清远市美雅建筑工程有限公司
8	2020	广东远光电缆实业有限公司
9	2020	广东长实通信科技有限公司
10	2020	广东国同建设咨询有限公司
11	2020	广东建诚工程咨询有限公司
12	2020	清远市启源水利水电建设有限公司
13	2020	中誉设计有限公司
14	2020	清远尚美创意策划传播有限公司
15	2020	清远市湖滨步步高酒店有限公司
16	2020	广东泓峰膳食管理有限公司
17	2020	广东中诚项目管理有限公司
18	2020	清远远光电力工程有限公司
19	2020	清远楚江铜业有限公司
20	2020	广东嘉和实业投资有限公司
21	2020	广东公诚设备资产服务有限公司清远分公司
22	2020	清远鸿兴电力器材有限公司
23	2020	广东正阳工程咨询有限公司
24	2020	广东嘉博制药有限公司
25	2020	清远电力规划设计院有限公司
26	2020	清远市永生安装工程有限公司
27	2020	清远市方能电力工程安装有限公司
28	2020	广东嘉福工业园管理有限公司
29	2020	广东益文建设工程造价咨询有限公司
30	2020	清远市电创电力工程安装有限公司

(续表)

序号	评测年度	企业名称
31	2020	清远市东江环保技术有限公司
32	2020	清远盛兴酒店有限公司
33	2020	广东润珲资源投资发展有限公司
34	2020	清远盛兴投资有限公司
35	2020	清远市金成物业管理有限公司
36	2020	清远市华林工程造价咨询服务有限公司
37	2020	广东银宇工程造价咨询有限公司
38	2020	清远市水利水电工程监理有限公司
39	2020	广东旭东建设工程有限公司
40	2020	清远市正源工程造价咨询服务有限公司
41	2020	清远网博信息技术有限公司
42	2020	清远市赛智科技有限公司
43	2020	清远市新程汽车维修有限公司
44	2020	广东腾昊建设工程有限公司
45	2020	清远市沃尔森医用科技有限公司
46	2020	清远市长江印刷广告发展有限公司
47	2020	广东恒成物业发展有限公司
48	2020	清远市飞扬物业管理有限公司
49	2020	清远市浩扬科贸有限公司
50	2020	广东天鹏节能科技有限公司
51	2020	清远粤中电力科技有限公司
52	2020	广东尚佳文创信息科技有限公司
53	2020	清远市震东建筑工程有限公司
54	2020	广东奥百盛科技发展有限公司
55	2020	广东众晓在线服务有限公司
56	2020	广东天宏通讯科技有限公司
57	2020	清远市电创物业管理有限公司
58	2020	清远讯安电子科技有限公司
59	2020	深圳市公元物业管理有限公司清远分公司
60	2020	清远市亿晋建设工程有限公司
61	2020	广东宏威陶瓷实业有限公司
62	2020	清远市粤安科技工程有限公司

(续表)

(续表)

序号	评测年度	企业名称
63	2020	广东双木林科技有限公司
64	2020	清远市巨能工程建设有限公司
65	2020	清远市世纪办公设备有限公司
66	2020	清远市精旺环保设备有限公司
67	2020	清远市柏林工贸有限公司
68	2020	清远市高维电子商贸有限公司
69	2020	广东鹏程万里人力资源有限公司
70	2020	广东智成建设工程有限公司
71	2020	清远鸿扬后勤管理有限公司
72	2020	广东稳峰电力科技有限公司
73	2020	广东天弼陶瓷有限公司
74	2020	广东汇家美物业发展有限公司
75	2020	清远市鸿运家私有限公司
76	2020	清远鸿涛建设工程有限公司
77	2020	清远信众工程管理有限公司
78	2020	清远市卓悦家居实业有限公司
79	2020	广东立昌盛建设工程有限公司
80	2020	清远市远达教育印刷有限公司
81	2020	清远市新阳工贸有限公司
82	2020	清远铁班子智能工程技术有限公司
83	2020	清远市华宜办公家具设备有限公司
84	2020	清远市民卡有限公司
85	2020	清远市国诚电器销售有限公司
86	2020	广东顺博铝合金有限公司
87	2020	清远市绿盈盈农产品检测配送服务有限公司
88	2020	清远逸仙溯源信息科技有限公司
89	2020	清远市新时速汽车维修有限公司
90	2020	清远市弘亨百建筑有限公司
91	2020	广东立远建设有限公司
92	2020	广东宏海陶瓷实业发展有限公司
93	2020	广东宏宇新型材料有限公司
94	2020	肇庆市肇港消防装修工程有限公司清远分公司

(续表)

序号	评测年度	企业名称
95	2020	清远铁班子传媒有限公司
96	2020	清远正佳项目管理有限公司
97	2020	清远中正工程监理有限公司
98	2020	清远市联升空气液化有限公司
99	2020	广东互动电子有限公司
100	2020	清远市四海机电设备工程有限公司
101	2020	清远市汇思广告传播有限公司
102	2020	清远伟利达电梯有限公司
103	2020	广东海云保安服务有限公司
104	2020	广东恒利建设工程有限公司
105	2020	清远市志明广告有限公司
106	2020	清远市凯誉工程监理有限公司
107	2020	清远八方广告传播有限公司
108	2020	清远市卓越工程建设监理有限公司
109	2020	广东华展家具制造有限公司
110	2020	清远市立信广告有限公司
111	2020	广东信浓信息技术有限公司
112	2020	广东擎天砥柱工程有限公司
113	2020	广东中能检测技术有限公司
114	2020	清远市新正达会计师事务所（普通合伙）
115	2020	清远市飞扬广告策划传播有限公司
116	2020	清远市经之纬文体办公设备有限公司
117	2020	广东世扬工程建设有限公司
118	2020	广东粤固建材科技有限公司
119	2020	清远市恒扬文化传播有限公司
120	2020	广东大为信息科技有限公司
121	2020	清远市万宏基物业有限公司
122	2020	广东省大博金广告有限公司
123	2020	清远市华南家家电子商务有限公司
124	2020	清远市鼎盛膳食管理有限公司
125	2020	广东力行文体科技有限公司
126	2020	广东善能电力建设安装工程有限公司

（续表）

(续表)

序号	评测年度	企业名称
127	2020	广东弘利建设工程有限公司
128	2020	清远市精诚会计师事务所有限公司
129	2020	清远市境华物业服务有限公司
130	2020	广东伟翔保安服务有限公司
131	2020	清远国鸿资讯科技有限公司
132	2020	清远市中衡合伙会计师事务所（普通合伙）
133	2020	清远市帮洁环境清洁服务有限公司
134	2020	清远市信维安防科技有限公司
135	2020	广东聚和建设工程有限公司
136	2020	广东大新游乐智能科技有限公司
137	2020	清远市康惠餐饮管理有限公司
138	2020	清远市博豪电器有限公司
139	2020	清远中剑通信有限公司
140	2020	清远市辰岳环卫服务有限公司
141	2020	清远市力量广告有限公司
142	2020	清远市卓业办公设备有限公司
143	2020	广东昇鑫税务师事务所有限公司
144	2020	广东乐天动力投资有限公司
145	2020	广东启盟网络管理有限公司
146	2020	清远市精华办公设备有限公司
147	2020	广东宏浩环保工程有限公司
148	2020	广东成讯通信技术有限公司
149	2020	清远市浘鼎贸易发展有限公司
150	2020	清远银江科技有限公司
151	2020	清远市盈创广告有限公司
152	2020	广东天诺通讯科技有限公司
153	2020	清远市百川文化传播有限公司
154	2020	广东春文建设工程有限公司
155	2020	清远佰科网络科技有限公司
156	2020	清远市春业广告传播有限公司
157	2020	清远市电创电力物资供应有限公司
158	2020	清远市艺能广告传播有限公司

(续表)

序号	评测年度	企业名称
159	2020	清远市深联招标有限公司
160	2020	清远市富华装饰有限公司
161	2020	清远市何公桥茶叶有限公司
162	2020	清远市巨劲科技有限公司
163	2020	广东世腾环保包装科技有限公司
164	2020	广东恒讯工程顾问有限公司
165	2020	清远市晟安电力设备有限公司
166	2020	广东泰强化工实业有限公司
167	2020	清远市云卷体育文化创意产业有限公司
168	2020	清远市钧盛安防科技有限公司
169	2020	清远港华燃气有限公司
170	2020	清远市锦绣前程人力资源有限公司
171	2020	清远楼邦建材科技有限公司
172	2020	广东康美风通风设备有限公司
173	2020	清远真诚人力资源管理有限公司
174	2020	清远市欧桦办公家具设备有限公司
175	2020	广东国政土地房地产评估测绘有限公司
176	2020	清远市快易达网络资讯有限公司
177	2020	广东骏展建设工程有限公司
178	2020	清远市和平物业管理服务有限公司
179	2020	广东核源建设工程有限公司
180	2020	清远市德晟嘉恒能源环保工程有限责任公司
181	2020	广东佳堡建筑工程有限公司
182	2020	广东新海马电力设计有限公司
183	2020	广东顺益永华消防设备工程有限公司
184	2020	清远市圆盾保安押运有限公司
185	2020	广东警威保安服务有限公司
186	2020	清远市实创涂料科技有限公司
187	2020	广东宁桓贸易有限公司
188	2020	清远市伟和建筑工程有限公司
189	2020	清远市喜景文化体育旅游发展有限公司
190	2020	清远睿航知识产权服务有限公司

(续表)

序号	评测年度	企业名称
191	2020	清远市众创网络科技有限公司
192	2020	清远市远升五金塑料有限公司
193	2020	广东亿帆美家具有限公司
194	2020	广东政联建设有限公司
195	2020	清远市安企职业安全事务咨询有限公司
196	2020	清远市白云宏兴五金有限公司
197	2020	清远市勇创电脑科技有限公司
198	2020	清远市智成物业管理有限公司
199	2020	广东联兴达通信建设有限公司
200	2020	清远市长丰电力科技有限公司
201	2020	国鼎和诚项目管理集团有限公司清远分公司
202	2020	广东清实检验技术有限公司
203	2020	广东北江开关厂有限公司
204	2020	清远市忠恒环保科技有限公司
205	2020	广东童年之家实业有限公司
206	2020	清远市中德招标有限公司
207	2020	广东腾飞电梯有限公司
208	2020	清远福祥印刷厂有限公司
209	2020	清远市志豪兴工程玻璃有限公司
210	2020	清远市洋帆广告传媒有限公司
211	2020	清远市中南机电工程有限公司
212	2020	广东粤清环境科技有限公司
213	2020	清远市诚鑫包装材料有限公司
214	2020	清远一默文化传播有限公司
215	2020	清远采联采购招标有限公司
216	2020	清远市建成信息技术有限公司
217	2020	清远市宜居物业服务有限公司
218	2020	广东特信超导技术有限公司
219	2020	广东卡诺亚家居有限公司
220	2020	广东警兴保安服务有限公司
221	2020	清远市康扬管理咨询有限公司
222	2020	新安天玉有机硅有限公司

(续表)

序号	评测年度	企业名称
223	2020	广东德邦建设工程有限公司
224	2020	融创物业服务集团有限公司清远分公司
225	2020	清远市宏利电力设计有限公司
226	2020	清远市三人行广告有限公司
227	2020	广东木可红萝卜投资有限公司
228	2020	清远市粤北水务勘测设计咨询有限公司
229	2020	清远市伟诚塑料制品有限公司
230	2020	广东金锤拍卖有限公司
231	2020	清远市清城区保安服务有限公司
232	2020	广东华飞工程有限公司
233	2020	广东联晟通信科技有限公司
234	2020	广东华饮食品供应链管理有限公司
235	2020	广东鑫凯龙家俬有限公司
236	2020	清远市鸿昇农副产品配送有限公司
237	2020	清远宝威铜业有限公司
238	2020	江西铜业（清远）有限公司
239	2020	广东佳龙宝建筑工程有限公司
240	2020	广东睿博建筑设计研究有限公司
241	2020	清远市进隆机电设备有限公司
242	2020	清远市华富建设工程有限公司
243	2020	中天科技（清远）有限公司
244	2020	清远市合意氟塑电线有限公司
245	2020	清远市金江汽车贸易有限公司
246	2020	清远市德晟公共资源管理有限公司
247	2020	清远市清城区顺拓园林绿化有限公司
248	2020	清远市创大财务管理有限公司
249	2020	广东膳道企业管理有限公司
250	2020	清远市自来水工程有限责任公司
251	2020	清远市联城办公设备有限公司
252	2020	清远市桔子创意文化有限公司
253	2020	清远市原创传媒整合营销有限公司
254	2020	清远长天思源环保科技有限公司

(续表)

序号	评测年度	企业名称
255	2020	广东申睿工程技术咨询有限公司
256	2020	清远市玛芝莲食品有限公司
257	2020	广东颐海建设工程有限公司
258	2020	清远市宜家天润商贸有限公司
259	2020	清远市新鹏程人力资源配置有限公司
260	2020	清远市宏胜装饰设计工程有限公司
261	2020	清远八蚨生物有限公司
262	2020	清远市宏程工程咨询有限公司
263	2020	清远市宏泰彩印包装有限公司
264	2020	广东立晋建设工程有限公司
265	2020	清远兆然装饰工程有限公司
266	2020	清远市尚彩地坪工程有限公司
267	2020	广东汉耐斯新材料科技有限公司
268	2020	清远市紫悦轩餐饮管理有限公司
269	2020	清远市红海谷物业管理有限公司
270	2020	清远市云天商贸有限公司
271	2020	清远市汇源通贸易服务有限公司
272	2020	广东鑫梓工程有限公司
273	2020	清远宜居装饰工程有限公司
274	2020	清远市大海网络技术有限公司
275	2020	清远市中源环保科技有限公司
276	2020	广东粤莱美装饰材料有限公司
277	2020	清远市高谷膳食配送与农产品检测有限公司
278	2020	清远市正通金属制品有限公司
279	2020	广东厦鼎新材料科技有限公司
280	2020	清远市协诚机械有限公司
281	2020	清远市知行文化传播有限公司
282	2020	清远众鑫热能热水设备有限公司
283	2020	清远市恒升项目管理有限公司
284	2020	清远市富盈电子有限公司
285	2020	广东思源新电子科技有限公司
286	2020	清远裕海氟塑有限公司

(续表)

序号	评测年度	企业名称
287	2020	广东清远和景投资开发有限公司
288	2020	广东金泰昌建设工程有限公司
289	2020	广东浩基管理服务有限公司
290	2020	清远市粤明食品有限公司
291	2020	广东逸仙农业有限公司
292	2020	清远市昭元电力科技有限公司
293	2020	广东粤之卫电梯工程有限公司
294	2020	清远市杰海餐饮管理有限公司
295	2020	清远市粤北招标采购有限公司
296	2020	清远市新恒基摩托车销售有限公司
297	2020	广东朗亚铁艺有限公司
298	2020	清远市博事达塑料有限公司
299	2020	清远市昊昇装饰设计工程有限公司
300	2020	清远市湘源物业管理服务有限公司
301	2020	清远市绿创环保咨询服务有限公司
302	2020	清远市弘丰科技有限公司
303	2020	清远市德信制件有限公司
304	2020	清远小宇宙科技工程有限公司
305	2020	广东百力邦建材科技有限公司
306	2020	清远市意境田园环境治理有限公司
307	2020	广东润锦建设工程有限公司
308	2020	广东琛建物业管理有限公司
309	2020	广东健智文化科技有限公司
310	2020	清远市优信招标有限公司
311	2020	清远博通信息技术有限公司
312	2020	清远友源建筑装饰材料有限公司
313	2020	清远市雄文互动网络有限公司
314	2020	清远市荣骏工程咨询有限公司
315	2020	清远市乡品农业发展有限公司
316	2020	广东鹏展信息科技有限公司
317	2020	清远市力奇林业有限公司
318	2020	清远市文和物业管理有限公司

(续表)

(续表)

序号	评测年度	企业名称
319	2020	清远雅克化工有限公司
320	2020	清远市慧园粮油有限公司
321	2020	清远市朱围市场发展有限公司
322	2020	广东赛晔信息技术有限公司
323	2020	清远市清源施工安全检测有限公司
324	2020	清远市安研电子材料有限公司
325	2020	广东金晟地质勘探有限公司
326	2020	清远会游传媒科技有限公司
327	2020	清远市好正广告有限公司
328	2020	清远市金鑫信息技术工程有限公司
329	2020	清远市新季叶食品配送有限公司
330	2020	清远市凤禧食用油有限公司
331	2020	清远源美广告有限公司
332	2020	广东奥宝科技有限公司
333	2020	清远市慧时通科技有限公司
334	2020	广州市时代物业管理有限公司清远市分公司
335	2020	广东一宇信息科技有限公司
336	2020	清远市金鑫泰金属有限公司
337	2020	清远市亿安益数字化科技有限公司
338	2020	清远市卓锐电脑有限公司
339	2020	广东峰兴通信科技有限公司
340	2020	广东新饰界纳米科技有限公司
341	2020	清远景致园林装饰设计有限公司
342	2020	广东博然项目管理有限公司
343	2020	清远市宇智文化传媒有限公司
344	2020	清远市其昌交通设施有限公司
345	2020	清远市裕盛科技有限公司
346	2020	清远市友迪资讯科技有限公司
347	2020	清远博云软件有限公司
348	2020	清远网软网络科技有限公司
349	2020	广东弘朗电力设计工程有限公司
350	2020	广东坤晟工程有限责任公司

(续表)

序号	评测年度	企业名称
351	2020	清远绿由环保科技有限公司
352	2020	清远市清城区小市永信刻章部第二分店
353	2020	清远市清城区信兴金属回收加工有限公司
354	2020	清远市天诚物业管理有限公司
355	2020	清远市优创项目管理顾问有限公司
356	2020	清远鹰堡箱包有限公司
357	2020	清远尚格知识产权代理有限公司
358	2020	清远市亿能机电工程有限公司
359	2020	清远健康嘉害虫防治服务有限公司
360	2020	清远市粤万通智能设备科技有限公司
361	2020	清远市众口膳食管理有限公司
362	2020	清远市众人科技电子有限公司
363	2020	清远源胜建设工程有限公司
364	2020	清远市立信会计咨询有限公司
365	2020	清远市露姐食品科技有限公司
366	2020	广东合信工程咨询有限公司
367	2020	清远市腾粤路桥工程有限公司
368	2020	清远市弘毅企业管理咨询有限公司
369	2020	清远市建粤检测有限公司
370	2020	清远云信软件有限公司
371	2020	广东嘉佩乐教育设备有限公司
372	2020	清远市上品膳食管理服务有限公司
373	2020	清远市银江汽车贸易有限公司
374	2020	清远市腾跃农产品配送服务有限公司
375	2020	广东粤龙电力发展有限公司
376	2020	清远乐通工程咨询有限公司
377	2020	清远市高键实业投资有限公司
378	2020	广东微碳检测科技有限公司
379	2020	清远市酒厂有限公司
380	2020	清远市迅飞安防安装有限公司
381	2020	清远市广华广告传播有限公司
382	2020	广东保船电梯有限公司

(续表)

序号	评测年度	企业名称
383	2020	清远市成天机电冷气工程有限公司
384	2020	清远市楚沅文化传播有限公司
385	2020	清远清宇广告传播有限公司
386	2020	清远市诚鸿纺织有限公司
387	2020	清远市弘力劳务有限公司
388	2020	清远众智元创科技有限公司
389	2020	清远荣晟创新科技服务有限公司
390	2020	清远市景华环保科技有限公司
391	2020	广东信科检测有限公司
392	2020	清远市今日传媒科技有限公司
393	2020	广东淮文科技工程有限公司
394	2020	深圳市中联建工程项目管理有限公司清远新城分公司
395	2020	清远市宏嘉人力资源有限公司
396	2020	广东协益招标咨询有限公司
397	2020	广东友诚项目管理咨询有限公司
398	2020	清远市美威贸易有限公司
399	2020	清远市圆融运输服务有限公司
400	2020	清远欣欣向荣中小企业服务平台有限公司
401	2020	清远市锦华印刷有限公司
402	2020	清远广林建材有限公司
403	2020	清远市顺诚拍卖有限公司
404	2020	清远博亚门窗有限公司
405	2020	广东格瑞宝能源装备科技有限公司
406	2020	清远市绿安园林环保工程有限公司
407	2020	清远新远大广告有限公司
408	2020	清远市侨生塑料有限公司
409	2020	清远华大健康电商孵化园有限公司
410	2020	清远市金德盛建设工程有限公司
411	2020	广东创瑜机电工程有限公司
412	2020	清远三泰文化传媒有限公司
413	2020	清远市精恒工程检验有限公司
414	2020	清远市金洋铝业有限公司

(续表)

序号	评测年度	企业名称
415	2020	清远华炬科技企业孵化器有限公司
416	2020	清远市清城区飞来峡镇兴哥生态月子鸡养殖专业合作社
417	2020	清远市长风后勤服务管理有限公司
418	2020	清远市众资文化传播有限公司
419	2020	清远市众航项目管理咨询有限公司
420	2020	优美（清远）标识广告有限公司
421	2020	清远市恒福房地产开发有限公司
422	2020	广东众福真诚人力资源科技有限公司
423	2020	广东丰硕涂料有限公司
424	2020	清远市鸿图广告传播有限公司
425	2020	广东远讯信息科技有限公司
426	2020	清远市思远教育咨询有限公司
427	2020	清远市沙龙汽车真皮座套有限公司
428	2020	清远市智鼎环保科技有限公司
429	2020	广东蒿龙电子有限公司
430	2020	广东新高建材实业有限公司
431	2020	清远市蓝之天汽车维修服务有限公司
432	2020	清远市旺达建材有限公司
433	2020	广东盈链数字科技有限公司
434	2020	广东艺馨工程项目管理有限公司
435	2020	清远市兴华招标代理及咨询有限公司
436	2020	广东凌宇承建设工程有限公司
437	2020	清远金港安全科技有限公司
438	2020	广东双驰餐饮设备有限公司
439	2020	清远市广大汽车维修有限公司
440	2020	清远市鸿旭物业服务有限公司
441	2020	清远市众晟建筑劳务有限公司
442	2020	清远市星徽精密制造有限公司
443	2020	广东高飞餐饮管理服务有限公司
444	2020	广东鼎御华星建设工程有限公司
445	2020	清远市佰新企业管理有限公司
446	2020	清远市志远软件技术服务有限公司

(续表)

(续表)

序号	评测年度	企业名称
447	2020	清远市金川建筑工程管理有限公司
448	2020	清远卓誉财务咨询服务有限公司
449	2020	广东图南塑料科技有限公司
450	2020	清远市科建门窗幕墙装饰有限公司
451	2020	广东伊米多里实业有限公司
452	2020	广东新睿建筑技术研究咨询有限公司
453	2020	富诚汽车零部件清远有限公司
454	2020	清远市赛兴电子科技有限公司
455	2020	中国人民财产保险股份有限公司清远市分公司
456	2020	中天交设计咨询（清远）有限公司
457	2020	清远恒达电力发展有限公司
458	2020	广东焊将科技实业有限公司
459	2020	广东联盈建设有限公司
460	2020	清远庆丰奥达汽车销售服务有限公司
461	2020	清远市金信网络科技有限公司
462	2020	清远市创景建筑工程有限公司
463	2020	广东华澜浩宇科技创新有限公司
464	2020	清远市金泉农牧业综合开发有限公司
465	2020	清远市邦捷农业有限公司
466	2020	广东飞通建设工程有限公司
467	2020	清远市致力广告有限公司
468	2020	清远上行文化传播有限公司
469	2020	清远市礼邦文化传播有限公司
470	2020	清远市德博仕泳池康体设备有限公司
471	2020	清远市嘉杰电梯有限公司
472	2020	清远市永裕清洁服务有限公司
473	2020	广东建安消防机电工程有限公司清远远安分公司
474	2020	广东省利恒环境科技有限公司
475	2020	韩森实业（广东）有限公司
476	2020	清远市中维建筑工程有限公司
477	2020	清远市魔方信息技术有限公司
478	2020	广东新创粤建设项目管理有限公司
479	2020	清远市广盛民防工程有限公司

旅游景点选介

【黄腾峡生态旅游区】 黄腾峡生态旅游区——黄腾峡漂流（国家AAAA级旅游景区），坐落在离清远市区仅3.8千米的二帽山亚热带雨林大峡谷，是离市区最近的一处漂流旅游胜地。景区原生态环境保存完好，峡谷幽深、石壁长滩、林壑奇峻、漂流河道蜿蜒曲折，两岸风景旖旎，令人流连忘返。已开发游乐项目有：天门悬廊、高空缆车、高山滑车、卡丁车竞技体验赛场、山水乐园、坦克实战体验军事主题公园、漂流之王——峡谷漂流等，还有远近闻名的乡村田园美食，堪称一站式玩水避暑度假胜地。

【碧桂园故乡里民俗文化主题公园】 碧桂园假日半岛故乡里旅游度假区（国家AAAA级旅游景区），隶属碧桂园集团，创建于2005年8月，占地面积200余亩，反映清末民初岭南水乡风貌，有"岭南民间故宫"之称。景区由前半区岭南风情区和后半区娱乐风情区2个部分构成。岭南风情区涵盖岭南古建筑、祖辈生活展示及百艺坊3个部分，主要以岭南水乡风貌为基调，再现岭南古镇的古朴风貌以及祖辈生活场景。建筑物采用原址搬迁的建筑方式，以传统手工艺建造而成。所有生产工具、民俗物品均为原汁原味旧物，所展示的百艺是凝聚着老百姓智慧却濒临失传的手工艺。娱乐风情区主要展示不同时节种植的农作物和自然田园农庄，还有野生动物园、热带雨林蝴蝶谷、竞技区。竞技区包含水陆竞技、户外拓展项目共30多种，是热爱户外活动、追求刺激游客的大乐园。

【新银盏温泉度假村】 新银盏温泉度假村是国家AAAA级旅游景区，拥有大型露天温泉池、药浴池、光波疗房、情趣鱼疗、私家温泉别墅、保健按摩疗养等度假设施，环境优美、服务优质、情调高雅，是广东省温泉旅游示范基地、体育旅游示范基地、广东省"十佳温泉"之一和"最具亲情"温泉。拥有健身房、球类运动场、商务会议、国际团队拓展训练基地及烧烤、垂钓、泛舟等活动配套设施，能够满足商务、休闲、拓展等多方面需求。

【狮子湖国际休闲度假区】 狮子湖国际休闲度假区是国家AAAA级旅游景区，将阿拉伯风情喜来登全球旗舰店、主题高尔夫球场、翡翠谷温泉SPA、国际游艇会、华夏5000年文化博览园和房地产开发融为一体，以高端会议休闲为支柱，以高端运动与养生保健为支撑，拟打造一个南中国最高端政商休闲平台、旅游休闲度假中心、泛珠三角的豪华客厅，开创全新的国际化生活方式。

【牛鱼嘴原始生态风景区】 牛鱼嘴原始生态风景区（国家AAA级旅游景区）是中国十大生态旅游景区、广东省森林生态旅游示范基地，是广东省唯一上榜景区。景区内古藤类、蕨类植物繁多，其中最为名贵的是具有植物活化石之称的刺桫椤，是一个以观赏原始植物、欣赏原始风景为主题的亚热带野生植物园。有众多游乐项目：水上拓展、溯溪探险、滑草、射箭、烧烤野炊、游船戏水、飞龙滑道、丛林野战等。截至2020年，景区连续成功举办了十五届中国·岭南（清远牛鱼嘴）野生禾雀花观赏节，吸引众多游客前来赏花游玩，是珠三角游客最喜爱的旅游目的地之一。

【美林湖景区】 美林湖景区（国家AAA级旅游景区），位于清远市清城区南端，广州与清远交界处，总面积约1.7平方千米，拥有3万亩山林，8000亩天然湖泊，2000多种四季繁花和乔木，亦有源自于地下2808米的温泉资源，生态环境优美，自然资源丰富，气候宜人，素有"广州北之肺"之美誉。主要以水上休闲运动、温泉康养度假、异域风情建筑、温泉体验、滨水体验等为特色。这里拥有亚洲第二大屋顶摩天轮、意大利山城风格的美林湖温泉大酒店、游船码头、音乐喷泉、商业街等休闲娱乐景点及配套设施，水上乐园、花海体育公园、环水绿道等配套设施也将陆续建成。

【飞霞山风景名胜区】 飞霞风景名胜区（国家AAA级旅游景区）以"广东八大名山"之一的飞霞山为主体，山川秀丽、古迹林立，一江两岸七十二峰，峰奇险峻，江水曲折回环，奔泻其间，构成一幅"一水远赴海，两山高入云"的大自然美景，是省级风景名胜区和旅游度假区。是全国为数不多、岭南地区最大的"三教合一"的宗教场所，集"古、雄、大、奇、幽"五大特色，是寻幽探谷、祈福度假的胜地。

【金鸡岩名胜古迹风景区】 金鸡岩形成于太古时期，是火山喷发后的喀斯特地貌遗迹。景区内金芝仙洞冬暖夏凉，距今有1680多年人文历史，主洞面积约2500平方米，高30米。"三教八景"是景区特色的主要概括，大厅石壁上的天然金鸡浮雕，头颅高昂，展翅欲飞。景区山清水秀、祥云飘逸、峰峦月影、意境飘缈，是名副其实的人间仙境。

【天子山生态旅游区】 天子山旅游区位于清远市清城区飞来峡镇，区位交通优越。景区拥有独有的天然瀑布群，水量丰富，溪流成河，空气清新，负离子含量超过10万个每立方厘米，为天然山水氧吧。拥有彩虹天幕泳池、270°玻璃观瀑平台、七彩云39℃汤泉沐足池、时尚星空民宿等，为"观瀑·亲水·吸氧·健行·亲子·民宿"的休闲度假产品体系。

酒店选介

【碧桂园假日半岛酒店】 碧桂园假日半岛酒店是碧桂园集团星级酒店体系的一大力作，清远唯一五星级商务度假酒店，地处清远"第二绿肺"王子山脉自然生态圈内，山水环抱，风景旖旎，空气清新，是远离喧嚣的悠然国度。酒店整体建筑呈东南亚风格，设计宽敞写意，淳朴典雅，处处弥漫浓郁的亚热带风情。酒店除拥有完善的住宿、餐饮娱乐和商务配套外，还配有大型户外拓展培训基地、故乡里主题公园、国际标准的高尔夫球场、夏威夷风情街、大型滨水公园等休闲配套设施。酒店周边旅游景点丰富，与温泉、漂流等毗邻，构成一种独特的商务度假休闲模式。假日半岛酒店依托广清高速及机场高速，依次连接机场、铁路、港口，交通网络十分畅顺，地理优势无以复加。

【湖滨步步高酒店】 酒店地处清远市市中心，背靠风景怡人的中山公园，面对繁华的商业步行街，位置得天独厚，出行购物、休闲均十分便捷。酒店于2007年2月全新装修后重新开业。酒店拥有各类客房97间，布置典雅精致。酒店内设有大型中餐厅，可筵开百席；KTV豪华贵宾包房格调高雅、设备豪华；休闲保健中心、会议中心及商务中心，设备齐全、功能完善。酒店附设大型停车场，24小时保安服务，让商旅宾客尽享从容、便捷之旅。

【环城步步高酒店】 环城步步高酒店位于清城区东城绿茵华府（东城店），酒店由名家按国际四星级标准设计装修，集饮食、娱乐、旅业、商务活动于一体，拥有各类客房共87间（套），中餐大堂提供地道美食，卡拉OK豪华包房装修豪华，多功能会议室和商务中心格调高雅。酒店附设大型停车场，设施完善，酒店被评为"全国诚信单位""清远市十佳星级酒店""食品卫生先进单位"，是旅游休闲度假、举行商务洽谈和工作会议的理想选择。

【清远国际酒店】 清远国际酒店坐落于清远市，以地标式建筑的形象傲立于中央商务区，酒店按国际五星级标准建设，坐北向南，独揽一线江景，环境幽雅静谧。酒店总占地面积为10万平方米。大型多功能宴会厅，提供无线上网装置；拥有368间温馨舒适的客房，提供卫星电视和宽带网络服务。各式会议中心配置先进的设备，成为举办国际会议、展览及商务活动的理想之所。清远国际酒店特设有圣保罗美食自助餐厅、粤式酒楼、风味食街等，提供风格各异的特色美食。有大堂吧、雪茄屋、红酒窖等，为客人的商务、休闲之旅平添一份尊贵与奢华；北江明珠国际俱乐部、御龙湾健康中心、健身俱所、铜雀会棋牌室、名仁阁行政酒廊、室内恒温游泳池、皇家御馆SPA、商品场等设施一应俱全。

【清远建滔裕花园酒店】 清远建滔裕花园酒店位于市中心，在著名的北江岸边，靠近市政府广场和赢之城商业广场。酒店拥有3层高的大堂、368间客房及套房、中西餐厅、大堂吧以及2000平方米的会议场地。休闲设施包括健身中心、室内外游泳池、棋牌室及室外网球场。

【丁香花园酒店】 丁香花园酒店按照国际五星级投资兴建。店内的192套设备完善、舒适、典雅的各式客房、特色餐厅和多功能会议室，可同时接待近400人的住宿和会务。酒店内申粤轩酒楼以上海菜和粤菜见长，2002年获得"中华餐饮名店"称号。优质的服务、便利的交通、优美的环境、完善的设施、特色的美食，丁香花园酒店是客人商务会议、度假旅游的理想下榻之地。

旅行社选介

【清远市国旅国际旅行社有限责任公司】 广东省清远市国旅国际旅行社有限责任公司（原清远市旅游总公司）成立于1988年，是国家文化和旅游部审核批准具有出境旅游组团资质的旅行社，年接待来清远旅游、组织本地市民出游人数、纳税额均居旅行社行业首位；是清远市旅行社行业的龙头和标杆旅行社，是综合实力雄厚、颇具规模和影响力的清远本地品牌旅行社。公司始终坚持"诚信经营、客人至上"经营理念，以真旅游、真满意、真服务为检验服务的唯一标准和服务宗旨，于1989年被评为全国百强旅行社，2015年、2019年被评为广东省百强旅行社，2018年获"中国好导游"称号（清远市唯一）。2003年公司机构改革，改制为清远市国旅国际旅行社有限责任公司。主要业务范围：国内旅游、出入境旅游、会议展览、旅行研学、红色培训、商务考察、网上生活平台服务、定制旅游、代办各国签证、代订酒店、景区门票、代订机票火车票、车辆租赁等，为本市市民推出"清远人游清远"精品旅游线路、清远人景区直通车。公司先后获得"全国百强旅行社""广东省百强旅行社""清远市十佳旅行社"等荣誉称号，连续多年获得清远旅游行业诚信企业、重点推荐单位、诚信优质服务明星企业、爱心慈善企业等荣誉。

【缤纷旅行社】 缤纷旅行社成立于2008年，是国家特许经营国内游组团社，被清远市旅游协会评定为诚信优质服务明星企业，凭借优秀的导游队伍、多元创新的经营项目、优质的服务，缤纷旅行社在行业内外享有盛名。旅行社引领时尚潮流，先后推出"夕阳红旅游、自由行自驾旅游、亲子旅游、扶贫助学旅游、恒大足球夏令营"等特色游线路。"立足旅游、多元发展"，以市场为先导，以顾客为依托，坚持品质、办出特色是缤纷旅行社的行业理念。面对日益激烈的行业竞争，公司始终坚持以超前的思维锐意创新，以开放的心态务实经营，本着诚信为原则，以不懈的努力提升服务，持续朝着一个高美誉度、高知名度、高竞争力的方向发展，为打造一个集食、住、玩、游于一体的品牌旅游集团而勇攀行业高峰。

【星辉旅行社】 清远市星辉国际旅行社股份有限公司于2002年8月经清远市旅游局、市工商局审批改制重组而成立。公司拥有一批从事出境游、国内游和地接旅游的优秀业务骨干，以及一支训练有素的持证导游队伍和各种类相关专业人才。公司先后5年被文化和旅游部评为"全国百强旅行社"；被省、市旅游局评为"国民悠闲旅游示范单位""清远市十佳旅行社"；被省、市工商局评为"广东省诚信示范企业""诚实守信单位""守合同重信用企业"；被清远市旅游协会评为"清远旅游诚信优质服务明星企业""清远旅游重点推荐单位"等。业务范围涉及：出境游、入境游、国内游、地接游、票务、订房、研学旅行等各个方面。公司一直本着"真诚求合作，品质求生存"初心，奉行"真诚相待，恪守信誉"的原则；以"优质服务，致胜之道"的服务理念，为广大客户朋友提供优质的服务。

（区文广旅体局）

索 引

说 明

一、本索引采用主题分析方法，款目按汉语拼音字母（同音字按声调）顺序排序。

二、索引款目后的数字表示内容所在的页码，数字后的英文字母（a、b、c）表示栏别（即版面的左、中、右栏）。

三、同一主题的内容在文中多处出现的，在其款目后用相应的主体和不同的页码标明。

主题索引

A

爱国卫生　182c

爱卫宣传　182c

安全保卫　76c

安全保障　159a

安全监督/供电事业　150a

安全监管/海事管理　155a

安全监管/龙塘镇　251a

安全生产　229c

安全稳定　113b

B

把牢交通领域疫情防控　11b

版权宣传周活动　198c

保密　62b

保密检查监督指导　62c

保密宣传教育培训　62c

报刊业务　157a

被征地农民养老金分配　206b

碧道建设　143b

碧桂园故乡里民俗文化主题公园　352a

碧桂园假日半岛酒店　353a

缤纷旅行社　354b

殡葬管理　210a

兵役征集　112b

病媒生物防控　182c

C

财政　128a

财务核算　76b

财政·税务　128

巩固国家卫生城市　185a
巩固脱贫攻坚成果　238c
巩固拓展脱贫攻坚成果　9
"巩卫""创文"　185a
共青团清远市清城区委员会　88a
孤儿及事实无人抚养儿童　210a
古墓保护和搬迁　198a
关心下一代　217c
广东卡诺亚家居有限公司　151c
广告监管　122a
广清对口帮扶　182c
广清教育结对帮扶　188c
广清空港现代物流产业新城　146c
广清两市产业共建工作机制　148c
广清一体化建设　7
广清中大时尚科技城"云尚数智中心"运营　3b
规范管理扶贫资产　9c
规范价格收费管理　116c
国防后备力量建设　112a
国际档案日宣传　199a
国有土地收回　166a

H

海事管理　154a
夯实安全生产基础　221a
合力推动社会管控　12a
合同管理　121c
河流　29a
核查"三旧"改造项目　167a
核酸大筛查有序推进　12b
横荷街道　239
后勤服务　77a
湖滨步步高酒店　353a
"互联网+医疗保障"　208c
护理和院感管理　182b
环城步步高酒店　353b
环境监测站建设　172b
环境监察执法　172a

环境整治　249a
环境质量　31a
环卫事业发展　169a
黄腾峡生态旅游区　352a
婚姻登记和收养登记　212b

J

检查非煤矿山　222b
机构编制　56a
机构编制监督检查　58b
机构编制信息　58c
机关饭堂管理　77b
机关事务管理　76a
基层党建　258b
基层农技推广培训　135c
基层司法行政　110b
基层政权建设　210c
基层组织建设/组织　51b
基层组织建设/清远市清城区总工会　86a
基础管理　160c
基础设施建设/横荷街道　240a
基础设施建设/广清一体化建设　7a
基建维修　76c
基金监管　208b
疾病预防控制　183a
集客运营　160a
集邮业务　157a
集中隔离医学管理　10c
计生困难群众服务管理　224c
纪委·监委　80
寄递业务　157c
加快5G网络等新型基础设施建设　174a
加强保密关键重点　62b
加强保密领导　62b
加强督导检查　13c
加强社会组织管理　213a
加强台港澳侨疫情防控　13b
加强疫情宣传引导　14c

加强重点场所疫情防控　14c
加强组织建设　11a
家庭儿童　90c
监督检查　80c
监督与安全工作　143a
减税降费　132c
检察　104b
建设工地加强应急处置　13a
建置沿革　28a
建筑施工安全监管　162b
建筑市场监督管理　162a
健康教育活动　183a
健全专业应急队伍　11a
奖项荣誉　92c
交通·邮电·通信　152
交通·运输　152a
交通道路设施建设项目　164c
教育　187
教师队伍建设　190c
教育建设项目/政府投资项目建设　164a
教育建设项目/教育　188c
教育系统党建　187a
教育系统文明创建　189a
教育装备建设　190b
街道（镇）　226
节约集约用地　126a
金鸡岩名胜古迹风景区　353a
金融业务　157b
经济调查　118a
经济发展/凤城街道　226a
经济发展/东城街道　230c
经济发展/洲心街道　233b
经济发展/横荷街道　239b
经济发展/源潭镇　245b
经济发展/龙塘镇　248b
经济发展/石角镇　252a
经济发展/飞来峡镇　255c
经济发展/经济社会发展　33a
经济监督管理　114

经济贸易　173a
经济社会发展　33a
经济责任审计　117c
经贸·信息化·科技　173
经营管理　150c
精彩"三赛"　92c
精神文明建设　37a
精准扶贫　206b
竞技体育　201b
纠风治乱　81b
酒店选介　353a
就业创业　214a
就业服务　95c
居家养老服务　210a
居民生活　224a
居民收入　224a
居民消费价格指数　224a
举办美术书法摄影作品展览　94a
举办送春联活动　94a
决议、决定　67a
军事　111

K

开辟就诊"绿色通道"　217a
开发建设　148a
开展"三旧"改造计划项目申报　166c
开展党史学习教育　60b
开展价格认定　117a
开展健康教育　217a
开展侨界政治引领活动　97c
开展疫情流调溯源和隔离管理　14a
开展中医"治未病"　217b
康复救助　95b
科技创新　114a
科技计划管理　175c
科技奖励　176b
科技培训　176b
科技统计报送　176b

科普讲师团　91c
科普教育基地建设　93a
科普特色主题活动　92b
科普巡展活动　92a
科学技术　175c
客运站场　153a
课题研究和课改实验　190a
垦造水田　126a
空气环境质量　31a
控告申诉检察　106c
库房管理　199c
矿产管理　127c
矿产资源　30a
矿山治理　126b
困难职工帮扶　86c

L

垃圾减量分类　167c
劳动监察　205b
劳动就业　204a
劳动仲裁　205c
劳务招聘　204c
老干部工作　53c
老龄工作　224c
老区建设/巩固拓展脱贫攻坚成果　10a
老区建设/社会生活　215b
老区建设专项资金　216a
老区宣传工作　216c
乐排河流域水产治理　138b
理论武装/党史学习教育　5b
理论武装/宣传　54b
联络联谊　97a
粮食储备　180b
粮食储备管理　180b
烈士褒扬　215a
烈士后裔困难学生助学金　216c
林业　140a
林业产业发展　141c

林业行政执法　141b
林业有害生物防治　140c
临时救助　210a
领导讲坛建设推进　59c
领导职数核定　57b
留守、困境儿童关爱服务　218c
"6·30"广东扶贫济困日　9c
龙塘镇　248
路产管理　154a
路灯设施维护　169c
旅游　202a
旅行社选介　354a
旅游厕所革命　203c
旅游景点选介　352a
旅游市场监管　202a
旅游投诉处理　202b
旅游形象品牌宣传　203b
旅游资源　30b
落实"十大行动方案"　167b
落实保障制度　95a
落实计划生育利益导向机制　224b
落实整改审计反馈意见　61c

M

美丽乡村建设　135a
美林湖景区　352b
密切接触者管理　10c
免费孕前优生健康检查　224c
免疫规划　183c
民族　31b
民政　209a
民办教育　189c
民兵队伍建设　113c
民商事审判　107b
民生调查　118b
民生发展　245c
民生事业/东城街道　232c
民生事业/石角镇　253c

民生投入　128a

民事检察　105b

民主党派·工商联　82

民族事务　225a

民族宗教　225a

名录　269

N

内控和稽核　206c

内贸流通监管　177c

纳税服务　131b

年度关注　1

牛鱼嘴原始生态风景区　352b

农产品流通体系建设　179a

农产品质量安全检测　136a

农村电商　157a

农村房屋安全隐患排查　162c

农村削坡建房风险点整治　163a

农村综合改革　134b

农化服务体系建设　179c

农机安全检查　139c

农机补贴　140a

农机管理　139c

农机知识宣传　140a

农业产业　252b

农业机械化　139c

农业农村　134

农业农村审计　117c

农资网络体系建设　178c

P

排污许可核发　172a

培蕾助学项目　219a

培训教育　85a

培育发展社会组织　213a

平安清城建设　98b

普法宣传　108c

Q

七届区纪委六次全会召开　80b

其他公共建筑项目　165a

企业服务　84c

企业监督管理　120c

企业科协工作　93b

企业职工待遇保障　206b

气候·水文　30a

侨务　61a

"侨胞之家"揭牌　97b

青年思想引领　88a

青少年法制教育活动　218a

青少年禁毒、安全教育　218b

青少年科技创新活动　219b

青少年思想政治引领　217c

清城概貌　28

《清城年鉴·2021》出版　200c

清城区各镇（街）国民经济和社会发展主要指标　335

清城区国民经济和社会发展主要指标　333

清城区举办首届云花市　2b

清城区人民医院　185b

清城区入选全国科普示范县（市、区）创建单位　1b

清城区水利工程管理与保护范围划界　145a

清城区司法局凤城司法所获"全国模范司法所"称号　2a

清城区文艺家创作中心成立　94a

清城区现代农业产业园入选国家现代农业产业园创建名单　1a

清城区小型水库安全运行管理标准化　144b

清城区新桥村被认定为第二批全国乡村治理示范村　1c

清城区与中山大学孙逸仙纪念医院深化合作共建　3c

清城区中医院　186a

清城区重点农业龙头企业　336

清城税务　130b

清城迎来清远第一所本科院校首批新生　4c

清洁生产和绿色发展　146a

清理规范行政审批中介服务事项　213a

清远国际酒店　353b
清远互联网+创新产业园（华南声谷）　147a
清远建滔裕花园酒店　353b
清远南部首座500千伏变电站清城站动工　2c
清远市国旅国际旅行社有限责任公司　354a
清远市简一陶瓷有限公司　151b
清远市清城区残疾人联合会　94b
清远市清城区第四幼儿园　192a
清远市清城区凤翔幼儿园　192c
清远市清城区妇女联合会　89c
清远市清城区工商业联合会　84a
清远市清城区归国华侨联合会　96c
清远市清城区科协技术学会　91c
清远市清城区清飞小学　191c
清远市清城区清飞幼儿园　193b
清远市清城区人民代表大会　63
清远市清城区人民政府　69
清远市清城区文学艺术界联合会　93c
清远市清城区新城小学　191a
清远市清城区总工会　86a
清远首张自助打印营业执照在清城出炉　3a
区八届人大常委会会议　63c
区八届人大六次会议　63a
区九届人大一次会议　63b
区农贸市场和进口冷链工作专班　124c
区四套班子、区直以上单位及各镇（街）领导人名单（2021年）　38
区委常委会工作要点分解落实　61c
区委中心和重点工作督查督办　62a
区委重大活动　49a
区委重要会议　49a
区直工委工作　54a
区重点建设项目投资　161a
区重点医院简介　185b
区政协五届六次会议　78b
区政协六届一次会议　78c
全力推进复工复产　15c
全面推行林长制　140b
全域自然村集中供水　143c

《全粤村情》（清城区卷一）出版　200c
确诊病例及治疗　10b
群众体育　201a
群众团体　86
群众文化　194a
群众信访事项办理　72b

R

燃气安全保障　170a
人物　259
人才工作　205a
人才与培训工作　52b
人大换届选举　242c
人大监督　67b
人大主要工作　67a
人防宣传　113c
人口　31a
人口·民族·语言　31a
人口计生　224a
人口普查　119b
人力资源和社会保障　204a
人民防空　113c
人民武装　111a
人事管理及公开招聘　205a
人事任免　68c

S

"三旧"改造示范项目　166c
扫黑除恶　107c
扫黑除恶常态化　100a
扫黑除恶斗争　104c
森林采伐限额管理　140c
森林防火　141b
森林防灭火　223a
商贸流通　177
社保接续　215a
社会保险待遇发放　206a

社会保险基金管理　205c

社会保险征缴　206a

社会保险　204c

社会慈善捐赠　212a

社会发展　234a

社会服务/中国民主同盟清远市清城区基层委员会　82c

社会服务/中国农工民主党清远市委会清城区支部委员会　83c

社会民生事业　257c

社会生活　204

社会事业发展/凤城街道　227a

社会事业发展/横荷街道　240c

社会事业发展/龙塘镇　249c

社会事业发展/经济社会发展　35a

社会维稳/横荷街道　243c

社会维稳/龙塘镇　250b

社会用电　151a

社会治理/法院　107c

社会治理/凤城街道　229c

社会治理/源潭镇　246c

社会治理/石角镇　254b

社会综合治理/检察　105a

社会综合治理/飞来峡镇　257a

社会组织管理　212c

社会组织年度工作报告实施　212c

社会组织选介　213c

社区调整　211c

社区建设　211b

社区综合服务中心　211b

涉外疫情防控　74a

深化"一窗通办"经办服务改革　206c

深化改革　256b

审计　117b

审核"三旧"改造和成本核算方案　166c

生态公益林管护　140c

生态环保宣教　172c

生态环境　170c

生态环境保护/石角镇　253c

生态环境保护/飞来峡镇　256c

生态文明建设　36b

生物资源　30b

省、市科技项目　176a

省市卫生村创建　183a

狮子湖国际休闲度假区　352b

石角镇　251

实施三孩生育政策　224a

实施乡村信息基础设施振兴工程　174b

食品安全管理　124c

食品餐饮监管　122c

食品市场监管　122b

食用农产品合格证推广　136a

市场管理　121c

市场监督管理　120a

市场经营　159a

市场主体登记注册管理　120a

市域社会治理现代化试点　99a

市政设施维护　169c

事业单位登记管理　58b

事业单位改革　57b

"瘦肉精"专项整治行动　137c

数字化城市管理　170b

"双随机一公开"工作　184c

双拥工作　214c

双拥共建　111b

水利　142

水旱灾害防御　143b

水环境质量　31a

水库除险加固工程　144b

水库移民　145b

水路运输　153a

水土保持监管　142c

水污染防治管理　171c

水政执法　145c

水资源　30a

税费征管　131a

税收营商环境优化　133a

司法改革　109a

司法为民　108b

司法文明 105a
司法信息公开 108c
司法行政 109b
思想政治和权益维护 214a
送教上门 59b
送书下乡活动 197c
送展下乡活动 198a
随军家属就业 214c

T

台港澳事务 60c
特辑 5
特困供养 209c
特色活动 86c
特殊教育 189c
特种设备安全监管 123b
体育 201a
体育·旅游 201
体制机制创新 58a
天子山生态旅游区 353a
统计 118a
统筹调配财政物资 12b
统筹规范督查检查考核 62a
统计服务 118c
统计资料 329
统一战线 60b
图书采购 197c
图书馆总分馆制建设 197c
屠宰管理 137b
土地变更调查 125c
土地供应 125c
土地收储用地报批 149b
土壤污染防治管理 172a
团的组织建设 88c
推动田园综合体建设 202b
推进"扫黄打非"工作 55a
推进民宿品牌品质提升 202c
推进农业产业发展 134a

推进全国文明城市创建 55b
推进疫苗接种 11c
退役军人事务 214a

W

外事 73b
外经贸指标 173a
外资管理 173a
完善体制机制 74a
网络管理 121c
网络建维 160b
网站监督 73a
微视频等获奖 199c
危险化学品专项整治 221b
为民办事 6c
为侨服务 96c
维权 95b
维权普法 90c
维稳信访 100b
委员济困 79b
卫生 181
卫生监督管理 184b
卫生统计 182b
卫生应急 184a
未成年人检察 106b
未成年人思想道德建设 189c
位置、范围、面积 28b
文化·传媒 194
文化信息资源共享工程 198a
文旅产业融合发展 7c
文明创建活动 177a
文体宣教 96a
文艺创作 196a
文艺精品创作 93c
我为群众办实事 158b
污水管网建设 145b
物价管理 116c
物业管理 163b

物业信访事项　163c

X

系统升级改造　198b

先进单位　269

先进个人　277

先进模范选树　86b

县域节水型社会达标建设　142a

乡村建设　229b

乡村旅游发展　202c

乡村振兴/中国电信　159a

乡村振兴/医疗保障管理　208c

乡村振兴/东城街道　231c

乡村振兴/横荷街道　242a

乡村振兴/源潭镇　247a

乡村振兴/龙塘镇　249c

乡村振兴/石角镇　252c

乡村振兴/飞来峡镇　256a

乡村振兴样板区防洪排涝治理　143c

向学校赠送红色读本　219c

项目扶持　10c

项目建设　240a

消费者权益保护　122a

小水电清理整改　144c

校园安全　191a

校园及职业培训机构疫情防控　15a

校园科技节　92c

校园疫情防控常态化　188b

协调解决安置区存在问题　166c

协助"三旧"改造项目调整范围线　167a

新冠肺炎疫情防控/特辑　10

新冠肺炎疫情防控/城市综合管理　170c

新基建　158b

新马电排站扩容改造工程　144a

新媒体业务　157b

新农村建设　237c

新闻出版版权管理　198c

新闻信息　198a

新闻宣传和舆论引导　55a

新银盏温泉度假村　352a

信访　72a

"信访超市"建成运行　72a

信访工作　126c

信访矛盾排查化解　72b

信访维稳　181b

信息工作　73a

信息化建设　174a

星辉旅行社　354b

星级示范创建　215a

刑事检察　104b

刑事审判　107a

行政服务　103c

行政检察　105c

行政区划　31b

行政区域界线勘定和地名普查　32a

行政审批　125b

行政审批制度改革　75c

畜牧业　136b

畜牧业安全生产工作　137b

畜禽养殖废弃物资源化利用工作　136c

畜禽养殖业水污染防治　137a

宣传　54b

宣传发展　91b

宣传活动　87c

宣传宣讲　6a

学党史　办实事/医疗保障管理　207b

学党史　办实事/洲心街道　239a

学前教育　189b

学生素质全面发展　190a

学习培训　73c

学校简介　191a

学协会工作　93b

烟花爆竹监管　222b

严控外防输入　12c

严厉查处违法违规行为　14a

严重精神障碍救治救助　100a

Y

研发机构建设　175c
沿革　28a
燕湖新城安置房办证　166b
燕湖新城建设　165a
燕湖新城建设征收　165b
养老保险待遇调整　206a
养老保险改革工作实现"四个100％"　206c
药品医疗器械化妆品监管　123a
野生动物监管　141a
一村（社区）一法律顾问　109c
医疗保障管理　207a
医疗保障制度改革　207b
医疗卫生建设项目　164b
医疗卫生综合改革　182a
医院管理　182b
依法行政/卫生　181c
依法行政/清远市清城区人民政府　71a
依法治税　133b
移动通信　159a
移交安置　214a
义务教育　189b
义务教育"双减"　189a
疫情防控/公安　103b
疫情防控/信息化建设　174b
疫情防控/凤城街道　228c
疫情防控/东城街道　231c
疫情防控/横荷街道　241c
疫情防控/源潭镇　245a
疫情防控/龙塘镇　250a
疫情防控/飞来峡镇　258b
疫情防控/清远市清城区残疾人联合会　95a
疫情防控/法治　99c
疫情防控督导　61b
疫情科普信息战　93b
疫情卫生监督　184b
意识形态工作责任制　98a
因公出访　73b
银盏水库输水涵管重建　144c
应急管理　221a
应急科普防疫线　93b
营商环境　108a
营商环境持续优化　75c
营商环境改善　8a
营造林建设　140b
用地报批　125b
优待抚恤　214b
优化法治营商环境　105a
优化营商环境　126b
邮政通信　156c
渔业　138b
渔业生产　138b
渔业水上执法　139a
语言　31b
预算执行审计　117b
园林绿化管理　169b
园区营商环境改进　148c
源潭镇　244
粤北地区首个"花稻花"无人农场示范基地　180a

Z

在中国共产党清远市清城区第八次代表大会上的报告　298
增殖放流　138c
招商引资　146c
镇（街）志、行业志编纂　200b
征占用林地审批　140c
整治主要交通沿线裸露被破坏山体　126b
政策法规　124b
政策落实　9a
政法队伍教育整顿/法治　101a
政法队伍教育整顿/公安　101c
政法队伍教育整顿/检察　106c
政法综治　98a
政府常务会议　69a
政府工作报告　311

政府工作报告　321
政府投资项目建设　164
政务服务体系建设创新　74c
政务服务效能优化提升　75b
政务服务一体化　8a
政务公开　72c
政务信箱　73a
政协联谊　79c
政协提案　78c
政协文史　79c
政协主要工作和重要活动　78c
政治巡察　81c
知识产权保护　122a
知识产权检察　105b
执法监察/自然资源管理　126c
执法监督　100b
执法检查　121a
执行工作　107b
职工合法权益　86b
中国农工民主党清远市委会清城区支部委员会　83a
国家和省重大政策措施落实情况跟踪审记　117c
职务犯罪检察　104c
职业年金　206c
职业卫生监督　184c
职责任务调整　57a
指导联系镇（街）党校　59c
志愿助残　96b
治安防控　102c
智慧小区建设　164a
《中共清远市清城区历史》(1988—2012)出版　60a
中共清远市清城区委员会　49
中国电信　158a
中国民主同盟清远市清城区基层委员会　82a
中国南部物流枢纽项目二期动工　3a
中国人民政治协商会议清远市清城区委员会　78
中小企业和民营经济发展　147b
中小微企业帮扶工作　147c
种植业　136b
种植业农产品质量安全检测　136b

重大动物疫病防控　136c
重大活动　70c
重点产业导入　149b
重点建设项目　161a
重点领域改革　56b
重点项目　249a
重点支出　128c
重点抓好交办工作的跟踪落实　62a
重点专项监督　184c
重复信访治理　72c
重要政事和决策　70b
周末电影　197a
洲心街道　233
主要动物疫病监测　138a
住房保障　163b
住房和城乡建设　162a
助力打赢疫情防控　84a
助力复工复产　93c
助力就业创业创新　220c
助力疫情防控　158c
助农服务体系建设　179b
驻镇帮镇扶村　10a
抓实重点　6b
专载　298
专题调研/中国民主同盟清远市清城区基层委员会　82c
专题调研/中国农工民主党清远市委会清城区支部委员会　83b
专项整治行动　154b
资源物产　30a
自然地理　28b
自然资源管理　125a
宗教场所　225b
宗教事务　225b
综合政务服务管理　74b
综合执法培训　170b
综治工作　99c
组织　50a
组织保障　5a

组织建设 82a
组织开展"十个一"活动 220a
组织巡诊服务 217b
2021年获"广东省优秀党务工作者"称号人物 265
2021年获"清远好人"称号人物 266
2021年获"清远市劳动模范"称号人物 267
2021年获"广东省五一劳动奖章"称号人物 265
2021年清城大事记 16
2021年清城区国民经济和社会发展统计公报 329
2021年清城区守合同重信用企业公示名单 337
2021年新任职区领导 259
12345热线办 74b